要略念誦経
諸仏境界摂真実経
真実摂大乗現証大教王経
蕤呬耶経
無畏三蔵禅要

北條賢三
高橋尚夫
木村秀明
大塚伸夫
校註

大蔵出版

目次

凡例

一、『新国訳大蔵経』密教部七は、次の五部の和訳（漢文書き下し）を一冊に編集し、解題・註記などを付す。
菩提金剛訳『大毘盧遮那仏説要略念誦経』一巻
般若訳『諸仏境界摂真実経』三巻
不空訳『金剛頂一切如来真実摂大乗現証大教王経』二巻
不空訳『蕤呬耶経』三巻
『無畏三蔵禅要』一巻
和訳の原本は、『大正新脩大蔵経』第十八巻を用いる。
一、漢文書き下しに当たっての申し合わせ事項。
（1）国訳に際しては先行する『国訳一切経』や『国訳密教』・『国訳秘密儀軌』・『両部大経』を参照した。
（2）真言と音写文字の還梵は可能な限りこれを施した。
（3）大正蔵の脚注などにより、適宜、原本の文字を訂正する場合がある。
（4）必要と思われる箇所には、〔 〕を付して語句を補う。
（5）本文の理解を助けるため、適当に段落をつけ、また小見出しをつけたものもある。
一、註記に当たり、次の記号を使用した。
㊅＝大正蔵、㊮＝続蔵、Ⓓ＝デルゲ版、Ⓟ＝北京版、Ⓢ＝サンスクリット語、Ⓣ＝チベット語総称。なお、個々の引用文献は解題を参照されたい。

解題

要略念誦経

一　基本的性格と位置付け

『要略念誦経』は、具名を『大毘盧舎那仏説要略念誦経』といい、菩提金剛訳一巻として『大正新脩大蔵経』一八巻に収録されている。当経は、のちに述べるように漢訳『大日経』第七巻供養法の原典の類本から漢訳された経典であると一応思われるが、梵文原典およびチベット語訳が発見されていない。さらに、翻訳経典であるにもかかわらず中国の大蔵経や目録などに一切収録されておらず、初めて確かな資料として記録に現れるのが恵運（七九八～八六九）による日本への請来の時点（八四七年）である。このように当経は、日本においてのみ流布したと思われる特異な経典であり、扱いの難しい資料である。

当経が日本へ請来されると、かなり早い時期から、(1) 訳者の菩提金剛とは金剛智（六七一～七四一）の異名であり、当経は『大日経』第七巻供養法の同本異訳であるとされた。これによって東密では当経を中古以来、五部秘経の一部に数え尊重してきた。[2] しかし、事相の奥義を説くものとして、いわゆる不読段扱いにされ、研究はほとんど行なわれなかった。また、金剛智口説、不空記とされる『金剛頂義訣』[3] には〝ある大徳（龍猛菩薩とされる）が南天の鉄塔を開こうとしたときに塔の外の空中に出現した経文を書写したものが今の『毘盧遮那念誦法要』一巻である〟と説かれており、当経がこの「毘盧遮那念誦法要」に相当するなどともされた。[4]

近年になると、神林隆浄博士や那須政隆博士によって同本異訳説は否定され、[5]『大日経』供養法の多少発展した類本とされ、さらには小野塚幾澄博士は当経が漢訳『大日経』供養法から作られた可能性を強く示唆した。[6]

以上のように当経は梵文原典およびチベット語訳が発見されておらず、日本だけで流布したと思われる特異な経典である。しかし、『大日経』供養法の類本の漢訳であると一応認められ、慎重に漢訳『大日経』供養法ならびにそのチベット語訳（PV.）と比較しながら研究することにより、『大日経』系の密教の実修面を解明しうる可能性を秘めた重要な資料となりうる。この意味で『大日経』研究の基礎資料として位置づけられるであろう。

二　資料について

『要略念誦経』は、前述のように菩提金剛訳とされ、恵運と宗叡（八〇九〜八八四）によって請来されている。[7] 大蔵経に入蔵されたのは日本における江戸時代の『黄檗版大蔵経』乾四が最初であり、『縮刷蔵経』閏一、『続蔵』二套三にも収録される。国訳には『国訳密教』経軌部二（那須政隆訳）と『弘法大師千百五十年御遠忌記念出版　両部大経上』（一九八三年、松崎恵水訳）の二本がある。

漢訳『大日経』第七巻供養法（㊅一八・四五上〜五五上）は、『大日経』前六巻の本経に対して、その実修を目的として作られた供養法を説く付属儀軌である。この漢訳『大日経』供養法に対応するチベット語訳は、rNam par snaṅ mdsad chen po mṅon par byaṅ chub par gtogs paḥi mchod paḥi cho ga, Mahāvairocanābhisaṁbodisaṁbaddhapūjāvidhi（PV.）、大谷 No. 3488、東北 No. 2664として『大日経』とは別の独立した経軌の扱いとなっている。(8)

『大正新脩大蔵経』には、『大日経』の供養法を説いていると思われる儀軌が八本ほど収録されている。(9)このうち、『大日経持誦次第儀軌』（㊅一八・No. 860）は、漢訳『大日経』供養法の同本異訳と認められている。(10)残りは、漢訳の『大日経』第七巻や前六巻の本経、あるいは儀軌相互から作られた中国成立の経典あるいは次第であると思われ、当経の影響はほとんど受けていない。ただし、法全（?～八四七～八五九～?）集の『玄法寺儀軌』（㊅一八・No. 852）においてのみ、当経の訳語が一部使われている。(11)

三　漢訳年代と成立年代

当経は、中国における資料の欠如、および漢訳者の問題によって、漢訳年代の確定が難しい。すなわち、『要略念誦経』は中国の大蔵経や訳経目録などの文献に見当たらず、これらの資料から漢訳年代を決定することができない。漢訳者名の菩提金剛を、伝統説に従って金剛智（六七一～七四一）の異名と認めれば、漢訳年代は金剛智が来唐した七二〇年から没年の七四一年に限定できるが、次に述べるようにこれも難しい。

まず、金剛智の名は、通常は跋日羅菩提（Vajrabodhi）と音写されるが、当経の菩提金剛からは Bodhivajra という還梵名が予想される。このためか、小野玄妙博士は菩提金剛を金剛智とせず、菩提喋浄智金剛（菩提仙、

〜八二四〜）ではないかと推定している。[12] ただし、『貞元目録』巻一四に金剛智を菩提跋折羅としている事例が一回あり、[13] 菩提金剛を金剛智の異名とする伝統説を直ちに間違いと断定することもできない。しかし、中国の訳経目録および金剛智の伝記資料は、金剛智が当経を翻訳したことについて一切触れていない。さらに、もし当経が金剛智の訳であれば、空海（八〇四〜八〇六年、入唐）、常暁（八三八〜八三九年、入唐）、円行（八三八〜八三九年、入唐）、円仁（八三八〜八四七年、入唐）のいずれかによって請来されて然るべきと思われるが、だれも請来せずその消息さえも伝えていない。また他の金剛智訳の経典に菩提金剛の名称が一回も使われていないことも奇妙に思われる。したがって、当経が金剛智によって漢訳されたと無条件に認めることは難しいと思われる。

以上のように、漢訳年代を正確に確定することはできないが、その下限は恵運により当経が請来された八四七年に設定される。上限は、のちに述べるように当経は善無畏訳の『大日経』第七巻供養法の訳語を多数使用しているため、『大日経』の漢訳年時の七二五年に一応設定される。当経は、恐らく恵運によって請来された時点からあまり遡らない時期に、金剛智とは別人の来歴不詳の菩提金剛によって訳されたか、あるいは金剛智に仮託して菩提金剛訳の一語を付加されて訳出されたと思われる。前述のように『大日経』の供養法を説く中国成立の経軌類のなかで、成立の遅い『玄法寺儀軌』においてのみ当経の影響が見受けられることも、当経の漢訳年代が比較的遅いことを示唆しているように思われる。

当経は漢訳年代もはっきりせず、成立年代を確定することは難しいが、のちに述べるように『大日経』供養法より多少発達した内容を持っており、漢訳関連の資料も比較的遅い時期にしか見られないことなどから、当経は『大日経』供養法より多少遅れて八世紀から九世紀前半ごろに成立したと思われる。

四　内容概観

以下、当経に説かれる内容を項目をたて、『大日経』供養法との対応を示しながら、表として提示する。当経の覧の下の数字は本書の漢数字によって表記される頁数であり、漢訳『大日経』供養法は㊅一八、PV.は北京版の頁（葉）数と行数である。漢訳『大日経』供養法の項目は、ほぼ『不思議疏』(14)の記述および前掲『両部大経上』(15)によって設けたが、一部筆者の判断で変更した個所もある。

大毘盧遮那仏説要略念誦経	漢訳『大日経』供養法		PV.
序	供養念誦三昧耶法門真言行学処品第一	45 a5	337 a3
帰敬の偈　法身、毘盧遮那遍照智、光明眼への帰命を表明する。	帰敬勧信序	45 a6	337 a4
序の偈　（大日）経を要略してこの経を説くことを明かす。三宝への帰依、己灌頂の人を敬すべきこと、利他行の勧め、梵行の尊重、瞋恚の心の戒めと、四無量心を以て衆生を摂すべきこと、利他行ができないときは禅定を修すること、飲酒・驕慢・懈堕などを遠離すべきこと、真言行によるこの生における悉地の獲得、修行に適する場所、勝伴についてな	精勤修行序	45 a10	337 a6
	初段　成就信解門	45 a10	337 a6
	二段　勧信三宝門	45 a12	337 a7
	三段　勤行制戒門	45 a15	337 b1
	四段　依正戒重禁門	45 a11	339 a1
	五段　覚心得益門	45 c13	339 a2

どを説く。

九種の法門

三　序の偈　障を除き、三昧耶を増益する、九種の法門の名称を列挙し、三業を・めるべしとする。

四　①虔誠法　空閑精舎の中に経像を安置し、礼拝する作法と作礼方便真言を説く。

②懺悔法　懺悔の作法と懺悔文および出罪方便真言を説く。

五　③帰依法　三帰依の文と帰依方便真言を説く。

④分身供養法　自身を施し供養する文と施身方便真言を説く。

⑤発菩提心法　菩提心を観察する文と発菩提心真言を説く。

六　さらに真言の増加句（漢訳）を説く。

⑥随喜功徳法　諸仏菩薩の福業を随喜する文と随喜方便真言を説く。

⑦勧請徳雲法　一切如来と諸大菩薩を勧請する文と勧請方便真言を説く。

⑧請仏住世法　一切如来に法界安住を請する文と奉請法身方便真言を説く。

七　⑨廻向菩提法　廻向文と廻向方便真言を説く。

七種結護門

序の偈　三摩地に入り、内外の地を加持する、七種の結護門の名称を挙げる。

八　①秘密三昧耶結護門　五所加持のための印と入仏三昧耶真言おび作法を説く。

六　六段　一生成仏門	45 c15	339 a3
増益守護清浄行品第二	46 a7	339 b6
物序	46 a8	339 b6
別釈	46 a13	340 a1
①作礼方便真言門	46 a15	340 a2
②出罪方便真言門	46 a25	340 a6
③帰依方便真言門	46 b5	340 b2
④施身方便真言門	46 b10	340 b2
⑤発菩提心方便真言門	46 b18	340 b6
	46 b23	340 b8
⑥随喜方便真言門	46 b28	341 a2
⑦勧請方便真言門	46 c6	341 a3
⑧奉請法身方便真言門	46 c11	341 a5
⑨廻向方便真言門	46 c17	341 a7
欠		欠
⑩入仏三昧耶真言門	46 c23	341 a8

②清浄法身結護門　法界を見るための印と法界生真言により自身を加持する法を説く。

③金剛法輪結護門　自身を金剛の身をもって法輪を転ずる者とするための印と金剛薩埵真言を説く。　九

④金剛甲冑結護門　金剛甲冑を纏うための印と金剛甲冑真言および観想法を説く。

⑤法界清浄結護門　自身を浄めるために、raṃ 字を頭頂に布置する囕字観の観想法と法界真言を説く。

⑥除障大護結護門　諸魔や悪鬼神を降伏するために、無堪忍大護真言を説く。　一〇

⑦不動畏怒結護門　道場を結界するための、刀印と*不動慈求呪を説く。この法は一切に通用するともする。

四門の諸尊観想法

序の偈　胎蔵曼荼羅の主な諸尊を観想する四門の観想法の名称を列挙する。　一一

①囉字浄心法　心の垢を浄めるための囉字観を説く。

②想立道場法　道場の地の清浄を観想し、それを支える風輪・水輪・金輪による世界を建立する観想と風輪・水輪・金輪の三種の真言を説く。

⑪法界生真言門	47 a15	341 b6
⑫金剛薩埵真言門	47 a27	342 a2
⑬金剛甲冑真言門	47 b13	342 a7
⑭囕字真言門	47 b24	342 b2
⑮無堪忍大護真言門	47 c5	342 b5
欠（＝聖者不動真言門？ ㊅48c-49a, PV.345a2-b1）		欠
供養儀式品第三	47 c16	342 b8
〔摂頌〕	47 c17	342 b8
欠		欠
別説	47 c24	343 a4
初段　能所観住処	47 c25	343 a4
二段　①世界成就門	48 a3	343 a7

				八	
③普観荘厳法	道場において八葉蓮華上の一切如来と聖衆が集会する宮殿を観想し、それらに普く供養するための虚空蔵転明妃真言と作法を説く。	一二	②荘厳道場門	48 a^{17}	343 b^{3}
④別観諸聖法 毘盧遮那仏の観想法	八葉蓮華上のa字から毘盧遮那仏の尊容を観想する観想法を説く。	一三	③成画大日門	48 b^{14}	344 a^{5}
釈迦仏の観想法	八葉蓮華上のbhaḥ字から釈迦仏の尊容を観想する観想法を説く。『大日経』供養法の釈迦種子心真言は略される。	一四	④成画釈迦門	48 b^{22}	344 b^{1}
			〔⑤成画文殊門〕	48 c^{7}	344 b^{5}
諸尊観想法	北方のsaḥ字より観自在菩薩、南方のsaḥ字より焔光を放つ尊、東方のaḥ字より一切如来、北隅のga字より一切仏母、東南のka字より大威徳尊、西南のhāṃ字より不動尊、西北のhā字より降三世尊、北方においてtaṃ字から多羅菩薩とbhṛ字から毘倶胝とsaḥ字から得大勢至とpaṃ字から白色の尊とhaṃ字から馬頭、南方においてhūṃ字から金剛母と大刀針と金剛鎖、東方のmaṃ字より文殊、南方のaḥ字より徐蓋障、北方のi字より地藏、西方のi字より虚空藏、東門にva字より無畏大護、南門に(k)ṣaṃ字より金剛無勝、北門にva字より能壊諸怖者、西門にsaḥ字より最勝降伏者、四隅に四天等を観想する法を説く。	一五	欠(≒三段　列衆門？)	(48 c^{11})	(344 b^{6})
迎請法	不動尊の印と真言をもって右の諸尊を迎請する法を説く。	一七	欠(≒攝頌?・(大)47c, PV.342b^{8}-343a^{4})		欠
			〔爲令聖者心喜門〕	48 c^{17}	345 a^{1}
十七門の迎請法 序の偈	十七門の迎請法の名称を挙げる。		欠		欠

①辟除迎請法　まず障礙を除くための不動の刀印と慈救呪を説く。後述の降三世の印と真言でもよいとする。
次に、本尊の迎請には各尊の本印と本明を用いるべきだが、すべての尊に通ずる別法として、金剛鉤請の印と如来鉤真言を説く。　一八

②示三昧耶法　迎請した本尊を歓喜させるための三昧耶印と三昧耶真言を説く。

③上以遏迦水法　本尊および諸尊を不動印を用いて香水で浴するための閼伽真言を説く。　一九

④奉尊華座法　本尊の蓮華座を安布し加持するための印と如来座真言を説く。

⑤辟除護身法　障礙を除くための不動の刀印と**不動主真言を説く。

⑥転凡成聖法　自身を金剛の身とするために、身体各部にvaṃ字を布置する金剛種子心真言と観想法を説く。
次に、身体を加持する五鈷印と金剛薩埵真言と別印を説く。　二〇

⑦被金剛鎧法　自身に金剛甲冑を纏うための印と**金剛鎧真言、および頭頂にkha(ṃ)字を布置する観想法と大勤勇真言を説く。

⑧摧散魔軍法　魔軍と極悪な者を降伏する印と降伏魔真言を説く。

⑨周結大界法　結界のために難忍大護の印と無能堪忍真言および小呪を説く。　二一
次に、結界の別法として不動の刀印と*真言を説く。　二二

⑩別供養香華法　運心によって三礼するために作礼方便心真言を説く。　二三

	聖者不動真言門	48 c19	345 a2
四段	召請方便真言門	49 a10	345 b1
五段	三昧耶真言門	49 a22	345 b5
六段	閼伽真言門	49 b2	345 b7
七段	如来座真言門	49 b9	346 a1
八段	不動印言辟除門	49 b19	346 a5
	成金剛薩埵真言門	49 b23	346 a6
	金剛種子心真言門	49 b24	346 a7
	金剛薩埵真言門	49 b29	346 a8
	金剛鎧真言門	49 c9	346 b3
	降伏魔真言門	49 c16	346 b6
	結大界真言門	50 a1	347 a2
九段	惣表成辨門	50 a20	347 a8
欠			欠

⑪復上遏迦法　不動の印をもって遏迦器を加持するための*持閼伽真言と、遏迦を奉献するための*閼伽真言を説く。

⑫別供養香華法　香・華・灯・塗・飲食を不動の印と真言によって加持することと、各々に字を布置するための**法界真言を説く。

次に、塗香を奉献するためのを塗香真言を説く。

次に、華を奉献するためのを華真言を説く。

次に、焼香を奉献するためのを焚香真言を説く。

次に、灯明を奉献するためのを燃灯真言を説く。　二三

次に、飲食を奉献するためのを飲食真言を説く。

⑬運心普供法　運心供養のための虚心合掌と観想法と**虚空蔵転明妃真言を説く。

次に、この真言の増加句（漢訳）を説く。

⑭正向法　利他を願って正しく行を修し、正しく廻向すべきことを説く。正しく修すれば、一月において心身が清浄になり、第二月に大悉地を成就するとする。

⑮歌讃法　悉地成就のために、金剛讃をもって諸仏菩薩を供養し歓喜させるとする。　二四

讃（金剛阿利沙偈）は省略される。

⑯願満自他法　自他の利益のために悉地の成就を願う偈頌を説き、願を満足するための虚心合掌と*虚空蔵転明妃真言を説く。

⑰随心入念誦・総別受持法

総別受持法

二五 行者は三摩地において運心にて一切仏菩薩を敬礼し、四禅門に入り歓喜すべであることを説く。

四禅門とは、現前に本尊の相を観じ、印と明を観じ、自身が本尊と同じであると想い、自心は満月の如しと観じることであるとする。この心月に種子を観じ、ある期間一定の回数だけ真言を念誦すれば吉祥な前兆現象が現れるとする。

右の四種において、自身を本尊と同じであると観じて念誦すれば、より速やかに悉地を成就できると説く。

自心に観じた本尊の種子から、**仏または菩薩の相を作るとし、菩薩の例として文殊の種子maṃと置字の文殊菩薩真言とを説く。

二六 文殊菩薩の観想法と文殊師利真言および印を説く。他の諸尊も、各尊の印と明を用いて加持念誦すべきであるが、すべての仏に通ずる別法として、普通仏部種子心真言を説く。一切の菩薩に通ずる別法として、宝印と一切諸菩薩真言を説く。

随心入念誦法

二七 khaṃ字を頂上に、aṃ字を頭の内に、raṃ字を眼に、a字を心月に観想し、本尊の位に住する。次に、心月に本尊の種子を観想し、息を整えて本尊の真言を誦する念誦法を説く。

二八 自利と利他の願を成就するためには、理に相応して念誦を繰り返し、疲れたら休むとする。又は、心月に種子を布置し、その密意を思惟すべしとする。

福慧を修して善根を成就するためには、心を清浄にして念誦し、時と場所が悪くなければその回数に制限はないとする。

上中下の悉地を成就するためには、心を清浄にして、時や場所等を選ばず

標	51 b3	349 b2
釈 一、有相念誦門	51 b7	349 b4
二、無相念誦門	51 b14	349 b7
三、変字成身門	51 b19	350 a2
四、本尊三昧随息門	51 b24	350 a4
	51 c22	350 b6
五、意支念声真言門	52 a11	351 a5
六、修無定門	52 a17	351 a7
七、楽求現法成就門	52 a19	351 a8

に、身体に種子を布置して、一心に念誦すべきとする。また、日時を定め善相を限りとし或いは回数を限って念誦する者は、安置した経像から火や煙が出るなどの善相を得るが、一ヶ月間、十万回誦しても善相が現れないときは、第二月（の念誦法）に依るべしとする。即ち、香華等の具体的な供物をもって供養し、前と同じように念誦し、もし善相を得ればさらに具法をもって成就を作すべきであり、これによって願いはすべて満たされるとする。

八、大日三密速得門

52 b^{2} / 351 b^{7}

五字厳身観を説く。まず自心にa字を置くために、大日如来種子心真言を説く。次に、白毫相の印と如来毫相真言を説き、これにより毘盧遮那如来と等しくなるとする。更に、a・vaṃ・raṃ・haṃ・khaṃの五字を身下・臍・心・頂・眉間に布置する観想法と置字のための金剛輪・水輪・火輪・風輪・空輪の五種の真言を説く。これによって智恵の光明を具足して諸魔等が障礙をなすことができなくなるとする。

九、釈迦真言成就門

52 c^{6} / 352 b^{1}

身の中にaṃ字、両眼にraṃ字を置き、自心を如来身と観じ、願いに従っ[三〇]て諸尊の印と真言を受持すれば成就するとする。

52 c^{14} / 352 b^{5}

自心にbhaḥ字を置き、これより釈迦如来の相を転起する観想法と置字の釈迦如来種子心真言を説く。次に、如来鉢の密印と釈迦牟尼仏真言を説き、これを結誦すべしとする。

補足説明

52 c^{25} / 352 b^{8}

以上の本尊の相を転起し、或いは種子を布置する念誦の法門を修するために[三一]は、まず大悲曼荼羅に入って、阿闍梨位潅頂を受けるべしとする。次に身体に種子を布置し罪過を離れ、本尊の法則に依って持誦すれば成就できるとする。

十、秘密事業可解門

53 a^{7} / 353 a^{4}

求める悉地の種類によって、曼荼羅の相に種類があるとし、寂静・増益・降伏の三法の名を挙げる。

四相を分かつとして、寂静・相摂（敬愛）・増益・降伏の四法について、各々 三二
曼荼羅の形と色および坐法について説く。四法の真言の形式について、寂静・敬愛・増益は各一種、降伏は三種の特徴を説く。

後作法

種子から本尊の相を観想し、自身を加持して金剛薩埵又は仏菩薩と思惟し、利他の 三三
大悲願を興して香華を諸尊に供養し、金剛の讃を称えるべしとして、前述の念誦法を略説する。

如来と同様に、自分も修集した功徳を一切衆生に廻向し、悉地の成就と自他の所願の円満を誓う、廻向文を説く。

次に前述の作法によって閼伽等を供養すべきことと、諸仏菩薩を頂礼するための作 三四
法と敬礼の文を説く。

諸仏菩薩に自身を証知し導くことを請願する、啓白文を説く。

結界を解き、諸尊を送り帰す送尊の作法を説く。

送尊の後、法界明印を結んで、自身を金剛薩埵と思惟し、自身を加持する観想法、 三五
および ram 字を頂上に布置すべきことを説く。

金剛鎧真言と印によって、金剛甲冑を被て、不退転を得て一切の功徳を獲得し、自身は仏身と等しいと観想する法を説く。

法施作法

清浄な場所において、自身を観音あるいは仏菩薩の身に住し、その本尊の印と真言によって自身を加持し、大乗の経典を読誦して、諸天神に聞かせる、法施の作法を説く。

観音は如来の功徳荘厳の真浄法身であり、毘盧舎那は一切の法王・自在者である

	53 a10	353 a6
真言事業品第五	53 a24	353 b5
初段　上求下化修供門	53 a25	353 b5
二段　如仏我修廻向門	53 b2	353 b8
三段　献閼伽後送尊門	53 b17	354 a8
	53 b21	354 b2
	53 b26	354 b2
	53 b29	354 b3
四段　被甲現修如仏門	53 c4	354 b5
五段　自住仏身読経門	53 c9	355 a2
	53 c14	355 a5

から、この二尊のいずれかに依って身を加持せよとする。

　観音に依って加持する場合の、so字を心中に布置する置字の真言と観想法、種子より観音の相を転起した後に結誦する華座の印と観自在菩薩真言を説く。

　raṃ字を頂上に布置し自身を加持してから、塔あるいは曼荼羅の周りを回りながら読経する、経行による法施の作法を説く。　三六

食事作法

　食事の時には、身体を維持するために乞食を行ぜよとし、魚肉・薫菜・供物の余り・残宿食・酒類は受け取ってはならないとする。

　本尊に献じてから食し、余りは貧乏人等に布施すべきこと、食事の心構えを説く観想の文、raṃ字によって食物を浄める作法、自身を金剛の身となす観想法と金剛身真言を説く。

　施十力真言を説き、これを八回誦してから食事すること、さらに食事の後に余りの食物を伴神に施すための不動尊施食事真言を説く。　三七

修行の心得

　食事の後には、休息してから、礼拝、懺悔して身を浄め、経典の読誦等の通常の作業を休みなく続け、夜には所定の法を修すべしとする。　三七
　次に、睡眠の作法を詳細に説き、目覚めた後も前日と同じように修行を続けるべしとする。
　この法を不断に正しく修すれば、この生において諸仏の仏国土に行くことができるとする。もし成就しなくても、さらに精進すべきであり、この法は自分には無理であると諦めたりしてはならないとする。　三八
　利他の誓願をもって休まず修行しているので、諸仏菩薩は必ず威神力をもって我れを加持してくれると念じて、力の限り努力すれば成就することができるとする。
　諸仏諸菩薩を捨てないこと、衆生の饒益を捨てないこと、この二つを行えば、願

六段　搏食奉献本尊門

七段　誦十力明本尊瑜伽飲食門

八段　修業無間得益門

53 c18	53 c28	54 a2	54 a6	54 c13	54 a24	54 a27	54 b5	54 b10	54 b12
355 a7	355 b1	355 b2	355 b5	355 b8	356 a3	356 a6	356 b2	356 b4	356 b6

いに従って速やかに成就を得るとする。

澡浴作法

修行中に心身を浄める澡浴に内と外の二種があり、内の澡浴は前述の種子の布置であるとし、外の澡浴の作法を詳細に説く。この中で、ram字を水中に布置するた
めの法界真言**、土を聚め加持するための不動尊種子真言**、結護のための降三世種子 三九
真言、沐浴のための降三世真言 の四真言が説かれる。 四〇

沐浴のとき頭まで水に入ることが上成就、腰までが中成就、膝までが下成就であるとし、この三相のいずれかを用いれば無量の重罪を除き、一切智の句を得るとする。

有相と無相の行法

実際の供物等を用いて諸相を離れずに修行すれば、世間の小悉地を成就するとする。

無相最勝の観察によって、運心供養し、種子を布置し修行すれば、世間最上の成就を得るとする。

無相の法を讃歎し、無相の法によって有相の法を説くとする流通の偈を説く。

* を付した真言は漢訳『大日経』供養法とPV. においてともに説かれない。

**を付した真言は漢訳『大日経』供養法には説かれないが、PV. では説かれる。

〔 〕は『大日経』供養法に説かれるが、当経に説かれていない項目を表す。

九段 浄水澡浴摧障門	54 b16	356 b8
	54 c12	357 b2
	54 c15	357 b4
十段 無相最勝證請門	54 c18	357 b7
	54 c24	欠

五　『大日経』供養法との比較

『大日経』供養法は五品に分かれているが当経は品号を欠いているという外見上の相違はあるものの、両者の全体の構造は同一であり、そこに説かれる内容もほぼ等しい。以下、順を追って比較してみる。

まず当経の**序の偈**は、『大日経』供養法の約半分の分量に縮められている。また、漢訳『大日経』供養法の訳語を多数そのままを使用している。語順はかなり変動しているものの、意味内容および論旨の流れはほぼ同一になっている。したがって、当経の**序の偈**は、漢訳された『大日経』供養法から作られた可能性もある。しかし、語順の変動のしかたや訳語の採用の様子から判断すると、恐らく『大日経』供養法の約半分の分量を持った偈頌の形式の原典があり、『大日経』の漢訳を参照してその原典から訳されたように思われる。なお当経の偈頌の作られ方は、『不思議疏』の科門とはまったく対応していない。

九種の法門と**七種結護門**は、『大日経』供養法とほぼ同一であり、**序の偈**ほどではないが漢訳『大日経』供養法と同一の訳語が所々に使われている。

四門の諸尊観想法においては、④**別観諸聖法**の**釈迦仏の観想法**までは、『大日経』供養法と対応する。ただし同一の訳語の使用はほとんど見られない。しかし、その後は大きな相違が見られる。まず、『大日経』供養法の⑤**成画文殊門**が当経では説かれない。さらに『大日経』供養法の**三段列衆門**の代わりに、当経では胎蔵曼荼羅の主な諸尊の具体的尊容を観想する**諸尊観想法**が説かれる。**列衆門**は十六菩薩の名前を列挙するだけで、曼荼羅とはほとんど関連せず、この点で当経はかなり発展した形態を示していると思われる。また、当経は、四方の四門に四大護を観想することが説かれており、この点も当経の成立が比較的遅いことを物語っているように思われる。

十七門の迎請法は、ほぼ『大日経』供養法と一致する。ただし、『大日経』供養法に説かれる金剛阿利沙偈が当経では省略される。また、最後の**補足説明**において降伏などの真言の形式を述べる個所で、当経は『金剛頂経』の降三世品などに説かれる真言の特徴を付け加えている。当所では、漢訳『大日経』供養法の訳語の使用はほとんど見られない。

後作法から最後の**有相と無相の行法**までは、『大日経』供養法とほぼ対応し、漢訳『大日経』供養法と同一の訳語が所々に使用される。特に、**後作法**の廻向文はほとんど同一の訳文となっている。

以上のように、当経と『大日経』供養法はほぼ同一の内容をもっており、当経のほうが多少発展した様相が見受けられる。真言についても、『大日経』供養法に説かれる真言は二つの真言以外すべて当経においても説かれ、(16)それらの真言には著しい相違は見られず、ほぼ同一の真言であるといえる。(17)また『大日経』供養法が重複する真言を省略するときも、当経はほとんどの場合省略せずに重説しており、儀軌としてより整った形態になっている。さらに当経は、品号こそ付されていないものの、九種の法門・七種結護門・四門の観想法・十七門の迎請法という科門を自ら設け、『大日経』供養法よりも整備された体系を持っている。

序の偈やその他の個所において、『大日経』供養法の漢訳から作られた可能性を完全に否定できないが、全体的には文章構造の異なりが顕著に見受けられ、長文と偈頌の相互の入れ代わり等もあり、当経は一応原典からの翻訳であると思われる。

このように『大日経』供養法と比較することにより、当経は『大日経』供養法より多少発展した原典から訳された経典であり、訳出にあたっては漢訳『大日経』第七巻供養法の影響を受けたと思われる。

註

(1) 当経を金剛智の伝承に帰したのは安然（八四一～八八九～）の『八家秘録』が最初であるとされる。三崎良周『台密の研究』二四七頁参照（一九八八年）。

(2) 東密では不空訳『金剛頂大教王経』三巻・善無畏訳『蘇悉地経』三巻・金剛智訳『瑜祇経』二巻・同訳『略出念誦経』四巻の四部に、『大日経』と当経をまとめて一部として加え、五部秘経とする。台密では、当経と『略出念誦経』の代りに不空訳『一字頂輪王経』五巻を入れて、五部秘経とする。『密教大辞典』六三五頁参照（一九八七年再販）。

(3) 『金剛頂経大瑜伽秘密心地法門義訣』一巻、不空撰、㊅三九・No. 1798。

(4) 『仏書解説大辞典』第七巻、四五〇頁、一九八〇年再販、神林隆浄「大毘盧遮那仏説要略念誦経」の頁参照。那須政隆「大日経供養法について」『智山学報』新第九巻（一九三六年）によると、『大日経』供養法の由来についての古来の諸説は、不可思議撰の『大毘盧遮那経供養次第法疏（不思議疏）』（㊅三九・No. 1797）の記述に基づいており、それらは①善無畏が空中に感見書写したもの、②善無畏が撰述したもの、③鉄塔内で龍猛が感得したもの、以上の三説にまとめられるとする。

(5) 前掲神林隆浄『仏書解説大辞典』第七巻、四五〇頁、一九三四年初版。那須政隆「大日経供養法について」『智山学報』新第九巻（一九三六年）。

(6) 小野塚幾澄「漢訳の大日経供養法について―特に要略念誦経との関係を中心に―」『豊山学報』五号（一九五九年）。同「大日経第七巻について」『印度学仏教学研究』七―二（一九五九年）。

(7) 『恵運律師書目録』に、「大毘盧遮那仏説要略念誦経一巻　菩提金剛三蔵訳」（㊅五五・一〇八九下）と記載される。宗叡の請来に関しては、『新書写請来法門等目録』（㊅五五・No. 2174A）および『禅林寺宗叡僧正目録』（㊅五五・No. 2174B）に当経が見当たらず、『録外経等目録』の禅林録外の項に「大毘盧遮那仏説要略念誦経一巻」（㊅五五・一一一二下）として掲載されている。

(8) dPal bzaṅ rab dgaḥ (Śrībhadrānandana) 撰、Padmākaravarman, Rin chen bzaṅ po 共訳。和訳に、酒井紫朗「漢訳対照西蔵大日経供養法和訳」『新更（特別号）』三（一九三五年）、同「漢訳対照西蔵大日経供養法和訳（続）」『新更』五（一九三七年）がある。

(9) 輸婆迦羅訳『摂大毘盧遮那成仏神変加持経入蓮華胎蔵海会悲生曼荼羅広大念誦儀軌供養方便会（摂大儀軌）』三巻（㊅一八・No. 850）、善無畏訳『大毘盧遮那経広大儀軌』三巻（㊅一八・No. 851）、法全集『大毘盧遮那成仏神変加持経蓮華胎蔵悲生曼荼羅広大成就儀軌供養方便会（玄法寺儀軌）』二巻（㊅一八・No. 852）、法全集『大毘盧遮那成仏神変加持経蓮華胎蔵菩提幢標幟普通真言蔵広大成就瑜伽（青龍寺儀軌）』三巻（㊅一八・No. 853）、不空訳『大毘盧遮那成仏神変加持経略示七支念誦随行法』一巻（㊅一八・No. 856）、不空訳『大日経略摂念誦随行法』一巻（㊅一八・No. 857）、失訳『大毘盧遮那略要速疾門五支念誦法』一巻（㊅一八・No. 858）、失訳『大日経持誦次第儀軌』一巻（㊅一八・No. 860）。

（10）前掲那須政隆「大日経供養法について」三三頁、前掲小野塚幾澄「漢訳の大日経供養法について」八五頁。

（11）『要略念誦経』の帰敬の偈および序の偈の出だしの文と『玄法寺儀軌』の冒頭の偈（㊅一八・一〇八下）の前半が完全に同一である。後半も①虔誠法の出だしの偈文から明らかに作られている。

（12）小野玄妙『仏書解説大辞典　別巻　仏典総論』一七二頁（一九三四年初版）。

（13）㊅五五・八七六下。

（14）不可思議撰『大毘盧遮那経供養次第法疏』二巻、㊅三九・No. 1797。

（15）『弘法大師千百五十年御遠忌記念出版　両部大経上』真言宗豊山派宗務所弘法大師千百五十年御遠忌記念事業委員会発行（一九八三年）。

（16）④成画釈迦門の釈迦種子真言と⑤成画文殊門の文殊種子真言。

（17）oṃ や namaḥ などの挿入、繰り返し語の省略、一部の単語の欠落等が見られるが、基本的にはすべて同一の真言である。前掲小野塚論文〈前註（6）〉参照。ただし、⑫別供養香華法の飲食真言だけは PV. のみが普供養真言に類似したまったく別の真言を説く。

〔木村秀明〕

諸仏境界摂真実経

一　出典と訳

単に『摂真実経』あるいは『真実経』と呼ばれる。『大正新脩大蔵経』一八巻、二七〇頁以下、罽賓国三蔵沙門般若奉詔訳を収載。また、『縮冊蔵経』閏二、及び『続蔵』一・二・四に出ず。漢訳経典の書下し文としては『国訳一切経』密教部二（神林隆浄訳）、『国訳密教経軌』第二（市橋本賢訳）、『国訳密教儀軌』（矢訳）などがある。なお、木版本（後書に元禄三壬申年六月十九日以宝林山長老御本重点写増加校正了、如意山沙門慧辯拝書とある）は朱択本ゆえ解読に益するところ多く、悉曇文字も極めて正確で参考となる点が多い。

二　著者般若三蔵について

訳者の般若（Prajñā）三蔵は『宋高僧伝』第二、『貞元録』第十七、『続開元録』上などの文献により般若または般刺若と音写されるものもあれば、智慧と訳されて記載するものもある。生年・没年・年齢など全く不明ではあるが、姓は喬答摩（Gotama）で北インド迦畢試（Kapiśa）国の人といわれる。天性優れて賢く、七歳で僧になることを決心し、調伏軍について『四阿含』『阿毘達磨』を学び、その後カシミールに行き『薩婆多律』『倶舎論』『大毘婆沙論』を七年に亘って学び、二十歳で具足戒を受けた。三十三歳の時、中インドの那蘭陀寺（Nālandā）で智護・進友・智友の三大論師より「唯識」「瑜伽」「中辺」などの諸論、及び『金剛般若経』や五明（内明・因明・声明・工巧明・医方明）を習学し、終るや各地の仏塔を巡拝すること十八年、最後に南インドの烏茶王寺に往き、達磨耶舎に師事して瑜伽法入曼荼羅の教えをうけ、密教の真言を学んだ。

中国の五台山は文殊菩薩がおられた聖地と聞き、梵語経典を携えて中国の広州へ渡ろうとしたが、暴風に遭ってスリランカの東端に漂着した。そこで改めて資金を集めて大きな船を造り、南海の諸国を経《へ》めぐって唐代徳宗の建中二年（七八一）広州に到着し、同三年長安に入った。貞元二年（七八六）初めて訳経にたずさわり『胡本六波羅蜜経』七巻を訳せるも、完全なものとはならず、改めて貞元四年（七八八）完訳十巻を完成する。同五年二月には『大華厳長者問仏那羅延力経』を訳出し、六年（七九〇）七月には「般若三蔵」の号と紫衣を賜わる。時に五十七歳であった。同年『大乗本生心地観経』八巻、『守護国界主陀羅尼経』十巻（別に貞元十九年説もあり）、『般若心経』一巻を翻訳し終るや、皇帝の命により迦湿弥羅国（Kaṣmir）に使いし、八年四月帰国する。その年『大乗理趣六波羅蜜多経』十巻を訳し、十一年十一月南インドの烏荼国王より『華厳経普賢行願品』が贈られるや、翌年六月勅命によって長安崇福寺にて智真・広済などの訳語助力、円照の筆受により十四年（七九八）二月翻訳終り『大方広仏華厳経』四十巻が完成した。その後、洛陽において入寂する。遺骸を龍門の西岡に埋葬し、供養塔は現存する。世に「罽賓（Kaşmir）国の般若三蔵」と称される。

般若三蔵の生存年代は全く不明であるが、弘法大師空海が入唐後梵語（悉曇）を学ばんとまず師と仰いだ人物が醴泉寺の般若三蔵と知られている。従って、貞元二十年（八〇四）には在世にて七十一歳頃と考えられる。入滅年代も想像の域を脱しない。

三　本経をめぐる不可思議項

『諸仏境界摂真実経』三巻は、般若三蔵の奉詔訳と知られているが、この経典名は『衆経目録』（唐、静泰撰）、『開元釈教録』（唐、智昇撰）、『大唐貞元続開元釈教録』（唐、円照撰）及び『貞元新定釈教目録』（唐、円照撰）などには記されておらず、更には、般若三蔵の伝記である『宋高僧伝』第二にも『仏祖統記』第四十一にも『仏祖一代通載』第十九にも、般若三蔵が詔を奉じて訳した記述は全くない。まして伝記の中には『諸仏境界摂真実経』の名さえない。従って、中国の資料では般若三蔵が『摂真実経』を訳したことも『摂真実経』という経典が徳宗・順宗の時代（七七九～八二〇）に翻訳されたことも証明できない。

しかし、『恵運禅師将来教法目録』（恵運撰）、『恵運律師書目録』（恵運撰）、『霊厳寺和尚請来法門道具類目録』（円行撰）、『入唐新求聖教目録』（円仁撰）、『諸阿闍梨真言密教部類総録』（安然集）には経名も収載され、般若三

蔵訳と明記してある。かく見るとき、この経の翻訳時期と訳者について、何故に唐代の目録群に記述されていないのか奇妙な感をぬぐいえない。とはいえ、存在したことは間違いなく、唐・宋より将来した目録群以来、明らかに般若三蔵の著述とされよう。その翻訳の時期は、建中二年（七八一）〜元和五年（八一〇）と措定されている（『仏書解説大辞典』第三、二七四〜二七五頁参看）。

四　本経の経典的位置

さて、この『諸仏境界摂真実経』の経典的位置とその梗概については、この経典が本来金剛頂経の系統にあることはいうを待たない。密教が純正密教と称せられ伝統的大乗思想を継承しつつ新たに瑜伽観法と行作による如来との合一を計る行法が展開し、『大日経』『金剛頂経』として集約されたのは周知のことである。

そこで『金剛頂経』の構格を求めるとき、本来は金剛界十八会の説があるのであるが、全貌は伝承せず、唯、大本の意をとって略述されたものに不空三蔵（Amoghavajra）によって天宝五年（七四六）〜大暦六年（七七一）に翻訳された『十八会指帰』がある。それによれば十二処十八会の所説のうち、第一会と第十四会の説処が明記されていない。しかし、不空訳三巻本の『金剛頂一切如来真実摂大乗現証大教王経』（Vajraśekhara-sarvatathāgata-satyasaṃgraha mahāyāna-pratyutpanna-abhisambuddha-mahātantrarāja-sūtra.〔No. 1020, Nanjyo Catalogue〕）の第一には「住㆓阿迦尼吒天王宮中大摩尼殿㆒」とあり、色究竟天宮にての所説と考えることができるが、この『摂真実経』が『大教王経』の類似本あるいは異訳本とするなら、その説法の場所は色究竟天と考えねばならない。しかるに「住㆓妙高山頂三十三天帝釈宮中摩訶摩尼最勝楼閣㆒」とあって、住居名は同じとしても天宮は忉利天に在ることになり相違することとなる。

従って『大教王経』に類似する内容を持つといっても原典は異なるものと考えてもよさそうである。また『諸儀軌禀承録』第十二に「金剛頂経は色界頂摩醯首羅智処城の所説にして大日成道の体相なり。今の経（『摂真実経』）は須弥頂にして応身最初正覚の体なり、雑密の様にも見ゆ」とあり、古来応身の説法としてこれを雑密の中に置いた評価もある。また別に、『大教王経』解題（『国訳一切経』密教部㈡、富田斅純識、一五七頁）に、天宝十二年不空三蔵が『金剛頂経』を訳出してから約三十五年を経て般若三蔵がこの経を訳したが、この経が『金剛頂経』の初会初品の異出というが、金剛智や不空の『金剛頂経』の両訳本とは違い、二本を総合し、折衷して不空三蔵の二巻（『金剛頂経』三巻本と『蓮華部心念誦儀軌』〈㊅一八収載〉）の儀則を加えて洗練したものが発達史的な見方だとするとともに、人によっては『摂真実経』を『大教王経』三巻本の基礎となった経と見なして『華厳経』『摂真実経』『金剛頂経』の順に成立したと推定する説をも紹介している。しかし、いずれにしても決定すべき理由を欠いている。

梵本の年代順が必しも翻訳の年代順というわけにはゆかず、内容的対比によってそれは決定されようが、いずれもが梵本全体を訳したものではなく、同じ巻とはいえ一部分を訳したにすぎない点より推して、決定するに、なお推蔵・検討が必要であろう。

五　本経と類似経典の関係

さて『摂真実経』（㊅一八）と密接な関係をもち、内容的にも近似すると考えられる密教経典類といえば、㈠不空（Amoghavajra）訳『金剛頂一切如来真実摂大乗現証大教王経』三巻（大一八）と、施護（Dānapāla）訳『仏説一切如来真実摂大乗現証三昧大教王経』三十巻（大一八）及び金剛智（Vajrabodhi）訳『金剛頂瑜伽中略出念誦経』四巻（大一八）の三種が推測される。そのほかに不空訳『金剛頂蓮華部心念誦儀軌』一巻（大一八）という『大教王経』と大同小異にして『大日経』住心品の色彩を残す訳書がある。

これら諸経の依用の経典たる金剛界の総集の経と予想される『金剛頂経』は十二処・十八会・十万頌と称されるものであるが、この完本も無く訳経もないが、その全容を梗概的に示すものが不空訳『金剛頂経瑜伽十八会指帰』一巻（大一八）であり、金剛界の諸経は、この大本の中の肝要と思われる部分を抽出翻訳したもので、いわば断片的思想といわれる。その中で上述の諸経は初会に関するものといわれる。

第一の『大教王経』は「一切如来真実摂大乗現証大教王会」と名づくる初会に関し色究竟天宮において説かれた教義で、金剛界品・降三世品・徧調伏品・一切義成就品の四品から成り、その第一の金剛界品における、大曼荼羅広大儀軌を説く部分がこの経で、真言宗正依の経典とされている。第二の施護訳は初会の全文を訳出したもので、梵本・蔵本に対応する最も完備した本で、大本の約十分の一といわれる。第三の金剛智訳は大本の中から灌頂（abhiṣeka）などの秘要を略出したもので大曼荼羅と法・三昧耶の両曼荼羅の三のみ説かれ、四印・一印・羯磨は触れていない。

かく見るとき、『摂真実経』は『金剛頂経』初会初品の訳であり、諸経と対比検討するとき、内容的に『大教王経』の別訳とはいえないまでも、同一の系統のものといえよう（松長『密教経典成立史論』一九一～一九四頁）。そして仏が一切如来の加持を蒙って五相成身観を修し、菩提道場において正覚を成じたのち、忉利天に登って種々の説法をなし、遂に再び菩提道場に還帰し方便随順して転法輪することを説くもので、金剛界三十七尊の印契・

真言及び供養の儀式及び護摩を説けるものであり、これをみても『金剛頂大教王経』に相似ることも否めない。

六　内容の概観

『摂真実経』は三巻九品より成り、一、序品、二、出世品、三、金剛界大道場品、四、金剛外界品、五、金剛界外供養品、六、修行儀軌品、七、建立道場発願品、八、持念品、九、護摩品である。この中には中観・唯識の思想のみならず、『法華経』の仏知見の教義、『華厳経』の浄菩提心並びに融通無礙の教義、『涅槃経』の仏性などの教義が織り込まれつつ教理の骨格を形成し、それを曼荼羅的展開によって修道を明らかにしようとしている。ただその表現が浅薄な面と応身の説法といった建前をとるところから、雑密に入れるものもあり、別説では『華厳経』から『金剛頂経』へと展開する過渡的な位置にあるとするも、内容上やむをえない。各品の詳細については次の如く述べられよう。

序品第一

大日如来（Mahāvairocana-tathāgata）が妙高山頂（Sumeru）の三十三天帝釈天宮（Śakra）の中の大宝楼閣に住されるや、十六大菩薩・四金剛女（外四供養）・四金剛天（四摂）及び諸天集会する。その時、如来は光明を放って四方の世界（東青・南金・西紅・北五色・十方白）を照らし、この経を説くことを告げてその功徳などを述べんと瑞相を現す。

出生品　第二

毘盧遮那如来が普賢菩薩（Samantabhadra）の三昧に入ってのち定より出でて秘密真言を説かれた。これによって如来の心から無数の満月を変成し、満月は大智金剛を出生し、大智金剛は再び如来の身に入り、智慧金剛となり、これより大光鬘を現じ、鬘は変じて五股金剛となって如来の掌中に住する。この五股金剛より光金剛を出生し、口より出でて十方世界に遍満してのち普賢菩薩を現じ、そこでこの菩薩に印契（mudrā）・灌頂（abhiṣeka）・名字（nāma）を授与して金剛手（Vajrapāṇi）と称する所以を明らかにする。

金剛大道場品　第三

金剛手菩薩は金剛界曼荼羅無上大法を説かんことを仏に請い、教勅を得て、瑜伽行者初入道場の次第を説く。まず灌頂の功徳より、浄三業・金剛合掌・金剛縛・金剛拳・金剛鉤・集会の初印明と順次述べる（以上が巻上）。

次いで五相成身を示す法身求心・大菩提心・堅固菩提心・観我身即薩埵にはじまり、三身観に当る観五方仏菩薩入我身観・報身観・化身観及び観三身堅固常住・観我身如金剛の印契及び真言を説き、さらに五仏三昧（中央大日如来・白色、東方不動明王〔阿閦如来〕・青色、南方宝生如来・金色、西方阿弥陀如来・紅色、北方不空成就如来・五色）及び四波羅蜜菩薩（東北方金剛波羅蜜天は阿閦如来に属し、東南方宝波羅蜜天は宝生如来に属し、西南方法波羅蜜天は阿弥陀如来に属し、西北方羯磨波羅蜜天は不空成就如来に属す）の印契と真言を説く。これによりて無想月輪観門を修せば、五種三昧（刹那・微塵・白縷・隠顕・安住）を得るという。

金剛外界品　第四

十六大菩薩の形像坐居及び印契・真言の次第を説く。即ち、まず東方不動如来の観門に入り、金剛薩埵・金剛王・金剛愛・金剛善哉の四菩薩を観ずるときそれぞれ印契・真言を示す。次いで南方宝生如来の四大菩薩の金剛宝・金剛威徳・金剛幢・金剛笑の諸菩薩を観ずるため印契と真言を示す。次いで西方無量寿如来の四大菩薩たる金剛法（観音）・金剛利（文殊）・金剛因・金剛語言の諸菩薩の印契及び真言を示し、最後に、不空成就如来の四大菩薩たる金剛羯磨・金剛護・金剛薬叉・金剛拳の菩薩の印契・真言を述べて終る（以上が巻中）。

金剛界外供養品　第五

八供養・四摂の十二菩薩の印契・真言と坐居の次第を説く。即ち、まず四如来を供養する内供養菩薩である東北方金剛嬉戯菩薩以下、東南方金剛鬘・西南方金剛歌・西北方金剛舞の四菩薩の印契と真言とを示し、次いで如来の教理の外に住する外供養菩薩の東北方金剛焼香菩薩以下、東南方金剛妙華・西南方金剛燃燈、西北方金剛塗香の四菩薩の印契・真言を説き示し、最後に化他の徳を表す四摂の菩薩である南方金剛鉤菩薩より西方金剛索・北方金剛鎖・東方金剛鈴の四菩薩の印契・真言を示す。この法を修すれば仏果を証するゆえ、頓に菩提を証する真言の正路と結ぶ。

修行儀軌品　第六

ここでは五仏の色相、次いで十二天の坐位と真言を列記し、続いて択地・浄地の法印・真言を叙し、及び道場荘厳・四礼・四処加持などの行法を説く。ただし建立道場法は極めて単純で、常の金剛界曼荼羅とは異なり、かつまた四曼・六曼については説かない。

建立道場発願品　第七

道場建立の発願を説き、そこにあって作法するには、名聞利養を離れて無上菩提（anuttarasaṃbodhi）を証せんがために利他円満すべきことを説く。

持念品　第八

曼荼羅成仏の法を修習して一切智智を成就する法を説く。まず、三種の修行門（数・時・形像）を説き、次いで念珠の法と念珠を執持するのに五部の差別あることを説く。さらに念珠の差異に依って功徳に軽重あることと、本尊を用いなくとも念珠の功徳ある法などを説く。

護摩品　第九

五部の内護摩（homa）すなわち、息災（śāntika）・調伏（abhicaraka）・求財（ākarṣaṇa）・敬愛（vaśīkaraṇa）・増益（pauṣṭika）の五種の法について説き、次いで廻向発願にはじまり、除障・灌頂の法についての印契・真言を説く。ここにては三摩耶・施身・覆眼・心中心・入道場・秘密水加持・召入本尊・堅牢智・投華得仏・開眼・奉還（金剛鈴・一百八名頌）・奉送についての印契・真言を説いて終る。

以上によって、法を得たるとき無上正等覚を証することができるゆえ、衆生のために大悲願おこして広くこの法を宣布して衆生を利益し、法を久住せしめ、究極の菩提を証せしめよ、と教示してこの経は終る。

〔北條賢三〕

真実摂大乗現証大教王経

一

本書と同じ不空訳による同名の経典が存在するが、巻数の別により、三巻教王経、二巻教王経あるいは三巻本金剛頂経、二巻本金剛頂経の呼称がある。三巻本とはいわゆる『初会金剛頂経』であり、一群の金剛頂経の根本経典である（ちなみに、三巻本は『金剛頂経』の第一章「金剛界品」のなかの大曼荼羅儀軌品のみの翻訳であり、全巻の翻訳に施護による『仏説一切如来真実摂大乗現証三昧大教王経』三十巻がある。この施護訳は三十巻本金剛頂経と言われる）。本書二巻本は経と称してはいるが、この『初会金剛頂経』を根本経典とし、『金剛頂瑜伽中略出念誦経』（金剛智訳）を本軌とする印契・真言・観想などを組織した金剛界諸尊の供養法次第である。本書と同本異訳といわれるものに同じく不空訳の『金剛頂蓮華部心念誦儀軌』がある。金剛界は如来部、金剛部、蓮華部、宝部（羯磨部）の四部立てとなっているが、『金剛頂蓮華部心念誦儀軌』は蓮華部立てであり、本書は金剛部立てとなっている。現在真言宗各派で用いられている金剛界の次第は『金剛頂蓮華心部念誦儀軌』に基づく蓮華部立てとなっているが、蓮華部と金剛部との相違は金剛蓮華を観じるか、金剛杵を観じるかの相違であってその組み立てはほとんど変わりない。本書と『金剛頂蓮華部心念誦儀軌』との相違は本書には冒頭に帰敬偈など四十偈に及ぶ序文が付されていて、行法次第に入る前の心構え、荘厳などが説かれていることである。細かい相違点については本文の頭註・補註に記しておいたので参照されたい。以下本書の組織について簡単に記しておく。

上下二巻のうち、上巻は「深妙秘密金剛界大三昧耶修習瑜伽儀」第一、下巻は「金剛界大曼拏囉毘盧遮那一切如来部族秘密心地印真言羯磨部」第二、「金剛界大曼拏囉毘盧遮那一切如来部族秘密心地印真言供養部」第四からなっている。上巻の第一は成身会を、下巻の第二羯磨部は羯磨会を、第三三昧耶部は三昧耶会を、第四供養部は供養会を明かしている。このうち、

第一成身会は、帰敬偈・浄地・浄身・観仏・金剛起・四礼・金剛持遍礼・五悔・勝願・金剛眼・金剛合掌・金剛縛・開心・入智・合智・普賢三昧耶・極喜三昧耶・降三世・蓮華部三昧耶・法輪・大欲・大楽不空身・召罪・摧罪・業障除・成菩提心・五相成身（通達菩提心・修菩提心・成金剛心・成金剛杵・広金剛杵・斂金剛杵・証金剛身・仏身円満）・諸仏加持・四仏加持・五仏灌頂・四仏繋鬘・甲冑・結冑・拍掌・現智身・見智身・四明・成仏・器界・大海・須弥盧・宝楼閣・小金剛輪・啓請・開門・啓請迦他・観仏海会・百八名讃・四明・金剛拍・閼伽・振鈴

第二羯磨会は、毘盧遮那如来・阿閦如来・宝生如来・無量寿如来・不空成就如来・四波羅蜜・十六大菩薩・八供養・四摂・十六大菩薩真言・八供養真言・四摂真言・賢劫十六尊・二十天・賢劫十六尊真言

第三三昧耶会は、五仏・四波羅蜜・十六大菩薩・八供養・四摂・十六大菩薩真言・八供養真言・四摂真言

第四供養会は、遍照尊・金剛薩埵・金剛宝・金剛法・金剛業・十六大菩薩（薩―心上、王―右脇、愛―左脇、喜―腰後、宝―額上、光―心上旋転、幢―頂上長舒二臂、笑―口上笑処解散、法―口上、利―右耳、因―左耳、語―頂後、業―香―頂上、護―華―右肩上、牙―燈―右胯上、拳―塗―心上）・十七雑供養（散華、焼香、塗香、燈明、宝類、玩具、宝樹、

承事、観法、布施、浄戒、安忍、精進、禅那、智慧、解脱、説法）・金剛百字明・金剛薩埵明・加持念珠・正念誦・入法界三昧観・本尊加持・八供養・奉閼伽香水・解界・奉送・宝三昧耶・齊掌三拍などを説いている。以上挙げた項目は本文中に小見出しとしてゴシック体で記しておいた。

これらの次第の中核となるものは金剛界諸尊との瑜伽観法である。行者は本尊（瑜伽すなわち合一の対象となる尊格）と同じ印契を結び、本尊の真言を唱え、本尊の誓願を意に浮かべ、本尊と自身とが一体になることを繰返し修観（bhāvanā）するのである。その瑜伽の対象となる本尊は無論金剛界の三十七尊であるが、その一々と同時に瑜伽することは不可能であるので順を追って行かなければならない。筆者はこの尊格瑜伽を本尊瑜伽と称しているが、この意味では一尊瑜伽とも言われている。この本尊瑜伽の根本となる儀則が五相成身観であるが、五相成身観の場合は一々の尊格との瑜伽は行わず、五段階の観法を通して《一切の最勝の形相を備えた仏の姿（H§28 sarvākāravaropetaṃ buddhabimbaṃ）》すなわち毘盧遮那如来との瑜伽を完成する。しかし、この五相成身観には詳細な儀則が欠けており、これだけで成仏の実感が得られたとは思われず、むしろ瑜伽密教としての大原則を標榜したものと思われる。根本経典である『初会金剛頂経』には、この五相成身観以下、金剛界大曼荼羅の建立、入壇灌頂作法、大三法羯の四種の印契など詳細な儀則が説かれる。本書のような儀軌はこの根本経典に説かれる詳細な儀則を修観しやすいように簡潔に組織だてたものなのである。そして、この五相成身観によって打ち立てられた瑜伽観法をより実際的なものとして組み立てたものが現智身、見智身、四明、成仏の次第であると考える。本書の次第のすべてに亙る解説は割愛せざるを得ないが、以下五相成身観、四仏繫鬘、現智身、見智身、四明、成仏について他の経軌次第との対応箇所を比較しながら本書の特色を記しておきたい。

○五相成身観

五相成身観は根本経典である『初会金剛頂経』に出るが、第一通達菩提心、第二修菩提心、第三成金剛心、第四証金剛身、第五仏身円満の五相である。しかし本書二巻教王経においては成金剛杵、広金剛杵、斂金剛杵などの観法が加わりより実習的に組み立てられている。現行の金剛界次第（豊山依用の伝法院流次第を用いる）は『蓮華部心念誦儀軌』を本軌とするが、この五相成身観の組み立ては本書二巻教王経に基づいている。以下諸経軌における修観の次第と真言を対照しておく。

修観の次第

	三巻教王経	略出念誦経	蓮華部心念誦儀軌	二巻教王経	金剛界次第
第一	如月輪	如月輪	軽霧月輪	軽霧月輪	軽霧月輪
第二	月輪	清浄月輪	浄月輪	浄月輪	浄月輪
第三	月輪中金剛	金剛杵 金剛印広展 金剛収摂	（五鈷金剛蓮華）八葉蓮華	（金剛蓮華）五股金剛 大金剛 金剛界	八葉蓮華 広蓮華 斂蓮華
第四	薩埵金剛	金剛身	蓮華身	金剛身	八葉〔蓮華〕
第五	自身仏形	自身等正覚	身本尊	身仏形	仏身円満

真言

第一	全経軌同じ	oṃ cittaprativedhaṃ karomi.
	金剛界次第のみ次の真言を加える	oṃ samayas tvam. oṃ aḥ svāhā.

第二	全経軌同じ	oṃ bodhicittam utpādayāmi.
	蓮心軌と二巻教王経は次の真言を加える	oṃ sūkṣma vajra.
第三	三巻教王経	oṃ tiṣṭha vajra.
	略出念誦経	tiṣṭha vajra. sphara vajra. oṃ saṃhara vajra. oṃ dṛḍha tiṣṭha vajra.
	蓮華部心念誦儀軌	oṃ tiṣṭha vajrapadma.
	二巻教王経	oṃ tiṣṭha vajra. oṃ sphara vajra. oṃ saṃhara vajra.
	金剛界次第	oṃ tiṣṭha vajrapadma. oṃ vajrapadma sphara. oṃ vajrapadma saṃhara.
第四	三巻教王経	oṃ vajrātmako 'haṃ.
	略出念誦経	oṃ vajrātmako 'haṃ samayo 'haṃ mahāsamayo 'haṃ sarvatathāgatābhisaṃbodhivajrātmako 'haṃ.
	蓮華部心念誦儀軌	oṃ vajra[padmā]tmako 'haṃ.
	二巻教王経	oṃ vajrātmako 'haṃ.
	金剛界次第	oṃ vajrapadmātmako 'haṃ.

第五	全経軌同じ	oṃ yathā sarvatathāgatās tathāham.

以上のうち、第三成金剛心において二巻本は『略出念誦経』に基づき、現行の金剛界次第は『蓮華部心念誦次第』に基づきながらも、この部分のみは二巻本に基づき金剛杵を金剛蓮華に替えていることが判明する。

○四仏繋鬘

四仏繋鬘の鬘とはもと花を輪にした装飾品で、宝冠の周囲につける髪飾りである。五仏灌頂によって金剛界如来となった行者（受者）は五智の宝冠を頭頂にいただくと思い、宝冠の周囲に四仏を配する。毘盧遮那如来は四仏の総体であるので四仏をもって足りるとする。その所作は四仏の三昧耶印を結び、結び終わって手を分かち首より左右に帯を垂れるがごとく下ろす。その際、三昧耶印に象徴される独鈷杵、宝珠、蓮華、羯磨杵の鬘を頭上に懸けると観念する。その時、ともに真言を唱えるのであるが、その真言について、多少の異同があり、以下疑問の点を述べておきたい。

まず、『略出念誦経』によれば、以下のごとく還梵できる。

1 阿閦（不動仏） oṃ vajramāle 'bhiṣiñca māṃ vaṃ /
2 宝　生 oṃ vajraratnamāle 'bhiṣiñca māṃ vaṃ /
3 無量寿 oṃ vajrapadmamāle 'bhiṣiñca māṃ vaṃ /
4 不空成就 oṃ vajrakarmamāle 'bhiṣiñca māṃ vaṃ /

1 オーン、金剛〔独鈷〕杵の鬘よ、我れを灌頂したまえ、ヴァン。

2 オーン、金剛宝の鬘よ、我れを灌頂したまえ、ヴァン。
3 オーン、金剛蓮華の鬘よ、我れを灌頂したまえ、ヴァン。
4 オーン、金剛羯磨杵の鬘よ、我れを灌頂したまえ、ヴァン。

すなわち、順に金剛独鈷杵、金剛宝珠、金剛蓮華、金剛羯磨杵の鬘を懸けると観念するのである。

ところが、『二巻教王経』、『梵字心軌』によれば、以下のごとく還梵できる。これは金剛界念誦次第においても同じである。

1 oṃ vajrasattva mālābhiṣiñca māṃ vaṃ/
2 oṃ vajraratna mālābhiṣiñca māṃ vaṃ/
3 oṃ vajrapadma mālābhiṣiñca māṃ vaṃ/
4 oṃ vajrakarma mālābhiṣiñca māṃ vaṃ/

1 オーン、金剛薩埵よ、我れを鬘にて灌頂したまえ、ヴァン。
2 オーン、金剛宝〔菩薩〕よ、我れを鬘にて灌頂したまえ、ヴァン。
3 オーン、金剛法〔菩薩〕よ、我れを鬘にて灌頂したまえ、ヴァン。
4 オーン、金剛業〔菩薩〕よ、我れを鬘にて灌頂したまえ、ヴァン。

すなわち、四部を代表する金剛薩埵、金剛宝菩薩、金剛法菩薩、金剛業菩薩によって、鬘の灌頂がなされると観念するのである。しかし、上の mālābhiṣiñca（鬘にて灌頂したまえ）の和訳は無理があり、筆者は誤訳であることを承知の上であえて提出した。それではなぜこのような解釈を提供したかと言えば、それは1の vajrasattva という語に問題があると言える。一番もととなる原典の『略出念誦経』には vajra とあるだけなので、これは〔独鈷〕金剛杵と考えることができる。しかし、vajrasattva となれば、これは金剛薩埵と取るしかあり得ず、したがって以下の vajraratna, vajrapadma, vajrakarma はそれぞれ菩薩と取るしかなくなるであろう。その結果上のような無理な解釈が出てくることになる。これは明らかに間違いであると思われる。なぜこのような混乱が起きたのであろうか。それは四仏繋鬘の前の所作である四仏加持、五仏灌頂に影響されたとしか言いようがない。四仏加持、五仏灌頂においてはそれぞれ菩薩と取るべきであるからである。また、金剛界次第の本軌である『蓮華部心念誦儀軌』は大正蔵の脚注に上げられる宋、元、明の三本はこの真言の sattva（薩怛嚩）を欠いている。以上のことからこれは一つの提案に過ぎないが、現行の金剛界次第の四仏繋鬘の真言であるオン　バザラサトバ　マアラビシンジャマンバンのサトバはこれを取り除き、オン　バザラマアラ　ビシンジャ　マンバンとなすべきであろうかと考える。

○現智身、見智身、四明、成仏

本尊瑜伽の観法を説くこの金剛界次第において、最も重要であると思われる五相成身観やここにいう現智身、見智身、四明、成仏の金剛薩埵遍入儀則は現在伝授されている実際の加行においてさほどの重要性を帯びておらず、正念誦や入法界三昧観の字輪観（『二巻教王経』や『蓮華部心念誦儀軌』には説かれていない）、供養法などが重視されているように思われる。しかし、この現智身、見智身、四明そして次に説く成仏（陳三昧耶とも言う）はインド、チベットにおいては金剛薩埵遍入の儀則として重要な位置を占めている。この儀則は修行者が眼前に智身金剛薩埵を見て、同じ姿を取ると観じている自身の内に金剛薩埵を遍入し、自身金剛薩埵と一体となることを成就する次第である。なお、修行者は成就した金剛薩埵を今度は自身の心臓に位置せしめ、続いて金剛王菩薩以下、十五尊、八供養、四摂の合計二十八尊を同様に修観して自身の体に布置して行く。これについての記述は根本経典である『三巻教王経』や本書などには省略されているが、インドやチベットの文献には詳しく説かれている。本来ならばさまざまな経軌との対応を検討すべきではあるが膨大になるため割愛し、本書に記された儀則について、『初会金剛頂経』の注釈書であるアーナンダガルバ（慶喜蔵）著『真性作明』（Ānandagarbha: Sarvatathāgatatattvasaṃgrahamahāyānābhisamaya nāma tantravyākhyātattvālokakārī nāma. Ⓟ vol. 71, 72, No. 3333 fol. $168a^{7}$-$170a^{5}$）等を参照しながら以下簡略に記しておこう。

修行者はまず入智の印（外縛して二大指を掌に入れ、三度召入する）を結び、面前の空中に月輪を生じ、その月輪の中に金剛杵を遍入させる。そして自分自身も金剛薩埵の姿を取ると想いながら、その金剛杵が金剛薩埵そのものと成ると観念する。その金剛杵より生起した金剛薩埵（大薩埵）を自身の面前に観じる。その姿は二手を金剛拳になし、左を腰に当て右を胸に当てている。その彼に智薩埵（jñānasattva《智そのものの存在》すなわち法身）を、オンバザラサトバアク（金剛薩埵よ、遍入せよ）という真言とともに、鉤召し、引き入れ、縛し、喜ばしめる。これが現智身である。そのときオンバザラサトバジリシャ（金剛薩埵よ、現れよ）という真言が与えられ、修行者が警覚される。そこで警覚された修行者はそれに一瞥を与える。それが見智身である（このとき合智の印を結ぶ）。その智薩埵を見たことによって面前に座した金剛薩埵そのものを金剛薩埵の姿を取った修行者自身が金剛薩埵となると思い面前の智薩埵を鉤召、引き入れ、縛し、喜ばしめる。これが四明である。そして智薩埵を自身にいれてサンマヤサトバン（汝は三昧耶なり《汝は〔我と〕一体なり》）と唱え、自分の身の中に入ったその薩埵を自身であると観じる。そのとき自身と金剛薩埵は乳と水のごとく一つになると観じる。すなわち「汝は我れであり、我れは薩埵である」というのが samayas tvam aham である。しかし、この真言は「我れは三昧耶薩怛鑁なり」と訳されている。そしてオンサンマユカンマカサンマユカン（我れは三昧耶なり、我れは大三昧耶なり）と述べる。これが成仏であり、成仏の自覚から本尊の三昧耶（この場合誓願とす）を行じることを宣言する。すなわち利地に働き出す所から陳三昧ともいわれる。

この儀則は後の無上瑜伽密教において尊格成就法の要となった。修行者が面前に観じる三昧耶形から生じた大薩埵は後の無上瑜伽密教では三昧耶薩埵（samayasattva）という。ここでの三昧耶とは約束、一致と言った意味で、「約束上の存在」と訳されている。また、修行者が自分自身を金剛薩埵の姿を取るその状態もまた三昧耶薩埵と呼ばれる。三昧耶薩埵と智薩埵の融合によって尊格瑜伽を成就するのである。

ただ、ここで一つ気になるのは最後の真言である samayas tvam aham を漢訳者が「我れは三昧耶薩怛鑁なり」と訳していることである。日本密教においてはこの箇所が淵源してのことであろうが、三昧耶薩怛鑁とは金剛薩埵のことであり、自身金剛薩埵と観じるときにはサンマヤサトバンの真言を唱えるのである。これから類推すると三昧耶薩怛鑁は samayasattva と捕えられていたのかもしれない。しかし、原典では samayas tvam aham であり、何ゆえ漢訳者がこの部分のみ「我れは三昧耶薩怛鑁なり」と訳したのか理解に苦しむ。ただ、瑜伽密教の段階においても samayasattva の語が伝承され、無上瑜伽密教で使われる意味とは別に、瑜伽を完成した状態を samayasattva と見なしていた可能性はあり得る。その証左の一つに『初会金剛頂経』の第七諸儀則類の中にマカサンマヤサトボウカン（H§301 (大)一八・二二二中 mahāsamayasattvo 'ham. 我れは偉大な三昧耶薩埵なり）の真言や、サンマヤサトバジシュタソバマン（H§303 samayasattvādhitiṣṭhasva mām. 三昧耶薩埵よ、我れを加持したまえ）の真言、また、身・口・意金剛を金剛堅固にする真言いわゆる百字真言（H§307）の中にも mahāsamayasattva の語が存在する。これらはいずれも瑜伽を完成した状態に於いて唱えられている。

したがって、この三昧耶薩埵（samayasattva）という語は、面前に観じる薩埵、それと同じ姿を取る修行者、そして瑜伽を成就した自身薩埵の状態、すべてに用いられる概念であると思われる。すなわち、それらすべては本質的には平等であるという意味で三昧耶薩埵ということができるのである。

なお、日本密教においては五相成身観の仏身円満とこの現智身、見智身、四明の成仏との整合性に苦慮し、五相成身観の仏身は理法身、この現智身、見智身の仏身は智法身、あるいは前者は自性自受用身、後者は他受身等々の解釈が生じた。それらに渉る詳細な研究は他に譲らざるを得ない。

二

現在真言宗各派で用いられている金剛界法の次第は流派による細かい相違は別として、すべて弘法大師空海の『金剛界黄紙次第』（『弘法大師全集』第二輯、一九九～二三八頁）に基づいている。この次第の本軌は先に上げた『金剛頂蓮華部心念誦儀軌』であり、また本書『金剛頂一切如来真実摂大乗現証大教王経』二巻である。そしてこれらの儀軌の根本の経典は『金剛頂一切如来真実摂大乗現証大教王経』三巻であり、儀軌的要素の強い『金剛頂瑜伽中略出念誦経』である。筆者は本書を校注するに当たって筆者の所属する真言宗豊山派が依用する伝法院流金剛界念誦次第とこれらの経典儀軌との対照表を作成した。項目のみという一覧表につきものの制約があり、多少の遺漏があることをお許しいただき以下記しておきたい。

まず第一欄に我々の『伝法院流金剛界念誦次第』の項目を上げた。第二欄は『金剛界黄紙次第』で、左端に付した番号はこの黄紙次第に出る項目の所出の順に打ったものである。第三欄は『金剛頂蓮華部心念誦儀軌』（蓮心軌）、第四欄は梵字『蓮華部心念誦儀軌』で、これはまた、『金剛頂蓮華部心念誦儀軌』の真言を抽出し、梵字で記してあるので『梵字心軌』と言われる。第五欄は本書『二巻教王経』、第六欄は『初会金剛頂経』（TS.）で、堀内本の節番号（H§）を記した。第七欄は『金剛頂瑜伽中略出念誦経』（略出経）で、番号は真言の所出の順に付したものである。〇印はその内容が『黄紙次第』と一致していることを示している。本書の項目名は原本にはついていないが、主として『黄紙次第』に付せられた項目に基づいた。蓮心軌も項目名は付されていないが『梵字心軌』にはその項目が付されているので〇印は『梵字心軌』と一致していることを示している。なお、同系の儀軌に『毘盧遮那三摩地法』（大一八）、『甘露軍荼利軌』（大二一）などがあるが、一致する箇所のみ項目番号を以下に記しておく。

『毘盧遮那三摩地法』16, 20, 22〜25, 37〜43, 51〜53, 56〜58, 62, 63, 78, 95, 101, 111, 155, 163

『甘露軍荼利軌』6, 11, 12, 31〜33, 68, 69, 71〜74, 98〜100, 167

金剛界念誦次第対照表

	伝法院流金剛界念誦次第	金剛界黄紙次第	蓮心軌	梵字心軌	二巻教王経	TS. H§	略出経
1	金剛頂蓮華部心念誦次第	向道場					
2		三密等					
3	〇	詣道場観					
4	〇	無能勝観					
5	〇	開門					
6	〇	壇前普礼				192, 263	

7		辨供					
8	○着座	着座					
9	○［塗香］	塗香					
10	○三金観	三密観					
11	○浄三業	浄三業					
12	○仏・蓮・金・被甲護身	三部・被甲					
	○加持香水	加持香水					
13	○加持供物	加持供物				683, 1228	
14	○覧字観	ラン字観					
15	○浄地	観一切法	○	○浄地	○〈浄地〉		
16	○浄身	浄身	○	○浄身	○〈浄身〉		
17		浄三業					
18	○仏部・蓮華部・金剛部	三部心・					
	○被甲	被					
19	○観仏	観仏	○	○観仏	○〈観仏〉		
20	○驚覚	金剛起	○脚注ニアリ	○金剛起	○〈金剛起〉	704, 963	1
21		礼大日					
22	○奉礼阿閦仏	四礼	○	○阿閦	○〈阿閦〉	214	12

23	○宝生尊	四礼	○	○宝生	○〈宝生〉	215	13
24	○無量寿	四礼	○	○無量寿	○〈無量寿〉	216	14
25	○不空成就	四礼	○	○不空成就	○〈不空成就〉	217	15
26	○金剛持遍礼	結金剛持大印	○	○金剛持	○〈金剛持遍礼〉	1375	65
	表白						
	神分						
	祈願						
	恭礼三宝						
	浄三業真言						
	普礼真言						
27	○五悔	五悔（五大願）	○		○〈五悔〉		
	発菩提心真言					22	
	三昧耶戒真言					256	
	勧請						
	発願						
	五大願						
	普供養真言						
	三力偈						

28	○慈無量心三摩地	四無量観（慈）				463①	
29	○悲・喜・捨三摩地	（悲）（喜）（捨）				463②, ③, ④	
30	○勝心	勝願	○	○証定	○〈勝願〉		21
31	○大金剛輪	大金剛輪					
32	○地界金剛橛	金剛橛（地結）					
33	○金剛墻	金剛墻（四方結）					
34	○金剛眼	金剛眼	○	○遍観	○〈金剛眼〉	370①	22
35	○金剛合掌	金剛合掌	○	○金剛掌	○〈金剛合掌〉	（印）263	23
36	○金剛縛	金剛縛	○	○金剛縛	○〈金剛縛〉	（印）263	24
37	○開心	開心	○	○開心	○〈開心〉	299	27
38	○入智	入智	○	○入智	○〈入智〉	224, 187	28
39	○合智	合智	○	○堅固智	○〈合智〉	269-13	29
40	○普賢三昧耶	普賢三昧耶	○	○普賢三昧耶	○〈普賢三昧耶〉	256-1, 218	25
41	○極喜三昧耶	極喜三昧耶	○	○極喜三昧耶	○〈極喜三昧耶〉	2251	26
42	○降三世	降三世	○	○降三世	○〈降三世〉	656, 1275	30
43	○蓮華三昧耶	蓮華三昧耶	○	○蓮華三昧耶	○〈蓮華部三昧耶〉	1544	31
44	○結法輪	法輪	○	○法輪	○〈法輪〉		
45	○大欲	大欲	○	○大慾	○〈大欲〉	270-16	

46	○大楽不空身	大楽不空身	○	○大楽金剛	○〈大楽不空身〉		
47	○召罪法	召罪	○	○召罪	○〈召罪〉	837	219
48	○摧罪法	摧罪	○	○摧罪	○〈摧罪〉	841	220
49	○業障除	浄三業	○	○浄三業	○〈業障除〉	830	
50	○成菩提	成菩提心	○	○菩提心	○〈成菩提心〉	1217	
51	○五相成身　三摩地明	（普礼）	○	○普礼	○〈五相成身〉	192	
52	○通達菩提心	通達菩提心	○	○通達心	○〈通達菩提心〉	20	66
53	○修菩提心	修菩提心	○	○証菩提心	○〈修菩提心〉	22	67
54	○成蓮華	成金剛心	○	○明顕	○〈成金剛心〉	24	68
55	○広蓮華	広金剛			○〈成金剛杵〉〈広金剛杵〉	458②	69
56	○斂蓮華	斂金剛			○〈斂金剛杵〉	458③	70
57	○証蓮華	浄月輪	○	○八葉蓮華	○〈証金剛身〉	25-2	72
58	○仏身円満	仏身円満	○	○観身本尊	○〈仏身円満〉	28	94
59	○諸仏加持	諸仏加持	○	○諸如来加持	○〈諸仏加持〉	29, 458④	78～81
	烏瑟尼						
	螺髻						
	毫相蔵						
	宝冠						

	四仏加持			○四如来三昧耶	○〈四仏加持〉	303	
60	○五仏灌頂	灌頂	○	○五仏灌頂	○〈五仏灌頂〉	232, 323	82～85（大日欠）
61	○四仏繋鬘	四仏繋鬘	○	○四如来鬘	○〈四仏繋鬘〉	232	86～89
62	○甲冑	浄仏国土	○	○甲冑	○〈甲冑〉		
	結冑				○〈結冑〉		
63	○拍掌	金剛拍	○	○金剛拍	○〈拍掌〉	311	77
64	○現智身	現智身	○	○現智身	○〈現智身〉	255	
65	○見智身	見智身	○	○見智身	○〈見智身〉	255	
66	○四明	四明	○	（四明を含む）	○〈四明〉	255, 256-3, 209-23	75
67	○成仏	陳三昧耶	○	○如来平等三昧耶	○〈成仏〉	256-1, 264-4, 302	
68	○器界観	道場観			○〈器界〉		
	空輪				（虚空）		
	風輪				（風輪）		
	火輪				（輪囲山）		
	水輪				（水輪）		
	地輪				（金亀）		
	大海	八功徳水	○	○八功徳水	（妙蓮華）		
	七金山				（妙高山）		

	金亀				○〈大海〉		
	三層蓮台						
69	妙高山	想須弥盧	○	○須弥山	○〈須弥盧〉		
	曼荼羅観				○宝楼閣		
70		如来拳	○				
71	○大虚空蔵	大虚空蔵					
72		宝車輅					
73		請車輅					
74	○小金剛輪	宝楼閣	○	○小金剛輪	○〈小金剛輪〉		
75	○啓請	啓請	○	○啓請	○〈啓請〉		
76	○開門	開門	○	○開門	○〈開門〉	858	100
77	○啓白	啓請	○	○啓請伽陀	○〈啓請伽陀〉		
	送車輅＝72						
	請車輅＝73						
	大鉤召						
78	○金剛王	観仏海会	○	○仏海会	○〈観仏海会〉	191	101
79		金薩	○	○東	○〈百八名讃〉	197～	百八名讃翻訳
80		王	○	○	○		

81		愛	○	○	○		
82		喜	○	○	○		
83		宝	○	○西	○		
84		光	○	○	○		
85		幢	○	○	○		
86		笑	○	○	○		
87		法	○	○北	○		
88		利	○	○	○		
89		因	○	○	○		
90		語	○	○	○		
91		業	○	○	○		
92		護	○	○	○		
93		牙	○	○	○		
94		拳	○	○	○	～200	
				内四供養			
				外四供養			
95		四摂印	○	○四摂	○〈四明〉	178～187	
96		金剛拍	○		○金剛拍	311	77

97	除障降三世	不動結界					
98	虚空網	金剛網					
99	無等火院	金剛炎					
100	大三昧耶	大三昧耶					
101	○奉閼伽香水	入平等地	○	○	○〈閼伽〉（平等智）	222	
102	蓮華座	蓮華座					
	讃（四智梵語）					314	
	四摂＝95						
	拍掌＝96						
103	○振鈴	振鈴	○		○振鈴		
	以上成身会						
104		羯磨会					
105	○羯磨会品（五仏）	羯磨印	○脚注ニアリ		○〈五仏〉	251-1	102～106
106	○四波羅蜜	四波羅蜜	○		○〈四波羅蜜〉	139, 142, 145, 148	
107	○十六尊・八供・四摂	十六尊・八供・四摂	○		○〈十六大菩薩・八供養・四摂〉	35～187	107～134
	賢劫十六大菩薩		○	○	○〈賢劫十六尊〉		
	外金剛部天				○〈二十天〉		
	以上羯磨会						

108		内五股					
109	○三昧耶会（五仏）	三昧耶	○	○五仏	○〈五仏〉	278-1	
110	○四波羅蜜	四波羅蜜	○	○四波羅蜜	○〈四波羅蜜〉		135～139（真言異）
111	○十六尊・八供・四摂	十六尊・八供・四摂	○	○十六尊	○〈十六大菩薩・八供養・四摂〉	278-2～283-12	140～167
	以上三昧耶会						
112	○大供養会	大供養	○	○遍照尊	○〈遍照尊〉	494	
113	○金剛薩埵	金剛薩埵	○	○金剛薩埵	○〈金剛薩埵〉	495	
114	○金剛宝	金剛宝	○	○金剛宝	○〈金剛宝〉	496	
115	○金剛法	金剛法	○	○金剛法	○〈金剛法〉	497	
116	○金剛業	金剛業	○	○金剛業	○〈金剛業〉	498	
	四波羅蜜菩薩						
117	○十六大供養　金薩	心上金剛縛	○	○心上金剛縛　東	○〈金剛薩埵〉	506①	168
118	○金剛王	右脇	○	○右脇	●(大)欠〈金剛王〉	506②	169
119	○金剛愛	左脇	○	○左脇	●(大)欠〈金剛愛〉	507③	170
120	○金剛喜	腰後	○	○腰後	○〈金剛喜〉	507④	171
121	○金剛宝	額上	○	○額上　南	○〈金剛宝〉	509⑤	172
122	○金剛光	心上	○	○心上	●(大)欠〈金剛光〉	509⑥	173
123	○金剛幢	頂上	○	○頂上	○〈金剛幢〉	510⑦	174

124	○金剛笑	口上笑処	○	○口上笑処	○〈金剛笑〉	510⑧	175
125	○金剛法	口上	○	○口上密語西	○〈金剛法〉	512⑨	176
126	○金剛利	右耳	○	○右耳	○〈金剛利〉	512⑩	177
127	○金剛因	左耳	○	○左耳	○〈金剛因〉	513⑪	178
128	○金剛語	頂後	○	○頂後	○〈金剛語〉	513⑫	179
129	○金剛業	頂上	○	○頂上北	○〈金剛業〉	515⑬	180
130	○金剛護	右肩上	○	○右肩上	○〈金剛護〉	515⑭	181
131	○金剛牙	右胯上	○	○右胯上	○〈金剛牙〉	516⑮	182
132	○金剛拳	置心上	○	○置心上	○〈金剛拳〉	516⑯	183
133	○金剛華菩薩	散華	○	○散□外四	○〈十七雑供養　散華〉		184（雑供養）
134	○金剛焼香菩薩	焼香	○	○焼香	○〈焼香〉真言㊅欠		185
135	○金剛塗香菩薩	燈	○塗香	○燈	○〈塗香〉観想㊅欠		187（燈）
136	○金剛燈菩薩	塗香	○燈	○塗香	○〈燈明〉		186（塗香）
137	○金剛宝菩薩	三昧耶宝	○	○三昧耶	○〈宝類〉		188
138	○金剛戯楽菩薩	戯嬉	○	○戯嬉	○〈玩具〉		189
139	○劫樹印	薩埵三昧耶	○	○薩埵三昧	○〈宝樹〉		190
140	○羯磨三昧耶	羯磨三昧耶	○	○羯磨三昧	○〈承事〉		191
141	○達磨三昧耶	達磨三昧耶	○	○達磨三昧	○〈観法〉		192

142	○宝幢三昧耶	宝幢三昧耶	○	○宝幢三昧	○〈布施〉		193
143	○香身	香身	○	○□香身契	○〈浄戒〉		194
144	○羯磨触地	羯磨触地	○	○羯磨	○〈安忍〉		195
145	○闘勝精進	闘勝精進	○	○闘勝精進契	○〈精進〉		196
146	○三摩地	三摩地	○	○三摩地	○〈禅那〉		197
147	○遍照尊羯磨	遍照尊	○	○遍照尊	○〈智慧〉		198
148	○勝上三摩地	勝上三摩地	○	○勝上三摩地	○〈解脱〉		199
149	○如来口	合指爪	○	○合指爪	○〈説法〉		200
	以上大供養会						
150	○四印会　金薩	金剛拳	○(大)脚注	○金剛拳			
151	○金剛宝	三昧耶印	○(大)脚注	○三昧耶			
152	○金剛法	法印	○(大)脚注	○法印			
153	○金剛羯磨	羯磨印	○(大)脚注	○羯磨印			
	以上四印会						
	一印会						
	以上一印会						
154	○献事供	摩尼供養					
	讃（四智）						

	普供養						
	三力偈						
	祈願						
	礼仏						
155		仏眼加持	○百字真言	○金剛三昧	○〈金剛百字明〉	307	93
			蓮華百字真言（㊅脚注）	○蓮華部三昧			
156	○入我我入観	入我我入			○〈金剛薩埵明〉		
	本尊加持						
	金剛百字明＝155						
157	○加持念珠	加持念珠法	○	○旋転真言	○〈加持念珠〉		
	○浄珠明						
	五大願						
	○旋転明						
158		羯磨加持					
159		字輪観					
160		羯磨加持					
161		三昧拳					
162		羯磨拳	○				

正念誦				○〈正念誦〉		
懺悔						
入法界三昧観				○〈入法界三昧観〉		
本尊加持				○〈本尊加持〉		
仏母加持						
散念誦						
八供養				○〈八供養〉		
献事供				○〈奉閼伽香水〉		
献布施						
後鈴						
讃（四智梵語）						
普供養						
三力偈						
祈願						
礼仏						
随心回向						
至心回向						
解界				○〈解界〉		

	頌偈						
163	○奉送	奉送	○	○奉送	○〈奉送〉	309, 317	
164		四仏加持					
165	○宝三昧耶	宝印	○	○宝印	○〈宝三昧耶〉	310	
	斉掌三拍				○〈斉掌三拍〉	311	
166	○三部・被甲	被甲	○	○	○〈被甲〉		
167		道場観					
168		如来拳印					
	礼仏						
	出堂						

校注凡例

一、原本は(大)一八・No. 874 不空訳『金剛頂一切如来真実摂大乗現証大教王経』三巻を使用し、続蔵所収のものを参照した。

二、略 号

(甲) (大)脚注(甲)本

(蓮)『金剛頂蓮華部心念誦儀軌』一巻 不空訳（(大)一八・No. 873）

(毘)『金剛頂経瑜伽修習毘盧遮那三摩地法』一巻 金剛智訳（(大)一八・No. 875）

TS. H§ 堀内本の節番号：堀内本、堀内寛仁『梵蔵漢対照 初会金剛頂経の研究 梵本校訂篇』上 密教文化研究所

〔高橋尚夫〕

蕤呬耶経

一　経題について

この『蕤呬耶経』はサンスクリット原典が散逸しており、漢訳とチベット訳によるものしか存在しない。漢訳は不空（Amoghavajra, 七〇五～七七四）によって七四六（天宝五）年から七七四年（大暦九）にかけて訳されたとする。またの名を『玉呬耶経』とも称すが、古来より『瞿醯壇怛囉経』、或いは単に『瞿醯経』とも通称されてきた。これらの漢訳の題名は、何れもチベット訳に掲げるサンスクリットの題名から知られる“Guhyatantra（秘密儀軌）”を音写したに過ぎないと言える。

本経のチベット訳の題名は、“dKyil ḥkhor thams cad kyi spyiḥi cho ga gsaṅ baḥi rgyud（Peking Ed. No. 429）”である。また、同チベット訳の音写に基づくサンスクリットの題名は、“Sarvamaṇḍalasāmānyavidhi-guhyatantra（一切の曼荼羅に共通する儀則の秘密儀軌）”となっている。

サンスクリットの題名から知られるように本経の主題とするところは、本経の成立時にインドで流行していた密教経典に共通する儀則、すなわち曼荼羅を建立して入壇灌頂の作法を行う曼荼羅行なる密教儀礼を明かすことにある。その著され方を見ると、従来の密教経典の特徴である釈尊や大日如来などの教主が説く形式を取るというよりも、本経のような実践行を実際に修習していた当時の密教行者が、一種の備妄録的なものを残そうとしてまとめ上げる形で著述されているといえる。その点を如実に物語るのが、以下に挙げるチベット訳の最後の部分である。(1)

sgrub pa chen po bya baḥi rgyud kyi bshed lugs kyis dkyil ḥkhor gyi mdsad byed ma lus par yoṅs su rdsogs par bstan pa yin no//（大成就者が所作タントラの教説の理趣を以って、曼荼羅のすべての御事業を成就することを説いたのである。）

ところで、漢訳は序品・阿闍梨相品・揀択地相品・浄地品・召請品・揀択弟子品・摩訶曼荼羅品・奉請供養品・分別印相品・分別護摩品・補闕品の十一章から構成され、すべて長文で記されている。一方、チベット訳にはそれらの章名が付けられておらず、章立てされることもなく偈頌ですべて記されている。現在のところ、本経のサンスクリット原典のごく一部が回収されているのを見てみると、(2)それが偈頌で記されているので、恐らく、本経のサンスクリット原典はチベット訳のように総偈頌で記されていたと思われる。

そこで、チベット訳・漢訳を比較対照してみると、全体にわたって両訳はほぼ一致しているといえるが、漢訳には意訳が多い上に数カ所にわたって乱脱が認められる。また、儀軌上重要な次第が説かれる部分に関して、チベット訳には存在するが、漢訳にはそれが欠けている部分も数カ所散見される。以下に、漢訳に対する相当チベット訳の対照表を掲げておく。

	漢訳品名	大正蔵	チベット訳
1	序品	$760c^{5-12}$	$202a^{4-7}$
2	阿闍梨相品	$760c^{13-26}$	$202a^{7}$–b^{2}
3	揀択地相品	$760c^{27}$–$762b^{9}$	$202b^{2}$–$205a^{3}$
4	浄地品	$762b^{10-27}$	$205a^{3}$–b^{2}
5	召請品	$762b^{28}$–c^{22}	$205b^{2}$–$206a^{3}$
6	揀択弟子品	$762c^{23}$–$763c^{28}$	$206a^{3}$–$208b^{4}$
7	摩訶曼荼羅品	$764a^{7}$–$766b^{29}$	$208b^{4}$–$214a^{6}$
8	奉請供養品	$766c^{1}$–$769a^{13}$	$214a^{6}$–$219a^{4}$
9	分別印相品	$769a^{21}$–$770b^{4}$	$219a^{4}$–$221b^{8}$
10	分別護摩品	$770b^{5}$–$771b^{15}$, $772a^{23}$–b^{2}, b^{3-4}, b^{2-3}, b^{4-5}（乱脱）	$221b^{8}$–$224a^{8}$
11	補闕品	$772b^{6-22}$, $771b^{15}$–$772a^{23}$, $772b^{22}$–c^{29}（乱脱）	$224a^{8}$–$227b^{1}$

二　密教史上の位置

数多く残存する密教経軌を分類するに当たって、今日ではインド密教の展開史の上から時代区分するものと、チベットや日本で密教経軌所説の内容に従って区分する二通りの分類法が見られる。前者のインド密教の展開史の上から時代区分する方法は、今日一般的になっているものでいえば、初期（前期）密教・中期密教・後期密教というように分類される。これは、密教史上たいへん重要な位置を占める『大日経』と『金剛頂経』を基点に導き出されたものである。つまり、七世紀初頭の頃インドで成立したと目される『大日経』や、少し遅れて七世紀中頃に成立したと目される『金剛頂経』以前に成立した密教経軌を初期密教とし、両経以後に成立したと目される密教経軌を後期密教と区分するものである。因みにこの分類法に従えば、本経は初期密教の経典に属すといえる。

次に、もう一つ後者の分類法について言及すると、今日一般的になっているチベットのプトンによる密教分類法では、所作タントラ（Kriyā-tantra）・行タントラ（Caryā-tantra）・瑜伽タントラ（Yoga-tantra）・無上瑜伽タントラ（Anuttarayoga-tantra）という四階梯をたてる。そのうち、本経は第一の所作タントラに属すとされる。また、日本密教の場合、特に真言教学においては、雑部密教（雑密）・純部密教（純密）というように二分類する方法が取られている。純部密教は日本密教史上重要な位置を占める『大日経』や『金剛頂経』の典籍が属し、雑部密教は本経を始めとする比較的密教の初期の頃に成立した密教経典が属すとされる。

その他、本経と関連深く類似する儀則を説く重要な密教経典には、所作タントラに属す『蘇婆呼童子経』や『蘇悉地経』、行タントラに属す『金剛手灌頂タントラ』や『大日経』具縁品などを挙げることができるが、上述の通り、本経はそれらの密教経典所説の密教儀礼（曼荼羅行）にも共通する一般通則を明かしているので、初期・中期密教経典の実践論を見る上で欠かすことのできない基本となるものである。

三　本経の梗概

序品第一

初めに、曼荼羅を建立し、弟子を入壇灌頂する曼荼羅行の儀軌次第を説示するに当たって、本経所説の儀軌次第が他の密教経軌所説の曼荼羅行の規範となる旨を明かす。

阿闍梨相品　第二

曼荼羅を建立し、弟子に灌頂を授けるに値する、曼荼羅行を主催できる阿闍梨（師）の資格を主に明かすが、密教的な知識を備えていることはもちろんのこと、人格者であることなども含めて、三十四もの徳相を備えていることが条件として提示される。

揀択地相品　第三

まず、曼荼羅を建立するに当たって、曼荼羅を作るべき適切な土地を選定する基準を説く（次第番号3：択地）。また、息災・増益・降伏などの修法目的に合致した曼荼羅を作るに適切な日時をも明かす。（次第番号4：択時）。以下、その作法の詳細は次項において次第番号を以て説明するので参照されたい。

浄地品　第四

弟子を入壇させ、灌頂するに必要な曼荼羅を建立するのに七日間を要するとされる、七日作壇法を明かすうち、本品は第一日（次第番号6：護身）より第五日（次第番号14：受持弟子）に至る作法を説く。

召請品　第五

前品に引き続き、七日作壇法の第六日の作法を説くうち、白檀曼荼羅を建立する作法（次第番号15）より、降伏・増益・息災の護摩（次第番号21）までを明かす。

揀択弟子品　第六

初めに入壇灌頂するに値する弟子の好相や、弟子として受け入れてはならない悪相を説く（次第番号1・2）。次いで前品に引き続き、七日作壇法の第六日の残りの作法である弟子の食事（次第番号22）より就寝（次第番号31）までを説く。そして、最後には第七日の作法である占夢（次第番号32）の相七十八種を列挙し、不善な夢を見た弟子に対して護摩する作法（次第番号33）などを明かす。

摩訶曼荼羅品　第七

七日作壇法のうち、第七日の残りの作法を説くが、本品では主に大曼荼羅を造壇するに必要な作法（次第番号34：曼荼羅諸尊観想～54：召請）を明かす。

奉請供養品　第八

諸尊を迎えた大曼荼羅を結界（次第番号55）し、その曼荼羅諸尊に対して供養する諸作法（次第番号56：曼荼羅荘厳～58：供養）や、諸尊に供養するための供物について細説する。

分別印相品　第九

曼荼羅行の儀軌において用いる印契について略説した後、前品に引き続き、護摩の作法（次第番号58―⑮）より弟子を曼荼羅に引入して投華得仏させる作法（次第番号61）や諸尊供養（次第番号62）を明かす。

分別護摩品　第十

初めに息災・増益・降伏の三種護摩それぞれ所応の炉の形態や座、色、薪、衣などを説く。次いで、前品に引き続き、息災護摩（次第番号63）や灌頂（次第番号64）の作法より、破壇した後の翌日に修習する息災護摩までの作法（次第番号83）を明かす。

補　闕　品　第十一

本品は未だ説かれなかった曼荼羅行の作法全般にわたって、その不足する作法や諸注意を補説し、四種灌頂（除難・成就・増益・阿闍梨位）に関して詳述している。

四　儀軌（曼荼羅行）の構成

それでは、次に本経に説かれている儀軌、すなわち曼荼羅を建立して、弟子を入壇灌頂する曼荼羅行がどのように体系化されているかを本文に従って略述することにする。まず、試みに全体的な儀軌の次第構成（詳細は本稿末尾掲載の「曼荼羅行次第表」を参照されたい）を区分すると、以下のような五つの次第区分となる。

Ⅰ　揀　択　分（次第番号1～5）
Ⅱ　七日作壇分（次第番号6～52）
Ⅲ　供　養　分（次第番号53～58）
Ⅳ　投華得仏分（次第番号59～62）
Ⅴ　灌　頂　分（次第番号63～83）

Ⅰ　揀　択　分

次に、一々の次第区分に従って、曼荼羅行の実践内容を見てみることにする。まず揀択分では、曼荼羅行を十二分に実践できる阿闍梨の資格を有する真言行者が、曼荼羅行における灌頂の対象となり得る有能な弟子を選定するところから開始し（次第番号1）、或る者を弟子として受け入れる(2)。次に、曼荼羅を作るのに吉祥で適切な場所を決定し(3)、いつ頃造壇に着手するかなどの日時の選定を行う(4)。それらの選定基準が満たされると、阿闍梨は造壇の予定地へと赴く(5)。

Ⅱ　七日作壇分

七日作壇法(3)における初日に、阿闍梨は造壇予定地まで赴くと、まず自身と弟子を結護する(6)。次に、阿闍梨は造壇予定地の土地・地神に供養を捧げる(4)(7)。供養し終えると、造壇予定地の地面を鍬で掘り、土に含まれる小石や樹根などの障害物を取り除き清らかとなし、その土を打って細かくした後、再び元の地中に埋め、打ち固める(8)。

第二日には、牛尿を地面に散水し潤してから、その地面を打って平坦になし、水と混ぜた牛糞をその他の東北隅より右回りに塗る(9)。

第三日には、阿闍梨はその土地の中心に小さな穴を掘り、五穀（胡麻・小豆・大麦・小麦・稲穀）と五宝（珊瑚・水晶・金・銀・商佉）と五薬（僧祇・毘夜・乞羅提婆・枳嘌羯尼）とを真言で加持して埋め、再びその地を平坦になす(10)。

第四日には、弁事真言(5)で香水を加持し(11)、日没の頃にその加持した香水を地に灑水する(12)。

第五日には、阿闍梨は右手で地面を按じ、曼荼羅主の真言を持誦してその地を受持する(13)。次に、弟子の障礙を除くために弟子に対して弁事真言を唱えて受持し、童女が紡いだ金剛線を弁事真言で四十九遍加持し、弟子の名前を呼んで、金剛線を弟子に結ぶ(14)。

第六日には、早朝に日の出を見たら、造壇すべき土地の東西南北の方角を見定めて、意に曼荼羅を観想する。やがて日没の頃になると、阿闍梨と弟子は食事や沐浴などを済ませ、造壇予定地に赴く。そして、その場所に軍荼利真言にて加持した香水を灑水し、地の中央部分に対して諸部族の心真言と曼荼羅主の真言を持誦して造壇の旨を宣言する。その後、曼荼羅主の座位を作るために白檀の塗香を以て十二指量の円輪を作り、曼荼羅主の真言を一誦するごとに手で一按して、これを七遍繰り返す。他の諸尊に対しては名前を憶念するだけで円輪を作り、白檀曼荼羅を建立する(15)。建立し終えたならば、阿闍梨は白檀曼荼羅に対し、各部の心真言を持誦して諸尊を召請し(16)、香・華・飲食・焼香・香水・散華を供養する(17)。次に、均等に十二指量の長さの歯木を弟子の人数分だけ作成し、部心真言で七遍ほど加持する(18)。次に、曼荼羅と阿闍梨と弟子の三処を加持し(19)、再び諸尊に供養すると(20)、降伏・増益・息災の三種護摩を行う(21)。やがて夜分に入れば、弟子は乳粥を食する(22)。食事が済めば、阿闍梨は弟子の受戒に当たる受律儀の作法(6)に入る。まず、弟子に新浄の衣を着せて東向きに着座させ、護身する。次に、弟子に三帰させて菩提心を発させ、軍荼利真言で加持した香水を弟子の頭頂に注ぐ。すると、阿闍梨は自身の手で弟子の頭頂を按じて同真言を七遍持誦する。次に、阿闍梨は塗香を手に塗り、その手で弟子の頭頂を按じて仏部の輪王仏頂の一字真言と蓮華部の馬頭明王の十字真言と金剛部の降三世明王の真言を各七遍ずつ持誦する。さらに、阿闍梨は手を弟子の頭頂に按じて弁事真言を持誦し、頭頂を灑水して焼香で弟子を薫ずる(23)。次に、阿闍梨は灌頂に用いる瓶に五穀や水を入れてこれに華を飾り、焼香で薫じて灌頂瓶を具備する(24)。次に、阿闍梨は弟子を北向きに合掌させて着座させ、既に加持した歯木を弟子に与える。そして、弟子を東向きにさせて歯木を嚙ませ、これを前方に投げさせて弟子の成就の相を占う(25)。次に、阿闍梨は弟子を北向きにさせ、弁事真言で加持した香水を弟子に飲ませた後、弟子を外に出して口を注がせる(26)。さらに阿闍梨は諸尊を供養した後(27)、諸尊が第七日に造壇する大曼荼羅に降臨するよう勧請して(28)、白檀曼荼羅に降臨している諸尊を発遣する(29)。阿闍梨はこれらの第六日の作法を終えると、弟子に教誡し(30)、弟子を東枕にさせて就寝させる(31)。

第七日には、早朝に弟子が起きた時、阿闍梨は弟子の見た夢の内容を聞き、その夢の善・悪相で弟子の成就・不成就の相を占う(32)。特に不善の夢を見た弟子をも入壇させる場合、阿闍梨はその弟子の罪障を取り除くための息災護摩を行う(33)。護摩し終えると、阿闍梨は曼荼羅の諸尊を観想し(34)、白浄衣を着て大曼荼羅建立の予定地に

図1　大曼荼羅絣ち図

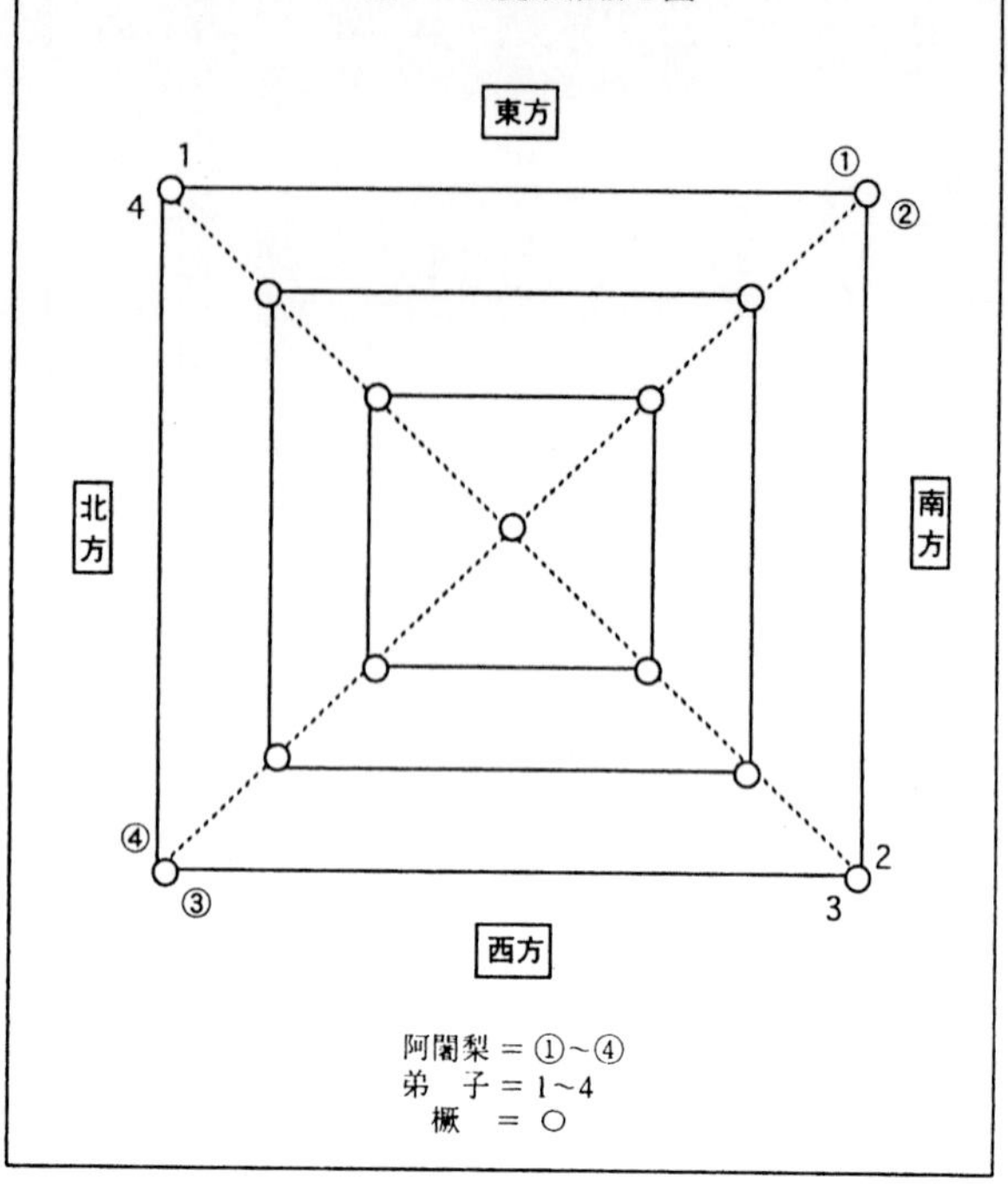

赴く(35)～(36)。阿闍梨がその場所に赴くと、まず弁事真言で加持した香水を地に散水して清め(37)、童女が紡いだ五色の紐を弁事真言で加持し、その紐を合して曼荼羅絣ち用の縄となる五色線を作成し(38)、橛をも作成する(39)。

そこで、いよいよ大曼荼羅の絣ちを行うのであるが、まず阿闍梨は三宝に供養し、一切諸尊に帰命してから、図1の①の場所に至り、弟子は1の場所に控えて東方の線を引く。この所作と同じように阿闍梨と弟子は②と2の場所に移動して右回りに移動して南方、次に③と3の場所に移動して西方、更に④と4の場所に移動して北方の線を引く。やがて、図1のように絣ちを行うと、曼荼羅の中心・第一院の四隅・第二院の四隅・第三院の四隅にそれぞれ真言を唱えて橛を打つ。そして、第一院・第二院・第三院の各々に四門と門曲を作るが、特に第三院の西門を大きく開いて、その門を出入の門となし、他の門は閉じる(40)。以上のように絣ちを完了すると、阿闍梨は僧伽と比丘に供養を捧げる。やがて、正午を過ぎると、阿闍梨は弟子とともに軍荼利真言を持誦しながら沐浴して浄衣を着ると、諸々の供養の資具を携えて再び曼荼羅の地に赴く(42)～(44)。そこで、阿闍梨は牛尿と牛糞を混ぜたものを地に塗り、香水を四面の地に灑水し、周囲を掃除して散華した後、幕を張り幢幡などを建てるとともに鳥居などを作成して曼荼羅を荘厳する(45)。

次に、阿闍梨は携えてきた供養の資具を曼荼羅の北面に安置し、これを軍荼利真言で結護する。そして、曼荼羅の地に灑水した後、阿闍梨自身と曼荼羅の四方の地を結護する。やがて日没の頃になると、三部の諸尊に帰命し、不吉な前兆が現れれば、息災護摩を行い除難する(46)。その場合、仏部の曼荼羅では仏眼の真言、蓮華部の曼荼羅では耶輸末底の真言、金剛部の曼荼羅では莽摩計の真言をそれぞれ百八遍持誦して護摩するとされる。護摩し終えると、阿闍梨は曼荼羅に向って供養する。まず、香水と白華を盛った閼伽器を焼香で薫じ、真言を持誦してから曼荼羅の中央に向き、両膝を地につけて閼伽を奉献する。続けて白華と香をも奉献する(47)。次に、入壇する弟子を召集して弟子を灑水し、坐らせる(48)。そこで、着座した弟子に『般若経』(7)を読誦して聞かせると(49)、阿闍梨は一切諸尊に帰命して観想し(50)～(51)、曼荼羅の作画に着手する。

曼荼羅の作画に関しては、まず金剛拳か金剛鉤印、或いは鉢印などの印契を結び彩色する。彩色の粉末は五鉄(金・銀・銅・鉄・錫)・五宝(珊瑚・水晶・金・銀・商佉)・粳米・石の粉末を用いて、第一院の界道の東北隅の内側より、白・赤・黄・青・黒の五色の順で右回りに均等に彩色する。次に、第二院の界道は同様の方法で白・赤・黄の三色を用いて彩色し、次に第三院の界道は白色のみで彩色する。やがて界道の彩色を終えると、次に門の彩色に着手する。まず、西門は出入のために開き放し、他の門は白色の粉末で閉じる。或いは門印か護方天の印を画いて閉じる。次にチベット訳には示されないが、漢訳に従えば、著食院と行道院(8)を白色で区切るとされる(52)－①。以上のように彩色を終えると、阿闍梨は曼荼羅諸尊の座位に牛糞を塗り、五浄を注ぎ、軍荼利真言にて加持した香水を灑水する(52)－②。灑水し終えると、次に阿闍梨は曼荼羅諸尊を図2のように作画する(諸尊の番号は本稿末尾の次第表の諸尊番号による)(9)。その作画順序は飽くまでも本経所説の順に従えば、おおよそ第二院の諸尊

図2　曼荼羅諸尊図

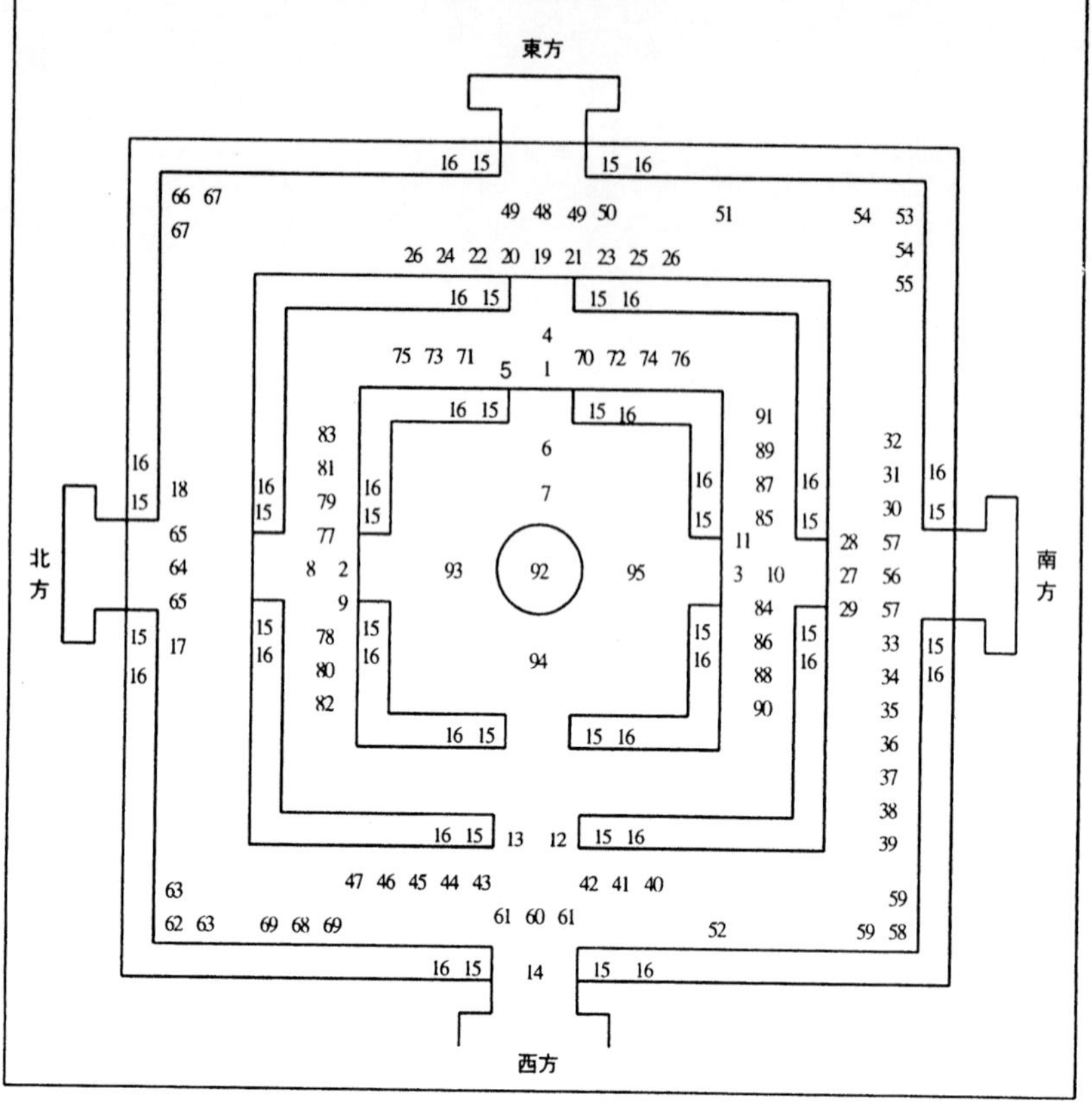

・第三院の諸尊・第二院の諸尊・第一院の本尊の順となっている[10](52)-③。本尊については、恐らく毘盧遮那如来を想定して大過ないと考える。

以上のように曼荼羅諸尊を画き終えると、次に阿闍梨は三摩地に入住し(52)-④、諸尊が正しく画かれているかを観察し、誤りがあれば再び画き直して作画終了すれば、阿闍梨は曼荼羅の外に出る(52)-⑤。

Ⅲ　供養分

供養分では、曼荼羅諸尊を召請し供養するために、曼荼羅の外郭の四方にそれぞれ台座を安置する。その場合、仏部諸尊に対しては東方に、蓮華部諸尊に対しては北方に、金剛部諸尊に対しては南方に、諸天に対しては西方にそれぞれ台座を安置する(53)。そして、仏・蓮・金の三部主の真言や諸天の真言をそれぞれの台座で持誦して召請し、閼伽を供養する(54)。供養し終えると、阿闍梨は曼荼羅を灑浄し、東向きで一切諸尊に帰命し、曼荼羅主の心真言か、或いは三部心真言を吉祥な相が現れるまで持誦する。次に結護作法を行う。まず、弁事真言を持誦し、護身の五印明を結誦して諸難を除く。そして、弟子を観想にて結護する(55)。

結護作法を終えると、阿闍梨は再び曼荼羅に入り、軍荼利真言にて加持した香水と華を盛った閼伽器を取り、曼荼羅主の真言を七遍持誦して内院に安置し供養する。他の所には閼伽水を灑水して供養する。次に五穀・五宝・五薬を入れた瓶に香水を満たし、華鬘などを飾ると、その瓶を真言にて加持して曼荼羅の四方・四隅・諸門などに安置し供養する。同様に、色の異なる八色の幢幡を曼荼羅の八方に、そして香炉を十箇所に安置し、鈴・傘蓋・華鬘なども曼荼羅の四方の鳥居に安置し供養したら、曼荼羅の周囲に幔幕を張り、散華し、吉祥印（万字）を安置して曼荼羅を荘厳する(56)。次に、阿闍梨は閼伽器を取り、各尊の真言を持誦して諸尊を奉請し、曼荼羅に降臨した諸尊の御足を洗って礼拝する(57)。続いて諸尊に対して塗香・華・焼香・香水・閼伽・飲食・閼伽・焼香の順で供養し、次いで運心供養したら、阿闍梨は諸尊に浄衣を供養して曼荼羅諸尊すべての印明を結誦する。それが終わると、阿闍梨は東向きにて護摩を行う(58)。

Ⅳ　投華得仏分

投華得仏分では、まず諸尊を召請するに阿闍梨は焼香供養を行い、三部の諸尊を賛嘆すると、一切の罪障を懺悔して発願し、三宝と一切諸尊に帰命して菩提心を発す。次に大乗経典を読誦し、諸尊を召請すると、再び焼香と閼伽を供養し、諸尊に対して帰命する(59)。次に入壇する弟子を加持するため、弟子を曼荼羅の門前に召喚し、弟子を一人ずつ灑浄する。すると阿闍梨は弟子に塗香を与え、弟子は与えられた塗香を手に塗り、その手で胸を按じたら塗香の心真言を唱える。次に、阿闍梨は新浄の絹布を弁事真言で加持すると、それで弟子の顔を覆い目隠しをする。そして、弟子に三昧耶印を結印させると、阿闍梨は弟子の結んだ印契の先端に華を挟みこみ、弟子に三昧耶真言を三遍持誦させる。次に、弟子に曼荼羅主の印明を結誦させ、その印を弟子の頭頂に保持させる(60)。そこで、阿闍梨は弟子を曼荼羅内に引入させると、弟子の悉地成就と部族の相を知ろうとする伽陀を宣説する。その直後に弟子は曼荼羅の門前（恐らく西門）で投華を行う。弟子がこのように投華を行ったのを阿闍梨が見て、華の落ちた場所の部族と尊格を知ると、弟子の覆面を外し曼荼羅を観見させる。そして、阿闍梨は弟子に信を発させる教誡を行い、弟子に三部諸尊を供養させるために両手一杯の散華供養をさせる。そこで、阿闍梨は弟子に華の落ちた場所の尊格の真言か、或いは心真言を伝授し、曼荼羅の第二院において弟子の所伝の真言を持誦させるとともに、阿闍梨は華の落ちた場所に従って弟子の成就の相を占う(61)。そして、曼荼羅諸尊に再び閼伽や香華などを供養する(62)。

V　灌　頂　分

灌頂分では、初めに阿闍梨は弟子を率いて護摩処に至ると、左方に弟子を坐らせて、左手で弟子の右手大指をとり、主尊真言で七遍、寂静真言で七遍護摩して弟子を加持する。次に、弟子は灌頂を請うために阿闍梨を頂礼して布施をする(63)。布施を受けた阿闍梨は灌頂のための壇を作る。まず、白粉で方形を区画し、その中に五色の粉で蓮華を画き、その蓮華の周囲に吉祥印を安置する。そして、弁事真言で加持した台座を灌頂壇の中央に安置する。また、弟子の頭上には白華鬘と白絹布で荘厳された傘蓋を安置すると、曼荼羅主尊の真言で荘厳具を加持する。そこで、阿闍梨は弟子を台座に着座させ、主尊の真言を持誦して弟子を加持する。次に軍荼利真言で加持した香で弟子を薫香する。その後、弟子に払・扇・香炉などを持たせ、さらに衣・商佉などを入れた箱や略椀なども執らせて弟子を荘厳する。そして、四瓶を安置して音楽を奏でる。次に阿闍梨は諸尊に帰命し、真言で加持した瓶を受持して曼荼羅の周囲を三匝行道する。行道し終えると、伝法灌頂の場合ならば、弟子を西向きに坐らせ、阿闍梨は再び瓶を加持する。加持し終えれば、根本真言を持誦し結印して、弟子の頭頂にその印契の先端で触れつつ灌頂する。灌頂し終えると、阿闍梨は自ら弟子に衣を着せ、塗香や華鬘を弟子に与え、弟子の腕に臂釧を結ぶ(64)。

次に、阿闍梨は自ら傘蓋を手に執り、弟子は合掌して曼荼羅の周囲を三匝する。いわゆる傘蓋行道である(65)。やがて、西門の前まで至ると、阿闍梨は弟子とともに曼荼羅主尊を礼拝し、弟子に三昧耶戒を説くことを宣説する(66)。すると、阿闍梨は傘蓋を置き、弟子を立たせたまま弟子の手を取って三昧耶戒を説示する(67)。その後、阿闍梨は主尊の真言を持誦して牛蘇の護摩、寂静真言で蘇・蜜・酪飯に胡麻を混ぜた護摩を行う(68)。護摩し終えると、護摩で使用した浄水を弟子の頭頂に灑水し、弟子に曼荼羅を見せ、それらの諸尊を解説し、諸尊の印相などを伝授する。次に、阿闍梨は明王真言を持誦し、弟子を着席させて所伝の真言を持誦させる(69)。そこで、阿闍梨は弟子に両手一杯に満たした華を曼荼羅諸尊に供養させる(70)。すると弟子は、護摩処に座を移した阿闍梨に求めるだけの施物を布施する(71)。弟子が阿闍梨に布施し終えると、阿闍梨はその弟子を着座させ(72)、『般若経』を読誦して弟子に聞かせる(73)。次いで、弟子に対して三宝や一切諸尊を敬い、衆生に対して慈悲の心を発し、大乗を願い真言行に精進せよと三昧耶戒を説示する(74)。そして、弟子に再び弟子自身の印契・真言・部族・曼荼羅を教説する(75)。それらを教え終わると、阿闍梨は顔や手を洗い、諸尊に閼伽・焼香を供養し(76)、護摩する(77)。次に、諸方を祭祀するために供物を捧げる(78)。それを終えると、阿闍梨と弟子は手や顔を洗い(79)、一切諸尊に香華を供養して帰命する(80)。続けて、諸尊に閼伽香水を供養し、諸尊の真言を持誦して発遣する(81)。最後に、使用した資具や残りの飲食などは貧児に施し、財物は阿闍梨が所持して後かたづけし(82)、次の第八日に息災護摩を行う(83)。

以上が本経におけるおおよその曼荼羅行の次第内容であるが、このようにして本経の曼荼羅行を概観してみると、大筋のところでは本経の曼荼羅行とは、弟子を選定し、簡単な曼荼羅を作ったその場所で受戒作法を行い、やがて本格的な曼荼羅を作ると、そこに弟子を入壇させ、投華得仏して灌頂することによって、弟子を密教行者として確立させる一種の入門式であったとみなすことができる。

註

（1）Ⓟ vol. 9, No. 429, 227a8.

（2）本経の揀択弟子品第六（(大)一八・七六三上、Ⓟ vol. 9, No. 429, 206b3-4）に対応する梵文の偈頌が "Kriyāsaṃgrahapañjikā" に引用されているとする。以下にその梵文を挙げておく。

mantrasiddhyarthinaḥ kecit praviśantiha maṇḍale /
puṇyakāmās tato 'nye ca paralokārthino 'pare // 1 //
paralokaṃ samuddiśya śraddhāṃ kṛtvā tu bhūyasim /
praviśed maṇḍale dhīmān naihikaṃ phalam ihayet // 2 //
aihikaṃ kāṅkṣamāṇasya na tathā pāralaukikam /
paralokārthinaḥ puṃsaḥ puṣkalaṃ tv aihikaṃ phalam // 3 //

cf. 桜井宗信「Kriyāsaṃgrahapañjikā に説かれた灌頂前行の諸次第(1)」宮坂宥勝博士古稀記念論文集『インド学・密教学研究』法蔵館、一九九三年、二六三頁、「同（2）」『智山学報』第四二輯・『豊山教学大会紀要』第二一号、(一三)、(二一)、(二二)頁。

（3）本経の七日作壇法についての詳細な研究は、下記論文を参照されたい。高田仁覚「曼荼羅（maṇḍala）の通則について―とくに蕤呬耶経（guhya-tantra）を中心として」『高野山大学論叢』第五号、一～二九頁。

（4）漢訳にはこの「地神供養」の作法が説かれているが、チベット訳にはこの作法の記述がない（(大)一八・七六二中、Ⓟ vol. 9, No.

429, 205a^4）。故に、漢訳者の不空が意訳したか、漢訳された梵本にはこの作法が説かれていたかのどちらかであろうと考える。現時点では、漢訳を採用してこの作法が儀軌次第として存在したと仮定してみた。因みに本経とよく類似する『蘇悉地経』にはこの作法は説かれず、『大日経』の先駆経典と目される『金剛手灌頂タントラ（Ⓟ vol. 6, No. 130, 32b^7)』や『大日経』具縁品（㊅一八・四下 Ⓟ vol. 5, No. 126, 125b^6）には、この作法が説かれている。

（5）弁事真言は、仏部については不動、蓮華部では降三世、金剛部では軍荼利というように、それぞれ区別されているようであるが、この場合は香水加持であるため、三部共通の軍荼利明王の真言（金剛軍荼利：oṃ kili kili vajra hūṃ phaṭ, 或いは甘露軍荼利：oṃ amṛte hūṃ phaṭ.）が相当すると考えられる。

（6）この受律儀の作法は、『大日経』具縁品所説の「三世無障礙智戒」や、わが国の真言宗で現在も行われている「三昧耶戒」に相当する受戒作法と考えられる。

（7）本経の儀則を概観すると、非常に大乗経典を重視しているのが知られる。中でも『般若経』は特別のようである。その点は本稿末尾の曼荼羅行次第表における次第番号49・52-c-7・59-⑥・73を見れば歴然である。

（8）著食院と行道院については未詳。恐らく、著食院とは摩訶曼荼羅品所説の「食処（㊅一八・七六六中、Ⓟ vol. 9, No. 429, 214a^5)」や分別印相品所説の「食院（㊅一八・七六九下、Ⓟ vol. 9, No. 429, 221a^5)」などと同じであるならば、類推すると、飲食などの供物を安置する区域ではないかと考えられる。また、行道院とは同様に、摩訶曼荼羅品所説の区域（㊅一八・七六六中、Ⓟ vol. 9, No. 429, 214a^6）と分別印相品所説の「行道院（㊅一八・七六九下、相当Ⓣは欠）」より類推すると、曼荼羅の外郭の周囲のことで、瓶・幢幡などの供養の資具を安置する場所を指すのではないかと考えられる。

（9）本経における曼荼羅諸尊の構成は、厳密には所伝によらなければ正確なものが作成できないが、よく本経と類似する『蘇悉地経』（㊅一八・六二七下〜六二九下）を主に参照し、『大日経』に基づく胎蔵曼荼羅（bSod nam rgya mtsho: *The Ngor Mandalas of Tibet, Listings of the mandala Deities*, 1991, p. 24-27, Ulrich H. R. Mammitzsch: *Evolution of the Garbhadhātu Maṇḍala*, *Śata-Piṭaka Series* vol. 363, 1991, p. 88-89）も参照しながら試みに作成してみた。また、尊格の座位などの不都合な点が多々あると思うが、現時点の理解を示した。なお、高田前掲論文（図版No. 13）では、既に本経所説の曼荼羅図が作画されている。筆者の作成した曼荼羅図も数尊を除いてこの高田氏作成の図と一致し、それによるところが大である。

（10）曼荼羅諸尊の作画順序は、『大日経』具縁品（㊅一八・六下〜八下、Ⓟ vol. 5, No. 126, 129a^5–132a^4）を見ても、第一院の本尊から第二院・第三院の諸尊へと画き移るのが一般的であろうから、恐らく、本経における諸尊の作画順序もその通りの順序となるはずである。しかし、現時点では本経所説の順序に従って表記したので、図2の番号順が直ちに諸尊の作画順序でないことを付記しておく。

なお、高田前掲論文（八頁）では、曼荼羅主より画くと述べられている。

『蕤呬耶経』曼荼羅行次第表

次第区分	次第番号	次第項目	蕤呬耶経	備考
I 揀拓分	1	弟子観察	(大)762c^{24}－763a^{23} Ⓟ206a^{3}－b^{6}	「揀択弟子品」
	2	弟子摂受	(大)763a$^{23\text{-}24}$ Ⓟ206b^{6}	〃
	3	択地	(大)761a^{1}－b^{7} Ⓟ202b^{2}－203a^{6}	「揀択地相品」
	4	択時	(大)761c^{3}－762b^{9} Ⓟ203b^{8}－205a^{3}	〃
	5	第一日　往地	(大)762b$^{11\text{-}12}$ Ⓟ205a^{4}	以下「浄地品」 阿闍梨は造壇予定地に赴く。
	6	護身	(大)762b^{12} Ⓟ205a^{4}	
		①阿闍梨護身	(大)762b^{12} Ⓟ205a^{4}	
		②弟子結護	(大)762b^{12} Ⓟ205a^{4}	
	7	[地神供養]	(大)762b^{12}	Ⓣにはこの作法を欠く。(大)のみ。
	8	治地（掘地・治打）	(大)761a$^{7\text{-}8}$，762b$^{13\text{-}16}$ Ⓟ202a^{5}，205a$^{4\text{-}5}$	地を掘り地の過を取り除いて，また埋めて打ち固める。

II 七日作壇分	9	第二日　塗　地（牛尿・牛糞）	(大)762 b^{16-18} Ⓟ205 a^{5-6}	牛尿で地を平坦になし，水と混ぜた牛糞を地の東方より塗る。
	10	第三日　埋五穀・五宝・五薬	(大)762 b^{18-20} Ⓟ205 a^{6-7}	Ⓣは五薬を欠く。地の中心部分に小さな穴を掘りそこに埋めて地をまた平坦にし浄地の作法を終える。
	11	第四日　香水加持	(大)762 b^{21-22} Ⓟ205 a^{7-8}	各部の弁事真言と曼荼羅主の真言にて香水を加持する。
	12	香水灑浄	(大)762 b^{22} Ⓟ205 a^{8}	日没時に加持した香水を地に灑水する。
	13	第五日　受　持　地	(大)762 b^{22-24} Ⓟ205 $a^{8}-b^{1}$	右手にて地を按じ曼荼羅主の真言を持誦する。
	14	受持弟子	(大)762 b^{24-27} Ⓟ205 b^{1-2}	弟子に金剛線を結ぶ。
		① 受持弟子	(大)762 b^{24} Ⓟ205 b^{1}	弁事真言を持誦することによって弟子を受持する。
		② 金剛線加持	(大)762 b^{24-25} Ⓟ205b^{1}	童女によって紡がれた金剛線を弁事真言にて加持する。(大)は７遍，Ⓣは49遍。
		③ 弟子観想	(大)762 b^{25-26} Ⓟ205 b^{1}	(大)は弟子を観念して弟子の名を唱えるとあるが，Ⓣは弟子を観念するのみ。
		④ 金剛線結授	(大)762 b^{26-27} Ⓟ205 b^{1-2}	加持した金剛線を弟子に結び，弟子の障難を除く。
	15	第六日　白檀曼荼羅建立	(大)762 $b^{29}-c^{8}$ Ⓟ205 b^{2-6}	以下「召請品」
		① 曼荼羅観想	(大)762 $b^{29}-c^{1}$ Ⓟ205 b^{2-3}	早朝日の出を見たら，それによって造壇すべき地の方角を定め，曼荼羅を意に観想する。
		② 食　事	(大)762 c^{1-3} Ⓟ205 b^{3}	弟子とともに食事する。
		③ 師弟澡浴	(大)762 c^{3} Ⓟ205 b^{3-4}	日没時に師弟ともに沐浴する。
		④ 詣曼荼羅処	(大)762 c^{3-4} Ⓟ205 b^{4}	浄衣を着し供具を持って弟子とともに造壇地に赴く。
		⑤［香水灑浄］	Ⓟ205 b^{4}	(大)は欠。軍荼利真言にて加持した香水を造壇処に灑水する。

	⑥［部心真言・曼荼羅主尊真言持誦］	Ⓟ205 b^{4-5}	(大)は欠。曼荼羅中央に対して諸部心真言・曼荼羅主真言を持誦する。
	⑦ 造中尊輪	(大)762 c^{5-6} Ⓟ205 b^{4-5}	曼荼羅主の座位を十二指量の円形として白檀の塗香を用いて作成する。
	⑧ 中尊真言持誦	(大)762 c^{6-7} Ⓟ205 b^{5-6}	曼荼羅主の真言を一誦し一按すること７遍。
	⑨ 諸尊観想	(大)762 c^{7} Ⓟ205 b^{6}	(大)は諸尊を観念し，その名号を唱えると指示する。Ⓣは名称を観想するとのみ指示。
	⑩ 造諸尊輪	(大)762 c^{7-8} Ⓟ205 b^{6}	(大)・Ⓣとも具名を挙げず。
16	召請	(大)762 c^{8-9} Ⓟ205 b^{6-7}	(大)は各部の心真言を持誦して召請すると指示するが，Ⓣは真言の持誦を説かない。
17	供養	(大)762 c^{9-11} Ⓟ205 b^{7}	香・華・飲食・香水・散華・焼香などを供養する。
18	歯木作法	(大)762 c^{11-16} Ⓟ205 b^{7} −206 a^{1}	十二指量分の長さで弟子の人数分を用意。
	① 歯木作成	(大)762 c^{11-14} Ⓟ205 b^{7-8}	阿闍梨は歯木を香水で洗い白線で華を纏う。
	② 歯木加持	(大)762 c^{14-16} Ⓟ205 b^{8} −206 a^{1}	歯木に香を塗り焼香して部心真言で加持する。
19	三処結護	(大)762 c^{16-17} Ⓟ206 a^{1-2}	曼荼羅と阿闍梨と諸弟子の三処を結護。
20	供養	(大)762 c^{17} Ⓟ206 a^{2}	
21	護摩	(大)762 c^{17-22} Ⓟ206 a^{2-3}	順に降伏・増益・息災の三種護摩を行う。
22	食事	(大)763 a^{24-25} Ⓟ206 b^{6}	以下「揀択弟子品」 夜分に弟子が乳粥を食す。
	受律儀	(大)763 a^{25} − b^{6} Ⓟ206 b^{6} −207 a^{3}	阿闍梨は弟子の受戒と浄化の作法に入る。
	① 着衣	(大)763 a^{25} Ⓟ206 b^{7}	弟子は白浄衣を着す。

23	② 着　　座	(大)763 a^{25} Ⓟ206 b^{7}	弟子は東方を向いて着座。
	③ 弟子護身	(大)763 a^{26} Ⓟ206 b^{7}	弟子を護身する。
	④ 三　　帰	(大)763 a^{26} Ⓟ206 b^{7}	
	⑤ 発菩提心	(大)763 a^{26-27} Ⓟ206 b^{7-8}	
	⑥ 香水加持	(大)763 a^{27-28} Ⓟ206 b^{8}	軍荼利（Ⓣ：忿怒）真言で香水を加持する。
	⑦ 灑　　頂	(大)763 a^{28} Ⓟ206 b^{8}	香水を弟子の頭頂に灑ぐ（gtor bya shiṅ）。
	⑧ 按　　頂	(大)763 a^{28} Ⓟ206 b^{8}	弟子の頭頂を按じ同真言を７遍持誦する。
	⑨ 明王真言持誦	(大)763 a^{28} − b^{4} Ⓟ206 b^{8} −207 a^{3}	塗香の手で頭頂（(大)：心上）を按じ，仏＝輪王仏頂・蓮＝馬頭尊・金＝降三世の真言を７遍持誦。
	⑩ 按　　頂	(大)763 b^{4-5} Ⓟ207 a^{3}	弟子の頭頂を按じて弁事真言を持誦する。
	⑪ 灑　　浄	(大)763 b^{5} Ⓟ207 a^{3}	弟子に灑水（Ⓓ bsaṅ gtor，Ⓟ gsaṅ gtor）。弟子に対する香水加持に相当と考える。
	⑫ 焼　　香	(大)763 b^{5-6} Ⓟ207 a^{3}	弟子に対して焼香する。
24	灑頂瓶具備	(大)763 b^{6-9} Ⓟ207 a^{3-5}	灌頂用の瓶に五穀・水を入れ，華を飾り，軍荼利真言で加持し，焼香する。
25	歯木授与	(大)763 b^{9-15} Ⓟ207 a^{5-8}	
	① 着　　座	(大)763 b^{9} Ⓟ207 a^{5-6}	弟子は北方を向き合掌して着座。
	② 歯木授与	(大)763 b^{9-10} Ⓟ207 a^{6}	
	③ 嚙 歯 木	(大)763 b^{10} Ⓟ207 a^{6}	弟子は東方を向いて歯木を嚙むと，それを前方に投げる。

		④ 歯木占	(大)763 b^{10-15} Ⓟ207 a^{6-8}	前方に投げた歯木の相で弟子の成就を占う。
26		香水加持・授与	(大)763 b^{15-18} Ⓟ207 $a^{8}-b^{1}$	弟子を北方に向いて座らせ，香水を弁事真言にて加持し，これを弟子に飲ませ，後に外に出で口を漱ぐ。
27		諸尊供養	(大)763 b^{18} Ⓟ207 b^{1}	
28		勧請	(大)763 b^{18-28} Ⓟ207 b^{1-6}	手に香炉を持ち，曼荼羅主の真言を唱え召請の伽陀を3遍唱えて礼拝する（大曼荼羅降臨のため）。
29		発遣	(大)763 b^{28-29} Ⓟ207 b^{6}	白檀曼荼羅に降臨せし諸尊を発遣する。
30		教誡	(大)763 $b^{29}-c^{1}$ Ⓟ207 b^{6-7}	正法を広説する。
31		就寝	(大)763 c^{1-2} Ⓟ207 b^{7}	弟子を東枕にして茅草を敷いた地に寝かせる。
32	第七日	占夢	(大)763 c^{2-26} Ⓟ207 b^{7} −208 b^{3}	早朝に弟子が起きた時，夢の内容を聞き，その善悪相で弟子の成就・不成就を占う。
33		護摩	(大)763 c^{26-28} Ⓟ208 b^{3-4}	不善相の夢を見た弟子をも入壇させようとする場合，弟子の罪障を取り除くため息災護摩する。
34		曼荼羅諸尊観想	(大)764 a^{8} Ⓟ208 b^{4}	以下，「摩訶曼荼羅品」。(大)は一切諸尊の真言を念誦するが，Ⓣは曼荼羅の一切諸尊を憶念する。
35		着浄衣	(大)764 a^{8} Ⓟ208 b^{4}	白浄衣を着す。
36		詣曼荼羅処	(大)764 a^{9} Ⓟ208 b^{4}	大曼荼羅建立の予定処に赴く。
37		香水灑浄	(大)764 a^{9-10} Ⓟ208 b^{4-5}	弁事真言にて香水加持し，予定処を灑浄する。
38		五色線作成	(大)764 a^{10-12}，b^{11-12} Ⓟ208 b^{5-6}，209 a^{7-8}	童女が紡いだ五色（白・赤・黄・青・黒）の紐を同真言にて加持し，その紐を合して絣ち用の縄を作成する。
39		［橛子作成］	(大)764 b^{12-13}	(大)は乳木の先を金剛杵の如く作るとあるが，Ⓣは指示していない。
		大曼荼羅絣（三重）	(大)764 $a^{12}-b^{18}$ Ⓟ208 b^{6} −209 b^{2}	

40	① 三宝供養	(大)764 a^{12} Ⓟ208 b^{6}	
	② 一切諸尊帰命	(大)764 a^{13} Ⓟ208 b^{6}	
	③ 曼荼羅絣（三重）	(大)764 $a^{13 \cdot 24}$ Ⓟ208 b^{6} − 209 a^{1}	日の出の時分に東方の側より絣ち開始。
	④ 橛　　打	(大)764 a^{24} − $b^{2,13 \cdot 14}$ Ⓟ209 $a^{1 \cdot 3,8}$ − b^{1}	中心・一院の四隅・二院の四隅・三院の四隅それぞれに真言を持誦して橛の先端を出して地に打つ。
	⑤ 四門・門曲	(大)764 $b^{2 \cdot 7}$ Ⓟ209 $a^{3 \cdot 5}$	第一・二・三院各々に四門・門曲を作り，第三院の西門を特に大きく開き，その西門を出入門とする。
41	僧伽・比丘供養	(大)764 $b^{19 \cdot 21}$ Ⓟ209 $b^{2 \cdot 3}$	僧伽・比丘に説法を請い供養する。
42	師弟澡浴	(大)764 $b^{21 \cdot 22}$ Ⓟ209 b^{3}	午後の時分に軍荼利真言を持誦しつつ師弟ともに澡浴する。
43	着浄衣	(大)764 $b^{22 \cdot 23}$ Ⓟ209 $b^{3 \cdot 4}$	
44	詣曼荼羅処	(大)764 $b^{23 \cdot 25}$ Ⓟ209 b^{4}	軍荼利明王を憶念しつつ，供養の資具などを持ち，曼荼羅処に赴く。
45	曼荼羅荘厳	(大)764 $b^{25 \cdot 29}$ Ⓟ209 $b^{4 \cdot 6}$	阿闍梨は曼荼羅の地を荘厳する。
	① 塗　地（牛尿・牛糞）	(大)764 $b^{25 \cdot 26}$ Ⓟ209 $b^{4 \cdot 5}$	曼荼羅の地に牛尿と牛糞を混ぜたものを塗る。
	② 香水灑浄	(大)764 $b^{26 \cdot 27}$ Ⓟ209 b^{5}	
	③ 掃　　除	(大)764 b^{27} Ⓟ209 b^{5}	(大)は更に牛糞を地に塗り灑水するとあるが，Ⓣに従えば，「地の周囲を堅め掃除すべし」とある。
	④ 散　　華	(大)764 $b^{27 \cdot 28}$ Ⓟ209 $b^{5 \cdot 6}$	
	⑤ 帳幕囲繞	(大)764 b^{28} Ⓟ209 b^{6}	Ⓣは「紐で囲繞」とある。
	⑥ 幢幡建竪	(大)764 b^{28} Ⓟ209 b^{6}	

	⑦ 鳥居（toraṇa）作成	(大)764 b^{28-29} Ⓟ209 b^{6}	(大)は「幔」とある。
46	諸難辟除	(大)764 $b^{29}-c^{11}$ Ⓟ209 $b^{6}-210\,a^{3}$	諸難の辟除と曼荼羅などの結護をなす。
	① 供具安置	(大)764 $b^{29}-c^{1}$ Ⓟ209 b^{6}	曼荼羅の北面の一処に供養の資具を安置する。
	② 供具結護	(大)764 c^{1-2} Ⓟ209 b^{6-7}	軍荼利真言を持誦して供具の諸難を辟除する。
	③ 灑　水	(大)764 c^{2} Ⓟ209 b^{7}	曼荼羅の地を灑浄して障礙を除く。
	④ 阿闍梨護身	(大)764 c^{2} Ⓟ209 b^{7}	
	⑤ 曼荼羅結護	(大)764 c^{2-3} Ⓟ209 b^{7}	曼荼羅の四方を結護する。
	⑥ 三部諸尊帰命	(大)764 c^{3-6} Ⓟ209 b^{7-8}	日没の時分。
	⑦ ［息災護摩］	(大)764 c^{6-11} Ⓟ209 $b^{8}-210\,a^{3}$	不吉な前兆が現れた場合，除難のために行う。
47	供　養	(大)764 c^{11-19} Ⓟ210 a^{3-6}	曼荼羅中央に向って供養。
	① 閼　伽	(大)764 c^{11-14} Ⓟ210 a^{3-5}	香水・白華を盛った閼伽器を焼香で薫じ，真言を念誦する。次いで両膝をついて閼伽を奉献する。
	② 白　華	(大)764 $c^{15,\,18-19}$ Ⓟ210 $a^{5,\,6}$	白華は香りを放つ陸花とする。
	③ 塗香・焼香	(大)764 c^{15-18} Ⓟ210 $a^{5,\,6}$	
48	弟子結護	(大)764 c^{19-20} Ⓟ210 a^{6-7}	
	① 弟子召集	(大)764 c^{19} Ⓟ210 a^{6}	
	② 香水灑浄	(大)764 c^{19-20} Ⓟ210 a^{6-7}	香水にて灑浄する。

	③ 弟子安座	(大)764 c^{20} Ⓟ210 a^{7}	
49	『般若経』転読	(大)764 c^{20-21} Ⓟ210 a^{7}	『般若経』を転読して諸弟子に聞かせる。
50	一切諸尊帰命	(大)764 c^{21} Ⓟ210 a^{7}	
51	一切諸尊観想	(大)764 c^{21} Ⓟ210 a^{7}	
	曼荼羅作画	(大)764 c^{22} −766 b^{23} Ⓟ210 a^{7} −214 a^{3}	以下，絣ちした曼荼羅に彩色を行い，諸尊を作画してゆく。
	① 彩　色	(大)764 c^{22} −765 a^{18} Ⓟ210 a^{7} −211 a^{2}	彩色の粉末は五鉄・五宝・粳米・石の粉末を基本とし，金剛拳印・金剛鉤印・鉢印などにて彩色する。
	a 第一院界道	(大)765 $a^{5-8, 12-13}$ Ⓟ210 $b^{4-6, 8}$	東北の隅，内側より白・赤・黄・青・黒の五色の順で右回りに彩色する。
	b 第二院界道	(大)765 c^{13} Ⓟ210 b^{8}	白・赤・黄の三色で彩色。
	c 第三院界道	(大)765 a^{13-14} Ⓟ210 b^{8}	白色の一色で彩色。
	d 門	(大)765 a^{8-12} Ⓟ210 b^{6-8}	西門を開け，他の三門は白粉で閉じる。または門印・護方天（門衛）の印を描いて閉じる。
	e 著食院・行道院	(大)765 a^{14-18}，766 b^{27-29} Ⓟ211 a^{1-2}，214 a^{5-6}	Ⓣはこの二院を別に分けて説かない。著食院＝飲食などを安置する区域，行道院＝鳥居門などの区域と考えられる。
	② 灑　浄	(大)765 a^{18-20} Ⓟ211 a^{2-3}	諸尊の住処を灑浄。
	a 塗牛糞	(大)765 a^{18-19} Ⓟ211 a^{2}	
	b 灑五浄	(大)765 a^{19} Ⓟ211 a^{2-3}	五浄＝牛尿・牛糞・乳・酪・酥
	c 香水加持	(大)765 a^{19-20} Ⓟ211 a^{3}	軍荼利真言の持誦。
	d 灑　水	(大)765 a^{20} Ⓟ211 a^{3}	

③ 諸尊作画		(大)765 a^{20} －766 a^{23} Ⓟ211 a^{3} －213 a^{6}	諸尊の作画法に形相・印・座の三種があり，それらを混ぜて作画する方法もあるとする。
a 第 二 院		(大)765 b$^{1-7}$, c$^{4-10}$, 766 a$^{10-20}$ Ⓟ211a^{8}-b^{2},212a$^{4-6}$,b^{8}-213a^{4}	まず，諸尊の真言を念誦しつつ加持して諸尊を画く。
東方仏部	1 仏世尊(釈迦如来) [Śākyamuni]	(大)765 b$^{2-3}$，c^{4} Ⓟ211 a^{8} － b^{1}，212 a^{4}	仏部主尊，(大)「天尊」Ⓣ ‘Saṅs rgyas bcom ldan’ 印：仏頂，東方中央，釈迦院「釈迦如来」
	4 無 能 勝 [Aparājita]	(大)765 c^{4} －766 a$^{13-14}$ Ⓟ212 a^{5} －213 a^{1}	(大)「無能勝」Ⓣ ‘gShan gyis mi thub(thub pa)’，仏世尊の下方，釈迦院「無能勝明王」
	5 仏眼仏母(遍知眼) [Buddhalocanā]	(大)765 c$^{4-6}$ cf.Ⓟ215 b^{4} Ⓟ212 a^{5} cf.Ⓟ126,130 b$^{3-4}$	仏部部母，(大)「本部母」Ⓣ ‘lHa mo’，世尊の右辺釈迦牟尼仏母，釈迦院「一切如来宝」
	70 如来毫相尊 [Tathāgatorṇā]	(大)766 a$^{10-11}$ Ⓟ212 b^{8}	(大)「如来毫相尊」Ⓣ ‘mDsod pu(spu)’ (Ūrnā)，釈迦院「如来毫相菩薩」
	71 如来舎悪底 [Tathāgataśakti]	(大)766 a^{11} Ⓟ212 b^{8}	(大)「如来舎悪底」Ⓣ ‘mDuṅ thuṅ’ (Śakti)，釈迦院「如来爍乞底」
	72 輪 王 仏 頂 [Uṣṇīṣacakravartin]	(大)766 a^{11} Ⓟ212 b^{8}	(大)「輪王仏頂」Ⓣ ‘ḥKhor los sgyur ba（転輪）’，極広大，釈迦院「大転輪仏頂」
	73 超 勝 仏 頂 [Abhyudgatoṣṇīṣa]	(大)766 a^{12} cf.Ⓟ126,130 b^{8} Ⓟ212 b^{8} cf.Ⓟ126,176 a^{3}	(大)「超勝仏頂」Ⓣ ‘Cher ḥbyuṅ ba(広大生)’，広大頂，釈迦院「高仏頂」
	74 如来眼(虚空眼) [Mahāvidyācakṣus]	(大)766 a^{12} cf.(大)18. 34 c$^{19-23}$ Ⓟ212 b^{8} －213 a^{1}	(大)「如来眼尊」Ⓣ ‘Rig sṅags chen mo spyan（大明眼）’，遍知院「仏眼仏母」
	75 如意宝幢印 [Cintāmaṇidhvaja]	(大)766 a^{12} Ⓟ213 a^{1}	(大)「如意宝幢印」Ⓣ ‘Yid bshin nor bu rgyal mthan（如意宝珠宝幢），遍知院「大勇猛菩薩」に相当か。
	76 大勇猛使者 [Mahāvīryakiṃkara]	(大)766 a$^{12-13}$ Ⓟ213 a^{1}	(大)「諸使者」Ⓣ ‘mṄag gshug brtson ḥgrus chen po（大勇猛使者），遍知院「大勇猛菩薩」の眷属に相当か。
	2 聖観自在菩薩 [Avalokiteśvara]	(大)765 b$^{3-4}$，c^{7} Ⓟ211 b^{1}，212 a^{5}	蓮華部主尊，(大)「観世音自在」Ⓣ ‘ḥphags pa sPyan ras gjigs dḃan’，印：蓮華，北方中央，観音院「聖観自在菩薩」
	8 馬 頭 菩 薩 [Hayagrīva]	(大)765 c$^{7-8}$，766 a^{15} Ⓟ欠，213 a^{2}	(大)「馬頭菩薩・馬頭尊」Ⓣ ‘rTa mgrin’，観自在の下方，観音院「馬頭観音菩薩」
	9 白処尊((白衣尊) [Pāṇḍaravāsinī]	(大)765 c^{8}，766 a$^{14-15}$ Ⓟ212 a^{6}，213 a^{2}	蓮華部部母，(大)「本部母・槃坦羅皤絲泥尊」Ⓣ ‘Gos dkar can（白衣を着する者）’ 観自在の右辺，観音院「白処尊菩薩」
	77 耶輸末底尊 [Yaśomatī]	(大)766 a^{14} Ⓟ213 a^{1}	(大)「耶輸末底尊」Ⓣ ‘Grags ldan ma（持名称者）’，観音院「耶輸陀羅菩薩」

北方蓮華部	78 大白尊 [Mahāśvetā]	(大)766a^{14} Ⓟ213a^{2}	(大)「大白尊」Ⓣ 'dkar chen mo', 観音院「白身観自在菩薩」
	79 一髻尊 [Ekajaṭī]	(大)766a^{15} Ⓟ213a^{2}	(大)「一髻尊」Ⓣ 'Ral pa gcig', 蘇悉地院「一髻羅刹（観自在の化身とされる）」
	80 多羅尊 [Tārā]	(大)766a^{15} Ⓟ213a^{2}	(大)「多羅尊」Ⓣ 'sGrol ma', 観音院「多羅菩薩」
	81 徹嚟尊 [Gaurī]	(大)766a^{15} Ⓟ213a^{2}	(大)「徹嚟尊」Ⓣ 'dKar', 観音院「大明白身菩薩」
	82 大吉祥尊 [Mahāśrī]	(大)766c$^{15\ 16}$ Ⓟ213a^{2}	(大)「大吉祥尊」Ⓣ 'dPal mo che', 観音院「大吉祥大明菩薩」
	83 円満尊（豊財菩薩）[Bhogavatī]	(大)766a^{16} cf.(大)18, 34b^{3} Ⓟ213a$^{2\ 3}$ cf.Ⓟ126, 174b^{7}	(大)「円満尊」Ⓣ 'ḥDod pa ḥbyor byed（願いを叶える者）', 観音院「豊財菩薩」cf.(大)39, 742b^{21}-c^{1}
	3 金剛手菩薩 [Vajrapāṇi]	(大)765b$^{4\ 5}$, c$^{8\ 9}$ Ⓟ211b^{1}, 212a^{6}	金剛部主尊, (大)「執金剛」Ⓣ 'Phyag na rdo rje' 印：三股杵, 南方中央, 金剛手院「金剛薩埵」
	10 甘露軍荼利 [Amṛtakuṇḍalī]	(大)765c^{9} Ⓟ212a^{6}	(大)「軍荼利」Ⓣ 'bDud rtsi thad sbyor', 金剛手の下方, 金剛手院「金剛軍荼利」
	11 莽摩計母 [Māmakī]	(大)765c^{9} Ⓟ212a^{6}	(大)「莽摩計母」Ⓣ 'Mā ma kī', 金剛手の右辺, 金剛手院「金剛手持金剛菩薩」
南方	84 金剛鉤尊 [Vjrāṅkuśa]	(大)766a^{17} Ⓟ213a^{3}	(大)「金剛鉤尊」Ⓣ 'rDo rje lcags kyu', 金剛手院「金剛鉤女菩（Vjrāṅkuśī）」
	85 金剛拳尊 [Vajramuṣṭi]	(大)766a^{17} Ⓟ213a^{3}	(大)「金剛拳尊」Ⓣ 'Khu tshur（拳）', 金剛手院「金剛拳菩薩」
金	86 遜婆明王 [Śumbha]	(大)766a^{17} Ⓟ213a^{3}	(大)「遜婆明王」Ⓣ 'Rig paḥi rgyal po phyag rgyar bcas（印を持つ明王）', 金剛手院「孫婆」・持明院「降三世明王」
剛	87 大忿怒軍荼利 [Mahākrodhakuṇḍalī]	(大)766a$^{17\ 18}$ Ⓟ213a^{3}	(大)「軍荼利忿怒尊」Ⓣ 'Khro bo chen po thabs sbyor（大忿怒軍荼利）'
部	88 般担尼訖涅婆尊 [Pādanikṣepa？]	(大)766a^{18} Ⓟ213a^{3}	(大)「般担尼訖涅婆尊」Ⓣ 'Gom pa ḥdor ba ñid（足を降ろしたる者）'
	89 金剛鏁鉢尊 [Vajraśṛṅkhala]	(大)766a^{18} Ⓟ213a^{3}	(大)「金剛鏁鉢尊」Ⓣ 'rDo rje lug（lu gu）rgyu（金剛鎖）', 金剛手院「金剛鎖菩薩」
	90 金剛棒尊 [Vajradaṇḍa]	(大)766a$^{18\ 19}$ Ⓟ213a^{3}	(大)「金剛棒尊」Ⓣ 'Be con（棒）', 金剛手院「金剛拳」

	91 不浄忿怒尊 [Krodhocchuṣma]	(大)766 a^{19-20} Ⓟ213 a^{3-4}	(大)「不浄忿怒尊」Ⓣ 'Khro bo ḥchol ba',「烏枢瑟摩明王」
西方	12 難陀龍王 [Nandanāgarāja]	(大)765 c^{9-10} Ⓟ212 a^{6}	(大)「難陀」Ⓣ 'dGaḥ bo', 第二院西門の辺,(最外院南・西・北方の三門)
門衛	13 跋難陀龍王 [Upanandanāgarāja]	(大)765 c^{10} Ⓟ212 a^{6}	(大)「跋難陀龍王」Ⓣ 'bsÑen dgaḥ', 第二院西門の辺, (最外院南・西・北方の三門)
b 第三院		(大)765 c^{10} −766 a^{10} Ⓟ212 a^{6} − b^{8}	
西門	14 訶利羝母(鬼子母神) [Hārītī]	(大)765 c^{10-11} cf.(大)39,634 c^{19} Ⓟ212 a^{6-7}	(大)「訶利羝母」Ⓣ 'ḥPhrog ma', 第三院西門の中央
一切門	15 金剛杵 [Vajra]	(大)765 c^{11} Ⓟ212 a^{7}	(大)「跋折羅」Ⓣ 'rDo rje', 一切の門
	16 [金剛羂索] [Vajrapāśa]	(大)765 c^{12}	(大)「金剛羂索」Ⓣ欠, 一切の門
北方	17 摩尼跋多羅将(宝賢大将) [Maṇibhadra]	(大)765 c^{12-13} cf.(大)39,634 c^{15} Ⓟ212 a^{7}	(大)「摩尼跋多羅将」Ⓣ 'Nor bu bzaṅ', 第三院の北門外側, 多聞天の眷属薬叉八大将の一尊
	18 薬 叉[七大将] [Yakṣa]	(大)765 c^{14} cf.(大)39,634 c^{16-19} Ⓟ212 a^{7-8}	(大)「諸敬信薬叉」Ⓣ 'gNod sbyin' 第三院の北門外側, Pūrṇabhadra, Pañcika, Sañci, Śatagiri, Himavat, Viśākha, Ātavaka, Pañcala
	64 多聞天(毘沙門天) [Kubera]	(大)765 b^{15-16}, 766 a^{7} Ⓟ211 b^{4}, 212 b^{7}	(大)「多聞天」Ⓣ 'Ku be ra', 印:宝棒, 護世八方天・十二天(北方), 最外院北方
	65 諸薬叉 [Yakṣa]	(大)766 a^{7} Ⓟ212 b^{7}	(大)「諸薬叉」Ⓣ 'gNod sbyin bcas', 恐らく上記の薬叉八大将を指すと思われる。
東北	66 伊舎那天(嚕捺羅) [Īśāna (Rudra)]	(大)765 b^{16}, 766 a^{7-8} Ⓟ211 b^{4}, 212 b^{7}	(大)「摩醯首羅」Ⓣ 'dBaṅ bdag' /dBaṅ ldaṅ', 印:三股戟, 護世八方天・十二天(東北), 最外院東北
	67 諸部多 [Bhūta]	(大)766 a^{8} Ⓟ212 b^{7}	(大)「諸部哆眷属」Ⓣ 'Tshags (Ⓓ Tshogs)'(血を流させる者)'
	19 文殊師利菩薩 [Mañjuśrīkumārabhūta]	(大)765 c^{15-16} Ⓟ212 a^{8}	(大)「文殊師利菩薩」Ⓣ 'ḥJam dpal gshon nur gyur pa', 第三院東方, 中台八葉院・文殊院
	20 大勢至菩薩 [Mahāsthāmaprāpta]	(大)765 c^{16-17} Ⓟ212 a^{8} − b^{1}	(大)「大勢至菩薩」Ⓣ 'mThu chen thob pa' 蓮華部院
	21 仏長子菩薩 [Jinaputra]	(大)765 c^{17} Ⓟ212 a^{8}	(大)「仏長子菩薩」Ⓣ 'rGyal sras'

東方	22 虚空蔵菩薩 [Ākāśagarbha]	(大)765 c^{17} Ⓟ212 b^{1}	(大)「虚空蔵菩薩」Ⓣ 'Nam mkhaḥi sñiṅ po' 釈迦院・虚空蔵院
	23 成就義菩薩 [Siddhārtha]	(大)765 c$^{17-18}$ Ⓟ212 b^{1}	(大)「成就義菩薩」Ⓣ 'Don grub'
	24 無垢慧菩薩 [Vimalamati]	(大)765 c^{18} Ⓟ212 b^{1}	(大)「無垢行菩薩」Ⓣ 'Dri ma med paḥi blo gros' 文殊院「無垢光菩薩（Vimalaprabha）?」
	25 弥勒菩薩 [Maitreya]	(大)765 c^{18} Ⓟ212 b^{1}	(大)「弥勒菩薩」Ⓣ 'Byams pa' 中台八葉院
	26 賢劫千菩薩 [Bhadrakalpa]	(大)765 c$^{18 \cdot 19}$ Ⓟ212 b^{1}	(大)「賢劫千菩薩」Ⓣ 'bsKal pa bzaṅ poḥi grogs po', 金剛界曼荼羅「賢劫千仏」
	48 帝釈天 [Śakra]	(大)765 b^{12}, c^{29} Ⓟ211 b^{3}, 212 b^{4}	(大)「帝釈」Ⓣ 'brGya byin', 印：金剛杵, 護世八方天（東方）・十二天, 最外院東方
	49 帝釈天眷属	(大)765 c^{29} −766 a^{1} Ⓟ212 b^{4} cf.(大)39,634 b$^{16 \cdot 17}$	(大)「諸天眷属」Ⓣ 'lha daṅ bcas pa', 善無畏によれば, 舎脂夫人（Śacī）と六欲天など（特に三十三天）
	50 [五]浄居天 [Śuddhāvāsa]	(大)766 a^{1} cf.(大)18,7c$^{15-17}$ Ⓟ212 b$^{4 \cdot 5}$ cf.(大)39,634 c^{1}	(大)「浄居天」Ⓣ 'gNas gtsaṅ lha rnams',『大日経』によれば, 自在・普華・光鬘・意生・名称遠聞。
	51 日天 [Āditya]	(大)765 b$^{17 \cdot 18}$, 766 a^{1} Ⓟ211 b^{4}, 212 b^{5}	(大)「日」Ⓣ 'Ñi', 印：円輪（赤色）, 十二天, 最外院東方
東南	53 火天 [Agni]	(大)765 b$^{12 \cdot 13}$, 766 a$^{2 \cdot 3}$ Ⓟ211 b^{3}, 212 b^{5}	(大)「火天」Ⓣ 'Me lha', 印：火炉（＝三角印）, 護世八方天（東南方）・十二天, 最外院東南
	54 諸仙 [Ṛṣi]	(大)766 a^{3} cf.(大)18,35 a$^{21 \cdot 22}$ Ⓟ212b$^{5-6}$（cf.Ⓟ126,176a^{6}）	(大)「諸仙」Ⓣ 'Draṅ sroṅ', Kaśyapa, Gotama, Mṛ kaṇḍa, Garga, Vasiṣṭha, Aṅgiras
	55 薬叉衆 [Yakṣa]	(大)766 a^{3} [Ⓟ212 b^{6}]	(大)「薬叉衆」Ⓣ 'ḥkhor（眷属）' Ⓣは「仙人を眷属として伴う火天を画くべし」とある。
	27 金剛将菩薩 [Vajrasena]	(大)765 c$^{19 \cdot 20}$ Ⓟ212 b^{1}	(大)「金剛将菩薩」Ⓣ 'rDo rje sde', 以下第三院南方, 蘇悉地院
	28 蘇磨呼菩薩 [Subāhu]	(大)765 c^{20} Ⓟ212 b^{1}	(大)「蘇磨呼菩薩」Ⓣ 'Lag bzaṅs' 虚空蔵院「蘇婆呼菩薩」
	29 頂行菩薩 [Mūrdhaṭaka?]	(大)765 c^{20} cf.(大)18, 723 c Ⓟ212 b^{2}	(大)「頂行菩薩（毘那耶迦龍象部主・頂行?）」Ⓣ 'bGegs kyi sde dpon（毘那耶迦の将軍）', 或いは「鳩摩羅天（Kumāra＝Skanda）」か。

南方	30 摩醯首羅(大自在天) [Maheśvara]	(大)765 c$^{20-21}$ Ⓟ212 b^{2}	(大)「摩醯首羅」Ⓣ 'dBan phyug chen po', 最外院西方「大自在天」
	31 烏摩妃(大自在天妃) [Umā]	(大)765 c^{21} Ⓟ212 b^{2}	(大)「妃」Ⓣ 'chuṅ ma', 最外院西方「大自在天妃」
	32 大　梵　天 [Brahmā]	(大)765 b$^{11-12}$, c^{21} Ⓟ211 b^{3}, 212 b^{2}	(大)「梵天王・梵王」Ⓣ 'Tshaṅs pa chen po mes po (大祖大梵天)', 印：蓮華, 護世天（上方）・十二天, 最外院東方
	33 軍闍羅持明仙王 [Kuñjara]	(大)765 c^{21} Ⓟ212 b^{2}	(大)「軍闍羅持明仙王」Ⓣ 'Glaṅ po che (大象)' 以下の七尊は最外院南・北方の持明仙に対応するか。
	34 質怛羅迦陀 〃 [Citrāṅgada ?]	(大)765 c$^{21-22}$ Ⓟ212 b^{2}	(大)「質怛羅迦陀持明仙王」Ⓣ 'Yan lag bkram ḥbyin (多様な身体の肢分を現す者)'
	35 枳利知 〃 [Kirīṭin ?]	(大)765 c^{22} Ⓟ212 b^{2}	(大)「枳利知持明仙王」Ⓣ 'rTse phran can (王冠を戴せた者)', Skandaの眷属
	36 皤摩慕梨 〃 [Vāmamaulin ?]	(大)765 c$^{22-23}$ Ⓟ212 b^{2}	(大)「皤摩尊慕梨持明仙王」Ⓣ 'gYon phyogs cod pan (左方に冠を載せた者, Ⓢ美麗な冠を載せた者)'
	37 蘇盧者那 〃 [Surocanā ?]	(大)765 c^{23} Ⓟ212 b^{2}	(大)「蘇盧者那持明仙王」Ⓣ 'Mi bzad (恐ろしき者)' Skandaの眷属
	38 只怛羅婆努 〃 [Citrabhānu]	(大)765 c$^{23-24}$ Ⓟ212 b$^{2-3}$	(大)「只怛羅婆努持明仙王」Ⓣ 'sNa tshogs ḥod (様々な光ある者)'
	39 成就義 〃 [Susiddha]	(大)765 c$^{24-25}$ Ⓟ212 b^{3}	(大)「成就義持明仙王」Ⓣ 'Legs par ḥgrub (よく成就せる者)'
	56 閻　摩　天 [Yama]	(大)765 b^{13}, 766 a$^{3-4}$ Ⓟ211 b^{3}, 212 b^{6}	(大)「閻摩」Ⓣ 'gŚin rje', 印：単駄棒（人頭杖）護世八方天・十二天（南方）, 最外院南方
	57 諸　餓　鬼	(大)766 a^{4} [Ⓟ212 b^{6}]	(大)「諸餓鬼」Ⓣ 'dgas la sogs bcas(裂き砕くもの等を伴いて)' Ⓣは「棒印にして閻摩の裂き砕くもの等を有するを［画くべし］」
西南	58 涅哩底王(羅刹天) [Nairṛti]	(大)765 b$^{13-14}$, 766 a$^{4-5}$ Ⓟ211 b^{3}, 212 b^{6}	(大)「泥利羝」Ⓣ 'bDen bral', 印：剣, 護世八方天・十二天（西南）, 最外院西南
	59 諸　羅　刹 [Rākṣasa]	(大)766 a^{5} Ⓟ212 b^{6}	(大)「諸羅刹」Ⓣ 'Srin po', 最外院西南には涅哩底王を囲繞して四羅刹が住する。
	40 摩 怛 羅 神 [Mātṛ]	(大)765 c$^{25-26}$ cf.(大)39, 640 Ⓟ212 b^{3}	(大)「摩怛羅神」Ⓣ 'Ma mo rnams (諸母天)', 最外院七母天 (Cāmuṇḍā, Kauberī, Vaiṣṇavī, Kaumārī, Aindrī, Raudrī, Brāhmī) に相当。

	41 佉那鉢底神 [Gaṇapati]	(大)765 c^{26} Ⓟ212 b^{3}	(大)「佉那鉢底神」Ⓣ 'sNa yon'，最外院北方「毘那耶迦（歓喜天）」
	42 諸羯羅訶神 [Graha（Navagraha）]	(大)765 c^{26} Ⓟ212 b^{4}	(大)「諸羯羅訶神」Ⓣ 'gZaḥ rnams sna tshogs'，最外院九執曜（Āditya, Soma, Aṅgāraka, Budha, Bṛhaspati, Śukra, Śanaiścara, Rāhu, Ketu）に相当。
	43 羅睺阿修羅 [Rāhu（-asura）]	(大)765 c$^{26-27}$ Ⓟ212 b^{4}	(大)「羅睺阿修羅王」Ⓣ 'sGra gcan'，最外院南方「阿修羅王」に相当か。
	44 婆致阿修羅 [Bail（-asura）]	(大)765 c^{27} Ⓟ212 b^{4}	(大)「婆致」Ⓣ 'sTobs can'，最外院南方の三阿修羅のうち阿修羅眷属の一尊か。
	45 皤羅那陀阿修羅 [Prahlāda（-asura）]	(大)765 c^{27} Ⓟ212 b^{4}	(大)「皤羅那陀」Ⓣ 'Rab sim'，上記同様に，最外院南方に属する三阿修羅のうち中位の尊か
	46 遍照阿修羅 [Virocana（-asura）]	(大)765 c$^{27-28}$ Ⓟ212 b^{4}	(大)「遍照阿修羅」Ⓣ 'rNam par snaṅ byed'，Balyasuraの父で，Prahlādaの子，阿修羅眷属の一尊か。
	47 婆素枳龍王 [Vāsuki（-nāgarāja）]	(大)765 c$^{28-29}$ Ⓟ212 b^{4}	(大)「婆素枳等龍王」Ⓣ 'Nor rgyas（広財）la sogs klu rnams'
西方	52 月天 [Candra]	(大)765 b$^{17-18}$，766 a$^{1-2}$ Ⓟ211 b^{4}，212 b^{5}	(大)「月天」Ⓣ 'Zla'，印：円輪（白色），十二天，最外院西方
	60 水天 [Varuṇa]	(大)765 b$^{14-15}$，766 a^{5} Ⓟ211 b$^{3-4}$，212 b^{6}	(大)「龍王」Ⓣ 'Chu bdag／Chu lha'，印：羂索，護世八方天・十二天（西方），最外院西方
	61 諸龍 [Nāga]	(大)766 a$^{5-6}$ Ⓟ212 b^{6}	(大)「諸龍」Ⓣ 'Klu daṅ lhan cig tu'，水天妃及び龍族の眷属
	68 地天 [Pṛthivī]	(大)765 b$^{16-17}$，766 a$^{8-9}$ Ⓟ211 b^{4}，212 b^{7}	(大)「地神」Ⓣ 'Sa／Saḥi lha mo' 印：瓶，十二天（下方），最外院東方「堅牢地神」
	69 阿修羅 [Asura]	(大)766 a$^{9-10}$ Ⓟ212 b$^{7-8}$	(大)「阿修羅」Ⓣ 'lHa min bcas'，地天の眷属
西北	62 風天 [Vāyu]	(大)765 b^{15}，766 a^{6} Ⓟ211 b^{4}，212 b$^{6-7}$	(大)「風神王」Ⓣ 'rLuṅ／rLuṅ gi lha'，印：幢幡，護世天・十二天（西北），最外院西北
	63 諸風神	(大)766 a$^{6-7}$ Ⓟ212 b^{7}	(大)「諸風神」Ⓣ 'rLuṅ daṅ bcas'，風天妃及び風天眷属
c 第一院		(大)欠 Ⓟ213 a$^{4-6}$	第一院の主尊を画くと，次の次第として第二院・第三院に含まれる未説の諸尊を画くとされる。

		92 曼荼羅主尊	Ⓟ213 a^{4}	(大)欠，Ⓣ 'ji skad smos paḥi lha （所説の尊格）' 具名を説かず，修法目的に合う尊格を本尊とする。
		6 瓶 [kumbha]	(大)765 c^{6} Ⓟ212 a^{5}	Ⓣ 'bum pa'，中央部分の空閑処に安置。瓶の上方には『般若経』を安置。
		7『般 若 経』	(大)765 c^{6-7} Ⓟ212 a^{5}，213 a^{5}	(大)欠，Ⓣ 'Śes rab pha rol phyin pa （般若波羅蜜多）'，四方のうち東方に安置し，供養する。
		93『金光明経』	Ⓟ213 a^{5}	(大)欠，Ⓣ 'gSer ḥod dam paḥi mdo （最勝金光明経）'，北方に安置し，供養する。
		94『如来秘密経』	Ⓟ213 a^{5-6}	(大)欠，Ⓣ 'De bshin gśegs paḥi gsaṅ baḥi mdo （如来秘密経）'，西方に安置し，供養する。
		95『華厳経』（入法界品）	Ⓟ213 a^{6}	(大)欠，Ⓣ 'Theg pa chen po sdoṅ pos bśad （大乗茎説）' 南方に安置し，供養する。
		④ 三摩地入住	(大)766 b^{21-22} Ⓟ214 a^{2-3}	曼荼羅諸尊を画き終ったら，三摩地に入住する。
		⑤ 曼荼羅観察	(大)766 b^{22-23} Ⓟ214 a^{3}	曼荼羅諸尊が誤り無く画かれているかを観察する。誤りがあれば画き直す。終了すれば曼荼羅の外へ出る。
Ⅲ 供	53	台 座 安 置	(大)766 a^{23-24} Ⓟ213 a^{6-7}	召請のための台座を曼荼羅の外の四方に安置。仏部＝東方，蓮華部＝北方，金剛部＝南方，諸天＝西方
	54	召　請（含閼伽供養）	(大)766 a^{24-25} Ⓟ213 a^{7} − b^{2}	諸尊を召請し，閼伽を供養する。
		結　界	(大)766 c^{1-11} Ⓟ214 a^{6} − b^{3}	以下，「奉請供養品第八」
		① 曼荼羅灑浄	(大)766 c^{1-3} Ⓟ214 a^{6-7}	
		② 一切諸尊帰命	(大)766 c^{3} Ⓟ214 a^{7}	
		③ 曼荼羅主尊真言念誦	(大)766 c^{3-6} Ⓟ214 a^{7} − b^{1}	或いは三部心真言を持誦。
		④ 結 護 作 法	(大)766 c^{6-11} Ⓟ214 b^{1-3}	
		a 弁事真言持誦	(大)766 c^{6-7} Ⓟ214 b^{1}	

養分		b 五印明結誦	(大)766 c^{7-11} Ⓟ214 b^{1-2}	(大)は以下の五印明を尊名で挙げる。
		1 枳利枳利	(大)766 c^{8} Ⓟ214 b^{1-2}	(大)「枳利枳利尊」Ⓣ ‘rDo rje be con brtson ḥgrus che (Vajradaṇḍamahāvīrya？＝金剛棒勇猛)’
		2 軍 荼 利 (Krodhāmṛtakuṇḍalī？)	(大)766 c^{8} Ⓟ214 b^{2}	(大)「軍荼利尊」Ⓣ ‘Khro bo bdud rtsi thabs sbyor (Krodhāmṛtakuṇḍalī？＝忿怒甘露軍荼利)’
		3 金 剛 橛 (Vajrakīla)	(大)766 c^{8} Ⓟ214 b^{2}	(大)「金剛橛尊」Ⓣ ‘Phur bu（Kīla＝橛)’
		4 金 剛 墻 (Vajraprākāra)	(大)766 c^{8-9} Ⓟ214 b^{2}	(大)「金剛墻尊」Ⓣ ‘Ra ba（Prākāra＝墻壁)’
		5 金 剛 鉤 欄	(大)766 c^{9} Ⓟ214 b^{2}	(大)「金剛鉤欄尊」Ⓣ ‘Draṅ ba(引くもの)’, 金剛網 (Vajrapañjara) のことか。
		c 弟 子 結 護	(大)766 c^{11} Ⓟ214 b^{2-3}	弟子の結護を観想で行う。
	56	曼荼羅荘厳（供 養）	(大)766 c^{11} −767 a^{16} Ⓟ214 b^{3} −215 b^{2}	曼荼羅を荘厳し，供養するための資具等を安置する。
		① 入 曼 荼 羅	(大)766 c^{11-12} Ⓟ214 b^{3}	阿闍梨は曼荼羅の内部に入る。
		② 閼伽水加持	(大)766 c^{16-17} Ⓟ214 b^{4-5}	予め用意した香水と華を盛った閼伽器を軍荼利真言にて加持する。
		③ 閼 伽 供 養	(大)766 c^{17-18} Ⓟ214 b^{5-6}	曼荼羅主尊の真言を７遍持誦し，曼荼羅の内院には閼伽器を安置し，他所には閼伽水を散ずる。
		④ 瓶 加 持	(大)766 c^{18-21} Ⓟ214 b^{6-8}	五穀・五宝・五薬を入れた瓶に香水を満たし，華鬘などを飾って７遍持誦する。
		⑤ 瓶 供 養（安置）	(大)766 c^{21} −767 a^{2} Ⓟ214 b^{8} −215 a^{4}	曼荼羅の四方・四隅・西門などに瓶を安置する。
		⑥ 幢 幡 供 養（安置）	(大)767 a^{2-8} Ⓟ215 a^{4-7}	曼荼羅の八方：東＝白幡，東南＝紅幡，南＝黒幡，西南＝烟色幡，西＝赤幡，西北＝青幡，北＝黄幡，東北＝赤白幡
		⑦ 香 炉 供 養（安置）	(大)767 a^{8-11} Ⓟ215 a^{7-8}	十個の香炉を四方・四隅・門・門外に安置する。
		⑧ 鈴・傘蓋・華鬘供養（安 置）	(大)767 a^{11-14} Ⓟ215 a^{8} − b^{1}	四方の鳥居門に安置する。

	⑨ 幔幕囲繞	(大)767 a^{14} Ⓟ215 b^{1}	Ⓣ 'srad bu dag（糸等）', 幔幕を門の外に囲繞する。
	⑩ 散　華	(大)767 a$^{14-15}$ Ⓟ215 b$^{1-2}$	
	⑪ 卍（吉祥印）安置	(大)767 a$^{15-16}$ Ⓟ215 b^{2}	
57	諸尊召請	(大)767 a$^{16-28}$ Ⓟ215 b$^{2-7}$	閼伽器を取り，各尊の真言を持誦して奉請する。
58	供　養	(大)767 b^{28} −769 b^{19} Ⓟ215 b^{7} −219 b^{8}	(大)には塗香・華・飲食供養の後，燈明供養を明かすが，Ⓣには欠。ここでは省略。
	① 閼伽（洗足水）供養	(大)767 a^{28} − b^{1} Ⓟ215 b^{7}	曼荼羅に降臨した諸尊の足を洗う。
	② 礼　拝	(大)767 b^{1} Ⓟ215 b^{7}	
	③ 塗　香	(大)767 b$^{1-20}$ Ⓟ215 b^{8} −216 a^{4}	
	④ 華	(大)767 b^{20} − c^{14} Ⓟ216 a^{4} − b^{2}	
	⑤ 焼　香	(大)767 c^{14} −768 a^{9} Ⓟ216 b^{2} −217 a^{2}	
	⑥ 香水灑浄	(大)768 a$^{9-10}$ Ⓟ217 a$^{2-3}$	一尊ごとに焼香を供養したら香水を灑浄する。
	⑦ [閼　伽]	(大)768 a$^{10-12}$ [Ⓟ217 a^{3}]	(大)のみ
	⑧ 飲　食	(大)768 a^{12} −769 a^{2} Ⓟ217 a^{3} −218 b^{7}	飲食を加持し，主尊・三部主・第二院・第三院と供養した後，壇外に出て諸有情にも施す。
	⑨ 洗　手	(大)769 a$^{2-4}$ Ⓟ218 b^{7}	飲食を供養した後，手を洗い門外で焼香，次に門内にて閼伽を供養する。
	⑩ 閼伽・焼香	(大)769 a$^{4-5}$ Ⓟ218 b$^{7-8}$	
	⑪ 運心供養（飲食）	(大)769 a$^{5-6}$ Ⓟ218 b^{8}	

		⑫ 新　浄　衣	(大)769 a^{6-10} Ⓟ219 a^{1-2}	諸尊すべてに浄衣を供養する。
		⑬ 諸尊真言持誦	(大)769 a^{10-12} Ⓟ219 a^{2-3}	曼荼羅主尊108遍，三部主尊100遍，他の諸尊７遍。
		⑭ 諸尊印明結誦	(大)769 a^{12-13} Ⓟ219 a^{3-4}	諸尊の印を結び，明真言を３遍持誦する。
		⑮ 護　　摩	(大)769 b^{12-19} Ⓟ219 b^{5-8}	以下，「分別印相品第九」，阿闍梨は東方を向き護摩する。
Ⅳ 投華得仏分	59	諸尊召請	(大)769 b^{20-25} Ⓟ219 $b^{8}-220\,a^{4}$	
		① 焼香供養	Ⓟ219 $b^{8}-220\,a^{1}$	(大)欠
		② 三部諸尊賛嘆	(大)769 b^{22-23} Ⓟ220 a^{1}	(大)とⓉの順序が異なる。(大)は③④⑤②⑥の順序。
		③ 一切罪障懺悔・発願	(大)769 b^{20} Ⓟ220 a^{1-2}	
		④ 三宝・一切諸尊帰命	(大)769 b^{20-22} Ⓟ220 a^{2-3}	
		⑤ 発菩提心	(大)769 b^{22} Ⓟ220 a^{3}	
		⑥ 経典読誦	(大)769 b^{23} Ⓟ220 a^{3}	恐らく『般若経』と考えられる。
		⑦ 諸尊召請	(大)769 b^{23-24} Ⓟ220 a^{3}	更に曼荼羅に諸尊を召請する。
		⑧ 焼香供養	(大)769 b^{24} Ⓟ220 a^{3-4}	
		⑨ 閼伽供養	(大)769 b^{24} Ⓟ220 a^{4}	
		⑩ 諸尊頂礼	(大)769 b^{24-25} Ⓟ220 a^{4}	
		弟子結護	(大)769 $b^{25}-c^{2}$ Ⓟ220 a^{4-6}	入壇・投華得仏の前の弟子加持。

60	① 弟子召喚	(大)769 b^{25-27} Ⓟ220 a^{4-5}	弟子を一人ずつ門前に呼ぶ。
	② 弟子香水灑浄	(大)769 b^{27} Ⓟ220 a^{5}	弟子を一人ずつ灑浄する。
	③ 塗香授与　塗香心真言持誦	(大)769 b^{27-28} Ⓟ220 a^{5}	弟子は与えられた塗香を手に塗り，胸を按じたら塗香の心真言を持誦する。
	④ 新帛加持	(大)769 b^{28-29} Ⓟ220 a^{5}	阿闍梨は新帛を弁事真言にて加持する。
	⑤ 弟子覆面	(大)769 b^{29} Ⓟ220 a^{5}	加持された新帛で弟子を目隠しする。
	⑥ 三昧耶印結印	(大)769 b^{29} Ⓟ220 a^{5-6}	弟子に三昧耶印を結印させる。
	⑦ 華授与	(大)769 b^{29} Ⓟ220 a^{6}	弟子の結んだ三昧耶印の先端に華を置く。(大)には「華」が欠落している。
	⑧ [三昧耶真言持誦]	(大)769 $b^{29}-c^{1}$	(大)は三昧耶真言を３遍持誦せよとあるが，Ⓣは欠。
	⑨ 曼荼羅主尊印明結誦	(大)769 c^{1-2} Ⓟ220 a^{6}	弟子は曼荼羅主尊の印契を頭頂において結び，真言を３遍持誦する。
61	投華得仏	(大)769 c^{2} − 770 a^{17} Ⓟ220 a^{6} − 221 b^{1}	
	① 弟子引入	(大)769 c^{2} Ⓟ220 a^{6-7}	弟子を曼荼羅道場に引入する。
	② 阿闍梨宣説	(大)769 c^{2-5} Ⓟ220 a^{7-8}	阿闍梨は投華の前に弟子の悉地成就と部族の相などを知ろうとする偈を宣説する。
	③ 投華	(大)769 c^{5-6} Ⓟ220 $a^{8}-b^{1}$	弟子を門前（第三院）に置き，投華させる。
	④ 弟子覆面解除（曼荼羅現見）	(大)769 c^{6-7} Ⓟ220 b^{1}	弟子の覆面を取り，曼荼羅を拝見させる。
	⑤ 教誡	(大)769 c^{7-11} Ⓟ220 b^{1-3}	弟子に信を起させ，仏部に生じたことと悉地成就のために三昧耶を守り，真言念誦に精勤せよと説く。
	⑥ 弟子散華供養	(大)769 c^{11-12} Ⓟ220 b^{3}	弟子に三部諸尊へ両手いっぱいの華を３遍散華供養させる。

		⑦ 所堕本尊真言伝授	(大)$769c^{12-13}$ Ⓟ$220b^{3-4}$	弟子に華の落ちた所の尊格の真言，或いは心真言を伝授する。
		⑧ 弟子所得真言持誦	(大)$769c^{13-14}$ Ⓟ$220b^{4}$	曼荼羅第二院において弟子に所伝の真言・心真言を持誦させる。
		⑨ 占弟子成就相	(大)$769c^{14}-770a^{17}$ Ⓟ$220b^{4}-221b^{1}$	華が落ちた所を基準にして弟子の成就の相を占う。
	62	曼荼羅諸尊供養 （閼伽・香華など）	(大)$770a^{17-18}$ Ⓟ$221b^{1-2}$	下記息災護摩の項目より「分別護摩品第十」
	63	息災護摩	(大)$770a^{18}-c^{6}$ Ⓟ$221b^{2}-222b^{3}$	
		① 弟子加持	(大)$770a^{18}-c^{3}$ Ⓟ$221b^{2}-222b^{1}$	弟子を左方に座せ，左手で弟子の右手大指を執り，主尊真言で７遍，寂静真言で７遍護摩し，弟子加持する。
		② 弟子頂礼	(大)$770c^{3-5}$ Ⓟ$222b^{3}$	弟子は灌頂を請うために阿闍梨に頂礼する。
		③ 弟子布施	(大)$770c^{5-6}$ Ⓟ$222b^{3}$	弟子は阿闍梨に布施する。
Ｖ灌頂分	64	灌　頂	(大)$766b^{23-27}$，$770c^{6-28}$ Ⓟ$214a^{3-5}$，$222b^{1}-223a^{1}$	
		① 作灌頂壇	(大)$766b^{23-27}$，$770c^{6-9}$ Ⓟ$214a^{3-5}$，$222b^{1-3}$	(大)とⓉの次第順序に幾分の相違が見られる。
		a 灌頂壇彩色	(大)$766b^{23-27}$ Ⓟ$214a^{3-5}$	白粉で方形を区画し，その中に五色の粉で蓮華を画き，吉祥印もそこに画く。
		b 台座加持	(大)$770c^{6}$ Ⓟ$222b^{1-2}$	弁事真言で新浄の台座を加持する。
		c 台座安置	(大)$770c^{6-7}$ Ⓟ$222b^{2}$	灌頂壇の中央に安置する。
		d 白傘蓋安置	(大)$770c^{7}$ Ⓟ$222b^{2-3}$	弟子の頭上となる箇所に傘蓋を安置する。
		e 白華鬘荘厳	(大)$770c^{7-8}$ Ⓟ$222b^{3}$	傘蓋を白華鬘で荘厳する。
		f 白帛荘厳	(大)$770c^{8}$ Ⓟ$222b^{3}$	傘蓋に白い絹布を懸けて荘厳する。

g　吉祥具安置	(大)770 c^{9}	Ⓣには欠，次項に必要となる弟子を荘厳する具を安置すると思われる。
h　曼荼羅主尊真言持誦	(大)770 c^{8-9} Ⓟ222 b^{2}	(大)に従えば，荘厳具を加持するために真言持誦する。
②　弟子結護	(大)770 c^{9-15} Ⓟ222 b^{3-4}	
a　弟子安置	(大)770 c^{9-10} Ⓟ222 b^{3}	弟子を灌頂壇に安置した台座に座らせる。
b　弟子加持	(大)770 c^{10} Ⓟ222 b^{3-4}	真言（曼荼羅主尊）を持誦して弟子を加持する。
c　薫　　香	(大)770 c^{10-12} Ⓟ222 b^{4}	軍荼利真言を持誦し、弟子に薫香する。
d　弟子荘厳	(大)770 c^{12-15} Ⓟ222 b^{4}	弟子に払・扇・香炉などを執らせ，頭上に傘蓋を飾り，衣・商佉などを入れた箱，酪椀などを執らせて荘厳。
③　四瓶安置	(大)770 c^{16} Ⓟ222 b^{5}	四瓶の安置。
④　奏　　楽	(大)770 c^{15-16} Ⓟ222 b^{5}	
⑤　瓶行道	(大)770 c^{16-21} Ⓟ222 b^{5-7}	この瓶行道は飽くまでも瓶加持の一貫である。
a　曼荼羅諸尊帰命	(大)770 c^{16-19} Ⓟ222 b^{5-6}	曼荼羅諸尊にまず帰命する。
b　四瓶加持	(大)770 c^{19-20} Ⓟ222 b^{6}	真言（弁事）を100遍持誦して瓶を加持する。
c　三匝行道	(大)770 c^{20-21} Ⓟ222 b^{6-7}	瓶を受持して曼荼羅を三匝行道する。
⑥　［瓶加持］	(大)770 c^{21}	(大)は三匝行道の後，再度，瓶加持を加持する。Ⓣは欠。
⑦　灌　　頂	(大)770 c^{21-25} Ⓟ222 b^{7-8}	阿闍梨は根本真言を持誦し，結印して弟子の頭頂に触れて灌頂する。伝法・息災・増益・降伏灌頂説示。
⑧　阿闍梨弟子供養	(大)770 c^{25-27} Ⓟ222 b^{8} − 223 a^{1}	阿闍梨が弟子に衣を着させ，塗香・華鬘などを弟子に与え，弟子を荘厳する。

	⑨ 臂釧指環	(大)770 c^{27-28} Ⓟ223 a^{1}	弟子の腕に臂釧を付ける。
65	傘蓋行道	(大)770 c^{28-29} Ⓟ223 a^{1-2}	阿闍梨自らが傘蓋を持ち，弟子は合掌して曼荼羅を三匝する。
66	曼荼羅諸尊礼拝	(大)770 c^{29} −771 a^{3} Ⓟ223 a^{2}	阿闍梨は弟子とともに西門の前にて曼荼羅諸尊を礼拝し，三昧耶戒を説くことを宣言する。
67	教誡 （三昧耶戒説示）	(大)771 a^{3-7} Ⓟ223 a^{2-4}	阿闍梨は傘蓋を置き，弟子を曼荼羅の前に立たせ，弟子の手を取って三昧耶戒を説示する。即ち，弟子が曼荼羅阿闍梨・持明蔵者となった故に，衆生に対して慈悲を起こして曼荼羅行を実践せよと教誡する。
68	護摩	(大)771 a^{7-11} Ⓟ223 a^{4-5}	曼荼羅主尊の真言で牛蘇の護摩、寂静真言で蘇・蜜・酪飯に胡麻を混ぜた護摩を各100遍行う。
69	伝授	(大)771 a^{11-14} Ⓟ223 a^{5-7}	
	① 灑頂	(大)771 a^{11} Ⓟ223 a^{5-6}	Ⓣ 'bsan gtor bya' 弟子の頭頂に護摩で使用した浄水を灑水する。
	② 曼荼羅開示	(大)771 a^{11-12} Ⓟ223 a^{6}	弟子に曼荼羅を開示する。
	③ 諸尊教説・印契伝授	(大)771 a^{12-13} Ⓟ223 a^{6}	弟子に曼荼羅諸尊について解説し，諸尊の印契を伝授する。
	④ 明王真言持誦	(大)771 a^{13} Ⓟ223 a^{6}	(大)：阿闍梨は弟子に明王真言を教授する。 Ⓣ：阿闍梨が明真言王を持誦する。
	⑤ 所得真言持誦	(大)771 a^{13-14} Ⓟ223 a^{6-7}	(大)：弟子を座らせ，所得真言を持誦させる。 Ⓣ：阿闍梨が如法に念誦せよとある。
70	諸尊香華供養	(大)771 a^{14-15} Ⓟ223 a^{7}	弟子は両手に満たした華を曼荼羅諸尊に供養する。
71	弟子布施	(大)771 a^{15-23} Ⓟ223 a^{7} − b^{3}	弟子は自らの所願に応じた施物を護摩処に座を移した阿闍梨に求めるだけ布施する。
72	弟子安座	(大)771 a^{24} Ⓟ223 b^{3}	阿闍梨は各弟子を整然と座らせる。
73	『般若経』読誦	(大)771 a^{24-25} Ⓟ223 b^{3}	阿闍梨は『般若経』を読誦して弟子たちに聞かせる。

74	三昧耶戒説示	(大)771 $a^{25}-b^{5}$ Ⓟ223 b^{3-7}	三宝・仏菩薩・真言尊などを敬い、衆生に慈悲を起こし、大乗を願い真言行に精進せよと教誡する。
75	印・明・部族・曼荼羅教説	(大)771 b^{5-7} Ⓟ223 b^{7}	弟子に自身の印契・真言・部族・曼荼羅を教説する。
76	閼伽・焼香供養	(大)771 b^{7-8} Ⓟ223 b^{8}	阿闍梨は顔や手を洗い、諸尊に閼伽・焼香を供養する。
77	護　摩	(大)771 b^{8-12} Ⓟ223 $b^{8}-224\,a^{1}$	主尊真言108遍，寂静真言108遍，部心真言21遍，各諸尊真言７遍，所得真言は随意に護摩する。
78	施　食	(大)771 b^{12-13} Ⓟ224 a^{1-2}	阿闍梨は諸方を祭祀するため供物を供養する。
79	阿闍梨・弟子灑浄	(大)771 b^{13} Ⓟ224 a^{2}	手や顔を洗う。
80	一切諸尊供養	(大)771 b^{13-15}，772 a^{23} Ⓟ224 a^{2}	(大)に乱脱有り。補欠品が混入（(大)771 $b^{15}-772\,a^{23}$）。華・香を諸尊に供養し，帰命する。
81	発　遣	(大)772 a^{23-24} Ⓟ224 a^{2-3}	閼伽香水を供養し，諸尊の各真言を持誦して発遣する。
82	供養物処分（破　壇）	(大)772 $a^{24}-b^{4}$ Ⓟ224 a^{3-7}	あらゆる資具は大河に捨て，残りの飲食などは貧児に施し，財物は阿闍梨が所有す。或いは三宝に施す。
83	第八日　息　災　護　摩	(大)772 b^{4-5} Ⓟ224 a^{7-8}	息災のための護摩を108遍行う。

本国訳書下しに際し、大東出版社刊『国訳一切経』密教部二の本文、並びに解題を参照させて頂いた。記して甚深の謝意を表するものである。また、解題に際しては、拙論「『蕤呬耶経』の曼荼羅行について」（『密教学研究』第二八号）に基づき、解説を行った。より詳細な内容を研究する場合は、これを参照されたい。最後に、大蔵出版社の桑室一之氏には校正作業を始め、本書が成るに当たる多くの作業に尽力下さり、ここに謝意を表するものである。

〔大塚伸夫〕

無畏三蔵禅要

一　基本的性格と位置付け

『無畏三蔵禅要』(1)は、『無畏禅要』『禅要』とも呼ばれ、本書の末尾には「無畏三蔵受戒懺悔文及禅門要法」という尾題が付されている。本書は、その題名からも分かるように、梵文の原典から翻訳された漢訳経典ではない。本書の冒頭には、善無畏が嵩岳の会善寺の敬賢と仏法について「対論」し、本書はその時の善無畏の口述の中から、菩薩戒の授戒作法について記録したものであると明記されている。さらに、本書の最後には、善無畏と敬賢の対論の記録が、先ず長安の西明寺の慧警によって「撰集」され、それを本書の編纂者が「再び詳補」したとも記されている。このように、『無畏三蔵禅要』は、中国において行なわれた仏教の対論の記録を基に、少なくとも三段階の過程を経て編纂された、中国撰述のテキストである。

『無畏三蔵禅要』は大きく二つの部分から構成されている。即ち、前半は、前述のように菩薩戒の授戒作法について説いている。一方、後半部分には、密教の禅定法について、密教戒の受法から始まり足の組み方や呼吸法などにいたる月輪観の具体的な観法の説明などが記されている。

『無畏三蔵禅要』は中国撰述であり、中国においてはついに大蔵経に入蔵されることがなかったが、空海（七七四〜八三五）によって請来され、以来、真言密教の戒律観の中心となる三昧耶戒に関する基本資料として重視されてきた。

三昧耶戒とは、真言密教において密教独自の戒律を総称する用語である。密教における戒は、色々な場面で言及されるが、基本的には灌頂の儀式において、入壇するまえに弟子に授けられるものである。また、この密教の授戒作法は、インド密教ではもともと、灌頂のための曼荼羅を造る儀礼に組み込まれていた。『蕤呬耶経』(2)や『大日経疏』などに説かれる七日作壇法の中では、授戒は第六日目に行なわれる儀礼の一部であった。このとき授けられる戒は、経典論書において、菩薩戒・律儀・菩提心戒・住無為戒・三世無障碍戒などと種々に呼ばれ、その授戒法についても『大日経』「受方便学処品」や『大日経疏』などに説明が散見するが、戒の内容や詳しい授戒作法は、必ずしも明確ではなかった。(3)そこで空海は、『無畏三蔵禅要』と不空（七〇五〜七七四）訳とされる『受菩提心戒儀』（㊅一八・No. 915）に基づいて、『秘密三昧耶仏戒儀』一巻（㊅七八・No. 2463）を新たに著し、三摩耶戒として授戒法を整備し、独自の戒律観を確立したと考えられている。(4)なお、この『受菩提心戒儀』は、一応不空訳とはされているものの、のちに述べるように明らかに『無畏三蔵禅要』の影響を強く受けて作られたものである。したがって、最終的には『無畏三蔵禅要』に基づいて、真言密教独自の戒を表す三昧耶戒という概念および用語が、空海によって確立されたとされるのである。これにともない東密と台密の灌頂においては、本来は造壇法の一部に組み込まれていた授戒作法が、三昧耶戒作法として独立し、戒壇を別にもうけて、両部の灌頂に先立って執り行われるようになった。現在行なわれている東密と台密の灌頂における三昧耶戒作法も、(5)その中で読まれる授戒文は、流派によって多少の相違はあるものの、すべて『無畏三蔵禅要』と『受菩提心戒儀』に基づいて構成されている。

以上のように、『無畏三蔵禅要』は、空海の戒律観および真言密教の灌頂儀礼における授戒の基礎である三昧耶戒に関する重要な基本文献として、まず位置づけられている。また、善無畏と対論した敬賢は北宋禅の僧侶であり、このことから禅と密教の交渉ないし融和を探る資料としても注目されている。さらに、密教の代表的禅定法である月輪観を具体的に説く数少ない資料としても、重視されている。

二　作者と成立年代

前述のように、『無畏三蔵禅要』は、(1)善無畏と敬賢の「対論」、(2)慧警による「撰集」、(3)名前不詳の編者による「再詳補」という三段階を経て成立し、そこには少なくとも四名の人物が介在していると思われる。

(1)善無畏と敬賢の対論

先ず善無畏は、言うまでもなく唐代に密教を伝え、一行（六八三〜七二七）とともに『大日経』を訳し、『大日経疏』を著した密教僧であり、『開元釈教録』・『貞元目録』・『宋高僧伝』を始めとする豊富な伝記資料が残されている。(6) 六三七年にマガダ国あるいは東インドのオリッサ地方の王家の子として生れ、ナーランダ寺において密教を学び、七一六年に長安に入った。長安では興福寺の南院から西明寺に移り住み、翌七一七年には西明寺の塔頭と思われる菩提院において翻訳を開始した。七二四年には洛陽に移り『大日経』などを翻訳し、七三五年に入寂した。

なお、翻訳経典においては、善無畏は、その名がしばしば輸波迦羅と表記される。中国においては当初より、善無畏とは正規のサンスクリット語でŚubhakarasiṃhaであり、直訳すれば浄師子という意味であるが、師子が百獣の王で恐れるものがないので、善無畏と意訳したとされてきた。この定説では、輸波迦羅は美しいとか浄らかという意味のŚubhakaraの音写であり、これには無畏という意味がないとする。これに対して、チャールズ・ヴィレンメン博士は、輸波迦羅はマガダ地方の俗語であるマーガディー語のSubhāgalaの音写であるとし、サンスクリットのSvabhayakara(7)がSubhāgalaという俗語形をとりうることを論証した(8)。

敬賢については、資料がほとんど残されていない。わずかに『楞伽師資記』に、北宋禅の祖の神秀の弟子として、四人まとめて簡単に記述されるうち、第二番目に「嵩岳敬賢禅師」の名前が挙げられている(9)。宇井伯寿博士によって、この敬賢が『全唐文』三六二に収録されている「唐嵩山会禅寺故景賢大師身塔石記」の「景賢」と同一人物であると推定されている(10)。この説を採用すると、敬賢（景賢）は、六六〇年に生れ、七二三年に没したことになる。さらに、第一段階の善無畏と敬賢の対論は、善無畏が長安に入った七一六年から、敬賢の没した七二三年の間の出来事と、推定される。またこの説に従わない場合でも、七一六年から善無畏が入寂した七三五年に設定される。

⑵慧警による撰集

慧警については、資料がまったく見当たらない。本書に「西明寺の慧警禅師」とあり、この西明寺に善無畏が一時止住したことから、善無畏と関係が深い人物とは推定されるが、詳しいことは一切不明である。この慧警を不空（七〇五～七七四）門下の一人であるとして、かなり遅い時代に設定する説もある。[11]

(3)名前不詳の編者による再詳補

本書を現在の形にまとめた編纂者については、名前が記されていないので、特定する手段がない。神林隆浄博士はこの編者を一行と推定している。[12] また最近、本書の別行本と見なされていたが、その所在が長らく不明であった『最上乗受菩提心地秘訣』が翻刻公刊された。[13] この『最上乗受菩提心地秘訣』には「一行記」と明記されており、のちに述べるように、かなりの部分が『無畏三蔵禅要』と一致する。これは直ちに本書を一行の編纂に結び付けるものではないが、少なくとも本書の成立に一行がなんらかの形で関わっていたことを暗示している。

一行を本書の編纂者とした場合は、成立年代は、一行の没年の七二七年以前となる。しかし前述の慧警を不空門下とする考えでは、本書の最終編者および成立の年代は、当然かなり引き下げられる。

以上、三段階にわたる本書の成立過程ごとに、関与した人物とその時期について、今までの研究の概要を示した。最後に本書の最終的成立時期を述べると、本書は中国撰述であり、訳経録などに一切掲載されていないため、厳密な成立年代の下限は、空海によって本書が請来された八〇六年に設定せざるをえない。上限は、善無畏が長安に入った七一六年である。

三　内容概観

『無畏三蔵禅要』は、菩薩戒の授戒作法を十一門に分けて説く前半と、密教の禅定法について説く後半の、二つの部分から構成されている。以下、順を追って項目を立てて、その内容の概要を示すことにする。

菩薩戒の授戒作法

序　文

善無畏と敬賢の対論によって本書が作られた経緯と、十一門の名称等が説かれる。

第一発心門

諸仏菩薩に帰命し、大菩提心を大導師とすることを誓う文が説かれる。

第二供養門

香・華・幡蓋などをもって諸仏菩薩の大菩提心に運心供養することを誓う文が説かれる。

第三懺悔門

貪・瞋・癡の三毒および随煩悩による十悪・五逆・破戒・飲酒・肉食などの罪を懺悔する文が説かれる。

第四帰依門

三宝に帰依することを誓う文が説かれる。

第五発菩提心門

菩提心を発すことを誓う文と、五大願が説かれる。最後に、菩提心の具足円満を決意し、諸仏菩薩の証知を乞う文が説かれる。

第六問遮難門

授戒の前に七逆罪の有無を弟子に問うべきことと、詰問のための文が説かれる。なおこの中では、もし七逆罪を犯していても発露懺悔すれば罪が消滅するとされる。次に、三聚浄戒と四弘誓願の受持を誓わせる文が説かれる。

第七請師門

釈迦を戒和上に、文殊師利を羯磨阿闍梨に、十方諸仏を証戒師に、一切の大菩薩を同学の法侶として招請することを願う文が説かれる。

第八羯磨門

三聚浄戒の授与を内容とする羯磨文が説かれる。

第九結戒門

諸仏菩薩の浄戒を授け竟ったことを弟子に告げ、この浄戒の受持を再度求めるための文が説かれる。

第十修四摂門

右の菩薩戒の授戒ののちに、さらに布施・愛語・利行・同事の四摂法を行ずることを弟子に要請する文が説かれる。

第十一十重戒門

さらに重ねて、十重戒の受持を弟子に求める文が説かれる。なお、当所には、通仏教の十重禁戒とは異なる、独自の十種の禁戒が説かれている。

密教の禅定法

前　文

無畏三蔵禅要

「観智密要禅定法門・大乗の妙旨」即ち密教の禅定法について以下において述べるとする。次に、善無畏が〝衆生の機根に応じて色々な教えがあるが今は金剛頂経による修行法を明かす〟と言い、実際に禅定を修し、人々を感動させたという逸話をのせる。

密教戒の授戒法

前に受けた菩薩戒に重ねて「諸仏の内証・無漏清浄の法戒」を受けるべしとの善無畏の言葉を示してから、「禅門」に入り陀羅尼を誦すべしとする。次に三昧耶戒真言・発菩提心真言・通達菩提心真言・入秘密曼荼羅真言の四陀羅尼を説き、この誦持によって「無漏真法戒」を受けることができるとする。

七処加持

行者の身体を護るための七処加持の印と二種の真言および坐法などが説かれる。

坐　法

吉祥の半跏坐と半眼について説く。

運心供養・懺悔

一切諸仏菩薩に、香・華・幡蓋などを観想によって供養し、自らの罪障を懺悔し、その消滅を願う作法を説く。

誓　願

三摩地と陀羅尼による悉地の成就を願う弘誓願の文が説かれる。

調気法

禅定における呼吸法が詳細に説かれる。

正念の増修

善無畏の言葉を載せ、禅定における善なる心作用の必要性を説く。

観想法（月輪観）

三摩地に入り月輪を観想し、それを広げたり縮めたりする広観・斂観を含む月輪観の修し方と、教理的意味付けや実修の注意などが細かく説かれる。

五種の心

禅定の習熟に従って発展する五種の心についての説明が、善無畏の言葉として挿入される。

広観・斂観の真言

広観と斂観に使われる四種の真言が説かれる。またこの真言を行住坐臥常に誦すれば速やかに効果が顕われるとする。

経　行

一定の場所を静かに歩きながら瞑想する経行による禅定法を説く。

後　書　き

本書は西明寺の慧警が撰集したものを、再び詳補したものであるとし、最後に帰敬の偈を載せる。

四　他の資料および中国禅との関係

右の十一門による菩薩戒の授戒作法のうちの、第一発心門から第五発菩提心門の文が、前述の『受菩提心戒儀』の後半三分の一にほぼそのまま使われている。(14) 残りの前半三分の二も、再び『無畏三蔵禅要』の第一門から第五門を基本構造とし、表現形式を『無畏三蔵禅要』の長行を同じ単語を多数用いて偈文に直し、各門に真言を加え、さらに五智三身仏や金剛乗への帰依を明記するなどして、より密教化されたものとなっている。このように『受菩提心戒儀』は、不空訳とされてはいるものの、少なくとも後半三分の一は『無畏三蔵禅要』の文をそのまま付加したものであり、おそらく前半部分も本書の影響下に翻訳あるいは製作されたものと思われる。(15)

空海の『秘密三昧耶仏戒儀』も、全体構造は『無畏三蔵禅要』の十一門を基本としており、前半の五門に相当する部分は『受菩提心戒儀』の前半から作られているが、(16) 後半の六門は『無畏三蔵禅要』に依っている。特に本書の第八羯磨門の三聚浄戒の授与を内容とする羯磨文と、第十修四摂門の四摂法の修習を要請する文と、第十一十重戒門の十重禁戒の受持を弟子に求める文が、ほぼそのまま引用されている。さらに、この中の十重禁戒は、本書だけに説かれる独自の禁戒であり、同じ善無畏の『大日経疏』の十重禁戒とも一致しない特異なものである。

このように、不空訳とされる『受菩提心戒儀』と空海の『秘密三昧耶仏戒儀』が本書の前半の菩薩戒の授戒を説く部分に基づいて作られている。なお、現行の東密の灌頂における三昧耶戒作法では、このほかに『無畏三蔵禅要』の後半に説かれる密教戒の授戒法も一部採用している。(17) この点は台密の現行の三昧耶戒作法でも同様である。(18)

最近翻刻された一行記とされる前述の『最上乗受菩提心地秘訣』は、『無畏三蔵禅要』とかなりの部分が共通する。まず、全体の構造はほぼ同一である。序文は内容は同一であるが、形態が多少異なる。前半の十一門の菩薩戒の授戒作法のうち、前五門は、ほぼ完全に同文である。(19) 第十修四摂門と第十一十重戒門も同様に一致する。しかし、残りの四門には相違が見られる。(20) 後半の密教の禅定法を説く部分は、二三の相違点はあるものの、(21) ほぼ同文といえる。後書きも、末尾の帰敬の偈を含めてほぼ同一であるが、慧警による「撰集」と編者による「再詳補」の記事の代りに、大興善寺の恵琳(七三七―八二〇)によって「再び詳勘」されたとする文が挿入されている。このように、一行記と明記される『最上乗受菩提心地秘訣』と本書の間には、興味深い一致が見られる。

前述のように、敬賢は北宋禅に属し、このため本書には北宋禅あるいは天台禅の影響が見られるとされる。(22) 前半の菩薩戒の授戒作法の十一門による構成は、天台系統の菩薩戒儀の十二門(23)に形式上類似する。内容の上からも、天台系の問遮難門も七逆罪だけを問い、請師門では釈迦を戒和上に、文殊を羯磨阿闍梨に、一切如来を尊証師(証戒師)に、一切菩薩を同学等侶に請するなど、本書の特に後半の第六門から第十一門において、天台系の菩薩戒儀との類似性が顕著に見られる。ただし、各門の構成順序や戒の内容には著しい相違があり、これをもって直ちに天台禅の影響とは言い難いともされる。(24) 一方、北宋禅の戒との関連は、特に見当たらない。(25) 後半の密教の禅定法を説く部分においても、そこに説かれる坐法・呼吸法・観想法などはインドの基本的な禅定法および密教的な観想法をかなり正確に反映していると思われ、ほとんど中国的な要素は見出されない。(26)

以上のように、本書は中国撰述であり、前半の菩薩戒の授戒法十一門のうち、第六門から第十一門については天台の影響を受けていると思われるものの、前五門は他の資料にも共通して説かれる密教的な大乗戒の授戒法である。後半の禅定法も基本的には中国の禅の影響をほとんど受けていない密教的な観想法を説いている。したがって本書はインド密教の授戒作法と禅定法をある程度忠実に伝えているテキストであると思われる。

註

(1) (大)一八・No. 917。このほかに、『黄檗版大蔵経』乾一、『縮刷蔵経』閏一、『続蔵』第二編九套三に収録される。国訳は、『国訳一切経』密教部三（神林隆浄訳）、『国訳密教』経軌部一（塚本賢暁訳）、『国訳秘密儀軌』一にそれぞれある。日本には、空海（七七四〜八三五）、円仁（七九四〜八六四）、宗叡（八〇九〜八八四）によって請来されている。

(2) (大)一八・No. 897、不空訳、三巻。本書二八七〜三四一頁参照。

(3) 『大日経疏』巻五には、「此の菩薩戒を受くる法は別に行儀あり」（(大)三九・六二六中）とし、あたかも『無畏三蔵禅要』の存在を示唆するかのような記述がある。

(4) 空海の戒律観は『平城天皇灌頂文』・『三昧耶戒序』にも現れており、『秘密三昧耶仏戒儀』とあわせて考察される。勝又俊教『密教の日本的展開』八五〜一〇四頁（一九七二年再刊）参照。一方、苫米地誠一氏は、『秘密三昧耶仏戒儀』は、『無畏三蔵禅要』から直接作られたのではなく、円仁（七九四〜八六四）の『灌頂三昧耶戒記』（『増補改訂日本大蔵経』七九、鈴木学術財団編、一九七一年）を経ているとし、したがって空海の撰述ではないとする。しかし、その成立を円仁の帰朝以降、安然（八四一〜八八九〜）以前、或いは八四八〜一〇九四年または九一九〜一〇九四年とし、少なくとも平安時代の末には既に『秘密三昧耶仏戒儀』に相当する文献が成立し、空海の撰述とされていたともする。「『秘密三昧耶仏戒儀』をめぐって―『入曼荼羅抄』に於る引用を中心に―」（『智山学報』三八輯五二号、一九八九年）、「円仁撰『灌頂三昧耶戒』について」（『塩入良道先生追悼論文集　天台思想と東アジア文化の研究』一九九一年）、「『秘密三昧耶仏戒儀』の成立をめぐって―『授発菩提心戒文』『灌頂三昧耶戒』との関係を中心に―」（『牧尾良海博士喜寿記念　儒仏道三教思想論攷』一九九一年）。

(5) 現行の東密および台密の三昧耶戒作法では、受戒文や懺悔文などを読み弟子に戒の持受を誓わせる一般的な受戒の作法のほかに、作壇法から引き継いだ結界、洒水加持、塗香・白花・香炉・燈明の加持、歯木を用いた吉凶判断、金剛線の繋縛、金剛誓水の授与などの密教的事作法が行なわれている。東密の伝法灌頂および三昧耶戒作法は、現在は「野沢通用式」三巻（『興教大師全集』上、七六三〜八〇二頁〔一九七七年再刊〕）あるいは勝覚（一〇五七〜一一二九）の「新撰式」三巻（三昧耶戒作法は(大)七八・No. 2470、元杲撰『具支灌頂儀式』一巻の前半に同じ）のいずれかによって行なわれている。台密の灌頂における三昧耶戒作法は、『三昧耶戒私記』（『国訳聖教大系』台密部第四巻、一～七九頁）一本に基づいて行なわれている。苫米地誠一「三摩耶戒儀をめぐって」（『印度学仏教学研究』七三巻―一、一九八八年）参照。なお、現行の灌頂の次第は各宗派によって種々作られているが、基本的には未灌頂の者は見ることができないため、入手可能な資料を一種だけ挙げた。

（6）松長有慶『密教の相承者』一八八～一九〇頁（一九七二年）参照。

（7）su（善）-abhaya（無畏）-kara（作、生）と分解できる。チュウ・リ・リヤンは、『大日経』に説かれる六無畏の第一無畏である善無畏の原語は su-abhaya であり、この語が彼の中国名に採用されたと思われるとする（Chou Yi-liang, *HJAS* VIII, 1945, pp.251-252, note2)。次註ヴィレメン論文及び松永有慶『密教の相承者』一八五頁（一九七三年）参照。

（8）Charles Willemen, *TRIPIṬAKA SHAN-WU-WEI'S NAME A Chainese Translation from Prākrit, T'oung Pao*, Vol. LXVII, 3-5, 1981.

（9）（大）八五・一二九〇下。

（10）宇井伯寿『禅宗史研究（印度哲学研究　九）』二八三～二八四頁（一九八二年再刊）。杲宝（一三〇三～一三六二）の『大日経疏演奥鈔』（（大）五九・一二中）では「敬賢和上即一行也。見唐李石続博物志」とし、『続博物志』を典拠に敬賢と一行が同一人物であるとするが、誤りであるとされる（『密教大辞典』四三一頁〔一九八七年再刊〕）。大村西崖『密教発達志』、四四七頁（一九一八年）には、敬賢について「一行之師。出于続博物志」と割註が付されているが、原資料を確認できない。

（11）長部和雄『唐代密教史雑考』一八二頁（一九七一年）。

（12）『国訳一切経』密教部三「無畏三蔵禅要開題」、『仏書解説大辞典』第一〇巻、三九三～三九四頁。また、円珍（八一四～八九一）の『些些疑文』巻上（『大日本仏教全書』二七巻「智証大師全集第三」一〇三九頁）にも「一行和上所集無畏禅要」とある。長部和雄『一行禅師の研究』二四八頁（一九九〇年再刊）、および椎名宏雄「北宋禅における戒律の問題」（森章司編『戒律の世界』一九九三年）五四八頁参照。

（13）岩崎日出男「宝寿院蔵『最上乗受菩提心戒儀及心地秘記』の研究㈠―本文翻刻校合―」『高野山大学論叢』第二八号、一九九三年。

（14）前掲苫米地論文〈註（4）〉では、『無畏三蔵禅要』の五門は後世に付加されたものであり、空海が『受菩提心戒儀』を請来したときには存在しなかったとする。

(15)　前掲勝又俊教『密教の日本的展開』八二〜八四頁。前掲長部和雄『唐代密教史雑考』一八四〜一八五頁では、『無畏三蔵禅要』と『受菩提心戒儀』に共通する、「弟子某甲等」で始まる一群の文よりなる原本の存在を推定している。しかし『受菩提心戒儀』の前半の偈文の五文は、後半の長行の五文を基にさらに密教化し作り直されたものであり、『無畏三蔵禅要』の第六門から第十一門は、のちに述べるように天台の菩薩戒儀の影響を強く受けた部分である。このような資料の上に、「弟子某甲等」という書き出しの形式を特に重視して、共通の原本の存在を想定する必然性は低いと思われる。

(16)　前掲苫米地論文〈註(4)〉では、『秘密三昧耶仏戒儀』から直接ではなく、空海が唐において蒐集書写した経典類を冊子の形にした『三十帖冊子』(『国宝三十帖冊子〈原寸複製〉』法蔵館一九七七年)に収録されている『授発菩提心戒文』一巻を経て、『秘密三昧耶仏戒儀』が成立したとする。

(17)　勝又俊教『密教の日本的展開』九七〜九八頁参照。

(18)　前註(5)のように、天台では『三昧耶戒私記』を用いている。

(19)　第三懺悔門の中に「自作教他見作随喜」の句が挿入され、第四帰依門の最後に三帰の文が付け加えられる。第二供養門で「大菩提心」への供養が「諸聖衆」へ交替している。以上の点が異なるが、あとは細かい語句の相違はあるもののほぼ同一の文となっている。

(20)　第六問遮難門は、七逆罪は説くものの、三聚浄戒と四弘誓願は脱落し、密教的消罪法も説かれない。第七請師門は、内容が大きく相違し、かつ第八門のうしろに位置が移動する。第八羯磨門は、三聚浄戒は同じであるが、文量が約二倍に増えている。第九結戒門は消滅している。したがって『最上乗受菩提心地秘訣』は十門となり、各門の名称も多少相違する。

(21)　①密教戒の授戒の部分で、発菩提心真言と通達菩提心真言が入れ替わっている。なお、真言の前後の短い説文は、かなり変化しているものの、位置はそのままであり、真言だけが交替している。②七処加持において、その第二真言についてまったく説かれない。③坐法を説く段において、禅波羅蜜の真言が説かれる。禅定印も説かれる。以上、三点の大きな相違が見られるが、その他は、ほぼ一致する。

(22)　前掲神林隆浄『仏書解説大辞典』では、『無畏三蔵禅要』の禅法は「密教独特の禅法と云うよりは、寧ろ密教禅が天台禅若しくは北宋禅に影響された部分と見做すのが至当な見方ではあるまいかと思われる」とする。また、前掲長部和雄『唐代密教史雑考』一八六頁では、本書の後半の密教の禅定法を説く部分における前文と密教戒の授戒法の第一真言までの個所を引用して、当所は「六波羅蜜を以て密禅の融会を説こうとしたものである」とする。さらに、ここには四波羅蜜しか説かれていないが「壇・戒に関しては、手印を作し、唵薩婆尾提娑嚩賀の真言を護持することにより説かれている」とする。しかし、『無畏三蔵禅要』の論旨の流れからみて、六波羅蜜による禅密の融会を読み取ることは難しいように思われる。なお、ここに引かれた唵薩婆尾提娑嚩賀は、密教戒の授戒に関する真言ではなく、うしろの七処加持のための第二真言である。

(23) 天台系の菩薩戒儀の中で信頼できる最も古い資料は、湛然（七一一～七八二）の『授菩薩戒儀』（『続蔵』第二編一〇套一、『大日本仏教全書』第二四巻、『浄土宗全書』一五）であり、そこでは、第一開導、第二三帰、第三請師、第四懺悔、第五発心、第六問遮、第七授戒、第八證明、第九現相、第十説相、第十一広願、第十二勧持の十二門が説かれる。

(24) 前掲勝又俊教『密教の日本的展開』七八頁。

(25) 前掲〈註(12)〉椎名宏雄「北宋禅における戒律の問題」五三七頁では、『無畏三蔵禅要』と北宋禅の関係は具体的には導き出せないとする。

(26) 強いて挙げれば、月輪観を説く部分で、自性清浄心を月に喩える三種の理由を述べるとき、貪・瞋・癡の三毒の遠離によって説明する。このような三毒による教理の展開は神秀の『観心論』（(大)八五・No. 2833、(大)四八・No. 2009『少室六門』「第二破相論」）や『大乗無生方便門』（(大)八五・No. 2824）に顕著に現れるとされる。常盤大定『支那仏教の研究』第二、三七一～三七四頁（一九七九年再刊）、および関口真大『達磨大師の研究』二一五～二一七頁（一九五七年）など参照。中国とインドの禅定法の相違については、岡部和雄「仏陀波利の伝えるインドの禅法―『修禅要素訳』（和訳）―」（『駒沢大学仏教学部紀要』第二六号、一九六七年）、山内舜雄「修禅要素訳における坐法の考察―普勧坐禅儀聞解を手掛りとして―」（曹洞宗宗学研究所『宗学研究』第一三号、一九七一年）を参照。

〔木村秀明〕

*なお、本文国訳の頭註において用いた、(大)の脚註の略号は、次の通りである。

(原) 縮刷大蔵経
(甲) 平安時代写、東寺三密蔵本
(乙) 黄檗版性寂等校丁加筆本、塚本賢曉氏蔵
(丙) 黄檗版

要略念誦経

木村秀明 校註

大毘盧遮那仏説要略念誦経《だいびるしゃなぶっせつようりゃくねんじゅきょう》

[一]菩提金剛三蔵訳

[二]満分の浄法身《じょうほっしん》の　毘盧遮那《びるしゃな》遍照智《へんじょうち》の　妙覚を開敷《かいふ》したまう光明眼
修広《しゅこう》なること猶《な》おし青蓮葉《しょうれんよう》の若《ごと》くなるに　帰命《きみょう》したてまつる。
[三]我《わ》れ今経に依って要略して　自利利他の[四]悉地《しちじ》の法を説かん。
真言の次第方便を行ぜんには　信解《しんげ》と勝願門とを発起《ほっき》すべし。
先ず自心をして塵垢《じんく》を離れしめんとして　仏を観じ印と及び真言とを想《おも》い
深経《じんきょう》と律蔵と勤勇尊《ごんゆうそん》とを　一心に随順《ずいじゅん》し恭敬《くぎょう》して礼《らい》すべし。
曽《むかし》[五]灌頂《かんじょう》して伝受せしめ　妙真言の支分を知る者有れば
是《こ》の勝人を見て応《まさ》に敬事し　瞻仰《せんごう》すること猶おし世尊師《せそんし》の如くすべし。
曽《かつ》経て殊勝の意を発起《ほっき》し　大悲曼荼羅に入ることを得るに
対して[六]三昧《さんまい》乃《ない》し真言を授く　爾《しか》して乃《なんじ》に応当《まさ》に宣説をなすべし
正真言《しょうしんごん》の[七]平等の行を摂《せっ》して
饒益有情《にょうやくうじょう》の心間《ひま》あらざれ　三乗の梵行《ぼんぎょう》を軽毀《きょうき》すること勿《なか》れ

(大)五五上

一　菩提金剛　金剛智（Vajrabodhi 六七一―七四一）の異称とされる。

二　以下、『大日経』供養法の真言行学処品第一に一応対応する（(大)一八・四五上―四六上、PV. 337a⁴–339b⁶）。しかし、分量において、供養法の約半分に縮められ、語順の変動も見受けられる。

三　我れ今経に依って　『大日経』供養法では「我れ大日経王によって」とする。『不思議疏』は「我れ」を文殊と註釈する。PV. は「毘盧遮那行の供養の方便の儀軌に敬礼して」（337a⁵）とする。

四　悉地　siddhi の音写。成就と訳され、三密行の実践により得られる完成の境地。必然的に不思議力の獲得を伴う。

五　灌頂　abhiṣeka 頭の頂に水を灌ぐこと。密教では、秘密法門の印可伝授、法燈継承を証明する重要な儀式。

六　三昧　三昧耶（samaya）の略。誓戒のこと。『大日経』供養法「授与三昧耶」（(大)一八・四五上）。PV.「勝三昧耶（dam tshig dam pa）を随便に得て」（337b⁷）。当経では三摩地（samādhi）も三昧と訳される。

七　平等　三昧耶（samaya）のこと。『大日経』供養法も当句と同一の訳文「摂正真言平等行」を用いるが、PV. は「勝れたる真言行・三昧耶（dam tshig）を摂する」（337b⁸–338a¹）とする。

二

[一]六和敬《ろくわきょう》の法を心に捨つること無かれ。
愚人の所行の事を習うこと莫《なか》れ　瞋恚《しんに》を生じて諸根を敗《やぶ》ること莫れ
歴劫《りゃくごう》所修の功徳門も　一念の因縁によって悉く焚尽《ふんじん》すればなり。
菩提妙心の如意宝は　能《よ》く諸願を満たし塵労《じんろう》を滅し
[二]三昧の徳蔵は此れに由って生ず　是の故に応当《まさ》に勤めて守護すべし。
衆生の根の[三]利鈍を観念し　慈心をもって饒益《にょうやく》し[四]瞋喜《しんき》を現ぜよ
少分も貪恚癡《とんいち》を以って　一念相応して[五]嬈行《にょうぎょう》を行ずること勿《なか》れ。
恩に背《そむ》く有情《うじょう》の過《とが》を念《おも》わずして　[六]四無量を以って群生《ぐんじょう》を摂すべし。
[七]若《も》しは無力に由り或るいは時を得ば　心を常に菩提所に安住せよ。
如来此れに万行を具すと説きたまえり　大乗道に諸度を満足し
読誦し思惟《しゆい》して正受《しょうじゅ》に入らしめ　根塵《こんじん》に著せずして等引《とういん》を修すべし。
貪欲《とんよく》を遠離《おんり》すること毒火の如くし　諸もろの酒を遠離すること[八]霜雹《そうほう》の如くすべし
我慢を増して[九]高牀《こうしょう》に処すること勿れ　自損損他《じそんそんた》皆な遠離すべし。
復《ま》た当《まさ》に毀犯《きぼん》の因たる　懈堕《けだ》と忘念と悪儀を習うことを遠離すべし。
我れ已に正しく[一〇]三昧道に依って　戒慧《かいえ》の処に住して略して宣説す
復《ま》た仏説の[一一]修多羅《しゅたら》に於いて　広く開解《かいげ》して決定《けつじょう》を生ぜしめん。
真言妙門の[一二]三昧の法を　其の所応に随って之れを思念し
諸もろの福慧を以って遍ねく荘厳《しょうごん》し　所有《あらゆる》蓋障《がいしょう》をして消尽《しょうじん》せしむべし。
法を成就するに相応すと観察すれば　親《まのあた》り尊の所《みもと》に於いて其の明《みょう》を受くべし。

一　六和敬の法　梵行者が互いに和同愛敬する六種の法。礼拝などの身業を同じくする身和敬、讃詠などの口業を同じくする口和敬、信心などの意業を同じくする意和敬、戒法を同じくする戒和敬、空などの見解を同じくする見和敬、衣食などの利を同じくする利和敬の六種。

二　三昧　samādhi の訳。三摩地とも訳される。深い瞑想、専心を意味する。

三　利鈍　㊅は利純とする。続蔵二一―三―二七五下による。

四　瞋喜　怒りの相。『大日経』供養法は「瞋を現ず」とし、PV. は「忿怒（khro ba）を示すべし」（$338b^{2}$）とする。

五　嬈行を行ずる　他人をなやますこと。㊅五五中

六　四無量　慈・悲・喜・捨の四無量心のこと。四つの広大な利他の心。四梵行ともいう。

七　若しは無力に由り　もし利他行をする力がなければ。『大日経』供養法は「若無勢力広饒益」（㊅一八・四五中）とし、PV. は「もし有情を利益できなければ」（$338b^{4}$）とする。

八　霜雹　aśani の訳。電光・稲妻のこと。雷・雹・雹雨などとも訳される。

九　高牀　㊅は高床とする。続蔵三一―二―二七五下による。PV. lce ḥbab（$338b^{7}$）。

一〇　三昧道　三昧耶（samaya）道の略。

一一　修多羅　sūtra の音写。経・線・綖・契経などと訳される。真理の教えを貫

次第に安住して真言を奉ずれば　即ち此の生に於いて悉地に入らん。
智者最勝の業《ごう》を修せんと欲《おも》わば　先ず尊者を礼《らい》して方便を問うべし。
師の許しを蒙り已《おわ》って尤《もっと》も勝れたる処　妙山と[一三]峯阜《ほうふ》と巌窟《がんくつ》の間
華池と洲渚《しゅうしょ》と河岸の辺《ほと》り　樹林[一四]扶疎《ふそ》たる悦意の処
[一五]祥茅《しょうみょう》と乳木とありて人無き地　復た[一六]寒熱・虫獣の災い無く
聖賢《しょうけん》の往昔《おうじゃく》に居遊したまいし所　[一七]蘭若《らんにゃ》と仙巌と塔寺の内
此の勝れたる時処に心を安住し　[一八]三昧相応して悉地を修すべし。
設《たと》い疲苦及び飢渇《きかつ》を逕《ふ》とも　念慧《ねんえ》を具足して応に堪忍し
如来菩薩の教に随順して　伴《ばん》有るも伴無きも其の意を堅《かた》くすべし。
真言の妙法を常に手に居《お》き　浄念慧を具して恒《つね》に観察し
勇進堅牢《ゆうしんけんご》にして怯弱《こにゃく》無く　世間の諸もろの有の福に著せず
真言門に於いて深く信解《しんげ》し　自他安楽の業《ごう》を成就す
是くの如く修行するを勝伴と名づく　諸天守護して威力を増さん。
[一九]次に[二〇]下の九種は、方《まさ》に障を浄除し、三昧耶《さまや》を増益《そうやく》する門なり。而も頌を為して曰わく、
①虔誠《けんじょう》と②懺《さん》〔悔《げ》〕諸罪と　③帰依《きえ》と④〔分《ぶん》〕身供養《しんくよう》と
⑤発〔勝菩提〕心と及び⑥随喜《ずいき》〔功徳〕と　[二一]⑦勧〔請徳雲〕と請⑧〔仏住世〕と迴⑨向〔菩提〕との法
是くの如くの九種の門を　次第に相応して説かん。
彼れ念誦の処に依って　日夜に時分を作《な》し
寝息し及び経行《きんひん》せんに　障を為す者を辟除《へきじょ》すべし。

くたていと、即ち経典のこと。PV. は「経部（mdo sde, sūtrānta）」(339a[1]) とする。
一二　三昧　三昧耶の略。『大日経』供養法は「如是正住三昧耶」(大)一八・四五下)、PV. は「是くの如く正三昧耶（yaṅ dag dam tshig）に住し」(339a[1-2]) とする。
一三　峯阜　山のいただきと大きな丘、『大日経』供養法は「輔（補）峯」とするが、意味不詳。『不思議疏』は輔峯を「大山懐裏の峯の居ること安隠なる可きなり」とする。PV. は欠。
一四　扶疎たる　木の枝が広がり繁茂する様子。
一五　祥茅　吉祥茅（kuśa）の略。吉祥草・茅などとも訳される。湿地にはえる茅で、祭式において祭場に敷きつめるために用いられる。
一六　寒熱　さむ気と熱を伴う病気。PV. sha graṅ (339a[8]).
一七　蘭若　阿蘭若（araṇya）の略。森林・広野またはその中の房舎。
一八　三昧　samādhi（三摩地）の訳。
一九　以下、『大日経』供養法の増益守護清浄行品第二に相当する。(大)一八・四六上、PV. 339b[6].
二〇　下の九種　以下の①—⑨の九種の法は、『大日経』供養法の九方便にそれぞれ対応する。
(大)五五下
二一　勧　(大)、続蔵共に「観」に作る。

根を寂にし念慧《ねんえ》に住して　能く放逸《ほういつ》の愆《あやま》ちを除き
常に大悲心を起こして　衆生界を解脱《げだつ》せよ。
若しは浴し若しは浴せずとも　三業浄を本と為すべし。
一①空閑精舎《くうかんしょうじゃ》の中に　如法に経像を安んじて
十方刹《じっぽうせつ》の　諸仏が前に現じたもうと思惟《しゆい》し
諦《あき》らかに自身の心は　分明の其の所に在りと想うべし。
虔誠《けんじょう》に恭敬《くぎょう》を作し　妙香華を布散して
種種に勝荘厳し　一心に而も敬礼《きょうらい》したてまつるべし。
二面に随って東向に坐し　本所の尊と
明と印と修多羅《しゅたら》とを瞻仰《せんごう》して　三五輪を地に投げて礼《らい》すべし。

一切の仏と及び本尊と、并びに諸もろの菩薩と真言と契印《げいいん》等を礼したてまつる時は、同じく此の明《みょう》を誦じて曰わく、

四唵一娜麼薩嘌縛二合怛他引蘖多迦去引也二嚩訖質二合多平三播舵嚩舵上難四迦路弭五

若し此の明《みょう》を誦じて、而も礼拝《らいはい》を作せば、能く遍ねく十方の諸仏を礼せしむ。

②五復た、次に、懺悔法《さんげほう》とは、

謂わく親《まのあた》り仏前に於いて、右の膝を地に著《つ》け、合掌して思惟せよ、「先世より已来《このかた》、及び此の生の貪瞋癡《とんじんち》等を以って身心を覆蓋《ふくがい》し、煩悩を積集《しゃくじゅう》し、無明《むみょう》を増長し、三業を不善にせしこと無量無辺なり。仏と正法と賢聖《けんじょう》師僧と、父母《ぶも》と六宗親《そうしん》と善知識とに於いて、是くの如くの所に於いて極重罪を造り、善友《ぜんにゅう》の言に違い、生死《しょうじ》に淪溺《りんでき》す。今、十方の仏菩薩の

一　以下は九種の法門の中の①虔誠法。『大日経』供養法の別釈と九方便中の第一作礼方便真言門に相当する。(大)一八・四六上、PV. 340a¹.

二　面に随って東向に坐し　東を向いて坐る意か。或いは『大日経』供養法には欠くが、PV. は「賢者は東等（śar la sogs）を見て」（340a². デルゲ版は śar を śin とする）とあるので、東から順に八方または十方を向くことを示すとも思われる。

三　五輪　五体の異名であり、両臂・両膝・頭首を地につけ、全身で礼拝すること。五体投地礼。

四　Oṁ mamaḥ sarvatathāgatakāyavākcittapādavandanaṃ karomi/ オーン、我れは一切如来の身・語・心に恭礼致します。作礼方便真言。

五　以下は②懺悔法。九方便中の第二出罪方便真言門に相当する。(大)一八・四六上、PV. 340a⁶.

六　宗親　親属、一族のこと。『大日経』供養法は「二師」、PV. は「阿闍梨・師（slob dpon ston pa）」（340a⁸）とする。

前《みまえ》に対して、心を抜《ひら》き懺悔して、敢《あ》えて復た造らじ」と。

是の言を作し已《おわ》って、此の明を誦じて曰わく、

[七]唵一薩婆播跛二窣普二合吒舵呵儞三跋曰囉二合耶四莎訶

明三遍を誦ずれば、悔する所の罪、一時に滅尽す。決定《けつじょう》して疑うこと勿れ。

③[八]復た、次に、帰依法《きえほう》とは、

爾《そ》の時に是の思惟を作せ、「十方三世の一切の諸仏、及び深法蔵と、勝願を成就したまえる諸《もろ》もろの菩薩衆とに、我れ[九]心に皆な悉く帰依したてまつる」と。三たび此の明を誦じて曰わく、

[一〇]唵一薩婆勃駄二慕地薩唓嚩二合難三捨羅喃蘖車去弭四跋曰羅二合達摩五紇哩二合六

④[一一]復た、次に、分身供養《ぶんしんくよう》とは、

当に想うべし、「自からの身口意《しんくい》、已に諸垢を離れて、其の身を運散すること、微塵数《みじんずう》に過ぎたり。十方の刹《せつ》[一二]に遍ずること、猶《な》おし雲の雨を散じて化《け》を施すが如し。種種の諸もろの供養の具と為って、用いて仏に献じたてまつる」と。此の明を誦じて曰わく、

[一三]唵一薩嘌嚩二合怛他引蘖多布社二鉢羅二合哦喇怛二合那去夜南三儞里耶引二合怛夜弭四薩囉嚩二合怛他引蘖多室栢二合地五底瑟吒二合難六薩羅嚩二合怛他引蘖多喏南七謎伽阿引微設覩八

⑤[一四]復た、次に、発勝菩提心《ほっしょうぼだいしん》とは、

爾の時に当《まさ》に観察すべし、「自心は猶おし宝月の空に浄《きょ》く凝満《きょうまん》せるが如し」と。復た、当に観ずべし、「[一五]蘊処界《うんしょかい》等は、無始妄執《もうじゅう》の纏繞《てんにょう》する所なりと。我れ今、此の無知に害せらるることを覚す。是の故に、菩提の浄心を観察《かんざつ》す」と。菩提心を観ずるとき此の明を誦じ

七 Oṁ sarvapāpasphoṭadahanavajrāya svāhā/ オーン、一切の悪を破壊し焼尽する金剛に（帰命し奉る）、スヴァーハー。出罪方便真言。

八 以下は③帰依法。九方便中の第三帰依方便真言門に相当する。(大)一八・四六中、PV. 340b².

九 心に 今の誤りか、『大日経』供養法は「今」、PV. は de la (340b³)。

一〇 Oṁ sarvabuddhabodhisattvaṁ śaraṇaṁ gacchāmi vajradharma hrīḥ/ オーン、一切仏菩薩に帰依し奉る、金剛法よ、フリーヒ。帰依方便真言。

一一 以下は④分身供養法。九方便中第四 (大)五六上 施身方便真言門に相当する。(大)一八・四六中、PV. 340b⁴.

一二 刹 kṣetra の音写。国土・世界。仏国土の意。

一三 Oṃ sarvatathāgatapūjapravartanāyā(tmā)naṃ niryātayāmi sarvatathāgatāś cādhitiṣṭhantāṃ sarvatathāgatajñānaṃ megham āviśantu/ オーン、我れは一切如来の供養を展開するために（自身を）献じる。また一切如来は、加持して一切如来の智の雲に遍入せよ。施身方便真言。

一四 以下は⑤発菩提心法。九方便中の第五発菩提心方便真言門に相当する。(大)一八・四六中、PV. 340b⁶.

一五 蘊処界 五蘊・十二処・十八界。

て曰わく、

[一]唵一嚩地質多二没嗒波二合飩夜弭

此の明三遍を誦ずれば、能く速やかに菩提の心を見せしむ。[二]菩提心とは、一切の相を離れ、自身に平等にして本より生滅せず、我人・能執・所執有ること無し。過去の諸仏及び諸もろの菩薩は、此の心を発《お》こすが故に道場に至ることを得たもう。我れも亦た、是くの如く菩提心を発こす。

一切衆生にして、我れに帰依する者を、諸もろの方便を以って、皆な解脱せしむ。

[三]⑥復た、次に、随喜功徳《ずいきくどく》とは、是くの如く思惟《しゆい》すべし、「十方刹土《じっぽうせつど》の中、一切諸仏の種種の方便の功徳海雲、及び諸もろの菩薩の最勝の福業を、我れ今、至心に悉《ことごと》く皆な随喜す」と。

此の明を誦じて曰わく、

[四]唵一薩嘌嚩二合怛他引蘖多二味儞也二合喏那三引拏慕引飩娜四布社謎伽三母捺囉薩頗囉拏上五三摩曳六吽七

[五]⑦復た、次に勧請徳雲《かんじょうとくうん》とは、作法已《お》わって心に念じ、口に言わく、「我れ今、一切如来と、諸もろの大菩薩とを勧請したてまつる。普ねく十方に於いて大法雲を興こし、大法雨を降したまえ。救世《ぐせ》の大悲をもって、願わくば我が請に随いたまえ。我れ此の中に於いて、願わくば速やかに成就せん」と。此の明を誦じて曰わく、

[六]唵一薩嘌嚩二合怛他蘖多二地曳二合瑟嚀三布社謎咖三母捺羅二合四薩頗二合囉拏三磨曳五吽六

一 Oṃ bodhicittam utpādayāmi/ オーン、我れは菩提心を発こす。発菩提心真言。

二 菩提心とは……菩提心を発こす　大同の文を『大日経』供養法は真言の増加句とし、PV. は次のように音写する。sarvabhāvavigataṁ skandhadhātvāyatanagrāhyagrāhakaiś ca vivarjitaṁ dharmanairātmyasamatayā svacittam ādyanutpannaṁ śūnyatāsvabhāvam/ yathā te buddhabhagavadbhir bodhisattvair yāvad bodhimaṇḍalaṁ bodhicittam utpāditaṁ tathāhaṁ samavabodhicittam utpādayāmi/ (340b8-341a1) 前半部分は Guhyasamājatantra 第二章中に見出される（松長有慶『密教経典成立史論』一八二頁）。

三 以下は⑥随喜功徳法。九方便中の第六随喜方便真言門に相当する。(大)一八・四六中、PV. 341a2.

四 Oṁ sarvatathāgatapuṇyajñānamodanapūjameghasamudraspharaṇasamaye hūṁ/ オーン、一切如来の福と智を随喜する供養雲海をもって普遍する三昧耶よ、フーン。随喜方便真言。

五 以下は⑦勧請徳雲法。九方便中の第七勧請方便真言門に相当する。(大)五六中　(大)一八・四六下、PV. 341a3.

六 Oṃ sarvatathāgatādhyeṣaṇapūjameghasamudraspharaṇasamaye hūṃ/ オーン、一切如来の勧請の供養雲

[七]⑧復た、次に、請仏住世《しょうぶつじゅうせ》とは、
爾《そ》の時に、行者は心に念じ、口に言わく、「我れ今、一切如来を請じ奉る。我が凡夫《ぼんぷ》の為めに世間に住して、我れ等と一切衆生とを饒益《にょうやく》したまえ。我れ及び衆生は、凡夫地に住して、衆苦の所集なり。云何《いか》んが、無垢処《むくしょ》に至ることを得て、清浄《しょうじょう》なる法界《ほっかい》の身《しん》に安住せん。唯だ願わくば如来よ、我れを捨てたまわざれ」と。此の明を誦じて曰わく、

[八]唵一薩嚩嚩二合怛他引蘖多去引娜二地曳二合灑夜弭三薩嚩嚩二合薩埵四係都去引嚩他二合也五達嚩摩二合駄切都高反六悉迫天以反二合底嚩婆二合伐覩七

[九]⑨復《ま》た、次に、廻向菩提とは、
応当《まさ》に一心に合掌して、是の念言《ねんごん》を作《な》すべし、「我が所修の一切の衆善と、功徳を生起する方便と、諸もろの衆生を利益する福とを以って、並びに同じく広大の菩提に廻向す。願わくば自他をして速やかに生死《しょうじ》を離れしめん」と。此の明を誦じて曰わく、

[一〇]唵一薩嚩嚩二合怛他引蘖多二儞里也二合拏慕引舵娜三布社謎伽三母捺囉二合薩叵二合囉拏三摩曳吽

如上の諸もろの方便は、能く遍ねく身心を浄む。
[二]復た自他を摂せんが為めに　安坐して三昧に入り
内外の地を加持[三]して　諸もろの如来を供養し
密印と及び真言とを　次第に相応して作《な》せ
而も頌を為して曰わく、
〔秘密〕[①]三昧と〔清〕[②]浄法身と　金[③]剛〔法〕輪と〔金[④]剛〕甲冑と

海をもって普遍する三昧耶よ、フーン。勧請方便真言。

七　以下は⑧請仏住世法。九方便中の第八奉請法身方便真言門に相当する。㊅一八・四六下、PV. 341a⁵.

八　Oṃ sarvatathāgatān adhyeṣayāmi sarvasattvahitārthāyadharmadhātusthitir bhavatu/ オーン、我れは一切如来を勧請する。一切有情の利益のために、法界の安住があるべし。奉請法身方便真言。

九　以下は⑨廻向菩提法。九方便中の第九廻向方便真言門に相当する。㊅一八・四六下、PV. 341a⁷.

一〇　Oṃ sarvatathāganiryā*(ta) namodanapūjameghasamudraspharaṇa*samaye hūṃ/ (＊PV. °niryatayāmi 『大日経』供養法 °niryātana°). オーン、一切如来に奉献する随喜の供養雲海をもって普遍する三昧耶よ、フーン。廻向方便真言。

二　以下、七種結護門①—⑦を説く。

三　加持　adhiṣṭhāna の訳。原意は上に立つ、占めるなどだが、仏・菩薩などが不思議力を加えて衆生を守ること。加護・護念ともいう。

法界⑤〔清浄〕と〔除障〕⑥大護等と　及び無《む》動《どう》威《い》怒《ぬ》⑦との
七種の結護門とを　受持すること次第の如くせよ

①[一]初めに秘密三昧耶《さんまや》を結ぶとは、前の如く廻向し已《おわ》って、想って身心を運び、遍ねく諸仏と一切賢聖とを礼し、便即《すなわ》ち心を端《ととの》えて結跏趺坐《けっかふざ》せよ。[二]三昧印を結んで身の五処を印すれば、三業を浄除す。其の印相とは、二手を以って常の如く合掌して、二大指を標《は》り堅《た》つる、即ち是れなり。三たび此の明を誦じて曰わく、

[三]娜麼薩嘌嚩二合怛他引蘖帝鼻庾二合一微湿嚩二合目契婢也二合二唵三阿上三迷呧哩二合三迷四三磨曳五莎嚩二合訶

五処とは、謂わく、心と額と頂と二つの肩となり。若し更に余印有りて、之れを結ばんと欲《おも》わば、亦た先ず此の印を結び已って、然して後《の》ちに之れを結べ。此の印の威力は、能く仏地をして顕現せしめ、障り無くして、六波羅蜜を具足円満し、[四]三三昧耶《さんざんまや》を速やかに成就することを得るなり。

②[五]次に清浄法身印を結ぶとは、先ず二手の四指を以って各《おの》おの大指を握って拳に為し、二頭指を舒《の》べて側《そば》め相《あ》い著《つ》けよ。即ち此の印を以って挙げて、額の上に安んじ、即ち復た、印を以って手を翻《ひるがえ》し、内に向けて額より下に向けて、自身を縁じ、徐徐に之れを散ぜよ。三たび此の明を誦じて曰わく、

[六]娜磨三漫多勃駄南一達嘌磨二合駄覩二合駄嚩二合婆去嚩句哏三怛挙反下同

是れを見法界《けんほっかい》の明印と名づくるなり。此の明印を以って身に旋転《せんでん》して、即ち自から自性法身は無尽界に亘《わた》ると、思惟《しゆい》せよ。是の故に速やかに清浄法身を見る。此の明印の力に

一　以下は①秘密三昧耶結護門。『大日経』供養法の入仏三昧耶真言門に相当する。㊅一八・四六下、PV. 341a8.

二　三昧印　『大日経』供養法は「三昧耶印」とするが、PV.は「三三昧耶（dam tshig gsum）と名付けられる印」（341b2）とする。

三　Namaḥ sarvatathāgatebhyo viśvamukhebhyaḥ oṁ asame trisame samaye svāhā/ あらゆる方向を向く一切如来に帰命し奉る。オーン、無等よ、三平等よ、三昧耶よ、スヴァーハー。入仏三昧耶真言。㊅五六下

四　三三昧耶　trisamaya の訳。三平等とも訳され、自心と仏と衆生の三平等、身・口・意の三平等、仏・宝・僧の三平等、法身・報身・応身の三平等などをいう。

五　以下は②清浄法身結護門。『大日経』供養法の法界生真言門に相当する。㊅一八・四七上、PV. 341b6.

六　Namaḥ samantabuddhānāṁ dharmadhātusvabhāvako 'ham/ 普ねき諸仏に帰命し奉る。我れは法界の自性を持つ者なり。法界生真言。

七　法体　dharmakāya（法身）の訳か。『大日経』供養法も「法体」とするが、PV. は「法身（chos kyi sku）」（342a2）とする。

由《よ》るが故に、是くの如く見ることを得れば、常に[七]法体《ほったい》に住して、猶おし虚空の如し。以って自から加持すべし。

③[八]復た、次に、金剛法輪印は、是くの如く当《まさ》に自から諦《あき》らかに堅牢法身を観ずべし。即ち、左右の手を以って、腋《わき》を交え、背《そむ》け相い著け、右の腕にて左の腕を押せ。頭指より已下の四指は、両両互相《たがい》に及び鉤し、右の大指を屈して掌中に於いて、下に向けて手を翻《ひるがえ》し、輪印にて身を縁じ、其の二手をして拳に結ばしめ、心《むね》に当《あ》て、左の大指と右の大指とを相い合わす。是れを法輪金剛智印と名づく。此の明印の力は最勝吉祥なり。若《も》し人暫らく結ばば、自在者に同じく、大法輪を転じ、久しからずして宝輪を転ずる者を成就すべし。三たび此の明を誦じて曰わく、

[九]娜麽三漫多跛日羅二合赦一唵跛日羅二合答摩呴哏

爾時《そのとき》に、行者は、法性に住して諦《あき》らかに観ぜよ、「此の身は執金剛に同じく、等しうして異なること無し」と。一切の天魔及び諸《もろ》もろの異類も、此の人は是れ[一〇]金剛の身なりと見る。決定《けつじょう》して現世に大法輪を転ず。疑惑を生ずること勿《なか》れ。

④[一一]次に金剛甲冑の印を結ぶとは、是くの如く当《まさ》に明印を以って想うべし、「甲冑と成り、自身に[一二]擐《つらぬ》きて、遍ねく光燄《こうえん》を起こし、悪心の魔類は四《よ》もに散じ馳走《ちそう》す。縦《たと》い相い近著すとも咸《み》な自から帰伏せん」と。常の如く合掌して、二頭指を以って各おの中指の上節の背の文に附け、二大指を以って掌中に並べ竪《た》て、此の明を誦じて曰わく三返、

[一三]娜麽三漫多嚩日囉二合赦一唵二嚩日囉二合却嚩遮三吽四

⑤[一四]次に、法界清浄の字を想うとは、当に想うべし、「[一五]囉《ら》字に[一六]空点《くうてん》を以って加う。円《まと》かな

八 以下は③金剛法輪結護門。『大日経』供養法の金剛薩埵真言門に相当する。㊅一八・四七上、PV. $342a^2$.

九 Namaḥ samantavajrāṇāṁ oṁ vajrātmako 'ham/ 普ねき諸金剛に帰命し奉る、オーン、我れは金剛の本質を有する。金剛薩埵真言（転法輪真言）。

一〇 金剛の身 『大日経』供養法とPV. はともに金剛薩埵とする。㊅一八・四七中、PV. $432a^7$.

一一 以下は④金剛甲冑結護門。『大日経』供養法の金剛甲冑真言門に相当する。㊅一八・四七中、PV. $342a^7$.

一二 擐きて よろいの胴から頭を外に抜き出す、即ち甲冑をまとう意。 ㊅五七上

一三 Namaḥ samantavajrāṇāṁ oṁ vajrakavaca hūṁ/ 普ねき諸金剛に帰命し奉る。オーン、金剛甲冑よ、フーン。金剛甲冑真言。

一四 以下は⑤法界清浄結護門。『大日経』供養法の囕字真言門に相当する。㊅一八・四七中、PV. $342b^2$.

一五 囉字 ra

一六 空点 鼻音記号のアヌスヴァーラ。

ること髻珠《けいしゅ》の如く、空に明らかに徹照す。自からの頂上に置けば、白光は凝輝《ぎょうき》し身心界を浄む」と。是の観を作す時、百劫の重罪も一時に頓《たちまち》に尽き、無量の福慧を皆な円満することを得《う》。置字の明に曰わく、

[一]娜麼三曼多勃駄南一咼覧二合

[二]此の法界の心は、諸仏共に持す。仏加したもうが故に、能く諸垢を浄む。善く思惟する者は不退地[三]に住す。若し人、一切の穢処《えしょ》に遊往せば、即ち其の字を想え。赤き燄光《えんこう》を放って、身界に遍じ、穢も入ること能わず。意に随って来往するに皆な障礙《しょうげ》無し。此の字の功《く》用《ゆう》と其の義とは、甚深の色《しき》にして、即ち是れ法体《ほったい》なり。是の故に、法体は慧身を生ず。

⑥復た、次に、[四]除障大護の明を誦すとは、諸魔を降伏《ごうぶく》し、悪鬼神を制せんが為めなり。是の故に当に念ずべし。難忍明王は、[五]作障者を堪忍すること無きを以っての故に、大護難[六]忍と号すと。明に曰わく、

[七]娜麼薩嘌嚩二合怛他蘖帝鼻庾二合一微湿嚩二合月契婢也二合二薩嘌嚩二合他引唅堪三羅乞叉二合摩訶襪礼四薩嘌嚩二合怛他蘖多五味儞也二合底六囉吒二合帝七吽吽八怛羅二合吒怛羅吒九阿上鉢囉底呵帝十嚩娑二合訶

若し暫くも、此の明の威力を憶持すれば、[八]毘那夜迦《びなやか》、及び悪羅刹《あくらせつ》、此の護を聞くが故に、尽く皆な四《よ》もに散じ、恐懼《きょうく》し馳走す。威力甚だ大にして、能く勝つ者無し。

⑦復た、[九]次に、不動威怒《いぬ》の法は、謂わく、処所を浄除し、方界を結護し、自在無礙《むげ》にして道場を厳浄す。及び一切の護に皆な悉く通用《つうゆう》す。其の印相は、各おの二手の大指を以って無名小指の甲を捻じて拳に為し、各おの頭中の二指を直く展《の》べ、其の右の手の二指を以

一　Namaḥ samantabuddhānāṃ raṃ/普き諸仏に帰命し奉る、ラン。法界真言（火輪真言）。

二　法界の心　嚂字（raṃ）のこと。心は心真言（hṛdaya）の略。

三　不退地　avinivartanīya, avaivartika などの訳で、阿毘跋致・阿惟越致などと音写。悪趣に輪廻したり、一度獲得した菩薩の地位や法を失うことのない位。

四　以下は⑥除障大護結護門。『大日経』供養法の無堪忍大護真言門に相当する。(大)一八・四七下、PV. 342b⁵.

五　作障者　vighna の訳。

六　難忍　pracaṇḍā か。『大日経』供養法は「無能堪忍」、PV. は「無堪忍（mi bzad）」（342b⁵）とする。

七　Namaḥ sarvatathāgatebhyo viśvamukhebhyaḥ sarvathā haṃ khaṃ rakṣamahābale sarvatathāgatapuṇyanirjāte hūṃ hūṃ traṭ traṭ apratihate svāhā/すべての方向を向いた一切如来に帰命し奉る、すべてにおいて、ハン、クハン、大力護よ、一切如来の福徳より生じた者よ、フーン、フーン、トラット、トラット、無能害者よ、フヴァーハー。無堪忍大護真言。

八　毘那夜迦　vināyaka の音写。障害・困難を意味する。常随魔礙・障神。

九　以下は⑦不動威怒結護門。『大日経』供養法の増益守護清浄行品第二ではこれを省略する。次品の供養儀式品第三の聖

って左の手の握中に入れ、相に順じて・《はさ》んで刀の鞘《さや》に在《あ》るが如くして、自身を想うて不動尊の如くし、八字邪《よこしま》に立ち刀を抜く勢を作《な》し、左に転じて之れを揺《う》ち、右に遶《めぐ》らして之れを結せよ。是れを結護と名づく。此の明を誦じて曰わく、

[10]娜麼三曼多嚩日囉二合赧一戦拏摩訶路灑拏二上駄頗二合吒也三吽怛利二合吒四淖引満引

若し諸もろの悪鬼神来たりて人に向かわば、此の法を以って之れを逐《お》え。自然に散滅せん。此の法は一切処に皆な悉く通用す。随って後ちに、一一に其の功用《くゆう》を明かすべし。

已上の七門は、秘密結護の法なり。円《まど》かに定慧を証し、熾《さか》んに福慧を増さんと謂《おも》わば、前の結護を作す可《べ》し。

[一一]即ち、三摩地に入りて、心許《しんきょ》に通じて総別を請じ、随って観ぜよ。[一二]而も頌を為して曰わく、

①囉《ら》字浄心法と　②想立通場法と
③普観〔荘厳法〕及び④別観〔諸聖法〕との　四門は次第の如し

①[一三]先ず囉字浄心を観ずとは、前の如く結跏趺坐して、当に心中に於いて諦《あき》らかに字を観ずべし。[一四]其れに円点を加えて、而も光明を放つこと、初日の暉《ひかり》の河海を照らすに、光色凝浄澄徹して、障り無きが如し。自心の体を見ること亦《ま》復た是くの如く、染を離れて障り無し。彼の[一五]客塵に由《よ》って、顕現すること能わざりしも、我れ今、此の法界深心の字を観ずる威力の故に、心浄して垢《く》を光《て》らし、心垢を浄め已んぬ。

②[一六]復た、次に、応《まさ》に道場を建つべし。即ち面前の道場の中心に於いて、諦《あき》らかに想え、「字より凝浄の光を放って、空に臨む。流光《るこう》遍ねく照らして、地の過を浄除す」と。[一七]復た、想え、「沈下し、金剛際を過ぎて而も住し、体は法界に同じくして、所有《あらゆる》性無し」

㊅五七中
者不動真言門（㊅一八・四八下―四九上、PV. 345a^{1}-b^{1}）とほぼ同内容なので省略したか。

一〇　Namaḥ samantavajrāṇāṃ caṇḍa-mahāroṣaṇa sphoṭaya hūṃ traṭ hāṃ māṃ/ 普ねき諸金剛に帰命し奉る、暴悪なる大忿怒尊よ、打ちくだけ、フーン、トラット、ハーン、マーン。不動結護呪（不動慈救呪）。

一一　以下、『大日経』供養法の供養儀式品第三にほぼ対応する。㊅一八・四七下、PV. 342b^{8}.

一二　以下は①―④の四門を説く。

一三　以下は、四門の中の①囉字浄心法。『大日経』供養法の初段能所観住処に相当する。㊅一八・四七下、PV. 343a^{4}.

一四　円点　鼻音記号。空点に同じ。

一五　客塵　煩悩のこと。

一六　以下は②想立道場法。『大日経』供養二段の法の世界成就門に相当する。㊅一八・四八上、PV. 343a^{7}.

一七　金剛際　金剛輪際、即ち金輪の底のこと。金剛輪は地層の最底の処。

と。次に、彼の界に於いて、[一]唅《かん》字有りと想うて、彼の字を思惟すれば、黒光を流布して以って[二]風輪と為る。其の想字の明に曰わく、一遍を誦ぜよ。

[三]娜麽三曼多勃駄難一唅

次に、風輪の上に[四]鑁《ばん》字を思惟《しゆい》せよ。灣《ゆみ》はる形の如く、色は牛乳の如し。浄光を流布して、其れ猶《な》おし[五]皎月《こうげつ》のごとし。以って水輪と成る。此の布字の明を誦じて曰わく、

[六]娜麽三曼多勃駄難一鑁

次に、水輪の上に[七]阿《あ》上字を思惟せよ。色黄金の如くして、金剛輪と為り、妙光流布して以って金壇と成る。其の形方正なり。是れを[八]摩奚達羅《まけいたら》と名づく。明を誦じて曰わく、

[九]娜麽三曼多勃駄難一阿上

③[一〇]復た、次に、普観荘厳《ふかんしょうごん》とは、謂わく、本尊及び諸聖の会《え》と、所居《しょこ》の土とを観念せよ。自の心眼をして了了分明ならしめ、彼の前に住して仏を見たてまつるに、所坐の妙白蓮華は、金剛を茎と為して、華《け》大いに開敷し、厳《かざ》り八葉にして鬚蘂《しゅずい》を具足し、衆宝の色を現じて無量の光を放つ。大蓮華より周匝《しゅうそう》して、復た千百億数の宝蓮華座を生ず。観ぜよ。「華台の上に王は宝を交えて飾られ、[一一]師柱構えて宮殿《ぐうでん》と成し、師子の座に於いて、華台四《よ》もに周《めぐ》りて、衆宝有り。宝柱の間に遍ねく幢蓋《どうがい》を垂《た》る。復た、座の上に於いて珠網《しゅもう》・宝幔《ほうまん》交絡して[一二]弥布《みふ》し、宝帯垂れて瓔《よう》と華鬘《けまん》とを交え連ね、繽紛《ひんぷん》として綺錯《きさく》し、厳麗《げんれい》として殊特なり。内外の室中には華雲[一三]靉靆《あいたい》し、上下に香雲遍満して氛馥《ふんぷく》たり。虚空の中に於いて、仙天競うて無量の音楽を奏するに、解脱の妙声あり。賢瓶と宝盤と周匝《しゅうそう》し布列して、百宝樹王の華果開敷し、支葉相い次ぎ、光明交映し、重重行列して覆うに宝網を以ってす。宝網より妙

一　唅字　haṁ
二　風輪　須弥山説によれば、この世界の最下の層。この下は虚空であり、この上に水輪と金輪がある。
三　Namaḥ samantabuddhānāṁ haṁ/普ねき諸仏に帰命し奉る、ハン。風輪真言。
四　鑁字　vaṁ
五　皎月　白く輝く月。
六　Namaḥ samantabuddhānāṁ vaṁ/普ねき諸仏に帰命し奉る、ヴァン。水輪真言。
七　阿字　a　(大)五七下
八　摩奚達羅　mahendra の音写。『大日経』供養法は「大因陀羅」、PV. は「大自在 (dbaṅ chen)」($343b^{2-3}$) とする。
九　Namaḥ samantabuddhānāṁ a/普ねき諸仏に帰命し奉る、ア。金剛輪真言。
一〇　以下は③普観荘厳法。『大日経』供養法の荘厳道場門に相当する。(大)一八・四八上一七行、PV. $343b^{3}$.
一一　師柱　師子の飾りを施した柱の意か。『大日経』供養法は「宝柱」とし、PV. は「種々の宝によって荘厳された柱」($343b^{5}$) とする。
一二　弥布　普ねく広く行き渡る。
一三　靉靆　雲がたなびくさま。

摩尼を垂れ、摩尼珠の光、仏の宮殿及び彼の世界を照らすこと、百千の日の共に虚空に処するが如し。光明彼れに過ぎたり。喩えと為す可《べ》からず。諸もろの一四綵女《さいにょ》有りて仏智より生ず。菩提の妙華をもって、而も厳飾と為し各おの華座《けざ》に居す。定より起《た》つが如く、方便力を以って妙音声を出して仏徳を歌讃す。言詞は清雅にして、句義深遠《じんのん》なり」と。

是の観に入る時、斯くの如き事を見ば、当に是の念を作すべし、「我が至願を以って仏の加持を蒙る。如来力と及《およ》び法界力とに由って、今、我が所観、観に如《かな》って而も住す」と。爾の時に、行者、三昧の中に於いて当に念ずべし。「一切如来及び彼の聖衆を供養したてまつる」と。即便《すなわ》ち、合掌して金剛印を作して想え、「衆《もろ》もろの妙華印より発生して、普ねく仏会に散じて而も供養を為す」と。此の明妃を誦じて以って加持に用いよ。明に曰わく、

一五娜麽薩嚩二合恒他引蘖帝鼻庾一二合微湿嚩二合目契婢也二二合薩嚩二合他欠三約帯往声揭捺蘖二合帝四薩頗二合羅吽四摩五加伽那剣六莎訶

当に三遍を以って而も加持に用うべし。彼の所生に随って、善願皆な成ず。是れを等虚空力虚空蔵明妃と名づくるなり。是れを普観仏会と名づけ竟《おわ》んぬ。

一六④復た、次に、別観諸聖とは、一七謂わく、前の如く、八葉妙華の中に、一の阿上字を観じて、是の思惟を作せ、「諸法は不生にして本性寂の故に、此れ真実の義なり。字より而も転じて、盧舎那《るしゃな》と成る」と。諦らかに観ぜよ、「如来は結跏趺坐して三昧の相を作す。一八閻《えん》浮檀《ぶだん》の微妙《みみょう》の金色の如し。一九素畳《そじょう》を身に被《き》、髪髻《ほっけい》を肩に垂らして以って頭冠と為したまえり。円光の内に於いて、無量の仏刹及び諸もろの仏会、皆な中に於いて現ず。光明遍ねく衆生

一四 綵女 apsaras 天女のこと。

一五 Namaḥ sarvatathāgatebhyo viśvamukebhyaḥ sarvathā khaṁ udgatesphara he maṁ gagana kaṁ svāhā/あらゆる方向を向いた一切如来に帰命し奉る、一切において、クハン、出生せる尊よ、拡がれ、おお、マン、虚空よ、カン、スヴァーハー。虚空蔵転明妃真言(普供養真言)。

一六 以下は④別観諸聖法。『大日経』供養法の成画大日門・成画釈迦門に対応する。

一七 以下は、『大日経』供養法の成画大日門に相当する。㊅一八・四八中、PV.344a5.

一八 閻浮檀 閻浮檀金(jambūnadasuvarṇa)の略。閻浮樹の大森林を流れる河の底から産出する砂金。赤黄色で紫色を帯び、最も高貴なものとされた。㊅五八上

一九 素畳 しろぎぬの布。『大日経』供養法は「綃穀衣(うすぎぬの衣)」とし、PV.は「stod gyogs(北京 gyog) dar dkar(素絹の上着)」(344a8)とする。

界を照尽す。斯の光に遇う者、性に随って開暁《かいぎょう》すること、朝日の光蓮華に触れて、皆な悉く開発《かいほつ》するが如し。如来の[一]三輪は、一切処に遍じて常住不滅なり。是の故に、無生の𑖀[二]阿《あ》字、心より而も転じて如来の身と成る」と。

[三]若し此の中に於いて釈迦牟尼仏を観ぜんと楽《ねが》う者は、彼の蓮華座に、一の𑖥𑖾[四]婆《ばく》上字と想え。一切の色を具し、如来の身を起こす。諦らかに観ぜよ、「仏身は猶おし紫金の如し。三十二相・八十種好あり。赤い袈裟を被《き》、跏趺《かふ》して坐す。千百億の身も、皆な此の字転じて、盧舎那の本体に依って流出《るしゅつ》す」と。

[五]次に、北方の華座の上に於いて、諦らかに𑖭𑖾[七]索《さく》字を観ぜよ、「光は素月の如し。転じて[六]観音大悲聖者と成って、白蓮華に坐す。身相も亦た同じ。天冠の中に於いて、無量寿自在如来を現ず」と。

次に盧遮那の南方の華座に於いて、諦らかに[八]嚩《ば》上字を観ぜよ。光は碧玉《へきぎょく》の如く、外に焔光を放つ。華に坐せる身相も亦復《ま》た是くの如し。

次に、本華の東の[九]蓮華坐に、諦らかに[一〇]暗《あん》字を観ぜよ。光の色鮮白なり。一切如来は此の字より転ず。

其の北の隅の華座の上に、諦らかに[一一]我《ぎゃ》字を観ぜよ。流光金色なり。[一二]一切仏母、此れより而も転ず。身相光明及以《およ》び衣服、一切皆な白なり。

本華の東南の蓮華座の上に、諦らかに[一三]迦上字を観ぜよ。白光流布して、諸仏の豪相あり。[一四]大威徳尊は此の字より転ず。身相及び華は皆な悉く白色なり。

本華の西南の[一五]槃石の上に、諦らかに[一六]唅《かん》字を観ぜよ。色黒雲の如し。聖者[一七]不動、此の字よ

一　三輪　身・口・意の三業。『大日経』供養法は「身語」、PV. は「身・口・意（344a⁷）とする。
二　阿字　a
三　以下は『大日経』供養法の成画釈迦門に相当する。㊅一八・四八中、PV. 344b¹.
四　𑖥𑖾 bhaḥ ㊅は 𑖤𑖾 (baḥ) に作る。続蔵二—三—二七八下による。
五　以下は、『大日経』供養法に直接対応する部分を見出せない。しかし三段の列衆門においては観世自在など尊名十六を列挙し、その中の八尊の尊名が対応する。㊅一八・四八下、PV. 344b⁶–345a¹. ただし内容的には『大日経』具縁品や秘密品、特に転字輪品に近い。
六　観音　Avalokiteśvara 観自在。『大日経』供養法「観世自在」、PV. spyan ras gzigs (344b⁶).
七　索字　saḥ
八　嚩字　va
九　蓮華坐　蓮華座の誤り。
一〇　暗字　aṁ
一一　我字　ga
一二　一切仏母　Buddhalocanā 仏眼仏母のこと。『大日経』供養法「仏眼」、PV. spyan (344b⁷).
一三　迦字　ka
一四　大威徳尊　Yamāntaka 閻曼徳迦、六足尊のこと。
一五　槃石　磐石の誤り。
一六　唅字　hāṁ

り転ず。童子の形の如くして、猛焔外に熾《さか》んなり。

本華の西北の蓮華座の上に、諦らかに訶[一七]上字を観ぜよ。[一八]浅碧《せんぺき》の光を放つ。降[二〇]三世尊、其の字より転ず。二身の色相は各おの本字の如し。熾焔外に発す。

北方の所有《あらゆる》観音の眷属、左右に侍衛するもの、皆な此の字より起こる。所謂《いわゆる》、[二一]瞻《たん》字は、[二二]多羅《たら》菩薩此の字より転ず。字の光浅白にして、身相も亦た然なり。妙衣は鮮白にして、歓喜し合掌して、右辺に而も坐す。

次に此の右の華に、諦らかに勃[二三]哩《ぼり》二合字を観ぜよ。字の光、凝白にして、[二四]毘倶胝《びくてい》を起こす。身相も亦た然して、円光雑《まじ》われり。

毘倶胝の右に、諦らかに索[二五]《サク》字を観ぜよ。字の光、黄白にして、得[二六]大勢至此の字より起こる。身は金色の如くにして、白衣服を被れり。

次[二七]に、観音の左に、諦らかに破[二八]吽二合字を観ぜよ。字の光、身相悉く亦た白色なり。是の故に、此の字より身相を転ず。

次に其の右に居して、諦らかに[二九]哈《かん》字を観ぜよ。色白光の如し。馬[三〇]頭聖者此れより而も転ず。二の怒牙有りて、口の角《すみ》より現ず。焔光威《えんこうい》赫《かく》にして、身相も亦た然なり。

次に、南方に、金剛の眷属を観ぜよ。

左の執金剛の左右の蓮華座の上に、諦らかに一の[三一]吽《うん》字を観ぜよ。字の光、亦た赤色なり。一切の金剛、同じく此の字より起こる。身相も亦た然なり。光焔外に発す。

右辺の聖者の初めに[三二]金剛母、次に大刀針、左辺の聖者を[三三]金剛鎖と名づく。自眷属とともに瞻仰《せんごう》して而も任せり。

一七　不動　Acalanātha 不動尊。
一八　訶字　hā
一九　浅碧　みず色。
二〇　降三世尊　Trailokyavijaya　降三世明王。
二一　瞻字　taṁ
二二　多羅　Tārā の音写。眼睛・救度の意味がある。多羅仏母ともいう。㊅五八中蓮華部の部母。『大日経』供養法「多利」、PV. sgrol ma (344b⁷).
二三　勃哩字　bhṛ
二四　毘倶胝　Bhṛkutī の音写。瞋目・顰眉と訳す。眉をしかめたときの皺の意味。観音の額の皺から生じた忿怒身。『大日経』供養法「毘倶知」、PV. khro gñer cen (344b⁷).
二五　索字　saḥ
二六　得大勢至　Mahāsthāmaprāpta　勢至菩薩の具名。
二七　具体的尊名を出さないが。白衣(Pāṇḍarā) 菩薩を説くか。
二八　破吽字　paṁ
二九　哈字　haṁ
三〇　馬頭　Hayagrīva　馬頭観音・馬頭明王と称せられる。別名 Padmāntaka。『大日経』供養法「馬頭」、PV. rta mgrin (344b⁸).
三一　吽字　hūṁ
三二　金剛母　Vajrā か。
三三　金剛鎖　Vajraśṛṅkhalā『大日経』供養法「商羯羅」、PV. lu gu rgyud

復た、次に、東方の白蓮華の上に、諦らかに[一]摩吽二合字を観ぜよ。金色の光を放つ。[二]吉祥童子此れより而も転ず。身は[三]鬱金《うつこん》の如くにして、円光普ねく照らす。左右の眷属互相《たがい》に輔翼《ほよく》し、各おの字に依って転ず。

復た、南方の蓮華座の上に於いて、諦らかに[四]映去字を観ぜよ。此の字より起こるを[五]除蓋障と名づく。左右の眷属、各おの字に依って転じて、而も相い輔翼す。

復た、北方に於いて、宝蓮華に拠《よ》って、諦らかに[六]伊上字を観ぜよ。[七]地蔵菩薩此の字より転ず。身光遍ねく繞《めぐ》って雑宝色の如し。左右の眷属、各おの字より転じて而も相い輔翼す。

復た、西方の宝蓮華の上に於いて、諦らかに[六]伊字を観ぜよ。聖者[八]虚空蔵、字より而も起こる。身は金色の如く、被《き》るに白衣を以ってす。衆多の眷属、左右に輔翼す。一一皆な、以って字に依って而も転ず。

復た、次に、東門に[九]嚩上字を観ぜよ。[一〇]無畏大護生ず。左右に釈梵衆、月天《がってん》眷属等あり。

南門に[一一]囕字を観ぜよ。[一二]金剛無勝を起こす、焔魔眷属等、左右に而も行列す。

北門に[一三]跛字を観ぜよ。[一四]能壊諸怖者の身、彼れより生起す。浄居の諸もろの天衆、華を左右に持せり。

西門に[一五]索上字を観ぜよ。[一六]最勝降伏者、彼れより而も身を出す。諸龍及び月天、左右にして而も常に護る。

東北に[一七]係舎尼《けいしゃに》　東南に火神王
西南に[一八]係嘌底《けいりち》　西北に風神王
各おの本所標を持して　威厳にして隅角を護る

(344b⁷).

一　摩吽字　maṁ
二　吉祥童子　妙吉祥童子（Mañjuśrī-kumārabhūta）の省略。文殊菩薩。
三　鬱金　kuṅkuma の音写。草用に供する球根植物で、サフランの一種。黄色。
四　映字　aḥ
五　除蓋障　Sarvanivaraṇaviṣkambh=in 除蓋障菩薩。『大日経』供養法「除蓋障」、PV. rnam par sel（北京 sems）(344b⁷).
六　伊字　i
七　地蔵　Kṣitigarbha
八　虚空蔵　Gaganagañja 或いは Ākāśagarbha『大日経』供養法「地蔵」、PV. sa ñid (344b⁷).
九　嚩字　va
一〇　無畏大護　『大日経』転字輪品に説かれる四大護、或いは四大結護者の一。無畏結護者。四大護は曼荼羅の四方を護る尊格であるが、『大日経』具縁品・秘密品には説かれず、現図曼荼羅にも表記されていない。
一一　囕字　(k)ṣaṁ
一二　金剛無勝　胎蔵曼荼羅の四大護の一。金剛無勝結護者。
一三　跛字　va
一四　能壊諸怖者　胎蔵曼荼羅の四大護の一。壊諸怖結護者。
㊅五八下
一五　索字　saḥ

是くの如くの広大の衆は　皆な字光より転じて
仏、神力が加持して　願に随って皆な満足せしむ。
上の如く諦らかに　総別を観察して相応せしむべし
三昧の中に止住して　歓喜して而も迎請《げいしょう》せよ。

[一九]若し迎請せんと欲《おも》わば、先ず応に備うる所の香華、燈明及び諸もろの飲食《おんじき》、一切の供具を擬して、将《も》って奉献すべし。当に不動瞋怒明王《ふどうしんぬみょうおう》を用うべし。以って其の過《とが》を除いて身の右に置け。復た、明印を以って処所を辟除し、然して後ちに迎請せよ。

[二〇]次に下の迎請の法は、至願を成就し、福慧を円満すと謂《おも》う可《べ》し。都《すべ》て十七門之れを勤めよ。冀《こいねがわ》くは修行者、諸もろの錯謬《さくびゅう》無かるべし。而も頌を為して曰わく、

①擗除迎請法と　及び示②三昧耶〔法〕と
上③以遏迦《あか》水〔法〕と　奉④尊華座法と
復た擗⑤除護身〔法〕と　転⑥凡成聖法と
被《ひ》〔金剛〕鎧〔法〕と及び摧⑧〔散〕魔〔軍法〕と　周⑨結大界法と
普⑩心恭敬礼〔法〕と　復⑪上遏迦法と
別⑫供養香華〔法〕と　運⑬心普供法と
正⑭向〔法〕と及び歌讃⑮〔法〕と　願⑯満自他法と
随⑰心入念誦と　総別受持法と
[二一]是くの如くの諸もろの次第を　[二二]智者善く応に持すべし

①初めに擗除迎請《へきじょげいしょう》とは、所謂《いわゆる》先ず擗除し、後ちに迎請せよ。其の擗除とは、不動の刀印

一六　最勝降伏者　胎蔵曼荼羅の四大護の一。難降伏結護者。
一七　係舎尼　Īśānī 伊舎那天后か。
一八　係嚟底　Nairṛti の音写。別名 Rākṣasa 羅刹天。
一九　以下、すべての尊に通用する迎請法を説く。『大日経』供養法は当所を欠くが、前の第三品の冒頭の摂頌（㊅一八・四七下、PV. 432b[8]–433a[4]）に一応対応するか。
二〇　以下、①—⑰の十七門の迎請法を説く。
二一　以下①擗除迎請法。『大日経』供養法の聖者不動真言門（㊅一八・四八下—四九上、PV. 345a[2]–345b[1]）及び四段召請方便真言門（㊅一八・四九上、PV. 345b[1]–345b[4]）に相当する。
二二　擗除　障を除くこと。

を用いて、此の明を誦じて曰わく、

一 娜麼三曼多嚩日囉二合喊戦拏摩訶盧灑拏上一駁普二合吒也二吽怛囉二合吒三悍満四

此の明印を以って諸もろの供物に触れ、及び左右に廻転せよ。是れを辟除結護《へきじょけつご》と名づく。或るいは降三世《ごうざんぜ》の明印を用い、以って結護と為せ。後ちに当に説くが如し。彼れを取って而も用いよ。

復た、次に、明印を以って而も本尊を請ぜんには、応に一一の仏菩薩の本明印法に随うべし。若し別に本印明を結ぶこと能わざる者は、応に都《すべ》て此の一切の諸仏菩薩を請ずる法を結ぶべし。其の印相は、二手を以って十指内に向かえて、相い叉《ささ》えて金剛縛に作し、右の頭指を竪てて、由《な》おし鉤形の如く舒《の》べ、屈して来去せよ。金剛鉤請と名づく。此の明を誦じて曰わく、

二 娜麼三曼多勃駄喃一唊二去薩嘌縛三怛羅鉢囉二合底喝多四怛他蘖当呴勢五冒地遮哩也二合六跛哩布囉迦七莎訶

此の明鉤印にて、明七遍を誦ずれば、一切の仏及び諸もろの菩薩を請ず。十地の菩薩及び、難調伏の者、諸悪鬼神、皆な此の印を以ってすれば、而も追うて之れを一に摂す。

三 ②第二に三昧示尊の法は、謂わく、諸尊至り已んぬれば、前に説く所の三昧耶《さんまや》の印を結びて、此の明を誦じて曰わく、

四 娜麼三曼多勃駄喃一阿上三謎二底哩二合三謎三麼三曳莎訶

是くの如くの正等示三昧耶《しょうとうじさんまや》は、能く普遍《あまね》く有情の願を満たし、能く本尊をして歓喜せしめ、安を施す。法を奉持する者は、速やかに悉地を満たす。

一 Namaḥ samantavajrāṇāṁ caṇḍa-mahāroṣaṇa sphoṭaya hūṁ traṭ hāṁ māṁ/ 普ねき諸金剛に帰命し奉る、暴悪なる大忿怒尊よ、打ちくだけ、フーン、トラット、ハーン、マーン。不動結護呪（不動慈救呪）。

㊅五九上

二 Namaḥ samantabuddhānāṁ āḥ sarvatrāpratihata tathāgatāṅkuśa bodhicaryaparipūraka svāhā / 普ねき諸仏に帰命し奉る、アーハ、一切において破壊されざる尊よ、如来鉤よ、菩提行を満足する尊よ、スヴァーハー。召請方便真言（如来鉤真言）。

三 以下は②示三昧耶法。『大日経』供養法の五段三昧耶真言門に相当する。㊅一八・四九上、PV. 345b[5].

四 Namaḥ samantabuddhānāṁ a-same trisame samaye svāhā/ 普ねき諸仏に帰命し奉る、無等にして三平等なる三昧耶よ、スヴァーハー。三昧耶真言。

③〔五〕復た、次に、上以《じょうい》〔六〕遏迦《あか》法とは、明を以って如法に加持して、妙香水を浄めて奉上を至し、本尊及び余の諸仏と一切の菩薩とを浴すべし。不動の印を用いて、遏迦器《あかき》の如く、誦ずるに此の明二十五遍を以ってせよ。明に曰わく、

〔七〕娜麼三漫多勃馱喃一咖咖那二三磨引三磨娑婆訶

④〔八〕復た、次に、奉尊華座法《ほうそんけざほう》とは、謂わく、世尊所坐の大蓮華台なり。密印をもって加持せんに、先ず奉献の次第を以って、如法に諸座を安布せよ。其の印相は、先ず二手を以って虚心合掌にして、合蓮華の如くし、頭中名指を散じて開敷せしめ、華を開かんと欲するが如く、鈴鐸の形の如くして、二大小指両両相い合し、以って華台と為す。先ず仏の座を置き、次に余座に及び、一一に明を誦じて用って加持せよ。華座の明に曰わく、

〔九〕娜麼三曼多勃馱喃一唖去引

⑤〔一〇〕復た、次に、擗除護身《へきじょごしん》とは、復た、当に無動の明印を以って其の処を擗除《へきじょ》すべし。前の刀印是れなり。明に曰わく、

〔一一〕娜麼三曼多嚩日囉二合赧一戦拏摩訶露灑拏上駄普二合吒也二吽怛囉二合迦三渾満

此の明印を以って左に擗《ひら》き、右に結す。復た、自身の一切支分に加すれば、諸もろの難調悪鬼神等有りて、同じく是の処を見るに、金剛の焔有りて、一切の障礙を作す者を焚焼す。

⑥〔一二〕復た、次に、転凡成聖法《てんぼんじょうしょうほう》とは、爾の時に、智者は当に自身全く鑁《ばん》字と成ると想うべし。嚩字を転じて執金剛と成せ。復た、其の字を以って支分に遍ねく布せよ。布字の明に曰わく、

五 以下は③上以遏迦水法。『大日経』供養法の六段閼伽真言門に相当する。(大)一八・四九中、PV. 345b[7].

六 遏迦 argha の音写。仏に供える水、功徳水ともいう。もと価値あるものの義。神仏に捧げる供物をいい、転じて供物を入れる容器の総称となり、更に仏前に供える浄水の意とする。閼伽とも音写する。

七 Namaḥ samantabuddhānāṃ gaganasamāsama svāhā/ 普ねき諸仏に帰命し奉る、虚空に等しき無等なるものよ、スヴァーハー。閼伽真言。

八 以下は④奉尊華座法。『大日経』供養法の七段如来座真言門に相当する。(大)一八・四九中、PV. 346a[1].

九 Namaḥ samantabuddhānāṃ āḥ/ 普ねき諸仏に帰命し奉る、アーハ。如来座真言。

一〇 以下は⑤擗除護身法。『大日経』供養法の八段不動印言辟除門に相当する。(大)一八・四九中、PV. 346a[5].

一一 Namaḥ samantavajrāṇāṃ caṇḍa- (大)五九中 mahāroṣaṇa sphoṭaya hūṃ trāka hāṃ māṃ/ 普ねき諸金剛に帰命し奉る、暴悪なる大忿怒尊よ、打ちくだけ、フーン、トラーカ、ハーン、マーン。不動主真言。『大日経』供養法のみ略す。

一二 以下は⑥転凡成聖法。『大日経』供養法の成金剛薩埵身門・金剛種子心真言門・金剛薩埵真言門に相当する。(大)一八・四九中、PV. 346a[6].

[一]娜麽三曼多勃駄喃一鑁

深く此の字を観ずれば、諸相を遠離《おんり》して言説《ごんせつ》有ること無し、是れ即ち、金剛の体、不可壊の身を得るを以ってなり。

復た、妙印を以って是の身を加持せよ。先ず二手を以って内に向かえて相い交え、金剛縛に成し、二中指を抽《ぬき》んで竪《た》て、頭《はし》相い合わせて金剛針と成し、二頭指を起てて中指の背に於いて遠ざけ、而も曲げしめて三股杵《さんこしょ》と成し、二大小指各おの竪て合わせ五股杵《ごこしょ》と成せ。心《ねむ》の前に之れを置いて、此の明を誦じて曰わく、

[二]娜麽三曼多嚩日羅二合赦一唵二戦拏麽訶露灑拏上三吽

或るいは左の手を以って金剛拳に作し、印を以って身を印せよ。聖者加持の法と名づく。

⑦復た、次に、[三]被金剛鎧《ひこんごうがい》とは、当に明印を以って身の支分を印すべし。各おの二手を以って金剛拳に作し、印を挙げて頂より徐《おもむろ》に下し、足に至るまで被鎧と為ると想え。或るいは前に説く[四]著甲の印を作せ。其の明を誦じて曰わく、

[五]娜麽三曼多嚩日羅二合赧一嚩日羅二合迦伐遮二吽三

是れを被甲の法と名づく。此の法を作し已って、便ち[六]佉《きゃ》字を以って想うて自からの頂に置き、此の字を思惟せよ。猶おし虚空の深広にして辺際無きが若《ごと》し。諸法の深広なることも、亦《ま》復た是くの如しと。布字の明に曰わく、

[七]娜麽三曼多勃駄難一欠帯法吽

[八]⑧復た、次に、摧散魔軍《さいさんまぐん》とは、諸もろの悪心有る極猛利の者、明印相応すれば、催伏し辟除す。[九]其の印相は、右の手を拳に為し、直く頭指を申《の》べ、大指と相い附け、其の印の手

一 Namaḥ samantabuddhānāṃ vaṃ/ 普ねき諸仏に帰命し奉る、ヴァン。金剛種子心真言。

二 Namaḥ samantavajrāṇāṃ oṃ caṇḍamahāroṣaṇa hūṃ/ 普ねき諸金剛に帰命し奉る、オーン、暴悪なる大忿怒尊よ、フーン。金剛薩埵真言。

三 以下は⑦被金剛鎧法。『大日経』供養法の金剛鎧真言門に相当する。(大)一八・四九下、PV. 346b^{3}.

四 著甲の印　七種結護門の④金剛甲冑結護門を参照。

五 Namaḥ samantavajrāṇāṃ vajrakavaca hūṃ/ 普ねき諸金剛に帰命し奉る、金剛甲冑よ、フーン。金剛鎧真言。『大日経』供養法のみこの真言を略す。PV. は説く。

六 佉字　kha『大日経』供養法と PV. は khaṃ とする。(大)一八・五九下、PV. 346b^{5}.

七 Namaḥ samantabuddhānāṃ khaṃ/ 普ねき諸仏に帰命し奉る、クハン。大勤勇真言。

八 以下は⑧摧散魔軍法。『大日経』供養法の降伏魔真言門に相当する。(大)一八・四九下、PV. 346b^{6}.

九 其の　(大)は共とする。続蔵二―三―二八〇下による。

を挙げて額の上に置け。印を以って周廻《めぐ》らし右に転じて之れを揮《ふる》え。爾の時、此の処は猛焔起こらん。此の明を誦じて曰わく、

一〇娜麼三曼多勃駄難一摩訶嚩羅襪底二捺捨嚩羅三帝殑捺婆二合味四摩訶昧底哩也二合五 抜庾二合捺蘖二合帝莎訶

纔《わず》かに明印を結べば、無量の魔軍及び彼の眷属の障を為さんと欲する者、退散し馳走して、敢えて正しく視ず。

⑨二復た、次に、周結大界《しゅうけったいかい》とは、降三世の秘密明印を以って、大界を結せよ。難忍大護《なんにんたいご》と名づく。印は先ず、二手を以って常の如く合掌し、二頭指及び二小指を屈して、背けて相い著けしめて掌中に入れ、二大指を竪てて頭指の側《そば》を押し、二中指を竪てて頭《はし》を合わせて相い著け、名指を擽《は》り、間相い去ること半寸ばかり、印を以って心《むね》に当てて明一遍を誦じて、周《めぐ》らし転ずること三匝《そう》、此の明を誦じて曰わく、

三娜麼三曼多勃駄難一三曼多引拏蘖帝二畔舵斯満去三摩訶三昧耶四儞嘌啒二合帝五駄摩二合囉拏阿鉢羅二合底喝帝六達迦達迦七遮羅遮羅八畔舵畔舵九捺捨苫十薩縛多他蘖多引十一 弩吽引帝十二鉢羅嚩羅十三達嘌摩二合臘駄微社曳十四薄伽嚩底十五微呴哩微呴礼十六 釃嚕補哩十七 微呴礼十八莎訶

若し略誦せんと欲わば、応に七遍に至るべし。明に曰わく、

三娜麼三曼多勃駄難一礼嚕補哩二微呴礼莎訶

是くの如くの二明、一明を誦ずるに随って、即ち結界を成ず。此の明印の力、十方三界悉く能く堅《かた》く護る。故に、三世普降護尊と名づく。或るいは無動の明印を用いて、方界を

一〇 Namaḥ samantabuddhānāṁ mahābalavati daśabalatejodbhave mahāmaitryabhyudgati svāhā/ 普ねき諸仏に帰命し奉る、大力を持てる尊よ、十威力より出生せる尊よ、大慈悲より出現せる尊よ、スヴァーハー。降伏魔真言（怖魔真言）。

二 以下は⑨周結大界法。㊅五九下『大日経』供養法の結大界真言門（㊅一八・五〇上、PV.347a^{2-8}）及び九段惣表成辨門（㊅一八・五〇上、PV. 347a^{8}-b^{1}）に相当する。

三 Namaḥ samantabuddhānāṁ samantānugate bandha simaṁ mahāsamayanirjate smaraṇe apratihate ḍhaka ḍhaka cara cara bandha bandha daśa(di)śaṁ sarvatathāgatānuhūṁ(hūṁ=jñā?)te pravaradharmalabdhavijaye bhagavati vikuri vikule le lu puri vikule svāhā/ 普ねき諸仏に帰命し奉る、遍ねく随順する尊よ、境界を縛せよ、大三昧耶より出生せる尊よ、憶念において破壊されざる尊よ、ダカ、ダカ、行け、行け、縛せ、縛せ、十方において一切如来の教勅を受けし尊よ、最勝法を獲得せる勝者よ、世尊よ、ヴィクリ、ヴィクレー、レー、ル、プリ、ヴィクレー、スヴァーハー。無能堪忍真言。

三 Namaḥ samantabuddhānāṁ le lu puri vikule svāhā/ 普ねき諸仏に帰命し奉る、レー、ル、プリ、ヴィクレー、スヴァーハー。無能堪忍小呪。

結護し、及以《およ》び護身すれば、一切の事を辨じ、亦た難無きことを得ん。不動の明に曰わく、

[一]娜麼三曼多嚩日囉二合赧一唅

前の刀印を用《も》って、即ち結護を成せ。

⑩[二]復た、次に、聖会《しょうえ》を観想せよ。普ねく心に作礼し、三たび此の明を誦じて曰わく、

[三]唵娜麼薩嘌嚩二合怛他蘖多引一迦也嚩訖質二合多旛娜難二迦路弭三

⑪[四]復た、次に、復上遏迦《ふくじょうあか》とは、不動の印を以て遏迦器《あかき》を持し、本尊及び余の聖衆に奉献せよ。遏迦を持する明に曰わく、

[五]娜麼三曼多嚩日羅二合瞰一哏如上

復た、明三遍を誦じて遏迦を以って上《たてま》つる。遏迦の明に曰わく、

[六]娜麼三曼多勃駄難一咖咖娜三摩三摩莎訶

⑫[七]復た、次に、別供《べっく》香華《こうげ》とは、謂わく、前の奉献に擬して、香華飲食一一に、前の無動の明印を用いて、香水を加持して遍ねく其の上に灑《そそ》ぐ。能く光沢ならしめて、復た、其の印を用いて一一之れに触れよ。無動の明印は上に已に説くが如し。

復た、其の上に於いて、想うて囕《らん》字を布せよ。布字の明に曰わく、

[八]娜麼三曼多勃駄難一囕

復た、自持の本尊の明を誦じ、名を称し持して献ず。余尊も亦た然なり。

塗《ず》香《こう》を奉つる明に曰わく、

[九]娜麼三曼多勃駄難一唵二微戍舵三健竇捺婆嚩四莎訶

華《け》を奉つる明に曰わく、

一　Namaḥ samantavajrāṇāṁ haṁ/ 普ねき諸金剛に帰命し奉る、ハン。不動真言。

二　以下は⑩普心恭敬礼法。『大日経』供養法、PV. ともにこれを略す。

三　Oṁ namaḥ sarvatathāgatakāyavākcittavandanaṁ karomi/ オーン、我れは一切如来の身・語・心に作礼致します。作礼方便心真言。

四　以下は⑪復上遏迦法。『大日経』供養法の広明営辨門の前半の第一偈に一応対応するが、真言は略される。㊅一八・五〇上、PV. 347b¹⁻².

五　Namaḥ samantavajrāṇāṁ gaṁ/ 普ねき諸金剛に帰命し奉る、ガン。持閼伽真言。㊅六〇上

六　Namaḥ samantabuddhānāṁ gaganasamāsama svāhā/ 普ねき諸仏に帰命し奉る、虚空に等しき無等なるものよ、スヴァーハー。閼伽真言。

七　以下は⑫別供養香華法。『大日経』供養法の広明営辨門の後半に相当する。㊅一八・五〇上、PV.347b²⁻⁸.

八　Namaḥ samantabuddhānāṁ raṁ/ 普ねき諸仏に帰命し奉る、ラン。法界真言。『大日経』供養法はこの真言を略すが、PV. は法界の心真言（chos kyi dbyiṅs kyi sñiṅ po, 347b⁴⁻⁵）として説く。

九　Namaḥ samantabuddhānāṁ oṁ viśuddhagandhodbhava svāhā/ 普ねき諸仏に帰命し奉る、オーン、清浄なる

[10]娜麼三曼多勃駄難一摩訶昧底哩也二合抜庾二合捺蘖二合帝四莎訶

焼香を奉つる明に曰わく、

[11]娜麼三曼多勃駄難一唵達嘌摩二合駄埵褥蘖帝莎訶

燈を奉つる明に曰わく、

[12]娜麼三曼多勃駄難一唵怛他蘖多二嘌支二合駁頗二合囉拏上嚩婆引薩娜咖伽揉舵平引哩也二合莎訶

食を奉つる明に曰わく、

[13]娜麼三曼多勃駄難一唵阿囉囉迦囉囉二沫隣捺泥三摩訶引沫履四莎訶当に三遍誦ずべし。

⑬[14]復た、次に、運心普供《うんしんふく》とは、二手を以って相い叉《さざ》えて、虚心合掌《こしんがっしょう》にして端坐し、思惟せよ。「一切の仏刹は諸仏菩薩の福力所生の幢幡《どうばん》、綺蓋《きがい》、楼閣、宝樹、香雲、華台、清浄厳麗にして、天仙歌詠し、珠瓔《しゅよう》連帯して、光明遍ねく照らす。虚空の中に満てる勝妙の荘厳をもって、諸仏及び諸菩薩に供養す」と。此の明妃を誦じて曰わく、

[15]娜麼薩嘌嚩二合怛他蘖帝鼻庾二合微湿嚩二合目契婢也二合薩嘌嚩二合他欠三合嗢捺蘖二合帝駁頗二合羅呬摩四咖咖娜剣五莎訶

念誦三遍して、思惟し供養すれば、皆な悉く充満す。所願有る者は、速やかに成就せしめん。復た、是の念を作せ、「[16]我が思惟する所の是くの如くの供養は、如来と諸もろの菩薩衆との広大海会に依って之れ生起する所なり。諸仏菩薩、神力加持したまえ。我が福力を以ってと如来の力に依り、等しきこと法界の如く献ずる所を充足したまえ」と。

⑭[17]復た、次に、正向とは、当に是の念を作すべし、「我が修集する所の一切の功徳を、皆

塗香より出生せるものよ、スヴァーハー。塗香真言。

10 Namaḥ samantabuddhānāṁ mahāmaitryabhyudgate svāhā/ 普ねき諸仏に帰命し奉る。大慈悲より出現せるものよ、スヴァーハー。華真言。

11 Namaḥ samantabuddhānāṁ oṁ dharmadhātvanugate svāhā/ 普ねき諸仏に帰命し奉る、オーン、法界に随順するものよ、スヴァーハー。焚香真言。

12 Namaḥ samantabuddhānāṁ oṁ tathāgatārcisphuraṇāvabhāsana gaganaudārya svāhā/ 普ねき諸仏に帰命し奉る、オーン、如来の光焔の閃く光よ、虚空の如く広大なるものよ、スヴァーハー。燃燈真言。

13 Namaḥ samantabuddhānāṁ oṁ ararakararabalimdade mahābali svāhā/ 普ねき諸仏に帰命し奉る、オーン、アララカララの飲食を施与するものよ、大飲食よ、スヴァーハー。飲食真言。PV. のみ普供養真言に類似した異なる真言を説く（347b7-8）。

14 以下は⑬運心普供法。『大日経』供養法の十段広大供養の前半（㊅一八・五〇中二一行―下一三行、PV. 347b8-348b1）に相当する。

15 Namaḥ sarvatathāgatebhyo viśvamukhebhyaḥ sarvathā khaṁ udgate sphara he maṁ gagana kaṁ svāhā/ あらゆる方向を向いた一切如来 ㊅六〇中

な悉く廻向せん―と。成就を至求し専注し相応すれば、身中の一切の罪障を除滅す。有情を利せんが為めに無上の願を祈り、時処を念ずること莫く、吉凶を慮《おもんぱか》らず、儀式に依らず、但だ能く正しく修し、及び正しく廻向すべし。運心供養すれば、亦た速やかに成就す。若し世間の小福を成就せんことを求めば、復た専《もっぱ》ら勤め、法式に依って外相を修持すと雖も、唯だ小成就せん。若し正行を修せば、先ず一月に於いて身心を調伏し、心中に念誦して、心をして澄浄ならしめ、第二月に於いて然も儀式に於いて大悉地を作さん。

[一]⑮前の如く供養を修して　悉地を求めんと欲《おも》わん者は
当に金剛の讃を誦じて　仏菩薩を供養すべし。
是れ瑜伽経《ゆがきょう》に依るに　仏口より生ずる所なり
諸仏をして歓喜せしめ　当に速やかに成就を得べし。

[二]金剛の讃に曰わく、

[三]⑯復《ま》た、次に、願満自他《まんがんじた》とは、爾《そ》の時に行者、聖会の前に於いて、是の念言《ねんごん》を作せ。

我れ今、大海衆に帰命《きみょう》したてまつる　願わくば速やかに我が悉地《しちじ》の心を満たしたまえ。
一切苦の衆生を悲愍《ひみん》す　是の故に慇懃《いんぎん》に悉地を求む。
一切衆生は諸趣に溺《おぼれ》る　願わくば形を分かち中に遍入して
彼れに随って多種の身を応現し　方便利楽し解脱せしめん。
我が荘厳の功徳力と　微妙《みみょう》法界の難思力と
一切如来の常住力と　一切衆生の善根力とを以って
自他の福慧をもって普ねく荘厳し　無尽の財法皆な円《まど》かに備えん。

に帰命し奉る、一切において、クハン、出生せる尊よ、拡がれ、おお、マン、虚空よ、カン、スヴァーハー。普供養真言（虚空蔵転明妃真言）。『大日経』供養法は「虚空蔵明」と真言名を出すのみで真言を略す。PV. は真言を説く。

一六 以下を、『大日経』供養法は持虚空蔵明の増加の句とする。

一七 以下は⑭正向法。『大日経』供養法の広大供養の後半（(大)一八・五〇下一四行—二二行、PV. 348b1-5）に相当する。

一 以下は⑮歌讃法。『大日経』供養法の嘆仏功徳門（(大)一八・五〇下二三行—五一上一七行、PV. 348b5-349a4）に相当する。

二 金剛の讃　執金剛阿利沙偈。当経はこれを略すが、『大日経』供養法並びにPV.は、漢訳・蔵訳を記載する。この偈は、Sarvadurgatipariśodhanatantra 及び Sādhanamālā の Trisamayarājasādhana の梵文テキスト中に見出される。

三 以下は、⑯満願自他法。『大日経』供養法の結前願嘆乞重制禁門（(大)一八・五一上一八行—中一行、PV. 349a4-349b2）に相当する。

是の願を作し已って、手を叉《さ さ》え合掌して、虚空蔵明妃三遍を誦じて、而も加持に用いよ。明に曰わく、

[四]娜麼薩嘌嚩二合怛他蘖帝鼻庾二合微湿嚩二合目契婢也二合[五]蘖嘌嚩二合 他伙三屋捺蘖二合 帝四駁頗二合羅吧摩五咖咖娜剣莎訶六

此の明印の力、速やかに能く一切の上願を満足す。決定の意を興こすべし。疑慮を起こして誹謗の心を生ずること勿れ。一切如来の共に宣説したもう所なり。是の故に応当《まさ》に心を至して諦信すべし。

⑰復[六]た、次に、随心入念誦・総別受持法とは、爾[七]の時に行者、三昧の中に於いて運心して、一切諸仏及び菩薩衆を敬礼したてまつり、端坐し思惟して四禅門に入り、心をして喜楽せしめよ。

[八]初めには現前に於いて本尊の相を観じ、次に明と印を観じ、次に自身本尊に同ずと想い、次に自心を観ずるに猶おし満月の如くせよ。是れを名づけて四と為す。即ち心月《しんがち》の円明の中に於いて、諦《あき》らかに明字を観じ、其れをして了了ならしめよ。次第に分明に持念して、数を記せ。時分に随って遍数充足し、乃至、相[九]は現じて意に随って成就せん。

[一〇]此の中の四種、若し自身本尊に同ずと観じて、而も念誦せば、能く功少なきものをして速やかに悉地を得しめ、福慧満足す。

[一一]云何《いか》んが観を作さん。所謂《いわゆる》本明の中に於いて一字心の明を先ず自心に置け。字より而も転じて本尊の形と作る。此れに二種有り。謂《い》わく仏と菩薩なり。上に説くが如し。謂わく盧遮那・釈迦牟尼なり。復た、次に、類を挙ぐれば文殊の如し。自身をして彼れに同ぜし

四 Namaḥ sarvatathāgatebhyo viśvamukhebhyaḥ sarvathā khaṁ udgate sphara he maṁ gagana kaṁ svāhā/ あらゆる方向を向いた一切如来に帰命し奉る、一切において、クハン、出生せる尊よ、拡がれ、おお、マン、虚空よ、カン、スヴァーハー。虚空蔵転明妃真言。『大日経』供養法とPV. は真言を略す。 (大)六〇下

五 蘖　薩の誤りか。

六 以下は、⑰随心入念誦・総別受持法。『大日経』供養法は、以下持誦法則品第四（(大)一八・五一中、PV. 349b[2]）となる。

七 以下一四七頁註八まで総別受持法を説く。

八 以下は『大日経』供養法の一、有相念誦門に相当する。(大)一八・五一中、PV. 349b[4].

九 相　安置した仏塔や図像から煙や火焰或いは音声が出るという善相。

一〇 以下は『大日経』供養法の二、無相念誦門に相当する。(大)一八・五一中、PV. 349b[7].

一一 以下は『大日経』供養法の三、変字成身門に相当する。(大)一八・五一中、PV. 350a[2].

めんと欲《おも》わん者は、当に満字《まん》[一]を以って菩薩の心に入るべし。置字の明に曰わく、

[二]娜麽三曼多勃駄嚩一満

即[三]ち此の字より転じて文殊と成る。色欝金《うっこん》の如し。首《こうべ》に五髻《ごけい》有り。跏趺《かふ》して坐せり。左の手を以って青蓮《しょうれん》の茎を持し、其の上に於いて抜折羅《ばざら》[四]を竪つ。其の右の手を以って施無畏《せむい》に作す。施願手と名づく。此の菩薩の根本の明を誦じて曰わく、

[五]娜麽三曼多勃駄嚩一喉喉呴麽羅迦二微目吉底二合跛上悉迫天以反多三磨二合羅三三磨羅鉢羅二合

底吽四莎訶

其の印相は、二手合掌して二中指を交え、右を以って左を押せ。右の無名指にて左の中の頭《はし》を捻《ねん》じ、左の無名指にて右の中の頭を捻じ、二頭指を屈して背け著けしめ、二大指の頭を押す。其の形剣の如し。印を以って一一の支分を印し、然して後《の》ちに念誦すべし。

若し余の仏菩薩の明印の法を持せん者は、各各に、自から本明印法に依って加持念誦せよ。広く経に説くが如し。此れに准じて応に知るべし。若し以って一一別に本部の明印の法に依ること能わざる者は、即ち此の明を以って其の処に用い代えよ。普通仏部の心明に曰わく、

[六]娜麽三曼多勃駄難一迦上二

此の秘密心は諸仏共に説きたもう。当に自心に置いて復た其の儀を観ずべし。一切諸法は無造無作にして、此の字より転ず。是れ即ち真実如理の光明なり。此れは是れ、諸仏の加持したもう明心なり。

復た、次に、普ねく一切の諸菩薩に通ずる法。応に宝印を結ぶべし。二手十指、右を以

一　満字　maṁ

二　Namaḥ samantabuddhānāṁ maṁ/ 普ねき諸仏に帰命し奉る、マン(PV. は maṁ を a とする。『大日経』供養法は真言を略し満字門とのみ記す)。文殊菩薩真言。

三　以下一四八頁註一までは『大日経』供養法の四、本尊三昧随息門(㊅一八・五一中二四行—五二上一〇行、PV. 350a⁴–351a⁵)に相当する。

四　抜折羅　vajra の音写。金剛杵。古代インドの武器。堅固であらゆるものを打ち砕くので、仏智の堅固と煩悩の摧破を象徴する。

五　Namaḥ samantabuddhānāṁ he he kumāraka vimuktipa(tha)sthita smara smara pratihūṁ(hūṁ=jñāṁ?) svāhā/ 普ねき諸仏に帰命し奉る、おお、おお、童子尊よ、解脱道に住せる尊よ、憶念せよ、憶念せよ、誓願を、スヴァーハー。文殊師利真言。　㊅六一上

六　Namaḥ samantabuddhāṇāṁ ka/ 普ねき諸仏に帰命し奉る、カ。普通仏部種子心真言。

って左を押して相い叉《ささ》え、拳に為して猶おし宝形《ほうぎょう》の如くすべし。当に指の頭をして左の指の岐《また》の間に互相《たがい》に竪て、持せしむべし。密《みつ》にして縫《ぬい》め無からしめよ。指の頭をして指の間に出ださしむること勿れ。印を以って心《むね》に当てて、之れを誦ずれば、一切菩薩等、障悩を除断したもう。明に曰わく、

[七]娜麼三曼多勃馱難一薩嘌嚩二合他欠二微末底微枳羅拏上三達嘌摩二合 馱覩四儞嘌哳二合 多僧
僧莎訶

是れを思惟宝王の妙印と名づく。一一の諸菩薩の形を観ずるに随って、皆な此の明印を用う。

[八]復た、次に、随心入念誦とは、其の[九]佉字を自からの頂上に置け。雑色《ぞうしき》の光を放つ。加うるに空点を以ってして、当に空の如しと思うべし。復た、頭《こうべ》の内に於いて、想いて[一〇]暗字を置け。加うるに空点を以ってす。其の光、純白にして、猶おし明月の如く、百道の光明、十方を照らす。善く観察する者は、[一一]百法明門を此の生に速やかに証す。復た、眼の中に於いて、想いて[一二]覧字を置け。其の字の光色は猶おし明燈の如し。此の慧明を以って内外を照明して、心月を照らせ。復た、月の中に於いて、[一三]阿字を観ぜよ。其の字の光明、猶おし浄金の光色の若《ごと》く、顕密ともに不生不滅なり。即ち、爾の時に於いて、心を了見し、本尊の位に住すれば、光明の華輪而も自から囲繞《いにょう》し、暉焔《きえん》清浄にして、能く無明随煩悩の垢を竭《つ》くす。是の観を作す時、[一四]本明を持するに随って心月に布し、右に旋《めぐ》らして行を為し、諦らかに了し観察すべし。若し[一五]単と句、意の所楽《しょぎょう》に随わば、若しは誦じ若しは思いて、善く気息を調え、其の字句をして息の出入に随って初末相い随わしめよ。若し思わば、其の義

七 Namaḥ samantabuddhānāṁ sarvathā khaṁ vimativikiraṇadharmadhātunirjāta saṁ saṁ svāhā/ 普ねき諸仏に帰命し奉る、一切において、クハン、疑念を破散した法界生よ、サン、サン、スヴァーハー。一切諸菩薩真言。

八 以下一五一頁註一二までは⑰随心入念誦・総別受持法中の随心入念誦法を説く。これは布字観を中心とする念誦法。

九 佉字 kha 空点を加えるとするので実際に布置する字は khaṁ。

一〇 暗字 aṁ

一一 百法明門 菩薩が初地において得る法門。百の真理に通ずる智慧門。百法とは、五位百法、種々の法門、十信にそれぞれ十信を具して百とする等、種々の説がある。

一二 覧字 raṁ

一三 阿字 a

一四 本明 根本の心真言。『大日経』供養法は「迦（ka）字を（上）首と為す」とする。㊅一八・五二上、PV. 351a⁴.

一五 単と句 単字と句。即ち種子と真言。字句に同じ。

も亦復《ま》た是くの如し。

[一]復た、次に、若し自他を利する願を成就せんと求めば、理の如く相応して方《まさ》に持誦を作せ。数終わって疲れ極まれば然も止息す可《べ》し。若し義を思わば、其の字句を以って心月に布し、深く[二]密意を浄めて其の義を思惟すべし。

[三]復た、次に、若し福慧を修して善根を成就せんには、意支を澄浄にして而も念誦を作せ。不悪の時処ならば亦た、数の限り無し。而も偈を説いて言わく、

[四]若し上中下の　悉地を成就せんと求むる者は
皆な応に心を澄浄にし　時処等を求めるべからず。
但し支分に明を布して　一心に念誦に入れ
世尊は是の法を説いて　名づけて真実念と為す。
時と相及び数を記すとの　応《まさ》に彼[五]の二種の人
[六]暖と及び煙と焰との　種種の諸もろの善相を得。
一月を経て満ち　誦じて一[七]洛叉を満たすも
若し是くの如くの事無くんば　復た第二月に依るべし。
分に随い香華を奉り　前に依って念誦を作し
善相を得已るに随って　具法をもって成就を作すべし。
上の如く善く観察すれば　楽《ねが》う所自から相応す
若し心念及び声　願いに応じて皆な満足せん。

[八]復た、次に、智者、毘盧遮那心地の法を持せんと楽《ねが》う者は、先ず自心に於いて、一の阿[九]

一　以下は、『大日経』供養法の五、意支念声真言門に相当する。(大)一八・五二上、PV. 351a^{5}.
二　密意　続蔵は、意を欠く。
三　以下は、『大日経』供養法の六、修
(大)六一中
無定門に相当する。(大)一八・五二上、PV. 351a^{7}.
四　以下は、『大日経』供養法の七、楽求現法成就門に相当する。(大)一八・五二上、PV. 351a^{8}.
五　彼　(大)及び続蔵ともに波とする。
六　暖と及び煙と焰　吉祥な前兆現象。一四五頁註九参照。
七　洛叉　lakṣa の音写。数の単位。十の五乗、即ち十万にあたる。一俱胝の百分の一。密教では、深秘の釈として見照・成就の義とする。
八　以下は『大日経』供養法の八、大日三密速得門に相当する。(大)一八・五二中、PV. 351b^{7}.
九　阿字　a

上字を置け。当に思惟を起こすべし。諸法は本より無生無滅なり。前に已に説くが如し。置字の明に曰わく、

10娜麼三曼多勃駄難一阿

此の字より、如来の身を転起す。是れを身密門と名づくなり。復た、眉間に於いて、身の密印を以って白毫相《びゃくごうそう》に置け。毫相の印は、右の手拳に為して、急《きっ》く大指を握り、挙《あ》げて眉間に置け。此の明を誦じて曰わく、

一一娜麼三曼多勃駄難一映唅闍上二

此の明印を以って眉間に加うれば、即ち如来に同じて、等しく異なること無し。便ち五字を以って身分を加持して、想いを五処に置け。謂わく身と及び臍と心と頂と眉間となり。是の法に依って住すれば、即ち世尊に同ず。初め身下に於いて、想いて阿上字を置け。其の形正方にして黄金色の如し。置字の明に曰わく、

一二娜麼三曼多勃駄難一阿上

是れを一三摩《ま》系達羅《けいたら》字と名づく。此の字より転じて金剛輪と成る。即ち如来の座なり。次に一四鑁《ばん》字を想いて自からの臍輪に置け。霧、月の白色の光を含みて凝耀《ぎょうよう》あるが如し。一五摩《ま》訶《か》皤路《はんろ》拏《だ》大悲光《だいひこう》と名づくなり。置字の明に曰わく、

一六娜麼三曼多勃駄難一鑁二

次に、一七覧字を想いて自心に置け。其の字の光色猶おし暉日《きじつ》の如し。智慧光と名づく。心より而も転じて一八所知障を破す。置字の明に曰わく、

10 Namaḥ samantabuddhānāṁ a/普ねき諸仏に帰命し奉る、ア。大日如来種子真言。

一一 Namaḥ samantabuddhānāṁ aḥ hāṁ jaḥ/普ねき諸仏に帰命し奉る、アッハ、ハーン、ジャハ。如来毫相真言。

一二 Namaḥ samantabuddhānāṁ a/普ねき諸仏に帰命し奉る、ア。金剛輪真言。『大日経』供養法は略す。PV. は説く。

一三 摩系達羅　mahendra の音写。大自在。『大日経』供養法は欠くが、PV. は dbaṅ chen（大自在，352a[5]）とする。

一四 鑁字　vaṁ

一五 摩訶皤路拏　mahāvaruṇa の音写。大水天。

一六 Namaḥ samantabuddhānāṁ vaṁ/普ねき諸仏に帰命し奉る、ヴァン。水輪真言。『大日経』供養法は略す。PV. は説く。

一七 覧字　raṁ

一八 所知障　菩提の智を障える煩悩。涅槃を障え、輪廻の因となる煩悩障に対せらる　煩悩障より断じ難い煩悩。

㊅六一下

一 娜麼三曼多勃駄難一覧二(初め曷声に似たり。)

次に、二唅《かん》字を想いて髪際に加えよ。其の光、黒色にして、劫災の焔起こって大威勇有るが如し。自在力と名づく。置字の明に曰わく、

三 娜麼三曼多勃駄難一唅二(即ち所観の字なり。)

次に、四佉(法声を帯す。)字を想いて頂上に安んじ、加うるに空点を以ってせよ。一切の色雑宝の光明を起こして、一切処に遍ず。大空智と名づく。置字の明に曰わく、

五 娜麼三曼多勃駄難一佉二

此の五字を以って勝身に布すれば、大威徳智慧の光明を具して、永く衆難及び三悪業無し。一切の魔軍自然《じねん》に降伏し、難調の鬼神も能く障を為すこと無し、唯だ赫奕《かくえき》たる金剛の身を見る。

又た、身の中に於いて、想いて阿六(上暗字の声を帯す。)字を置け。其の両眼に於いて想いて七囕字を置け。前の如く相応して当に自身即ち如来身なりと観ずべし。無垢眼《むくげん》を以って心月を照らし、相応の字句、若しは誦じ、若しは思うて間断せしむること無かれ。声《しょう》は鈴鐸《れいたく》の如く、智は映鏡の如し。若し仏菩薩所説の明印楽《ねが》いに随って受持すれば、速やかに成就することを得ん。

八 復た、次に、若し釈迦如来の明印の法を持誦せんと楽う者は、先ず、自心に於いて一の九婆《ばく》上字を置け。是の字の光明は諸もろの観行を離れたり。是くの如くの思いを作せ。此の字より牟尼の身を転起すと。置字の明に曰わく、

一〇 娜麼三曼多勃駄難一婆上

一 Namaḥ samantabuddhānāṃ raṃ/ 普ねき諸仏に帰命し奉る、ラン。火輪真言。『大日経』供養法は略す。PV. は説く。

二 唅字 haṃ

三 Namaḥ samantabuddhānāṃ haṃ/ 普ねき諸仏に帰命し奉る、ハン。風輪真言。『大日経』供養法は略す。PV. は説く。

四 佉字 khaṃ

五 Namaḥ samantabuddhānāṃ khaṃ/ 普ねき諸仏に帰命し奉る、クハン。空輪真言。『大日経』供養法は略す。PV. は説く。

六 阿字 aṃ

七 囕字 raṃ

八 以下は、『大日経』供養法の釈迦真言成就門に相当する。㊅一八・五二下、PV. 352b5.

九 婆字 bhaḥ

10 Namaḥ samantabuddhānāṃ bhaḥ/ 普ねき諸仏に帰命し奉る、バッハ。釈迦如来種子真言。『大日経』供養法は略す。PV. は説く。

秘密の加持をもって、仏身を成じ已って、当に密印と及以《およ》び真言とを持すべし。其の印相は、二手を臍に当て、右を以って左を押せ。猶おし入定の如し。是れ如来鉢の印なり。此の身明を誦じて曰わく、

一一娜麽三曼多勃馱難一薩嚟嚩二合吉嚧二合捨儞二素捺娜三達嚟磨二合嚩室多四鉢羅二合跛多二合五
咖咖娜三摩引三摩引莎嚩二合訶

是くの如く、世尊の明印を受持して成就せんと楽う者は、皆な本字に依って相応して、而も本尊の形を転起せよ。復た、字門を以って身の支分に布して、然して後ちに持誦すべし。前に已に説くが如し。

一二復た、次に、若し此の法門を修行せんと欲《おも》う者は、先ず当に一三大迦路拏此れ悲生と云う也。曼荼羅に入ることを求め已って、復た、一四闍梨《じゃり》灌頂《かんじょう》を受持することを蒙り、乃《すなわ》ち応に具足して此の法を修行すべし。縦《たと》い一五持明余の灌頂を得る者も堪えざる所なり。若し此の法門を備うることを得ば、諸仏菩薩皆な歓喜したもう。

復た、次に、若し別明を持すとも、能く此の経所説の儀軌に依って、身の支分に於いて明字を安布すべし。所謂《いわゆる》五字等、威徳を増加し、諸もろの過罪を離れしむ。然らば即ち本尊の法則《ほっそく》に依って誦持し成就す可《べ》し。

一六復た、次に、其の本尊の明印を持誦するに随って、漫荼羅の相も事の形色《ぎょうしき》に随う。坐して方便の善を起すれば、此の瑜伽《ゆが》によって疾く悉地を得《う》。凡そ三品有り。謂わく、上中下なり。

事に随って相応するに復た三種有り。所謂《いわゆる》寂静除災と増益《そうやく》と降伏《ごうぶく》となり。

一一 Namaḥ samantabuddhānāṁ sarvakleśanisūdana dharmavaśitaprāptagaganasamāsama svāhā/ 普ねき諸仏に帰命し奉る、一切の煩悩を破壊せる尊よ、諸法の自在を獲得せる尊よ、虚空に等しく無等なる尊よ、スヴァーハー。釈迦牟尼仏真言。

一二 以下は⑰随心念誦・総別受持法の中の補足説明。

一三 大迦路拏 mahākaruṇā 大悲。㊀六二上

一四 闍梨灌頂 阿闍梨（位）灌頂（ācāryābhiṣeka）の略。瓶灌頂（kalaśābhiṣeka）とも言い、阿闍梨になるための灌頂、伝法灌頂。後期密教の四灌頂の第一灌頂に相当する。

一五 持明余の灌頂 持明灌頂とは、受明・学法・許可灌頂等とも称され、弟子たる位を許可する灌頂。阿闍梨灌頂を受ける前に受ける。余の灌頂とは、出家在家を問わず広く仏縁を結ぶための結縁灌頂をさすか。

一六 以下は、『大日経』供養法の十、秘密事業可解門に相当する。㊀一八・五三上、PV. 353a4.

三二

一種の中に随って復た四相を分かつ。所謂《いわゆる》[一]円相は白色、方相は黄色、蓮華相は当に赤色《しゃくじき》に作すべし。三角相は即ち黒色を布すべし。是れを四相と名づく。

復た、次に、寂静《じゃくじょう》を修すとは、結跏趺坐して面《おもて》を北方に向け、円相に対し、一心に縁を離れて成就の法を作す。[二]扇底迦《せんちきゃ》と名づく。

増益《ぞうやく》を修すとは、脚を交え膝を竪《た》てて而も東方に向かい、方相に対し、歓喜して而も坐して成就の法を作す。[三]布瑟致迦《ほしゅちきゃ》と名づく。

[四]相摂の法を修すとは、当に両の膝を[五]堅坐の如く峻《けわし》らすべし。相は忿貌にして、心に喜び、及び彼の名を称すべし。蓮華の相に対して而も持誦するを、[六]皤施迦羅拏《はしきゃらだ》と名づく。

降伏を修すとは、空露に蹲踞《そんこ》して面を南方に向け、三角の相に対して忿怒智を起こし、法と相応する。[七]阿毘遮羅迦《あびしゃらきゃ》と名づく。

是くの如く持誦して成就を作す者は、類に随って香華、衣服《えぶく》に及以《およ》ぼし、本法を称すれば、災いを攘《はら》い福を増し、寿を延べ怨を降す。次第に相応して差失せしむること勿れ。意に随って成就せん。

復た、次に、所謂《いわゆる》明の初めに、[八]唵《おん》字を安んじ、後ちに所を称して、方に[九]莎嚩訶《そわか》と言うを、扇底迦《せんちきゃ》と名づくなり。

明の初めに唵字を称して、後ちに事の名を称し、方に[一〇]吽発吒《うんはった》の句を称するを、名づけて降伏阿毘遮羅迦《あびしゃらきゃ》と為すなり。

若し明の初めに[一一]娜麽《のうまく》の句を称して、後ちに所を称して、後ちに娜麽の句を言う。是れを増益布瑟致迦《ほしゅちきゃ》と名づく。

一 円相……　護摩に使用する壇の形。息災法には円形、増益法には方形、敬愛法には蓮華形、降伏法に三角形の壇を用いる。

二 扇底迦　śāntika の音写。息災、寂静、除災などと訳す。

三 布瑟致迦　puṣṭika の音写。増益と訳す。

四 相摂の法　敬愛法のこと。

五 堅坐　(大)は竪坐とする。続蔵二―三―二八三下による。『大日経』供養法は賢座、PV. は賢勢 bzaṅ poḥi thabs (Ⓓ stabs) とする。(大)一八・五三上、PV. $353a^{8}$.

六 皤施迦羅拏　vaśīkaraṇa の音写。征服を意味し、敬愛・歓愛・愛敬などと訳される。和合・親睦を祈る法とされる。

七 阿毘遮羅迦　abhicāraka の音写。降伏と訳す。

八 唵字　oṁ

九 莎嚩訶　svāhā

一〇 吽発吒　hūṁ phaṭ

一一 娜麽　namaḥ

若し明の初めに吽発吒の句を称して、後ちに名事を称して、後ちに吽発吒の句を言う。亦た阿毘遮羅迦と名づく。

若し明の初めに娜麼の句を称して、後ちに名事を称し已って、即ち吽発吒の句を言う。是れを皤《は》施《し》迦《きゃ》羅《ら》拏《だ》と名づくなり。

或るいは、明の初めに吽発吒の句を云い、名事の後ちに於いて、[一二]親《しん》舵《だ》繽《びん》舵《だ》親舵繽舵繽舵と云う。亦た阿毘遮羅迦と名づくなり。

[一三]如上の明法の次第色相は、皆な字に依って転じて本尊の形と成る。各おのの本法に随って自身を加持せよ。若しは金剛薩埵、若しは仏菩薩、皆な応に思惟すべし。法と相応すれば成就を作す。法とは所謂《いわゆる》前の如く、仏菩薩衆の無量の功徳等なり。復た、無尽の有情界に於いて、大悲願を分かち興こし、利楽等を作す。諸仏菩薩辨ずるに随って、香華をもって、而も供養と為すべし。上に已に説くが如し。復た、次に、当に合掌を作して、金剛の讃、微妙《みみょう》の言《ごん》辞《じ》を以って、如来の真実の功徳を称歎すべし。

[一四]所修の善を以って廻向し発願して、是くの如くの言を作せ。

如来は所証の功徳聚をもって　皆な悉く大菩提に廻向したもう
我れ今所修の諸もろの福慧を　菩提に廻向することも亦た是くの如し。
法界の衆生は生死に溺《おぼ》れ　六道に輪廻して帰る処無し
咸《ことごと》く度して菩提に至らしめ　自利利他満足せしめんことを誓願す。
我れ如来の大智に依って住して　一切衆生と普ねく同じからんと願う

㊅六二中

一二　親舵繽舵親舵繽舵繽舵　chinda bhinda chinda bhinda bhinda（切断せよ、破壊せよ、切断せよ、破壊せよ、破壊せよ。）当所は、『大日経』供養法とPV. には説かれていない。chinda 或いは bhinda を含む真言は、『大日経』には見当らないが、『金剛頂経』降三世品などに多数見出される。

一三　以下は、後供養や送尊法などによる後作法を説く。『大日経』供養法の真言事業品第五の初段上求下化修供門に相当する。㊅一八・五三上、PV. 353b5.

一四　以下は、『大日経』供養法の二段如仏我修廻向門に相当する。㊅一八・五三中、PV. 353b8.

常に当に福徳集を修集して　永く一業障《ごっしょう》と諸もろの煩悩を離れん。
我れ等願わくば第一の楽に登り　悉地礙《さまた》げ無く円成することを得て
内外の清浄なる妙荘厳を　具足し身より遍ねく流出せん。
是の因縁成就するを以っての故に　衆生の所願皆な満ぜしめん。
二是くの如く廻向発願を作し已って、復た、三遏迦《あか》及び諸もろの供養を上《たてまつ》る。四上に説くが如し。
便即《すなわ》ち合掌して頂上に置き、帰命して仏及び菩薩衆を礼したてまつり、是くの如くの言を作せ、

十方の仏と　一切の諸菩薩とを敬礼したてまつる
唯だ願わくば我れを　最無上道処に安立《あんりゅう》したまえ。
甚深の妙大乗を　速やかに我れをして開解《かいげ》せしめ
決定の心無等にして　疑いを断じて永く尽くさしめたまえ。

礼を作し已って、復た、当に啓白して、是くの如くの言を作すべし。

五現前の諸もろの如来　救世の諸もろの菩薩
大乗の教えを断ぜずして　殊勝の位に到る者
唯だ願わくば衆《もろ》もろの聖尊　決定して我れを証知したまえ
各《おの》おの当に所安に随って　後ちに復た哀《あわれ》みを垂れ道《みちび》きたまえ

復た、前の初めの三昧耶《さんまや》の印を結びて、頂上に至って之れを散ずべし。前の如く結護法則、次第に憶持して、一一に解散せよ。先に請じたてまつる所の尊、各《おの》おの宮に還《かえ》らしめよ。若し解除せざれば、即ち無等の誓法の為めに遮せられ、而も去りたまわず。

一 業障　五逆・十悪などの悪業を行うことにより正道をさまたげる障害。三障（業障・煩悩障・報障）の一。

二 以下は、『大日経』供養法の三段献閼伽後送尊門に相当する。（大）一八・五三中、PV. 354a^{8}.

三 遏迦　argha の音写。閼伽水。一三九頁註六参照。

四 上に説く　⑪復上遏迦法、⑫別供養香華法、⑬運心普供法（一四二〜一四三頁）参照。

五 以下の啓白文は『大日経』供養法とほぼ同文。（大）六二下

六 嚂字　raṁ

是くの如く解いて尊を送り已って、即ち後ちに、前の所説の法界明印を結びて、自身を加持して、法上に之れを説くが如し。是の思惟を作せ。即ち、「我が此の身と法界の本性と同体にして、菩提心に住すること猶おし金剛薩埵の如し」と。即ち復た想いて嚩[六]《らん》字を置いて、自からの頂上に安んずべし。

[七]復た、甲冑《かっちゅう》明印を以って金剛甲を被《き》よ。是くの如くの密厳、即ち復た、自性、金剛に同じて能く壊する者無し。諸《およ》そ此の人の身を見聞すること有る者は、即ち仏及び諸菩薩を見るに同じ。若しは言音《ごんおん》を聞き、或るいは其の身に触るれば、皆な必定して阿[八]《あ》耨《のく》菩提に於いて不退転を得、一切の功徳悉く能く成就す。即ち、仏身と等しくして異なり有ること無し。

[九]是くの如くし畢《お》已《わ》って、復た、増勝の心を起こして事業《じごう》を修行し、諸もろの有情の為めに、当に勤めて自からを励まし、懈《け》慢《まん》を得ること無かるべし。清浄の処に於いて、分に随い香華をもって厳持し、供養して、当に自身仏菩薩の如しと観ずべし。所起の身、若しは観音に住し、或るいは諸仏の勝妙の身に住し、本明印に随って而も加持を用うべし。法施の心を以って、然して後ちに大乗方広甚深の経典を読誦し、如来の無量の功徳を歌讃し、或るいは心を以って念じ、諸もろの天神を請じて、皆な聴受せしむべし。

復た、次に、若し観音を以って身を加持せば、[一〇]而も此の菩薩は、即ち是れ如来の功徳荘厳の真浄法身なり。若し毘盧舎那を以って身を加持せば、而も此の如来は一切の法王にして、諸法の中に於いて自在を得たもう者なり。是の故に此の二尊に於いて、一尊に随依して本性の相を作して、而も加持を用うるなり。

復た、次に、若し観音の性を以って加持を用うる者は、想いて素[一一]字を以って心中に置け。

七 以下は、『大日経』供養法の四段被甲現修如仏門に相当する。(大)一八・五三下、PV. $354b^{7}$.

八 阿耨菩提 anuttarabodhi の音写。無上菩提、無上覚と訳す。

九 以下は、法施の作法を説く。『大日経』供養法の五段自住仏身読経門に相当する。(大)一八・五三下、PV. $355a^{2}$.

一〇 而も……真浄法身なり 『大日経』供養法は「金剛頂経説」とし、PV. は「勝義の理趣 (don dam paḥi tshul) 等の所説」とする。(大)一八・五三下、PV. $355a^{5}$.

一一 素字 so

置字の明に曰わく、

[一]娜麽三曼多勃駄難一素

当に素の義を思うべし、「無染無著なること、猶おし蓮華の淤泥《おでい》を出《い》ずる性の如し」と。

是くの如く観音の妙形、此の字より転ず。即ち是れ聖者にして、更に凡状無し。前に已に説くが如し。

印相は即ち前の華座の印なり。此の明を誦じて曰わく、

[二]娜麽三曼多勃駄難一薩嘌嚩二合怛他蘖多引二嚩路吉多三迦噜拏引麽也四囉囉吽闍五莎嚩訶

先ず、嚂字を以って頂上に置け。即ち復た、此の明印を用いて自身の頂上を加持して、然して後ちに力に随って経典を読誦し、或るいは[三]制底《せいてい》或るいは漫荼羅を造し、塔を遶《めぐ》って経行《きんひん》せよ。諸もろの善事業と、[四]六和敬《わきょう》を修するとをもって初めて有情を発《お》こせ。

[五]復た、次に、若し食時に至らば、身を支えんが為めの故に、応に乞食《こつじき》を行ずべし。或るいは檀越《だんのつ》の請、或るいは[六]僧中の食に得る所の食なり。当に一切の魚肉と葷菜《くんさい》と、本尊と諸仏を供養せる余り、乃至、種種の[七]残宿《ざんじゅく》の不浄を離るべし。果木の諸もろの漿《しょう》の、人を酔わす可《べ》き者、皆な応に受くべからず。

[八]若し如法清浄の余食を得れば、先ず[九]摶食《だんじき》を以って用いて本尊に献じ、然して後ちに随って食すべし。食分に余り有らば、諸もろの飢乏《きぼう》・貧窮《びんぐう》・乞食者に施し、当に是の念を作すべし、「我れ身を持して安穏に道を行ぜんが為なり。是の故に食を受く。滋味《じみ》を以って[一〇]悦《えっ》沢《たく》し、心を増減せざれ。亦た、車に膏《あぶら》さして諸物を運載すれば、傷敗せざるが如くが故に」と。是の念を作し已って、然して後ちに、即ち所受の食の中に於いて、想いて嚂《らん》字を置け。遍ねく諸食を浄む。

一 Namaḥ samantabuddhānāṁ so/ 普ねき諸仏に帰命し奉る。ソー。観自在種子心真言。㊅六三上

二 Namaḥ samantabuddhānāṁ sarvatathāgatāvalokitakaruṇāmaya ra ra hūṁ jaḥ svāhā/ 普ねき諸仏に帰命し奉る、一切如来の照見と慈悲よりなれる尊よ、ラ、ラ、フーン、ジャッハ、スヴァーハー。観自在菩薩眞言。

三 制底　caitya の音写。制多・制多耶なども音写する。塔・霊廟・聚相なども訳される。仏塔を意味する。

四 六和敬　六和敬の法、一二三頁註一参照。

五 以下は食事作法を説く。

六 僧　saṁgha の音写である僧伽の略。衆・和合衆と訳され、出家者の集団を意味する。

七 残宿　手に入れた食物を、その日に食べずに、翌日食べること。

八 以下は、『大日経』供養法の六段摶食奉献本尊門に相当する。㊅一八・五四上、PV. 355b[5].

九 摶食　段食・攌食ともいう。肉体を養う食物。我々が常食とする米や麦などの飲食物のこと。節量食。

一〇 悦沢　光沢の美しいこと。悦怿（よろこび楽しむこと）の誤りか。『大日経』供養法には、「悦沢厳身之相」（PV. 欠）とあり、これに影響されたか。

復た想え、「自身全く鑁字と成り、此の字より転じて、一二羯磨《かつま》金剛堅固薩埵と為る」と。想字の明に曰わく、

一三娜麼三曼多勃駄難一唵二鑁三莎訶

此の明力の故に、能く速やかに金剛の身を転得せしむるなり。

一三復た、施十力の明八遍を誦じて、方《まさ》に乃ち之れを食せよ。明に曰わく、

一四娜麼薩嚩縛二合勃駄冐地薩埵難一唵二麽覧舵儞寧一反三帝嚧摩引里儞四莎訶

是の本尊の瑜伽に住して、食し訖《おわ》って、所有《あらゆる》余食は、不動の心を以って持誦一遍して、伴神に施せ。此の神、歓喜して常に自から相い随って、而も擁護を作す。

不動の明に曰わく、

一五娜麼三曼多嚩日囉二合赦一哆引囉二合吒二阿上短慕伽三戦拏摩訶盧灑拏上四馺頗二合吒也五吽怛喇二合婆也怛喇二合婆也六吽怛喇二合吒七浮満八

一六復た、次に、食し竟《おわ》って暫く息《やす》み、復た当に前の如く礼拝し悔過《けか》すべし。身を浄らして、経典を読誦する等、常の如く作業応に間闕《かんけつ》すべからず。一七初中後夜に、応ずる所の法の如く思惟し修習《しゅじゅう》せよ。

若し暫く睡眠《すいめん》せば、即ち「前に説くが如く一八事業金剛の明印字等を身に転じ、甲を著し、金剛身の如くにして、一切仏菩薩等を敬礼《きょうらい》したてまつり、即ち運心して、身より香華雲を起こして、而も供養を為す。悲愍の心を作して、衆生を覆護し、大菩提を求むべし」と、是の念を作し已って然して少時《しばら》く安寝す可《べ》し。眠睡《めんすい》の為めに、而も貪著を生ずること莫《なか》れ。初めに応に身の威儀を正しくし、右脇にして足を累《かさ》ねて、師子の臥せるが如くすべし。若

一二 羯磨金剛堅固薩埵　羯磨は karma＝(n) の音写。業・事・所作などと訳す。『大日経』供養法は「事業金剛」と訳し、PV. は las kyi rdo rje sems dpaḥ (業の金剛薩埵) とする。従って原語は karmavajrasattva か。

一三 Namaḥ samantabuddhānāṁ oṁ vaṁ svāhā/ 普ねき諸仏に帰命し奉る、オーン、ヴァン、スヴァーハー。金剛身真言。『大日経』供養法は略す。PV. は説く。

一三 以下は、『大日経』供養法の誦十力明本尊瑜伽飲食門に相当する。㊅一八・五四上、PV. 355b⁸.

一四 Namaḥ sarvabuddhabodhisattvānāṁ oṁ balaṁdade tejomāline svāhā/ 一切の諸仏諸菩薩に帰命し奉る、オーン、(十) 力を与える尊よ、威光の華鬘を持つ尊よ、スヴァーハー。施十力真言。　㊅六三中

一五 Namaḥ samantavajrāṇāṁ traṭ amoghacaṇḍamahāroṣaṇa sphoṭaya hūṁ trāpaya trāpaya hūṁ traṭ hāṁ māṁ/ 普ねき諸金剛に帰命し奉る、トラット、空しからざる暴悪大忿怒尊よ、裂け、フーン、当惑させよ、当惑させよ、フーン、トラット、ハーン、マーン。不動尊施食真言。

一六 以下は、修行の心得を説く。『大日経』供養法の八段修業無間得益門に相当する。㊅一八・五四上、PV. 356a³.

し支体疲懈せば、意に随って転側せよ。当に明相を思い、速やかに起つ心を作すべし。又復《ま》た、応に妙好なる高広の床の上に坐臥すべからず。起き已らば、初めの如く修習し念誦すべし。乃至、一日出の法事、上の如し。

復た、次に、持真言者、常に応に専《もっぱ》ら勤むべし。応に棄捨すべからず。三世の一切諸仏菩薩は、皆な此の法を修して疾く如来の二一切智地を得たまえり。若し智者有りて、凡夫地より如法に修行すれば、即ち能く此の生に、遍ねく無辺の諸仏の刹土《せつど》を歴《へ》ん。

復た、次に、若し遍数に依って、時と相の中に於いて、専ら勤めて修習すれども、猶おし成就せざれば、応に自から警悟して、倍《ます》ます精進を加うべし。退没《たいもつ》を生じ、下劣の想いを起こして、而も是の法は我が堪《た》ゆる所に非ずと言うこと勿れ。復た、応に疎慢《そまん》の心を作すべからず。其の身力を尽くして、決定の意を作せば、必ず成就を取る。

復た、是の念を作せ、「一切諸仏及び諸もろの菩薩は、是れ我が所依なり。我が依なるに由るが故に、無尽の有情、必ず我れ度せんと希《ねが》う。我れ誓って一切衆生を度脱すること、是くの如く懃誡《ごんじょう》して休息《くそく》せざるが故に、諸仏菩薩、皆な其の心を知り、即ち威神を以って加持して捨てたまわず」と。其の所作に随って即ち成就を得るなり。

復た、次に、是の中の二事応に捨離すべからずんば、速やかに成就を得《う》。一には諸仏及び諸菩薩を捨てざれ。二には衆生を饒益《にょうやく》することを捨てざれ。恒《つね》に智願に依って心傾動せざれば、其れ斯の二を行ずるに意に随って成就す。

三復た、次に、此の法を修行して、意に随って内外澡浴《ないげそうよく》して、身心常に清浄ならしめよ。此の中に二法あり。謂わく内澡浴及び外澡浴なり。内澡浴とは、謂わく明字を身心の中に

一七　初中後夜　初夜は午後六時から十時で息災法を修し、中夜は午後十時から午前二時で調伏法、後夜は午前二時から六時までで増益法を修すべき時間とされる。

一八　事業金剛　羯磨金剛に同じ。前註一一参照。

一　日出の法事　翌日の修行。

二　一切智地　すべてを知り尽した一切智者の地位。仏地・仏果。

(大)六三下

三　以下は、澡浴作法を説く。『大日経』供養法の九段浄水澡浴摧障門に相当する。(大)一八・五四中、PV. $356b^{8}$.

布するを内澡浴と名づく。上の所説の如し。外澡浴とは、時に随って盥洗《かんせん》す。或るいは河流池処《かるちしょ》なり。三昧耶《さんまや》を自からの頂上に安んじ、其の覧《らん》字を以って水中に置き、無動の明印を以って、其の処を結護せよ。置字の明に曰わく、

四娜麽三曼多勃駄難一覧

此の字を置いて能く垢《く》を離れしめよ。復た、楽《ねが》いに随って、本尊の身相に住すべし。復た、当に不動明王を以って聚持すること三たび、土を聚めて澡浴に用うべし。不動の明に曰わく、

五娜麽三曼勃駄難一捍

前の刀印を結びて、用いて土聚に触れて、護身結界し、意に随って応《まさ》に作すべし。復た、六三界最勝の明心を用い、以って結護を為せ。心明に曰わく、

七娜麽三曼多嚩日囉二合赦一壑

其の密印とは、前の如く五股《ごこ》金剛是れなり。或るいは身明を誦じて曰わく、

八娜麽三曼多嚩日羅二合赦一呵微麽二合薩嘌嚩二合一怛他蘖多三微灑曳三婆嚩四帯頼二合五路枳也二合六微社也吽闍七莎訶

是くの如く浴し已って、一浄処若しは水池の中に詣《いた》り、印を以って水を掬《すく》い、如法に口を九漱《すす》げ。謂わく、印手を以って、眼耳鼻口頂喉等を沾《すす》ぎ、身衣に散灑《さんさい》すべし。復た、三昧耶を結びたるを以って頂上に置き、本尊及び諸菩薩を礼すと想え。復た、二手を以って水を掬《すく》いて、三たび尊に奉献すべし、三たび掬《く》みし水を以って、本尊及び三宝を浴し已り、浴処より出でて、有情を愍念《みんねん》し、解脱せしめんと欲《おも》え。一〇精室に趣詣し、前の次第に依って、

四 Namaḥ samantabuddhānāṁ raṁ/ 普ねき諸仏に帰命し奉る、ラン。法界真言（火輪真言）。『大日経』供養法は略す。PV. は説く。

五 Namaḥ samantabuddhānāṁ haṁ/ 普ねき諸仏に帰命し奉る。ハン。不動尊種子真言。『大日経』供養法は略す。PV. は説く。

六 三界最勝　Trailokyavijaya 降三世・勝三世。『大日経』供養法は「降三世」、PV. khams gsum rnam par rgyal ba. ㊅一八・五四中、PV. 357a6.

七 Namaḥ samantavajrāṇāṁ haḥ/ 普ねき諸金剛に帰命し奉る、ハッハ。降三世種子真言。

八 Namaḥ samantavajrāṇāṁ ha vi-[s]ma[ye]sarvatathāgataviṣayasaṁbhavatrailokyavijaya hūṁ jaḥ svāhā/ 普ねき諸金剛に帰命し奉る、ハ、驚愕尊よ、一切如来の境界において出生せる降三世よ、フーン、ジャッハ、スヴァーハー。降三世真言。

九 漱げ　㊅、続蔵ともに「瀨」に作る。

一〇 精室　本尊を安置する部屋。密教修法の道場。

而も念誦を作せ。

復た、次に、若し水中に依って、念誦を作す時、水、或るいは頂に至るを上成就と為す。水、或るいは腰に至るを、中成就と為す。水、若しは膝に至るを下成就と為す。是くの如くの三相、一相を得るに随って、上中下に於いて、皆な能く成就す。無量の重罪、一時に除尽して、一切智の句、其の身に集在す。

一 復た、次に、若し供養の一切の支分及び衆《もろ》もろの方便を以って、次第に修行して、諸相を離れずして、成就を求めば、是れを世間の小悉地と名づくなり。

二 若し、無相最勝の観察に依って、深心に信解して、無上の果を求めば、明の照らす所に随って、運心供養すべし、真実の句を以って、心の支分に置き、妄の攀縁《へんねん》を離れて、修行し念誦すれば、出世間最上の成就を得。

契経《かいきょう》に依って次第方便を説く。而も偈を説いて言わく、

相の無相は甚深にして　小智は入ること能わず
無相に依って相を説いて　彼の二種の人を摂す

大毘盧遮那仏説要略念誦経一巻

一 以下は有相と無相の行法について説く。

二 以下は、『大日経』供養法の十段無　(大)六四上
相最勝証請門に相当する。(大)一八・五四下、PV. 357b7.

諸仏境界摂真実経

北條賢三　校註

㊅二七〇上

諸《しょ》仏《ぶっ》境界《きょうがい》摂真《しょうしん》実《じっ》経《きょう》

[一]罽賓国三蔵沙門般若　奉詔訳

巻の上

序　品　第　一

*是くの如く我れは聞けり。一時、仏[二]薄伽梵《ばがぼん》、金剛威徳の*三摩耶智《さんまやち》と種種の希有《けう》なる最勝の功徳《くどく》とを妙善成就し、已《すで》に能く一切如来の灌頂《かんじょう》宝冠を獲得《ぎゃくとく》して、[三]*三界を超過《ちょうか》し、已に能く一切如来の[四]*妙観察智《みょうかんざっち》大*瑜伽法に証入《しょうにゅう》し、無礙《むげ》自在に已に能く一切如来の微妙《みみょう》なる智印《ちいん》を成就して、所作の事に於いて、善巧《ぜんぎょう》に諸もろの*有情類《うじょうるい》の種種の願求《がんぐ》を成就し、其の所楽《しょぎょう》に随いて皆な満足せしむ。[五]大慈毘盧遮那《びるしゃな》如来は、体性《たいしょう》常住にして、始めも無く終りも無く、[六]三業《さんごう》堅固なること、猶《な》おし*金剛の若《ごと》し。[七]十方の諸仏、咸《ことごと》く共に尊重したまい、一切の*菩薩、

一　罽賓　今のカシュミール地方をいう。

二　薄伽梵　Bhagavān 有徳・如来を意味し、普通には世尊と訳す。

三　三界　欲界・色界・無色界。輪廻する世界をいう。補註三六三頁参照。

四　妙観察智　pratyavekṣaṇājñāna 仏の摂化利生の智をいう。五智の一。補註三六三頁参照。

五　大慈毘盧遮那如来　Mahākaruṇā vairocana-tathāgata 大日如来のこと。

六　三業　trikarma 身業・口業・意業をいう。

七　十方　四方（東　西南北）・四維（東南・西南・西北・東北）に上・下を加える。

恭敬讃歎《くぎようさんたん》したもう。

二

時に、薄伽梵は[一]妙高山頂*三十三天《てん》の帝釈宮《たいしやくぐう》の中の[二]摩訶摩尼《まかまに》最勝楼閣に住《じゆう》したもう。[三]三世の諸仏の常に説法したもう処《ところ》なり。柔軟《にゆうなん》なること[四]兜羅綿《とらめん》の如く、白玉の所成《しよじよう》なり。色は珂《か》雪《せつ》を瑩《しの》ぐ妙楼閣有りて、*七宝《しつぽう》をもって荘厳《しようごん》せり。宝鐸《ほうたく》・宝鈴《ほうれい》は処処に懸列《けんれつ》せられ、微風吹《みふうすい》動《どう》して微妙の音を出し、*繒蓋・[五]幢幡《どうばん》・*華鬘《けまん》・[六]瓔珞《ようらく》・半満月等をもって而も厳飾《ごんじき》を為《な》せり。光明照曜して虚空《こくう》に遍じ、無数の天仙咸《ことごと》く共に称讃す。*大菩薩摩訶薩《ぼさつまかさつ》衆、十六[七]倶胝《くてい》[八]那《な》庾《ゆ》多《た》百千の菩薩[九]眷属《けんぞく》と倶なり。其の名を金剛蔵《ぞう》菩薩・[一〇]金剛王菩薩・金剛弓《く》菩薩・金剛善哉《ぜんざい》菩薩・金剛胎《たい》菩薩・金剛威徳《いとく》菩薩・金剛幢《どう》菩薩・金剛笑《しよう》菩薩・金剛眼《げん》菩薩・金剛受持《じゆじ》菩薩・金剛輪《りん》菩薩・金剛語言《ごごん》菩薩・金剛羯磨《かつま》菩薩・金剛精進《しようじん》菩薩・金剛摧伏《さいぶく》菩薩・金剛拳《けん》菩薩と曰《い》う。是くの如き等の十六菩薩摩訶薩、一一に各おの一億那庾多《なゆた》百千の菩薩有りて、以って眷属為り。復た[一一]四たりの金剛天女有り。其の名を金剛焼香《しようこう》天女・金剛散花《さんげ》天女・金剛然《ねん》燈《とう》天女・金剛塗香《ずこう》天女と曰う。是くの如き等の金剛天女に、一一に各おの一千の金剛天女有りて、眷属《けんぞく》と為《な》りて倶《とも》なりき。復《ま》た[一二]四たりの金剛天有り。其の名を金剛鉤《こう》天・金剛索《さく》天・金剛鎖《さ》天・金剛鈴《れい》天と曰う。是くの如き等の金剛天に、一一に各おの一千の金剛天有りて、眷属と為りて倶なりき。[一三]*復た忉利天《とうりてん》の主*釈提桓因《しやくだいかんいん》と、*大梵天王と*摩醯首羅《まけいしゆら》等の諸もろの大天王と、及び三十三天との無数の天子有りて、無量《むりよう》倶胝《てい》那庾多の諸天婇女《さいによ》、種種に歌舞して一心に供養す。復た*恒河沙《ごうがしや》数の無量無辺の一切の化仏《けぶつ》有りて、[一四]*閻浮提《えんぶだい》に現じて虚空に遍満《へんまん》し、一一の*如来《によらい》無辺広大の[一五]仏刹《ぶつせつ》を示現《じげん》し、彼の仏刹の中にして、一一の如来、無量無数の海衆の菩薩・賢聖《けんじよう》に囲繞《いによう》せられて、此の大法を説きたもう。

一　妙高山　須弥山 (Sumeru) の訳語による別名。宇宙の中心にあって天地を支える山。
二　摩訶摩尼　摩訶 (mahā) は大、摩尼 (maṇi) は宝珠と訳す。
三　三世　過去・現在・未来をいう。
四　兜羅綿　tūla-picu 草花の房のように柔かい綿。
五　幢幡　ともに旌旗の一種。
六　瓔珞　keyūra 珠玉や貴金属を編んで作った装身具の一種。
七　倶胝　koṭī 京または億を表す単位。
八　那庾多　nayuta 兆または千億を表す単位。
九　眷属　parivāra 親しく付き従う者。脇侍など。
一〇　金剛王菩薩　同系諸本検討の上欠落を補う。　(大)二七〇中
一一　四たりの金剛天女　外四供養をさす。
一二　四たりの金剛天　四摂をさす。
一三　復た忉利天の……　以下の文は諸天集会の様相を述べる。
一四　閻浮提　人間の住む世界。詳しくは補註三六六頁参照。
一五　仏刹　お寺のことをいう。

三

一六爾《そ》の時に毘盧遮那如来、虚空界を尽くして、常住不変にして海会を観察して、大象王の如くして、一切の虚空に遍満し、本性を覚悟する智慧希有の金剛三昧に入りたもう。*三昧に入り已《おわ》りて、一七胸臆《きょうおく》の中より青色の光を放ちて、東方の無量の世界を照らしたもうこと紺《こん》琉璃《るり》の如し。其の面門より乃《いま》し足の指に至るまで、一一の毛孔より青色の光を発《お》こす。此れ等の光明合して一色と成り、周遍せざること靡《な》く、下は*阿鼻地獄《あびじごく》に至り、上は一八阿迦膩吒《あかにた》天に至る。彼の諸もろの世界に、無量の一九化仏《けぶつ》います。一一の化仏、無辺広大の仏刹《ぶっせつ》を示現したもう。彼の諸もろの仏刹の中に、一一の如来、無量無辺の海会の菩薩大衆に囲繞せられて、此の大法を説きたもう。黒闇の世界の日月無き処の有情《うじょう》等より、乃《いま》し生盲に至るまで、悉く光照を蒙りて、毘盧遮那如来の一切の化仏を見たてまつることを得、永く衆苦を尽くして無量の楽を受く。

爾の時に如来、定《じょう》より起ち已りて、復た一切虚空極微塵数出生金剛威徳大宝三昧《ごくみじんずしゅっしょうこんごういとくだいほうさんまい》に入りたもう。三昧に入り已りて、二〇右の肩の上より金色の光を放ちて南方の無量の世界を照らし、頂より足に至るまで、一一の毛孔より此の光明を放つ。是くの如きの光明合して一色と成りて、南方を照らすに周遍《しゅうへん》せずということ靡《な》し。彼の諸もろの世界に無量の化仏いまして、彼れ等諸仏は無辺広大の仏刹を示現《じげん》したもう。彼れ等の仏刹の一一の如来、無量無辺の海会の菩薩大衆に囲繞せられて二一此の大法を説きたもう。黒闇の世界の日月無き処の一切衆生より、乃し生盲に至るまで、悉く光照を蒙りて、毘盧遮那如来及《およ》び化仏を見奉ることを得、衆苦皆な除かれて無量の楽を受く。

爾の時に如来、定より起ち已りて、復た一切如来諸法本性清浄蓮華三昧に入りたもう。

一六　爾の時に毘盧遮那如来……　以下文は如来三昧に入り、光明を放って四方の世界を照らしたもうことを明かす。

一七　胸臆の中より……　東方の世界は青色の光明。

一八　阿迦膩吒天　Akaniṣṭha　この天は色界十八天の最上天で、形体を有する天の究まる最上の処をいう。それゆえ、色究竟天とも有頂天ともいう。

一九　化仏　変化して現れる仏をいう。従って仏が菩薩などに対して応現したまえる身をいい、応身（sambhoga-kāya）、変化身（nirmāṇa-kāya）と同じ意味。

二〇　右の肩より……　南方の世界は金色の光明。　㊅二七〇下

二一　此の大法　『摂真実経』の教義をいう。

三昧に入り已りて、[一]其の背の上より紅蓮華色《ぐれんげしき》の光を放ちて、西方の無量の世界を照らしたもう。乃至《ないし》、一切の毛孔より紅蓮華色の光を放ちて、遍ねく西方の尽虚空界を照らして、合して一色と成りて周遍せずということ靡《な》し。彼れ等の世界に無量の化仏いまし、彼の諸もろの化仏不可説の広大の仏刹を現じたもう。彼れ等の仏刹の一一の如来、無量無辺の海会の菩薩大衆に囲繞せられて、此の大法を説きたもう。黒闇の世界の日月無き処の一切衆生より、乃《いま》し生盲に至るまで、悉く光照を蒙りて、毘盧遮那如来及《およ》び諸仏を見たてまつることを得。永く衆苦を滅して無量の楽を受く。

爾の時に如来、此の定より起ちて、復た一切如来摩訶《まか》菩提《ぼだい》金剛堅牢不空《けんろうふくう》最勝成就種種事業三昧に入りたもう。三昧に入り已りて、[二]左の肩の上より五色の光を放ちて、北方の無量の世界を照らしたもう。一切の身分《しんぶん》乃至毛孔《もうく》より五色の光を放ちて、北方の尽虚空界に遍満し、合して一色と成りて周遍せざること靡《な》し。彼の諸もろの世界に無量の化仏いまし、彼の諸もろの如来は難思《なんし》の広大の仏刹を示現したもう。彼れ等の仏刹の一一の如来、無量無辺の海会の菩薩大衆に囲繞せられて、此の大法を説きたもう。黒闇の世界の日月無き処の一切衆生より、乃し生盲に至るまで、悉く光照を蒙りて、毘盧遮那如来及び十方界の一切諸仏を見たてまつることを得、是れ等の衆生、永く[三]衆苦《しゅうく》を離れて無量の楽を受く。

爾の時に如来、此の定より起ちて、復た遍満一切極虚空際現諸境智能善調伏《のうぜんちょうぶく》尽衆生界最勝三昧に入りたもう。三昧に入り已りて、[四]頂上より白色の光を放ちて、十方無量の世界の一切の仏刹を照らすに、周遍せずということ靡《な》し。前に放つ所の[五]四種の光明、四方より来たりて此の光の内に入り、虚空に遍満す。[六]微塵沙数の諸もろの仏・菩薩、無辺の諸天衆、

一　其の背の上より……　西方の世界は紅色の光明。
二　左の肩より……　北方の世界は五色の光明。これは雑色のゆえに黒色に当る。
三　衆苦　多くの苦悩をいう。
四　頂上より……　十方の世界は白色の光明。
五　四種の光明　東方の青色、南方の金色、西方の紅色、北方の黒色（雑色）。
㊅二七一上
六　微塵沙数　微細なる塵や沙の如く、数量の多いさまをいう。

是の光明を見て未曾有《みぞう》なりと歎じて、各おの是の念を作さく、何の[七]因縁を以ってか此の瑞相を現ずると。

爾の時に仏薄伽梵《ぶつばかぼん》、無始無終にして寂静なる大聖主は、衆生を護念したまい、最勝なる大仙は世界を擁護し、有情《うじょう》を利益し、能く父母と為りて生死《しょうじ》の苦を抜き、大[八]方便有るをもって最勝安楽ならしめたもう。大慈大悲もて[九]他心智を具したもう。大毘盧遮那如来、大衆の心の疑う所を観察して、普ねく一切大会の諸もろの菩薩摩訶薩に告げて言わく、諦《あき》らかに聴き諦らかに聴け。善く思い之れを念ぜよ。我れ今、摩訶瑜伽《まかゆが》諸仏秘密心地法門諸仏境《しんじほうもんしょぶつきょう》界摂《がいしょう》 真実経《しんじつきょう》を演説して、永らく汝等が所有《しょう》の疑網《ぎもう》を断ぜん。唯だ此の法を修して仏道を成ずることを得。此の法は善能《よ》く一切の菩薩摩訶薩を[一〇]引導して、*菩提樹に坐せしむ。此の法は即ち是れ諸仏の根本なり。是の法は能く一切の悪業を滅す。是の法は能く一切の所願を満たす。是の法は能く一切衆生の生《しょう》・老・病・死・憂《う》・悲の苦海を竭《つく》す。是の法は能く生死の曠野《こうや》を過《す》ぐ。是の法は能く生死の波濤を静む。此の法は即ち是れ諸仏の種子なり。此の法は即ち是れ[一一]大法幢《ほうどう》を建つ。此の法は即ち是れ[一二]*大師子《だいしし》の座なり。此の法は即ち是れ無上法輪なり。此の法は即ち是れ能く生死の長夜《じょうや》の黒暗を照らす大智慧の[一三]炬《たいまつ》なり。此の法は即ち是れ大[一四]法螺《ほうら》を吹く。此の法は即ち是れ大[一五]法鼓《ほっく》を撃《う》つ。此の法は即ち是れ大師子吼《ししく》なり。此の法は能く*外道を摧《くだ》く。

爾の時に大会の無量無辺の一切の化仏と、十六倶胝那庾多《くていなゆた》の諸菩薩摩訶薩と、忉利天《とうりてん》の主釈提桓因《しゃくだいかんいん》と、[一六]娑婆《しゃば》世界の主*大梵天王と、*夜摩天子と、*都史多《とした》天子と、*楽変化《らくへんげ》天子と、*自在天子と、及以《およ》び他方の無数《むしゅ》世界の百千万億倶胝那庾多の天子、親しく仏前に対して、諸

七 因縁　因は結果を招くべき直接の原因、縁は因を助けて結果を生ぜしめる間接の原因。仏教では因または縁の一のみより果を生ずることなく、一切は因と縁との和合によって生じるという。
八 方便　upāya　方法便用の意で、よく方法を用いて衆生を教え導くこと。
九 他心智　paracittajñāna　他人の心念を知る智。十智の一で六通の中では他心通という。
一〇 引導　衆生を善道に引き導くこと。
一一 大法幢　仏の正法を幢に喩えた語。
一二 大師子　mahāsiṃha　仏・菩薩をさす。補註二四一頁参照。
一三 炬　物事を照らす大きな明かり。
一四 法螺　śaṅkha　仏の説法を喩えていう。
一五 法鼓　仏の説法を喩える。
一六 娑婆世界　sahālokadhātu　釈尊の教化する世界、悪に満ちるこの世をいう。

仏境界大瑜伽大乗対法*諸仏秘密摂真実経名を聞き、歓喜踊躍《かんぎゆやく》して未曾有なることを得て、心に[一]愛楽《あいぎょう》を生じ、各各に身の所著の天衣を脱ぎ、手に衣裓*《ねこく》を執りて空中に旋転して以って仏に供養したてまつる。亦た天の[二]曼陀羅花《まんだらげ》・摩訶曼陀羅花・[三]曼殊沙花《まんじゅしゃげ》・摩訶曼殊[四]法花を以って、諸仏及び諸もろの大会に供養したてまつる。復た諸天の上妙の伎楽百千万種を以って、虚空の中に於いて諸仏を供養し、復た天上の種種の妙花《みょうげ》、所謂《いわゆる》[五]瞻蔔迦花《せんぷかげ》・[六]蘇摩那花《そまなげ》・[七]阿提目多迦花《あだいもくたかげ》・[八]婆利師迦花《ばりしかげ》等を雨《あめふ》らして、仏及び諸もろの大会を供養したてまつる。

爾の時に大衆、此の経の名を聞きて、無量の衆生大利益を獲《う》、恒河沙《ごうがしゃ》の衆生無生法忍*を得、或るいは菩薩有りて[九]*歓喜地を得、或るいは菩薩有りて離垢地を得、或るいは菩薩有りて発光地を得、或るいは菩薩有りて焔慧地《えんねじ》を得、或るいは菩薩有りて難勝地を得、或るいは菩薩有りて現前地を得、或るいは菩薩有りて遠行地《おんぎょうじ》を得、或るいは菩薩有りて不動地を得、或るいは菩薩有りて善慧地《ぜんねじ》を得、或るいは菩薩有りて法雲地を得、復た無量無辺の諸天子等有りて菩提心を発《お》こし永く[一〇]阿耨多羅三藐三菩提《あのくたらさんみゃくさんぼだい》を退転せず。

[一一]出生品　第二

爾の時に仏薄伽梵大毘盧遮那如来、普賢《ふげん》の心に住し、頂上の宝冠に難思の事を現じたまい、一切の化仏其の中に影現《ようげん》したもう。是の諸もろの如来は大観自在にして大法智《ほっち》波羅蜜多を得、一切如来の[一二]毘須羯磨《びすかつま》は不空無礙にして、能所作の事に皆な[一三]善巧《ぜんぎょう》を得、一切の心願満足せざる無し。大神力に依りて一切の仏体を自心の中に安んじて、法身を荘厳《しょうごん》す。

一　愛楽　求めたいと願う欲望をいう。
二　曼陀羅花　mandārava　訳して円華・白団華・適意華・悦意華・柔軟華・天妙華などという。香り高い花。

（大）二七一中

三　曼殊沙花　mañjuṣaka　訳して柔軟華・赤色華・藍華などという。見る者をして悪業から離れさせる天界の花。
四　木版本にては「沙」を用いる。また本書中の別の用例も「沙花」と記す。
五　瞻蔔迦花　campaka　金色華と訳す。この花は香気あって遠くまで薫るという。
六　蘇摩那花　sumanā　善称意と訳す。黄白色で高い香りをもつという。
七　阿提目多迦花　atimuktaka　善思華・苣藤子・龍祇華などと訳す。赤華青葉で香に用いる。
八　婆利師迦花　vārṣikī　夏生華・雨生華などと訳す。雨時（夏時）に花が開くのでこの名がある。白色の香り高い花。
九　歓喜地　pramuditā　十地の第一地、以下に述べられる十種の境地は菩薩修行の楷梯。補註三六七〜三六八頁参照。
一〇　阿耨多羅三藐三菩提　anuttarasamyak-sambuddha　無上正等覚と訳す。
一一　出生品　この品は大日如来の心から普賢菩薩を出生し、これに印（mudrā）・灌頂（abhiṣeka）・名字（nāma）を授与して金剛手（vajrapāṇi）と号する旨を明らかにする。
一二　毘須羯磨　viśvakarman　種々工巧と訳す。つまり、あらゆる行為をいう。

是の時に如来、一切諸仏普賢菩薩の一四三摩耶《さんまや》より出生せる金剛薩埵*の広大威徳三昧に入りたまい、定より起ち已りて、自心の中より秘密一五真言を出生して曰わく

一六 

唵一縛去日囉二合薩怛婆二合三

爾の時に毘盧遮那如来、此の諸仏境界真実瑜伽秘密心地の法を説きたもう。時に十方の無量無辺の諸仏の刹土《せつど》は六種*に震動し、妙高山の頂の三十三天の帝釈宮の中の大摩尼宝最勝楼閣も、亦《ま》復た震動して、天より曼陀羅花・摩訶曼陀羅花・曼殊沙花・摩訶曼殊沙花を雨《あめふ》らして、仏の上及び諸もろの大衆に散ず。時に諸もろの大衆、此の十方の無量無数恒河沙等の諸仏の刹土の六種に震動するを見、并びに妙高山の頂の帝釈宮の中の大摩尼宝最勝楼閣の六変に震動するを見て、是の念を作《な》さく。今、如来、一七大神変《じんぺん》を現じたもう、何の因縁を以ってか此の瑞有ると。

爾の時に如来、諸もろの大会の心の所念を知りたもうて、之れに告げて言《のた》まわく、汝等此こに於いて疑惑を生ずること莫れ。我れ今、已に是の深妙の法を説けり。三世の諸仏の心中の心なり、一切の仏法を此の経に摂入《しょうにゅう》し、一切の仏法は此の経より出で、是の法を名づけて一切如来真実境界大乗瑜伽微妙対法と為《な》す。此れは是れ一切如来の心、金剛真言最勝秘密なりと。

爾の時に諸仏の心より、是の法を出し已りて、即ち是の時に薄伽梵普賢一八陀羅尼の此の秘密法、変じて無量無数の円満の一九月輪《がちりん》と成る。此の満月輪は、能く衆生の大二〇菩提心をして皆な清浄なることを得せしむ。此れ等の無数の円満の月輪、一切如来の左右に在りて、此の

一三　善巧　よく巧みに衆生の機に契える種々の方法を用いて導き救うこと。
一四　三摩耶　samaya 時と訳し、また平等・本誓・除障・驚覚の意味をもつ。また三昧の意もこれより導かれる。
一五　真言　mantra 仏・菩薩の本誓を示す秘密語をいう。
一六　Oṃ vajra-sattva（オーム、金剛薩埵よ。）

㊅二七一下

一七　神変　凡情をもって測り知るべからざる不可思議・無漏自在なる力用をいう。
一八　陀羅尼　dhāraṇī 呪の一字一字に無量の義理あり。これを誦すれば障礙を除いて大利をうるとする。
一九　月輪　満月の相で、清涼・清浄にして円満せるものより仏の法身を象徴する。
二〇　菩提心　bodhicitta 仏果を求め仏道を行ぜんとする心。

月輪より諸もろの如来の無量無数の大智金剛を現ず。此の大智金剛満月より出でて、復た毘盧遮那如来の心中に入る。金剛薩埵《こんごうさった》の三昧の妙堅固力と、及び一切如来の大威徳力とに依るが故に、無量無数の智慧金剛合して一聚と成る。量は虚空に等しくして大光鬘を現ず。是くの如くの光鬘、即ち変じて一切如来の妙身語意堅牢智性の*五股《ごこ》金剛と成ることを得、諸仏の心より出でて、毘盧遮那如来の両手の掌中に住す。此の金剛より、種種色の光ある金剛の相貌《そうみょう》ある無量無数の光明を出だし、一切世界に遍満して平等無礙なり。此の金剛の光は復た口より出でて、十方界の微塵数《みじんじゅ》等の一切如来の無礙の法身の遍法界海《へんほうかいかい》に現じたもう。何の因縁を以ってか法界に遍満したもうとならば、謂わく、諸もろの如来は平等慧[一]と及び大神通とを得て、現に能く一切衆生を覚悟して、無上大菩提心を発《お》こさしめ、善《よ》能く普賢の難思の種種の妙行を成就す。一切如来種性力[二]に因《よ》りて、善能く親近《しんごん》して恭敬《くぎょう》供養せり。大菩提樹に於いて、能く一切の*悪魔波旬《はじゅん》を滅して大菩提を証し、自から能く覚悟して能く無上の最妙法輪を転じ、乃至、能く尽虚空界の一切衆生を護りて、能く一切の利益安《りやくあん》楽《らく》[三]を作す。一切如来善能く大智と神通との最勝の悉地《しつじ》[四]を成就せり。一切如来善能く種種の神通を示現せり。普賢三昧の体と及び金剛三昧の微妙の堅牢和合の力に依るが故に、普賢大菩薩の身を出現す[五]。

爾の時に普賢菩薩、毘盧遮那如来の心中に立ちて偈を説きて言わく、

善い哉、希有《けう》なり　我れ普賢、妙体堅固にして真実の性なり
堅固力に由りて形相《ぎょうそう》無けれども　生を利せんが為めの故に生身を現ず、と。

爾の時に普賢大菩薩、毘盧遮那如来の心中より出でて、諸仏の前に対して月輪の中に坐

一 平等慧　一切諸法及び自他の有情を縁として、平等一如の理性を観じて自他彼此の差別を離れる智慧。

二 種性力　衆生の本性を清浄なりと自覚せしめる力。

(大)二七二上

三 利益安楽　ためになり幸せを与えること。また自らを益するを功徳、他を益するを利益という。

四 悉地を成就　悉地（siddhi）は成就と訳す。秘密を修して成就するの意。

五 普賢大菩薩の身を出現す　大日如来から金剛薩埵（vajrasattva）を出現する相である。

し、右の手に金剛杵《こんごうしょ》を執《と》りて掌の内に転じたもう。是の時に毘盧遮那如来、一切如来金剛不壊智大三摩耶三昧に入りたまい、是の三昧力に依りて、普賢菩薩の為めに諸仏の戒・*定《じょう》・慧・解脱・解脱知見蘊の微妙《みみょう》の大法輪をもって、衆生を利益し、大方便力智大三摩耶をもって、一切の尽衆生界を救護《くご》し、一切の自在主をもって一切の大安楽を深心に愛楽《あいぎょう》し、乃至、一切如来の平等性智[六]と、最勝の神通《じんづう》と、大乗の対法との、最勝の悉地を得せしむ。是くの如く等の果は、是れ一切如来の悉地なり。[七]金剛を普賢大菩薩の手に授与せんと欲するが為めの故に、一切如来の*転輪王の体を授与せんと欲するが為めの故に、一切如来の不可思議の仏の事業《じごう》を授与せんと欲するが為めの故に、宝冠と白繒《びゃくぞう》[八]との*灌頂《かんじょう》を授与せんと欲するが為めの故に、毘盧遮那如来、自からの両手を以って金剛印を授与したもう。時に一切如来、名字灌頂を与えて金剛手と号す。

爾の時に金剛手菩薩摩訶薩、此の金剛を得已りて、右の手に金剛杵を執り、掌中に転じ、当に心に安置して、偈を説きて言わく、

此れは是れ一切の諸もろの如来の　最勝なる金剛の大悉地[九]なり
諸仏我れに授くるに両手《りょうしゅ》を以ってしたもう　無相に相を現ずるは生を利せんが為めなり、と。

金剛界大道場品　第三

[一〇]爾の時に金剛手菩薩摩訶薩、仏の威神を承けて、十方の無量無辺の塵数《じんじゅ》の世界の一切衆

六　平等性智　samatājñāna 生仏一如、凡即是仏の妙諦を照見する智をいう。四智の一。

七　金剛を……授与す　菩提（bodhi 覚知）の種子に五智（pañcajñāna）を加持する意味である。

八　白繒　白い絹のこと。

九　悉地　siddhi ここでは妙果を成就せんために三密をして相応せしめる因行をいう。

一〇　爾の時に……　以下は灌頂の義を明かす。まず結縁灌頂である。　(大)二七二中

生を観察すること掌中の[一]阿摩勒果《あまろくか》を観《み》るが如し。衆生の為めの故に、大悲心を生じて即ち座より起《た》ち、偏《かたよ》るに右の肩を袒《はだぬ》ぎし、右の膝《ひざ》を地に著けて、仏に白《もう》して言《もう》さく、世尊よ、一切世間の諸もろの有情類には、或るは財宝に貪著《とんじゃく》するもの有り、或るは飲食《おんじき》に貪著するもの有り、或るは五欲に貪著し三宝を憎嫌《ぞうけん》するもの有り、或るは歌舞を愛楽《あいぎょう》し情を恣《ほしいまま》にして遊戯《ゆげ》するもの有り。是れ等の衆生は、未《いま》だ曾《か》つて真実の妙法《みょうほう》を見聞せずして、邪見外道の法の中に入りて、而も諸仏の[二]梵行《ぼんぎょう》を修 習《しゅうじゅう》せざれば、彼の諸もろの衆生は、広く悪業を造りて[三]地獄の因を作る。一切の余法は救度《くど》すること能わずして、唯だ金剛界大曼陀羅無上の大法のみ有りて、善能《よ》く救護《くご》す。何を以っての故に、若し衆生有りて種種の罪を造らば、当に地獄・[四]餓鬼・[五]畜生、及び*八難処《はちなんじょ》に堕すべし。唯だ此の法のみ有りて而も能く[六]抜済《ばっさい》す。若し衆生有りて一切の最勝の安楽を希望《けもう》せんには、唯だ此の秘密のみ善能く円満す。[七]復た衆生有りて正法を愛楽し、一切如来の[八]浄戒と三昧と智慧との最勝の悉地を願求《がんぐ》せんには、此の秘密の法を方便の行と為《な》し、曾《かさ》ねて多くの仏の所にて種種の行を修し、禅定・[九]解脱等の果を求めよ。是くの如きの衆生、此の*曼陀羅に入るときは、即便《すなわ》ち阿耨多羅三藐三菩提を証得す。何《いか》に況《いわ》んや世間の福楽果報をや。今、世尊、最勝の大慈悲心を発起《ほっき》して、斯《こ》れ等の事の為めに、今当《まさ》に陀羅尼の法を演説すべし。

爾の時に仏薄伽梵、金剛手菩薩に告げて言わく。善い哉善い哉金剛手よ、是くの如く是くの如し。汝大悲を起こして未来世の一切衆生の為めに、如実の道を示せ。[一〇]善男子よ、諦《あき》らか聴き諦らかに聴け。善く思い之れを念ぜよ。我れ今、汝が為めに次第に広く此の曼陀羅大道場の法を説かん。善男子よ、若し諸仏の境界の此の金剛界瑜伽大曼陀羅の法を修学

一　阿摩勒果　āmalaka 余甘子と訳す。果実は胡桃に似て、味はやや渋みがあるが、液汁美味である。

二　梵行　brahmacaryā 梵は清浄の義であるから、婬欲を断じて正法を行ずることをいう。

三　地獄　naraka 三悪道・五趣・六道・十界の一。自らの作れる悪業によって衆生が趣入すべき地下の牢獄。『倶舎論』十一、『瑜伽論』四などに詳細に説く。

四　餓鬼　preta 三悪趣、六道の一。この世界の有情は常に飢餓に苦しむことによってこの名がある。

五　畜生　tiryañc 六趣十界の一。禽獣魚虫に生を受けるをいう。生前悪業を造り愚癡多きものが死してここに生れる。

六　抜済　苦を抜き難きを救う意味。

七　復た衆生有りて……　正機の灌頂を明かす。

八　浄戒　śuddha-śīla 仏の制定し給える清浄なる戒法をいう。また戒行とは、いかなる戒も身・口・意の三方面において窮行実践することを旨とするものであるからかくいう。

九　解脱　vimukti または vimokṣa の訳。惑業の繋縛を解き三界の苦果を脱すること。または禅定の別称。脱縛自在は禅定の徳である。

一〇　善男子　kula-putra 良家の男子女人のこと。経中では在俗の聴衆を呼ぶ称である。また宿善の開発して仏法を聞信することのできる人。

すること有らん者は、最初第一に何等の事をか作《な》さん。〔二〕瑜伽行者よ。最初に道場に入らんとする時は、先ず〔三〕滅罪の印を結べ。左右の大母指・頭指を以って更互《たがい》に相い叉《まじ》え、左右の中指を以って直く竪《た》て、次に二中指の頭《はし》を以って相い屈して、更互に拄《ささ》え著け、其の左右の無名指・小指は、大拇指・頭指の如く更互に相い叉えて、即ち真言を持せよ。此くの如きを名づけて三業の秘密真言と為す。曰わく、

〔三〕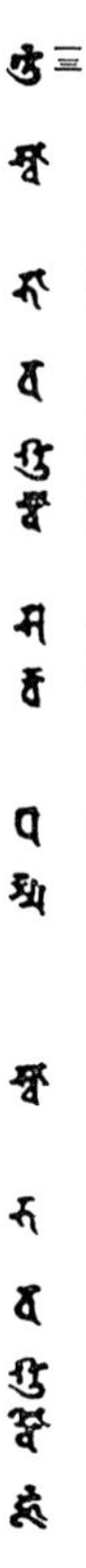

唵一薩縛去二合二婆去縛三輪陀大声四薩嚕縛去二合五那魯磨二合声六薩縛去二合七婆去縛八戍度九吽大声十

一遍を持し已《お》わりて、是くの如くの想を作せ。一切諸法は本性清浄なり。我れ及び衆生も亦た本性清浄なり、と。是の想を作し已る。

復た次に瑜伽行者、〔四〕金剛合掌の印を結べ。先《ま》ず二の掌を合わせ、次に十指の頭を更互に相い叉え、右を以って左を押さば、即ち是れ金剛合掌の印なり。一切の印法は皆な此れより生ず。真言を持して曰わく、

〔五〕

唵一縛日囉去二合二惹哩三

真言を持し已りて、身の五処を印ぜよ。一には頂上、二には右肩の上、三には左肩の上、四には心の上、五には喉の上なり。時に行者よ、此の金剛合掌の印を以って五処を加持《かじ》せよ。即時に身上に金剛の甲《かぶと》を被《かぶ》り、行者及び弟子、身心《しんじん》堅固にして悉《ことごと》く安穏なることを得、一切の悪鬼・〔六〕毘那夜伽《びなやか》、其の便を得ず。

復た次に瑜伽行者よ、金剛縛《こんごうばく》の印を結べ。其の前の金剛合掌の印を解《と》かずして、左右の

〔二〕 瑜伽行者 yogin 真言の秘密の行法、即ち三密の妙行を修する行者をいう。

〔三〕 滅罪の印 外縛して二中指を蓮華の形に造る。

(大)二七二下

〔三〕 Oṃ svabhāva śuddha sarvadharma svabhāva śuddho hūṃ.(オーム、一切諸法は本性清浄なり〔我れに及び衆生も亦た〕本性清浄なり、フーン。)

〔四〕 金剛合掌 praṇāma 十二合掌の第七、また帰命合掌ともいう。経に合掌叉手といえるもので、両手指を合わせ叉し、右の指を左の手指の上に置くをいう。

〔五〕 Oṃ vajrāñjali.(オーム、金剛合掌よ。)

〔六〕 毘那夜迦 vināyaka 常随魔・障礙神と訳す。人身象鼻で、常に人に随待して障難をなす悪鬼神である。

十指を更互《たがい》に相い握りて、右の五指を以って堅《かた》く左の手を握り、左の五指を以って堅く右の手を握りて、縛著の相の如くせよ。真言を持して曰わく、

一 

唵一縛去日囉二合曼陀三恒喇吒三合反舌半音四

最後の三字を重ねて持すること三遍せよ。三字一遍を習《じゅ》する毎《ごと》に、左右の中指を直く竪《た》てて二弾指すること一遍せよ。是くの如くすること三たびに至れ。時に行者よ、真言を持し已りて想を作せ。我が身及び諸もろの衆生の身中の所有《あらゆる》一切の煩悩悉く皆な除滅し、内外清浄なること、猶《な》お虚空の如くにして、諸仏菩薩の住処と為《す》るに堪えたり。一切の毘那夜迦・諸鬼神等、悉く皆な遠離し、四摂*・三十善・十波羅蜜*のごとき一切の善業、皆な随いて円満すること、猶お衆流《しゅうる》の六海に入るが如し。是の想を作し已る。

復た次に瑜伽行者よ、将《まさ》に道場に入らんとするには、雙膝を地に著け合掌礼拝して、四覚《かく》起《き》の印を結べ。先ず金剛拳を結び、次に左右の小指を以って更互に相い鉤せよ。右を以って左を鉤す。次に左右の頭指を舒《の》べて其の頭《はし》を相い拄《ささ》えて是の想を作せ。如今、毘盧遮那如来、十方世界の微塵沙数《みじんしゃしゅ》の諸もろの仏・菩薩及び賢聖衆に勅して、一切の三昧説法等の事を止め、道場に来集して行者を観察し、同じく共に摂受して衆生を利益せしめたもうと。

此の観を作し已りて、印を仰ぎて外に向け、真言を持して曰わく、

五 

唵一縛去日盧二合底瑟吒二合三

復た次に瑜伽行者よ、六金剛拳の印を結べ。先ず左の拳を以って心《むね》の上に安んじ、次に右

一　Oṃ vajra-bandha truṭa.（オーム、金剛縛よ、破砕あれ。）

二　弾指　指で弾く動作を行う。これには許諾と随喜と警覚との三義がある。(大)二七三上

三　十善　不殺生・不偸盗・不邪婬・不妄語・不両舌・不悪口・不綺語・不貪欲・不瞋恚・不邪見の十種の善行。

四　覚起の印　金剛起の印である。広沢では警覚という。諸仏を警覚して定より起たしむる印契（mudrā）で、諸仏の出定護念を請うためにこれを結ぶ。

五　Oṃ vajra tiṣṭha.（オーム、金剛よ安立せよ。）

六　金剛拳の印　遣出魔の印ともいう。この印は、即ち降三世の辟除結界の印である。

の拳を以って外辺に出だし、次に左の拳の頭指《とうし》を舒《の》べ、又た右の拳の頭指を舒べて外に向けよ。真言を持して曰わく、

七 

吽

此の真言を持すること一遍して、即ち此の想を作せ。我が身中、並びに道場内の所有《あらゆる》毘那夜迦・一切の悪鬼神等を逐《お》うと。行者よ、此の真言を持する時、右の拳の頭指を外に向けて揺動《ようどう》せよ。是れ駆逐《くすい》の相なり。即《すなわ》ち遣出魔《けんしゅつま》と名づくる等已る。

復た次に瑜伽行者よ、八金剛鉤《こんごうこう》の印を結べ。先ず金剛縛の印を作り、次に右手の頭指を舒べて少しく屈せよ。鉤印を作して、諸もろの仏・菩薩と一切の聖衆を請ずと想え。真言を持して曰わく、

九 

唵一縛去日羅二合虞遮惹入声三

纔《わず》かに此の真言を持すれば、一切の諸仏菩薩・聖衆降臨したもう。

復た次に瑜伽行者よ、10集会《しゅうえ》の印を作せ。先ず両手を以って金剛拳を結び、次に左の拳を以って右の膝の上に安んじ、次に右の拳を以って臆《むね》の上にて臂を交え心に束ねて、即ち是の想を作せ。一切の如来・菩薩・聖衆、皆な悉く集会したもうと。此の観を作し已りて、真言を持して曰わく、

一一 

唵一縛去日羅二合沙摩惹引三

七 hūṃ.（フーム［エイといった気合い］。）

八 金剛鉤の印　四摂の中の鉤の印である。

九 Oṃ vajrāṅkuśa jaḥ.（オーム、金剛鉤より生ずる者は［栄えあれ］。）

10 集会の印　金剛王の印である。のちの二印言はともに召請に用う。㊅二七三中

11 Oṃ vajra samāja.（オーム、金剛なる者よ、集会あれ。）

此の真言を持し已りて、即ち是の想を作せ。諸もろの仏・菩薩既に集会したまい已れり、と。歓喜の心を発《お》こし両臂を揺がさず、唯だ左右の拇指・頭指を以って三遍弾指せよ。爾の時に如来は偈を説きて言わく、

定慧の二翼[一]金剛拳にして　臂を交えて心に束ねて精進の力をもって
弾指して声を発こして法界に遍ず　諦らかに観じて普ねく請もろの如来を請じ奉る、

と。

諸仏境界真実経巻上

一　定慧の二翼　定慧は左手、慧翼は右手。

巻の中

金剛界大道場品之余

二 復た次に瑜伽行者よ、是くの如きの想を作せ。諸もろの仏・菩薩、今当《まさ》に降臨して威徳大神通力を示現したもうべしと。此の想を作し已りて、復た応《まさ》に釈迦如来の成道の法を観察すべし。三 釈迦菩薩の如きは、菩提樹に近きこと一四 由旬の内にして、諸もろの苦行を修し、六年を満足して仏道の成ぜんことを願い、菩提樹に趣き、金剛座に坐して五 金剛定に入りたもう。爾の時に毘盧遮那如来、是れを観見し已りて菩提樹の金剛道場に至り、無数の化仏《けぶつ》を示現し、虚空に遍満したまえること猶おし微塵《みじん》の如くにして、各おの共に同声に菩薩に告げて言わく、善男子よ、云何《いか》んぞ成仏の法を求めざるや。菩薩聞き已りて虔恭《けんぎょう》に合掌して仏に白して言さく、我れ今、未だ成仏の法を知らず。唯だ願わくは慈悲をもて菩提の路を示したまえと。時に諸もろの化仏、菩薩に告げて言わく、善男子よ、心は是れ菩提なり。当に自心に求むべしと。恒沙の諸仏異口同音に法身求心真言を説きて曰わく、*

六 

唵一室多二鉢羅二合底丁以反三七 駄儞二合四迦嚕五弭六

二 復た次に…… 以下五相成身観を明かす。

三 釈迦菩薩 成道を得る以前の地にあって修行中の身であるところより菩薩と記されるもので、成道の時には釈迦如来となる。

四 由旬 yojana 由旬那の略。距離を計量する名称で、帝王が一日で行軍する里程である。四十里・三十里・十六里(唐の里法)と異説が多い。

五 金剛定 菩薩の最後位に最極微細の煩悩(kleśa)を断ずる禅定(dhyāna)の名。その智用の堅固なるを金剛(vajra)に喩える。

六 Om citta-prativedhaṃ karomi. (大)二七三下(オーム、我れ『自からの』心を通達〔洞察〕せん。)

七 木版本によると「駄上急脱謎字」とある。

爾の時に菩薩、是の法を聞き已りて、金剛縛の印を結ぶ。二手相い叉えて拳に作り、之れを安んじて心《むね》に当て一心に真言の義趣を観察[一]して諸仏に白《もう》して言《もう》さく、我れ是の法を得たりと。時に仏、問うて曰わく、何等の法をか得たるやと。菩薩答えて言わく、心は是れ菩提[二]なり。我れ是の法を得たりと。諸仏告げて言わく、更に復た微細に観察し分別せよと。菩薩白して言さく、*心・意・誠の法は、諸もろの煩悩に入るや、共に相い和合して分別す可《べ》からず。然も諸法の中に心・心所[三]を求むるに悉く不可得なり。五蘊[四]の法の中に求むるに不可得なり。十二処[五]の中にも亦た不可得なり。十八界[六]の中にも亦た不可得なり。乃至、*十八空の中にも亦た不可得なり。蘊・処・界の法の一一に分別するに、一切法の体は我・我所[七]無し。補特伽羅《ふとがら》[八]も我・我所無し。心・心所の法は本来無生なり。亦た滅処も無し。諸もろの世間の一切の心の中に於いても、亦た見る可《べ》からず。内にも無く外にも無く中間にも亦た無し。過去の心も不可得なり。現在の心も不可得なり。未来の心も不可得なり。猶お幻化の如くにして差別《しゃべつ》有ること無し。我が今自から証すること皆な悉く是くの如し。世尊よ、我が解するが如くんば、心・心所の法は本来空寂なり。何等の法に依ってか仏道を成ぜんことを求めんや。諸仏告げて言わく、心・心所法の和合するの時、自からの苦楽を覚るを自からの心を悟ると名づく。唯だ自から能く覚りて他の悟らざる所なり。此の心に依止して菩提心を立つと。

復た次に瑜伽行者よ、彼の菩薩の如く、心を観察し已り、*結加趺坐《けっかふざ》して金剛縛の印を作り、之れを安んじて心《むね》に当て、両目《りょうもく》を閉じて諦《あき》らかに自心を観じ、口に求心の真言を習い、意に秘密の義を想え。爾の時に世尊、偈を説きて言わく、

一 観察　物事を心に思い浮かべて明らかに観想すること。

二 菩提　bodhi 意訳に智・道・覚の語がある。ここでは涅槃に至る原因となる道をいう。

三 心・心所　心とは身識（kāyavijñāna）等の心王をいい、心所とは心王に付随相応する精神活動をいう。

四 五蘊　色・受・想・行・識。

五 十二処　六根（眼・耳・鼻・舌・身・意）、六境（色・声・香・味・触・法）をいう。

六 十八界　六根・六境・六識（眼識・耳識・鼻識・舌識・身識・意識）をいう。

七 我・我所　我とは自身をいい、我所とは身外の事物をいう。これはわが所有するところであるからである。

八 補特伽羅　pudgala 衆数者・人・衆生・数取趣などと訳す。数とは有情の惑を起し業を造り、よく五趣（地獄・餓鬼・畜生・人・天）を取って輪廻する義である。

九行者月輪《がちりん》を想って　定中に普ねく足を礼したてまつる
唯だ願わくば　諸もろの如来我れに所行の処を示したまえ
諸仏同音に告げたまわく　汝応に自心を観ずべし
既に是の語を聞き已りて　教えの如くに観察し
久しく住して諦らかに思惟するに　*自心の相を見ず
復た仏足を礼すと想うて　白して言さく、一〇最勝尊
我れの自心を見ず　此の心を以って何《いか》なる相とか為《せ》ん
諸仏咸《ことごと》く告語《こくご》したまわく　一一心相は測量し難し
汝に心真言を授く　理の如く諦《あき》らかに観察せよ

復た次に瑜伽行者よ、金剛縛の印を結びて、菩提心の相状の観を作し、并びに真言を習うべし。是の諸もろの化仏、菩薩に告げて言《のたま》わく、善男子よ、応《まさ》に無上大菩提心を発こすべしと。菩薩問うて言わく、云何《いか》なるかを名づけて大菩提心と為すやと。諸仏告げて言わく、無量の智慧は猶おし微塵の如し。*三阿僧祇一百劫《ごう》の中に精進修習して之れを成就する所にして、一切煩悩の過失を遠離《おんり》し、福智を成就すること猶おし虚空の如し。能く是くの如きの最勝の妙果を生ず。即ち是れ無上大菩提心なり。譬えば人身の心を第一と為すが如く、大菩提心も亦《ま》復た是くの如し。*三千界の中に最も第一為り。何の義を以っての故に名づけて第一と為すや。謂わく、一切の仏及び諸もろの菩薩は、菩提心より出生することを得ればなりと。菩薩問うて言わく、大菩提心は其の相云何《いか》んと。諸仏告げて言まわく、譬えば五十由旬の円満の月輪の清涼《しょうりょう》皎潔《こうけつ》にして諸もろの雲翳《うんえい》無きが如し。当に知るべし、

九　行者月輪を想って　行者が己れの質多心（citta 慮知心）を円明の月輪と観ずるをいう。その径わずか一肘量（二尺・一尺五寸）である。月輪の円明は本有の菩提心の自性清浄を表す。　(大)二七四上

一〇　最勝尊　最も勝れた尊い人、即ち如来をいう。

一一　心相　心の行相、即ち見分（識によってその外境を受けとる主体的な存在の働きをいう）。

此れは是れ菩提心の相なり。是の語を作し已りて、無量の諸仏異口同音に*大菩提心の真言を説きて曰わく、

[一] 

唵一謨尼上二室多三牟膩婆二合駄四野弭五

彼の菩薩の菩提心を観ずるが如く、瑜伽行者も亦復《ま》た是くの如くすべし。爾の時に如来、偈を説きて曰わく、

一念に浄心を見るに　円満なること秋の月の如し
復た是の思惟を作さく　是の心をば何《いか》なる物とかせん
煩悩習の[二]種子《しゅうじ》　善悪皆な心に由れり
心を*阿頼耶《あらや》と為す　*浄識が与《た》めに本たり
[三]六度熏習《くんじゅう》するが故に　彼の心大心と為る
[四]蔵識は本より染に非ず　清浄にして瑕穢《けえ》無し
無始より福智を修すること　猶おし浄満月の如し
体も無く亦た用も無し　即ち月にして亦た月にも非ず
福智を具するに由るが故に　満月自心の如し
菩薩は心歓喜して　復た諸仏に白して言さく
我れ已に心相を見るに　清浄にして月輪の如し
諸もろの煩悩の垢《く》　能執《のうしゅう》所執《しょしゅう》等を離れたり
諸仏　咸《ことごと》く告げて言わく　汝が心は本より是くの如くなれども

一　Om bodhicittam utpādayāmi.（オーム、我れ菩提心をして生ぜしめん。）

二　種子　bīja 有為法の正因で、四縁中の因縁の実体である。阿頼耶識（ālaya-vijñāna）の中に在って、一切有漏（sāsrava）・無漏（anāsrava）の有為法を生ずる功能をさす。

(大)二七四中

三　六度　六波羅蜜（pāramitā）のこと。布施（dāna）・持戒（śīla）・忍辱（kṣānti）・精進（vīrya）・禅定（dhyāna）・智慧（prajñā）の六である。菩薩はこれら六法を修し生死の海を越えて涅槃（nirvāṇa）の彼岸に到るから、波羅蜜をまた到彼岸とも訳す。

四　蔵識　ālayavijñāna 唯識にいう第八阿頼耶識のことである。補註三七〇頁阿頼耶識の項参照。

五客塵の為めに翳《かく》されて　菩提心を悟らず
汝、浄月輪を観じて　念念に観照し
能く智をして明顕ならしめて　菩提心を悟ることを得べし

復た次に瑜伽行者よ、金剛縛の印を結びて、前に依りて観察し、並びに真言を習わせよ。前の化仏が菩薩に告げて言う如く、善男子よ、復た*堅固菩提心の真言有り。曰わく、

六 

唵一膩瑟陀二合二嚩日囉二合三

爾の時に菩薩、前に依りて観照して、仏に白して言さく、我れ今、已に見ると。仏言わく、云何《いか》なるかを見為るやと。菩薩答えて言わく、満月の中の五股金剛を見るに、一切の煩悩を悉く皆な摧砕《さいさい》すること黄金を銷《ちら》すが如く、其の色煥然《かんぜん》たり。此くの如くの智慧は最も第一為り。即ち是れ諸仏の不生不滅の金剛の身なり。彼の菩薩の月輪を観ずるが如く、瑜伽行者も亦《ま》復た是くの如し。

復た次に瑜伽行者、自から我が身は金剛薩埵《さった》なりと観じ、并びに復た印を結んで真言を持念せよ。（金剛薩埵は即ち是れ毘盧遮那如来の変化身なり。）諸もろの化仏の菩薩に告げて言う如く、善男子よ、復た*如金剛の真言有り。曰わく、

七 

唵一嚩去日嚕二合二陀摩二合虞三吽去大声四

爾の時に菩薩、前に依りて之れを観じて諸仏に白して言さく、我れ今已《すで》に見ると。仏言わく、云何《いか》んが已に見る。白して言さく、我が身已に金剛薩埵と成りぬ。頭上の宝冠に五八

五 客塵　煩悩（kleśa）を形容した言葉。煩悩は心性固有のものでなく、理に迷って起るものであるから、これを客と名づけ、しかも心性を汚すところから塵という。

六 Oṃ tiṣṭha-vajra.（オーム、堅固なる金剛よ。）

七 Oṃ vajra-ātmaka hūṃ.（オーム、金剛の性を有するものよ、フーム。）

(大)二七四下

八 五の化仏　大日・阿閦・宝生・弥陀・不空成就をさす。

の化仏有り。手に金剛を執り以って法主と為りて一切衆生を利益し安楽したもうと。彼の菩薩の金剛薩埵を観ずるが如く、瑜伽行者も亦復《ま》た是くの如し。目を閉じ端坐して是の想を作さく、我が身は即ち是れ金剛薩埵なり。頂に宝冠有り。宝冠の中に[一]五方の化仏結跏趺坐したまえり。右の手に金剛杵を把りて、右の臆《ねむ》の下に当《あ》つ。若し此の杵を挙ぐれば、即ち能く一切衆生及び自身の中の所有《あらゆる》一切の重障煩悩を摧破すと。此の観を作し已りて、金剛縛の印を結びて此の真言を持せよ。

復た次に瑜伽行者よ、次に*五方の諸もろの仏・菩薩及び其の眷属、自身の中に入ると観ぜよ。諸もろの化仏が菩薩に告げて言《のた》もうが如き、善男子よ、三世の諸仏に同ずる真言有り。曰わく、

[二] 

唵上野他引二薩嚕嚩二合去三怛他引檗多四娑怛二合他五吽去大声六

爾の時に菩薩、前に依りて之れを観じて白して言さく、已に見る。云何《いか》んが之れを見るや。答えて言わく、三世の諸仏及び其の眷属、微塵の菩薩、無数の[三]天龍、十方界より我が身に入出したもうこと、五方の色の如く、青・黄・赤・白及以《およ》び雑色なり。是の五方の仏は我が身中に入り、[四]三真実を具して総て我が体と成る。諸仏の所証は唯だ此の法身なり。彼の菩薩の諸仏等の身中に入りたもうことを観ずるが如く、瑜伽行者も亦復た是くの如し。目を閉じて端坐し、金剛縛の印を結びて是の想を作《な》せ。五方の諸仏・一切の菩薩、各各に自ずから無数の眷属及び天の音楽を将《ひき》いて我が身中に入りたもう。其の諸仏の身、第一は白色、第二は青色、第三は金色、第四は紅色、第五は雑色なりと。又た此の想を作せ。[五]三

一　五方　中央及び東南西北の四方、この五方に五仏が配せられる。

二　Oṃ yathā sarvatathāgatas tathā hūṃ.（オーム、一切如来の如く、そのように〔あり〕フーン。）

三　天龍　天龍八部の謂で、仏法を守護する八種の異類のこと。天・龍・夜叉・乾闥婆・阿修羅・迦楼羅・緊那羅・摩睺羅伽をいう。

四　三真実　三密（triguhya）のこと。

五　三身　法身（dharmakāya）・報身（saṃbhapakāga）・応身（nirmāṇakāya）をいう。

身の妙果並びに三真実、我が身の中に皆な円満なることを得と。是くの如く念念に常に観ぜよ。此の観を作し已りて、彼の真言を習え。復た是の念を作さく。斯くの如くの観門[五]は是れ仏の境界なり。我れ今始めて心の清浄なることを覚知す。身を見れば仏と作《な》りぬ。衆相円満して菩提を成ずることを得、其の定中に於いて遍ねく諸仏を礼し奉る。願わくば加[六]《か》護《ご》を垂《た》れて法身を証せしめたまえと。

[七]復た次に瑜伽行者よ、報身観を作せよ。諸もろの化仏の菩薩に告げて言うが如く、善男子よ、報身の真言有り。曰《い》わく、

[八]

唵一娑囉引二合婆去嚩去三戌度四憾去五

爾の時に菩薩、前に依りて之れを観じて、白《もう》して言《もう》さく、我れ今、已に見ると。仏言わく、云何《いか》んが之れを見るや。答えて言《い》わく、法と非法と本性清浄なること、譬えば蓮華の泥中に生ずと雖も、而も塵に染せられざるが如し。我れ今、此れを観ずれば、即ち是れ報身なり。彼の菩薩の報身観を作せし如く、瑜伽行者も亦復《ま》た是くの如し。安心端坐して金剛縛の印を結び、当に此の想を作すべし。法と非法の本来清浄なること、猶おし蓮華の泥中に生ずと雖も、塵の染すること能わざるが如し。諸仏の報身、及び我が報身も、亦復《ま》た是くの如し。衣服・飲食・諸天の音楽を受用《じゅゆう》するに似たりと雖も、心染著せずと。是の想を作し已りて、其の真言を習え。

[九]復た次に瑜伽行者、化身観を作せよ。諸もろの化仏の菩薩に告げて言うが如く、善男子よ、化身の真言有り。曰わく、

五　観門　観法をいう。心を観じ仏を観ずるとき仏の境界に入るをうる如く、実相を証得するために行うべき行法で、これを成就するときに仏の境界に入るが故に門と呼ばれる。

㊅二七五上

六　加護　神仏が力を加えて衆生を護ること。

七　復た次に……　報身観並びに真言を説く。

八　Om svabhāva-śuddhā haṃ.（オーム、本性清浄なれ。ハン。）

九　復た次に……　化身観及び真言である。

[一] 

唵一薩嚕嚩去二合娑謨引三吽四

爾の時に菩薩、前に依りて之れを観じて、諸仏に白《もう》して言《もう》さく、我れ今、已に見る。仏言《のた》まわく、云何《いか》んが之れを見るや。答えて言わく、種種の相状ありて[二]人聖道を具せり。或るは一一の衆生の為めに、各おの身を変化し、或るは一切有情各おの一仏と成ると観ず。我れ今、此れを観ずるに即ち是れ化身なりと。爾の時に菩薩、是の真言を聞き、時に応じて三身の妙果を証獲す。彼の菩薩の化身観を作すが如く、瑜伽行者も亦復《ま》た是くの如し。端坐し正念にして、金剛縛の印を結びて是の想を作せ。我れ今、自ずからに種種の名号を種種の色相と有り。或るは、[三]都史多《とした》天より降りて母胎に入り、或るは寿命成就して[四]六根円満し、或るは日月の出現するが如く、或るは菩提樹下《じゅげ》に坐し、或るは[五]四種の魔軍を降し、或るは梵天王《ぼんてんのう》の請を受けて、法輪を転じて諸もろの衆生を度し、或る時は論議して諸もろの外道を摧《くだ》き、或るは[六]忉利天《とうりてん》宮より*三道の宝階を下し、或るは魔醯首羅《まけいしゅら》天及び諸もろの悪鬼神《きじん》を降伏せんが為めの故に、*金剛怒《こんごうぬ》菩薩の勝於《しょうお》三界大曼陀羅を変化し、或るは教化し已《お》畢《わ》りて[七]無等等寂静法界に入ると。瑜伽行者も亦復た是くの如く、応に自身に観ずべし。是の想を作し已りて此の真言を持せよ。

[八]復た次に瑜伽行者よ、金剛縛の印を結びて、当に此の想を作すべし。譬えば、十方世界の虚空の無尽なるが如く、我れ三身及び三真実を観ずるに、堅固常住なることも亦復た是くの如し。一切衆生を利益し安楽《あんらく》せんが為めの故に、日夜に常に是くの如き妙観を作せよ。是の観を作し已りて、真言を持して曰わく、

一　Oṃ sarva-samo hūṃ.（オーム、一切［の有情］は仏と一つなり。フーム。）

二　人聖道　八の誤字か。八聖道とするならば、正見・正思・正語・正業・正命・正精進・正念・正定をいい、なすべき正しい実践道のことである。聖道と読むならば三乗所持の道をいう。古写本に人を八にと朱を入れてある。

三　都史多天　兜率天のこと。欲界六天の第四天にして一生補処の菩薩の住所で、釈尊もここにて修行し弥勒菩薩は現にここにあって説法しつつあるという。

四　六根　眼根(cakṣurindriya)・耳根(srotrendriya)・鼻根(ghrāṇendriya)・舌根(jihvendriya)・身根(kāyeindriya)・意根（mano-indriya）のこと。

五　四種の魔軍　煩悩魔・蘊魔・死魔・自在天魔をいう。

六　忉利天　trāyastriṃśa 三十三天、(大)二七五中 地居天の最上界。帝釈天はこの天の喜見城に住す。

七　無等等寂静法界　大日法身の実相の智体をいう。

八　復た次に……　以下は金剛縛即ち降三世の印を結んで三身並びに三密の堅固常住なることを観ずべきを明かす。

九

唵一薩嚕嚩去二合二怛他引誐多引三毘薩儞二合満怛盧二合陀四嚩日囉二合五底瑟吒二合六

一〇復た次に瑜伽行者よ、円満印を結べ。掌を仰《あお》むけて右手の大拇指を以って小指の上を押え、余の三指を竪立《けんりゅう》せよ。掌を以って水を盛り、加持すること七遍し、先ず一分を以って頂上に洒《そそ》ぎ、次に一分を以って之れを飲み、後ちの一分を以って四方に散ぜよ。散じ已りて、当に是の想を作すべし。我が身堅固なること猶おし金剛の如し。一切衆生も亦た長寿を獲ると。若し此の印真言を以って水を加持して一切の供養等の物に灑《そそ》げば、悉く吉祥最勝の清浄を得て、毘那夜迦諸もろの悪鬼神、汚穢《おえ》することを能わず、亦た便を得ず。其の真言に曰わく、

一一

唵一縛去日嚕二合引二駄重声迦吒反舌呼三

瑜伽行者よ、是くの如く、是くの如く、日夜に観察せば、何の利益をか得るや。謂わく、是くの如く、是くの如くの観察に依りて、速疾《そくしつ》に一切諸仏の秘密の境界に入ることを得。若し瑜伽行者、此の観を修する時は、諸もろの仏・菩薩常に衛護を加え、心に諸もろの願有らば、皆な円満することを得。諸もろの仏・菩薩来たり就き、前の如く弾指して告げて言わく、善い哉善い哉、善男子・善女人よ。勤めて功力《くりき》を加えて此の法門を修せば、一切世間の最上勝果は、求めざるに自ずから得。当に来世に於いて速やかに菩提を証すべしと。

一二復た次に瑜伽行者よ、毘盧遮那の三昧に入り、身を端《ただ》しく正しく坐して動揺せしむること勿れ。舌をもって上の齶《がく》を拄《ささ》え、心を鼻端に繋けて自から想え。頂に一三五宝の天冠有り、

九　Oṃ sarva-tathāgat-abhisaṃdṛṣṭa vajra tiṣṭha.（オーム、一切如来の照見は金剛の如く堅固常住なり。）

一〇　復た次に……　以下は円満印即ち閼伽(argha)の印を結んでわが身金剛の如しと観ずべきことを明かす。

一一　Oṃ vajradakaṭhaḥ.（オーム、金剛水を洒ぐことは、〔我が身、堅固ならん〕。）

一二　復た次に瑜伽行者よ……　以下は大日尊の印言を説く。

一三　五宝　五種の宝をもって一切の宝を　㊅二七五下　代表させるもの。その種類は一定せず、金・銀・真珠・螺貝・赤珠、瑚・頗・金・銀・商佉、金・銀・真珠・珊瑚・琥珀、金・銀・真珠・瑟瑟・頗梨などを数える。

天冠の中に五の化仏有りて結跏趺坐したもうと。此の観を作し已りて、即ち[一]堅牢金剛拳の印を結べ。先ず左右の大拇指《だいもし》を以って、各おの左右の手の掌の内に入れ、又た左右の余の四指を以って堅く指を握りて拳に作れ。即ち是れ堅牢金剛拳の印なり。次に左の頭指を竪立して其の左の拳の背を当心の上に安んじ、其の掌の面を転じて左辺に向け、即ち右の拳の小指を以って、左の拳の頭指の一節に握り著けよ。又た、右の拳の頭《はし》を以って、右の拳の拇指の一節に拄え著けて、亦た心前に安んぜよ。是れを菩提引導第一の智印と名づけ、亦た能滅無明黒闇の印と名づく。此の印の加持に縁《よ》りて、諸仏は行者の与《た》めに無上菩提最勝決定《けつじょう》の記を授けたもう。即ち是れ*毘盧遮那如来の大妙智印なり。瑜伽行者よ、此の印を結び已りて、心を運じて想を作せ。一切衆生同じく此の印を結ぶと、十方世界に三悪道*八難の苦果無く、悉く皆な第一義の楽を受用《じゅゆう》すと。真言を持して曰わく、

[二]𑖌𑖼 𑖮𑖳𑖼 𑖕𑖯 𑖮𑖸 𑖭

唵一吽二惹三大声翳上四佐五

復た次に瑜伽行者よ、此の真言を持して、一一の五字の色相を観察せよ。[三]第一に菩提印を結び、毘盧遮那如来の三昧に入りて、当に𑖌𑖼唵《オン》字の色と、及び我が身と十方の世界と、悉く皆な白色なりと観ずべし。若し瑜伽行者、此の観門を修するの時に、自身と及与《およ》び一切衆生との、所有《あらゆる》[四]*無明煩悩[五]悪業は自然に消滅して、行者及び一切衆生、速やかに成仏を得るが故に。

第三に[六]破魔の印を結べ。右の手は五指を舒《の》べて以って地を按じ、左の手の五指をもって衣の角を執持して、東方*不動如来の三昧に入り、当に𑖮𑖳𑖼吽《ウン》字の色と及び我が身と、尽東方

一　堅牢金剛拳の印　これは智拳印である。または菩提引導の第一の智印と名づけ、または能滅無明黒闇の印と名づく。

二　Oṃ hūṃ jā he sa.（大日・阿閦・宝生・無量寿・不空成就の諸如来よ。）この五字は全く『守護経』二と同じく胎金交入の五仏の種子（bīja）である。

三　第一に菩薩印……　以下は五仏の三昧を説く。最初に智拳印を結んで大日の三昧（samādhi）に入り、種子など悉くみな白色なりと観ず。

四　無明　avidyā 無智のこと。十二因縁の第一原因、一切の煩悩の根本たるものにて、相応不共の二類に分たれる。

五　悪業　非愛の果を招くべき身口意一切の動作をいう。殺生・偸盗・邪婬・妄語・綺語・悪口・両舌・慳貪・瞋恚・邪見の十をいう。

六　破魔の印　阿閦（Akṣobhya）の触地の印である。東方・青色。

㊅二七六上

界及《およ》以び九方の無量の世界の諸もろの仏・菩薩と一切衆生と、山川草木と、咸《ことごと》く皆な青色なりと観ずべし。右の手の掌の面を以って、用いて地を按ぜよ。此の印能く諸魔鬼神一切の煩悩をして悉く皆な動ぜざらしむ。是れを能滅毘那夜迦及び諸悪魔鬼神の印と名づく。

第三に[七]施諸願の印を結べ。左の手は前に同じく、右の五指を舒べて掌を仰《あお》むけ、南方[八]宝生如来の三昧に入りて、当に惹《ジャ》字の色と及び我が身と、尽南方世界及《およ》以び九方の無量の世界の諸もろの仏・菩薩と一切衆生と、草木山川と、皆な黄金色なりと観ずべし、即ち是の想を作せ。五指の間より*如意《にょい》珠《じゅ》を雨《あめふ》らすと。此の如意珠は天の衣服・天の妙[九]甘露・天の妙音楽・天の宝宮殿を雨らして、乃至、衆生の一切の[一〇]所楽《しょぎょう》をして、皆な円満せしむるにいたる。是の印を名づけて能令《のうりょう》円満一切衆生所愛楽《しょあいぎょう》の印と為す。能く衆生の一切の願を満すが故に。

第四に[一一]除散乱心《じょさんらんしん》の印を結べ。先ず左の五指を舒べて臍輪の前に安んじ、次に右の五指を舒べて左の掌の上に安んぜよ。此の印を結び已りて、西方の*無量寿如来の三昧に入り、当に翳《エイ》字の色と、及び我が身と、尽西方界并《なら》与びに九方の無量の世界の諸もろの仏・菩薩と、一切衆生と、山川草木と、悉く紅蓮華色と作《な》ると観ずべし。能く行者と及び諸もろの衆生をして、散乱の心を除きて三昧に入らしむるが故に。

第五に[一二]無怖畏の印を結べ。左の手は前の如く、次に右の五指を舒べて、掌の面を以って外に向けよ。北方*不空成就如来の三昧に入り、当に佐《サ》字の色と、及び我が身と、尽北方界并《なら》与びに九方の無量の世界の諸もろの仏・菩薩と、一切衆生と、山河大地と、草木叢林と、悉く皆な五色なりと観ずべし。何の因縁を以ってか無怖畏と名づくるや。謂わく、四

七　施諸願の印　宝生尊（Ratrasaṃbhava）の与願の印である。南方・黄金色。

八　宝生如来　Ratnasaṃbhava　金剛界曼荼羅五智如来の一。南方月輪にあり、大日如来の平等性智の徳を司り宝部に摂せられる。金色にして、（trāḥ）または（jā）を種子とする。

九　甘露　amṛta　もとヴェーダにで、ソーマの汁をいったもののようである。諸天の飲料にして味は甘くして蜜の如く、一度これを飲めば死することなく、香気馥郁と匂うという。

一〇　所楽　楽は仏教語として願うの意がある。従って願うところを表す。

一一　除散乱心の印　阿弥陀如来（Amitābha）の定印である。西方・紅蓮華色。

一二　無怖畏の印　不空成就（Amoghasiddhi）の施無畏の印である。北方・五色。因みに施無畏（abhayadāna）とは、衆生に危害を加えず怖畏を生じさせないことをいう。

義を備うるを無怖畏と称す。一には中方の毘盧遮那如来は、能く無明の黒暗を滅して、般*若波羅蜜等の尽虚空界の洞達の光明を出生《しゅっしょう》す。二には東方の不動如来は、能く一切の頻那《びな》夜迦《やきゃ》・悪魔・鬼神等を摧きて悉く動ぜざらしむ。三には南方の宝生如来は、能く貧乏《ひんぼう》を除き、天の宮殿《ぐうでん》・天の飲食《おんじき》・天の衣服・天の音楽を施して、悉く皆な円満せしめたもう。四には西方の無量寿如来は、能く行者に三昧の大楽を与えたもう。譬えば、十方の虚空の無量無尽なるが如く、亦た衆生の無量無尽なるが如く、亦た、煩悩の無量無尽なるが如し。是くの如く瑜伽行者の三昧の大楽も、亦復《ま》た無量無尽なるが加し。是くの如く四義を具足し円満せり。是の故に北方の不空成就如来は行者に告げて言わく、善男子・善女子よ、汝怖畏すること勿れと。是の義に由るが故に、無怖畏の印と名づく。

爾の時に毘盧遮那如来、金剛手菩薩に告げて言わく、我れ今、已に五仏の印契*及《お》以《よ》び真言を説く、次に四*波羅蜜天の印契及以び真言を説かん。

復た次に、東北の角の金剛波羅蜜天は阿閦《あしゅく》如来に属し、印契・想観、皆な阿閦如来に同じ。行者、印を結び真言を持して曰わく、

一 

唵一薩怛婆二合嚩去日哩三合

復た次に、東南の角の宝波羅蜜天は宝生如来に属し、印契・想観皆な宝生如来の如し。行者、印を結び真言を持して曰わく、

二 

唵一囉駄那二合嚩去日哩三合

(大)二七六中

一 Om sattva-vajri.（オーム、剛決〔真実〕なる金剛〔波羅蜜〕女菩薩よ。）

二 Om ratna-vajri.（オーム、宝金剛波羅蜜女菩薩よ。）

復た次に、西南の角の法波羅蜜天は、無量寿如来に属し、印契・想観皆な無量寿如来の如し。行者、印を結び真言を持して曰わく、

[三]

唵一駄嚕摩二合嚩去日哩二合三

復た次に、西北の角の羯磨《かつま》波羅蜜天は、不空成就如来に属し、印契・想観皆な不空成就如来の如し。行者、印を結び真言を持して曰わく、

[四]

唵一迦嚕摩二合嚩去日哩

復た次に、金剛手よ。我れ今、已に[五]内供養の法を説きつ。皆な是れ有相月輪《うそうがちりん》等の観なり。次に当に無相の妙観を演説すべし。瑜伽行者は端坐し正観して、諦《あき》らかに月輪を想え。諸もろの契印を結びて、歌舞・焼香・塗香《ずこう》・花鬘《けまん》・園林・城邑・聚落・河海・雪山《せっせん》・[六]黒山・日・月・星宿・国王・大臣・比丘・比丘尼・善友《ぜんにゅう》・眷属乃至[七]十地の菩薩・声聞・縁覚、[八]四《し》摂《しょう》・十善・六波羅蜜、是くの如き等の数の一切の相状、乃至微塵をも悉く皆な空寂なりと想え。若し夢中に是くの如きの相状を見るとも、亦た、歓喜すること勿れ。設《たと》え十方の諸もろの仏・菩薩を見るに、其の前に現ずと雖も、亦た、歓喜すること勿れ。唯だし自から一心に仏果を成ぜんことを求め、[九]無分別観の堅立《けんりゅう》不動なること須弥《しゅみ》山《せん》の如くして、一切の妄想分別を遠離せよ。若し瑜伽行者、未だ[一〇]悉地《しっじ》を獲《え》ざれば、[一一*]三十七尊の相状を観ずべし。若し悉地を証せば、相状を取らずして、無上大菩提心に安立《あんりゅう》せよ。若し菩提心の相を観ぜんとせば、猶おし月輪と[一二]水精と乳色との如し。此れ等の諸相は皆な是れ凡夫の所観の境な

三　Om dharma-vajri.（オーム、法金剛波羅蜜女菩薩よ。）
四　Om karma-vajri.（オーム、羯磨金剛波羅蜜女菩薩よ。）
五　内供養　内の四供養のこと。金剛界曼荼羅の金剛輪内の四隅に在る嬉・鬘・歌・舞の四菩薩をいう。中台の大日如来より流出する、四方の四仏の供養を表す。
六　黒山　宇宙観の中で、大鉄囲山と小鉄囲山との間にある陰陽不到の暗黒処をいう。無熱悩池の南、ヒマラヤの更に南に位置する。
七　十地の菩薩　菩薩修行の第五十位に当る法雲地に住し、その慈悲・智慧は法界を覆う大雲の如き境地に在って、求道者の最勝の位置にある有情。
八　四摂　衆生を度脱させるためにまず用いられる四種の法で、布施・愛語・利行・同事である。　㊅二七六下
九　無分別観　能取・所取を離れて、平等に一切を了納しうる精神的観点をいう。
一〇　悉地　siddhi 成就の意。世法や出世法に通じ、三密相応して成就する妙果、いわば悟りをいう。
一一　三十七尊　金剛界曼荼羅の主要な尊をいう。第一根本成身会に一千六十一尊あるうち、重要なものを抽出し、その数三十七より三十七尊という。補註三七三頁参照。
一二　水精　sphaṭika 七宝の一、水晶のことである。

り。若し凡夫の人、此の観門を修せば、五逆*、[一]一闡提《いっせんだい》等の極重の悪業を造ると雖も、皆な悉く消滅し、時に応じて便ち五種の三昧*を獲《う》。一には刹那《せつな》三昧、二には微塵三昧、三には白縷《びゃくる》三昧、四には隠顕三昧、五には安住三昧なり。汝金剛手よ、我れ今、已に五方の如来と四波羅蜜との真言印法を説きつ。亦た各別に金剛薩埵等の真言及び印を説かん。当に汝が為めに坐位の次第を説くべし。

金剛外界品　第四

爾の時に金剛手菩薩は仏に白して言さく、世尊、唯だ願わくは之れを説きたまえ。唯だ願わくは之れを説きたまえ。我れ深く渇仰し願楽《がんぎょう》して聞かんと欲すと。仏の言《のた》まわく、善男子よ、然も其の印法に差別《しゃべつ》の名有り。五方の如来と四波羅蜜と十六菩薩*とは、皆な印の名を得。余の請もろの契法《けいほう》は、印の名を得と雖も義に差別有り。云何《いか》んが差別なる。謂わく、五方*の仏と四波羅蜜と十六菩薩とを名づけて[二]真印と為し、金剛嬉等を[三]影相《えいそう》の印と名づく。金剛焼香等を[四]親近《しんごん》の印と名づけ、金剛鉤等を名づけて[五]智印と為す。是の義を以っての故に差別《しゃべつ》の名有り。瑜伽行者よ、身語意の印契・真言を以って、本尊毘盧遮那如来を供養すれば、諸もろの供養の中に最も第一為り。

復た次に、西北の角の羯磨《こんま》波羅蜜の三昧より起ちて、当に東方の不動如来の四大菩薩を観ずべし、金剛薩埵の三昧の正観《しょうかん》なり。其の名を金剛薩埵菩薩・金剛王菩薩・金剛愛菩薩・金剛善哉菩薩と曰《い》う。其の毘盧遮那如来は、中に当りて坐して、面を東方に向けたまい、

一　一闡提　icchāntika の音写。信不具足と訳される。仏法を軽賤・誹謗し因果の理法を信ぜざる人をいう。信不足であるから一切の善根を焚焼し、永く生死界に流転して解脱することのないもの。

二　真印　五仏・四波羅蜜・十六大菩薩を含む。

三　影相の印　金剛嬉・金剛鬘・金剛歌・金剛舞の四菩薩を含む。

四　親近の印　金剛香・金剛花・金剛燈・金剛塗の四菩薩を含む。

五　智印　金剛鉤・金剛索・金剛鏁・金剛鈴の四菩薩を含む。

(大)二七七上

東方の不動如来は、面を西方に向けたもう。四大菩薩も亦復《ま》た是くの如し。

復た次に、正しく[六]金剛薩埵菩薩を観ぜよ。瑜伽行者よ、自から我が身は是れ金剛薩埵なり、我が語も是れ金剛なり。我が心も是れ金剛なり。我が身の色と、及び諸もろの仏・菩薩と、一切衆生と、十方世界の山川・河地・草木・叢林と、悉く皆な[七]青色なりと観ぜよ。此の観を作《な》し已りて、即ち右の手を以って金剛拳に作り、大拇指《もし》を以って其の掌中に入れ、余の四指を以って堅く拇指を握りて、[八]当心に安置し、次に左の手を以って金剛拳に作りて、左腰の上に安んぜよ。此れを金剛不退転の印と名づく。此の手印を結びて是くの如くの想を作せ。我れ今、未だ成仏を得ざるより已来《このかた》常に退転せずして、毘盧遮那如来を恭敬《くぎょう》し供養すれば、即ち是れ金剛不壊不退の三昧を獲得《ぎゃくとく》すと。不退転の印を結び、真言を持して曰わく、

[九]

唵一 嚩去日囉二合二 娑怛嚩二合三

復た次に、[10]金剛王菩薩を観ぜよ。瑜伽行者よ、自から想え。我れは是れ金剛王なり。我が身の色と、及び諸もろの仏・菩薩と、一切衆生と、十方世界の山川・土地・草木・河池、皆な悉く青色なりと。此の観を作し已りて、次に手印を結べ。其の両手を以って金剛拳に作り、二頭指を舒べて屈鉤の状に成じ、上に仰むけて並べ立て、其の両拳の中指及び無名指・小指を以って指の背を相い著《つ》けて立て、心の上に安んじて、当に此の念を作すべし。諸もろの仏・菩薩を鉤を以って引き来たすと。是れを即ち名づけて金剛鉤王と為す。此の契印を結びて真言を持して曰わく、

六 金剛薩埵菩薩　Vajrasattva 菩提心堅固の体であるから金剛薩埵という。

七 青色　阿閦如来の世界をいい、ここに述べる四大菩薩の阿閦如来に所属するゆえにかかる青色が展ずる。

八 当心　心臓のある心の中心たるべき場所。

九 Om vajra-sattva.（オーム、金剛薩埵菩薩よ。）

10 金剛王菩薩　Vajra-rāja 王とは自在の義で、已に菩提心を発し、自行他化を自在になすところから王菩薩という。

[一] 

唵一嚩去日囉二合囉引惹三

復た次に、金剛愛菩薩[二]を観ぜよ。瑜伽行者よ、自から想え。我れは是れ金剛愛なり。我が身の色と、及び諸もろの仏・菩薩と、一切衆生と、十方世界の山川・河池・土地・草木は皆な悉く青色なりと。此の観を作し已りて次に契印を結べ。其の二手を以って金剛拳に作り、左の拳に弓を把《と》り、右の拳に箭《や》を執り、慈悲の眼を以って一切の魔・貪瞋癡等の一切の煩悩を射ると想え。是の印を名づけて滅瞋恚《めっしんに》の印と為す。何の因縁を以ってか金剛愛と名づくるや。謂わく、此の菩薩能《よ》く行者に所愛楽を施すが故に。此の契印を結び真言を持して曰わく、

[三] 

唵一嚩去日囉二合囉引誐三

復た次に、金剛善哉菩薩[四]を観ぜよ。行者よ、自から想え。我れは是れ金剛善哉なり。我が身の色と、及び諸もろの仏・菩薩と、一切衆生と、十方世界の山川・河池・草木・叢林は皆な悉く青色なりと。此の観を作し已りて、次に契印を結べ。其の両手を以って金剛拳に作れ。先ず左の拳を以って右の臆《むね》の上に安んじ、後ちに右の拳を以って左の臆の上に安んぜよ。[五]二つの金剛拳は是れ安慧の法なり。臂を交えて心に束するは是れ精進力なり。即ち、左右の拇指と頭指とを舒べて三遍弾指せよ。是れ歓喜の相なり。若し此の印を結べば、即ち無明の城を出離することを得るが故に。此の契印を結び真言を持して曰わく、

一 Oṃ vajra-rāja（オーム、金剛王菩薩よ。）

二 金剛愛菩薩　Vajra-rāga 自在を得て博く衆生を愛して化益するゆえ、これを金剛愛菩薩という。　(大)二七七中

三 Oṃ vajra-rāga.（オーム、金剛愛菩薩よ。）

四 金剛善哉菩薩　Vajra-sādhu 普通には金剛喜菩薩という。博く衆生を愛することができるから、自他ともに喜悦す。菩薩は所願を満足して快悦し、衆生は解脱の楽をえて喜悦す。これが喜菩薩である。

五 二つの……定慧の法　(大)などの文は乱雑な訓点・文脈のため意識的に訂正す〔諸儀軌稟承録第十二（三十二右）参照〕。古写本も訂正文の如く朱が入る。

六 

唵一嚩去日囉二合娑努三

復た次に、東方の金剛善哉菩薩の観より起ちて、当に南方の金剛宝[七]〔菩薩〕の観門に入るべし。謂わく、南方の宝生如来の四大菩薩を観ぜよ。其の名を金剛宝菩薩・金剛威徳菩薩・金剛幢菩薩・金剛笑菩薩と曰《い》う。南方の宝生如来は、面を北方に向けたもう。四大菩薩も亦《ま》復た是くの如し。行者よ、自から想え。我れは是れ金剛宝なり。我が身の色と、及び諸もろの仏・菩薩と、一切衆生と、十方世界の山川・草木と、皆な黄金色[八]なりと。此の観を作し已りて次に印契を結べ。其の両手を以って金剛拳に作り、二拳の面を以って両の肩の上に安んじて、復た是の想を作せ。今、我れ諸もろの仏・菩薩・衆生の与《た》めに灌頂すと。此の契印を結び真言を持して曰わく、

九 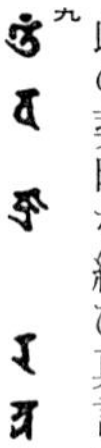

唵一嚩去日囉二合囉怛那二合三

復た次に、金剛威徳菩薩を観ぜよ。行者よ自から想え。我が身は是れ日光天子[一〇]なり。刹那[一一]の頃《けい》に於いて、悉く能く一切衆生の内外の黒闇を滅尽す。我が身の色と、及び諸もろの仏・菩薩と、一切衆生と、十方世界の山川・河池・草木・叢林と、皆な黄金色なりと。是の想を作し已りて、次に契印を結べ。其の両手を以って金剛拳に作り、此の両拳を以って並べて心《むね》の上に安んじ、左右の両拳を更互《たがい》に輪転すること、日の右転[一二]するが如くせよ。是くの如く三転すれば、当に日天の光明輪と成るべきが故に。此の契印を結びて真言を持して曰わく、

六 Oṃ vajra-sādhu.（オーム、金剛善哉菩薩よ〔または喜菩薩よ〕。）

七 金剛宝〔菩薩〕 Vajra-ratna 菩提心を発してのち、その目的を達するために万行を修む。しかして万行から諸々の功徳を生ずるので、万行は如意宝珠である。そこで大悲万行の宝を宝菩薩という。

八 黄金色 宝生如来の世界をいい、ここに述べる四大菩薩は宝生如来に所属する故、かかる黄金色が展ずる。

九 Oṃ vajra-ratna.（オーム、金剛宝菩薩よ。）

一〇 日光天子 Sūrya 観音・大日の変化身で光照の象徴。 (大)二七七下

一一 刹那 kṣaṇa インドにて極めて短い時間を示す単位。多説を勘案し現在の時間に換算すると一秒の七十五分の一と考えられる。

一二 日の右転 太陽が東・南・西と廻る右転が順転といわれる、いわゆる右廻りの型。

三二一

一
唵一嚩去日囉二合提惹三

復た次に、二金剛幢菩薩を観ぜよ。行者よ自から想え。我が身は是れ金剛幢なり。一切衆生の三所愛楽《しょあいぎょう》の物を我が身辺に雨《あめふ》らし、我が身の色と、及び諸もろの仏・菩薩と、一切衆生と、十方世界の山川・草木と、皆な黄金色なりと。此の観を作し已りて、次に契印を結べ。先ず両手を以って金剛拳に作り、其の拳の面を以って行者の面に向け、左右の二拳を直《なお》く空中に立てよ。金剛幢の印と名づく。一切衆生所愛の物を能く円満するが故に。此の契印を結びて真言を持して曰わく、

四
唵一嚩去日囉二合鶏覩三

復た次に、五金剛笑菩薩を観ぜよ。行者よ自から想え。我が身は是れ金剛笑なり、我が身の色と、及び諸もろの仏・菩薩と、一切衆生と、十方世界の山川・草木と、皆な黄金色なりと。此の観を作し已りて、次に契印を結べ。其の両手を以って金剛拳に作り、口の左右に安んじて三遍微笑《みしょう》せよ。先ず拳の面を以って口の左右に安んじて微笑し、次に拳の背を以って口の左右に安んじて微笑し、後ちに拳の面を以って口の左右に安んじて微笑せよ。是くの如くすれば能く十方の衆生をして皆な怡悦《いえつ》を獲しめ大安楽を受けしむ。此の契印を結びて真言を持して曰わく、

六
唵一嚩一日囉二合訶引急大声佐上三

一 Oṃ vajra-teja.（オーム、金剛光菩薩よ［または威徳菩薩よ］。）

二 金剛幢菩薩　Vajra-ketu 万行の宝珠を高く幢上に安んじ、世間・出世間の宝物を雨《あめふ》らして博く衆生の賑わすところよりかく呼ばれる。

三 所愛楽　愛楽されるもの。愛楽とは好んで求め願うことであるので、求めんと願ってやまないものをいう。つまり宝物。

四 Oṃ vajra-ketu.（オーム、金剛幢菩薩よ。）

五 金剛笑菩薩　Vajra-hāsa 已に万善万宝と衆生に与えて満足せしむるから、衆生も悦んで笑い菩薩もまた笑う。これより笑菩薩という。これは大歓喜の相である。

六 Oṃ vajra-hāsa.（オーム、金剛笑菩薩よ。）

復た次に、南方の金剛笑菩薩の観門より起ちて、当に西方の金剛法七〔菩薩〕の観門に入るべし。謂わく、西方の無量寿仏は、面を東方に向けたもうと観ぜよ。八四大菩薩も亦《ま》復た是くの如し。行者よ自から想え。我れは是れ金剛法観音菩薩なり。我が身の色と、及び諸もろの仏・菩薩と、一切衆生と、十方世界の山川・草木と皆な九紅蓮色《ぐれんじき》なりと。此の想を作し已りて、次に契印を結べ。其の両手を以って仰《あお》むけて金剛拳にし、先ず右拳を以って左拳の上に安んじて右転すること一遍せよ。次に左の拳を以って右の拳の上に安んじて、亦た転ずること一遍せよ。復た右の拳を以って左の拳の上に安んじて、亦た転ずること一遍せよ。是れ金剛蓮華の印なり。能く衆生をして一〇世間を厭離《おんり》し、出世の法を欣《ねが》いて甘露の城に入らしむ。真言を持して曰わく、

一一

唵一嚩去日囉二合二駄嚕摩二合三

復た次に、一二金剛利文殊菩薩を観ぜよ。行者よ、自から想え。我れは是れ真の金剛利なり。我れ能く一切衆生の貪瞋癡等を断除す。我が身の色と、及び諸もろの仏・菩薩と、一切衆生と、十方世界の山川・河池・草木・叢林とは、皆な紅蓮華色《ぐれんげしき》なりと。此の観を作し已りて、右の拳を舒べ出して、即ち是の想を作せ。我れ今、右の手に大利剣を執《と》りて、能く衆生の一切の煩悩を断ずと。真言を持して曰わく、

一三

唵一嚩去日囉二合二一四底丁以反引瑟那二合三

復た次に、金剛因菩薩を観ぜよ。行者よ、想を作せ。我れは是れ金剛因なり。我れは是

㊅二七八上

七　金剛法〔菩薩〕　Vajra-dharma　前の喜悦の心に乗じ、万有諸法本性清浄の真理を開いて、自心成仏の理に通達せしむるところより法菩薩という。これは観音（Avalokiteśvara）をさす。

八　四大菩薩　ここでは西方無量寿如来に従う菩薩であるから、法・理・因・語の四金剛菩薩をさす。

九　紅蓮色　無量寿如来の世界をいう、

一〇　世間を遠離し　出世の法。ここに文脈上の欠落がある。㊅など一字欠落「世間之下恐有二欣字或求字一。」よって欣《ねが》いての一字をもって埋める。

一一　Oṃ vajra-dharma.（オーム、金剛法菩薩よ。）

一二　金剛利文殊菩薩　本称は金剛利菩薩（Vajra-tīkṣṇa）已れに一切法本来清浄の真理に通達するから、これを示すためには煩悩繫縛を断じなくてはならない。ゆえに次に智慧の利剣を振って衆生の繫縛を断ずるから利菩薩という。即ち文殊師利菩薩（Mañjuśrī）をさすのである。

一三　Oṃ vajra-tīkṣṇa.（オーム、金剛利菩薩よ。）底の次に「乞」字欠落か。

一四　金剛因菩薩　Vajra-hetu　已に衆生の煩悩の砕破して成仏の障礙を断つから、自心の菩提を悟らしめることができる。自心の実相を覚悟させるには、仏の説法という因を待たなくてはならない。そこで因菩薩という。この尊はまた弥勒菩薩（Maitreya）である。

れ世間の醍醐*・甘露なり。我れは是れ金剛大教*法輪なり。我が身の色と、及び諸もろの仏・菩薩と、一切衆生と、十方世界の山川・河池・草木・叢林と、皆な紅蓮華なりと。此の念を作し已りて金剛拳を結び、二拳の面を以って並べて心の上に安んじ、両の拳の中指の中節を相い著けて、左右に更互《たがい》に輪転すること三遍して、即ち是の想を作せ。我れ今、三たび金剛法輪を十方界に転ずと。真言を持して曰く、

一 

唵一嚩去日囉二合翳覩引三

復た次に、二 金剛語言《ごごん》菩薩を観ぜよ。行者よ想を作せ。我れは是れ金剛語言なり。我れ今能く一切衆生に三 蘇悉地《そしっち》の法を与う。我が身の色と、及び諸もろの仏・菩薩と、一切衆生と、十方世界の山川・河池・草木・叢林と、皆な紅蓮色なりと。此の想を作し已りて金剛拳を作り、口の左右に安んじて、往来の相を作すこと、猶おし語言の如くせよ。此の印を結べば能く一切衆生の語言に達す。真言を持して曰わく、

四 

唵一嚩去日囉二合麼引沙上声呼三

復た次に、西方の金剛語言菩薩の観より起ちて、当に北方の五 金剛羯磨《かつま》〔菩薩〕の観門に入るべし。謂わく、北方の不空成就如来の四大菩薩を観ぜよ。其の名を金剛羯磨菩薩、金剛護《ご》菩薩、金剛薬叉《やくしゃ》菩薩、金剛拳《けん》菩薩と曰《い》う。行者よ想を作せ。我れは是れ金剛羯磨なり。我れは是れ金剛不空（必定して果を得るは是れ不空の義なり。）なり。我れは是れ種種の事業《じごう》を能く成就す。我れは是れ能く一切処に到る。我れは是れ能く種種の事を作す。我れは能く妙事業を成就す。我が身

一 Om vajra-hetu.（オーム、金剛因菩薩よ。）

二 金剛語言菩薩 Vajra-bhāṣa 正しく衆生のために説法教化して、涅槃(nirvāṇa)に入らしむ。これを語菩薩という。即ち、秘密語 (guhya-bhāṣa) である。⑱二七八中

三 蘇悉地 susiddhi 妙成就と訳す。

四 Om vajra-bhāṣa.（オーム、金剛語言菩薩よ。）

五 金剛羯磨〔菩薩〕 Vajra-karma 前述の如く、自証に他の事業を満足するので羯磨即ち業という。金剛羯磨のほか金剛護・金剛薬叉・金剛拳の四菩薩は不空成就如来の侍尊である。

の色と、及び諸もろの仏・菩薩と、一切衆生と、十方世界の山川・河池・草木・叢林と、皆な悉く五色[六]なりと。是の想を作し已りて金剛拳を結びて舞を作すこと三遍せよ。是れを種種事業の印と名づく。所以《ゆえ》んは何《いか》ん。謂わく、能く種種の事業を成就す。真言を持して曰わく、

[七]

唵一嚩去日囉二合羯噜磨

復た次に、金剛護菩薩[八]を観ぜよ。行者よ想を作せ。我れは是れ金剛護なり。我れは是れ金剛甲[九]なり。堅実牢固にして破壊《はえ》す可《べ》からず。我れは是れ金剛精進なり。我れは是れ十方無量の一切衆生を守護して無怖畏を施す。我が身の色と、及び諸もろの仏・菩薩と、一切衆生と、十方世界の山川・泉源・草木・叢林と、悉く皆な五色なりと。此の想を作し已りて、金剛拳を結び、両の頭指を舒べて臍の上に安んじ、拳を両辺に分かって背の上に到らしめ、復た背の上より還りて臍輪《さいりん》に到らしめて、両の頭指の端、相い輪《めぐ》らすこと一遍して、自から此の想を作せ。是れ繋縛《けばく》[一〇]の義なりと。次に二頭指を前の如くして心《むね》に当て、引きて背に到らしめ、却《しり》ぞき還《かえ》りて胸に至り、二指の端を以って相い輪《めぐ》らすこと一遍して、自から此の想を作せ。亦た繋縛の義なりと。次に又た頸に至ることも亦《ま》復た是くの如くして、自から此の想を作せ、亦た繋縛するが如しと。真言を持して曰わく、

[二]

唵一嚩去日囉二合囉吉叉二合三

復た次に、金剛薬叉菩薩[三]を観ぜよ。行者よ想を作せ。我れは是れ金剛薬叉なり。所謂《いわゆる》諸

六　五色　白・青・黄・紅・雑色をいう。

七　Om vajra-karma.（オーム、金剛業菩薩よ〔または金剛羯磨菩薩よ〕。）

八　金剛護菩薩　Vajra-rakṣa 自証化他の事業を満足し、大慈大悲の甲冑をつけて衆生界を保護するゆえ、護菩薩という。

九　甲　鎧（よろい）をいう。身を護るために著ける。

10　繋縛　一般には心が煩悩妄想のため、或いは外界の事物のために縛せられて自由を失えるをいうが、ここでは堅実牢固に結びついている様をいう。

（大）二七八下

二　Om vajra-rakṣa.（オーム、金剛護菩薩よ。）

三　金剛薬叉菩薩　Vajra-yakṣa 仏地の一障を啖食して余すことなく、根本無明（mūla-avidyā）を怖畏せしむるところから、薬叉即ち牙菩薩という。牙とは金剛の智牙のことである。

仏の大方便力神通《じんづう》変化なり。我が口中に金剛の利牙有り、一切の見る者大恐怖《だいくふ》を懐《いだ》き、善能《よ》く一切の魔怨を摧滅す。我がは身五色なり、諸もろの仏・菩薩と、一切衆生と、十方世界も亦た皆な五色なりと。此の想を作し已りて金剛拳の印を結べ。左右の小指を相い鉤《こう》して口に著け、二頭指を舒べて左右の頬に安んぜよ。是れ二牙の相なり。真言を持して曰わく、

二 

唵一嚩去日囉二合夜吉叉三二合

復た次に、三 金剛拳菩薩を観ぜよ。行者よ想を作せ。我れは是れ金剛拳なり、我れ能く諸もろの衆生の前に示現す。我れは是れ能く金剛の繋縛を解脱する者なり。我が身の色と、諸もろの仏・菩薩と、一切衆生と、十方世界と、亦た皆な五色なりと。此の想を作し已りて真金剛拳の印を結べ。左右の小指を更互《たがい》に相い鉤して二拳の面を合わせ、堅く握りて緩《ゆる》くすること莫れ。是れ真金剛拳の印なり。真言を持して曰わく、

四 

唵一嚩去日囉二合散尼去三

諸仏境界真実経巻中

一 神通　凡情をもって測り知るべからざる不可思議・無礙自在なる力用をいう。

二 Om vajra-yakṣa.（オーム、金剛薬叉菩薩よ〔または牙菩薩よ〕。）

三 金剛拳菩薩　Vajra-saṃdhi 前の十五菩薩の地位を経て、発心・修行・菩提・涅槃の無尽の万徳を、一身に握って執持するので拳菩薩という。

四 Om vajra-saṃdhi.（オーム、金剛拳菩薩よ。）

巻の下

金剛界外供養品　第五 [五]

爾の時に世尊、金剛手菩薩摩訶薩に告げて言わく、我れ今、已に五仏如来・四波羅蜜・四方十六大菩薩の観門の、二十五の契印・真言・法則を説けり。次に当に金剛嬉《き》等の十二[六]の菩薩の外院《げいん》の供養を演説すべし。仏道を求むる者を利益し安楽して、現に悉地を獲《え》しめ、当に菩提を証せしむべし。

[七]復た次に瑜伽行者よ、此の北方の金剛拳菩薩の観門より起ち、東北の角の[八]金剛嬉戯《きげ》菩薩の観門に入りて自から此の想を作せ。我れは是れ金剛嬉戯なり。我れ今、能く十方世界の諸もろの仏・菩薩・衆生に喜楽を与うと。此の想を作し已りて、金剛拳を仰むけて両膝の上に安んじ、目を閉じ廻転して、遍ねく十方の諸もろの仏・菩薩を礼せよ。是の印を名づけて金剛嬉戯と為す。其の真言に曰わく、

[九] 

唵一嚩去日囉二合羅洗長引半音三 [10]

復た次に、東南の角の金剛鬘《まん》菩薩を観ぜよ。行者よ想を作せ。我れは是れ金剛鬘なり。

五　金剛界外供養品　この品では十二供養の印言を説き給う。

六　十二の菩薩の外院……　八供養と四摂とをいう。八供養とは内供養の嬉・鬘・歌・舞、外供養の香・華・燈・塗であり、四摂とは鉤・索・鎖・鈴である。

七　復た次に……　まず内の四供養菩薩を明かす。即ち大日如来、四如来を供養せんがために現ずるのである。しかして金剛輪内に住するから内という。

八　金剛嬉戯菩薩　Vajra-lāsā　東方阿閦如来は堅固な菩提心を体とする。ゆえに適悦歓喜の形をもって供養する。

九　Oṃ vajra-lāse.（オーム、金剛嬉戯菩薩よ。）

10　金剛鬘菩薩　Vajra-mālā　南方宝生如来（Ratna-sambhava）は福徳門の尊であるから、花鬘をもって供養する。

我れ今、此の一切の花鬘《けまん》を持して、[一]十方の諸もろの仏・菩薩を供養すと。是の想を作し已りて金剛拳を結び、並べて額の上に著け、復た両拳を分かちて引いて脳の後《うし》ろに至り、両拳を更互《たがい》に相い輪《めぐ》らすこと両遍、輪らす毎に一遍相い結《ゆ》う想いを作して自から此の想を作せ。花鬘を繫縛《けばく》すと。是れを金剛鬘の印と名づく。其の真言に曰わく、

[二] 

唵一嚩去日囉二合麼引隷半引三

復た次に、西南の角の金剛[三]歌菩薩を観ぜよ。行者よ想を作せ。我れは是れ金剛歌なり。我れ今、十方三世の諸もろの仏・菩薩を歌讃したてまつるに微妙の声を発こし、口中より出でて十方無量の世界に充満すと。此の想を作し已りて、金剛拳を結びて口の上に安んじ、漸漸に引き出すべし。即ち是れ歌讃音声の印なり。其の真言に曰わく、

[四] 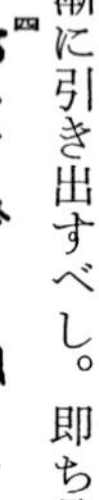

唵一嚩去日囉二合霓愚以反底半音三

復た次に、西北の角の金剛[五]舞《ぶ》菩薩を観ぜよ。行者よ想を作せ。我れは是れ金剛舞なり。我れ金剛舞を作して、十方無量の世界の三世の諸仏と一切の菩薩とを供養すと。是の想を作し已りて、金剛拳を結び、両臂《りょうひ》舞いを作す。即ち是れ金剛舞の印なり。此の舞印を作さば、諸もろの仏・菩薩は即ち大いに歓喜し、一切の願を与えて行者の身を護りたもう。其の真言に曰わく、

[六] 

唵一嚩去日囉二合儞盧二合底曳二合三

一　十方の諸もろの仏……　四仏を供養することをいう。以下もこれに準ずる。十方の諸仏といい、四仏をもいうは、開けば、十方の諸仏、合すれば則ち内仏であるの意。

二　Oṃ vajra-māle.（オーム、金剛鬘菩薩よ。）

三　金剛歌菩薩　Vajra-gītā　西方阿弥陀如来（無量寿如来　Amitābha）は智慧門の尊で、説法談義を司るから歌をもって供養する。　㊅二七九中

四　Oṃ vajra-gīte.（オーム、金剛歌菩薩よ。）

五　金剛舞菩薩　Vajra-nṛtyā 北方不空成就如来（Amoghasiddhi）は羯磨部の尊として事業の徳を司るから舞をもって供養する。

六　Oṃ vajra-nṛtye.（オーム、金剛舞菩薩よ。）

七 復た次に、行者よ、此の金剛舞の観門より起ち、東北の角の八 金剛焼香菩薩の観門に入りて、自から是の想を作せ。我れは是れ金剛焼香雲なり。十方無量の世界に充満して、虚空の中に於いて十方の諸もろの仏・菩薩に供養すと。此の想を作し已りて、金剛拳を結びて二拳を相い並べ、拳の面を下に向け、両拳を舒べ出だして、即ち是の想を作せ。無量の香雲、印より上に出づと。即ち金剛焼香の印と名づく。此の印を結べば即ち能く内外の所有《あらゆる》一切の煩悩を焼滅して清浄心を得。其の真言に曰わく、

九 𑖌𑖼 𑖪𑖕𑖿𑖨 𑖠𑖳𑖢𑖸

唵一嚩去日囉二合怒引閉三半音

復た次に、東南の角の一〇 金剛妙華《みょうけ》菩薩の観門に入りて、行者よ想を作せ。我れは是れ金剛花なり。我れ今、十方の無量無辺の世界の、所有《あらゆる》無主の一切の妙花を採取して、十方の諸もろの仏・菩薩に供養したてまつると。是の想を作し已りて、金剛拳を結びて二拳を相い並《なら》べ、仰むけて上に舒べ出だせよ。是れ金剛花の印なり。此の印を結ぶに何の利益か有る。一切の重障を摧滅《さいめつ》せんと欲するが為めなり。其の真言に曰わく、

一一 𑖌𑖼 𑖪𑖕𑖿𑖨 𑖢𑖲𑖬𑖿𑖢𑖸

唵一嚩去日囉二合補渋閉二合下字半音三

復た次に、西南の角の一二 金剛燃燈菩薩を観ぜよ。行者よ想を作せ。我れは是れ金剛燈なり、我れ今、無尽の燈を燃《とも》して十方無量の世界の虚空の中に充満して、十方の一三 不可説不可説の無量無辺の諸もろの仏・菩薩を供養したてまつると。此の想を作し已りて、金剛拳を結びて両拳を相い合わせて、心《むね》の前に近づけよ。即ち金剛燈の印と名づく。此の燈印を結ぶに

七 復た次に…… 次に四如来はこの供養に答えるために外の四供養の四菩薩を出生して大日如来に供養し奉ることを明かす。能供養（供養する側）の尊は金剛輪（如来の教理）の外に住するから外の四供養という。

八 金剛焼香菩薩 Vajra-dhūpā 阿閦如来は供養するのに香を用いるべきだとする。東方は初発心して三摩耶形(samaya-śīla)を獲得する方角であるから戒香をもって供養する。

九 Om vajra-dhūpe.（オーム、金剛焼香菩薩よ。）

一〇 金剛妙華菩薩 Vajra-puṣpā 南方宝生如来は福徳門即ち修行門の尊であるから、万行の華をもって供養する。

一一 Om vajra-puṣpe.（オーム、金剛妙華菩薩よ。）

一二 金剛然燈菩薩 Vajra-dīpā (大)二七九下 西方阿弥陀如来は智慧門即ち菩提門の尊であるから、智慧の燈明をもって供養する。

一三 不可説不可説 anabhilāpya 言説の及ぶところに非ざるを不可説という。重ねて用いるは強意の形。

何の利益か有る。現身に如来の五眼《ごげん》を成就す。其の真言に曰わく、

一 

唵一嚩去日囉二合二膩上引閉半音三

復た次に、西北の角の金剛一五塗香《ずこう》菩薩を観ぜよ。行者よ想を作せ。我れは是れ金剛塗香なり。我れ今、最上の白檀の塗香をもって、十方無量の世界の太虚空の中に充満すること、猶おし大雲の世界に遍満するが如くに、十方の諸もろの仏・菩薩を供養したてまつると。此の想を作り已りて、両《ふた》つの金剛拳をもって、左右の頸乃至胸腹を摩せよ。即ち是の念を作せ。我れ今、此の牛頭栴檀《ごずせんだん》の最上の塗香を持して、十方の諸もろの仏・菩薩及び衆生の身を塗《ぬ》りたてまつると。其の真言に曰わく、

二 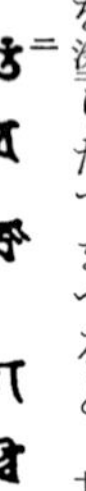

唵一嚩去日囉二合二俄儞泥二合下字半音三

三復た次に、行者よ、此の三昧より起ち、正南方の四金剛鉤菩薩の観門に入りて、自から此の想を作せ。我れは是れ金剛鉤なり。我れは是れ諸もろの仏・菩薩の方便智慧の大金剛鉤なりと。此の想を作し已りて、両手を金剛拳に結び、左右の頭指を舒べて少し屈して相い鉤し、又た、左右の小指を舒べて少し屈し、其の二小指の両つの頭《はし》を相い向かえて三遍、一切の諸天及び鬼神等を鉤召《こうしょう》して道場に入らしむ。纔《わず》かに此の印を結べば、能く行者をして五大勢力《せいりき》を得、一切の諸天神等を駆使して衆事を営辨せしむ。真言を持して曰わく、

六 

唵一嚩去日囉二合二倶奢三

一 Om vajra-dīpe.（オーム、金剛燃燈菩薩よ。）

一五 金剛塗香菩薩　Vajra-gandhā 北方不空成就如来は穢土に出現して衆生を利益するから、かりそめにも染汚せられることがある。ゆえに塗香をもって穢濁を清めて供養する。

二 Om vajra-gandhe.（オーム、金剛塗香菩薩よ。）

三 復た次に、行者よ……　最後に大日如来が四摂菩薩を出生して、一切衆生を仏の境界に引き入れ給うことを明かす。五解脱輪の諸尊及び八供養菩薩は自証である。これらの尊の化他の徳を四摂という。即ち、四門に出でて衆生を利益する意である。

四 金剛鉤菩薩　Vajra-aṅkuśa 鉤をもって衆生界を菩提道場に召入する働きをなす。

五 大勢力　物すごい力のこと。

六 Om vajra-aṅkuśa.（オーム、金剛鉤菩薩よ。）悉曇は kuśa のみを記す。そは鉤の意なし。

復た次に、行者よ、此の三昧より起ちて、当に正西方の七金剛索菩薩の観門を観ずべし。自から此の想を作せ。我れは是れ金剛索なり。在先《さき》に鉤召せる一切の諸天及び鬼神等、其の未だ来たらざる者をして道場に入らしめ、我れ今、此の大金剛索を以って堅く縛して放たずと。此の想を作し已りて、即ち、前の印を以って、前の金剛鉤の印の頭指・中指・無名の三指を改めて、而も用《もち》いて拳を作り、左右の大指を以って相互に相い鉤し、左右の小指を少し屈して相い向かえよ。是れを堅縛諸衆生《けんばくしょしゅじょう》の印と名づく。真言を持して曰わく、

八 

唵一嚩去日囉二合波奢

復た次に、行者よ、此の三昧より起ちて、当に正北方の九金剛鎖菩薩の観門を観ずべし。自から此の想を作せ。我れは是れ金剛鎖なりと。此の想を作し已りて、便《すなわ》ち手印を結べ。先ず左右の母指・頭指を以って更互《たがい》に相い鉤すること、猶おし鉄鎖の如くし、左右の余の指を皆な以って拳を作れ。是れ金剛鎖の印なり。纔《わず》かに此の印を結べば、能く行者をして、善く教習の法を与えしむ。真言を持して曰わく、

一〇 

唵一嚩去日囉二合娑普二合吒三

復た次に、行者よ、此の三昧より起ちて、当に正東方の一一金剛鈴菩薩の観門を観ずべし。自から此の想を作せ。我れは是れ金剛鈴なりと。此の想を作し已りて、当に金剛鈴の印を結ぶべし。左右の指の頭を以って、右を以って左を押し、皆な各おの相い叉《まじ》えて、猶おし鈴状の如くせよ。纔かに此の印を結べば、即ち諸もろの仏・菩薩の愛念《あいねん》を得。真言を持し

七 金剛索菩薩 Vajra-pāśa 金剛索をもって緊く縛る働きをする。これにより魔などは逃れえない。 (大)二八〇上

八 Om vajra-pāśa.（オーム、金剛索菩薩よ。）

九 金剛鎖菩薩 Vajra-sphoṭa 次に鎖に繋ぐこと。これにより行者は教法を得るという。

一〇 Om vajra-sphoṭa.（オーム、金剛鎖菩薩よ。）

一一 金剛鈴菩薩 Vajra-ghaṇṭa かくて生界に流転することなく、仏の慈悲に包まれて歓喜することとなる。その響きを鈴という。

て曰わく、

[一]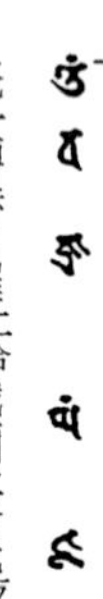

唵一嚩去日囉二合誐儞二合吒反舌呼三

爾の時に、毘盧遮那如来は此の三十七尊の真実の契印と秘密の法とを説き已りて、金剛手等の諸もろの菩薩に告げて言《のた》まわく、若《も》し国土・城邑・聚落有らんに、一《ひと》りの浄信の男子・女人有りて、大悲心を起こし、[二]四恩に報ぜんが為めに道場を建立して是の法を修せば、其の国中に於いて*七難有ること無く、国王・王子、日夜に広大の福聚を増長す。所以《ゆえん》は何《いか》んとなれば、是の道場の地は金剛際に至り、乃《ない》し微塵に至るまで、国王に属するが故に。譬えば、宝珠を宅中に安んずれば災難を辟除し、七宝の現前するが如く、此の妙経典も亦復た是くの如し。若し[三]法式《ほっしき》に依りて此の秘密を修すれば、所在の国土は安穏豊楽《あんのんぶらく》なり。若し善男子・善女人有りて、[四]六神通力《じんづうりき》を得て一念の頃《けい》に於いて、普ねく十方の無量の仏の所に詣り、衆中に来集して上首と為りて、諸仏に正法輪を転じたまえと[五]勧請《かんじょう》し、諸もろの衆生の為めに導師と作《な》らんと欲《ねが》わば、[六]初夜・[七]後夜に道場の中に入りて、応当《まさ》に念を所帰の本尊に繋《つな》げて法に依りて観行すべし。現身に必ず広大の福智を得《え》、衆生を利益するに等比有ること無けん。万億劫《まんのくこう》を経《ふ》るにも悪道に入らず、恒に善友《ぜんにゅう》に遇《あ》いて常に退転せず。*弥勒《みろく》の会中《えちゅう》に仏の*授記《じゅき》を得て、速《すみ》やかに[八]阿耨多羅三藐三菩提《あのくたらさんみゃくさんぼだい》を証す。善男子よ、若し衆生有りて此の秘法に遇い、空間《くうげん》に住して説の如く修行すれば、現身に*極歓喜地《ごくかんぎじ》を証得す。何《いか》に況んや世間の福徳果報をや。若し菩薩有りて、是の法を修せずして仏果を証すと言わば、必ず是の処《ことわ》り無し。是の法をば名づけて頓に菩提を証する真実の正路と為す。爾の時に大会の

一 Oṃ vajra-ghaṇṭa.（オーム、金剛鈴菩薩よ。）

二 四恩　父母・国王・三宝（仏・法・僧）・一切衆生〔『心地観経』報恩品〕、父母・師長・国王・施主〔『釈氏要覧』中〕。

三 法式　作法・儀式をいう。

四 六神通力　ṣaḍabhijñā 仏・菩薩が定・慧の力によって得る六種の無礙自在なる妙用をいう。即ち、神足通・天眼通・天耳通・他心通・宿命通・漏尽通の称。㊅二八〇中

五 勧請　至誠をもって仏の説法・住世を請い求めること。

六 初夜　戌の時、今の午後八時頃をいう。

七 後夜　寅の時、今の午前四時頃をいう。

八 阿耨多羅三藐三菩提　anuttara-samyak-sambodhi 無上正等覚（悟り）のことをいう。

無量の天人、仏の所説を聴きて悉く[九]道果を証す。大梵天王・忉利《とうり》天王は主《おも》に不退転陀羅尼を証して、[10]記別《きべつ》を受くることを得、無量百千万億の天人は遠塵離垢《おんじんりく》して*法眼浄《ほうげんじょう》を得たりき。

修行儀軌品　第六

爾の時に、金剛手菩薩摩訶薩は仏の広大の自在神力を承けて、*真実瑜伽の甚深秘密を説きたもう。行者よ、応当《まさ》に目を閉じ寂然として諦《あき》らかに想うべし。真実秘密教主の最勝最尊にして大自在を得たまえる大慈大悲毘盧遮那如来は、須弥頂の善法堂の中に在《い》まし、十六倶胝那庾多等の菩薩・眷属と与《とも》に具足し円満せり。頂上の天冠に*五仏端坐したまい、一切の*瓔珞《ようらく》をもって仏身を荘厳《しょうごん》せり。五種の相有り。一には寂静の相、二には瞋怒の相、三には歓喜の相、四には清涼の相、五には種種の相なり。五方の如来は其の色各おの異なり、第一は白色、第二は青色、第三は金色、第四は紅色、第五は雑色なり。*東方の門首は帝釈《たいしゃく》の坐位、南方は琰摩羅《えんまら》王の坐位、西方は水天の坐位、北方は毘沙門天王の坐位、東北の角は大自在天の坐位、東南の角は火天の坐位、西南の角は羅刹《らせつ》天の坐位、西北の角は風天《ふうてん》の坐位、上方は大梵天の坐位、下方は堅牢地神《けんろうぢしん》の坐位なり。我れ今、已に坐位の次第を説きつ。後ちに当に一一の真言を説くべし。曰わく、

[一一]

因陀羅野娑婆訶　帝釈真言

九　道果　道は菩提 (bodhi) で、果は涅槃 (nirvāṇa) のことである。涅槃は菩提の道によって証せられるものであるから果という。

10　記別　また記莂と書く。仏が弟子に対して与える来世に関する予言を記といい、これを一々分別すれば別の字を加える。

(大)二八〇下

一一　Indrāya svāhā.（因陀羅天に成就あれ。）なお、以下の諸尊はいずれもその尊格に与格 (Dative) を用いているのは、頌の頭に oṃ または namo（南無）の語が伏せられていると考えるべきであろう。

一 Agnaye svāhā.（火天に〔帰命したてまつる〕成就あれ。）

二 Yamāya svāhā.（夜摩天に〔帰命したてまつる〕成就あれ。）

三 Nṛtye svāhā.（羅刹天に〔帰命したてまつる〕成就あれ。）

四 Varuṇāya svāhā.（水天に〔帰命したてまつる〕成就あれ。）

五 Vayave svāhā.（風天に〔帰命したてまつる〕成就あれ。）

六 Kuberāya svāhā.（毘沙門天に〔帰命したてまつる〕成就あれ。）

七 Īśārāya svāhā.（大自在天に〔帰命したてまつる〕成就あれ。）

八 Ādityāya svāhā.（日天に〔帰命したてまつる〕成就あれ。）

九 Cardrāya svāhā.（月天に〔帰命したてまつる〕成就あれ。）

一 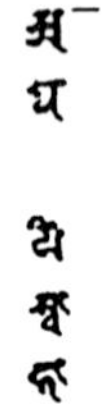

阿祇那二合曳娑婆訶火天真言

二 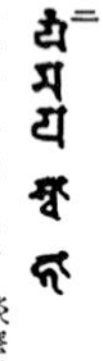

夜摩野娑婆訶琰摩羅王真言

三 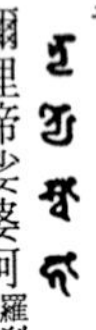

儞哩啼娑婆訶羅刹天真言

四 

嚩嚕娜反舌呼耶娑婆訶水天真言

五 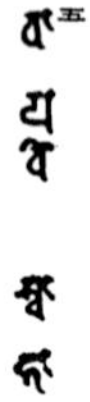

嚩去野謎半音娑婆訶風天真言

六 

倶謎半音羅引野娑婆訶毘沙門真言

七 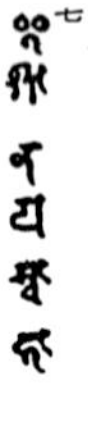

伊舎引娜耶娑婆訶大自在天真言

八 

阿膩底也二合野娑婆訶日天子真言

九 

捨儞二合陀羅二合野娑婆訶月天子真言

一〇

捺羅那反舌夜二合娑婆訶地天真言

一一

麼囉二合阿急呼摩二合寧半音反 娑婆訶梵天王真言

一二復た次に、瑜伽行者よ、道場の地を求めんとせば、一三塚門《ちょうかん》・沙石《しゃせき》・瓦礫《がれき》・一四鹹鹵《かんろ》・荊棘《けいきょく》・穢《え》濁《じょく》の地と、及《お》以《よ》び虎狼の諸もろの悪難処とを遠離《おんり》せよ。是くの如きの地を一五吉祥と名づけず。若し白鶴《はっかく》・孔雀・鸚鵡《おうむ》・*舎利《しゃり》・一六梟《ふ》・雁《がん》・鴛鴦《えんおう》の蓮花水池に有らば、是くの如き等の地は道場を立つるに堪えたり。応《まさ》に右の手の中の三指を以って小し屈し、大拇指を以って頭指の中節を捻《ねん》じ、小指を以って無名指の中節を捻じ、水を盛り加持して、四方に散灑《さんしゃ》せよ。真言を持して曰わく、

一七

唵一嚩日嚕駄迦吒反舌大呼

一八復た次に、行者よ、水を加持し已らば、浄地に灑《そそ》ぎて、便ち道場を立てよ。釈迦如来、曼荼羅道場一九儀軌を説きたもうに、広狭大小三千五百有り。第一の道場は一千由旬、是れ金輪聖王の持念の儀軌なり。次に五百・一百・五十・一十なる有り。是くの如く漸《ようや》く小にして、乃《いま》し掌の中・爪甲の量に至るまでに、道場を建立するに皆な悉地を獲《う》。若し第一の道場を建立せんと欲せば、金剛縛の印を結び、次に縛印を改めて左右の中指を立て、少し屈して更互《たがい》に二中指の端《はし》を相い捻《ねん》じ、真言を以って加持せよ。一切処に於いて皆な通用することを得。或る時には行者洗浴するに及ばずとも、此の法印を以って加持し真言すれば、

一〇 Dhāraṇāya svāhā.（地天に〔帰命したてまつる〕成就あれ。）

一一 Brāhmaṇe svāhā.（梵天に〔帰命したてまつる〕成就あれ。）

一二 復た次に……　ここでは道場を建立すべき地を択び、次に水を盛り加持して四方に散灑し、もってその地を浄むべきを説き給う。

一三 塚間　墓地（śmaśāna）のこと。

㊅二八一上

一四 鹹鹵　不毛の地をいう。本来塩気を含んだ地をいい、かかる土地は植物も生えぬところよりかくいわれる。

一五 吉祥　良好のこと、めでたきことをいう。

一六 梟　かものこと。野鶩とも呼ばれる。

一七 Oṃ vajrodaka ṭhaḥ.（オーム、金剛水よ、願わくは虚空の如くあれ。）

一八 復た次に……　ここでは建立道場法を説き給う。

一九 儀軌　密教の秘密壇場における密印・念誦・供養・三摩耶・曼荼羅などの一切の規則・儀式をいう。

即ち清浄なることを得。其の真言に曰わく、

[一]

唵引一娑嚩二合婆引去嚩輸駄大呼薩嚩駄嚕摩二合薩嚩二合婆嚩戌度吽二合大呼

　復た次に、瑜伽行者よ、道場を建てんと欲せば、先ず四方の界[二]を立てよ。若し多くの人持念せば、即ち四門を用いよ。若し少なき人持念せば、意の量《はか》る所に随え。門外の左右に各おの一の柱を立て、一一の柱の上に五の明鏡を安んじて満月輪の如くせよ。左右に種種の瓔珞《ようらく》及以《およ》び花鬘《けまん》を安置し、七宝の香炉・金銀の燈燭をもって種種に荘厳し、恒に鬱金[三]《うっこん》・白檀《びゃくだん》・龍脳[四]《りゅうのう》・沈水[五]等の香を焼き、麝香[六]《じゃこう》を用いること勿れ。又た、白払《びゃくほっ》・孔雀の翠羽を以って、各おの宝鈴を安んじて左右に分列せよ。種種の床榻[七]《しょうとう》、種種の裀褥[九]《いんじょく》、種種の音声、種種の歌舞、種種の飲食をもって至誠《しじょう》に供養せよ。道場の中に於いて毘盧遮那仏の像を安んじ、其の仏前に於いて舎利[一〇]を安置せよ。此の曼荼羅を金剛界と名づく。復た次に建立すること即に畢りなば、瑜伽行者よ、当に金剛縛の印を結び、五輪[一一]を地に著け、方毎《ごと》に四たび拝すべし。第一に西方を礼拝《らいはい》し、第二に北方を礼拝し、第三に東方を礼拝し、第四に南方を礼拝せよ。四方を礼すること已らば、却《しりぞ》きて本位に就き、金剛合掌の印を結び、身の四処を印ぜよ。一には頂、二には口、三には額、四には心なり。四処に印じ已りて、当に此の想を作すべし。我れ今、身を以って十方三世の諸仏・諸大菩薩に布施したてまつる。今日より始めて、乃《いま》し未来に至るまで永く僮僕《どうぼく》と作《な》りて、生生世世に常に三宝に依り、終に天魔・外道等の法に帰依せじ。我れ無始の生死より以来《このかた》、作る所の五逆及び無間《むげん》の罪を、今、十方三世の諸仏諸菩薩、一切の賢聖《けんじょう》、諸もろの衆生の前に対《むか》えたてまつりて、心を至して

一　Oṃ svabhāva śuddha sarvadharma svabhāva śuddho hūṃ.（オーム、一切諸法は本性清浄なり〔我れ及び衆生もまた〕本性清浄なり、フーム。）
二　界　規則によって結界したる一定の地域。
三　鬱金　kuṅkuma　サフランのこと。その花は黄金で香しい。これを圧して鬱金香を製する。
四　龍脳　karpūra　樟脳と訳す。香料。
五　沈水　kṛṣṇāguru　沈香のこと。
六　麝香　麝香鹿から製した香料。黒褐色の粉末で芳香甚だ強し。
七　床榻　こしかけのこと。
九　裀褥　車中に敷く敷物、しとね。
一〇　舎利　śarīra　仏の身骨をいう。　㊅二八一中
一一　五輪　五体の異名。両臂・両膝・頭の五処。ともに円なれば五輪という。

懇切に一二発露《ほつろ》一三懺悔《さんげ》して敢えて一四覆蔵《ふくぞう》せず、未来の罪を更に敢えて造らじ。普ねく願わくば、十方の諸もろの仏・菩薩、我が懺悔《さんげ》を受けて速やかに最初の悉地を獲得せしめたまえと。

一五建立道場発願品　第七

爾の時に、金剛手菩薩摩訶薩は諸もろの大衆に告げて言わく、瑜伽行者よ、金剛合掌を作り、諦《あき》らかに衆聖を想いて而も此の想を作せ。我れ今、道場を建立して十方の一切の諸もろの仏・菩薩を供養し、誠を至して供養したてまつる。勝負心無く、国王と作らんことを求めず、名利を求めず、一六生天殊勝の妙楽《みょうらく》を求めず、自身の種種の利益を求めずして、応《ま》当《さ》に至誠《しじょう》に発願《ほつがん》すべし。我れ今、力に随いて建つる所の道場に於いて、或るは見る者有り、或るは聞く者有り、或るは覚する者有り、或るは知る者有るをば、皆な殊勝の妙果を獲得《ぎゃくとく》せしめ、一切の所願は心に随わずということ無けん。願わくば、我が此の身生生世世に、譬えば、一七如意珠《にょいじゅ》の能く衆宝を雨《あめふ》らすが如く、所有《あらゆる》愛楽する財・法の二宝、一切衆生に充足して、乏しき所無からしめん。乃至、速やかに無上菩提を証せんと。

一八持念品　第八

爾の時に、金剛手菩薩摩訶薩は大会の衆に告げて言わく、瑜伽行者よ、一切如来の三昧及び一切智智を成就することを得んと欲せば、応当に是の曼荼羅の成仏の法を修習《しゅうじゅう》すべし。

一二　発露　己れの犯した罪をあらわにして隠さざること。

一三　懺悔　懺は懺摩（kṣama）で人の忍容を請うこと。悔はその訳語で梵漢併用の言葉である。

一四　覆蔵　心中にかくしだてすること。

一五　建立道場発願品　この品には道場を建立して作法するには、名聞利養を離れて無上菩薩のためにせよと説き給う。

一六　生天　abhyudaya　六道の中の天上に生れ福楽繁栄をうること。

一七　如意珠　cintāmaṇi　意のままに種々所求の珍宝を出す珠。

一八　持念品　この品には、三種の修行門と五部の念珠の法と念珠を執持するに五部の差別あると、念珠の差別によって功徳に軽重あることと、本尊を用いずして念珠する法などを説き給う。

㊅二八一下

此の法を修する時は、先《ま》ず金剛降伏《ごうぶく》の半跏趺坐《はんかふざ》を作すべし。端身正念にして右足を以って左足を押せ。真言を持する時は、心を住《とど》め凝寂《ぎょうじゃく》にして口に真言を習《なら》え。唯だし自ずから耳に聞きて、他をして解《げ》せしむること勿れ。心中に一一の梵字を観想するに、了了分明にして錯謬《さくびゅう》せしむること無かれ。持習の時は、遅からず速からざれ。是れを即ち名づけて金剛語言と為す。

復た次に、持習の法に多種有りと雖も、今当《まさ》に略説すべし。秘密の門の持習の要に、其の三種有り。一には数、二には時、三には形像《ぎょうぞう》なり。云何《いか》んが数と名づくるや。謂わく、真言を習う一十・一百・千万等の数なり。云何んが時と名づくるや。所謂《いわゆる》七日・一月・一年、或るは復た一生、乃至、成仏までなり。云何んが形像なるや。謂わく、観行[一]を習いて光明を放たんことを求め、若《も》し未《いま》だ光を放たざれば即ち休息《くそく》せざるなり。是くの如きの三事は行者の意に随い、其の所願の如く法に依りて修持せよ。

復た次に、念珠を挍量《きょうりょう》するに五部[二]の差別《しゃべつ》あり。若し仏部を持せば菩提子《ぼだいし》[三]を用いよ。若し金剛部を持せば金剛子[四]を用いよ。若し宝部を持せば金・銀・頗梨《はり》、種種の諸宝を用いよ。若し蓮花部を持せば蓮花子[五]を用いよ。若し迦嚕摩《かるま》[六]部を持せば種種の間錯《けんさく》[七]の雑色の宝珠を用いよ。

復た次に、仏部の持念《じねん》を作すには、右の拇指《もし》・頭指《ずし》を以って念珠を執持し、余の指は普ねく舒《の》べよ。若し金剛部の持念には、右の拇指・中指を以って念珠を持せよ。若し宝部の持念には、右の拇指・無名指を以って念珠を執持せよ。若し蓮花部の持念には、大拇指・無名指・小指を以って念珠を執持せよ。若し迦嚕摩部の持念には、上の四種を用いて執持

一　観行　観心修行のこと。つまり心を静坐統一し真実を深くみつめる修行を実践すること。

二　五部　金剛界を仏部・金剛部・蓮華部・宝部・羯磨部の五部に分かつ称。

三　菩提子　一般には菩提樹の種子で作った数珠。Ⓣの bo-dhi-rtsi 果をいう。ヒマラヤ地方に産し、数珠を作るのに用いられるもので、菩薩樹の実に非ず。

四　金剛子　rudrākṣa 金剛樹（別名天目樹）の実で数珠に作るもの。不動尊などの金剛部の尊を念誦する時に用いる。

五　蓮花子　蓮花の実で数珠に作れるもの。

六　迦嚕摩部　karma 業（作用）を意味し羯磨つまり衆生のために慈悲を垂れて種々の事業をなす部門をいう。

七　間錯　ごちゃごちゃにまぜ合わせること。

すること、皆な得。
復た次に、所獲の功徳を挍量せん。若し香木等の珠を以ってすれば、一分の福を得。若し鍮石《ちゅうせき》・銅鉄を用いば、二分の福を得。若し水精・真珠を用いば、一[八]倶胝《くてい》分の福を得。若し蓮子・金剛子の珠を以ってすれば、二倶胝分の福を得。若し種種の諸宝を間錯《けんさく》すると及び菩提子とを用いば、無量無辺不可説不可説《ふかせつぷかせつ》分の福を得。即ち是れ過去の無量恒河沙《ごうがしゃ》の諸仏の所説なり。一百八数を念珠の量と為すべし。
復た次に、行者よ、金剛縛の印を結び、胸の前に当てて心を鼻端に繫《か》けよ。真言を持して曰わく、

[九]

唵一謨計娑摩三合嚩去日囉二合

瑜伽行者よ、此の真言を持して、自から此の想を作せ。我が心の中に一切智有り、洞達して無礙なりと。
復た次に、若し行者貧乏にして本尊の形像を図画することを辧《べん》ぜずんば、但だ随って一の仏像、或るは菩薩の像を取り、[一〇]仏塔の前に対して[一一]心を繫《か》けて住し、仏像を想念するに心は散乱せずして而も常に寂然なれば、即ち賢聖と異なること無し。若し心を鼻に繫くることを得るを最上品と為す。便ち諸もろの聖人に同じうして定んで異なること無し。

八 倶胝 koṭi 千万或いは億または京と数えられる大数のこと。

九 Oṃ mokṣa-vajra.（オーム、解脱金剛よ。） ㊅二八二上

一〇 仏塔 如来のストゥーパ（象徴として造られた建造物）をいう。

一一 心を繫けて住す 常に心に思い浮かべる。

護摩品[一] 第九

爾の時に、金剛手菩薩摩訶薩は仏の威神《いじん》を承けて、一切の瑜伽を修する行者の為めに、真実の内護摩の法を演説したもう。永く煩悩の賊と、及び一切の鬼神とを調伏《ちょうぶく》し滅せんが為めの故に、是の護摩を作して三昧を増長せよ。各おの本尊并びに本方の色を観ずべし。若し仏部の成就の護摩を作さば、瑜伽行者は諦《あき》らかに毘盧遮那如来を観じて、我れは即ち是れ金剛薩埵なり、其の身中より白光《びゃっこう》を流出《るしゅつ》すること浄琉璃[二]の如く内外明徹せり。月輪の中に於いて結跏趺坐せり。我が身中より光焰湧出して即ち円光と成り、自身を荘厳《しょうごん》すること最勝第一にして、一切衆生悉く皆な見ることを憙《よろこ》ぶ。想え、十方の諸仏皆な悉く白色にして、猶おし三千大千世界の微塵《みじんじゅ》数の量の如くに我が身中に入ると。是れを寂静護摩の法と名づく。

復た次に、若し調伏[三]《ちょうぶく》の護摩の法を作さば、当《まさ》に東方の阿閦《あしゅく》如来を観ずべし。其の身中より青光を流出して衆徳円満し、東方の月輪の中に坐して結跏趺坐せり。円光巍巍《ぎぎ》として自身を荘厳すること、十方世界に最勝第一なり。想え、一切の菩薩は金剛怒[四]《こんごうぬ》と作りて我が身中に入ると。煩悩と諸もろの悪鬼神とを摧滅するが故に。

若し求財[五]《ぐざい》の護摩の法を作さば、当に南方の宝生如来を観ずべし。想え、一切の菩薩は皆な悉く歓喜《かんぎ》して我が身中に入り、自からの身中より金色の光を流出し、瑩浄《けいじょう》円満にして南方の月輪の中に坐し、結跏趺坐して其の身を荘厳せり。衆生は見ることを憙び、一切の煩

一　護摩品　この一品は初めより終りに至るまで未伝法者の関わることを除く。この品には、五部の内護摩（homa）が説かれる。即ち、息災（śāntika）〔中、大日・白色光〕、調伏（abhicaraka）〔東、阿閦・青色光〕、求財（ākarṣaṇa）〔南、宝生・黄色光〕、敬愛（vaśikaraṇa）〔西、弥陀・赤色光〕、増益（pauṣṭika）〔北、不空成就・五色光〕である。この内護摩の修法は火壇に向って火を焚かず、ただ月輪に住して内心の煩悩を煩焼しつくすことをいう。

二　浄琉璃　清浄・透明な瑠璃宝をいう。

三　調伏　神・仏に祈り怨敵・魔障などを降伏すること。

四　金剛怒　煩悩・悪鬼などを破摧するため、こぼつことのできぬ怒りの姿となること。

五　求財　ākarṣaṇa 一般には鉤召(こうちょう)といわれる法で、自らの希望する境地へ入るように願う修法である。

悩をして心を乱ること能わざらしめ、一切の悪鬼敢えて親近《しんごん》せずと。

復た次に、若し愛敬[六]《あいきょう》の護摩を作さば、行者よ、当に西方の無量寿仏を観ずべし。其の身中より紅光を流出《るしゅつ》し、瑩浄円満にして西方の月輪の中に坐して結跏趺坐せり。衆生見んことを憙《よろこ》ぶ。自から此の想を作せ。十方世界の一切の菩薩は三千世界の微塵等の数の如く、百億の宝・無数《むしゅ》の瓔珞《ようらく》・無量の天衣《てんね》・種種の宝物を以って其の身を荘厳すること、猶おし無比天女の形状の如し。悉く我が身に入りて能く国王・大臣・一切衆生の見る者をして、悉く皆な歓喜せしむと。

復た次に、若し増益[七]《ぞうやく》の護摩の法を作さば、当に北方の不空成就如来を観ずべし。其の身中より五色の光を流出し、瑩浄円満にして北方の月輪の中に坐し、結跏趺坐して其の身を荘厳せり。衆生見んことを憙ぶ。想え、十方世界の諸もろの仏・菩薩は、三千大千世界の微塵等の数の如く、五色の光を放ちて我が身中に入り、能く一切の事業《じごう》をして通達せずということ無からしむと。

是くの如きの所説の内護摩《ないごま》の法は、過去の諸仏已《すで》に説き、未来の諸仏当に説くべし。現在十方の一切世尊、現に今、演説したもう。若し観行者の常に是くの如きの護摩の法を作さば、三昧・善法・福徳・智慧、日夜に増長し、一切の諸仏は行者に親近して摩頂[八]し護念したもう。若し瑜伽行者、能く是くの如きの内護摩の法を作せば、現身に一一の仏刹微塵等の数の諸仏世尊を見ることを得《え》、是の諸もろの如来は行者を哀愍[九]《あいみん》して、一切の悉地を成就することを得せしめん。諸天の宮殿・宝閣・金台《こんだい》、諸天の甘露宝器に盈満《えいまん》せる、乃至、阿修羅宮《あしゅらぐう》にても、皆な心に随いて行者の前に現ずることを得ること、譬《たと》えば、摩尼宝珠の

㊅二八二中

六　愛敬　一般にいう敬愛（vaśīkarana）甲乙両者の和合を来たらしめるために行う修法。

七　増益　pauṣṭika 物を増長・資益せしめる法にて福徳・繁栄を祈り、延命・聡慧・聞持不忘・薬法成就を求むるときこの法を修する。

八　摩頂　仏が大法の嘱累・授記のために弟子の頭頂をなでること。

九　哀愍　他の境遇・事情をみてあわれみいたみ憂うる情念。

虚空の中に懸りて能く一切衆生の愛楽《あいぎょう》の物を雨《あめふ》らすが如くならん。此の妙瑜伽最勝教主も、亦復《ま》た是くの如し。能く行者をして一切の世・出世の願を円満せしむ。瑜伽行者よ、応《まさ》に常に想願すべし。我れ無始より已来《このかた》、作る所の一切種種の善根を以って、悉く皆な十方無量の世界の一切の地獄・餓鬼・[一]傍生《ぼうしょう》・修羅・八難の受苦の衆生に廻施《えせ》し、所有《あらゆる》罪障を願わくば皆な消滅して如意の楽しみを得しめん。此の諸もろの衆生の所有《あらゆる》衆罪をもって、応に諸苦を受くべきをも、我れ此の身を以って、願わくば当に代わりて受くべし。一切の衆生は罪業既に除かれて、悉く当に成仏すべしと。真言を持して曰わく、

[二]

唵一薩嚕嚩二合倶奢羅謨羅儞二合波利那反舌呼摩野弭

此れは是れ廻向《えこう》発願の真言なり。

[三]爾の時に、灌頂《かんじょう》阿闍梨は弟子に告げて言わく、汝若し此の秘法を修せずんば、[四]三摩耶《さんまや》を破して生生世世に仏種を断滅せん。設《たと》い悪人有りて、十方界の一切の諸仏・諸大菩薩・仏眼血肉を殺すも、此の罪は尚お軽し。汝が罪は彼の五逆の衆生に過ぎたり。地獄に堕落するも尚お出期《しゅつご》有り。若し人、三摩耶の法を破壊《はえ》するは、地獄に入りて出期有ること無し。云何なるをか名づけて破三摩地と為るや。謂わく大瑜伽真実教王なり。云何なるをか名づけて三摩耶の法と為《す》るや。謂わく、[五]凡夫有り、[六]唯だ能く受くること有りて、修行すること能わざるなり。若し法を求むる人にして未だ[七]五種の灌頂の法を受けざる者には、此の瑜伽の法を与授《よじゅ》すべからず。若し阿闍梨の灌頂を与授せん時は、先ず須《すべか》らく三月其の心を観察し、然して後ちに灌頂の法を授与すべし。若し善心有りて深く慚愧を懐き、[八]調柔《ちょうにゅう》にして疾《やま》

一　傍生　tiryagyoni 旧に畜生というを新たに傍生という。傍行の生類である。

二　Oṃ sarva-kuśala mūlāni pariṇāmayāmi.（オーム、一切の善巧よ、我れは本源を円熟〔展現〕せしめん。）

三　爾の時に、灌頂阿闍梨……　㊅二八二下　以下は灌頂（abhiṣaka）を説く一段である。

四　三摩耶　samaya 平等・誓願・驚覚・除垢障の義をいい、かかる事象を起す菩提心をいう。

五　凡夫　pṛthak-jana 元来は一般人のことで凡庸の人をさす。いわば浅識遇鈍の者をいう。

六　唯だ能く受くること有りて……　行者の修行せんと欲して法門をうけ、惰弱によって終にこれを修することを廃せば必ず破三摩耶の罪に堕す。また未来弘通のために法を受けて弘通せざる者は、最後に断種は免れないとの意。

七　五種の灌頂　阿闍梨灌頂または伝法灌頂、受明灌頂または成就灌頂、息災灌頂または滅罪灌頂、増益灌頂または求果灌頂、降伏灌頂または除難灌頂。

八　調柔　心のやわらぐさま。

い無きを呼んで九法子《ほうし》と為し、然して後ちに伝授せよ。世間の父子は一生を継嗣《けいし》す。今、法子と為して能く一〇仏種を紹《つ》がせ、未だ成仏せざるより来《このか》たは慈念を断ぜず。父の子を愛するが如く、子の父を敬うが如くにせよ。是くの如きを名づけて三摩耶の法と為すと。金剛阿闍梨は即ち弟子の為めに真言を説きて曰わく、

一一 

唵一阿那三摩耶膩賀羅謎毘阿二合大呼吽大呼発吒反舌大呼

復た次に金剛阿闍梨よ、弟子の為めに此の真言の深義を説け。若し人三摩耶の法を破《は》せば、是の因縁に由りて、其の身破壊して砕《くだ》くること微塵の如くならん。彼の人の福徳自然に滅尽すること、猶おし朽樹の枝葉を生ぜざるが如し。若《も》し金剛阿闍梨の弟子の為めに灌頂を受《さず》けんと欲する時は、当に先ず教えて一二此の真言を習わしむべし。曰わく、

一三 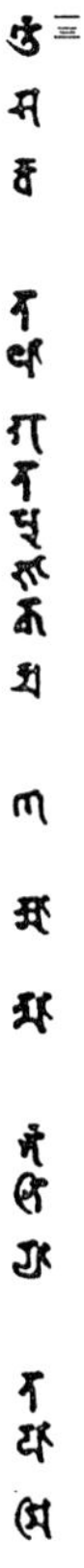

唵一薩魯嚩二合怛他引蘖多補惹迦魯摩二合那上反舌呼阿引都摩二合引難儞哩野二合引多耶引弭

復た次に、金剛阿闍梨よ、彼の弟子の為めに一四此の真言の所詮の義を説け。我れ今、身を以って一切の仏に施して、為めに種種の供養の事を作すが故にと。金剛阿闍梨よ、次に弟子に教えて真言を習わしめよ。曰わく、

一五 

薩魯嚩二合怛他引蘖多嚩去日羅二合迦盧摩二合倶魯𤚥引

復た次に、阿闍梨よ、彼の弟子の為めに真言の義を説け。願わくば、一切如来よ、我れを加護して、我れに金剛の事業を教えよ。金剛手菩薩の如く、平等にして異なること無く、

九 法子　仏道に随順して法に培われた者をいう。

一〇 仏種　仏果を生ずる種子。菩薩の所行をいう。

一一 Oṃ anasamayādiharamebhyaḥ hūṃ phaṭ.（オーム、三昧等を破することによって、フーンパット〔その身砕かれん〕。）

一二 此の真言　施身の真言である。　㊅二八三上

一三 Oṃ sarva-tathāgata pūjākarmeṇa ātmānaṃ niryātayāmi.（オーム、一切如来よ、供養の所作によって我れは自我を離れん。）

一四 此の真言の所詮　金剛事業の真言である。次に覆眼・金剛手の印・心中心の真言の順序を経、かくて弟子を引導して道場の門に到るのである。

一五 Sarva-tathāgata vajra karmam kuru mām.（一切如来よ、金剛〔阿闍梨〕よ、汝は我れに〔供養の〕所作をなさせよ。）

乃《ない》し未だ大菩薩の道を証せざるに至るまで、其の中間に於いて三宝に帰依《きえ》すべしと。此の願を発こし已りて、赤衣を著けしめ、緋帛《ひめん》をもって眼を覆いて脳後に繫《か》けよ。時に彼の弟子は金剛手の印を結べ。十指の頭を以って更互《たがい》に相い叉え、皆な掌の中に内《い》れて、右を以って左を押せ。此の印を結び已りて、金剛阿闍梨よ、当に弟子をして此の心中心の真言を習わしむべし。曰わく、

[一] 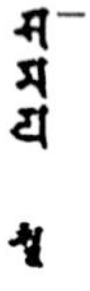

娑摩耶薩都婆儞四合

復た次に、阿闍梨よ、弟子に教えて手印を結ばしめよ。前の金剛手の印を改めて、左右の中指を竪《た》てよ。花鬘[二]を繫《か》け、弟子を引導して道場の門に到り、入道場の真言を習わしめよ。曰わく、

[三] 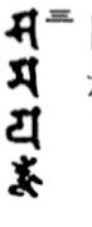

娑摩野吽長引

此の真言を持し已る時に、[四]阿闍梨よ、弟子の手を執りて道場に引入せよ。道場に入り已りなば便ち当に告げて言うべし。汝、今、一切如来の種族[五]の中に入ることを得、我れ当に汝が心中に金剛の智を生ぜしむべし。此の智を獲るが故に、一切如来の法身を証得す。何《いか》に況《いわ》んや世間の一切の悉地《しつじ》[六]をや。善男子よ、汝未だ道場に入らざる行者の為めに、此の法を説くこと莫《なか》れ。若し此の法を説かば、即ち三摩耶を破せんと。

是くの如く告げ已りて、阿闍梨は金剛薩埵の印を結べ。其の両拳を舒《の》べ、並べ仰《あお》むけて弟子の頂上に安んじて告げて言うべし。此れは是れ三摩耶なり。若し汝、未だ灌頂を受け

一　Samaya sattvum.（三昧に入りし有情なり。又たは〔菩薩と〕等しき有情となれり。）

二　花鬘　kusumamālā インドの風俗として花を多く結び貫ぬき、首あるいは身を飾るもの。もって仏前を荘厳する道具・飾りとする。

三　Samaya hūṃ（三昧よ、フーム。）

四　阿闍梨　ācārya　教授・軌範・応供養などの訳語あり。弟子の行為を矯正し、その軌則師範となるべき高僧の敬称。

(大)二八三中

五　種族　同一種類のもの。たぐい、ともがら。

六　悉地　siddhi 世・出世の法に通じ、三密相応して成就せる妙果、さとりの意。

ざる人の為めに此の法を説かば、金剛薩埵は当に汝が頭を破《わ》るべしと。此の語を告げ已りて金剛合掌の印を結べ。秘密の真言に曰わく、

七 

唵嚩去日嚕二合那迦吒反舌呼

此の真言を以って水を加持し已りて弟子の頂に与えて、為めに持念秘密の深義を説け。汝、此の水をもって金剛薩埵に汝が身中に入りたまえと願え。復た次に金剛阿闍梨よ、弟子に告げて言うべし。今より以往、汝、我れを見ること金剛手菩薩の如くにして異なること無かれ。我が言に違《い》すること莫《なか》れ。我れを軽慢《きょうまん》すること勿れ。若し汝、我れに違せば、命終《みょうじゅう》の後ちに八阿鼻獄《あびごく》に入らんと。

是くの如く告げ已りて、阿闍梨よ、当に発願して言うべし。一切如来は九無礙力《むげりき》をもって大曼荼羅を加護し、能く金剛薩埵をして、一〇速疾に弟子の身中に来入せしめよと。是の願を発《お》こし已りて、此の召入本尊の真言を習いて曰わく、

一一 

唵嚩去日囉二合謎奢訶大声

真言を持し已りなば、金剛阿闍梨は速疾に金剛薩埵の印を結び、此の偈を説きて言わく、

　此れは是れ金剛三摩耶なり　亦た金剛大薩埵と名づく
　刹那の頃《けい》に於いて不退を証す　最勝堅牢智《けんろうち》の金剛なり

此の偈を説き已りて、金剛阿闍梨は先に結ぶ所の金剛薩埵の印を以って、左の手の拳印を弟子の頂に安んじて、一二瞋怒《しんぬ》の眼を作し、弟子を視《み》て想を作して入れと言うべし。即ち、

七 Oṃ vajrodaka ṭhaḥ.（オーム、金剛水よ、願わくば虚空の如くあれ。）

八 阿鼻獄　avīci 無間地獄のこと。

九 無礙力　自在に通達・渉入してさわりなき力。

一〇 速疾　瞬時に価値の転換が行われるときに用いられることば。

一一 Oṃ vajra-veśa ha.（オーム、金剛身〔たらしめよ〕ハ。）

一二 瞋怒　自己の情に違背する事物に対して憎しみ憤り、心身を安らかにさせない心の働きをいう。

前の真言を習わしめよ。此れは是れ荘厳[一]出現大乗対法[二]の三摩耶金剛の語言なり。其の阿闍梨、此の真言を習わしむるに、三十七尊の此の弟子に於いて、昔《さき》に縁有る者は当に降臨[三]すべし。其の一尊に随いて心に入り已訖《おわ》りなば、当に五通[四]を獲《え》、三世を了知し、*不退地を得て諸もろの難事を作せども滞礙有ること無く、刀杖・毒薬・夜叉・悪獣も永く害すること能わず、一切の如来は当に護念を加うべく、一切の悉地速疾に現前して未曾有の安楽の事を得べし。或るは弟子の種種の三昧を得る有り、或るは種種の陀羅尼門を獲る有り。或るは一切の所願皆な円満することを得る有り、或るは当に無上菩提を証すべき有り。

爾の時に金剛阿闍梨は弟子の頂上の金剛拳を去《さ》けて弟子の心上を印し、弟子に教えて言わく、当に願わくば金剛堅く心中に住して、動ぜず揺がざること猶おし山王[五]の如くし、三世の中に於いて常に我れを捨てず、我が念心を加護し、及《およ》以び我れに一切の悉地を施したまえと。是の願を作り已り、真言[六]を習いて曰わく、

[七]

吽大声長呼唅大声短呼訶大声縛平訶急呼翳

真言を持し已りて、阿闍梨は復た弟子に教えて真言を習わしめて曰わく、

[八]

鉢羅二合底丁以反室奢二合下字平呼嚩去日囉二合翳

真言を持し已りて、時に阿闍梨は弟子の手を執り、道場の中に於いて諸もろの花を散ぜしめよ[九]。花の落つる処に随いて、即ち是れ本尊なり。此の花を捧げ取り、真言を習いて曰わく、

一 荘厳　alaṃkāra 美しく飾ること。　㊅二八三下

二 対法　abhidharma 四諦の理を対観し涅槃に対向せしめるものの意。ここでは無漏の智慧及びこれに付随して起る心・心所の働きをいう。

三 降臨　仏・菩薩が仏国土より来臨し給うこと。

四 五通　五神変・五神通ともいう。即ち天眼通、天耳通、他心通、宿命通、如意通（神境通・神足通）。

五 山王　山の王たる須弥山をいう。

六 真言　これは金剛堅住心中の真言である。

七 Hūṃ haṃ ba va ha he.（フーム、ハン、ハ、ワ、ハ〔金剛堅固 心よ〕、オー〔我れは持せり〕。）

八 Praticcha-vajra he.（秘められたる金剛〔心〕よ、オー〔我れは持せり〕。）

九 諸もろの花を散ぜしめよ……　これは「投華得仏」をいう。

一〇 

唵鉢羅二合底疑嚧二合翳穏那上二合反舌呼怛嚩合去二弭摩給摩訶嚩平囉

真言を持し已りて、即《すなわ》便ち本尊の頂に繋《か》け、其の花鬘《けまん》を以って本尊に安んじ已りなば、金剛薩埵は当に花鬘を受けて速やかに悉地を獲しむべし。

復た次に、阿闍梨よ、一一開眼《かいげん》の真言を習わしめよ。曰わく、

一二 

唵一嚩去日囉二合薩怛嚩去二合娑嚩二合娑浮呼爾多二合膩耶奢吉芻二合駄誐二合吒反舌那多怛摩二合

囉急呼盂駄誐引二合吒反舌呼野底薩嚕嚩二合吉史二合嚩去日囉二合奢吉芻二合囉努哆囉吽二合翳穏嚩去

日羅二合波写

此の真言を持し已りて、即ち両眼を開きて弟子に告げて言わく、金剛薩埵大菩薩摩訶薩は今日より自来《このかた》、汝が与《た》めに眼を開く。但し汝が肉眼を開くのみに非ず。已に一三五眼及び最大の一四金剛眼《こんごうげん》を開く。汝善男子よ、今のところは道場なり。是の時に金剛阿闍梨よ、一一の道場の中の事を教示せよ。便ち一切如来の加持を得、時に応じて本尊は心中に入りたもう。或るは種種の天上の宮殿を見、或るは種種の光明を見るは、或るは種種の神通を見るは、諸もろの如来の加持力に依るが故に、金剛手菩薩は玄《ひそ》かに其の前に現立して所求の事を問いて願に随いて便ち与え、乃至、大金剛智と一切種智と及び一切智とを授与したもう。

一五復た次に、阿闍梨は諸もろの事を教え已りて一六閼伽《あか》唐云円満瓶水《びょうすい》を取り、右の手に之れを盛り

一〇 Oṃ pratigrabaṇatvaṃ māṃ mahābāla.（オーム、我れ［本尊を］得たり。この大いなる力よ。）

一一 開眼　慧眼を開くこと。即ち仏道の真理を悟ること。ここでは閉じていた眼を開くとともに、成就者の境地が開かれたことも意味する。

一二 Oṃ vajra-sattva svayaṃ tadya ㊅二八四上 cakṣūdghāṭaṃ tanmātrodghāṭayati sarvākṣi-vajracakṣur anuttaraṃ he vajra-paś.（オーム、金剛薩埵は自から両眼を開き［それはただ汝がために］のみ開く。全ての眼（五眼）、最上の金剛眼は［開けり］、オー、金剛の観よ。）

一三 五眼　肉眼・天眼・慧眼・法眼・仏眼の五をいう。

一四 金剛眼　真理をみつめる不動なる仏の眼で、これ以上尊いもののない眼。

一五 復た次に……　以下は灌頂（abhiṣeka）と金剛名（vajra-nāma）と五股金剛（vajra）とを授記し終って、奉還の真言を習わしむることを明かす。

一六 閼伽　argha または arghya 元来は神・仏に捧げる供物のことをいい、転じて供物を入れる器の称となり、更に仏前または墓前に供える浄水の意味となり、今日は浄水の意に用いられる。

て灌頂《かんじょう》の真言を習わしめ、弟子に告げて曰わく、金剛手菩薩は、今日汝に最勝の灌頂を与えたもうと。此の語を作し已りて、水を頂上に灑《そそ》げ。即時に阿闍梨は金剛合掌の印を作り、弟子の両手に授与して、告げて言わく、一切如来の灌頂を与えたもうこと竟んぬと。是の語を作し已りて、阿闍梨は弟子の名の上に、金剛の字を加えて之れを呼べ。五股金剛を以って両手の掌中に安んじて弟子に告げて言うべし。此れは是れ一切如来の大智金剛なり。我れ今、持して以って汝が両手に授く。妙悉地を成就せしめんが為めの故にと。是の時に瑜伽行者、諸仏を送りて各おの本土[一]に還したてまつる真言を習いて曰わく、

[二]

唵倶噜二合帝平嚩去大声薩噜嚩二合薩怛嚩去噜吒二合下字反舌悉地噜怛二合陀引阿努反舌多羅誐室者二合急呼覩

鉿没駄毘沙浮呼野補那羅引誐摩那引野遮

瑜伽行者よ、真言を習い已りて金剛鈴を振ること[三]三遍せよ。

即ち自から高声に、十六金剛菩薩の一百八名を歌讃して力の堪能に随いて種種に供養せよ。爾の時に、行者は金剛の一百八名を歌讃して、至心に金剛縛の印を頂戴し、諸もろの仏・菩薩を送る真言を習いて曰わく、

[四]

唵嚩去日囉二合謎引吉沙二合牟上

真言を持し已りて即時に印を解け。行者よ自から想え、然も今、此の法は大慈毘盧遮那如来の、但だし鈍根の人を利益せんが為めの故に、大智慧海の中にて秘密の法を略出した

一　本土　本来の自分の仏国土のこと。

二　Oṃ kṛtvaṃ sarvasattvārtha si-
㊅二八四中
ddhir tathā anuttaagacchatu māṃ buddha-viṣaya punar āgamanya ca.（オーム、〔灌頂を〕なし終りて、全ての菩薩の目的の成就は、我れは無上〔の境界〕に行かせり。また、さらに、仏の境界に〔仏を〕帰還せしめたり。）

三　金剛鈴を振る……　「後鈴」の本説である。

四　Oṃ vajra-mokṣa muḥ.（オーム、金剛〔縛の印を得て〕解脱せり、ムフ。）

もうと。

時に、行者よ、是の法を作し已りて[五]廻向《えこう》し発願せよ。此の功徳に依りて、第一には国王、第二には父母、第三には施主、第四には法界の一切衆生、悉く皆な速やかに無上菩提を証せんと。

爾の時に、金剛手菩薩摩訶薩は諸もろの大衆に告げて言わく、広大の法は我が境界《きょうがい》に非ず。是れ仏の境界なり。我れ今、仏の大威神力を承けて略して諸仏境界瑜伽秘密真実の妙法大金剛界道場の法を説き已《おわ》んぬ。我れ曾《か》つて、過去の百千劫の中に諸もろの願海を修し、乃《すなわ》ち大慈毘盧遮那如来に遇いたてまつりて、第一の会の中に是の法を聞くことを得、第八地を超《こ》えて[六]等覚の位を証しき。此の秘密法は得難く遇い難し。設使《たと》い遇うことを得るも信心は生じ難し。汝等大衆は無量劫に於いて功を積《つ》み徳を累《かさ》ねて、今、是の法を得たり。若し是の法に遇《あ》わば、久しからずして当に菩提樹下の金剛宝座に坐して、諸もろの魔軍を摧《くだ》き無明の[七]殻《かく》を破し、煩悩の河を竭《つく》し、永く生死《しょうじ》を断じて、[八]無等等の阿耨多羅三藐三菩提を証すべし。諸もろの衆生の為めに大悲願を起こし、在在処処に広く宣べ流布《るふ》して衆生を利益し、法をして久しく住せしめ、[九]六趣を引導して菩提を証せしめよ。是の時に海会の一切の大衆仏の所説を聞きて、皆な大いに歓喜し、礼《らい》を作《な》して去りき。

諸仏境界摂真実経　巻下

五　廻向し発願せよ　四恩の廻向を説く。即ち、国王・父母・施主・法界の一切衆生とにである。

六　等覚　正覚に等しきさとりの意で、まさに妙覚の仏果をえんとする位である。一般には菩薩の位で最高の境地にあるをいう。

七　殻　1たまごのから。2すでに孵化したたまご。

㊅二八四下

八　無等等　asamasana 仏の尊称で、諸仏は世の衆生に対比するに等しき者なく、諸仏の法身は彼此同一なれば等と名づく。

九　六趣　地獄 (naraka)、餓鬼 (preta)、畜生 (tiryagyoni)、修羅 (asura)、人間 (marusya)、6天上 (deva) の六種である。

真実摂大乗現証大教王経

高橋尚夫　校註

㊅三一〇上

金剛頂《こんごうちょう》 一切如来真実摂《いっさいにょらいしんじつしょう》 大乗《だいじょう》 現証《げんしょう》 大教《だいきょう》 王経《おうきょう》

唐特進試 鴻臚卿《こうろきょう》 三蔵沙門《しゃもん》不空《ふくう》 詔《みことのり》 を奉じて訳す

巻の上

深妙なる秘密金剛界[一]の *大三昧耶《だいさんまや》の瑜伽《ゆが》[二]を修習《しゅじゅう》する儀 第一

(1) 薄伽梵《ばかぼん》 *大毘盧遮那に稽首《けいしゅ》す
能く自在を為す王たり 金剛界を演説し
(2) 無辺の功徳法あり [三]五解脱輪を成じ
[四]三十七智の身なり 我れ今帰命《きみょう》し礼《らい》す
(3) *瑜伽大教王は 一仏乗を開演し

一 秘密金剛界 『金剛頂経』に説く金剛界曼荼羅。
二 瑜伽 yoga の音写語。結びつくという意味で、自己を絶対者と結びつける修行方法。補註三七五頁参照。
三 五解脱輪 金剛界曼荼羅の中央にある五仏の座としての五個の月輪。五仏の解脱の境地を表す。
四 三十七智 金剛界曼荼羅の三十七尊。

〔一〕如来の三密蔵にして　是の乗に比べ喩うるもの無し
(4)最上にして最第一なり　唯仏のみの不共の智なり
成仏門に相応し　為めに悟入せし者《もの》は
(5)浄法身《じょうほっしん》を円成《えんじょう》す　三世の薄伽梵は
皆な此の法により成ず　是の故に諸もろの如来
(6)如理の法に敬礼《きょうらい》す　若し此の法を修《しゅ》す者は
善く師位に於いて住し　〔二〕族姓の相好を備えたり
(7)調柔にして心正直　〔三〕戒を以って常に身を厳《かざ》り
戒を以って常に身を厳り　清浄にして畏るる所無し
(8)此の秘密乗に於いて　決定《けつじょう》し
空《くう》と有《う》と〔四〕性相《しょうそう》の義を深く信解《しんげ》し　化導に随って応に作すべし
(9)大悲の方便に住し　諸もろの群品《ぐんぼん》を引接《いんじょう》し
能く所依せしむる者は　頓に如来の位を獲す
(10)すでに金剛界の　諸仏の大壇場に入り已って
如来の家に生在《しょうざい》し　法王の灌頂を受く
(11)聖会《しょうえ》を瞻礼《せんれい》し　菩提心を捨てず
阿闍黎を恭敬《くぎょう》し　一切仏に等同なり
(12)所有言教誨《あらゆるごんきょうげ》を　皆な当に奉行し尽くす
諸もろの同学処に於いて　嫌恨の心を生ぜず

一　如来の三密蔵　如来とは一切如来、すなわち大毘盧遮那で、その化現したまえる金剛界曼荼羅の諸尊との三密瑜伽を説く教えの意。　(大)三一〇中

二　族姓　kula　ここでは如来の種族といった意味。

三　戒……　この一句重複。

四　性相の義　悉有仏性の意。

二

(13) 金剛手の如く敬し　乃至諸もろの含識《がんしき》
亦た応に軽悩すべからず　諸天神仙等
(14) 皆な応に礼事《らいじ》すべからず　応に毀し陵蔑《りょうべつ》する勿れ
観る所の諸もろの法具　故に応に[五]騎《き》蹇《けん》すべからず
(15) 此の大場内の　諸聖の執持する所と為す
親しく阿闍黎より　伝教灌頂を得
(16) 明らかに三摩耶《さんまや》と　諸もろの正遍知《しょうへんち》の道を解す
広略の教えに通明し　身語心に瑜伽す
(17) 曼拏囉に妙解《みょうげ》し　真言の実義を了す
是くの如き阿闍黎は　諸仏の称讃する所
(18) 薄伽梵　大毘盧遮那に等同なり
即ち是れ諸もろの如来　[六]金剛蓮華手
(19) [七]虚空巧業尊　故に応に堅く守護すべし
本尊三昧耶　身命において倍過す
(20) 常に外の儀式を修し　[八]洗漱し[九]歯木を嚼《か》む
[一〇]荳蔻《とうこう》を啗《く》らい　塗香は　身口をして香潔ならしむ
(21) 応に薫雑《くんぞう》と　酒肉と諸もろの残触を食すべからず
飲食《おんじき》は諸過を離れ　応に他人に与うべからず
(22) 床鋪座臥を同じくし　常に身を潔め　服を浄む

五 騎蹇　騎はまたぐ、蹇はそこなう。軽率に扱うこと。

六 金剛蓮華手　金剛は阿閦如来を中心とする金剛部の諸尊を代表する金剛薩埵。蓮華手は無量寿如来を中心とする蓮華部（法部）の諸尊を代表する金剛法菩薩。

七 虚空巧業尊　虚空は宝性如来を中心とする宝部の諸尊の代表金剛宝菩薩。巧業尊は不空成就如来を中心とする羯磨部を代表する金剛業菩薩。

八 洗漱　手・顔を洗い、口を漱ぐ。　大三一〇下

九 歯木 dantakaṣṭha 楊子、歯を磨く小木。また三昧耶戒の受法に用いられる。詳しくは『大日経疏』具縁品（大三九・六二六下）参照。

一〇 荳蔻　木の名。草荳・肉荳・自荳の三種があり、種子の中の仁は香気があり香料や薬用にする。『略出念誦経』（大一八・二二五上）に「口に白豆蔻を含み、龍悩香を嚼み、口気をして香（かんば）しからしめ」とある。口中に含んで香気を満たすもので、わが国では丁字（ちょうじ）の蕾を乾燥させたものを用いている。

内外《ないげ》をして無垢《むく》ならしめ　応に爪甲を長くすべからず
(23) 穢に居すは教えに違うが故に　内とは所謂《いわゆる》[一]六根[二]なり
三密を用いて浄除す　外とは謂わく諸もろの儀則なり
(24) 法とは香水の灌頂なり　或るいは外縁備わらざれば
即ち法を以って浄除す　此の理趣最勝なり
(25) 当に嚂《らん》[三]字を観念すべし　内外の垢を浄除す
沐《もく》さずして浴を成す　盪滌《とうてき》は虚空に等し
(26) 無垢にして法界の如し　事理倶に相応す
如来最とも称讃す　初めに金剛定より起つ
(27) 普ねく諸もろの群品を覚る　行は即ち如来の行
坐は即ち如来の坐　諸もろの無言説に入る
(28) 一音《いっとん》は法界に遍じ　復[四]た大悲念を与う
無余の有情と　器世間を尽くして利楽《りぎょう》し
(29) 如来の土を厳浄《ごんじょう》す　若しは自他
勝れた大曼拏囉を建立す　地を選び壇場を結ぶ
(30) 経の所説の如きは　上に妙天蓋を施し
周匝《しゅうそう》して悉く旛を懸く　瑜鬘鈴珮等
(31) 間錯《けんさく》して垂れ　供養　布《あま》ねく諸尊位に散ず
時華を散じ荘厳す　[五]賢瓶・閼伽《あか》水・

一 所謂　(大)には「所為」とあるも脚註(甲)を取る。

二 六根　眼・耳・鼻・舌・身・意の感覚器官。

三 嚂字　嚂（ram）はラ（ra）の字に空点（anusvāra）をつけたもので、ラはラジャス（rajas）の頭文字。塵垢（煩悩）を意味する。それを空点にて空じることにより、煩悩を浄除することを表す。

四 復た　(大)には「後ちに」とあるも脚註(甲)を取る。

五 賢瓶　(大)には「賢妃」とあるも脚註(甲)を取る。

(32) 焼香・華・塗香　燈明及び飲食を
金・銀・宝の器に盛り　及び浄梵[六]等を以ってす
(33) 真言の香水を灑し　復《ま》た焼香を以って熏ず
壇の四辺に陳設し　諦心して供養を為せ
(34) 瑜伽を修行する者は　曼拏囉に入る毎に
身は普賢の如し　足歩に蓮華を蹈むと観ぜよ
(35) 精室の門に趣き　戸を閉ざし[七]吽《うん》字を称《とな》えよ
目を怒らせ不祥を除け　即ち五体投地し
(36) 世尊の足　及び一乗の法と僧とに敬礼《きょうらい》す
即ち長跪合掌《ちょうきがっしょう》して　心を聖衆に対して運べ
(37) 勧請し廻向を願う　具法者は応さに
金剛三摩地に入るべし　[八]𑖨𑖽《ラン》字の智火を発こし
(38) 虚妄の因を焼除す　情器は虚空に等し
如理作意と名づく　心は理の如く成就す
(39) 是れを名づけて法性とす　法は法位に安住す
是れを名づけて法界《ほっかい》とす　復た身口心を加〔持〕し
(40) [九]三密三身を成ぜる　真言行の菩薩は
応当《まさ》に善く修習《しゅじゅう》すべし　塗香《ずこう》を遍ねく手に塗り
(41) 復た焼香を用いて熏じ　器世間を浄める

六　浄梵　(大)脚注(甲)に「瓷」とある。瓷とは磁器のこと。　(大)三二一上

七　吽字　hūṃ　降伏を意味する。

八　𑖨𑖽子の智火　先にはラの字はラジャス（塵垢）の頭字であったが、ここではravi（太陽）の頭字と考えられ、太陽の熱（智火）にて煩悩を焼尽することを表す。

九　三密三身　身・口・意の三密と法・報・応の三身。

〈浄地〉

[一]寂光華蔵の印を結べ　即ち定慧の手を以って
離塵の法を観念し　[二]真言を是くの如く称す

1 唵《オン》引 囉《アラ》儒《ジュ》波《ハ》誐《ギャ》怛《タク》薩《サラ》嚩《バ》達《タラ》摩《マク》引

〈浄身〉

次に当に三業を浄むべし　[三]身本より清浄なりと観じ
此の真言の明《みよう》を誦すべし　三業皆な浄なることを得
浄身の真言に曰わく

2 唵《オン》引 薩《ソ》嚩《ワ》二合 娑《ハン》嚩《バ》秫《シュ》駄《ダ》薩《サラ》嚩《バ》達《タラ》摩《マ》薩《ソ》嚩《ワ》二合 娑《ハン》嚩《バ》秫《シュ》度《ド》憾《カン》

此の真言に由るが故に　其の身法器と成る

〈観仏〉

虚空に於いて仏を観るに　遍満すること胡麻の如し
則ち[四]遍照の明を誦さば　歴然と諸仏を見る
[五]観仏の真言に曰わく

3 欠《キャン》嚩《バ》日《ザ》囉《ラ》二合 駄《ダ》覩《ト》

〈金剛起〉

諸もろの如来を[六]警覚す　[七]檀慧相《あ》い鉤《こう》し竪《た》てる
進力二相《あ》い拄《ささ》う　是れを名づけて起印と為す

4 唵《オン》引 嚩《バ》日《ザ》囉《ラ》二合 底《チ》瑟《シュ》姹《タ》二合 吽《ウン》

一　寂光華蔵の印　金剛合掌。

二　真言　浄地の真言。㊈には「器界皆清浄」とある。

三　身本より　㊈には「観法本清浄」とある。

四　遍照の明　遍照すなわち毘盧遮那如来の真言。先ず毘盧遮那如来の真言をとなえ、曼荼羅の諸尊を出現させる。

五　観仏の真言　キャン（kham）は虚空の意。虚空に遍満する仏を観る。バザラダト（vajradhātu）は毘盧遮那如来の灌頂名。金剛界とは、その身・口・意が金剛の如く堅固なる存在の意。

六　警覚　次の金剛起印を結び、真言を唱えることによって、本尊が警覚し三昧から出る。

㊅三一一中

七　檀慧　二種金剛拳にし、檀（右の小指）慧（左の小指）を鉤結し、進（右の頭指）力（左の頭指）を立て合わせる。真言を唱えながらこの二頭指を三度挙げる。これは定から諸仏を起たせることを示している。金剛起印とも、警覚印ともいう。

〈四礼〉（阿閦）

[八]吽《ウン》字を心に想え　変じて五智杵[九]と成る
応に身中に遍ずる　所有微塵数《あらゆるみじんしゅ》は
金剛薩埵と為ると想うべし　[一〇]金剛掌にし臂を舒《の》べ
全身を地に委《まか》せて礼《らい》し　身を捨して法界《ほっかい》に遍じ
阿閦尊《あしゅく》に奉献《ぶごん》し　尽《ことごと》く礼《らい》し諸仏に事《つか》えよ

真言に曰わく

5 唵《オン》引 薩嚩《サラバ》怛他《タタ》誐哆《ギャタ》一 布唨播《ホジュハ》引 薩他《サタ》二合 曩野《ノウヤ》怛摩《タマ》二合 喃《ノウ》二 𡅏哩也《ニリヤ》二合 哆野弭《タヤミ》三 薩嚩《サラバ》怛他《タタ》引 誐哆《ギャタ》四 嚩日囉《バザラ》二合 薩怛嚩《サトバ》二合 五 地瑟姹《ジシュタ》二合 娑嚩《ソバ》二合 鋡《マン》六 吽《ウン》七

（宝生）

次に[一一]怛啰《タラク》字を額に想え　金剛宝と〔成る〕
身宝形と為ると想え　身中の微塵数は
[一二]金剛蔵と成ると想え　全身にて額を以って礼す
金剛掌を心に於いてし　宝生尊に奉献せよ
無辺の刹《せつ》に於いて　首に五仏の冠を持して
一切の仏頂に灌《そそ》ぐと想え

真言に曰わく

6 唵《オン》引 薩嚩《サラバ》怛他《タタ》誐哆《ギャタ》一 布惹《ホジャ》鼻曬《ビ》迦野《セイキャヤ》怛摩《タマ》三合 喃《ノウ》二 𡅏哩也《ニリヤ》二合 哆野弭《タヤミ》三 薩嚩《サラバ》怛他《タタ》誐哆《ギャタ》四 嚩《バ》日囉《ザラ》二合 囉怛那《アラタンノウ》二合 五 鼻曬《ビ》左娑嚩《シンチャソバ》二合 鋡怛啰《マンタラク》六

八　吽字　hūṃ 字。
九　五智杵　(蓮)には「五股杵」とある。
一〇　金剛掌　金剛合掌。
一一　怛啰字　trāḥ 字。
一二　金剛蔵　Vajragarbha　金剛宝菩薩に同じ。宝生如来の四親近の第一。

（無量寿）
[一]紇哩《キリ》字を口において観ぜよ　即ち八葉の蓮を想え
身を観じて蓮華と為し　身中の微塵数は
[二]金剛法と成ると想え　全身にて口を以って礼せよ
金剛掌を頂に於《お》き　無量寿に奉献せよ
遍ねく諸仏の会を想い　而して転法輪を請え
真言に曰わく
7 唵《オン》引 薩嚩怛他誐哆《サラバタタギャタ》一 布惹鉢囉《ホジャハラ》二合 嚩哆曩野怛摩《バリタノウヤタマ》二合 喃《ノウ》二 禰哩也《ニリヤ》二合 哆野弭《タヤミ》三 薩嚩怛他《サラバタタ》
誐哆《ギャタ》四 嚩日囉《バザラ》二合 達磨《タラマ》五 鉢囉《ハラ》二合 嚩哩哆《バリタ》二合 野娑嚩《ヤソバ》二合 鋡《マン》六 紇哩以《キリク》三合七

（不空成就）
[三]阿字を頂に於いて想え　変じて[四]業金剛と為る
身[五]普金剛なりと観ぜよ　身中の微塵数は
皆[六]な金剛業と成る　全身にて頂を以って礼せよ
金剛掌を心《むね》に当て　不空尊に奉献せよ
普ねく集会に於いて想い　金剛業の身を観ぜよ
而して大供養を作す
真言に曰わく
8 唵《オン》引 薩嚩怛他誐哆《サラバタタギャタ》一 布惹迦磨抳阿怛摩《ホジャキャラマニアタマ》二合 喃《ノウ》二 禰哩也《ニリヤ》二合 哆野弭《タヤミ》三 薩嚩怛他誐哆《サラバタタギャタ》四 嚩《バ》
日囉《ザラ》二合 迦磨《キャラマ》五 倶嚕娑嚩《クロソバ》二合 鋡《マン》六 阿《ア》入声七

一 紇哩字　hrīḥ 字。
二 金剛法　無量寿如来の四親近の第一金剛法菩薩。　(大)三一一下
三 阿字　aḥ 字。
四 業金剛　羯磨（かつま）金剛杵。三鈷杵を竪横に組み合わせた金剛杵。十字金剛杵、或いは十二（鈷）杵ともいう。
五 普金剛　(蓮)には「業金剛」とある。前注に同じく羯磨金剛杵のこと。
六 金剛業　不空成就如来の四親近の第一金剛業菩薩。

〈金剛持遍礼〉
次に金剛持大印を結べ[七]　禅慧檀智を反し相い叉《さ》えよ
右膝を地に著け頂上に置き　一一《いちいち》如来の足を礼すと想え
指を舒《の》べ頂より垂帯の如くし　心《むね》より旋転し舞勢の如くして
金剛合掌にし頂上に置け
真言に曰わく
9 唵《オン》引 薩《サラ》嚩《バ》怛《タ》他《タ》誐《ギャ》哆《タ》一 迦《キャ》野《ヤ》弭《ミ》嚩《バ》枳《キ》唧《シッ》哆《タ》二 嚩《バ》日《ザ》囉《ラ》二合 鉢《ハ》囉《ラ》二合 拏《ド》毎《メイ》三 嚩《バ》日《ザ》囉《ラ》二合 満《マン》娜《ダ》喃《ナン》迦《キャ》
嚕《ロ》弥《ミ》四 [八]唵《オン》引 嚩《バ》日《ザ》囉《ラ》二合 吻《ヒツ》尾一切五

〈五悔〉（第一、至心帰依）
十方の等正覚と[九]　最勝の妙法と菩薩衆とに帰命《きみょう》す
身口意の清浄業を以って　殷勤に合掌し恭《うやうや》しく敬礼す

（第二、至心懺悔）
無始より諸有《しょう》の中に輪廻し　身口意業より生ずる所の罪を
仏菩薩の懺悔する所の如く　我れ今陳懺すること亦た是くの如し

（第三、至心随喜）
[10]［我れ今深く歓喜心を発《お》こして　一切の福智聚に随喜《ずいき》す］
諸仏菩薩の行願の中　金剛三業より生じる所の福
縁覚声聞《えんがくしょうもん》及び有情《うじょう》の　集むる所の善根に尽く随喜す

（第四、至心勧請）

七　金剛持大印　金剛部三昧耶の印を結び、この印を頂上に置き、次に印を解いて五指を伸べ、帯を垂らすが如く胸の前にて三度旋舞し、最後に金剛合掌にし、頂上に置く。

八　唵嚩日囉吻　oṃ vajra viḥ　この句は流派によって最初に誦ずるもの、或いは最初と最後に誦するものもある。この句の最後の吻（viḥ）は『金剛界黄紙次第』（『弘法大師全集』第二輯、二〇三頁）には「頂」の意とする。viśeṣa 或いは viśiṣṭa の頭字と理解し、頂＝最勝とする。

九　十方の……　以下五悔（至心帰依、至心懺悔、至心随喜、至心勧請、至心回向）を説く。

10　［我れ今深く……］　(大)(蓮)ともにこれを欠くも、(毘)により補う。

(大)三一二上

[一]一切の世燈は道場に坐し　覚眼開敷して[二]三有を照らす
我れ今[三]胡跪《こき》して先ず勧請す　無上の妙法輪を転じたまえと
所有《あらゆる》如来・三界主・　[四]般無余涅槃《はつむよねはん》に臨める者に
我れ皆な勧請す　久住せしめ　悲願を捨てず世間を救せんと

（第五、至心回向）

懺悔と勧請と随喜の福により　願わくは我れ菩提心を失なわず
諸仏菩薩の妙衆の中に　常に善友《ぜんゆう》と為って厭捨せず
[五]八難を離れて無難に生じ　[六]宿命住智あって身を相(荘)厳し
愚迷《ぐまい》を遠離して悲智を具し　悉く能く[七]波羅蜜を満足し
富楽豊饒《ぶらくほうじょう》にして[八]勝族に生じ　眷属は広多にして常に熾盛《しせい》なり
*四無礙辯と*十自在と　[九]六通と諸禅とを悉く円満し
*金剛幢《こんごうどう》及び普賢《ふげん》の如く　願讃《がんさん》し廻向すること亦た是くの如し

〈勝願〉

行者の広大な願は　次に応に[一〇]勝心を発こすべし
願わくば一切の有情　如来に称讃せられ
世間出世間に　速やかに勝悉地を成ぜん
[一一]合掌して真言に曰わく

10 唵《オン》引 薩嚩《サラバ》怛他《タタ》誐哆《ギャタ》一 商悉哆《ショウシンッタ》入声 薩嚩《サラバ》薩怛嚩《サトバ》二合 喃《ナン》二 薩嚩《サラバ》悉馱《シッダ》薬《ヤク》三 三播《サンハ》儞《ニ》演《エン》二合 耽《タン》引 怛《タ》他誐哆《ギャタ》引四 室左《シッシャ》二合 地底瑟姹《チチシュタ》二合 耽《タン》去声引五

一 一切の世燈　一切世間の迷妄を照す法身毘盧遮那如来のこと。
二 三有　三界に同じ。欲界・色界・無色界の迷いの存在。
三 胡跪　ひざまづくこと。
四 般無余涅槃……　般涅槃（parinirvāṇa）せんとしている一切の諸仏に、涅槃することなく、この世にとどまり、有情済度の誓願を捨てずに世間を救済せんことを勧める。
五 八難　梵行（清らかな行い）を行じ得ない三悪趣（地獄・餓鬼・畜生）などの八種の境界。
六 宿命住智　六神通の一。過去世のことを知る能力。
七 波羅蜜　pāramitā 到彼岸と訳す。ここでは檀・戒・忍・進・禅・慧・方便・願・力・智の十波羅蜜をさす。
八 勝族　如来の家。
九 六通　人智を越えた六種の神通力。神足・天眼・天耳・他心・宿命・漏尽通の六種。
一〇 勝心　勝願ともいい、世間出世間のあらゆる悉地を成就せんとの広大な誓願を起すこと。
一一 合掌　金剛合掌。

〈金剛眼〉

*𑖦摩𑖘吒を両目に於いて　応に日月と為ると観ずべし
二手を金剛拳になし　各《おの》おの腰側に安《お》け
遍ねく空中に仏を視よ　諸仏皆な歓喜す
所有《あらゆる》香華等　及び余の供養の具を
此の目に因って瞻覩《せんと》せば　垢を去り清浄と成る
辟除《びゃくじょ》し結界を成ず

真言に曰わく
11 唵《オン》引 嚩日囉《バザラ》二合 涅哩《チリ》二合 瑟致《シュチ》二合 麼吒《マタ》

〈金剛合掌〉

[三二]福智二羽を合し　十度の初分と交《まじ》う
名づけて金剛掌と為す　一切印の首《はじ》めなり

真言に曰わく
12 唵《オン》引 嚩日囉《バザラ》二合 惹礼《ジャレイ》引

〈金剛縛〉

即ち彼の金剛掌の　十度を結して拳と為す
名づけて金剛縛と為す　能く結使《けっし》[三三]の縛を解く

真言に曰わく
13 唵《オン》引 嚩日囉《バザラ》二合 満駄《マンダ》引

三二　福智二羽　福は左手、智は右手、二羽は両手、十度は十指の異名。　(大)三一二中

三三　結使　煩悩のこと。

〈開心〉
即ち金剛縛一を以って　能く第八識二を浄《きよ》め
亦た雑染《ぞうぜん》の種を除く　*𑖝𑖿𑖨怛囉《タラ》二合 𑖘吒《タ》の二字を
両の乳に安《お》くと想え　二羽金剛縛にし
掣《ひ》き開くこと戸枢《こすう》三の如し
真言に曰わく
14 唵《オン》引 嚩日囉《バザラ》二合 満駄怛囉《マンダタラ》二合 吒《タ》引

〈入智〉
四即ち金剛縛を以って　禅智を屈し掌の
檀慧戒方の間に入れ　*無漏智を召して
蔵識の中に入れると想え
真言に曰わく
15 唵《オン》引 嚩日囉《バザラ》二合 吠捨噁《ベイシャアク》引

〈合智〉
五即ち前の印相を以って　進力を禅智に拄《ささ》え
六心門に附するを以って　無漏智堅固なり
真言に曰わく
16 唵《オン》引 嚩日囉《バザラ》二合 母瑟致《ボシュチ》二合 鑁《バン》

〈普賢三昧耶〉

一 金剛縛　その形の月形であるところから、月輪に象徴される菩提心を表す。

二 第八識　阿頼耶識（ālayavijñāna）のこと。ここでは唯識の説く有漏雑染の妄識をさす。

三 戸枢　扉の回転軸とその軸受。（蓮）には「戸扉」とあり、扉のこと。扉を開くように胸を開くことをいう。

四 即ち……　二手外縛し、二大指を屈して掌の二小指二無名指の間に入れる。流派によって多少の相異がある。豊山伝流によれば「外縛して大指を掌に入れ、三度出入する」とある。

五 即ち……　前の印、すなわち外縛して二大指を掌中に入れ、二頭指をもって大指の節の上におく。金剛拳三昧耶契ともいう。

六 心門……　開心にて胸を開き、入智にて遍入した無漏智を堅固ならしめるために心殿の門戸を閉じることをいう。真言の鑁（bam）は bandha（緊縛）の意味である。

七 二羽金剛縛にし 忍願を針の如く竪て
纔《わず》かに真言を誦し已れば 自身普賢と成り
月輪上に坐す 身前に普賢を観ぜよ

真言に曰わく

17 唵《オン》引 三摩野《サンマヤ》薩《サ》怛《ト》鑁《バン》引三合

〈**極喜三昧耶**〉

行者次に応に 八大誓真実の契を結ぶべし
二羽金剛縛にし 檀慧禅智を竪て
忍願交えて掌《たなごころ》に入れ 指面をして相い合わせしめ
二度を以って心《むね》を刺す 名づけて大悲箭《だいひせん》と為す
九厭離心を射るを以って *三昧耶を極喜し
本誓の願を警覚《きょうがく》す

真言に曰わく

18 唵《オン》引 三摩野斛《サンマヤコク》二合 素怛囉薩怛鑁《ソタラサトバン》引三合

〈**降三世**〉

行者次に応に 10降三世大印を結ぶべし
二羽忿怒拳にし 檀慧背《そむ》けて鉤結し
進力の二を背《そむ》けて竪《た》て 身忿怒王なりと想え
八臂にして四面 笑怒し恐怖《くふ》の形なり

七 二羽…… 外縛して二中指を針のようにする。身の四処（心・額・喉・頂）を加持する。立てた二中指は独鈷杵を表し、堅固菩提心を象徴する。

八 大誓真実の契 外縛して二小指、二大指を立て合わせ、二中指を掌中に入れ面を相い合わせて胸を刺す。箭の形をしているので箭の印ともいう。

(大)三一二下

九 厭離心 この世を厭い離れたいとする心。密教ではこの心を声聞・縁覚の心とし、この世に留まって有情済度に励むべきであるとする。すなわち大悲の箭をもってこの厭離心を射るのである。

10 降三世大印 二手を忿怒拳になして、背を相い合わせ、二小指を鉤結し、二頭指を開き立てる。真言を一遍唱えるうちに、この印を左に三度旋転することにより諸魔を除き、右に三度旋転することにより諸魔が入らぬよう結界する。

四牙にして熾盛身なり　右足は笸《の》べ左は直くす
*大天及び后を蹋《ふ》む　声を厲《はげま》して真言を誦し
〔印を〕十方に旋転せよ　左に転ずるは辟除《びゃくじょ》を為す
右に旋《めぐ》らすは結界を成ず

真言に曰わく

19 唵《オン》引 遜《ソ》婆《バ》𩕳《ニ》遜《ソ》婆《バ》𩕳吽《ウン》一 訖《ギャ》哩《リ》二合 賀《カン》拏《ダ》二合 訖《ギャ》哩《リ》二合 賀《カン》拏《ダ》二合 吽《ウン》二 訖《ギャ》哩《リ》二合 賀《カン》拏《ダ》二合 播《ハ》野《ヤ》 吽《ウン》三 阿《ア》曩《ノウ》野《ヤ》斛《コク》婆《バ》誐《ギャ》鑁《バン》四 嚩《バ》日《ザ》囉《ラ》二合 吽《ウン》五 発《ハッ》吒《タ》引六

〈蓮華部三昧耶〉

次に金剛蓮[一]を結べ　二羽金剛縛にし
檀慧禅智を竪てよ　蓮華三昧耶なり
蓮華部の　転輪[二]の主宰と成るを得ん

真言に曰わく

20 唵《オン》引 嚩《バ》日《ザ》囉《ラ》二合 鉢《ハン》納《ド》摩《マ》二合 三《サン》摩《マ》野《ヤ》薩《サ》怛《ト》鑁《バン》引三合

〈法輪〉

阿《あ》頼《ら》耶《や》識《しき》の中に　菩提に違背する種あり
次に法輪印[三]を結べ　*厭離の輪を摧破す
即ち前の蓮華印に　檀慧をして交え竪て
自の心《むね》を摧掣せよ　即ち二乗の種を滅す

真言に曰わく

一　金剛蓮　外縛して二大指、二小指を立て合わせ、金剛蓮花の形にする。二大指、二小指は独鈷杵を、外縛は未敷蓮花を示している。

二　転輪の主宰　蓮花部は法部に相当し、説法の徳を司る。すなわち転法輪の主宰とは観自在菩薩をいう。

三　法輪印　前の蓮華部三昧耶の印の如くし、二小指を交え立てる。

21 吽《ウン》一 吒《ダ》引 枳《キ》重声 娑普《ソホ》二合 吒《タ》引 野《ヤ》二 摩賀尾囉誐《マカビラギャ》三 嚩日囕《バザラン》二合 嚩日囉《バザラ》二合 馱囉《ダラ》四 薩帝曳《サチエイ》合五
二 囊 《ノウタク》勅角切

〈大欲〉
次に大欲[四]の印を結べ　二羽金剛縛にし
禅を智の虎口に入れ　誦すに随って出入せよ
真言に曰わく
22 唵《オン》引 素囉哆《ソラタ》一 嚩日囕《バザラン》二合 弱吽鑁斛《ジヤクウンバンコク》二 薩摩野薩怛鑁《サンマヤサトバン》二合三引

〈大楽不空身〉
大楽不空の身なり　印契[五]は上に同じ
普ねく諸有情をして　速やかに如来地を証せんと願う
瑜伽[六]を修行する者は　自から大染智[七]を成じ
菩提の大欲を満たし　大悲の種を円成す
真言に曰わく
23 唵《オン》引 摩賀素佉《マカソキャ》一 嚩日囕《バザラン》二合 娑《サ》引 馱野《ダヤ》二 薩嚩薩怛吠《サラバサトベイ》二合三 毘喩《ビユ》二合 弱吽鑁《ジヤクウンバン》引 斛《コク》四

〈召罪〉
次に召罪[*]の印を結べ　二羽金剛縛にし
忍願を伸べて針の如くし　進力を屈して鉤の如くす
大悲愍の心を起こして　来去して観想せよ
諸有情の罪を召せんと　自身の三悪趣[八]の

四　大欲の印　外縛して右の大指を左の大指と頭指との間に入れ、三度出入させる。

五　印契　前の大欲の印に同じ。但し大指を出入させない。大楽不空身とは大欲を満足し、大楽を究竟したことをいう。この大欲と大楽の印契の象徴するところは推して計るべし。

六　瑜伽……　(蓮)並びに(大)脚註(甲)には次句との間に次の三句が入る。「応にかくの如き心を発こすべし。衆生を成熟しおわって、次にまさに一切を召すべし」。

七　大染智　(大)には「大深智」とあるも、(蓮)の脚註により改める。染と深の誤写であろう。

八　三悪越　地獄・餓鬼・畜生に落ちた一切の有情たちの罪を招くのである。

衆罪を掌に召入せよ　黒色にして雲霧の如し
衆多の諸鬼形となると
一真言に曰わく
24 唵《オン》引 薩嚩播波《サラバハンバ》一 迦哩灑《キャリシャ》二合 拏《ダ》二 尾戍駄曩《ビシュダノウ》三 嚩日囉《バザラ》三合 薩怛嚩《サトバ》
四二合 三摩野《サンマヤ》五 吽《ウン》六 弱《ジャク》引七

〈摧罪〉
次に二摧罪の印を結べ　八度を内に相い叉え
忍願を前の如く竪つ　応に独鈷杵《とこしょ》〔となると〕観ずべし
当に自身の相　変じて降三世と成ると観ずべし
声を厲《はげ》しくし真言を誦し　内心に慈悲を起こせ
応に忍願を三拍すべし　諸有情の罪を摧いて
三悪皆な辟除《びゃくじょ》す
真言に曰わく
25 唵《オン》引 嚩日囉《バザラ》二合 播抳《ハニ》一 尾娑普《ビソホ》二合 吒《タ》引 野《ヤ》二 薩嚩播野満駄曩額《サラバハヤマンダノウニ》三 鉢囉《ハラ》二合 謨訖囉《ボキシャ》二合 野《ヤ》
四 薩嚩播波誐底毘薬《サラバハハギャチビヤク》五二合 薩嚩薩怛嚩《サラバサトバ》六二合 薩嚩怛他誐哆《サラバタタギャタ》七 嚩日囉《バザラ》二合 三摩野吽《サンマヤウン》八 怛囉《タラ》二
合 吒《タ》引九

〈業障除〉
次に応に三業障《ごっしょう》を浄め　四決定業を滅せしむべし
五二羽金剛掌にし　進力の二節を屈し
禅智にて二度を押す　此れを結べば業障を除く

一　真言　『金剛頂経』梵本には次のようにある。om sarvāpāyākarṣaṇaviśo=dhanavajrasamaya hūṃ phaṭ.（オーン　一切の悪趣を鉤召し浄除する金剛の誓願を持つものよ　フーンパット）H §337.

二　摧罪の印　内縛して二中指を立て合せ、真言の末尾吽・怛囉・吒にて二中指を三度交えて拍つ（三拍）。

三　業障　悪業によってもたらされる障り。　㊅三一三中

四　決定業　結果の決っている業。『金剛頂経』では「有情の精気を奪って生命を維持」せねばならない業を背負った瘧病鬼として示される。

五　二羽……　業障除の印。金剛合掌をし、二頭指の中節を屈して、背を合わせ、二大指を並べ立てて二頭指を押す。これは二頭指で示される業障を、大空を象徴する二大指で押して、業障を除くことを表している。

真言に曰わく

26 唵《オン》引 嚩日囉《バザラ》二合 羯囉摩《キャラマ》二合一 尾戍駄野《ビシュダヤ》二 薩嚩嚩囉拏顊《サラババラダニ》三 没駄薩帝曳《ボダサチエイ》二合 曩《ノウ》四 三摩野《サンマヤ》五 吽《ウン》

六

〈**成菩提心**〉

次に[六]菩提心を成じて　自他をして円満せしめよ
[七]即ち〔印は〕[八]蓮華契の如くし　[九]檀慧禅智を竪《た》て
頂の左に安《お》け
[一〇]真言に曰わく

27 唵《オン》引 賛捺嚕《センダロ》二合 多隷《タレイ》一 三満哆婆捺囉《サンマンダバダラ》二合 枳囉尾《キラビ》尼皆切二 摩賀嚩日哩《マカバジリ》二合 抳《ニ》尼盈切三 吽《ウン》四

運心せよ諸もろの有情　月上にして如来の威あり
速やかに成ずること普賢なり　[一一]瑜伽《ゆが》経の所説の如し

〈**五相成身**〉

*応に結跏趺坐して　支節を動揺せざるべし
応に[一二]等印持を結ぶべし　二羽金剛縛にし
仰げて臍下に安《お》け　端身にして動揺する勿《なか》れ
舌は上腭を拄《ささ》え　止息して微細ならしむ
諦観せよ　諸法の性は　皆な自心に由ると
*煩悩・随煩悩・[一三]蘊・界・諸処等
*皆な幻と焰の如し　乾闥婆《けんだつば》城の如し

六　菩提心……　この成菩提心と次の五相成身とは広略の関係にあり、成菩提は自証、五相は利他の成道と言われ、「成菩提の所で悟り極まれば五相は用いず」という（興教大師『金剛頂経蓮華部心念誦次第沙汰抄』）。

七　即ち　(蓮)は「印は」とする。

八　蓮華契　外縛して二大指、二小指を立て合わす。伝法院流では八葉の印とする。

九　檀慧……　この一句は(蓮)並びに(甲)に欠く。すでに蓮華契とあるので不要か。

一〇　真言　この真言は『金剛頂経』（HS 1217）では「月足と名づける一切如来菩提心印」といい、月足という女尊の真言で、女性呼格の形である。

一一　瑜伽経　『金剛頂経』をさすか（(大)一八・三八九中）。

一二　等印持　(蓮)では「等持印」。等持とは三昧のことで、定印をいう。なお、金剛界の次第ではこの印を結ぶとともに「唵三摩地鉢頭迷訖哩」(om samādhipadme hrīḥ. オーン　蓮華部三昧よ　フリーヒ)の真言を唱えることになっている。

一三　蘊・界・諸処　五蘊・十八界・十二処のことで、人間存在を分析したもの。

亦た旋火輪の如し　又た空谷響の如し
是くの如く諦観し已って　身心を見ず
寂滅平等に住し　真実智を究竟《くきょう》す
即ち空中に於いて　諸仏は胡麻の如く[一]
虚空界に遍満すると観ぜよ　身は十地*を証し
如実際[二]に住すと想え　空中の諸如来
弾指《たんじ》して而も警覚し　善男子に告げて言わく
汝の所証の処は　是れ一道清浄[三]なり
金剛喩三昧[四]　及び薩般若[五]等は
尚お未だ証知すること能わず　此れを以って足れりと為す勿れ
応に普賢*を満足すべし　方に最正覚を成ずべし
身心を動揺せずして　定中に諸仏を礼せ

真言に曰わく

28 唵《オン》引　薩《サラ》嚩《バ》怛《タ》他《タ》誐哆《ギャタ》一　波《ハ》娜《ナ》満《マン》那《ナ》喃《ノウ》迦《キャ》嚕《ロ》弭《ミ》

〈通達菩提心〉

行者警覚を聞いて　定中に普礼し已る
唯だ願わくは諸もろの如来　我れに所行の処を示したまえ
諸仏同じて告げて言わく　汝応に自心を観ずべし
既に是の説を聞き已って　教の如く自心を観ず

一　胡麻の如く　一切の如来たちが法界に遍満していることを喩える。胡麻夾の中に胡麻が満ち満ちている様子と、胡麻の粒の中に油が満ちている様子との二様の解釈がある。　(大)三一三下

二　如実際　実際（bhūtakoṭi）とは相対的な差別の相を超えた、絶対的・無差別な境界。真実のきわ。如ともいう。ここでは如実の際。

三　一道清浄　本来清浄の実相の理、すなわち因縁生起の境界をいう。空海の十住心によれば、第八天台宗にあたる。

四　金剛喩三昧　一切の煩悩を断じる禅定。金剛喩定という。ここでは最高の禅定。十住心によれば、第十秘密荘厳心に当たる。

五　薩般若等　(蓮)には「薩婆若智」とある。sarvajña(jñāna)　一切智者（仏）の智慧。

久しく諦《つまび》らかに観察に住すれども　自心の相を見ず
復た仏足を礼せんと想い　最勝尊に白《もう》して言《もう》さく
我れ自心を見ず　此の心は何《いか》なるを相と為す
諸仏咸《ことごと》く告げて言わく　心相は測量し難し
心真言を授与せん　即ち徹心の明を誦して
心は月輪の如しと観ぜよ　軽霧の中に在るが若《ごと》しと
理の如く諦《つまび》らかに観察せよ

真言に曰わく

29 唵《オン》引 唧哆《シッタ》鉢囉《ハラ》二合 底《チ》一 味淡迦嚕弭《ベイトウキャロミ》二

〈修菩提心〉

蔵識は本より染に非ず　清浄にして瑕穢《かえ》無し
長時に福智を積むこと　喩えば浄月輪の若《ごと》し
体無く亦た事無し　即ち亦た月に非ずと説く
福智を具するに由るが故に　自心は満月の如し
踊躍し心歓喜して　復た諸もろの世尊に白《もう》さく
我れ已に自心を見るに　清浄なること満月の如し
諸もろの煩悩垢・　能執・所執等を離れたり
諸仏皆な告げて言わく　汝の心は本より是くの如し
客塵の為めに翳《かく》さるる　菩提心を浄と為す

㊅三一四上

汝は浄月輪《じょうがちりん》を観じて　菩提心を証することを得よ
此の心真言を授く　密《ひそ》かに誦して而して観察せよ
真言に曰わく
30 唵《オン》引 冐地《ボウジ》唧哆《シッタ》一 母怛波《ボダハ》二合 那野弭《ダヤミ》二

〈**成金剛心**〉

能く心月輪《がちりん》をして　円満にし益《ます》ます明顕ならしむ
諸仏復た告げて言わく　菩提心堅固のために
復た心真言を受《さず》く　一金剛蓮華を観ぜよ
真言に曰わく
31 唵《オン》引 速乞叉《ソキシャ》二合 摩嚩日囉《マバザラ》引二合

〈**成金剛杵**〉

二五股《ごこ》金剛を観ぜよ　真言に曰わく
32 三唵《オン》引 底瑟姹《チシュタ》二合 嚩日囉《バザラ》二合

〈**広金剛杵**〉

汝浄月輪に於いて　五智金剛*を観ぜよ
普ねく法界に周《めぐ》らし　唯一の四大金剛にならしめよ
漸広の真言に曰わく
33 唵《オン》引 娑頗《ソハ》二合 囉嚩日囉《ラバザラ》引二合

〈**斂金剛杵**〉

一　金剛蓮華　(蓮)にはこの一句を欠く。(蓮)は蓮華部立て、本軌は金剛部立てになっている。蓮華上金剛杵の意。蓮華部立てでは月輪上に蓮華を観じる。

二　五股金剛　(蓮)には「五股金剛蓮華」とある。但し(蓮)の場合(大)脚註のように五股を省くべきであろう。

三　唵底瑟姹嚩日囉　(蓮)には「唵底瑟侘嚩日囉鉢娜麼」(oṃ tiṣṭha vajrapadma. オーン　立て　金剛蓮華よ）とある。

四　大金剛　(蓮)では「大蓮華」。

漸略の真言に曰わく
34 唵《オン》引 僧賀《ソンカ》引 囉嚩日囉《ラバザラ》引二合

〈**證金剛身**〉

応に知るべし　自身　即ち[五]金剛界と為る
真言に曰わく
35 [六]唵《オン》引 嚩日囉《バザラ》二合 怛摩《タマ》二合 句憾《クカン》

〈**仏身円満**〉

自身[七]金剛と為り　[八]堅実にして染壊《ぜんえ》無し
復た諸仏に白して言わく　我れ[九]金剛身と為る
時に彼の諸如来　便ち行者に勅して言わく
身を観じて[一〇]仏形と為せ　復た此の真言を授く
36 唵《オン》引 野他《ヤタ》引一 薩嚩怛他誐哆《サラバタタギャタ》二 薩怛《サタ》二合 他憾《タカン》

〈**諸仏加持**〉

既に身の仏と成るを見る　[一一]相好《そうごう》皆な円備す
諸如来の加持により　[一二]実相智を現証す
[一三]前の印相を改めずして　応に此の真言を誦すべし
37 唵《オン》引 薩嚩怛他誐哆《サラバタタギャタ》一 鼻三冐地涅哩《ビサンボウヂジリ》二合 哆《タ》二 嚩日囉《バザラ》二合 底瑟吒《チシュタ》二合三

〈**四仏加持**〉

＊次に四如来の　三昧耶印契を結べ

五 金剛界　金剛杵を体とするものの意。(蓮)では金剛蓮華界。但し、(蓮)にはこの広観・斂観は説かれず、『金剛頂経』にもない。阿闍梨の口決とされる。
六 (蓮)(但し(大)脚註)には「唵嚩日囉鉢娜麼怛麼句含」(om vajrapadmātmako'ham. オーン　我れは金剛蓮華そのものなり)とある。『黄紙次第』には「法界の諸もろの如来、自身の蓮華に入ること鏡の万像を現ずるが如し」(『弘法大師全集』第二輯、二〇九頁)とある。
七 金剛　(蓮)は「蓮華」とする。
八 堅実……　(蓮)には「清浄にして染着なし」とある。
九 金剛身　(蓮)は「蓮華身」とする。
一〇 仏形　(蓮)は「本尊」とする。
一一 相好皆な……　この一句(蓮)に欠く。(大)三一四中
一二 実相智……　この一句(蓮)に欠く。
一三 前の印相　定印。

各《おの》おの本真言を以って　而して用いて身を加持せよ
不動仏は心に於いて　宝生尊は額に於いて
無量寿は喉に於いて　不空成就は頂なり

真言に曰わく

38 唵《オン》引 嚩日囉《バザラ》二合 薩怛嚩《サトバ》二合一 地瑟姹《ジシュタ》二合 娑嚩《ソバ》二合 𤚥《マン》二 吽《ウン》三

39 唵《オン》引 嚩日囉《バザラ》二合 囉怛曩《アラタンノウ》二合一 地瑟姹《ジシュタ》二合 娑嚩《ソバ》二合 𤚥《マン》二 怛咯《タラク》二合三

40 唵《オン》引 嚩日囉《バザラ》二合 達囉磨《タラマ》二合一 地瑟姹《ジシュタ》二合 娑嚩《ソバ》二合 𤚥《マン》二 紇哩以《キリク》三合三

41 唵《オン》引 嚩日囉《バザラ》二合 羯囉磨《キャラマ》二合一 地瑟姹《ジシュタ》二合 娑嚩《ソバ》二合 𤚥《マン》二 噁《アク》三

〈**五仏灌頂**〉

既に身を加持し已る　次に応に灌頂を受《う》くべし
*五如来の印契は　各《おの》おのの三昧耶の如し
遍照は頂に於いて灌《そそ》ぎ　不動仏は額に於いて
宝生尊は頂の右　無量寿は頂の後ろ
不空成就仏は　応に頂の左に在《お》くべし

真言に曰わく

42 唵《オン》引 薩嚩怛他誐帯《サラバタタギャタイ》一 湿嚩《ジンバ》二合 哩也《リヤ》二合 鼻囇罽《ビセイキャ》二 鑁《バン》三

43 唵《オン》引 嚩日囉《バザラ》二合 薩怛嚩《サトバ》二合一 鼻瑟左𤚥《ビシンジャマン》二 吽《ウン》三

44 唵《オン》引 嚩日囉《バザラ》二合 囉怛曩《アラタンノウ》二合一 鼻瑟左𤚥怛咯《ビシンジャマンタラク》二合二

45 唵《オン》引 嚩日囉《バザラ》二合 鉢納磨《ハンドマ》三合一 鼻瑟左𤚥啒哩以《ビシンジャマンキリク》二

(大)三一四下

46 唵《オン》引 嚩《バ》日《ザ》囉《ラ》二合 羯《キャ》囉《ラ》磨《マ》一二合 鼻《ビ》瑟左羚《シンジャマン》二 噁《アク》三

〈四仏繋鬘〉

次に応に灌頂の後ち　応に*如来の鬘を繋けるべし
四方の諸如来は　皆な三昧耶契なり
額の前に二羽を分け　三たび頂の後ろに於いて結び
前に向けて垂帯の如くし　先ず檀慧より開く
真言に曰わく

[一]〔唵《オン》引 嚩《バ》日《ザ》囉《ラ》二合 駄《ダ》怛《タ》味《ミ》一二合 摩《マ》攞《アラ》鼻《ヒ》詵左羚鑁《シンジャマンバン》〕

47[二] 唵《オン》引 嚩《バ》日《ザ》囉《ラ》二合 薩《サ》怛《ト》嚩《バ》一二合 摩《マ》攞《アラ》鼻《ビ》詵左羚鑁《シンジャマンバン》

48 唵《オン》引 嚩《バ》日《ザ》囉《ラ》二合 囉怛曩《アラタンナウ》一二合 摩《マ》攞《アラ》鼻《ビ》詵左羚鑁《シンジャマンバン》

49 唵《オン》引 嚩《バ》日《ザ》囉《ラ》二合 鉢《ハン》納《ド》磨《マ》一二合 摩《マ》攞《アラ》鼻《ビ》詵左羚鑁《シンジャマンバン》

50 唵《オン》引 嚩《バ》日《ザ》囉《ラ》二合 羯《キャ》囉《ラ》磨《マ》一二合 摩《マ》攞《アラ》鼻《ビ》詵左羚鑁《シンジャマンバン》

〈甲冑〉

次に諸もろの有情に於いて　当に大悲心を興こし
無尽の生死の中に　恒に大誓の甲を被るべし
仏国土を浄め　諸もろの天魔を降伏し
最正覚を成ぜんが為めの故に　*如来の甲冑を被る〔べし〕

〈結冑〉

[三]二羽金剛拳にし　心《むね》に当て進力を舒《の》べ

一 〔唵嚩日囉駄怛味摩攞鼻詵左羚鑁〕 oṃ vajradhātu mālābhiṣiñca nāṃ.（オーン　金剛界〔如来〕よ　花鬘をもって我れを灌頂したまえ）となるも不用。

二 唵引嚩日羅二合……　四仏繋鬘の真言は『略出念誦経』（㊅八・二二三八下）によれば以下の如くになる。

47 oṃ vajramāle 'bhiṣiñca māṃ vaṃ.

48 oṃ vajraratnamāle 'bhiṣiñca māṃ vaṃ.

49 oṃ vajrapadmamāle 'bhiṣiñca māṃ vaṃ.

50 oṃ vajrakarmamāle 'bhiṣiñca māṃ vaṃ.

すなわち四仏の三昧耶形である金剛杵・金剛宝・金剛蓮華・金剛羯磨杵の鬘を、自らの頭上に繋けると想うのである。それによれば、47の薩怛縛（sattva）は不要であると考えられ、補註三九三頁の真言の解釈は一考を要する。

三 二羽……　結冑の印。二手金剛拳にして二頭指を舒（の）べて相いまとう。甲冑の紐を結ぶ仕事である。流派によって結ぶ個処に相違がある。

二度を相い縈繞《えいじょう》す　心・背、次に両膝・
臍・腰・心・両肩・　喉・頸・額、又たは頂に
各各三たび旋繞し　徐徐に前に下し垂れ
先ず檀慧より散ず　[一]即ち能く一切を護り
[二]天魔壊すこと能わず
真言に曰わく
51 唵《オン》引 砧《トン》

〈拍掌〉

次に応に[三]金剛拍をなすべし　平掌にして三たび拍つ
此の印の威力に由って　[四]縛は解け　諸もろの縛を解く
便ち堅固の甲と成る　聖衆皆な歓喜し
金剛の体を獲得《ぎゃくとく》すること　金剛薩埵の如し
真言に曰わく
52 唵《オン》引 嚩日囉《バザラ》 二合 覩史野《トシャ》 二合 斛《コク》 入声

〈現智身〉

次に現智身*を結べ　[五]二羽金剛縛にし
禅智を掌に入れ　身の前に月輪《がちりん》を想い
中に於いて本尊を観じ　諦《つまび》らかに相好《そうごう》を観ぜよ
金剛を遍入し已って　[六]本印は儀則の如くす

一 即　(大)には「印」とあるも、脚注(甲)、並びに(蓮)によって改める。

二 天魔　他化自在天の魔王で波旬(はじゅん)(pāpiyas 非常に悪い) という。世間に愛著を起させて仏道を妨げる悪魔。釈尊はこの悪魔を降伏して成道した(降魔成道)。

三 金剛拍　拍掌(拍手)をもって諸仏を歓喜せしめる。その他摧破、警覚の義がある。

四 縛は解け……　(大)には「縛解解者。縛」とあるも脚注(甲)の「諸」を取る。最初の縛は印縛と取り、諸々の縛は甲冑の紐と取る。或いは「縛を解き、解いては
(大)三一五上
縛す」と読むか。この場合縛とは甲冑の印をさすか。なお、縛は当然煩悩を意味する。

五 二羽……　外縛して二大指を掌に入れ、三度召入する。

六 本印　本尊の印、(甲)は「本」を「大」とする。即ち、本尊の大智印の意。二手金剛拳に作し、左を腰に当て、右を胸に当てる。

身の前に当応《まさ》に結び　大薩埵を思惟《しゆい》すべし
真言に曰わく
53 唵《オン》引 嚩日囉《バザラ》 二合 薩怛嚩《サトバ》 二合 噁《アク》

〈見智身〉

次に見智身を結べ[七]　印契は前の相の如し
彼の智薩埵を見て　応に自身に於いて観ずべし
鉤召し引入し縛し　喜ばしめて成就を作す
真言に曰わく
54 唵《オン》引 嚩日囉《バザラ》 二合 薩怛嚩《サトバ》 二合 涅哩《ジリ》 二合 捨也《シャ》 二合

〈四明〉

次に四明の印を結び[八]　召して自身に引入せよ
印は降三世《ごうさんぜ》の如し[九]　進を屈し初《さき》を鉤の如くす
次に進力互いに交えよ　仍《すなわ》ち頭《あたま》を屈して相い拄え
次に互いに相い鉤して結ぶ　次に腕を合し而して振る
此の四明の印に由って　召し引き縛し喜ばしめよ
真言に曰わく
55 嗡吽鑁斛《ジャクウンバンコク》

〈成仏〉

次に三摩耶を陳《の》べよ[10]　当に金剛縛を結ぶべし

七　見智身　補註三七九頁参照。印契は前の現智身に同じ。但し、二大指は召入しない。

八　四明　四摂の明（呪）。弱吽鑁斛（jaḥ hūṃ vaṃ hoḥ.）と唱え、現前した金剛薩埵を見て、自身に召入する。順に、引き寄せ、引き入れ、留め、歓喜せしめる意味である。

九　印は降三世……　降三世の印を結び、弱（jaḥ）を誦して右の頭指を鉤にし、吽（hūṃ）を誦して二頭指の端を逢わせ、鑁（vaṃ）を誦して鉤結し、斛(hoḥ)を誦して腕を合わせ振る。

10　三摩耶……　samaya 誓願の意。金剛薩埵（智薩埵）を自身（三昧耶薩埵）に召入して合一し、本尊と一体となった修行者が、その広大な誓願（有情済度）を持つものとなったことを陳べる。印は外縛して二中指を立て合わせる。

忍願を針の如く竪《た》て　本尊の瑜伽《ゆが》を成ぜよ
[一]三摩耶薩怛鑁合[三]と誦じ　背後に月輪《がちりん》を遍入す
中に於いて応に[二]薩埵の体を観ずべし　[三]我れは三昧耶薩怛鑁なり

真言に曰わく
56 唵《オン》引　三摩《サンマ》庾《ユ》唅《カン》一　摩《マ》賀《カ》引　三摩《サンマ》庾《ユ》唅《カン》二

〈器界〉
[四]次に法界《ほっかい》を成就し　諸もろの如来に奉事《ぶじ》せよ
有情《うじょう》と器世間とは　浄妙にして仏土と為る
勝上なる智の観察は　内外《ないげ》無《む》所有《しょう》にして
三世は虚空に等し
[五]𑖏𑖽《キャン》
欠《キャン》字門を観念し　次に智の風輪を発《お》こせ
[六]𑖮𑖽《カン》
憾《カン》字相い起こすべし　当に輪囲山を観ずべし
[七]𑖎𑖽《ケン》
剣字宝の厳飾たり　又た　虚空に於いて観ぜよ
[八]𑖪𑖽《バン》
鑁《バン》字遍照尊となる
大悲乳水と流れ　香乳の大海と成る

一　三摩耶薩怛鑁　samayas tvaṃ 種々に解され得るが、「[我れ]は汝と同じ誓願（samaya）を持つものである」との意にとる。
二　薩埵　金剛薩埵。
三　我れは　この一句は『金剛頂経』の梵本では samayas tvam aham. とあり、「我れと汝（金剛薩埵）とは等同なり」との意であるが、伝統的に三昧耶薩怛鑁と続けて金剛薩埵とする。
四　次に……　以下須弥山世界の観想。　㊅三一五中
五　𑖏𑖽欠字　khaṃ kha は虚空の意。空輪を観じる。
六　𑖮𑖽憾字　haṃ 風輪を観じる。
七　𑖎𑖽剣字　kaṃ 須弥山を囲む七金山を観じる。黄金（kanaka）の頭字と考えられる。
八　𑖪𑖽鑁字　vaṃ 金剛界毘盧遮那如来の種子であるが、ここでは水（vāri）の頭字と考えられ、水輪をさすと取るべきであろう。

*𑖢《ハラ》
海中に鉢囉《ハラ》二合字を観ぜよ
字門金亀《こんき》と成る　其の身の広大なること
無量[九]喩若囊《ユジャノウ》なり
[10]𑖮𑖿𑖨𑖱𑖽《キリク》
背に紇哩《キリ》二合字を観ぜよ　変じて妙蓮華と為る
八葉にして三層有り　赤色にして台蘂《だいずい》を具《そな》う
皆な悉く光明有り
[二]𑖭𑖲《ソ》
台《うてな》の中に素《ソ》字を観ぜよ　妙高山王を出す
*四宝の所成なり　四層及び四峯あり
七金山囲繞《いにょう》す　山間《さんかん》に復た海有り
皆な[三]八功徳水なり　瑜伽者は
了了に悉く分明に観念せよ

〈大海〉

57 欠憾剣鑁鉢囉《キャンカンケンバンハラ》二合 紇哩以《キリク》三合 素《ソ》
海を成就する真言
58 唵《オン》引 尾摩路《ビマロ》引 娜地吽《ダジウン》

〈須弥盧〉

九　喩若囊　yojana の音写語。由旬とも記す。距離の一単位。yojana とはくびきをつける意で、牛車の一日の行程をいう。七―八キロメートル。
10　𑖮𑖿𑖨𑖱𑖽 紇哩字　hriḥ　西方蓮華部の主尊無量寿如来の種子。

二　𑖭𑖲 素字　su　須弥山（sumeru）の頭字。妙高山と訳す。

三　八功徳水　㈠甘い、㈡冷たい、㈢柔らかい、㈣軽い、㈤清浄、㈥臭くない、㈦飲む時喉を損なわない、㈧飲み已って腹を傷めない。

山を成就する真言
59 唵《オン》引 阿《ア》左囉《シャラ》吽《ウン》

〈宝楼閣〉

妙高山の頂に於いて　仏の法界宮を観ぜよ
五智の所成たる　五峯の宝楼閣あり
浄妙にして諸界に超えたり　種種に勝れた荘厳あり

〈小金剛輪〉一

即ち金剛輪を結べ　輪壇の密印なり
此の印の威力に由って　則ち諸もろの輪壇を成ず
二羽金剛拳にし　進力檀慧鉤にす
中に於いて現《まのあた》りに　輪壇を本教二の如く観想せよ
即ち宝閣の中に於いて　而も曼荼羅を観ぜよ
真言に曰わく
60 唵《オン》引 嚩日囉《バザラ》二合 作羯囉《シャキャラ》二合 吽《ウン》

〈啓請〉

次に応に啓請三を誦すべし　前の印相を改めず
諸もろの聖衆に白《もう》すと想え　此の曼拏囉《ママ》に降《くだ》りたまえ
啓請の真言に曰わく
61 野便焔《ヤビエン》二合 顊《ニリ》一 尾《ビ》覲曩《ギャノウ》一合 娑《サ》作羯囉《シャキャラ》二合 悉第《シッディ》二 写哆《シャタ》畝《ボ》鼻嚩《ベイバ》㘑《レイ》三 嚩日囉《バザラ》二合 倶拏㘑《クンダリ》係覩《ケイト》

一　金剛輪　金剛輪の印。二手金剛拳にして二小指と二頭指を鉤結する。曼荼羅（輪）を成就する印。(大)三一五下

二　本教　(大)には「来教」とあるも、脚註並びに(運)により改める。本経たる『金剛頂経』の教えの如くの意。

三　啓請　曼荼羅に諸尊を召請すること。真言は曼荼羅壇の準備ができて諸尊を召請することになったのは、迎えの御者である金剛と軍荼利の二尊の力によるものであるとの意。真言補註三九四頁参照。

四　開門の印　二手拳に結び、二小指を相鉤し、二頭指を竪ててそばめ合わす。曼荼羅の四門を開いて諸尊を迎える。

五　吽　hūṃ　四方の門に向って吽字を唱え、側（そば）め合わした二頭指の先端を開き、門を辟（ひ）き開く。

六　啓請の印　啓請とは啓白ともいい、真言の頭に自分の名をつけて諸尊を招く。印は、外縛して二中指を立て合わせ、二頭指を鉤の如くして二中指の背に副（そ）え、着けない。

七　聖尊　(大)には「世尊」とあるも、脚註並びに(蓮)により改める。

八　名を称して　行者が自分の名前を真言の頭につけること。

(大)三一六上

四
毘焰《ビエン》二合 哆毘焰《タビエン》二合 摩《マ》五 娑覩《ソト》二合 薩娜曩莫《サダノウマク》六入声

〈開門〉
次に開門[四]の印を結べ　大壇の門を開くと想え
二羽金剛拳にし　檀慧応に相い鉤すべし
進力を竪てて側《そば》め合わせ　門毎《ごと》に真言を誦せ
五
吽《ウン》に応じて而して掣《う》ち開き　東より而も右転し
方毎《ごと》に面を門に向けよ　若し方所小狭ならば
即ち観想の中に於いて　運心し本教の如くせよ
真言に曰わく
62
唵《オン》引 嚩日囉《バザラ》二合 娜嚩《ダバ》二合 嚕《ロ》一 嗢娜伽《ウダギヤ》二合 吒野《タヤ》二 三摩野《サンマヤ》三 鉢囉《ハラ》二合 吠捨野《ベイシヤヤ》四 吽《ウン》五

〈啓請伽他〉
次に啓請[六]の印を結び　諸もろの聖尊[七]に啓白せよ
二羽金剛縛にし　忍願応に竪て合わすべし
進力屈して鉤の如くし　中の後《うし》ろにして而も著けず
[八]名を称して而も啓請し　三たび此の伽陀《かだ》を唱えよ
真言*に曰わく
63
阿演《アエン》去声 覩薩吠歩嚩《ドサラベイボバ》一 迺迦娑《ダイキヤサ》引 咯鉢囉《ラクハラ》二合 拏《ダ》二 弭哆勢沙迦《ミタクセイシヤキヤ》三 菆《チユ》勅句切 囉摩咯《ラマラク》三合 薩乞叉《サキシヤ》二合 怛訖哩《タキリ》三合 怛《タ》四 曩跢婆嚩《ナンダバンバ》五 娑嚩《ソバ》二合 婆嚩《バンバ》六入声 娑嚩《ソバ》二合 焰歩《エンボ》七 毛曩哆婆嚩娑嚩《ボウナンダバンバソバ》二合

婆嚩《バンバク》八入声

〈観仏海会〉

次に仏の海会[一]を観ぜよ　諸聖普ねく雲集せり

臂を交えて弾指を作せ　指声法界に遍ず

真言に曰わく

64 唵《オン》引 嚩日囉《バザラ》二合 三摩惹弱《サンマジャジャク》重入声

〈百八名讃〉

諸もろの如来は集会《しゅうえ》して　皆な虚空に於いて在り

百八の名讃[二]を誦し　曼拏《まんだ》の聖衆を礼《らい》せ

讃歎の真言に曰わく

65 嚩日囉《バザラ》二合 薩怛嚩《サトバ》二合一 摩賀薩怛嚩《マカサトバ》二合二 嚩日囉《バザラ》二合 薩嚩怛他誐哆《サラバタタギャタ》三 三満跢婆《サンマンダバ》引 捺囉《ダラ》二合四 嚩日囉《バザラ》二合 儞也《ニヤ》二合五 嚩日囉《バザラ》二合 播抳《ハネイ》六 曩謨《ノウボ》引 娑覩《ソト》二合 帝《テイ》七

66 嚩日囉《バザラ》二合 囉惹《アラジャ》一 素没馱誐哩也《ソボダギャリヤ》三合二 嚩日囉《バザラン》二合 倶《ク》上声 捨《シャ》三 怛他《タタ》引 誐哆《ギャタ》四 阿謨《アボ》引 佉囉惹《キャアランジャ》五 嚩日囉《バザラ》二合 儞也《ニヤ》二合六 嚩日囉《バザラ》二合 迦囉沙《キャラシャ》二合七 曩謨《ノウボ》引 娑覩《ソト》二合 帝《テイ》八

67 嚩日囉《バザラ》二合 囉誐《アラギャ》一 摩賀《マカ》引 燥企也《ソウキヤ》二合二 嚩日囉《バザラ》二合 嚩拏嚩《バダバ》三 商迦囉《ショウキャラ》四 摩囉迦摩《マラキャマ》五 摩賀嚩日囉《マカバザラ》二合六 左播《シャハ》七 曩謨《ノウボ》引 娑覩《ソト》二合 帝《テイ》八

68 嚩日囉《バザラ》二合 娑《サ》引 度《ド》一 素嚩日囉《ソバザラ》二合 誐哩也《ギャリヤ》二合二 嚩日囉《バザラ》二合 覩瑟鯠《トシュタイ》二合三 摩賀囉帝《マカラテイ》四 鉢囉《ハラ》二合 謨《ボ》引 儞也《ニヤ》二合 囉惹《アランジャ》五 嚩日囉《バザラ》二合 儞也《ニヤ》二合六 嚩日囉《バザラ》二合 賀囉沙《カラシャ》二合七 曩謨《ノウボ》引 娑覩《ソト》二合 帝《テイ》八

69 嚩日囉《バザラ》二合 囉怛曩《アラタンノウ》二合一 素嚩日囉《ソバザラ》二合 囉他《アラタ》二合二 嚩日囉《バザラ》二合 迦捨《キャシャ》三 摩賀《マカ》引 摩抳《マニ》四 阿迦捨誐《アキャシャギャラ》

一 仏の海会　観仏海会といい、修行者が金剛王菩薩の三昧に入って、一切の如来たちを壇上に召集すること。金剛王ともいう。印は、二手拳になし、胸の前にて臂を交え、右で左を押し二頭指・二大指をもって三度弾指する。

二 百八の名讃　金剛界十六大菩薩をその功徳に従って名を立て総じて百八とし、その百八名を唱えて讃嘆する。実際は 7×16 で百十二名。

(大)三一六中

婆《バ》五 嚩日囉《バザラ》二合 茶也《チヤ》二合六 嚩日囉《バザラ》二合 誐婆《ギャラバ》七 曩謨《ノウボ》引 娑覩《ソト》二合 帝《テイ》八

70 嚩日囉《バザラ》二合 帝惹《テイジャ》一 摩賀《マカ》引 入嚩《ジンバ》二合 攞《ラ》二 嚩日囉《バザラ》二合 素哩也《ソリヤ》二合三 吤曩鉢囉《ジノウハラ》二合 婆《バ》四 嚩日囉《バザラ》二合 囉湿弭《アラシミ》二合五 摩賀帝惹《マカテイジャ》六 嚩日囉《バザラ》二合 鉢囉《ハラ》二合 婆《バ》七 曩謨《ノウボ》引 娑覩《ソト》二合 帝《テイ》八

71 嚩日囉《バザラ》二合 計覩《ケイト》一 素薩怛嚩《ソサトバ》二合 囉他《アラタ》二合二 嚩日囉特嚩《バザラドバ》二合 惹《ジャ》三 素姤灑迦《ソトシャキャ》四 囉怛曩《アラタンノウ》二合 計覩《ケイト》五 摩賀嚩日囉《マカバザラ》二合六 嚩日囉《バザラ》二合 拽瑟龢《ヤシュタイ》二合七 曩謨《ノウボ》引 娑覩《ソト》二合 帝《テイ》八

72 嚩日囉《バザラ》二合 賀娑《カサ》一 摩賀賀娑《マカカサ》二 嚩日囉《バザラ》二合 悉弭哆《シミタ》三 摩賀《マカ》引 納部《ドボ》二合 哆必哩《タヒリ》二合 底《チ》四 鉢囉《ハラ》二合 謨《ボ》引 儞也《ニヤ》二合 囉惹《アラジャ》五 嚩日囉《バザラ》二合 儞也《ニヤ》二合六 嚩日囉《バザラ》二合 畢哩《ヒリ》二合 帝《テイ》七 曩謨《ノウボ》引 娑覩《ソト》二合 帝《テイ》八

73 嚩日囉《バザラ》二合 達囉磨《タラマ》二合一 素薩怛嚩《ソサトバ》二合 囉他《アラタ》二合二 嚩日囉《バザラ》二合 鉢捺摩《ハンドマ》二合三 素戍達迦《ソシュダキャ》四 路計湿《ロケイジン》嚩《バ》二合 囉《ラ》五 素嚩日囉《ソバザラ》二合 乞叉《キシャ》二合六 嚩日囉《バザラ》二合 寗怛囉《ネイタラ》二合七 曩謨《ノウボ》引 娑覩《ソト》二合 帝《テイ》八

74 嚩日囉《バザラ》二合 底乞叉拏《チキシャダ》三合一 摩賀野曩《マカヤノウ》二 嚩日囉《バザラ》二合 句捨《クシャ》三 摩賀《マカ》引 庾駄《ユダ》四 曼祖室哩《マンジュシリ》二合五 嚩日《バザ》囉《ラ》二合 儼鼻哩也《ゲンビリヤ》二合六 嚩日囉《バザラ》二合 没第《ボデイ》七 曩謨窣覩帝《ノウボソトテイ》八

75 嚩日囉《バザラ》二合 係覩《ケイト》一 摩賀《マカ》引 曼拏《マンダ》二 嚩日囉《バザラ》二合 左《シャ》引 羯囉《キャラ》二合三 摩賀曩野《マカノウヤ》四 素鉢囉《ソハラ》二合 囉怛曩《バリタンノウ》二合五 嚩日嚕《バザロ》二合 怛他《タタ》六 嚩日囉《バザラ》二合 曼拏《マンダ》七 曩謨《ノウボ》引 娑覩《ソト》二合 帝《テイ》八

76 嚩日囉《バザラ》二合 婆灑《バシャ》一 素尾儞也《ソビニヤ》二合 誐哩也《ギャリヤ》三合二 嚩日囉《バザラ》二合 惹播《ジャハ》三 素悉帝那阿嚩者《ソシッチダアバシャ》引四 嚩日《バザ》囉《ラ》二合 尾儞也《ビニヤ》二合五 誐哩也《ギャリヤ》三合六 嚩日囉《バザラ》二合 婆灑《バシャ》七 曩謨《ノウボ》引 娑覩《ソト》二合 帝《テイ》八

(大)三一六下

77 嚩日囉《バザラ》二合 羯磨《キャラマ》一 素嚩日囉《ソバザラ》二合 惹拏《ジャダ》二合二 羯磨嚩日囉《キャラマバザラ》二合三 素薩嚩誐囉《ソサラバギャラ》二合四 嚩日囉《バザラ》二合 謨《ボ》佉《キャ》五 摩護那哩也《マコダリヤ》二合六 嚩日囉《バザラ》二合 尾湿嚩《ビジンバ》二合七 那謨《ナウボ》引 娑覩《ソト》二合 帝《テイ》八

78 嚩日囉《バザラ》二合 囉乞叉《アラキシャ》二合一 摩賀吠哩也《マカベイリヤ》二合二 嚩日囉《バザラ》二合 嚩摩《バラマ》転三 摩賀涅哩《マカジリ》二合 嚓《ダ》去声四 訥欲駄《ドリュダ》

曩《ノウ》五 素尾哩也《ソビリヤ》二合 誐哩也《ギャリヤ》三合六 嚩日囉《バザラ》二合 尾哩也《ビリヤ》二合七 曩謨《ナウボ》引 娑覩《ソト》二合 帝《テイ》八

79 嚩日囉《バザラ》二合 薬乞叉《ヤキシャ》二合一 摩護播野《マコハヤ》二 嚩日囉《バザラ》二合 能瑟吒囉《ダウシュタラ》二合三 摩賀婆野《マカバヤ》四 摩囉鉢囉《マラハラ》二合 摩《マ》
嘌儞《リニ》二合五 嚩日嚕《バザロ》二合 誐哩也《ギャリヤ》二合六 嚩日囉《バザラ》二合 賛拏《センダ》七 那謨《ノウボ》引 娑覩《ソト》二合 帝《テイ》八

80 嚩日囉《バザラ》二合 散第《サンディ》一 素薩顊地也《ソサネイチヤ》二合二 嚩日囉《バザラ》二合 満駄《マンダ》三 鉢囉《ハラ》二合 謨《ボ》引 左迦《シャキャ》四 嚩日囉《バザラ》二合 母《ボ》
瑟吒野《シュタヤ》二合五 誐囉耶《ギャラヤ》三合 薩摩琰《サンマエン》六 嚩日囉《バザラ》二合 母瑟𪗾《ボシュタイ》二合七 曩謨《ノウボ》引 娑覩《ソト》二合 帝《テイ》八

〈四明〉

次に四明《しみょう》[一]の印を結べ　印は降三世の如し
鉤は進度を屈して招き　索は進力を環の如くし
鎖は腕を開いて相い鉤し　鈴は腕を合して振る似《ごと》し
各《おの》おのの本真言を誦せ

真言に曰わく

81 嚩日囉《バザラ》二合 矩捨弱《クシャジャク》
82 嚩日囉《バザラ》二合 播捨吽《ハシャウン》
83 嚩日囉《バザラ》二合 娑普《ソホ》二合 吒鑁《タバン》
84 嚩日囉《バザラ》二合 吠捨阿《ベイシャア》入声

〈金剛拍〉

次に応に金剛拍[二]すべし　聖衆をして歓喜せしむ

真言に曰わく

85 唵《オン》引 嚩日囉《バザラ》二合 哆囉覩史也《タラトシャ》二合 斛《コク》入声

一　四明の印　四摂ともいう。降三世の印を結び、鉤は右の頭指を屈し、索は二頭指の端を合す。鏁は二頭指を鉤結して腕を開く。鈴は腕を合わせてこれを振る。

二　金剛拍　拍掌ともいう。三度旋舞してのちに掌を平らにし三度拍つ。諸尊を歓喜せしめる。

㊅三一七上

〈**閼伽**〉

次に平等智に入り　閼伽《あか》香水を捧げよ

諸聖の身を浴すと想え　当に灌頂地を得べし

真言に曰わく

86 唵《オン》引 嚩《バ》日《ザ》囉《ラ》二合 娜《ダ》迦《キャ》咤《タ》吽《ウン》

87 曩《ノウ》莫《マク》三《サン》満《マン》多《ダ》没《ボ》馱《ダ》喃《ナン》一 誐《ギャ》誐《ギャ》曩《ノウ》二 娑《サン》摩《マ》娑《サン》摩《マ》三 娑《ソ》嚩《ワ》二合 賀《カ》引四

〈**振鈴**〉

次に振鈴の印を結べ　右に杵　左に振鈴

心は声解脱に入って　般若の理を観照せよ

真言に曰わく

88 唵《オン》引 嚩《ザ》日《バ》囉《ラ》二合 播《ハ》抳《ニ》吽《ウン》

89 唵《オン》引 嚩《バ》日《ザ》囉《ラ》二合 健《ゲン》吒《ダ》覩《ト》瑟《シ》也《ヤ》二合 斛《コク》引入声

金剛頂一切如来真実摂大乗現証大教王経　巻の上

巻の下

金剛界大曼拏囉毘盧遮那一切如来族
秘密心地印真言羯磨部　第二

〈**羯磨会**〉
薄伽《ばくが》梵《ぼん》　大毘盧遮那に稽首す
能《よ》く自在を為す王たり　金剛界を演説す
*羯磨《かつま》の諸もろの儀則　印契及び真言
諸もろの如来を供養す　次に羯磨印を結べ
〈**毘盧遮那如来**〉
心《むね》に於いて修習《しゅじゅう》し　心月輪を諦観せよ
而も羯磨《かつま》杵《しょ》有り　応に金剛拳を結び
等引して両つに分かつべし　一右羽金剛拳にし
以って力の端を握れ
〈**阿閦如来**〉

一　右羽金剛尊　右の手を金剛拳にし、左金剛拳の頭指の端を握る。通常、智拳印という。

二左拳にし臍に安《お》き　右羽は垂《た》れて地に触《ふ》れよ

〈宝生如来〉

三左拳にし前相の如くし　右羽は施願に為せ

〈無量寿如来〉

四二羽仰《あお》げて相い叉《まじ》え　進力を竪てて相い背《そむ》け

五禅智を其の端《はし》に横たえよ

〈不空成就如来〉

六左拳にし復た臍に安き　右羽は施無畏にせよ

是れ五如来の契なり

彼彼の真言に曰わく

90 唵《オン》引 嚩《バ》日《ザ》囉《ラ》 二合 駄《ダ》覩《ト》鑁《バン》

91 唵《オン》引 阿《ア》屈《ク》芻《シュ》 二合 毘《ビ》野《ヤ》 二合 吽《ウン》

92 唵《オン》引 囉《アラ》怛《タン》曩《ノウ》 二合 三《サン》婆《バン》嚩《バ》怛《タ》嗒《ラク》 二合

93 唵《オン》引 路《ロ》計《ケイ》溼《ジン》嚩《バ》 二合 囉《ラア》囉《ラン》引 惹《ジャ》紇《キ》哩《リ》以《ク》 三合

94 唵《オン》引 阿《ア》謨《ボ》佉《キャ》悉《シッ》第《ディ》噁《アク》

〈四波羅蜜〉

次に当に羯磨の　*四波羅蜜の契を結べ

各《おの》おの*本仏の印の如し　而して真言を誦せ

彼彼の真言に曰わく

二 左拳……　右の手を覆せ、右の膝の上に置き、左の手を拳にして腰を置く。(大)三一七中触地印。

三 左拳……　右の掌を仰げ膝の上に置き、右の手を拳にして腰に置く。与願印。

四 二羽……　二手外縛して臍下に仰げ、二頭指を竪てて相背け、二大指をその端に横たえる。阿弥陀定印。

五 禅智　(大)には「弾指」とあるも脚註並びに(蓮)により改める。

六 左拳……　右の掌を外に向けこれを立て、左の手を拳にして腰に置く。施無畏印。

95 唵《オン》引 薩《サ》怛《ト》嚩《バ》 二合 嚩《バ》日《ジ》哩《リ》 二合 吽《ウン》

96 唵《オン》引 囉《ア》怛《ラ》曩《タンノウ》 二合 嚩《バ》日《ジ》哩《リ》 二合 怛《タ》嚕《ラク》 二合

97 唵《オン》引 達《タ》囉《ラ》摩《マ》 二合 嚩《バ》日《ジ》哩《リ》 二合 紇《キ》哩《リ》以《ク》 三合

98 唵《オン》引 羯《キャ》囉《ラ》磨《マ》 二合 嚩《バ》日《ジ》哩《リ》 二合 噁《アク》

〈十六大菩薩〉

次に十六尊の　羯磨の契を結ぶの儀は

一左拳にし腰側《ようそく》に安《お》き　右羽は杵を抽擲《ちゆうちやく》す〔薩〕

二二拳交えて胸を抱き　進力鉤して以って招く〔王〕

三二拳射法の如くす〔愛〕　四心《むね》に当てて弾指を作す〔喜〕

五進力宝形の如くす〔宝〕　六心に於いて日輪を旋《めぐ》らす〔光〕

七右肘を左拳に住《お》く〔幢〕　八二拳口に仰げて散ず〔笑〕

九左蓮にし右開く勢《いきお》いにし　左手に華を持すと想え〔法〕

一〇右手剣を把る如し〔利〕

一一拳を覆《ふ》せ進力拄《ささ》え　臍《さい》に於いて而も平転す〔因〕

一二並べて口に至り仰げて散ず〔語〕

一三先ず禅智より舒《の》べ　心と両つの頬《ほお》に旋舞し

金剛掌を頂に於いてす〔業〕　一四二拳甲冑を被る〔護〕

一五進力檀慧牙にす〔牙〕　一六二拳而して相い合す〔拳〕

十六大士の印なり

一　左拳にし　(大)には「右拳」とあるも(蓮)により訂正。金剛薩埵の印で、左拳を腰に置き、右手の大指をもって掌に置き、三度抽擲する。

二　二拳……　金剛王菩薩の印で、両手拳になし、両腕右を上にし左を下にして相交え、二頭指をともに鉤にして胸を抱くようにする。

三　二拳……　金剛愛菩薩の印で、両手拳になし、胸の前において、弓の弦を引き矢を放つ勢いの如くにする。

四　心に当て……　金剛喜菩薩の印で、両手拳になし、胸に当て弾指をなす。三度。金剛善哉ともいう。

五　進力　外縛して二頭指を宝形の如くにする。

六　心に　二拳の二頭指、二大指を円《まる》く立て合わせ、余の六指を散じて右に旋転する。三度。太陽とその光線を表す。

七　右肘　二手金剛拳になし、左拳を仰げ、右の肘をその上に立てる。

八　二拳　左右の拳を口に仰げ散じる。十指を開放するとき、小指より開く。

九　左蓮　左手は大指・頭指を相い捻じて胸の前に立て蓮華を持つと想い、右の手は左の如くして蓮弁を引き開く勢いをなす。三度。

一〇　右手　左手は持花の印になし。蓮華を持つと想い、右手を剣になし蓮華の茎を切る勢いの如くにする。三度　(大)三一七下

一一　拳を　二拳を覆せ、二頭指を臍の間

〈八供養菩薩〉

内外の八供養　并びに四護に及ぶ一七

印相を今当に説くべし

一八二拳各《おの》おの腰に側《そば》め　左に向けて小《すこ》しく頭を低くす〔嬉〕

一九二拳以って鬘を繫け　額《ひたい》より頂の後ろに散ず〔鬘〕

二〇二拳側めて相い合し　臍より口に至りて散ず〔歌〕

二一二拳舞儀の如くし　掌《たなごころ》を旋転し頂に於いてす〔舞〕

二二金剛拳の儀を以って　焼香等の四印にす

降三世の印を以って　鉤索等の四摂にす

二三拳を並べて下に向けて散ず〔香〕　二四仰げ散じ捧《ママ》献の如くす〔華〕

二五禅智竪てて針の如くす〔燈〕　二六掌を開き胸に於いて塗る〔塗〕

〈四摂菩薩〉

二七進屈して鉤形の如くす〔鉤〕　二八進力曲げて相い捻ず〔索〕

二九二度便《すなわ》ち相い鉤す〔鎖〕　三〇腕を合して微《かす》かに揺動す〔鈴〕

彼彼の真言に曰わく

〈十六大菩薩真言〉

99 唵《オン》引 嚩日囉《バザラ》 二合 薩怛嚩《サトバ》 二合 噁《アク》

100 唵《オン》引 嚩日囉《バザラ》 二合 囉惹弱《アランジャジャク》

101 唵《オン》引 嚩日囉《バザラ》 二合 囉誐斛《ラギャコク》 入声

に伸べ右に平らに転じる。

一二　並べて　二拳を口に向って仰げ散じる。

一三　先ず　両手を二大指より開いて三度旋舞し、金剛合掌を頂上に置く。

一四　二拳　二拳を胸に当て、頭指を伸べ索を三度繞（まと）い引き合わせ、頂より左右に垂下する。

一五　進力　二手拳になし、各々の頭指・小指を立てともに鉤して牙の如くし、左右相い対して口の両辺に附ける。

一六　二拳　二拳相い合わせ、左を仰げて下に置き、右を覆せて上に置く。

一七　四護　四摂に同じ。

一八　二拳　二拳を腰に置き、左に少しく頭を低（た）れる。

一九　二拳　二拳の頭指を伸べて鬘を繫け、額より後ろに垂れる。

二〇　二拳　二拳を側（そば）め合わせ臍より口に向って散じる。

二一　二拳　二拳の掌を伸べ旋舞すること三返。了って金剛合掌を頂上に置く。

二二　金剛拳　(大)には「金剛掌」とあるも、(蓮)によって改める。

二三　拳を　拳を並べて下に向って散じる。

二四　仰げ　二拳を仰げ散じて、華を捧げ献じる如くにする。

二五　禅智　二拳の面を合わせ大指を針の如く並べ立てる。

二六　掌を　二拳の掌を開いて胸に塗ること三度。

二七　進屈　降三世の印になし、左の頭指

を鉤にする。
二八　進力　前印の二頭指を曲げて相い捻じる。
二九　二度　前印の二頭指を相い鉤して腕を開く。
三〇　腕を　前印の腕を合わせて微（すこ）しく揺動する。

大三一八上

102 唵《オン》引 嚩日囉《バザラ》二合 娑度索《サドサク》
103 唵《オン》引 嚩日囉《バザラ》二合 囉怛曩《アラタンノウ》二合 唵《オン》
104 唵《オン》引 嚩日囉《バザラ》二合 帝惹暗《テイジャアン》引
105 唵《オン》引 嚩日囉《バザラ》二合 計覩怛嚂《ケイトタラン》二合
106 唵《オン》引 嚩日囉《バザラ》二合 賀娑郝《カサカク》入声
107 唵《オン》引 嚩日囉《バザラ》二合 達磨紇哩以《タラマキリク》三合
108 唵《オン》引 嚩日囉《バザラ》二合 底乞叉拏《チキシャダ》三合 淡《タン》
109 唵《オン》引 嚩日囉《バザラ》二合 係覩鈐《ケイトマン》引
110 唵《オン》引 嚩日囉《バザラ》二合 婆灑嚂《バシャラン》
111 唵《オン》引 嚩日囉《バザラ》二合 羯磨劍《キャラマケン》
112 唵《オン》引 嚩日囉《バザラ》二合 囉乞叉《アラキシャ》二合 唅《カン》
113 唵《オン》引 嚩日囉《バザラ》二合 薬乞叉《ヤキシャ》二合 吽《ウン》
114 唵《オン》引 嚩日囉《バザラ》二合 散地鑁《サンチバン》

〈八供養真言〉

115 唵《オン》引 嚩日囉《バザラ》二合 囉細斛《ラセイコク》
116 唵《オン》引 嚩日囉《バザラ》二合 摩利怛囉《マレイタラ》二合 吒《タ》引
117 唵《オン》引 嚩日囉《バザラ》二合 儗帝儗《ギテイギク》入声
118 唵《オン》引 嚩日囉《バザラ》二合 涅哩《ジリ》二合 帝曳《テイ》二合 訖哩《キリ》二合 吒《タ》引
119 唵《オン》引 嚩日囉《バザラ》二合 度閉婀《ドヘイアク》

120 唵《オン》引 嚩日囉《バザラ》二合 補渋閉《ホシュヘイ》二合 唵《オン》
121 唵《オン》引 嚩日囉《バザラ》二合 路計溺《ロケイジャク》
122 唵《オン》引 嚩日囉《バザラ》二合 蠍第盧《ゲンデイギャク》

〈**四摂真言**〉
123 唵《オン》引 嚩日囉《バザラ》二合 矩舎弱《クシャジャク》
124 唵《オン》引 嚩日囉《バザラ》二合 播舎吽《ハシャウン》
125 唵《オン》引 嚩日囉《バザラ》二合 娑普《ソホ》二合 吒《タ》引 鑁《バン》
126 唵《オン》引 嚩日囉《バザラ》二合 吠舎斛《ベイシャコク》入声

〈**賢劫十六尊**〉
*右は心《むね》にし左は地を按じて　輪壇の四面を繞《めぐ》る
各《おの》おのに一たび真言を称し　賢劫《げんごう》の位に安立《あんりゅう》せよ
真言に曰わく
127 吽《ウン》引 吽《ウン》短
*賢劫千如来の　十六大の名称は
先ず弥勒尊を画け　次に不空見
一切滅悪趣　離一切憂暗〔東框〕
香象　勇猛尊　虚空蔵　智幢〔南框〕
無量光　月光　賢護　光網尊を明かす〔西框〕
次に金剛蔵　無尽慧　辯積

普賢大光明〔北框〕　及び余の上首尊を画け
最初に阿字を置け
𑖀《ア》
或るいは十六名の　一金剛智の種子を書せ

〈二十天〉

*聖なる天の儀軌は　教に依って而して安立す
地居　空行天を　二巧智は善く安布し
諸尊の悉地の相を　次第に応当《まさ》に明かすべし
彼彼の真言に曰わく

〈賢劫十六尊真言〉

128 唵《オン》引 味怛哩《マイタレイ》二合 野娑嚩《ヤソワ》二合 賀《カ》引
129 唵《オン》引 阿目佉娜㗚捨《アボキャダリシャ》二合 曩野娑嚩《ナウヤソワ》二合 賀《カ》引
130 唵《オン》引 薩嚩播野惹憾娑嚩《サラバハヤジャカソワ》二合 賀《カ》
131 三唵《オン》引 薩嚩輸《サラバシヨウ》引 地迦多迷儞健陀迷娑嚩《チカタメイニゲンタメイソワ》二合 賀《カ》引
137 唵《オン》引 巘駄賀悉底《ゲンダカシテイ》二合 娑嚩《ソワ》二合 賀《カ》引
133 唵《オン》引 戍囉野娑嚩《シユラヤソワ》二合 賀《カ》引
134 唵《オン》引 阿迦捨誐囉婆《アカシャギャラバ》二合 娑嚩《ソワ》二合 賀《カ》引
135 唵《オン》引 枳惹《キジャ》二合 曩計妬娑嚩《ノウケイトソワ》二合 賀《カ》引
13 6 唵《オン》引 阿弭哆鉢囉《アミタハラ》二合 婆娑嚩《バソワ》二合 賀《カ》引

一 金剛智の種子　補註にしるした賢劫十六尊の各々の種子。補註三八五頁参照。

二 巧智　巧みな智慧のある人。阿闍梨のこと。　㊇三一八中

三 ㊇脚註㊙によって補う。

137 唵《オン》引 賛捺囉《センダラ》 二合 鉢囉《ハラ》 二合 婆娑嚩《バソワ》二合 賀《カ》引

138 唵《オン》引 婆捺囉《バダラ》 二合 播囉娑嚩《ハラソワ》 二合 賀《カ》引

139 唵《オン》引 入嚩《ジンバ》 二合 攞《ラ》額鉢囉《ネイハラ》 二合 婆吽娑嚩《バウンソワ》 二合 賀《カ》引

140 唵《オン》引 嚩日囉《バザラ》 二合 嚩囉婆《ギャラバ》 二合 娑嚩《ソワ》 二合 賀《カ》引

141 唵《オン》引 阿乞叉《アキシャ》 二合 摩底娑嚩《マテイソワ》 二合 賀《カ》引

142[四] 唵鉢羅《オンハラ》 二合 底訶多倶吒野娑嚩《チカタクタヤソワ》 二合 賀《カ》引

143 唵《オン》引 三満哆婆捺攞《サンマンタバダラ》 二合 野娑嚩《ヤソワ》 二合 賀《カ》引

金剛界大曼拏囉毘盧遮那一切如来族秘密心地印真言三昧耶部　第三

〈三昧耶会〉

爾《そ》の時薄伽梵《ばくがぼん》　大毘盧遮那

能く自在を為す王は　金剛界の

三昧の儀軌を演説す　[五]次に三昧耶を結べ

舌に於いて金剛を観ぜよ　先ず金剛掌を合せよ

便ち金剛縛を成ぜよ

〈五仏〉

[六]忍願を剣形の如くし　進力を背に附けよ〔毘盧遮那〕

四　㊅脚注㊙によって補う。

五　次に三昧耶　以下三昧耶会の印言を説く。羯磨会が二手金剛拳を印母とするのに対し、三昧耶会は金剛縛を印母とする。

六　毘盧遮那如来の三昧耶印。外縛して二中指を剣形の如くし、二頭指を二中指の背に附ける。

[一]忍願を針の如く竪てよ〔阿閦〕 [二]及び宝形の如く屈せよ〔宝生〕
[三]移して蓮《れん》葉《よう》の如く屈せよ〔無量寿〕 [四]面を掌中に合し
檀慧禅智を合す〔不空成就〕
是れ五仏の印と為す
彼彼の真言に曰わく
144 嚩《バ》日《ザ》囉《ラ》 二合 惹《ジャ》拏《ダ》 二合 喃《ナン》婀《アク》 去声
145 嚩《バ》日《ザ》囉《ラ》 二合 惹《ジャ》拏《ダ》 二合 喃《ナン》吽《ウン》
146 嚩《バ》日《ザ》囉《ラ》 二合 惹《ジャ》拏《ダ》 二合 喃《ナン》怛《タ》洛《ラク》 二合
147 嚩《バ》日《ザ》囉《ラ》 二合 惹《ジャ》拏《ダ》 二合 喃《ナン》紇《キ》哩《リ》以《ク》 引三合
148 嚩《バ》日《ザ》囉《ラ》 二合 惹《ジャ》拏《ダ》 二合 喃《ナン》噁《アク》

〈四波羅蜜〉

次に三昧耶を結べ　[五]四波《は》羅《ら》蜜《みつ》の契なり
各《おの》おの仏の契の如し　別別に真言を誦せ
彼彼の真言に曰わく
149 嚩《バ》日《ザ》囉《ラ》 二合 室《シ》哩《リ》 二合 吽《ウン》
150 嚩《バ》日《ザ》囉《ラ》 二合 嬌《キヨウ》哩《リ》怛《タ》囕《ラン》
151 嚩《バ》日《ザ》囉《ラ》 二合 哆《タ》囉《ラ》紇《キ》哩《リ》以《ク》 三合
152 佉《キャ》嚩《バ》日《ジ》哩《リ》 二合 抳《ニ》斛《コク》
次に十六尊・八供養・四摂の　三昧耶印契を結べ

一　阿閦如来の三昧耶印。外縛して二中指を立て合わせ針の如くにする。
二　宝生如来の三昧耶印。外縛して二中指を立て合わせ中節を蹙めて宝形の如くにする。
三　無量寿如来の三昧耶印。外縛して二中指を円かに合わす。
四　不空成就如来の三昧耶印。外縛して二中指を掌に入れ、面を合わし二小二大を立て合わす。（大）三一八下
五　四波羅蜜の契　本仏たる四仏の印に同じ。
六　金剛薩埵の三昧耶印。外縛して二中指を立て合わせ針の如くし、大小二指を開き立てる。
七　金剛王菩薩の三昧耶印。外縛して二頭指を開き立て鉤の如くす。
八　金剛愛菩薩の三昧耶印。外縛して二頭指の右をもって左を押し交え立てる。
九　金剛喜菩薩の三昧耶印。外縛して縛を解かず弾指する。
一〇　金剛宝菩薩の三昧耶印。外縛して二頭指を宝形になし二大指を並べ立てる。
一一　金剛光菩薩の三昧耶印。外縛して中指以下の大指を開き伸べ、頭指・大指の頭を合わせながら旋転する。
一二　金剛幢菩薩の三昧耶印。外縛して二頭指を宝形にし、二大指を並べ立て二小指・二無名指を開き立てる。
一三　金剛笑菩薩の三昧耶印。前の印を易えず、五指を伸べ、左右に相い分け口に

〈十六大菩薩〉

六 忍願を針の如く竪て　小大を開いて竪つ〔薩〕
七 次に金剛縛を以って　進力を鉤の如く屈す〔王〕
八 鉤に因《よ》って便ち交え竪つ〔愛〕　九 縛を解かずして弾指《たんじ》す〔喜〕
一〇 大を竪て次を反し屈す〔宝〕
一一 大と次とを改めず　六を舒《じょ》して旋転す〔光〕
一二 前の二亦《ま》た改めず　中を縛し下の四を幢にす〔幢〕
一三 前の印相を易《か》えず　反《かえ》し開いて口に於いて散ず〔笑〕
一四 縛に由りて禅智を竪て　進力を蓮の如く屈す〔法〕
一五 縛に由りて忍願を竪て　上節を屈して剣の如くす〔利〕
一六 忍願を縛に入れてより　四を竪て五を竪て交う〔因〕
一七 縛に由りて進力を蓮にし　禅智を開いて偃附《えんぷ》す〔語〕
一八 六度叉えて而も覆す　大は各《お》おの小の甲を捻ず〔業〕
一九 進力を針にし心《むね》に当て　進力檀慧を開く〔護〕
二〇 小を竪て進力を鉤にす〔牙〕
二一 大は小の根を捻じ縛し　進力其の背を拄《ささ》う〔拳〕

〈八供養〉

二二 縛して禅智を偃《えん》じ竪つ〔嬉〕　二三 此の印を展じて額に当つ〔鬘〕
二四 臍より口に仰げ散ず〔歌〕　二五 旋舞して掌を頂に於いてす〔舞〕

散ずる。

一四 金剛法菩薩の三昧耶印。外縛して二大指を並べ立て二頭指を円かに相い合わす。

一五 金剛利菩薩の三昧耶印。外縛して二中指を立てて上節を折る。

一六 金剛因菩薩の三昧耶印。外縛して二中指を掌に入れ面を合わし、二無名指を立て合わせ二小指を立て交える。

一七 金剛語菩薩の三昧耶印。外縛して二頭指蓮形にし、二大指を開き立て二頭指の下に附ける。

一八 金剛業菩薩の三昧耶印。外縛して掌を覆せ、二小指を掌に入れ二大指をもって二小指の甲を押す。

一九 金剛護菩薩の三昧耶印。外縛して二頭指を立て合わせ針の如くにする。

二〇 金剛牙菩薩の三昧耶印。外縛して頭指・小指を開き立てる。但し、二頭指を鉤にする。

二一 金剛拳菩薩の三昧耶印。外縛して二大指を並べ立て掌に入れ、二頭指を屈して甲を合わせ二大指の背に拄《ささ》える。

二二 金剛嬉菩薩の三昧耶印。外縛して二大指を並べ立て二頭指の側を押す。

二三 金剛鬘菩薩の三昧耶印。前印のまま腕を展べ額に当てる。

二四 金剛歌菩薩の三昧耶印。外縛して縛を解き、五指を舒べ臍より口に至って散じる。

二五 金剛舞菩薩の三昧耶印。外縛して縛

(大)三一 九上

を解き、三返旋舞し了って、金剛合掌にし頂上に置く。

一　金剛香菩薩の三昧耶印。外縛して縛を解き、五指を舒べ掌を覆せ、下に散じる。
二　金剛華菩薩の三昧耶印。外縛して縛を解き、五指を舒べ仰げ開いて献じる。
三　金剛燈菩薩の三昧耶印。外縛して二大指を立て合わせ針の如くする。
四　金剛塗菩薩の三昧耶印。外縛して縛を解き、胸に摩(ぬ)る。
五　金剛鉤菩薩の三昧耶印。外縛して左右の頭指を伸べ鉤の如くにする。
六　金剛索菩薩の三昧耶印。外縛して右の大指を左の大指と頭指の間に出入すること三度。
七　金剛鎖菩薩の三昧耶印。外縛して二大指と二頭指を環の如くする。
八　金剛鈴菩薩の三昧耶印。外縛して二大指を掌に入れ揺動する。
九　四印にして而も一の縛なり　四摂の印契は四種のようであるが、一つの印縛の一連の動作であることをいう。

[一]縛に由りて而して下に散ず〔香〕　[二]縛より仰げ開き献ず〔華〕
[三]縛に由りて禅智を針にす〔燈〕　[四]縛を解いて胸に於いて摩す〔塗〕

〈四摂〉

[五]縛に由りて進力を鉤にす〔鉤〕　[六]禅を智の虎口に入れ〔索〕
[七]上の四を交えて環の如くす〔鎖〕　[八]禅智を掌に入れ揺らす〔鈴〕
[九]四印にして而も一の縛なり
別別に真言を誦せ
彼彼の真言に曰わく

〈十六大菩薩真言〉

153 三《サン》摩《マ》野《ヤ》薩《サ》怛《ト》鑁《バン》 三合
154 阿《ア》曩《ノウ》野《ヤ》薩《サ》怛《ト》縛《バ》 三合
155 阿《ア》斛《コク》素《ソ》佉《ギャ》
156 娑《サ》度《ト》娑《サ》度《ト》
157 素《ソ》摩《マ》賀《カ》怛《ト》鑁《バン》 三合
158 嚕《ロ》補《ホウ》儞《ニ》庾《ユ》 二合 哆《タ》
159 阿《アラ》他《タ》鉢《ハ》囉《ラ》 二合 底《チ》
160 賀《カ》賀《カ》賀《カ》吽《ウン》郝《カク》
161 薩《サラ》嚩《バ》迦《キャ》哩《リ》
162 耨《ド》佉《キャ》砌《セイ》娜《ダ》

163 没駄冐地《ボダボウジ》

164 鉢囉《ハラ》二合 底捨左娜《チセンダ》二合

165 素嚩始怛鑁《ソバシトバン》二合

166 顗哩婆《ジリバ》二合 野怛鑁《ヤトバン》二合

167 設咄嚕《シャトロ》二合 薄乞叉《バキシャ》二合

168 薩嚩悉地《サラバシッチ》

〈八供養真言〉

169 摩賀囉底《マカラチ》

170 嚕播戍陛《ロハシュベイ》

171 戍嚕《シュロ》二合 怛囉《タラ》二合 嫂佉也《ソウキャヤ》二合

172 薩縛布爾《サラバホジ》

173 鉢囉《ハラ》二合 賀攞《カラ》二合 禰顗《ジニ》

174 跛攞誐弭《ハラキャミ》

175 素帝惹擬哩《ソテイジャギリ》二合

176 素巘駄擬《ソゲンダキ》入声

〈四摂真言〉

177 阿野醯弱《アヤイジャク》

178 阿醯吽吽《アキウンウン》

179 呬娑普《ケイソホ》二合 吒鑁《タバン》

180 佉吒《キャダ》噁噁《アクアク》入声

金剛界大曼拏囉毘盧遮那一切如来族秘密心地印真言供養部　第四

〈大供養会〉

毘盧尊に敬礼《きょうらい》す　能く自在を為す王たり
供養部を演説す　諸もろの如来を供養す
次に供養の契を結べ　応に金剛縛を結ぶべし
印相は心より起こる

〈遍照尊〉

初めは遍照尊の　一羯磨《かつま》の印を結ぶ儀なり
真言に曰わく
181 唵《オン》引 薩嚩怛他誐哆《サラバタタギャタ》一 嚩日囉《バザラ》二合 駄怛味《ダトマ》二合二 弩哆囉布惹《ドタラホジャ》三 娑頗《ソハ》二合 囉拏《ラダ》二合四 三摩曳《サンマエイ》五 吽《ウン》

〈金剛薩埵〉

次に金剛薩埵の羯磨《かつま》印を結べ　触地手なり
182 唵《オン》引 薩嚩怛他誐哆《サラバタタギャタ》一 嚩日囉《バザラ》二合 薩怛嚩《サトバ》二合二 弩哆囉布惹《ドタラホジャ》三 娑頗《ソハ》二合 囉拏《ラダ》四 三摩曳《サンマエイ》五 吽《ウン》六

〈金剛宝〉

次に金剛宝の羯磨印を結べ　施願手なり

一 羯磨の印　両手各々拳に握り、左の頭指を伸べ、右の拳をもってこれを握る。智拳印のこと。

(大)三一九中

183 唵《オン》引 薩嚩怛他誐哆《サラバタタギャタ》一 嚩日囉《バザラ》二合 囉怛曩《アラタンノウ》二合 弩跢囉布惹《ドタラホジャ》三 娑頗《ソハ》二合 囉拏《ラダ》四 三摩曳《サンマエイ》五 吽《ウン》六

〈金剛法〉

次に金剛法の羯磨印を結べ　法定手なり

184 唵《オン》引 薩嚩怛他誐哆《サラバタタギャタ》一 嚩日囉《バザラ》二合 達囉摩《タラマ》二合 弩跢囉布惹《ドタラホジャ》三 娑頗《ソハ》二合 囉拏《ラダ》四 三摩曳《サンマエイ》五 吽《ウン》六

〈金剛業〉

次に金剛業の羯磨印を結べ　最上手なり

185 唵《オン》引 薩嚩怛他誐哆《サラバタタギャタ》一 嚩日囉《バザラ》二合 迦囉磨《キャラマ》二合 弩哆囉布惹《ドタラホジャ》三 娑頗《ソハ》二合 囉拏《ラダ》四 三摩曳《サンマエイ》五 吽《ウン》六

〈十六大菩薩・金剛薩埵〉

次に心上に金剛縛す　密語に曰わく　入縛手十六なり

186 唵《オン》引 薩嚩怛他誐哆《サラバタタギャタ》一 薩嚩怛磨《サラバタマ》二合 纈哩也《ニリヤ》二合 哆曩《タノウ》二 布惹娑頗《ホジャソハ》二合 囉拏《ラダ》三 迦囉磨《キャラマ》二合 嚩《バ》日哩《ジリ》二合四 噁《アク》五

〈金剛王〉

右脇　密語に曰わく

〔187[二] 唵薩嚩怛他《オンサラバタタ》（引）誐多薩嚩《ギャタサラバ》（引）怛麼《タマ》（二合）涅哩《ニリ》二合 耶怛那布惹《ヤタナホジャ》（引）薩発囉《ソハラ》二合 拏羯磨《ダキャラマ》引 虼《ギ》哩《リ》二合 弱《ジャク》

〈金剛愛〉

左脇　密語に曰わく

188 唵薩嚩怛他《オンサバタタ》（引）誐多薩嚩《ギャタサラバ》引 怛麼《タマ》二合 涅哩《ニリ》二合 耶怛那《ヤタナ》（引）努囉《ドラ》（引）誐拏布惹《ギャドホジャ》（引）薩発囉《ソハラ》二合 拏羯磨縛儜《ドキャラマバネイ》匿孥反 吽護《ウンコク》引

二　真言番号187・188・191の真言は(大)には欠。続蔵所載のものによって補う。

〈金剛喜〉
腰後　密語に曰わく」
189 唵《オン》引 薩嚩怛他誐哆《サラバタタギャタ》一 薩嚩怛摩《サラバタマ》二合 頳哩也《ニリヤ》二合 怛曩《タノウ》二 娑度迦囉《サドキャラ》三 布惹娑頗《ホジャソハ》二合 囉拏《ラダ》四 迦《キャ》
囉磨《ラマ》二合 覩瑟致《トシュチ》二合五 索《サク》六

〈金剛宝〉
額上　密語に曰わく
190 唵《オン》引 曩莫薩嚩怛他誐哆《ノウマクサラバタタギャタ》一 鼻曬迦《ビセイキャ》二 囉怛寧《アラタネイ》二合 毘喩《ビユ》二合三 嚩日囉《バザラ》二合 摩抳唵《マニオン》引四

〈金剛光〉
心上に旋転すること日輪の転相の如し　密語に曰わく
191 唵那莫薩嚩怛他誐多蘇哩耶毘喩嚩日囉《オンナウマクサラバタタギャタソリヤビユバザラ》二合 帝爾儞入嚩囉《ティジニジンバラ》二合 以翊《キリク》二合引

〈金剛幢〉
頂上に長く二臂を舒べよ　密語に曰わく」
192 唵《オン》引 曩莫薩嚩怛他誐哆《ナウマクサラバタタギャタ》一 捨播哩布囉拏《シャハリホラダ》二 唧跢摩抳《シンダマニ》三 馱嚩《ダバ》二合 惹詣哩《ジャギリ》二合 毘喩《ビユ》二合四 嚩日《バザ》
囉《ラ》二合 馱嚩《ダバ》二合 惹《ジャ》五 擬哩《ギリ》二合 怛覧《タラン》二合引六

〈金剛笑〉
口上の笑処に解き散ず　密語に曰わく
193 唵《オン》引 曩莫薩嚩怛他誐哆《ノウマクサラバタタギャタ》一 摩賀必哩《マカヒリ》二合 底《チ》二 鉢囉《ハラ》二合 謨儞也《ボニヤ》二合 迦㘑毘喩《キャレイビユ》二合三 嚩日囉《バザラ》二
合 賀細郝《カサカク》四

〈金剛法〉

(大)三一九下

口上　密語に曰わく

194 唵《オン》引 薩嚩怛他誐哆《サラバタタギャタ》一 嚩日囉《バザラ》二合 達囉磨《タラマ》二合二 哆《タ》三摩地僻《サンマジビャク》三 薩覩《ソト》二合 努弭《ドビ》四 摩賀達囉磨《マカタラマ》二合五 擬哩《ギリ》二合 紇哩以《キリク》三合六

〈金剛利〉

右耳　密語に曰わく

195 唵《オン》引 薩嚩怛他誐哆《サラバタタギャタ》一 鉢囉《ハラ》二合 惹拏《ジャド》二合 播囉弭哆《ハラミタ》二 鼻顩囉賀嚹《ビニラカレイ》三 薩覩《ソト》二合 努弭《ドビ》四 摩賀具《マカク》灑努猊淡《シャドゲイタン》五

〈金剛因〉

左耳　密語に曰わく

196 唵《オン》引 薩嚩怛他誐哆《サラバタタギャタ》一 作羯囉《シャキャラ》二合 乞叉《キシャ》二合 囉《ラ》二 播哩嚩㗚哆《ハリバリタ》二合 曩《ノウ》三 薩嚩素怛覧《サラバソタラン》二合四 怛曩《タノウ》野曳《ヤエイ》五 薩覩《ソト》二合 努弭《ドビ》六 薩嚩曼拏囉吽《サラバマンダラウン》七

〈金剛語〉

頂後　密語に曰わく

197 唵《オン》引 薩嚩怛他誐哆《サラバタタギャタ》一 散駄薄灑《サンダバシャ》二 没駄僧擬底鼻誐喃《ボダソウギチビギャナン》三 薩覩《ソト》二合 努弭《ドビ》四 嚩日囉《バザラ》二合 嚩際作《バセイシャク》五

〈金剛業〉

香　頂上　密語に曰わく

198 唵《オン》引 薩嚩怛他誐哆《サラバタタギャタ》一 度播銘伽三母捺囉《ドハメイキャサンボダラ》二合二 娑頗《ソハ》二合 囉拏《ラダ》三 布惹迦囉弭《ホジャキャラミ》二合四 迦囉迦囉《キャラキャラ》入声引五

〈金剛護〉

華　右肩上　密語に曰わく

199 唵《オン》引　薩嚩《サラバ》怛《タ》他《タ》誐哆《ギャタ》一　補《ホ》瑟跛《シュハ》二合　鉢囉《ハラ》二合　摩囉《マラ》二　娑頗《ソハ》二合　囉拏《ラダ》三　布《ホ》惹羯囉弭《ジャキャラミ》四二合　枳哩枳《キリキ》
哩《リ》五

〈金剛牙〉

燈　右跨上　密語に曰わく

200 唵《オン》引　薩嚩《サラバ》怛《タ》他《タ》誐哆《ギャタ》一　路《ロ》迦入嚩《キャジンバ》二合　囉《ラ》二　娑頗《ソハ》二合　囉拏《ラダ》三　布《ホ》惹羯囉弭《ジャキャラミ》四二合　婆囉婆囉《バラバラ》五

〈金剛拳〉

塗　復た心上に置く　密語に曰わく

201 唵《オン》引　薩嚩《サラバ》怛《タ》他《タ》誐哆《ギャタ》一　彦駄《ゲンダ》銘伽《メイキャ》三母《サンボ》捺囉《ダラ》二二合　娑頗《ソハ》二合　囉拏《ラダ》三　布《ホ》惹羯囉弭《ジアキャラミ》四二合　倶嚕倶嚕《クロクロ》五

〈十七雑供養〉〈(1)散華〉

一 次に散華の契を結べ　十方を観察して
言わく　我れ今　諸仏法輪を転じたまえと勧請す
復た応に是の念を作すべし　今　此の贍部洲《せんぶしゅう》
及び十方界に於いて　人天の意より生じる華
二 水陸の所有《あらゆる》華を　皆な持して
一切の大薩埵と　部中の諸眷属と
契と明と密と諸天に献ず　我れ普ねく
一切諸如来を供養し　而して事業を作さんが為めの故なり

密語に曰わく

202 唵《オン》引　薩嚩《サラバ》怛《タ》他《タ》誐哆《ギャタ》一　補《ホ》瑟波《シュハ》二合　布《ホ》惹銘伽《ジャメイキャ》二　三母《サンボ》捺囉《ダラ》三二合　娑頗《ソハ》二合　囉拏《ラダ》四　三摩《サンマ》曳吽《エイウン》五

(大)三二〇上

一 次に散華……　以下十七種の雑供養が説かれるが、本経たる『金剛頂経』には説かれず『略出念誦経』に出る。詳しくは拙論「『略出念誦経』と『Vajrodaya』―供養会について―」(勝又俊教博士古稀記念『大乗仏教から密教へ』春秋社、昭和五十九年)を参照されたし。散華の契とは、外縛して上に向って散じる。

二 水陸　水生と陸生の意。

〈(2)焼香〉

又た　焼香[三]の契を結び　而して是の思惟《しゆい》を作せ
人天の本体の香　和合し変易《へんにゃく》せる香を
如来羯磨の故に　我れ今　皆な奉献す
〔[四]密語に曰わく
203 唵《オン》薩嚩《サラバ》怛他《タタ》引 誐多《ギャタ》度《ド》波《ハ》布《ホ》惹《ジャ》引 咩伽三《メイキャサン》去 母捺囉《ボダラ》二合 薩発囉《ソハラ》二合 拏《ダ》三摩《サンマ》曳《エイ》引 吽《ウン》引

〈(3)塗香〉

次に塗香[五]の契を結び（而して是の思惟を作せ）
人天の本体の香　和合し変易《へんにゃく》せる香
是くの如き差別の香を　如来羯磨の故に
我れ今　皆な奉献す〕
密語に曰わく
204 唵《オン》引 薩嚩《サラバ》怛他《タタ》誐哆《ギャタ》一 巘駄《ゲンダ》布《ホ》惹《ジャ》銘伽《メイキャ》二 三母捺囉《サンボダラ》二合三 娑頗《ソハ》二合 囉拏《ラダ》四 三摩《サンマ》曳吽《エイウン》五

〈(4)燈明〉

次に燈[六]の契を結び已って　而して是の思惟を作せ
人天の本体の生　及び差別の光明を
事業を作さんが為めの故に　我れ今　皆な奉献す
密語に曰わく
205 唵《オン》引 薩嚩《サラバ》怛他《タタ》誐哆《ギャタ》一 儞《ニ》播《ハ》布《ホ》惹《ジャ》銘伽《メイキャ》二 三母捺囉《サンボダラ》二合三 娑頗《ソハ》二合 囉拏《ラダ》四 三摩《サンマ》曳吽《エイウン》五

三　焼香の契　外縛して下に向けて散じる。

四　〔密語……〕〔　〕内、(大)に欠けており、(蓮)により補う。

五　塗香の契　外縛して、縛を解き胸に塗る。

六　燈の契　外縛して二大指を立てて心（むね）に当てる。

〈(5)宝類〉
三昧耶宝契[一]〔を結び〕 応に是くの如き念を作すべし
此の界及び余界の 宝山の諸宝類
地中及び海中の〔諸宝類〕 彼れ皆な供養を為す
如来羯磨の故に 我れ今皆な奉献す
当に此の密語を誦すべし
密言に曰わく
206 唵《オン》引 薩《サラ》嚩《バ》怛《タ》他《タ》誐《ギャ》哆《タ》一 冐〓《ボウデン》焔 二合 誐《ギャ》囉《アラ》怛《タン》曩《ノウ》二合 稜《リョウ》去声 迦《キャ》囉《ラ》二 布《ホ》惹《ジャ》銘《メイ》伽《キャ》三《サン》母《ボ》捺《ダ》囉《ラ》二合三 娑《ソ》頗《ハ》二合 囉《ラ》拏《ダ》三摩《サンマ》曳《エイ》吽《ウン》四

〈(6)翫具〉
次に嬉戯《きけ》[二]の契を結び 応に是の思惟を作すべし
人天の所有《あらゆる》 種種の諸戯弄《けろう》
玩・笑・妓などの楽の具 皆な仏に供養し
而して事業を作さんが為めの故に 我れ今当に奉献すべし
[三]〔(金剛)縛し大(指)小の根を捻じ 進力を其の背に拄《そば》だてよ〕
密語に曰わく
207 唵《オン》引 薩《サラ》嚩《バ》怛《タ》他《タ》誐《ギャ》哆《タ》一 賀《カ》写《シャ》囉《ラ》写《シャ》二 枳《キ》哩《リ》二合 弩《ダ》囉《アラ》底《チ》三 掃《ソウ》企《キ》也《ヤ》二合 弩《ド》哆《タ》囉《ラ》四 布《ホ》惹《ジャ》銘《メイ》伽《キャ》三《サン》母《ボ》捺《ダ》囉《ラ》二合五 娑《ソ》頗《ハ》二合 囉《ラ》拏《ダ》三摩《サンマ》曳《エイ》吽《ウン》六

〈(7)宝樹〉

一 三昧耶宝契　外縛して二中指を宝形に作る。

二 嬉戯の契　二拳各々腰に当て、首頭を少しく低(た)れる。　(大)三二〇中

三 〔(金剛)縛し……〕〔 〕内は(大)にあるも(蓮)並びに脚註により、省くのが妥当である。

四薩埵三昧耶〔の契を結び〕　応に是の思惟を作すべし
是くの如き五劫樹《こうじゅ》等　能く種種の衣
厳身の資具を与うる者　彼れ皆な供養
而して事業を作さんが為めの故に　我れ今当に奉献すべし
此の秘密の言を誦せ
密言に曰わく
208 唵《オン》引　薩嚩怛他誐哆《サラバタタギャタ》一　嚩日嚕《バゾロ》二合　播摩三摩地《ハマサンマジ》二　婆嚩曩播曩《ババノウハノウ》三　部惹曩嚩娑曩《ボウジャノウバサノウ》四　布惹銘伽《ホジャメイキャサン》三　母捺囉《ボダラ》二合五　娑頗《ソハ》二合　囉拏三摩曳吽《ラダサンマエイウン》六

〈⑻承事〉
六羯磨三昧耶〔の契を結び〕　而して是の思惟を作せ
虚空蔵中に於いて　所有《あらゆる》諸如来に
我れ承事せんが為めの故に　一一の仏前に
而も皆な己身有りと想い　親近を以って侍奉す
当に此の密語を誦せ
真言に曰わく
209 唵薩嚩怛他誐哆《オンサラバタタギャタ》一　迦野顊哩也《キャヤニリヤ》二合　哆曩《タノウ》二　布惹銘伽三母捺囉《ホジャメイキャサンボダラ》二合三　娑頗《ソハ》二合　囉拏三摩曳吽《ラダサンマエイウン》

〈⑼観法〉
七達磨三昧耶〔の契を結び〕　而して是の思惟を作せ
我れ今即ち此の身は　諸もろの菩薩と等し

四　薩埵三昧耶〔の契〕　外縛して二中指を立て合わせ針の如くす。
五　劫樹　または劫波樹 kalpataru, karpadruma インドラの宮殿に生えるという、一切の願を満たしてくれる樹。如意樹、如意宝珠に同じ。

六　羯磨三昧耶〔の契〕　外縛して二小指、二大指を立て合わせ、二中指を屈して掌に入れ面を合わわす。

七　達磨三昧耶〔の契〕　外縛して二中指を立て合わせ蓮華に作る。　（大）三二〇下

一法の実性は　平等にして異有ること無しと観得す
既に異有ること無しと作して　而して此の密言を誦せ
密語に曰わく
210 唵《オン》引 薩嚩怛他誐哆《サラバタタギャタ》一 唧跢顙哩也《シッタニリヤ》二合 怛曩《タノウ》二 布惹銘伽三母捺囉《ホジャメイキャサンボダラ》二合三 娑頗《ソハ》二合 囉拏三摩曳《ラダサンマエイ》
吽《ウン》

〈⑽布施〉
＊宝幢三昧耶〔の契を結び〕応に生死《しょうじ》の中に
一切の衆生の類い　苦悩の纏《まと》う所と観じ
深く哀愍を生ずるが故に　我れ今　救護《くご》と
并びに菩提心を護らんが為めに　未度の者をして度せしめ
未安の者をして安んぜしめ　皆な涅槃を得しめん
及び種種の宝を雨《あめふ》らし　求める所をして満足せしむ
是の思惟を作し已って　而して此の密言を誦せ
密語に曰わく
211 唵《オン》引 薩嚩怛他誐哆《サラバタタギャタ》一 摩賀嚩日嚕《マカバゾロ》二合 娜婆《ドバン》二合 嚩娜曩《バダノウ》二 播囉弭哆《ハラミタ》三 布惹銘伽三母捺囉《ホジャメイキャサンボダラ》四
娑頗《ソハ》二合 囉拏三摩曳吽《ラダサンマエイウン》

〈⑾浄戒〉
次に二香身の契を結び　三三昧耶の香を塗り
而して是の思惟《しゆい》を作《な》せ　願わくは一切衆生の

一　法の実性……作して　(大)脚註(甲)によれば、「諸法の実性は平等にして異有ること無しと観る。既に是の観を作し已って」となる。

二　香身の契　外縛して縛を解き心上に塗る。

三　三昧耶の香　ここでいう三昧耶とは三昧耶戒のことで、真言密教では『大日経』具縁品（(大)一八・一二中）に説かれる四重禁戒（常不応捨法　捨離菩提心　慳悋一切法　不利衆生行）をその戒相とする。香を身体に塗ることによって身心清涼となるように、戒もまたそれを保つことによって身心の清涼を得ることにたとえる。

三業の諸不善　願わくは悉《ことごと》く皆な遠離し
一切の諸善法　願わくは悉く皆な成就せん
而して此の密言を誦せ
密語に曰わく
212 唵《オン》引 薩嚩《サラバ》怛《タ》他《タ》誐哆《ギャタ》一 弩《ド》跢《タ》囉《ラ》摩《マ》賀《カ》冐《ボウ》地也《ジャ》二合 賀《カ》囉《ラ》迦《キャ》二 試《シ》擺《ラ》播《ハ》囉《ラ》弭《ミ》哆《タ》三 布《ホ》惹《ジャ》銘《メイ》伽《キャ》三《サン》母《ボ》捺《ダ》囉《ラ》二合 四 娑《ソ》頗《ハ》二合 囉《ラ》拏《ダ》三《サン》摩《マ》曳《エイ》吽《ウン》

〈⑿安忍〉
四 羯磨触地〔の契を〕結び　復た応に是の念を作すべし
願わくは　一切衆生　慈心にして悩害無く
諸もろの怖畏を遠離し　相い視て心歓喜し
諸もろの相好荘厳し　甚深なる法蔵を成ず
当に此の真言を誦すべし
密語に曰わく
213 唵《オン》引 薩嚩《サラバ》怛《タ》他《タ》誐哆《ギャタ》一 弩《ド》跢《タ》囉《ラ》摩《マ》賀《カ》達《タ》囉《ラ》磨《マ》二合 嚩《バ》冐《ボウ》達《ダ》二 乞《キ》産《シャ》二合 底《チ》播《ハ》囉《ラ》弭《ミ》哆《タ》三 布《ホ》惹《ジャ》銘《メイ》伽《キャ》三《サン》母《ボ》捺《ダ》囉《ラ》二合 四 娑《ソ》頗《ハ》二合 囉《ラ》拏《ダ》三《サン》摩《マ》曳《エイ》吽《ウン》

〈⒀精進〉
五 闘勝精進の契は　三昧耶甲冑なり
而して是の思惟を作せ　願わくは　一切衆生にして
菩薩の行を行ずる者は　堅固なる甲冑を被《き》せん

㊅三二一上

四 羯磨触地〔の契〕　右の手の五指を舒べ、掌を覆せて右の股の上に置き、左手は拳になして腰に置く。

五 闘勝精進の契　外縛して二頭指を立て合わせ針の如くし、二大指を並び立てる。

密語に曰わく
214 唵《オン》引 薩嚩怛他誐哆《サラバタタギャタ》一 僧娑囉播哩底也《ソウサラハリチヤ》二合 誐努哆囉《ギャドタラ》二 摩賀尾哩也《マカビリヤ》二合 播囉弭哆《ハラミタ》三 布惹銘《ホジャメイ》
伽三母捺囉《キャサンボダラ》二合四 娑頗《ソハ》二合 囉努三摩曳吽《ラダサンマエイウン》

〈⒁禅那〉
[一]三摩地の契を結べ　[二]華方仏《けほうぶつ》の羯磨《かつま》なり
応に是の思惟を作すべし　願わくは　一切衆生
煩悩　随煩悩　[三]冤讎《えんしゅう》を調伏し
甚深なる禅定を獲《え》て　而して此の密語を誦せ
密語に曰わく
215 唵《オン》引 薩嚩怛他誐哆《サラバタタギャタ》一 努跢囉摩賀掃企也《ドタラマカソウキヤ》二合 尾賀囉《ビカラ》二 地也《ジヤ》二合 曩播囉弭哆《ノウハラミタ》三 布惹銘伽三《ホジャメイキャサン》
母捺囉《ボダラ》二合四 娑頗《ソハ》二合 囉拏三摩曳吽《ラダサンマエイウン》

〈⒂智慧〉
次に遍照尊の　[四]羯磨勝契を結び已り
而して是の思惟を作せ　願わくは　一切衆生
[五]五種明を成就し　世間出世間の
智と慧を普ねく成就し　而して真実の見
煩悩障を除く智を得べし　辯才無畏等の
仏法をもって其の心を厳《かざ》り　而して此の密語を誦せ
密語に曰わく

一　三摩地の契　弥陀の定印。
二　華方仏　西方無量寿如来。
三　冤讎　うらみに酬いること。
四　羯磨勝契　智拳印。
五　五種明　大円鏡智・平等性智・妙観察智・成所作智・法界体性智の五種の智慧。　(大)三二一中

216 唵《オン》引 薩《サラ》嚩《バ》怛《タ》他《タ》誐《ギャ》哆《タ》一 弩《ド》哆《タ》囉《ラ》枳《キ》礼《レイ》二合 捨《シャ》惹《ジャ》拏《ダ》二合 野《ヤ》二 嚩《バ》囉《ラ》拏《ダ》嚩《バ》娑《サ》曩《ノウ》三 尾《ビ》曩《ノウ》野《ヤ》曩《ノウ》四 摩《マ》賀《カ》鉢《ハ》囉《ラ》二合 惹《ジャ》拏《ダ》二合 播《ハ》囉《ラ》弭《ミ》哆《タ》五 布《ホ》惹《ジャ》銘《メイ》伽《キャ》三《サン》母《ボ》捺《ダ》囉《ラ》二合六 娑《ソ》頗《ハ》二合 囉《ラ》拏《ダ》三《サン》摩《マ》曳《エイ》吽《ウン》

〈(16)解脱〉

[六]勝上三摩地の　印契を次に応に結ぶべし
二羽外に相い叉《ささ》え　禅智をして相い捻ぜしめ
仰げて懐《かい》中に安《お》き　応に是の思惟を作すべし
[七]諸法の真実性は　[八]空・無相・無作なり
諸法は悉く是くの如しと　観じ已って密言を誦せ

密語に曰わく

217 唵《オン》引 薩《サラ》嚩《バ》怛《タ》他《タ》誐《ギャ》哆《タ》一 虞《グ》上声 醯《キャ》野《ヤ》二合 摩《マ》賀《カ》鉢《ハ》囉《ラ》二合 底《チ》播《ハ》底《チ》二 布《ホ》惹《ジャ》銘《メイ》伽《キャ》三《サン》母《ボ》捺《ダ》囉《ラ》二合三 娑《ソ》頗《ハ》二合 囉《ラ》拏《ダ》三《サン》摩《マ》曳《エイ》吽《ウン》

〈(17)説法〉

次に応に[九]指《し》爪《そう》を合すべし　而して是の思惟を作せ
[10]〔二羽金剛縛し　進力禅智　口にす〕
我れ今語言を出す　願わくは　一切衆生
悉く皆な聞くことを得しめん　此の秘密の言を誦せ

密言に曰わく

218 唵《オン》引 薩《サラ》嚩《バ》怛《タ》他《タ》誐《ギャ》哆《タ》一 嚩《バ》枳《キ》也《ヤ》二合 類《ニ》哩《リ》也《ヤ》二合 怛《タ》曩《ノウ》二 布《ホ》惹《ジャ》銘《メイ》伽《キャ》三《サン》母《ボ》捺《ダ》囉《ラ》二合三 娑《ソ》頗《ハ》二合 囉《ラ》拏《ダ》三《サン》摩《マ》曳《エイ》吽《ウン》

六　勝上三摩地の印契　外縛して二大指の端（はし）を合わせ、仰げて半跏趺の上に置く。金剛部の法界定印。

七　諸法「諸」の字は「証」とあるも(大)脚註(甲)により改める。或いは「法の真実性を証せば」となるか。

八　空・無相・無作　三解脱門という。
無作は通常無願という。すべての存在に実体がないことをいい、解脱に通じる三種の三昧のこと。あらゆるものは実体がなく（空 sūnyatā）、特徴を持たず（無相 animitta）、求めるに値しない（無願 apraṇihita）と観じること。

九　指爪を合す　如来口の印。指の爪を聚めて一処にし、心（むね）に当てる。歯が寄った形で如来の歯列を表している。

10　〔二羽……〕〔　〕は(大)脚註、並びに(蓮)により不要。

〈**金剛百字明**〉

是くの如く広く仏事を作し已り　次に応に諦《つまび》らかに心に念誦を為すべし
衆会の眷属自から囲繞《いにょう》し　円寂の大鏡智に住す
当に[一]金剛三昧耶〔の契を〕結び*　而して金剛百字の明を誦せ
次に金剛薩埵の明を　三遍五遍或るいは七遍誦せ

真言に曰わく

219 唵《オン》引 嚩日囉《バザラ》二合 薩怛嚩《サトバ》二合 三摩野《サンマヤ》一 摩努播攞野《マドハラヤ》二 嚩日囉《バザラ》二合 薩怛嚩《サトバ》二合 怛味《チビ》三二合 努播《ドハ》底瑟姹《チシュタ》四二合 涅哩《ジリ》二合 嚓銘婆嚩《ダメイバンバ》五 素妬瑟欲《ソトシュユ》二合 銘婆嚩《メイバンバ》六 阿努囉訖妬《アドラキト》二合 銘婆嚩《メイバンバ》七 素布瑟《ソホシ》欲《ユ》二合 銘婆嚩《メイバンバ》八 薩嚩《サラバ》悉朕銘《シツジンメイ》九 婆嚩《バンバ》鉢囉《ハラ》二合 野瑳《ヤシャ》十 薩嚩《サラバ》羯磨素《キャラマソ》十一 左銘唧哆室哩《シャメイシッタシリ》二合 薬《ヤク》倶嚕《クロ》十二 吽《ウン》十三 賀《カ》引 賀賀賀斛《カカカコク》十四 婆誐鑁《バギャバン》十五 薩嚩《サラバ》怛他《タタ》引 誐哆《ギャタ》十六 嚩日囉《バザラ》二合 摩銘悶左《マメイモンジャ》重声十七 嚩日囉《バザラ》二合 婆嚩《バンバ》十八 摩賀《マカ》引 三摩野《サンマヤ》十九 薩怛嚩《サトバ》二合 噁《アク》二十

〈**金剛薩埵明**〉

次に応に珠鬘を捧げ　真言を七遍誦すべし
復た加持の句を以って　如法に而も加持し
端坐すること儀則の如し　応に金剛語を以って
一千或るいは一百　随意に而も念誦すべし

真言に曰わく

220 唵《オン》引 嚩日囉《バザラ》二合 薩怛嚩《サトバ》引二合 阿《アク》[二]

〈**加持念珠**〉

一　金剛三昧耶〔の契〕　外縛して二中指を並べ立て針の如くにする。　(大)三二一下

二　阿　(大)脚註(甲)にて補う。

二羽に珠鬘を捧げ　本真言を七遍し
頂及び心に至り捧げ　三千転し以って加持す
真言に曰わく
221 唵《オン》引 嚩《バ》日《ザ》囉《ラ》二合 虞《グ》醯《キ》野《ヤ》二合 惹《ジャ》播《ハ》三《サン》摩《マ》曳《エイ》吽《ウン》

〈正念誦〉

既に珠を加持し已って　等引に住し而も誦す
舌端を四極動せず　脣歯の二を倶に合し
五語密の教を成就し　金剛語に声を離る
身に循《したが》って相好を観じ　四時に間をなさしめず
百千是れを限《かぎ》りと為し　又た復た応に是れを過ぐるべし
神通及び福智　六現世に薩埵に同ず
念誦の分限畢りて　珠を捧げ大願を発こす

〈入法界三昧観〉

三摩地の契を結び　法界三昧に入る

〈本尊加持〉

行者三昧を出で　即ち七根本印を結び
八本明を七遍念ず

〈八供養〉

復た八供養の〔印を〕結び　妙音を以って讃歎し

三　千転　sahasravarta（H§334）旋転とも言う。『伝法院流次第』によれば、先ず右の手に母珠を取り、左の手を胎拳になし、その中を通して念珠を引き上げ、唵嚩日囉虞醯野と唱え、次に左手にて緒留を握り、右の手を胎拳になし、その中を通して念珠を引き下げ、惹播三摩曳吽と唱える。

四　極動　㊧蓮の脚註には「揺動」とある。

五　語密　㊅には「諸密」とあるも㊧蓮により改める。

六　現世　㊅には「見世」とあるも㊧蓮により改める。

七　根本印　智拳印。

八　本明　唵嚩日囉駄都鑁　㊅三二二上（om vajra-dhātu vaṃ.）。

〈奉閼伽香水〉
閼伽香水を献ず
〈解界〉
降三世印を以って　左旋《させん》し而して解界す
次に三昧拳を結び　一たび誦して而して掣開《せいかい》す
次に羯磨拳を結び　三たび誦して三たび手を開く
彼彼より出生する　所有《あらゆる》一切の印
彼彼に於いて当に解すべし　此の真言心に由る
真言に曰わく
222 唵《オン》引　嚩日囉《バザラ》二合　穆乞叉《ボキシャ》二合　穆《ボク》入声
〈奉送〉
次に奉送《ぶぞう》[一]の印を結べ　二羽金剛縛にし
忍願を蓮葉の如くにせよ　指の端に時華を安んじ
誦し已りて而して上に擲《な》げよ　聖衆を奉送せんが為めなり
真言に曰わく
223 唵《オン》引　訖哩《キリ》二合　妬嚩《トバク》入声一　薩嚩薩怛嚩《サラバサトバ》二合二　囉他《アラタ》二合　悉第娜《シッディダ》二合三　哆野他《タヤタ》四　努《ド》誐蘗瑳駄《ギャゲッシャダ》鍐《バン》二合五
没駄《ボダ》尾灑野《ビシャヤ》六　布曩囉誐《ホノウラギャ》七　摩曩野覩《マノウヤト》八　唵《オン》引　嚩日囉《バザラ》二合　薩怛嚩《サトバ》二合九　目乞叉《ボキシャ》二合　目《ボク》入声一
〈宝三昧耶〉
次に当に宝[二]印を結ぶべし　二羽金剛縛にし

一　奉送の印　外縛して二中指立て合わせ、その端に花を挿（はさ）み左方の華鬘器の前方に投げる。撥遣（はっけん）ともいう。この花は行者を表し、花を投げるのは行者が本尊を頂き法界宮に入ることを表す。しかし心は入ると雖も身はここに在るところから、次に三部被甲等を用いるという（『金剛頂経蓮華部心念誦次第沙汰』興教大師著作全集巻第三、一三六頁〈真言宗豊山派宗務所篇、平成四年〉）。

二　宝印　外縛して二頭指二大指を宝形になし、真言の末に至り、印を開き、両手五指を伸べ垂帯する。

進力宝形の如くにせよ　禅智も亦た復た然なり
印相は心《むね》より起こし　灌頂処に安んじ
手を分ちて繋鬘《けいまん》の如くす　次に甲冑の印を結べ
真言に曰わく
224 唵《オン》引 嚩日囉《バザラ》 二合 囉怛曩《アラタンノウ》 二合 一 鼻詵左鈴《ビシンシャマン》二 薩嚩母娜嚂《サラバボダラン》 二合 銘《メイ》三 涅哩《ニリ》 二合 稚倶嚕《チクロ》四 嚩日囉《バザラ》 二合 迦嚩左曩鑁《ギャバシャノウバン》五 唵《オン》引 砒《トン》

〈齊掌三拍〉

次に被甲〔三〕〔の印を〕結び已りて　斉掌《せいしょう》して而も三たび拍つべし
聖衆をして歓喜せしむ　此の心真言を以って
解縛《げばく》し歓喜を得　金剛の体を獲得す
真言に曰わく
225 唵《オン》引 嚩日囉《バザラ》 二合 覩瑟野《トシヤ》 二合 斛《コク》 入声
聖衆を奉送し已って　当に加持の契を結ぶべし
明を誦し四處を加〔持〕し　灌頂して甲冑を被よ
又た拍の印儀を為し　前の如く四仏を礼し
懺悔し并びに発願し　然して後ち　閑静に依れ
香華を以って厳飾《ごんしょく》し　三摩地に住して
大乗典を読誦し　意に随って経行に任《にん》ぜよ
金剛頂一切如来真実摂大乗現証大教王経　巻の下

三　被甲〔の印〕　三部被甲の印。三部とは仏部・蓮華部・金剛部で、それぞれの印言と被甲の印言を結ぶ。ただし現行の次第では拍掌の次に三部被甲を結び四礼をなす。

(大)三二二中

蕤呬耶経

大塚伸夫　校註

*蕤《ぐ》呬《ふ》耶《や》経《きょう》

亦《ま》た玉呬耶経《ぎょくふやきょう》と名づく

大唐大興善寺《だいとうたいこうぜんじ》[一]開府儀同三司試鴻臚卿三蔵和尚《かいふぎどうさんじしこうろきょうさんぞうかしょう》 詔《みことのり》を奉《ほう》じて訳す

㊅七六〇下（Ⓣ202a⁴）

一 開府儀同三司試鴻臚卿三蔵和尚 唐代の玄宗・粛宗・代宗の三朝に優遇された不空（Amoghavajra）のこと。

二 序品第一 序章に相当するが、Ⓣには以下の章品も含めて漢訳に見られるような章品の区分はない。

三 漢訳では、以下の本文は散文で訳出されるが、Ⓣではすべて偈文で訳出される。

四 曼荼羅 mandala の音写。本質・真髄の意味があり、壇とも輪円具足とも訳されるが、密教では諸仏菩薩などの尊格を図出した土壇や絵画をさす。

巻の上

序品第一[二]

[三]我れ今、当《まさ》に通じて一切を摂《しょう》じて、[四]曼荼羅《まんだら》を作る秘密の次第を説くべし。広略・大小の総《すべ》ては之《こ》の経に在《あ》り。諸もろの仏部の曼荼羅の中に於いては、*無能勝《むのうしょう》明王《みょうおう》の曼荼羅を上《じょう》首《しゅ》と為《な》す。蓮華部《れんげぶ》の曼荼羅の中に於いては、*善住《ぜんじゅう》明王《みょうおう》の曼荼羅を上首と為す。金剛部《こんごうぶ》の曼荼羅の中に於いては、*除避《じょびゃく》明王《みょうおう》の曼荼羅を上首と為す。

我れ今、都《すべ》て彼《か》れ等三千五百の曼荼羅の中の次第の法を説かん。是《こ》の故に、応当《まさ》に此《こ》の経法《きょうぼう》を要《もと》めて、一切の諸もろの曼荼羅門を作るべし。

[一]阿闍梨《あじゃり》相品《そうぼん》　第二

我れ今、当に[二]阿闍梨《あじゃり》の相を説くべし。広く諸法を解し、戒を具して正直なり。慈悲ありて能忍にして浄信と正念《しょうねん》あり。加《ます》ます威徳有って非人を懼《おそ》れず、辯才無礙《べんざいむげ》にして衆に処するに畏《おそ》れ無し。聡明《そうめい》なる智恵あって善《よ》く方法を解し、諸根を*調伏《じょうぶく》して能《よ》く帰する者を覆《はぐく》むなり。復《ま》た、善巧《ぜんぎょう》有って深く大乗を信じ、経典を愛慕《あいぼ》し、普《あま》ねく秘密の真言行門を*学べり。並びに一切の曼荼羅の法に明らかにして善く[三]分量を知る。及び[四]弟子の好悪の相を知り、普ねく真言を誦《じゅ》し、及び都《すべ》ての法を持《じ》せり。先ず、阿闍梨*、及び*伝法《でんぼう》との二種の*灌頂《かんじょう》を蒙《こうむ》り、少欲知足にして常に念誦《ねんじゅ》を行ぜり。普ねく一切の阿闍梨の所《みもと》に於いて皆な請じて学問し、諸もろの曼荼羅の法に於いて決択《けっちゃく》して疑い無し。恒《つね》に楽《ねご》うて一切の諸尊、及び師僧とに供養し、一切の貧窮困苦《びんぐうこんく》に恵施せり。明らかに大[五]手印《だいしゅいん》等の一切の諸印を解し、及び善く曼荼羅を画《えが》くの法を解せり。又《ま》た、念誦及び供養の法に明らかなり。是《か》くの如き等の一切の法事を具し、内外の*明《みょう》を学し已《おわ》らば、曼荼羅を作るべし。

[六]揀択地相品《かんじゃくじそうぼん》　第三

我れ今、次に[七]地相《じそう》の善悪と、応《まさ》に曼荼羅を作るべきと作るべからざるの処《ところ》を説かん。謂《い》わく、高下、及び[八]荊棘《けいきょく》、砕《くだ》けたる髑髏《どくろ》の片《へん》有ると、崖《がけ》・[九]坑坎《こうかん》・枯井・枯池とに近きと、饒《おお》

一　阿闍梨相品第二　本品は曼荼羅を建立し弟子を灌頂する者（阿闍梨）の特相と資格を説く。
二　阿闍梨　ācārya の音写。師・教師・師匠の意で軌範師とも正行とも訳されるが、密教では一切の諸印明や曼荼羅行に通じ、伝法灌頂を受けた者をさす。
三　分量　曼荼羅の大きさや諸尊の座位などの区分・度量をさす。
四　弟子　阿闍梨に従って曼荼羅行の中で灌頂を受ける受者のこと。
五　手印　mudrā の訳。印契のことであり、手の指で種々の形を作って仏・菩薩の悟りの境地を標示するものをいう。
六　揀択地相品第三　Ⓣ（$202b^2$）にはこのような章品の区分はなく、直ちに以下の本文が続く。本品は如何なる土地に曼荼羅を建立するか、またいつ建立するかなどの造壇に必須の場所と時間の選定基準を明かす。
七　地相　曼荼羅を建立すべき土地の状態。
八　荊棘　いばらのこと。　(大)七六一上（Ⓣ$202b^2$）
九　坑坎　穴のこと。

く樹根有ると、及び*虫窠《ちゅうか》有ると、[一〇]鹹鹻《かんがん》なると、炭灰《たんかい》あると、石・瓦礫饒《がれきおお》きと、自然に乾きたる土、并びに髪、虫饒き是《か》くの如き等の地に於いては、応に一切の事を遠離《おんり》す可《べ》し。諸もろの曼荼羅は、平正《びょうしょう》なる地に於いて[一一]清浄潤沢《しょうじょうじゅんたく》にして前《さき》の如き過《とが》を離れたる、東北の方に於いて其《そ》の地少しく下りたる是くの如き等の処に曼荼羅を作るべし。[一二]又《ま》た吉祥《きっしょう》と為《な》すなり。

[一三]先ず、其の地を掘りて深さの量は*一肘《いっちゅう》とし、還《ま》た其の土を以って其の処を塡《うず》めよ。土、若《も》し余剰《よじょう》あらば、当に好処と知るべし。必ず成就することを得ん。若し、此《こ》れに反《そむ》かば、及び前の過有らば、即《すなわ》ち応に作るべからず。若し、強《し》いて作らば、但《た》だ成ぜざるには非《あら》ずして亦《ま》た己身《こしん》を損《そこな》わん。復《ま》た其の地有って前の如き過有ること無《な》く、周辺に水有らば、速やかに成就することを得ん。水無くば吉ならず。或るいは処所に地有りて前の過無く、周辺に樹有って花菓《かか》豊足《ほうそく》し、枝葉《しよう》鬱茂《うつも》して[一四]乳樹《にゅうじゅ》有るに足らば、曼荼羅を作りて亦た吉祥と為すなり。地に諸徳を具し、周辺に樹有りて近くに流水有らば、此の地は最勝《さいしょう》なり。

若し、*息災《そくさい》を作《な》さんとせば、当《まさ》に白色《びゃくじき》の地に曼荼羅を作るべし。若し、*増益《ぞうやく》を作さんとせば、赤黄《しゃくおう》の地に於いて曼荼羅を作れ。若し、*降伏《ごうぶく》を作さんとせば、黒色《こくじき》の地に於いて曼荼羅を作れ。山の頂上に於いてか、或るいは牛の居《い》るの処《ところ》、或るいは[一五]制底に於いてか、或るいは仏堂有るか、或るいは[一六]舎利《しゃり》有らば、是くの如き等の処に即ち[一七]息災の曼荼羅の法を作せ。[一八]恒河《ごうが》の辺に於いてか、或るいは蓮池に於いて、或るいは[一九]壇墠《だんせん》の上に於いてか、或るいは海辺に於いては、応《まさ》に[二〇]増益の曼荼羅の事を作すべし。其《そ》の[二一]塚間《ちょうけん》に於いて、或るいは諸もろの*魔跢羅天《またらてん》の祠《ほこら》に於いて、或るいは空閑の処か、或るいは空室に於いて、或るいは荒穢《こうえ》の

一〇　鹹鹻　塩分を含んだやせた土地をさす。

一一　清浄潤沢　㊅に「断浄潤沢」とあるが、Ⓣ「清浄な所を平垣にし（gtsaṅ la snum, 202b⁴）」と㊅脚註⑥によりこれを訂正。

一二　又た　㊅に「入」とあるが、㊅脚註⑦によりこれを訂正。

一三　この説段では浄地品第四において説かれる治地（浄地）の作法を略説する。

一四　乳樹　乳汁のある樹木。

一五　制底　caitya の音写。制多とも音訳される。霊廟・霊祠の意味で、仏を供養し、崇拝する場所の仏塔のこと。

一六　舎利　śarīra の音訳。śarīra は身体の意味であるが、この場合は特に仏や聖者の遺骨をいう。

一七　息災　Ⓣは「増益（rgyas pa, 203a¹）」とする。

一八　恒河　Gaṅgā の音訳。インドの聖河ガンジス河のこと。

一九　壇墠　祭壇の意。Ⓣは「川の砂洲（chuḥi glin, 202b⁸）」とする。

二〇　増益　Ⓣは「息災（shi ba, 202b⁸）」とする。

二一　塚間　śmaśāa の訳。墓場のこと。

処に於いては、応に降伏の曼荼羅の事を作すべし。一八大塔及び二聖迹《しょうしゃく》と、或るいは意楽《いぎょう》の処に於いて、或るいは清浄《しょうじょう》の処に於いて、或るいは山頂の是くの如き等の処に於いては、応に上*成就の曼荼羅を作るべし。或るいは三開敷《かいふ》せる蓮華の池の中に於いて、鵝雁遊戯《がんゆうぎ》せる側《かた》近《わら》の処には、応に財、及び余の富貴《ふうき》を求めんとして、諸もろの吉祥《きっしょう》成就の曼荼羅を作るべし。高山の上に於いて、或るいは山の側に於いてか、或るいは山谷《さんこく》に於いて、或るいは山峯に於いてか、或るいは巌窟《がんくつ》の是くの如き等の処に於いては、*修羅宮《しゅらぐう》に入ることを成ぜんが為めの故に、応に下等の金剛《こんごう》の曼荼羅を作るべし。龍池の辺《ほと》りに於いてか、或るいは山峯に於いてか、或るいは神廟《じんびょう》の是くの如きの処に於いては、著せし所の四鬼魅《きみ》の者を砕伏《さいぶく》せんと欲《おも》わんが為めに、応に*金剛鉤《こんごうこう》の曼荼羅を作るべし。五大道の衢上《くじょう》に於いて、或るいは制《せい》底《てい》に於いてか、或るいは*執金剛《しゅうこんごう》の前《みまえ》の是くの如き等の処に於いては、著せる*毘那夜迦《びなやか》の者を辟除《びゃくじょ》せんが為めの故に、応に*軍荼利《ぐんだり》忿怒《ふんぬ》の曼荼羅を作るべし。八大塔と及び大聖迹《だいしょうしゃく》とに於いては、応に仏部の中の六無能勝《むのうしょう》等、諸もろの勝上なる曼荼羅を作るべし。蓮華池の辺りに於いては、応に蓮華部の中の七善住《せんじゅう》等、諸もろの勝上なる曼荼羅を作るべし。山の頂上に於いては、応に金剛部の八避縛《ひばく》等、諸もろの勝上なる曼荼羅を作るべし。

已《すで》に、広く是くの如き等の処を分別せり。亦《ま》た須《すべか》らく三種の差別《しゃべつ》を分別すべし。九或るいは若《も》し是くの如きの勝れたる処を獲《え》ざれば、即《すなわ》ち応《まさ》に得るの処に随《したが》いて曼荼羅を作るべし。具足《ぐそく》せる勝上の処を得難《えがた》し。是《こ》の故に、但《た》だ応《まさ》に平正潤沢《びょうしょうじゅんたく》に於いて、東北の賒《はる》か側近《かたわら》に水饒《おお》く、及び樹林有る意の所楽《しょぎょう》の処にして、其《そ》の地の一〇過《とが》を離れて亦た一一障難《しょうなん》無《な》き是くの如き処に於いて、曼荼羅を作るべし。皆な成就することを得ん。若し聖迹と牛の所居《い》る処に於

一　八大塔　釈尊ゆかりの地の八箇所に建立されたとする塔。
二　聖迹　釈尊の遺跡がある場所や高僧が在住したとされる寺院などをさす。
三　開敷　kusumita の意。花が開いた状態のこと。
四　鬼魅　魑魅・魍魎などの化物の類い。
(大)七六一中（(T) $203a^3$）
五　大道の衢上　大きな道路の十字路のこと。
六　無能勝　序品前出の無能勝明王をさす。
七　善住　序品前出の善住明王のこと。
八　避縛　序品前出の除避明王のこと。
九　この説段では、一日にて曼荼羅を建立する水壇作法を明かす。
一〇　過　いばらや石など、前説された曼荼羅の建立に障害となる土地の悪相をさす。
一一　障難　過と同様に曼荼羅を建立するに障害となるものをさす。

いて、巌窟《がんくつ》の中、及び山の頂上と、先に浄《きよ》めし所の地に於いて、亦た窟《いわや》の上、并《なら》びに石の上とに於いて、或るいは制底《せいてい》の辺《ほと》り、及び壇墠《だんせん》の上、諸もろの江河の辺りの是くの如き処に於いて曼荼羅を作らんとせば、一二地を掘ることと、及び治打《じだ》することを以《も》っては須《もち》いざれ。高下等の過を疑うこと勿《なか》れ。其の一三地勢《ちせい》に随《したが》いて一四掃治《そうじ》して水を灑《そそ》ぎ、手を其の地に按《あん》じ、及び一五真言を誦《じゅ》せよ。即ち清浄と成らん。或るいは曼荼羅を作る処に於いて、其の地に過有って除くことを得ざれば、但《た》だ真言を以って清浄と作《な》せ。亦《ま》た成就することを得ん。若し、急速の事を作さんとして曼荼羅を作ることと、及び鬼魅《きみ》の所著を辟除《びゃくじょ》することと、并《なら》びに自身の灌頂《かんじょう》の曼荼羅とを作らんとせば、細《こま》かに其の地を揀《えら》ぶことを須《もち》うること勿《なか》れ。宜《よろ》しきに随って作せ。都《すべ》て*枳利枳利《きりきり》忿怒《ふんぬ》の真言を以って、香水《こうずい》を持誦《じじゅ》して其の地を洗灑《せんしゃ》し、及び灑ぎ、亦た浄《きょ》めて以って浄地と為《な》せ。

若《も》し、仏部の中の無能勝《むのうしょう》等の曼荼羅を作らんとせば、応に*最勝仏頂《さいしょうぶっちょう》の真言を以って一六浄地の法を作せ。若し、蓮華部の曼荼羅を作らんとせば、応に*吉祥明《きっしょうみょう》を以ってし、或るいは悉く*湿嚩《しば》引縛《ば》上訶明《かみょう》を以って浄地の法を作せ。若し、金剛部の曼荼羅を作らんとせば、応に一七軍荼利《ぐんだり》忿怒《ふんぬ》の真言を以って浄地の法を作せ。其《そ》の最勝仏頂《さいしょうぶっちょう》と、湿縛《しば》去縛《ば》上訶《か》と、及び軍荼利との此《こ》れ等《ら》の三尊は、各《おの》おのの本部の一八呪《じゅ》と為す。是れは其れ能《よ》く諸事を辨ぜり。是の故に、一切の事に於いて此の真言を用《もち》いよ。一切の事とは、謂《い》わく、浄地の法、及び護身と、弟子を一九加被《かひ》すると、諸難を辟除すると、清浄なる香等を以ってなり。此れ等の事に於いて悉《ことごと》く皆な通用せん。或るいは本法の所説に依《よ》って、応当《まさ》に之《こ》れを用うべし。

二〇*迦唎提迦《かりだか》月より、*毘舎迦《びしゃか》の満月まで、其の中間に於いて如法《にょほう》に曼荼羅を作れ。若し鬼魅

一二　地を掘る……　一日事業の水壇作法においては掘地・治打の作法は観想の中で行われる（加持壇地法）。

一三　地勢　地表の起伏・深浅などの土地の状態。

一四　水壇作法の灑水作浄法を説く。

一五　真言　軍荼利明王の真言（補註頁参照）。

一六　浄地の法　前出の軍荼利明王の真言によって加持された香水を土地に注いで浄化する作法。

一七　軍荼利忿怒　前出の軍荼利明王のこと。

一八　呪　呪文のこと。密教では一般的に mantra（真言）の訳語とするが、他に陀羅尼（dhāraṇī）や明呪（vidyā）をさす場合も多い。

一九　加被　adhiṣṭhāna の訳。加持・加護する意味がある。　㊅七六一下（Ⓣ203b6）

二〇　以下、曼荼羅の建立に着手する時分を説く。

を辟除すること、及び毘那夜迦《びなやか》を避けることを作し、或るいは本尊の進止を得て、成就することを作さしめんと欲《おも》わば、是《か》くの如き等の事、仮使《たとい》雨の時なりとも応に此れ等の曼荼羅を作るべし。若し、弟子に灌頂《かんじょう》せんと作さば、曼荼羅は[一]許《こ》、及び[二]伝法、并びに*三摩耶《さんまや》、及び*増益《そうやく》最上成就との是くの如き等の曼荼羅なり。即《すなわ》ち、彼《か》の時に依《よ》って、[三]七箇月の内に法事を作せ。或るいは其の国[四]、及び時節とを以って観るに、并《あわ》せて利益《りやく》有らば、或るいは其の時を観るに諸もろの障難無く、種種の徳を具し、及び弟子[五]渇仰《かつごう》の心あらば、縦《たと》い雨の時に於いても亦た、通じて曼荼羅を作ることを許す。法を作すの時、[六]塗香《ずこう》・[七]花、及び焼香・飲食《おんじき》・燈明《とうみょう》・*護摩《ごま》の是くの如き六種は、縦い自余等の物を辦《べん》ずることを護《え》ずとも、必ず応に此の六種の物をば闕《か》くべからず。若し闕かさば、却《かえ》って損《そこ》なえり。上《かみ》の日に相違し、及び悪時を以って、并びに悪国を以って其の法に依らざれば、必ず応に曼荼羅の法を作すべからず。若し強《し》いて作《な》さんとせば、当に損なうべきこと疑い無し。如上《にょじょう》所説の七箇月の中、当に*黒白《こくびゃく》の十五日、及び十三日と、或るいは白《びゃく》月の十一日・十日・一日・五日・七日・三日とに於いてすべし。此《こ》の十種の吉祥《きっしょう》の日に於いて、応《まさ》に勝上なる曼荼羅を作るべし。縦い黒《こく》月の十五日、及び十三日とに於いても亦《ま》た、通じて勝上なる曼荼羅を作るべし。若し、仏部の曼荼羅を作らんとせば、応に白月の十五日を用うべし。若し、蓮華部の曼荼羅を作らんとせば、応に白月の五日・七日[八]、及び十五日とを用うべし。若し、金剛部の中の[九]阿修羅宮《あしゅらぐう》に入ると、及び[一〇]猛利《みょうり》の事法と、并びに諸もろの[一一]忿怒《ふんぬ》の曼荼羅とを作らんとせば、当に前説の黒月の吉日を用うべし。*誓跢羅《せいたら》月と、及び毘舎迦《びしゃか》月との此の二月に於いては、応に[一二]摩訶曼荼羅《まかまんだら》を作るべし。或るいは若し、供養等の具を須《もち》うることを辦ずれば、闕少《けっしょう》す

一　許　許可灌頂なる受明灌頂をさし、その際に用いられる曼荼羅を示唆する。
二　伝法　阿闍梨相品第二前出の伝法灌頂の際に用いられる曼荼羅を示唆する。
三　七箇月　十月十五日より五月十五日までの七ヵ月。
四　国　この場合は国というより、曼荼羅を建立すべき土地のことをさす。
五　渇仰　のどがかわいて水を欲しがるように、心から仏道（密教）を求めること。
六　塗香　諸仏・菩薩などの尊格に供養したり、手や身体に塗る粉末状の香をいう。六種供具の一つ。
七　花　漢訳本文にはこれを欠くが、㊅脚註㉕とⓉの「花（me tog, 204a³）」によりこれを補う。
八　七日　㊅には「十日」とあるが、㊅脚註㉗とⓉ（tshes bdun, 204a⁶）により、これを訂正。
九　阿修羅宮　前出の修羅宮に同じ。
一〇　猛利の事法　降伏（調伏）の修法をさす。
一一　忿怒　前出の軍荼利明王のこと。
一二　摩訶曼荼羅　mahāmaṇḍala の音写。大曼荼羅のことで、諸仏・菩薩などの諸尊の形像を画いた曼荼羅をさす。

一三 承仕　師の雑務などに奉仕すること、並びにそれを行う者をさす。(大)七六二上(Ⓣ204a^1)

一四 尊　Ⓣによれば「師(bla ma, 204b^1)」とあるゆえに、阿闍梨をさす。

一五 日午　正午のこと。

一六 明相未だ動ぜざるに　「日の出とならないうちに」という意味。

一七 発遣　供養などの修法のために迎えた仏・菩薩を修法の最後にその本処に奉送することをいう。

一八 加威　adhiṣṭhāna の訳。加持・加護の意味がある。

一九 奉請　恭しく仏・菩薩などの諸尊に来臨を請うこと。

ること無く、或るいは大信を発こすの時、或るいは成就することを作すこと、及び上事を作さんと欲《おも》わば、即ち当応《まさ》に摩訶曼荼羅を作るべし。或るいは其の時を観るに、諸もろの障難無く、諸もろの華、及び供養とを豊足《ほうそく》せば、亦た応に摩訶曼荼羅を作るべし。或るいは阿闍梨《あじゃり》其の弟子を見るに、*法器《ほうき》と為《な》すに堪《た》え、或るいは久しく承仕[一三]《じょうじ》して尊[一四]の意に称《かな》わば、応《まさ》に摩訶曼荼羅を作るべし。或るいは日・月の蝕《しょく》の時、或るいは希奇の異相現われたる時、或るいは*神通《じんづう》月の内の是くの如き等の時に於いては、皆な悉《ことごと》く通じて大曼荼羅を作れ。若し、息災《そくさい》の曼荼羅を作らんとせば、日没の時に於いて起首《きしゅ》して作法せよ。若し、増益《そうやく》の曼荼羅を作らんとせば、日出《にっしゅつ》の時に於いて起首して作法せよ。若し、降伏《ごうぶく》の曼荼羅を作らんとせば、[一五]日午《にちご》の時に於いて起首して作法せよ。然《しか》も諸もろの曼荼羅は、皆な日没の時に於いて起首して作し、[一六]明相《みょうそう》未だ動ぜざるに要《かなら》ず須《すべか》らく[一七]発遣《はっけん》すべし。此れ都《すべ》て一切の曼荼羅を作す法と名づく。或るいは本尊の進止を須《もち》い、或るいは本法に於いて作し訖《おわ》り、或るいは事の相応、及び日・月の蝕、并びに異相現わるれば、悉く皆な通じて作せ。若し、此の時に違《たが》えて曼荼羅を作らば、必ず成就せざらん。但《た》だ是の一切の大曼荼羅は、昼日に於いて起首して作すこと勿《なか》れ。若し、昼日に作さば大苦悩を獲《え》ん。日没の時に於いて応に作すべき事は、中夜に作すこと勿れ。本時を違える故に種種《しゅじゅ》の難起こらん。自余の諸もろの時は此れに准《じゅん》じて応に知んぬべし。夜分の時に於いては、諸もろの事は寂静《じゃくじょう》にして作法するに験有り。是の故に、夜に於いて応に三摩耶《さんまや》等の大曼荼羅を作るべし。又《ま》た日没の時に於いて、諸天集会《しゅうえ》し、作法の処を観視して彼《か》の人《にん》を[一八]加威《かい》せん。是の故に、夜に於いて曼荼羅を作るべし。日没の時に於いて、如法に起首して諸尊を[一九]奉請《ぶじょう》せよ。即ち来降《らいごう》し赴《おもむ》きて彼の人を益《やく》せん。其の本時を取りて教に依って作せ。[一]好宿日を用いて誠心に奉請せば、諸尊即ち来降し赴きて所求《しょぐ》の願を成ぜん。其の月宿に*於いて、[二]太白星《たいはくせい》と[三]勿離訶娑婆羝《ぼりかさばち》に直《あた》らば、預《あらかじ》め直ちに、応に吉祥《きっしょう》、及び増益《そうやく》との事の曼荼羅の法を作《な》すべし。若し、猛害《みょうがい》、及び降伏《ごうぶく》との事の曼荼羅を作らんとせば、還《ま》た自余の猛害の[四]曜直《ようちょく》を取りて、彼の事法を作せ。[五]鬼宿《きしゅく》直《ちょく》に於ける是くの如き等の吉祥の宿直を取らば、還た吉祥と増益の曼荼羅の法を作せ。若し、猛害、及び降伏との事を作さんとせば、還た取りて彼の損害せる宿直に依って、其の[六]娑尾跢利《さびたり》須庾《しゅゆ》、微誓夜《びせいや》須庾《しゅゆ》上、補瑟《ほしゅ》二合 拏《だ》須庾《しゅゆ》、怛跛《たは》二合 娑跛《さは》須庾《しゅゆ》、皤嚕醯儞《ばろけいに》須庾《しゅゆ》、娑《さ》跛《は》須庾《しゅゆ》、蘇波怛羅《そはたら》二合 須庾《しゅゆ》、皤嚕拏《ばろだ》須庾《しゅゆ》、皤羅《ばら》二合 訶摩《かま》須庾《しゅゆ》、蘇迷薬《そめいや》二合 須庾《しゅゆ》、忙揭羅《もうぎゃら》須《しゅ》庾《ゆ》、楞比計沙拏《りょうひけいしゃだ》須庾《しゅゆ》、鉢羅《はら》二合 闍鉢底《じゃはち》須庾《しゅゆ》、阿反湿《あしし》二合 尼《に》須庾《しゅゆ》、味跢唎《びたり》二合 須庾《しゅゆ》、輸羅《しゅら》須《しゅ》庾《ゆ》、阿摩羅《あまら》須庾《しゅゆ》に於ける是くの如き等の吉祥なる須庾《しゅゆ》を取りて、還た吉祥と増益の事を作せ。若し悪直を取らば、必ず成就せざらん。是の故に、当に吉祥の時・日・[七]宿曜《しゅくよう》・須庾《しゅゆ》を取ること、及び徴祥とを観ずべし。若し善相現わるれば、方《まさ》に起首す可《べ》し。若し、不善ならば、即ち応に作すべからず。仮使《たと》い其の猛畏《みょうい》、及び降伏との事を作すとも、還た好相を取りて方に起首す可《べ》し。何をか況《いわ》んや、吉祥の事、相を看《み》ざらんや。其の先の相に随《したが》って、即ち成就、及び不成就とを知んぬ。是の故に、[八]慇懃《いんぎん》に其の徴相を観《み》て方に作法す可《べ》し。

浄[九]地品第四

次に浄地の法を説かん。曼荼羅を作る時には、*七日已前に其の地に往《ゆ》きて、[一〇]如法《にょほう》に身を

一　好宿日　天体の月が一ヵ月(太陰月)のうち、一日ごとに宿る日を二十七宿(或いは二十八宿)とするうちの、吉日に当る日のこと。
二　太白星　Śukra の訳。七曜中の金星のことで、即ち金曜日をさす。
三　勿離訶娑婆羝　Bṛhaspati の音写。七躍中の木星のことで、即ち木曜日をさす。
四　曜直　太陽(日)・太陰(月)を始めとする七曜が支配するそれぞれの曜日。
五　鬼宿直　Puṣya の訳。二十七宿(或いは二十八宿)中の第六・鬼宿日のこと。
六　以下、吉祥なる須庾(muhūrta 一昼夜の三十分の一の時間で、約四十八分に相当する時間の単位)の十七種を列挙する。(大)七六二中(Ⓣ205a^{1})
七　宿曜　二十八宿・十二宮・七曜の総称。
八　慇懃　ていねいにの意。
九　浄地品第四　本品は七日間で曼荼羅を建立する七日作壇法を明かすうち、第一日目より第五日にかけてなされる護身・地神供養(Ⓣにはこれを欠く)・治地(浄地)・塗地・埋宝・香水加持・灑浄・受持地・受持弟子の作法を説く。
一〇　これより七日作壇法における第一日目の作法、阿闍梨自身を加持する護身と弟子を加持する弟子結護を明かす。Ⓣ(205a^{4})はこのように区別して訳出していない。

護り、及び弟子を護り、*地神《じじん》、及び其の地とに供養し[一一]已《おわ》らば、[一二]方《まさ》に起《た》って地を掘りて地の過《とが》を除去すべし。若し、過を去《す》てずして法を作さば、必ず成就せざらん。是の故に、当に其の地の骨・石・炭灰・樹根・虫窠《ちゅうか》、及び瓦礫《がれき》等を除き、尽《ことごと》く去てて浄らかならしむるべし。[一三]次に当に細《こま》かに其の掘りし所の土を擣《う》ち、還た其の処《そ》を填《うず》めて、打ちて堅実《けんじつ》ならしむるべし。[一四]復《ま》た、*牛の尿《にょう》を以って散じ灑《そそ》ぎて潤《うるお》わしめ、灑ぎ[一五]已《おわ》らば還た打ち、搥《う》ちて平正《びょうしょう》ならしむること猶《な》お手掌の如くせよ。次に*牛の糞《ふん》を以って水に和して、東北の角《すみ》より右に旋《めぐ》って泥《ぬ》れ。[一六]復た、中心に於いて穿《うが》つに[一七]小坑《しょうこう》を以ってし、*五穀《ごこく》、及び*五種の宝、*五種の薬草とを持誦《じじゅ》して、坑の中に於いて安んじ、還た平正ならしめよ。

*是くの如く宝を置き、及び浄地し已らば、次に応当《まさ》に是の地を受持《じゅじ》するの法を作すべし。又た、[一八]三日已前《いぜん》に各おの*本部の辦事《べんじ》の真言を用いて、香水を持誦せよ。[一九]日没の時に於いて用いて其の処に灑《そそ》げ。[二〇]次に右手を以って其の地の上を按《あん》じ、曼荼羅主の真言を持誦《じじゅ》して、心を以って受持せよ。此れを地を受持する法と名づく。[二一]次に復《ま》た、応に辦事の真言を以って弟子を受持すべし。童女《どうにょ》を用いて*線を合わせ、辦事の真言を以って各おの持誦すること七遍して、心を以って一一の弟子を観念し、及び名号《みょうごう》を称《とな》えて、更に持誦すること七遍し、一誦一結《いちじゅいっけつ》し乃至七結せよ。是くの如く弟子を受持せば、諸もろの障難無からん。

[二二]召《ちょう》請《しょう》品《ぼん》第五

次に応に[二三]召請《ちょうしょう》の法を作すべし。[二四]一日已前《いぜん》の晨朝《しんちょう》に於いて日出を看《み》、方に衣を著して記す

一一 已らば　(大)にはこれを欠くが、(大)脚註⑳により補う。
一二 以下、掘地などの治地の作法を説く。
一三 以下、治打の作法を説く。
一四 これより七日作壇法における第二日目、塗地の法を明かす。
一五 已らば　(大)に「己」とあるが、Ⓣ(205a^5)によりこれを訂正。
一六 これより七日作壇法における第三日目、埋宝などの作法を説く。
一七 小坑　小さな穴のこと。
一八 三日已前　七日作壇法における第四日のことで香水加持を説く。
一九 以下、香水加持ののちに造壇する場所にその香水を注ぐ、香水灑浄の作法を説く。
二〇 以下、第五日目、受持地の作法を詳説する。
二一 以下、受持弟子の作法を説く。
二二 召請品第五　本品は白檀による香曼荼羅（白檀曼荼羅）を作る作法やそこに諸尊を迎える作法、弟子を結護する歯木の作法、降伏・増益・息災の三種護摩を説く。
二三 召請の法　白檀曼荼羅に諸尊を迎える作法のこと。
二四 一日已前　即ち七日作壇法における第六日のこと。この第六日目に白檀曼荼羅を作り、召請の法を行うとする。　(大)七六二下（Ⓣ205b^2）

るに心を以ってし、諸尊の座位を*布置《ふち》すべし。其の[一]本法所説の飲食《おんじき》に依って、如法に浄潔《じょうけつ》して意に愛楽《あいぎょう》せらるる自、及び弟子とが応に其の食を喫《きっ》すべし。日没の時に於いて[二]澡浴《そうよく》し清浄にして、浄《きよ》き白衣《びゃくえ》を著《つ》け、及び弟子と与《とも》に諸もろの供具を持《じ》して、前《さき》に浄めし所の曼茶羅の処に詣《いた》れ。*次に中央に於いて[三]白檀《びゃくだん》の塗香《ずこう》を以って、*円の曼茶羅を作れ。量は*十二指にして、*曼茶羅主の座と為すが故に、[四]即ち手を以って上を按じて、彼の真言一遍を誦《じゅ》せ。一誦一按し、乃至七遍せよ。[五]次に復た、心に念じ、及び名号を称えよ。諸大尊等にも亦た前の如き[六]香曼茶羅を作れ。*各部の心真言《しんしんごん》を以って奉請《ぶじょう》して、[七]諸もろの香華《こうげ》、乃至飲食《おんじき》を加持して供養に用いよ。部の心真言を用いて召請《ちょうしょう》を作《な》せ。復た浄水を取りて其の塗香に和し、亦た名花を散じ、香を以って薫《くん》じて持誦せよ。

[八]先ず須《すべか》らく*優曇婆羅木《うどんばらもく》、或るいは*阿修他木《あしゅたもく》を備具《びぐ》すべし。病《きず》無くして虫の食すること無きものを取りて*歯木《しもく》を作れ。量は十二指にして、麁に非ず細に非ざれ。香水《こうずい》を以って洗い已らば、其の木の根頭《もと》に於いて白線を以って花を纏《まと》え。復た香を以って塗り、及び香を焼《た》きて薫じ、手を以って木を按じて、部の心真言を持誦せよ。誦すること数多遍じ、或るいは七遍せよ。弟子の数に随《したが》って木の数も亦た然《しか》なり。皆な須らく一向に根頭《もと》を斉《ひと》しく置くべし。其の小さき頭を嚙《か》み、応に須らく如法に身を護《まも》り、及び弟子、并びに其の処とを護りて、次第して供養すべし。[九]然して後ち、諸もろの薪木を用いて両頭を[一〇]蘇《そ》に揾《さ》し、及び胡麻を蘇に和して護摩せよ。次に中ごろは但《た》だ蘇を用いて護摩を作せ。最後には[一一]酪飯《らくぼん》を護摩せよ。初めに難を砕伏《さいぶく》せんが[一二]為めの故に、応に降伏護摩《ごうぶくごま》を作すべし。次には自からの増益《ぞうやく》の為めの故に、部の心真言を以って増益護摩を作せ。然して後ち、寂静《じゃくじょう》の真言を以って息災護摩《そくさいごま》を作せ。

一　本法所説の飲食　奉請供養品第八所説の種々の飲食をさす。
二　澡浴　沐浴のこと。
三　白檀　candana の訳。香木の一種で、白色の栴檀のこと。
四　以下、曼茶羅主尊の座位を加持する作法を明かす。
五　以下、諸尊を白檀曼茶羅に迎える召請の法を説く。
六　香曼茶羅　白檀曼茶羅に同じ。
七　以下、来臨せる諸尊に供養することを明かす。
八　以下、歯木の作り方とその作法を説く。
九　以下、護摩の法を明かす。
一〇　蘇　蘇油（ghrta）のことで、一般に牛乳から製した油をいう。密教の護摩では、これに蜂蜜と種々の護摩法によって異なる油を混ぜたものを用いるとされる。
一一　酪飯　牛乳を凝結させたヨーグルト状のものと飯を混ぜた食物。
一二　為め　㊅に「杓」とあるが、㊅脚註㉙と Ⓣ（$206a^{2}$）によりこれを訂正す。

一三揀《かん》択《じゃく》弟《で》子《し》品《ぼん》 第六

初めに応に弟子を一四揀択《かんじゃく》すべし。然して後ち、方に受持す可《べ》し。謂《い》わく、*族姓《ぞくしょう》の家に生まれ、清浄にして畏《おそ》れ無く、深く正法《しょうぼう》を楽《ねが》えり。信と能忍を具し、勇猛精進《ゆうみょうしょうじん》なる心にして大乗を求め、*我慢を懐《いだ》かざり。顔貌《げんみょう》に相有りて盛年端正にして具《つぶ》さに諸論を解し、智恵具足し、正直にして調伏せり。能く帰する者を摂《しょう》じ善言して徳を懐けん、其の弟子等にして此の相を具す者をば、方に一五摂受《しょうじゅ》す可《べ》し。一六法則を具せず、一七諂曲《てんごく》して猛害《みょうがい》し、恒《つね》に麁《そ》悪《あく》の語をなし、因果を一八撥無《はつむ》して常に不善を楽えり。愚癡《ぐち》・我慢にして智無く言《ごん》多く、下賤《げせん》の家に生まれて諸相を具せざり。或るいは支分を加えば、極めて長く、極めて短く、極めて肥《こ》え、極めて痩《や》せ、心に具を破せんことを懐けり。眼目常に赤くて面貌畏《おそ》る可《べ》く、分を越えたる形《ぎょう》色《しき》にして支分不祥《ふしょう》なり。復た善相無く、外相順ならず、内には徳行無く、穢《え》族《ぞく》に於いて生ぜり。悪業の事を作し、*疥《かい》を病みて信無く、男を婬《いん》じ、女を婬じて酒に耽《ふけ》り、博戯《はくぎ》し、極悪の性行《せいこう》あらん、其の諸もろの弟子にして若し此の相有らば、必ず応に遠離《おんり》すべし。一九深く二〇三宝《さんぼう》を信じて*律儀戒《りつぎかい》を具し、深く大乗を信ずるをば、応に摂受す可《べ》し。身に二一過患《かげん》無く、内には諸徳を懐き、病無き族姓にして、大乗を信ずることを具し、大願を堅持せん、是くの如きの相を具足せるをば、甚《はなは》だ得可《べ》きこと難《かた》し。是の故に、但だ三宝に於いて敬信の心有りて、深く大乗を楽い、復た福徳を求めん、応当《まさ》に是くの如き弟子を摂受すべし。若し二二此の法を渇仰《かつごう》し、常に勤《つと》めて二三善逝《ぜんぜい》の真言を念誦するを見れば、仮使《たと》い身に善相無く、及び

一三 揀択弟子品第六　本品は入壇に値いする弟子の選定基準や第六日の三昧耶戒の作法、弟子の成就を判断する夢相（占夢）などを説く。
一四 揀択　よいものを選び取ること。
一五 摂受　（弟子として）受け入れること。
一六 以下、入壇に値いしない弟子の悪相を説く。　㊅七六三上（Ⓣ206a6）
一七 諂曲　他人にへつらい、いつわって自分の心をねじ曲げること。
一八 撥無　否定すること。
一九 以下、最も入壇に値いする弟子の好相を説く。
二〇 三宝　三つの宝の意で、仏・法・僧のこと。
二一 過患　とがや悩み。
二二 此の法　密教の法門である真言行をさす。
二三 善逝　sugata の訳。よく悟りに到達した者の意で、仏のこと。

内には福徳無しと見れども、亦た応に摂受すべし。但だ*四部衆《しぶしゅ》にして若し本戒を具し、及び大乗を信ぜば、亦た応に摂受すべし。

[一]凡《およ》そ、曼荼羅に入る者に、総《そう》じて三種の所求《しょぐ》有り。一には謂わく、真言を成就せんが故なり。二には謂わく、罪を滅して福を獲《え》んが故なり。三には謂わく、[二]来生《らいしょう》に果を求めんが故なり。若し、来生に果を求めんが為めの故に、信心を起こすことを以って曼荼羅に入らんとせば、但だ来世の果報を成就するに非ず。亦た現在に於いても安楽を獲得せん。若し、現在に安楽を求めんと為さば、彼の人は未来の果を求むるに如《し》かず。是の故に、智者は未来の果の為めに曼荼羅に入りて、即ち二世の安楽の果報を獲得せよ。[三]応に受持せらるる弟子等の数は、或るいは一、或るいは三、或るいは七、乃至二十五隻《せき》なるべし。[四]双《そう》に取ることを得ず。更に已上をば得ざれ。其の諸もろの弟子にして互相《たがい》に諍《あらそ》い有り、及び怨心《おんしん》を懐くをば、応に摂受すべからず。彼れ等は皆な悉く互相に歓喜し、調伏《ちょうぶく》し、寂静《じゃくじょう》にして、[五]尊者に於いて敬愛の心を所有し、善因を生ぜん者、是くの如き弟子を方に摂取す可《べ》し。

[六]其の召請の日、弟子等に遣《つか》わして[七]乳粥《にゅうしゅく》を喫せしめよ。皆な一食と為し、及び律儀《りつぎ》を受く。新しき浄衣《じょうえ》を著《つ》け、皆な面《おもて》を東に向けて坐せしめ、弟子等と与《とも》に召請の法を作せ。先ず護身《ごしん》を作し、次に[八]三帰《さんき》を受け、[九]菩提心《ぼだいしん》を発こせ。若し、已に発こせし者には重ねて更に憶念《おくねん》せしめ、[一〇]忿怒《ふんぬ》の真言を以って香水を持誦《じじゅ》し、各おの《おの》其の頂に灑《そそ》げ。復た手を以って其の頂上を按《あん》じて、各おの誦すること七遍せよ。香を以って手に塗り、復た心《むね》の上を安んじて、各おのの明王《みょうおう》の真言七遍を持誦せよ。*輪王仏頂《りんのうぶっちょう》の一字真言は是れ、其の仏部の明王なり。*馬頭《ばとう》大尊の十字真言は是れ、蓮華部の明王なり。*㗚婆《そんば》忿怒《ふんぬ》は其れ、彼の真言に*吽發《うんぱっ》

一　入壇する弟子には三種の動機があることを明かす。
二　来生　来世のことで、生まれかわった未来の世をいう。
三　入壇させるに適切な弟子の人数を明かす。
四　双　対の意で、弟子を入壇させるのに偶数では不適切との意。
五　尊者　阿闍梨をさす。
六　即ち七日作壇法における第六日をいう。Ⓣ(dehi nub mo, 206b⁶) によれば、第六日目の夜となる。これより弟子を摂受する受律儀（三昧耶戒）の作法を明かす。
七　乳粥　牛乳で作られた乳がゆ。
八　三帰　三帰依とも称す。仏・法・僧の三宝それぞれに帰依する儀式をさし、これによって仏教徒の一員となる。
九　菩提心　bodhicitta の訳。悟りを得たいと願い、仏道を実践しようとする心。
一〇　忿怒の真言　軍荼利明王の真言(oṃ kili kili vajra hūṃ phaṭ. 若しくは ㊅七六三中（Ⓣ207a¹）oṃ amṛte hūṃ phaṭ.)。これより香水加持などの諸作法を明かす。

の字有らば、是れ金剛部の明王なり。其れ[一一]軍荼利尊《ぐんだりそん》は、通じて是の三部の明王なり。諸難を砕《くだ》くが故にとは、＊密迹主《みっしゃくしゅ》の説なり。次に復た、手を頂上に按じ、辦事の真言を持誦[一二]して、還《かえ》って復た水を灑ぎ焼香を以って薫ぜよ。

[一三]其の灌頂せんと欲《おも》う＊瓶《びょう》に五穀《ごこく》等の物を置き、及び花の枝を著け、少し許《ばか》りの水を置きて、明王の真言を以って其の瓶を持誦せよ。＊閼伽《あか》を奉献《ぶごん》し、香を薫《くん》じて召請せよ。正《まさ》しく曼荼[一四]羅を作す日に、[一五]三時に其の瓶を持誦せよ。応に彼の瓶を用い持誦して灌頂すべし。

[一六]其の弟子等をして面《おもて》を北に向けて坐せしめよ。次に弟子に、前に辦ぜし歯木《しもく》を授与[一七]して、還た面を東に向け坐して、歯木を嚼《か》ませ。嚼み已って砕くこと勿《なか》れ。左右の側辺《かたわら》に擲《なげう》つこと莫《なか》れ。直《なお》く前に向けて擲つなり。其の嚼みしところの頭、或るいは身に対向し、及び上に向きて竪《た》たば、応に上成就を得ると知るべし。若し、嚼みし頭、身に背《そむ》きて東に向かば、応に中成就と知るべし。若《も》し、北に向かば、及び余の方に横に堕《お》ちなば、応に世間[一八]と及び出世間[一九]との成就を得ると知るべし。若し、嚼みし頭、地に著きて直く竪たば、応に修《しゅ》羅《ら》宮《ぐう》に入る成就と知るべし。

[二〇]其の相を知り已《おわ》らば、其の諸もろの弟子は還って前の如く坐せ。其の阿闍梨は辦事《べんじ》の真言を用いて、前に辦ぜしところの水を持誦《じじゅ》し、各おの三《み》たび掬《すく》い取り、与えて之《こ》れを飲ましめ、飲み已らば、然して後ち、外に出て口を漱《そそ》がしめよ。

[二一]次に即ち、更に復た供養せよ。手に香炉を執《と》り、至誠《しせい》の心を以って諸尊を召請《ちょうしょう》せよ。初めに、応に曼荼羅主の真言を持誦すべし。応に是くの如き真言にて召請すべし。

[二二]某甲《それがし》の明王大尊《みょうおうだいそん》に帰命《きみょう》す。我《わ》れ今、明日、大慈悲を以って曼荼羅を作らん。弟子を愍《あわれ》ま

一一 軍荼利尊 軍荼利明王に同じ。

一二 持誦 (大)には「持辦」とあるが、(大)脚註⑧とⓉ（$207a^3$）によりこれを訂正。

一三 灌頂に用いる瓶を具備する作法を明かす。

一四 曼荼羅を作す日 即ち第七日の日をさす。

一五 三時 一昼夜を六つの区分に分けた中の、初夜（午後八時頃）・後夜（午前四時頃）・日中（正午）の三時刻をさす。

一六 歯木授与の作法と弟子の成就の相を分別することを説く。

一七 授与 (大)には「受与」とあるが、(大)脚註⑨により訂正。

一八 世間 loka の訳。迷いの世界であるこの世俗の現象世界のこと。

一九 出世間 lokottara の訳。迷いの世界である世俗を離れた清らかな仏の境界。Ⓣ（$207a^7$）には相当語がない。

二〇 香水（金剛誓水）加持と授与作法を明かす。

二一 以下、勧請の作法を説く。

二二 この一節は勧請の偈頌。『大日経疏』（(大)三九・六二七中）にも引用されている。

んが為めの故に、及び諸もろの大尊を供養せんが為めの故に、唯《た》だ願わくは、諸尊よ、我が心を照知して降《くだ》って加被《かひ》せんことを。一切如来よ、諸仏の大悲を具せる者よ、[一]羅漢《らかん》よ、菩薩《ぼさつ》よ、諸もろの真言主よ、諸天善神《しょてんぜんじん》、及び*護世神《ごせじん》よ、大威《だいい》の[二]補多《ふた》よ、及び仏に帰依《きえ》せる[三]天眼《てんげん》有る者よ、悉く皆な憶念《おくねん》したまえ。我れ某甲、明日、某甲の曼荼羅を作りて、力に随《したが》って供養せん。唯だ願わくは、諸尊等よ、弟子、及び我れとを憐愍《れんみん》せんが故に、皆《み》な此の曼荼羅の[四]処に於いて降って、加被を作さんことを。

是くの如く三請して至誠に礼拝《らいはい》し、妙《みょう》[五]伽陀《かだ》を以って諸尊を讃嘆《さんたん》して、然して後ちに[六]発遣《はっけん》せよ。

*吉祥《きっしょう》・不吉祥の相を分別して、次に即ち、諸もろの弟子の為めに願欲に相応せる正法《しょうぼう》を広説せよ。然して後ち、教えて頭面《ずめん》を東に向かわしめ、[七]茅草《ぼうそう》を敷《し》きて臥《ふ》せしめよ。天明《そら》けて起き已らば、阿闍梨《あじゃり》は応に彼れ等に善・不善の夢を問うべし。所謂《いわゆる》夢とは、如来の功徳海を具したる制底《せいてい》と尊容《そんよう》とを見、及び供養することを見、或るいは僧の所に於いて法を聞き、或るいは余人の処にて法を聞き、或るいは法義を決択《けっちゃく》するを聞き、或るいは経典を転《てん》読《どく》することを見、或るいは僧衆を見、或るいは一僧を見、或るいは共に住し、及び語り、或るいは自らが出家することを見、或るいは[八]僧伽藍《そうぎゃらん》を見、或るいは尼僧を見、或るいは菩薩衆を見、或るいは父母、及び諸もろの兄弟とを見、或るいは尊者を見、或るいは真言を誦《じゅ》することを見、及び真言を見、或るいは明を受得し、或るいは成就することを見、或るいは律儀を受け、或るいは樹林・江河、及び海・大山、及び島とを見、或るいは国王・仙人、及び[九]婆羅門《ばらもん》とに敬信することを見、或るいは豪富《ごうふ》の宰相《さいしょう》を見、或るいは牛・馬・[一〇]犢子《とくし》

一　羅漢　阿羅漢（arhat）の略。小乗仏教における悟りを得た聖者のこと。
二　補多　bhūta の音写。部多とも音写し、有情の意に解されるが、ここでは鬼類の一種をさす。
三　天眼　六神通の中の第二神通で、世界の事柄など一切を見通す働きのこと。
四　処　第七日に作壇予定の大曼荼羅の地をさす。
五　伽陀　gāthā の音写。偈・偈頌と訳されることが多く、韻文体の経文をいう。

㊅七六三下（Ⓣ207b^{6}）

六　発遣　今は白檀曼荼羅に迎えた諸尊をそれぞれの本処に奉送することをさす。
七　茅草　kuśa の訳。草の意であるが、特に祭式に用いられる吉祥草のことで、護摩壇や菩薩などの座専用の敷草として用いられる。
八　僧伽藍　saṃgha-ārāma の音写で僧伽藍摩の略。多くの比丘などが住する僧院のこと。
九　婆羅門　brāhmaṇa の音写。インドにおけるカースト（四姓）制度の最上位に当る僧侶階級の者。
一〇　犢子　子牛のこと。

・師子《しし》、及び鹿・[一一]吉祥鳥とを見、或るいは金、及び諸もろの珍宝とを得ることを見、或るいは地に蔵せし種種の財物、及び浄衣服とを得ることを見、或るいは諸もろの穀《こく》・器杖《きじょう》・花果、諸もろの厳身《ごんしん》の具とを得、或るいは乳粥《にゅうしゅく》を食し、或るいは童男《どうなん》・童女《どうにょ》、端正《たんせい》なる婦人とを見、或るいは友と交わることを見、或るいは与《くみ》し共に語ることを見、或るいは灌頂を蒙《こうむ》り、或るいは[一二]軍持《ぐんじ》を得、或るいは陣に於いて勝つことを得、怨敵《おんてき》を殺害し、或るいは親情《しんじょう》の[一三]眷属《けんぞく》が一処に集会《しゅうえ》することを見、諸もろの天神が山を登り、象、及び[一四]車輅《しゃろ》とに乗りて[一五]高楼閣《こうろうかく》に上《のぼ》ることを見、諸もろの希《まれ》なる奇異相《きいそう》の相を見、或るいは護摩、及び諸もろの善事とを作し、或るいは河を渡り、及び[一六]大坑《たいこう》を超ゆることを見、亦た悪賊を決し、[一七]相撲《そうぼく》して[一八]叫喚《きょうかん》し、種種に遊戯《ゆげ》し、諸もろの縦事《しょうじ》を作し、及び諸もろの吉祥なる善夢、或るいは真言の[一九]法則《ほっそく》を聞き、或るいは節日を見、又た善人を見、或るいは讃嘆を蒙り、又た向《さき》に起首して成就の法を作すことを見、亦た他が作すことを見ん、是くの如き等の夢ならば、応に吉祥なりと知るべし。若し、此の相に反《そむ》かば、即ち応に棄捨《きしゃ》すべし。若し、善夢を見れば、准じて成就すると知れ。若し、悪相を見れば、応に成就せずと知るべし。是の故に、応に不善の夢相を棄つべし。所見の夢の上・中・下品に随って、成就を獲得することも此れに准じて応に知るべし。

[二〇]是の悪を見ると雖も、将《ひき》い入れんと欲《おも》わば、応に寂静の真言を以って[二一]牛蘇《ごそ》を護摩《ごま》すべし。経《へ》ること百遍を以ってせよ。即ち災障《さいしょう》を除いて便《すなわ》ち清浄と成らん。憐愍《れんみん》するを以っての故に、意に随って将い入れよ。

蕤呬耶経巻上

一一 吉祥鳥　伝説上の鳥。鳳凰のことか。

一二 軍持　通常、軍持（kuṇḍikā）と言えば、飲料水を入れる水瓶をさすが、Ⓣ（dmag dpon, Ⓢsenāpati, 208a⁶）によれば、将軍の意に解される。

一三 眷属　親しみ従う随伴者のこと。

一四 車輅　大きな車。

一五 高楼閣　高い建物。

一六 大坑　大きな穴。

一七 相撲　二人が組みあい勝負すること。

一八 叫喚　大きな声を出すこと。

一九 法則　密法の儀軌次第のこと。

二〇 以下、不善の相である悪夢を見た弟子をも入壇させる場合の作法を明かす。

二一 牛蘇　牛乳から製した油で、護摩に用いられる蘇油に同じ。

㊅七六四上（Ⓣ208b^{4}）

巻の中

一摩訶曼荼羅品《まかまんだらぼん》 第七

次に晨朝《しんちょう》の時に於いて、自から応に念誦すべし。新しき浄衣を著《つ》けて、二曼荼羅に於いて用いる所の真言を先ず須らく熟誦《じゅくじゅ》すべし。彼の処に於いて詣《いた》り、三先ず四辦事の真言を以って香水を持誦し、散じて灑《そそ》げ。五還《ま》た此の真言を以って五色《ごしき》の縄を六持誦せよ。好《よ》き瑞相《ずいそう》を得て方《まさ》に縄を合《がっ》す可《べ》し。其の五色とは、謂《い》わく、白《びゃく》・赤《しゃく》・黄《おう》・青《しょう》・黒《こく》なり。其の縄の色の如く、七彩色《さいしき》も亦た然なり。

先ず応に三宝《さんぼう》と一切諸尊とに帰命《きみょう》し、及び供養を与うべし。然《しか》して後ち、縄を*絣《すみう》ちせよ。1*東より起首せよ。其の阿闍梨《あじゃり》は東南の角《すみ》に於いて、手に其の縄を執《と》りて面《おもて》を北に向けて住せよ。①其の縄を執らば、東北の角に於いて而《しか》も面を南に向け、Ⅰ分量を記取せよ。復た、②彼《か》の人をして右に遶《めぐ》らせ、西南の角に往《ゆ》かせて面を東に向けて住せしめよ。2其の阿闍梨は本処を移さずして、但《た》だ右に身を廻《まわ》し、面を西に向けて住し、Ⅱ亦た分量を取れ。3其の阿闍梨は自から亦た右に遶りて西北の角に於いて往き、面を南に向けて住せよ。③其の弟子は本処を移さずして、但だ右に身を廻して、面を北に向けて住し、Ⅲ亦た分量を取れ。④又た

一 本品は七日作壇法における最終日、第七日の作法を説く。主に大曼荼羅の作壇法が明かされる。

二 曼荼羅に……真言　曼荼羅に描かれるべき諸尊の真言をさす。

三 以下、香水加持・香水灑浄の作法を明かす。

四 辦事の真言　揀択地相品所説の真言にして、仏部は最勝仏頂、蓮華部は寂留明菩薩、金剛部は軍荼利明王の真言。

五 以下、大曼荼羅の四隅をすみうちする線（金剛線）の加持と作成法を説く。

六 持誦　Ⓣには八遍持誦せよとある（208b^{5}）。

七 彩色　曼荼羅に色を施す意。Ⓣによれば「顔料（tshon rtsi, 208b^{6}）」をさす。

其の弟子は亦た応に右に遶って、東北の角に往きて面を西に向けて住すべし。其の[4]阿闍梨は本処を移さずして、但だ右に身を廻して、面を東に向けて住し、亦たⅣ分量を取れ。其の阿闍梨は*東南の角、及び*西北の角とに住して、而して*二方を量れ。其の*東北の角、及び*西南の角は、是れ彼の弟子の所住の処なり。

[八]四方を定め已《おわ》らば、又た[九]角絡《かくらく》の量は等量にせよ。正《ただ》し已らば、中心に復《かえ》りて量《はか》れ。其の中心の上に一《いち》[一〇]橛子《けっし》を打ち、外の四角《しすみ》に於いても各おの一橛を置け。其の第[一一]二院、及び最[一二]内院の各おの四角に於いても亦た一橛を置け。内院より量[一三]は*外院《げいん》に於いて至るに、半半にして減ぜよ。其の院を繞《めぐ》らすこと、但だ*白色を用いて一道を界《さかい》とせよ。

[一四]夫《そ》れ曼荼羅は、又た其れに三重有り。亦た四重有り。亦た多重有り。其の最外院《さいげいん》は広く一門を開け。亦た是くの如く四門を開く者有り。並びに門[一五]曲有り。凡そ曼荼羅は、多分に唯だ一門を開けり。然《しか》も其の中*院は、定んで四門を開けり。凡そ出入は其の[一六]西門《さいもん》を用いよ。或るいは本法に依って説くことに随って出入せよ。縦い是くの如く四門を開く者有れども、要《かなら》ず白色を以って其の*三門を囲むべし。

[一七]是くの如き三重の院の一切の曼荼羅は、応に是くの如く作るべし。余の*囲繞《いにょう》の院も此れに准じて応に知るべし。一切の本[一八]尊を内院に於いて置き、其の次の諸尊を第二院に置き、其の諸もろの護世天《ごせてん》は、当に外院に置くべし。此れは是れ、都《すべ》て曼荼羅の法を説かんが為めなり。或るいは[一九]本法の如く、彼れに依って安置せよ。

其の*界道《かいどう》の縄は、童女《どうにょ》をして搓《よ》らしめ、円《まろ》く牢《かた》く浄潔にして、及び[二〇]堅密《けんみつ》なるを以《もち》いよ。其の縄は[二一]五色にして、[二二]白氎《びゃくせん》、及び麻《あさ》等とを用いて作れ。[二三]乳有る木を取って橛子《けっし》を作れ。頭《はし》

八 これより橛を打つ場所を説く。
九 角絡 すみうちした正方形の対角線をさす。
一〇 橛子 kīla の訳。くいのこと。
一一 第二院 すみうちされた正方形の曼荼羅を三種構造とする中の、第二重の場所をさす。
一二 最内院 三重構造の曼荼羅のうち、第一院（第一重）の場所をさす。Ⓣは「第三（gsum pa, 209a²）」と訳出され、㊅七六四中（Ⓣ209a²）漢訳に相違する。
一三 量 橛（くい）の長さをさす。
一四 これより曼荼羅に門を作成する法を明かす。
一五 門曲 門の扉の意。
一六 西門 曼荼羅の西方（下方）の第三院に作られる門。
一七 以下、三重構造の曼荼羅各院に諸尊を安置する配置法を明かす。
一八 本尊 曼荼羅主尊をさす。
一九 本法 本品後半に明かされる大曼荼羅の諸尊配置法をさす。
二〇 堅密 堅くて細かく、すき間のない意。
二一 五色 白・赤・黄・青・黒の五色。
二二 白氎 karpāsa の訳。劫具（こうばい）とも音写。錦の木のこと。
二三 以下、橛の製作法と打ち方を説く。

一七

[一]は金剛の如し。真言を持誦して、上に向けて小さく頭を出し、下に打ちて地に入れよ。曼茶羅に於いて方*に随って応に釘《う》つべきこと、次第して応に知んぬべし。[二]縄を放たんとするの時、若し悪相現わるれば、即ち成就せず。其の縄若し断つれば、[三]尊者必ず死なん。其の縄、*麁《そ》・細《さい》にして円かならずば、即ち病患《びょうげん》有らん。忽《たちま》ち、若し方[四]を迷うて作法せん時は、弟子は皆な狂わん。是の故に、応当《まさ》に善く方所を知りて、如法に界道すべし。*安宅法《あんたくほう》の所説の次第の如く、彼れに依って法を作せ。

[五]其の阿闍梨は、先ず*僧衆を請《しょう》じて力に随って供養せよ。又た復た、分に処して諸もろの弟子をして僧衆に供養せしめよ。或るいは*僧次を請じて供養を作せ。及び如来に供《そな》え、大衆に於[六]いて施せ。然して後ち、午[七]を過ぎなば、*菴摩勒《あんまろく》等を用いて、尊、及び弟子は*軍荼利《ぐんだり》の真言を持誦し、如法《にょほう》に澡浴《そうよく》せよ。澡浴し畢已《おわ》らば、新しき浄衣を著け、心に軍荼利尊を念ぜよ。諸もろの供養の具を将《ひき》いて、大慈心を以って曼荼羅に往《ゆ》け。其の弁ずる所の供は如法に具足せよ。応に諸《こ》れ、要《かなら》ず見るべし。

[八]其の阿闍梨《あじゃり》は、曼荼羅を縁ずる所有《あらゆる》法事に、先ず須《すべか》らく純熟すべし。牛の糞《ふん》、及び尿とを以って曼荼羅に塗れ。次に香水を以って四面の地に灑《そそ》ぎ、亦た牛糞《ごふん》を塗り、及び灑水《しゃすい》を以って極めて欣悦《きんえつ》ならしめ、諸もろの名花を散ぜよ。次に其の[九]帳幕《ちょうばく》を以って其の所を囲繞《いにょう》し、[一〇]幢幡《どうばん》を建竪《けんしゅ》して遍《あま》ねく囲《めぐ》らし[一一]幔《まん》を作せ。及び種種の吉祥なる資具を以って、其の処を荘厳《しょうごん》せよ。[一二]漫荼羅《まんだら》の北面の一処なり。先ず[一三]軍荼利の真言を以って諸難を辟除《びゃくじょ》せよ。諸もろの[一四]供具《くぐ》を置き、持誦して護り、及び灑浄《しゃじょう》を以って自ら護身を作し、及び四方を護《まも》れ。正《まさ》しく[一五]日没の時、其の縄を頂戴《ちょうだい》せよ。若し、好相を得れば、歓喜《かんぎ》の心にて起首して作法せよ。

一　金剛　vajra の訳。金剛杵のこと。
二　縄を放たん　金剛線を放って境界線を引く意。これより線引き上の諸注意を明かす。
三　尊者　阿闍梨。
四　方　曼荼羅の方位・方角。
五　以下、曼荼羅のすみうち後の供養と澡浴（沐浴）の作法を説く。
六　於いて　㊅には「（施）物」とあるが、㊅脚注⑱によりこれを訂正。
七　午　即ち七日作壇法における第七日の正午をさす。
八　これより曼荼羅を建立するための荘厳法・結護法・息災護摩法などを説く。
九　帳幕　Ⓣは「ひも(srad bu, 209b^6)」とする。
一〇　幢幡　仏堂などを飾る旗の一種。
一一　幔　まくのこと。
一二　漫荼羅　mandala の音写。曼荼羅　㊅七六四下（Ⓣ209b^6）に同じ。
一三　以下、曼荼羅の結護法を説く。
一四　供具　香・華・燈明などの供養の資具。
一五　日没の時　即ち七日作壇法における第七日の夜（初夜）。

或るいは若し、善・悪の相を得ずとも、無疑《むげ》の心を以って三部の諸尊に皈命《きみょう》し、徐徐に作法せよ。或るいは若し、数数《しばしば》不善の相現わるれば、必ず成就せざらん。須らく起首すること勿《なか》れ。[一六]若し強いて作さんとせば、除難《じょなん》を以っての故に、当に息災護摩《そくさいごま》の法を作すべし。[一七]蘇《そ》、及び[一八]柴《さい》とを以って、各おの[一九]百遍を以って護摩を作せ。仏部の中に於いては*仏眼《ぶつげん》の真言を用いよ。蓮花部に於いては*耶輸末底《やしゅまち》の真言を用いよ。金剛部に於いては*莽摩計《もうまけい》の真言を用いよ。皆な息災護摩を作せ。然も其の莽摩計は三部に通ぜる母なり。是の故に三部に用いるに通ぜり。

[二〇]護摩し畢已《おわ》らば、即ち閼伽《あか》を献《けん》ぜよ。其の[二一]器は金にて作れ。或るいは銀・[二二]熟銅《じゅくどう》・宝[二三]・木・石・瓦にて如法に作れ。香水《こうずい》、及び白花とを以って盛り満たし、真言を持誦し、手[二四]に閼伽を執《と》りて焼香を以って薫ぜよ。[二五]右膝を地に著け、心《むね》に当てて執れ。深き恭敬《きょうけい》を以って、根本の真言を誦して之れを奉献せよ。次に白花、及び美好の香とを献ぜよ。諸もろの漫荼羅に於いて用いし所の塗香《ずこう》と焼香に依れ。*有情《うじょう》の身分《しんぶん》、及び[二六]紫鉱《しこう》とを以って用いること勿《なか》れ。但《た》だ美香を用いよ。凡そ、用いんとする所の水は皆な須らく浄《きよ》く漉《こ》し、及び清浄なるを以《もち》いよ。其の塗らんとする所の香、及び焼香とを以いるに、一色の香を用いることを将《まさ》に最勝と為《な》す。其の献ずる花は、[二七]水、及び陸との白色《びゃくじき》なると、及び香《かぐわ》しきとを用いることを将に最勝と為す。

[二八]次に応に弟子を呼び、彼の与《た》めに護を作し、及び香水にて灑《そそ》ぐべし。皆な一処をして次第して坐せしめよ。其の阿闍梨《あじゃり》は、先ず*般若《はんにゃ》を転じて、至誠に一切諸尊に[二九]帰命し、及び心を以って観ぜよ。然して後《の》ち、方《まさ》に起《た》ちて[三〇]之れを書くことを作すべし。其の[三一]五鉄を用いて

一六 以下、息災護摩法を明かす。
一七 蘇 蘇油に同じ。
一八 柴 護摩に用いられる乳木のこと。
一九 百遍 Ⓣは「百八遍（210a¹）」とする。
二〇 以下、供養の作法を説く。
二一 器 閼伽水を入れる器にして、閼伽器のこと。
二二 熟銅 純度の高い銅の意。
二三 宝 Ⓣは「螺貝（duṅ, 210a³）」とする。
二四 手 Ⓣによれば「右手（210a⁴）」となる。
二五 右膝 Ⓣは「両膝（210a⁴）」とする。
二六 紫鉱 lākṣā の意。松やになどの一種の樹脂をさす。
二七 水、及び陸 水生・陸生植物の花。「水」に相当する語はⓉにはない。
二八 これより曼荼羅の彩色における前行と彩色に用いる顔料を説く。
二九 帰命 namas の訳。自己の身命を捧げて仏に帰依すること。
三〇 之れ 即ち本品所説の大曼荼羅をさす。
三一 五鉄 金・銀・銅・鉄・錫の五種類の金属。

以って彩色を為すを最も勝上と為す。或るいは五宝[一]を用いよ。若し、五鉄、及び五宝無くば、即ち粳米《こうまい》[二]の粉を用いよ。色の数は前の如し[三]。極めて須らく微細《みさい》なるべし。或るいは石《せき》[四]末《まつ》を用いよ。所用の彩色には総じて四種有り。謂《い》わく、鉄、及び宝と、粳米、及び石末となり。凡そ諸もろの曼荼羅には当に之の色を用うべし。或るいは若し、此れ等の色を辨ぜざれば、応に焼土*《しょうど》を用いて以って赤色と為し、炭[五]にて黒色と為し、大小*の麦末《ばくまつ》にて余の色[六]を作ることを為すべし。若し、速急[七]に之れを作る時、及び〔鬼〕*《き》魅《み》を砕伏《さいぶく》し、并びに降伏の法を作さんとせば、応に灰を用いて曼荼羅を作るべし。諸もろの彩色に於いて、五鉄・五宝・粳米の粉の三色は、所用の処に随って各自*を上と為す。若し、三摩耶《さんまや》曼荼羅を作らんとせば、応に五鉄を用うべし。若し、灌頂《かんじょう》の曼荼羅を作らんとせば、応に五宝を用うべし。若し、息災を作さんとせば、応に粳米の粉を用うべし。若し、増益を作さんとせば、当に石末の色を用うべし。若し、降伏を作さんとせば、当に其の灰を用うべし。此れを彩色の差別等の相と名づく。

[八]東北の角《すみ》より彩色を下し*、極めて端直《たんじき》[九]ならしめよ。右に繞《めぐ》って布《し》き、隔断《かくだん》せしめること勿れ。其の色の界道、若し麁《そ》・細《さい》有らば、或るいは復た断絶し、及び斉正《せいせい》[一〇]ならざれば、種種の難起こらん。是の故に、応当《まさ》に慇懃《いんぎん》[一一]に色を布くべし。

[一二]凡そ諸方の門は、要《かなら》ず当に中に開くべし。謂わく、量*は九分なり。其の八分は、各おの四分を取って両辺と為し、中の一分を取って開いて門と為せ。其の出入の門[一三]は、稍《やや》応に闊《ひろ》く作るべし。自余の諸門は、白色の末を以って作画して閉《と》ざせ。其の閉ざさるる者は、稍外に向けて曲《ま》げよ。或るいは門印*を置いて其の門を閉ざせ。或るいは護方*の契印《けいいん》を置け。

一　五宝　奉請供養品第八所説の珊瑚・頗梨（はり、水晶）・金・銀・商佉（しょうぎゃ、螺貝）の五種の宝。
二　粳米　粘りけのない普通の白米にして、うるち米のこと。
三　前の如し　白・赤・黄・青・黒の五色。
四　石末　石を砕いた粉末のこと。
五　炭　Ⓣには「灰（thal ba, 210b²）」とある。
六　余の色　Ⓣには「白色（dkar po, 210b²）」とある。
七　速急　一日事業の水壇法に相当。　㊅七六五上（Ⓣ210b³）
八　東北の角より彩色を下し　五色界道（五色線）における実際の彩色の作法と配色を明かす。
九　端直　正しくまっすぐなこと。
一〇　斉正　整って正しいさま。
一一　慇懃　ていねいの意。
一二　以下、門の作成法を説く。
一三　出入の門　曼荼羅下方の西門をさす。

[14]中台《ちゅうだい》、及び内院[15]とは、応に五色[16]を用いて界道《かいどう》を作るべし。其の第二院は、応に三色[17]を用うべし。第三の外院《げいん》は、唯《た》だ白色[18]を用いて界道を作れ。其の*著食院《ちゃくじきいん》、及び*行道院《きょうどういん》とは、但《た》だ白色を用いて界道を作れ。余は灰を用いて曼荼羅を作ること有るも、皆な是れ一道なり。*其の重ねたる院は、一つに各おの分けて三道を作れ。*縦広《じゅうこう》の分量は極めて平正《びょうしょう》ならしめよ。三部の中の諸もろの曼荼羅の法に於いては、皆な当に是くの如し。或るいは本法に依る所有《あら》ゆる分量は、当に彼れに准じて作すべし。

[19]応に諸尊等の院を置くべし。更に牛の糞を塗り、及び*五浄《ごじょう》を灑《そそ》ぎ、明王の*真言を以って香水を持誦し、亦た復た灑浄《しゃじょう》して方に尊を画《えが》く可《べ》し。其の尊を画く法は、総じて三種と為す。一処を取るに随って曼荼羅を作れ。一は尊の形像《ぎょうぞう》[20]を画き、二は画くに其の印*を作せ。三は但だ其の座*を置け。

[21]若し像を画かんとせば、阿闍梨は極めて須らく好く能く其の形貌《ぎょうみょう》[22]を画くべし。一一に如法に身分の支節*に必ず応じて相《あ》い称《とな》え、分明《ふんみょう》に顕現させて院と相*い称うべし。其の本法に随って形像を説かん。*瞋《しん》・喜《き》・坐《ざ》・立《りゅう》の一一に相応し、具足して作し、闕少《けっしょう》せしめること勿《なか》れ。其の諸もろの聖尊の像貌《ぞうみょう》を安置せよ。此れを形像を画く法と名づく。

[23]若し絶妙に画かざれば、応に契印を置くべし。仮使い能く一切の諸相を画くとも、一一に具足して成《じょう》じ得可《べ》きこと難し。縦《たと》い作さんと欲《おも》う者も時分を淹滞《えんたい》[24]し、多く形像を作りても、亦た復た不善にして相貌《そうみょう》を具せざれば、即ち霊験《れいげん》[25]無く、及び成就せざらん。是の故に、応当《まさ》に其の契印を置くべし。或るいは当に唯だ三部*の主尊の形像を画いて置くべし。余は契印を作せ。天*尊の契印は即ち是れ仏頂*なり。心を以って彼の真言を持誦せよ。白色《びゃくじき》を以

一四　中台　曼荼羅主の座位が配される曼荼羅中心部。これより第一重から第三重までの界道と配色を説く。
一五　内院　三重構造の曼荼羅のうち、第一重（第一院）をさす。
一六　五色　白・赤・黄・青・黒の五色界道（曼荼羅第一重の境界線）。
一七　三色　白・赤・黄の三色界道（第二重の境界線）。
一八　白色　白色の一色界道（第三重の境界線）。
一九　以下、曼荼羅諸尊の作画法を説く。
二〇　形像　すがたかたち。
二一　以下、第一の諸尊作画法（形像）を説く。
二二　形貌　形像に同じ。
二三　以下、第二の諸尊作画法（印＝三昧耶形）を説く。
二四　淹滞　長くとどこおること。
二五　霊験　仏・菩薩などの諸尊による不可思議な力の働きかけ。

㊅七六五中（Ⓣ211a7）

って[一]観世音自在の契印を画け。即ち是れ蓮華*なり。其の*執金剛《しゅうこんごう》の契印は、即ち是れ*三股《さんこ》跋《ば》折羅《ざら》二合なり。其の諸もろの余尊は、各おの本法に自から説ける契印に依れ。或るいは若し、彼の本印を獲《え》ざれば、応に部主の契印を置くべし。悉《ことごと》く皆な通用す。其の諸尊等の執《しゅう》持《じ》せらるる[二]器杖《きじょう》に随え。即ち是れ彼の印なり。

[三]是くの如く略して諸尊の契印を説かん。須らく疑いを懐くこと勿れ。決定《けつじょう》すること是くの如し。其の*嚕怛羅《るとら》二合の契印は、即ち是れ利《するど》き[四]三股叉《さんこさ》なり。其の妃*の契印は、即ち是れ[五]鉢置娑鉶《はっちしゃけい》なり。其の*那羅延《ならえん》の契印は、即ち是れ[六]輪印《りんいん》なり。其の*摩訶斯那《まかしな》の契印は、即ち是れ[七]娑悪《しゃあく》二合底《ち》なり。其の*梵天王《ぼんてんおう》の契印は、即ち是れ蓮華なり。其の*帝釈《たいしゃく》の契印は、即ち是れ[八]跋折羅《ばざら》二合なり。其の*火天《かてん》の契印は、即ち是れ[九]火炉《かろ》なり。其の*閻摩《えんま》の契印は、即ち是れ*單駄棒《たんだぼう》なり。其の*泥利羝《ないりてい》の契印は、即ち是れ*横大刀《おうだいとう》なり。其の龍王*の契印は、即ち是れ[一〇]羂索《けんじゃく》なり。其の*風神王《ふうじんおう》の契印は、是れ[一一]幢幡《どうばん》なり。其の*多聞天《たもんてん》の契印は、即ち是れ[一二]伽駄《かだ》棒《ぼう》なり。*摩醯首羅《まけいしゅら》の契印は、即ち是れ三股叉なり。其の地神《じじん》の契印は、即ち是れ満瓶《まんびょう》なり。*日《にち》・*月《がつ》の契印は、即ち是れ[一三]円満の相なり。諸尊の契印は、即ち*吉祥《きっしょう》等是れなり。其の印の一一なる所に随って作せ。若し形像を画かば、契印、及び座との三種を応に具すべし。諸もろの曼荼羅は縦使《たと》い説かざるとも、此れに准じて応に作すべし。此れを契印の法と名づく。

[一四]但だ、座を置かんとせば、其の三部の尊の座は皆な円形に作りて院と相応せよ。其の真言を誦じて中に一点を置け。自余の諸尊は、或るいは円、及び方なり。各おの彼れ等の真言を誦じて、中に一点を置け。其の[一五]外院の尊は、但だ名号《みょうごう》を呼びて、唯だ一点を置け。亦

一　観世音自在　Avalokiteśvara の訳。観自在菩薩に同じ。
二　器杖　諸尊が手に執る杵や戟などの三昧耶形をさす。
三　以下、第三重の院の諸尊とその三昧耶形を説く。
四　三股叉　triśūla の訳。三股戟(さんこげき)のこと。いわゆる三叉のほこであり、シヴァ神の武器とされる。
五　鉢置娑鉶　paṭṭiśa の音写。前記三股叉(三股戟)と同形状であるが、やや短かいものをさす。
六　輪印　cakra の訳。輪宝・法輪のこと。わが国では那羅延天の三昧耶形は八輻鉄輪とされる。
七　娑悪底　śakti の音写。爍底とも音写する。三股叉・三股戟に同じ。
八　跋折羅　vajra の音写。金剛杵の意であるが、特に独股杵をさす。
九　火炉　agnikuṇḍa の訳。密教一般に火炉は護摩炉をさす。真言宗の伝承では火天の三昧耶形は火輪を象徴する三角火輪である。
一〇　羂索　pāśa の訳。縄の意で、五色線で搓ったものをさす。もと戦具・猟具であったものを、仏・菩薩などが衆生を摂取する象徴となる。
一一　幢幡　dhvaja の訳。長旗のこと。
一二　伽駄棒　gadā の音写。棒の意であるが、上端に宝形を付けた宝棒のこと。
一三　円満の相　日天と月天の三昧耶形である日輪と月輪をさす。

た方と円は無し。是くの如く畢已《おわ》らば、方に奉請を作すべし。此れ、第三の安座の法と名づく。

[一六]若し速急《そっきゅう》の事を作すか、力及ばざれば、応に座の曼荼羅を作るべし。或るいは一*、及び二・三の曼荼羅の法を作《な》せ。其の三部主は其の[一七]形像を画け。余の諸尊等は但だ契印を置け。外院《げいん》の諸尊は唯《た》だ其の座を置け。此れに準じて応に一・二・三の法を知るべし。此れを殊勝《しゅしょう》[一八]広略の曼荼羅の法と名づく。其の先の所説の形像の法、若し具足せざれば、即ち難起こること有らん。最後*の第三処の所、総じて空ならば、亦た吉と為さず。[一九]中間《ちゅうげん》の契印は過に非ず、空に非ず、最も是れ微妙《みみょう》なり。如法に供養せば皆な霊験《れいげん》有り。亦た復た、能く其の尊を表わすこと作し易し。是の故に、慇懃《いんぎん》に応に契印を用いて曼荼羅を作るべし。

[二〇]仏の座の下に於いて無能勝*《むのうしょう》を置き、右辺に本部*の母を置け。仮使《たと》い彼の曼荼羅に於いて説かざるとも、必ず須らく安置すべし。[二一]中に於いて、若し、処《ところ》空にして尊位無きこと有らば、応に一瓶《いちびょう》を置くべし。瓶の上に般若経の甲を置き、及び彼の経を読め。観自在《かんじざい》の下に[二二]馬頭《ばとう》菩薩を置け。右辺に本部*の母を置け。縦い彼れに説かざるとも、亦た須らく安置すべし。執金剛の下に於いて軍荼利を置け。右辺に莽摩計母*《もうまけいも》を置け。其の西門の辺に難陀*・跋《ばっ》難陀龍王《なんだりゅうおう》を置け。

[二三]曼荼羅の外の西面の一処なる門廂《もんそう》に対《むか》って、当に訶利羝母*《かりていも》を置くべし。一切の門に於いては[二四]跋折羅《ばざら》を置き、及び[二五]金剛羂索《こんごうけんじゃく》等を置け。方に随*って契印は極めて[二六]可畏《かい》ならしめよ。曼荼羅の第三院の北面に於いては、摩尼跋多羅将*《まにばったらしょう》等、及び諸もろの敬信の薬叉*《やくしゃ》を安置せよ。曼荼羅の外の東面の一処に於いては、別して仏・法・僧宝を置き、如法に供養せよ。縦使《たと》

一四 以下、第三の諸尊作画法（座）を説く。

一五 外院 第三重の院をさす。

一六 以下、一日事業の水壇法、及び作画能力の劣る者が曼荼羅を作る場合の諸尊作画法（第四）を説く。

一七 形像 Ⓣには「真言（saṅ sṅags, Ⓢmantra, 212a²）」とある。恐らく、
㊅七六五下（Ⓣ212a³）
『大日経』転字輪曼荼羅行品（㊅一八・二二中—二四上）所説の如き真言種子をさすか。

一八 広略 Ⓣには「中間（bar ma, 212a³）とある。

一九 中間 第二の諸尊作画法をさす。

二〇 以下、前記第二重の院の余尊を説く。

二一 中 曼荼羅主の画かれる第一重の院をさす。

二二 馬頭菩薩 Ⓣにはこの尊を欠く。

二三 以下、第三重の院の諸尊とその方位・座位を説く。

二四 跋折羅 vajra の音写。金剛杵のことであるが、三股金剛杵をさすか。

二五 金剛羂索 羂索（pāśa）の両端に三股金剛を付けたものか。Ⓣにはこれを欠く。

二六 可畏 おそろしいものの意。

い彼れに説かざるとも、亦た須らく安置すべし。曼荼羅の第三院の東面に於いては、*文殊《もんじゅ》師利菩薩《しりぼさつ》・*大勢至《だいせいし》菩薩・[一]仏長子《ぶっちょうし》菩薩・*虚空蔵《こくうぞう》菩薩・*成就義《じょうじゅぎ》菩薩・*無垢行《むくぎょう》菩薩・*弥勒《みろく》菩薩等の[二]賢劫《けんごう》の千菩薩を置け。是くの如き等の大菩薩は、縦使い説かざるとも、亦た須らく安置すべし。其の院の南面に*金剛将菩薩、及び*蘇磨呼《そまこ》菩薩・*頂行《ちょうぎょう》菩薩・摩醯首羅《まけいしゅら》、及び[三]妃・[四]梵《ぼん》王《のう》、及び*軍闍羅《ぐんじゃら》持明仙王《じみょうせんのう》・質怛羅《しっとら》二合 迦陀《かだ》持明仙王・枳利知《きりち》持明仙王・皤摩慕梨《ばまぼり》持明仙王・蘇盧者那《そろしゃな》持明仙王・只怛羅《しとら》二合 婆努《ばぬ》持明仙王・成就義持明仙王を置け。是くの如き七仙は、縦使い説かざるとも亦た須らく安置すべし。其の院の西面に諸もろの*摩怛羅神《まとらしん》・*佉那《きゃな》鉢底《ばち》神、諸もろの*羯羅訶《ぎゃらか》神・*羅睺阿修羅《らごあしゅら》王・*婆致《ばち》・*皤羅《ばら》二合 那陀《なだ》、及び*遍照阿修羅《へんじょうあしゅら》・*婆素《ばそ》枳《き》等の龍王を置け。是くの如き諸神は、縦使い説かざるとも亦た須らく安置すべし。其の院の東面に其の帝釈《たいしゃく》を為すに抜折羅の印を置き、及び諸天の眷属《けんぞく》、并びに*浄居天《じょうごてん》を与《とも》にせよ。其の日《にち》・月天《がってん》は東・西の二面に其の印相を安置し、円の曼荼羅を作れ。其の色、日は[五]赤く月は[六]白し。東南方に於いては[七]火天の印、及び諸仙・薬叉衆を置け。其の南方に於いては[八]檀荼《だんだ》の印を置き、諸もろの餓鬼《がき》を与《とも》にして囲繞せよ。西南方に於いては[九]大刀の印を置け。諸もろの*羅刹《らせつ》を与にして囲繞せよ。其の西方に於いては[一〇]羂索《けんじゃく》の印を置け。諸もろの龍等を与《とも》にして囲繞せよ。西北方に於いては[一一]旗幡《きばん》の印を置け。諸もろの風神を与にして囲繞せよ。其の北方に於いては[一二]伽駄《かだ》の印を置け。諸もろの薬叉を与にして囲繞せよ。東北方に於いては[一三]輸羅《しゅら》の印を置け。諸もろの*部哆《ぶた》の眷属を与にして囲繞せよ。西門の北辺に於いては、其の下方に[一四]瓶《びょう》の印を置け。阿修羅《あしゅら》を与にして囲繞せよ。是くの如く護方神《ごほうじん》を安置し已《おわ》らば、各眷属を并べて如法に供養せよ。

一 仏長子菩薩 Jinaputra の訳か。いかなる尊か不明。
二 賢劫の千菩薩 賢劫（bhadrakalpa 現在の住劫）に現れる千の仏・菩薩。
三 妃 大自在天妃にして烏摩妃(Umā)のこと。
四 梵王 Brahmā の訳。梵天に同じ。
五 赤 日天の三昧耶形たる日輪の色を指示す。
六 白 月天の三昧耶形たる月輪の色を指示す。
七 火天の印 ㊅には「火神」とあるが、㊅脚註①と㊉（Me Iha, 212b⁵）によりこれを訂正。火天の三昧耶形・火炉をさす。
㊅七六六上（㊉212b⁴）
八 檀茶の印 閻魔の三昧耶形・単駄棒（人頭杖）をさす。
九 大刀の印 泥利羝（羅刹天）の三昧耶形・横大刀（剣）をさす。
一〇 羂索の印 龍王（水天）の三昧耶形・羂索をさす。
一一 旗幡の印 風神王（風天）の三昧耶形・幢幡をさす。
一二 伽駄の印 多聞天（毘沙門天）の三昧耶形・伽駄棒（宝棒）をさす。
一三 輸羅の印 śūla の音写。戟の意で摩醯首羅（㊉は伊舎那天 212b⁷）の三昧耶形・三股戟をさす。
一四 瓶の印 地神（天）の三昧耶形・瓶をさす。

一五第二院に於いては、*如来毫相尊《にょらいごうそうそん》・*如来舎悪《しゃあく》二合底《ち》・*輪王仏頂《りんのうぶっちょう》・*超勝《ちょうしょう》仏頂・*如来眼尊を置け。及び、*如意宝幢の印、并びに諸もろの使者、及び無能勝一六とを置け。是くの如き等の尊、皆な悉く仏一七の左右に於いて安置せよ。*耶輪末底《やしゅまち》尊・*大白《だいびゃく》尊・*槃坦羅《はんだら》二合皤絲泥《ばしに》尊・馬頭尊・*一髻《いっけい》尊・*多《た》羅尊・*徹《てつ》去声哰《り》尊・*大吉祥尊・*円満尊の是くの如き等の尊を観自在の左右に於いて置け。*金剛鉤《こんごうこう》尊・*金剛拳尊・*遜婆明王《そんばみょうおう》・*軍荼利忿怒《ぐんだりふんぬ》尊・*般坦尼訖涅《はんだにきつね》二合婆《ば》尊・*金剛鉾鉢《こんごうほんば》尊・*金剛棒尊・*不浄忿怒尊の是くの如き等の尊を執金剛一八の左右の辺りに於いて置け。凡そ、一切の曼荼羅を作らんとせば、皆な須らく是くの如き等の尊を安置すべし。其の処、若し満たさざれば、即ち当に自余の説かざる三部の諸尊を安置すべし。復た意の楽《ねが》う所の諸尊を意に随って安置せよ。其の*第三院も亦た復た是くの如し。

一九曼荼羅の外に於いては、東方、及び南・北方とに各おの一座二〇を置き、心を以って三部の諸尊を観察して、各おのの其の方に随って都《すべ》て請じて供養せよ。及び閼伽を用いて之れを奉献せよ。各おの彼の部の部主の真言を誦せよ。其の東方の座は仏部に安置せよ。其の北方の座は蓮華部に安置せよ。其の南方の座は金剛部に安置せよ。是くの如く、三部の一切諸尊、并びに諸もろの使者を都て奉請し、如法に供養せば、皆な歓喜を生ぜん。其の西方に於いても亦た一座を置き、一切の天神を奉請し、前の如く供養せよ。

二一若し、息災の曼荼羅を作らんとせば、当に三宝、及び諸菩薩・浄居天《じょうごてん》等を置くべし。若し、増益の曼荼羅を作らんとせば、当に明尊、及び真言尊、諸もろの大威徳《だいいとく》等の敬信の薬叉とを置くべし。若し、降伏の曼荼羅を作らんとせば、応に忿怒の諸尊、及び使者等の諸もろの猛害《みょうがい》の尊を置くべし。凡そ、曼荼羅は皆な須らく応に三事二二の法を作すべし。是の故

一五　以下、第二重の院の諸尊とその方位・座位を説く。
一六　無能勝　Aparājita の訳。前説の無能勝明王に同じ。
一七　仏　前説の天尊たる釈尊のこと。
一八　執金剛　金剛部の主尊・金剛手菩薩をさす。
一九　以下、曼荼羅諸尊の召請と供養の作法を説く。
二〇　一座　Ⓣによれば閼伽などの供養の資具を載せる「台座（stegs bu, $213a^7$–b^2）」と思われる。
㊅七六六中（Ⓣ$213b^2$）
二一　以下、息災・増益・降伏の三種曼荼羅に安置すべき諸尊と護摩炉の位置を説く。
二二　三事の法　息災・増益・降伏の三事業をさす。

に、応当《まさ》に三種の尊[一]を置くべし。其の最内院に若し主無くば、当に般若の印像[二]を置くべし。外門の左[三]辺に於いては、護摩の火炉を置き、浄好の木を用いて柴を焼くことを為せ。或るいは東南方に其の火炉を置け。或るいは事に随い相応して火炉を置け。諸尊を安置すること、此れに準じて応に知るべし。内院の門の右辺に於いては、*一浄篋《じょうきょう》を置き、上に於いては、般若経の甲を置け。

[四]若し、仏堂に於いて、或るいは窟内に於いて、及び室内を以って、及び或るいは迮《せま》き処所に曼荼羅を作らんとせば、意に随って安置せよ。若し、成就の曼荼羅を作らんとせば、応に窟内、及び迮き処とに作るべからず。強《し》いて作らば即ち損《そこ》なわん。凡そ曼荼羅を作るには、露地[五]に於いてを上と為す。若しくは神廟《じんみょう》、及び大室とに於いても通じ許して作れ。其の処に若し短樹、及び根・大石、及び樹有らば、要ず須らく除却すべし。若し、除くことを得ざれば、当に息災の法を作して其の過《とが》を除くべし。又た其の樹・瓦・石等の物、若し、第二・第三の院に在らば、作法[六]して除くことを許す。若し、内院に当たらば、応に其の処を棄つべし。凡そ曼荼羅の地は、香水を以って灑《そそ》いで浄《きよ》く為せ。若し、山上に作らんとせば、平らならざるの過を見ること勿れ。若し、平地に作らんとせば、右の過を見ること勿れ。諸尊を安置するに、本位[七]、及び方[八]に若し差《たが》わば、応に息災の法を作して其の過を除くべし。然も第二院は必ず錯《あやま》ることを得ざれ。是の故に、位を画き畢《お》わらば、心を安んじて普ねく視《み》よ。若し、錯《あやま》れる処有らば、即ち当に復た改むべし。其の自からの念誦《ねんじゅ》の尊、及び弟子の念誦の尊とを、其の本位に随って任意に安置せよ。

若し[九]、弟子有って灌頂するに堪《た》えたらば、応に*方階を作るべし。灌頂の処には、其の白

一　三種の尊　Ⓣには「三種の曼荼羅 (dkyil hkhor rnam pa gsum, 213b^4)」とある。

二　般若の印像　Ⓣには「般若波羅蜜多〔経〕(Śes rab pha rol phyi pa, 213b^4)とある。

三　外門の左辺　即ち曼荼羅第三重の院の北門に面する場所をさす。以下、護摩炉の位置を説く。

四　以下、曼荼羅を画くべき諸注意を説く。

五　露地　Ⓣの意は広い場所をさす (go skabs yaṅs pa, 213b^7)。

六　作法　息災法をさす。

七　本位　第二院・第三院など、曼荼羅に画かれるべき諸尊の規定の座位。

八　方　東・南・西・北などの曼荼羅の方位と諸尊の画かれるべき座位の方角。

九　以下、灌頂のための正覚壇(小壇・第二壇)の作成法を説く。

色を以《もち》いて其の道を階とせよ。又た五色を以いて一蓮華を作り、甚《はなは》だ円満ならしめよ。一〇万字等の諸もろの吉祥の印を以って、其の花を囲繞せよ。或るいは其の形を作りて之れを安置せよ。

一一其の*食処を作るには白色を以って界道とせよ。所有《あらゆる》食飲は皆な一処に置け。所有《あらゆる》幢幡《どうばん》・瓶《びょう》等の諸もろの供養の具も亦《ま》た、白色を以って界道とし、其の処に而して安置せよ。

一二奉請供養品《ぶじょうくようほん》　第八

次に、奉請、及び供養の法とを説かん。曼荼羅を作り畢《おわ》り、及び観視《かんし》し已《おわ》らば、一三外に出て灑浄《しゃじょう》せよ。一四面《おもて》を東に向け、一切諸尊を礼して好相を取れ。曼荼羅主の真言を念誦し、或るいは部の心真言を誦して、心をして散乱せしめること勿れ。乃至、当に吉祥の相を見るべし。好相を得已らば、以って心に歓喜を生じ、然して後ち、一五方に護身等の法を作すべし。*辨事の真言、或るいは、先に持誦せる功有る一六真言を用いよ。要《かなら》ず五尊の真言を用いて護身を作せ。所謂《いわゆる》、*枳利枳利尊《きりきりそん》・*軍荼利尊《ぐんだり》・*金剛橛尊《こんごうけつ》・*金剛墻尊《こんごうしょう》・*金剛鉤欄尊《こんごうこうらん》なり。普《あま》ねく諸部に通ぜり。而して護身を作し、諸難を降伏せよ。或るいは曼荼羅主の根本真言、或るいは心真言を用いて護身を作せ。其の諸もろの弟子は前に説かる如くし、及び心に護を作せ。

一七護法を作し已らば、曼荼羅に入れ。一八閼伽器《あかき》を執《と》りて真言持誦せよ。其の器は金を用いて作れ。或るいは銀・熟銅・宝、及び一九娑頗底迦《さばちか》、或るいは白瑠璃《びゃくるり》、或るいは木・石・二〇商佉《しょうきゃ》・

一〇　万字　卍の吉祥印をさす。

一一　以下、供養の資具を安置する食処（分別印相品第九所説の食院に当るか）などの作成法を説く。

一二　奉請供養品第八　㊅七六六下（Ⓣ214a⁶）　諸尊を画き終った曼荼羅に諸尊を奉請したのちに結界し、供養を捧げる作法を説く。

一三　曼荼羅灑浄の作法を説く。

一四　一切諸尊への礼拝作法を説く。

一五　以下、曼荼羅道場の周囲を結護する結界の作法を説く。

一六　真言　揀択弟子品所説の輪王仏頂の一字真言、馬頭観音（馬頭明王）の十字真言、降三世明王の真言をさす。

一七　以下、供養の作法を明かすが、今は六種供養（閼伽・塗香・華鬘・焼香・飲食・燈明）のうち、閼伽供養の作法、及び閼伽器の素材などを説く。

一八　閼伽器　仏に献ずる香水たる閼伽(argha)を盛る器をさす。

一九　娑頗底迦　sphaṭika の音写。水晶のこと。

二〇　商佉　śaṅkha の音写。法螺貝のこと。

樹葉・[一]螺《ほらがい》、及び新しき瓦を用いて其の器を作れ。闕損《けっそん》せしめること勿れ。如法に作れ。中に香水を盛り、及び名花を置き、真言を以って垢を瀉《そそ》ぎ、乃至清浄にせよ。後ちに曼荼羅主の真言を以って持誦すること七遍し、[二]内院に安置して以って供養と為せ。余の処は但だ灑《そそ》がば即ち供養と成らん。

[三]其の応に置くべき瓶《びょう》は、黒、及び赤色とを以《もち》いること勿れ。端正にして新たに作り、闕損せしめること勿れ。軽く、及び端円《たんえん》にして香水を盛り満たし、及び五穀・*五宝・*五薬を置け。*繒綵《ぞうさい》を[四]頸《くび》に纏《まと》い、及び[五]華鬘《けまん》を纏え。并びに花菓・枝葉を著け、亦た*柑欄《かんらん》・*散花《さんげ》を著けよ。持誦すること七遍し、四方、及び四角の諸門に安置して以って吉祥と為せ。或るいは若し是くの如き等の瓶を辦ぜずして灌頂を為さんとせば、中に一瓶を置き、及び四門と四角に各おの一瓶を置け。其の出入の三重の門に於いては各おの当辺の一一に於いて瓶を置け。外の当門に於いては要ず一瓶を置け。仮使《たと》い衆多の瓶を辦ぜざれば、一瓶を安置し、或るいは四瓶を安んぜよ。其の門外の瓶は必定《ひつじょう》して闕《か》くこと勿れ。其の五穀とは、謂わく胡麻・小豆・大麦・小麦・稲穀《とうこく》なり。余に一切の穀と言わば、応に五穀なりと知るべし。五薬と言うは、謂わく*僧祇《そうぎ》一・*毘夜《びや》二・*乞羅《きら》二合提婆《だいば》三・*娑訶提婆《しゃかだいば》四・*枳嘌羯《きりかつ》上尼《に》五なり。余に一切の薬と言うは、応に五薬なりと知るべし。其の五宝とは、謂わく[六]瑚《こ》・[七]頗《は》・金・[八]銀・商佉《しょうきゃ》なり。或るいは[九]珠、或るいは*宝なり。余に一切の宝と言うは、応に五宝なりと知るべし。

其の*幡竿《ばんかん》は端直《たんじき》にし、及び長くせよ。各おのの八方に於いて、処を去ること遠からずして如法に安置せよ。[一〇]東には白幡《びゃくばん》を著け、東南には紅幡《こうばん》、正南には黒幡《こくばん》、西南には[一一]烟色幡《えんじきばん》、

一 螺　Ⓣには「真珠貝（ña phyis, Ⓢśukti, $214b^{4}$）」とある。
二 内院　曼荼羅の第一重の院をさす。
三 以下、宝瓶供養の作法・宝瓶の荘厳法などを説く。
四 頸　宝瓶の首の部分をさす。
五 華鬘　kusumamālā の訳。花輪の意。
六 瑚　pravāḍa の訳。珊瑚のこと。　(大)七六七上（Ⓣ$215a^{3}$）
七 頗　sphaṭika の音写の略。頗梨・頗黎とも音写する。水晶のこと。Ⓣにはこれを欠く。
八 銀　Ⓣにはこれを欠く。
九 珠　Ⓣによれば、「真珠（mu tig, Ⓢmuktā, $215a^{4}$）」をさす。
一〇 以下、八方のそれぞれに荘厳される八色幡を明かす。
一一 烟色　灰色のこと。Ⓣには「螺貝の口〔色〕（duṅ kha, $215a^{5}$）」とある。

西方には赤色幡《しゃくじきばん》、西北方には[一二]青色幡《しょうじきばん》、正北には黄色幡《おうじきばん》、東北には[一三]赤白幡《しゃくびゃくばん》なり。是くの如きの八色を方に随って置け。竿頭《かんとう》の上に於いて、*鴆《ちん》・鵲《じゃく》・鴟《し》の尾を結び絓《か》けて、極めて端正ならしめよ。或るいは若し辨ぜざれば、但だ四門に於いて置け。或るいは但だ東方に一白幡を置け。

[一四]其の焼香の炉は、但だ*瓦坏《がはい》を用いよ。火をして焼かしめること勿れ。数は一十に至り、四方・四角に各おの一枚を置け。門、及び外とに於いて各おの一枚を置け。或るいは若し、是くの如く*坏炉《はいろ》を辨ぜざれば、*瓦器も亦た得ん。若し多くを辨ずることを得ざれば、其の門前に於いて但だ一炉を置け。

[一五]復た四面に於いて各おの一門を竪《た》て、上に於いて鈴《れい》・[一六]傘蓋《さんがい》、及び*払《ほっ》、并びに華鬘《けまん》とを懸《か》けよ。亦た大麦・小麦・稲穀《とうこく》を以《もち》いて[一七]生蘖《もやし》と作し、外の四面に於いて而して置きて供養せよ。復た四面に於いては[一八]幔幕《まんまく》を囲著せよ。前《さき》の如く塗りし所の四面の地に、諸もろの名花、及び稲穀の花とを散ぜよ。并びに諸もろの穀花《こくげ》を散じて、万字《まんじ》等の諸もろの吉祥の印を置け。是くの如く広く供養の諸具を設けよ。

[一九]或るいは復た力に随って供養を辨じ已らば、然して後ち、方に奉請の法を作すべし。前の如く辨ぜし所の閼伽《あか》を執持して、各おの本真言を以って諸尊を奉請せよ。或るいは復た都《すべ》て曼荼羅主の真言を用いて、都べて諸尊を請《こ》え。或るいは本法の所説に依りて、是くの如く奉請せよ。仏部の中に於いては、*輪王仏頂《りんのうぶっちょう》明王《みょうおう》を用い、及び*部母《ぶも》の真言を以いて、[二〇]本部の諸尊を請え。蓮華部に於いては、[二一]湿縛婆訶明王《しばばかみょうおう》、及び*吉祥なる部母の真言を用いて、[二二]本部の諸尊を請え。金剛部に於いては、*遜婆明王《そんばみょうおう》、及び*莽麼計部母《もうまけいぶも》の真言を用いて、[二三]本部

一二　青色　Ⓣには「雑色（khra bo, 215a^{5}）」とある。
一三　赤白　Ⓣには「緑黄色（ljaṅ ser, 215a^{6}）」とある。
一四　以下、焼香供養の作法と香炉の種類を説く。
一五　以下、曼荼羅の門を荘厳する資具を説く。
一六　傘蓋　chatra の訳。傘のおおいのこと。
一七　生蘖　本文の大麦・小麦・稲穀の芽を出させる意。
一八　幔幕　周囲にはりめぐらす幕。
一九　以下、諸尊に曼荼羅降臨を請う召請の作法を説く。
二〇　本部の諸尊　如来毫相尊以下の仏部諸尊。
二一　湿縛婆訶明王　Śivāvahavidyā の音写で、寂留明菩薩のこと。
二二　本部の諸尊　耶輸末底尊以下の蓮華部諸尊。
二三　本部の諸尊　金剛鉤尊以下の金剛部諸尊のこと。

の諸尊を請え。或るいは復た、唯だ曼荼羅主の根本真言、或るいは心真言を以って用いて、一切の内外の諸尊を請え。或るいは当部主の根本真言、或るいは心真言を以って、本部の諸尊を奉請せよ。或るいは各各の本真言を以って、諸尊を奉請せよ。若し先に誦《じゅ》し得たらば、応に一一に請え。是くの如く次第して其の閼伽《あか》を以って、法に依りて請い已らば、即ち当に[一]般地夜《はんちや》二合香水《こうずい》を奉献すべし。又た数《しば》しば閼伽を奉献して[二]問訊《もんじん》の辞を作し、次いで即ち礼拝せよ。

[三]然して後ち、次第して作法し畢已《おわ》らば、方《まさ》に供養を作すべし。初めに塗香を献じ、次いで即ち花・焼香・飲食《おんじき》を供養し、後ちに[四]燈明《とうみょう》を献ぜよ。其の塗香とは、[五]白檀香《びやくだんこう》・*沈水香《じんすいこう》・*迦湿弥嘌香《かしみりこう》・*苾唎《びり》二合曳応旧香《えおうぐこう》・*多迦羅香《たからこう》・[六]優婆羅香《うばらこう》・苾利《びり》二合迦香《かこう》・*甘松香《かんしょうこう》・*丁香《ちょうこう》・*桂心香《けいしんこう》・*龍華香《りゅうげこう》・禹車香《うしゃこう》・*宿渋蜜香《しゅくしみつこう》・*石南葉香《しゃくなんようこう》・蘆根香《ろこんこう》・瑟菟《しゅめ》二合涅《ね》去耶汁香《やじゅうこう》・乾陀羅《げんだら》二合沙汁香《しゃじゅうこう》・*沙陀払瑟婆香《しゃたふしゅばこう》廻香と云えり。婆沙那羅跢迦香《ばしゃならたかこう》・[七]勢《せい》去礼耶香《れいやこう》・*闍知皤怛羅《じゃちばとら》二合香《こう》婆羅門荳蔻《ばらもんつく》葉《よう》と云えり。・*香附子香《こうぶしこう》・吉隠《きついん》二合底香《ちこう》・*隠摩豆唎迦香《いんまずりかこう》・胡荽香を用いよ。諸もろの樹汁の類《たぐ》いの香は、合香《がっこう》の如く如法に相和せよ。合する所の香に随って皆な*龍脳を置け。応に雨水の未だ地に堕ちざる者を用いて、塗香《ずこう》を作るべし。真言持誦して、次第して内外の諸尊に供養せよ。其の塗香の中には、有情《うじょう》の身分、及び[八]紫鉱《しこう》とを置くこと勿れ。穢悪《えあく》の虫の食せる香り無き等の者を用いること勿れ。当に好浄なる者を取るべし。亦た水を将《もち》いて其の香を研《みが》くこと勿れ。若し諸仏に塗香を供養せんとせば、当に新しく好《よ》き*欝金香《うつごんこう》、或るいは[九]黒沈香《こくじんこう》を用うべし。龍脳を和して塗香を作れ。若し観自在に供養することを作さんとせば、当に白檀を用い、以って塗香と為すべし。若し[10]執金剛、及び眷属とに供養せんとせば、当に*紫檀《したん》を用

一　般地夜香水　(大)七六七中（Ⓣ215b⁷）pādya の音写。曼荼羅に降臨した諸尊の足を洗うための香水（洗足水）をさす。

二　問訊　合掌して問い尋ねる一種の敬礼の意。

三　以下、六種供養（閼伽・塗香・華鬘・焼香・飲食・燈明）のうち、塗香供養と塗香の種類、作成法を説く。

四　燈明　Ⓣは燈明の供養を欠く（215b⁸）。

五　白檀　candana の意。栴檀とも音写する。白き香木の名。

六　優婆羅　utpala の音写。青蓮華のこと。

七　勢礼耶　śaileya の音写。不詳。

八　紫鉱　(大)に「紫鉚」とあるが、(大)脚註㉑とⓉ（216a³）によりこれを訂正。lākṣā の意。松やになどの一種の樹脂をさす。

九　黒沈香　黒色の沈水香（agaru）のこと。

10　執金剛　金剛手菩薩（Vajrapāṇi）のこと。

いて塗香と為すべし。自余の諸尊は、意に随って合して之れに供養するに用いよ。

[一一]其の供養の花[一二]は、水・陸の花を取れ。謂わく、*摩里迦花《まりかげ》・*魔句花《まくげ》・*群去駄花《ぐんだけ》・*摩羅底花《まらちげ》・*那縛摩里迦花《なばまりかげ》・*苫蔔迦花《せんぷくかげ》・*阿輸迦花《あしゅかげ》・[一三]奔駄迦花《ふんだかげ》・*払利曳応《ふりえおう》二合旧花《ぐげ》・帰夜迦花《きやかげ》・挙地迦花《きょちかげ》・*計娑羅花《けさらげ》・*底羅迦花《ちらかげ》・*娑羅花《しゃらげ》・*迦尼迦羅花《かにからげ》・*樹花《じゅげ》・[一四]優波羅花《うはらげ》・多迦羅花《たからげ》・*迦羅毘羅花《からびらげ》・*迦曇婆花《かどんばげ》・*阿輸那花《あしゅなげ》・*漫闍梨花《まんじゃりげ》・[一五]紛荼羅迦花《ふんだらかげ》・迦癡迦羅《かちから》二合花《げ》・于遮那羅花《うしゃならげ》・*婆荼羅花《ばだらげ》・*尸多乾地花《したかんちげ》・*倶羅婆迦花《くらばかげ》・*皤拏花《はなげ》・婆荼羅舎花《ばだらしゃげ》の是くの如き等の陸地に生ぜる華を次第して供養せよ。悪しき者を用いること勿れ。*乾多迦花《かんたかげ》・帰夜迦花《きやかげ》・*尸倶嚕花《しくろげ》・遮婆花《しゃばげ》・*阿底目得迦花《あちもくとくかげ》・[一六]央句羅花《あぐらげ》・喞迦那花《そくかなげ》・*尼婆花《にばげ》・*鶏哆枳花《けいたきげ》・摩那延底迦花《まなえんちかげ》・*句欄荼迦花《くらんだかげ》・[一七]那摩迦花《なまかげ》・*句吒遮花《くたしゃげ》・*毘羅嚩《びらば》二合花《げ》・*摩利迦花《まりかげ》の是くの如きの不祥の陸花は、降伏の事に於いて供養に用いよ。[一八]忿陀利花《ふんだりげ》・[一九]赤蓮花《しゃくれんげ》、諸もろの類いの[二〇]青蓮花《しょうれんげ》の是くの如き等の諸もろの水に生ぜる花を通用して供養せよ。其の赤き[二一]句勿頭花《くむずげ》、白き[二二]蘇乾地迦花《そかんちかげ》の是くの如き等の不祥の水花は、降伏の事に於いて供養に用いよ。*計娑羅花《けさらげ》・迦尼迦羅花《かにからげ》・摩羅底花《まらちげ》等の諸もろの白き香美の諸もろの花を取りて、仏部に供養せよ。蓮花等の諸もろの水に生ぜる花を取りて、蓮華部に供養せよ。阿輸迦花《あしゅかげ》・底羅迦花《ちらかげ》・*群多花《ぐんたげ》・那縛摩里迦花《なばまりかげ》・払利曳応《ふりえおう》二合旧花《ぐげ》・*婆句羅花《ばくらげ》、赤き[二三]迦羅毘羅花《からびらげ》・優波羅花《うはらげ》の是くの如き等の花を取りて金剛部に供養せよ。

[二四]其の焼香は、白檀《びゃくだん》と沈水《じんすい》と相和せるを用いて、仏部に供養せよ。*尸利稗瑟多迦《しりびしゅたか》等の諸もろの樹の汁香《じゅうこう》を用いて、蓮華部に供養せよ。黒沈《こくじん》水香と及び*安悉香《あんしっこう》とを用いて、金剛部に供養せよ。次に普通の和香を説かん。有情の身分に非ざるの者にして、白檀香・沈水香・

一一　以下、六種供養のうち、華（華鬘）供養とその種類を説く。

一二　花　(大)には「花香」とあるが、(大)脚註㉔と Ⓣ（$216a^{4}$）によりこれを訂正。

一三　奔駄迦　puṃnāga の音写。白蓮華のこと。

一四　優波羅　utpala の音写。青蓮華のこと。

一五　紛荼羅迦　puṇḍarīka の音写。白蓮花。(大)七六七下（Ⓣ$216a^{6}$）

一六　央句羅　aguru の音写。アロエの一種。

一七　那摩迦　damanaka の音写。アルテミジアの一種。

一八　忿陀利花　puṇḍarīka の音写。白蓮華のこと。

一九　赤蓮華　kokanada の訳。

二〇　青蓮華　utpala の訳。

二一　句勿頭　kumuda の音写。赤蓮華のこと。

二二　蘇乾地迦　sugandhika の音写。白蓮華のこと。

二三　迦羅毘羅　karavīra の音写。キョウチクトウ。

二四　以下、六種供養のうち、焼香供養とその種類を説く。

龍脳香・*蘇合香・[一]薫陸香《くんろくこう》・尸利《しり》二合碑瑟吒《びしゅた》二合迦香《かこう》・*薩闍羅《さつじゃら》二合沙香《さこう》・安悉香・*娑羅枳香《さらきこう》・*烏尸羅香《うしらこう》・[二]摩勒迦香《まろくかこう》・香附子香《こうぶしこう》・甘松香《かんしょうこう》・閼伽跢哩《あかたり》二合香《こう》・柏木香《はくもくこう》・*天木香《てんもくこう》、及び*鉢地《はち》夜《や》二合等の香を取りて、沙糖を以って相和せよ。此れを普通の和香と名づく。次第して諸尊に供養せよ。或るいは意に随って前《さき》の如きの香を取りて和して供養せよ。或るいは復た総《すべ》て和せ。或るいは香美の者を取りて和せ。是くの如く辨ぜし塗香《ずこう》、及び花とに随って、并びに焼香を以って、誠心を以って供養に以《もち》いよ。若し華鬘《けまん》を置きて供養せんとせば、縦い少分の穢臭《えしゅう》の花有りとも供養を妨げず。若し多くの応に棄つべき香花《こうげ》等の物にして、識《し》らざる所の者は応に供養すべからず。其の有情《うじょう》の身分の香にして、触《ふ》らるる諸余の供養の具は、皆な悉く穢《え》と成れり。是の故に用うること勿《なか》れ。其の[三]紫《し》鉱香《こうこう》は、三部の中に於いては総て用いることを許さず。是の故に、行者は応当《まさ》に通じて是くの如きの差別を解すべし。其の曼荼羅の外の四辺の地に、普ねく香炉、或るいは坏《はい》、或るいは瓦石《がせき》の者を置き、皆な焼香を置きて如法に供養せよ。縦い有情の身分の香を用うるとも亦た用うることを妨げず。[四]第三院の世間の諸尊には、意に随って香花等の物を供養せよ。其の部の主尊には倍加して供養せよ。自余の諸尊には各おのの本座に於いて、応に供養すべきことに随い次第して供養せよ。三部の主尊の前に於いては各おの香炉を置け。曼荼羅主の前には一香炉を置き、[五]香烟《こうえん》をして断絶せしめること勿れ。或るいは[六]一一の院に一香炉を以って置きて供養に用いよ。若し辨ぜざれば、但だ一香炉を用いて普ねく諸尊に供養せよ。然も一尊に供養し已らば、即ち応に香水を灑浄《しゃじょう》すべし。更に供えて前の如くに灑浄すること、此れに准じて応に知るべし。

一　薫陸香　kunduruka の音写。前出の蘇合香（乳香）に同じ。
二　摩勒迦香　marūka の音写。前出の蔚金香（うつごんこう）に同じ。
三　柴鉱香　(大)に「柴鉚香」とあるが、Ⓣ（216b^7）により訂正する。lākṣā の意。松やになどの一種の樹脂香をさす。(大)七六八上（Ⓣ216b^7）
四　第三院の世間の諸尊　曼荼羅第三重の院に配される訶利羝母以下の諸天などをさす。
五　香烟　焼香のけむり。
六　一一の院　(大)に「二院」とあるが、(大)脚註②とⓉ（217a^2）によりこれを訂正す。

[七]是くの如く、塗香、及び花等、并びに焼香とを以って、曼荼羅の中の一切尊に於いて奉献し已らば、重ねて閼伽《あか》を奉り畢已《おわ》って、次に[八]飲食《おんじき》を供養せよ。極めて浄潔《じょうけつ》ならしめ、平等心を生じて、皆《み》な真言を以って飲食を持誦せよ。次第して差別し、応に供養すべきことに随い、三部の主尊には倍して飲食を加えよ。曼荼羅主には数倍して加えよ。自余の諸尊は次第して差別すること、此れに准じて応に知るべし。寧《むし》ろ食を増加すとも闕少《けっしょう》することを得ざれ。是の故に浄き香美の飲食を以って、種種に而して供養せば、悉く皆な歓喜せん。或るいは若し辨行ぜし所の食類、若し遍ぜざれば、応に余の食を以って其の闕数《けっすう》を充《みた》せ。或るいは若し辨ぜざれば、但《た》だ部主に供《そな》えよ。或るいは但だ内院に於いて置き、心を表《ひょう》して一切諸尊に供養せよ。一一の院に於いて、凡そ行ぜし所の食は、頭《はじ》めより一一に遍《あま》ねく布《し》け。行じ已って更に余類を取れ。遍ねく行ずること前の如し。其の部主の前に、若し供養を加えんとせば必ず過失無からん。正しく食を行ぜし時に、若《も》し錯《あやま》って闕少せば、即ち応に闕を補うに便《すなわ》ち歓喜を乞うべし。応に食を下すべき処には、先ず浄《きよ》き[九]芭蕉葉《ばしょうよう》を布《し》け。或るいは[一〇]荷葉《かよう》を布き、或るいは[一一]波羅沙葉《はらしゃよう》を布け。先ず、[一二]莎悉地《そしっち》二合迦食《かじき》を下し、次に飲食を行じ、最後に応に諸もろの菓子類を下すべし。其の飲食とは、大・小の麦の[一三]麪《めん》を用いて作れ。及び粳米《こうまい》の粉を用いて造れ。極めて浄潔ならしめ、及び香美を与えよ。謂わく、*羅住迦食《らじゅうかじき》・*皤羅皤《はらは》尼迦食《にかじき》・*脾那迦食《ひなかじき》・末度尸羅《まどしら》二合乞那《くな》二合食《じき》・阿輸迦伐底食《あしゅかばちじき》・*似菱角形食《じりょうかくぎょうじき》・*餅啖鉢波抜《へいたんはばっ》吒迦食《たかじき》・鉢知食《はちじき》・似鵝形食《じがぎょうじき》・仇阿食《きゅうあじき》・羯補迦唎迦食《かほかりかじき》・布尸夜《ふしや》二合鉢多食《ばたじき》・[一四]盛満蘇食《せいまんそじき》・[一五]盛沙《せいさ》糖食《とうじき》・[一六]烹煎餅塗沙糖食《ほうせんべいずさとうじき》・波羅門餡餹食《ばらもんばいしゅじき》・[一七]盼茶迦食《はんだかじき》・*渇闍迦食《かつじゃかじき》・[一八]薩闍迦食《さつじゃかじき》・薄餅食《はくへいじき》・如鳥《にょちょう》形食《ぎょうじき》・胡摩脂餅《ごましへい》・糤米揣《さんまいし》・如象耳形食《にょぞうじぎょうじき》・小豆烹煎餅《しょうずほうせんべい》等なり。[一九]小豆にて作りし所の食は、謂

七　以下、六種供養のうち、飲食供養とその種類を説く。
八　飲食　一般には飯・汁・餅・菓などの諸尊に献ずる食物をさす。
九　芭蕉葉　kadalī の意。バナナの葉。
一〇　荷葉　Ⓣによれば「蓮華（pad mo, 217b^1）」の葉をさす。
一一　波羅沙葉　palāśa の音写。ハナモツヤクノキの葉。
一二　莎悉地迦食　svastika の音写。十字型の菓子をさす。
一三　麪　小麦などの粉。
一四　盛満蘇食　snigdha の音写か。油でべたべたにしたものの意。
一五　盛沙糖食　modaka の意。砂糖菓子のこと。
一六　烹煎餅塗沙糖食　śaṣkali の意。円い揚げ菓子。
一七　盼茶迦食　maṇḍaka の音写。米がゆのこと。　㊅七六八中（Ⓣ217b^3）
一八　薩闍迦食　sarjaka の音写。乳汁を温めたもの。
一九　小豆　māṣa の訳。あずきなどの豆類の一種。

わく、蒲波食《ほはじき》・[一]輸瑟《しゆし》二合迦食《かじき》・*鉢那波蒲迦餓食《はなはほかがじき》・[二]豆基食《ずきじき》・[三]著鍼豆基食《ちやくしんずきじき》・資跢羅《したら》二合蒲波食《ほはじき》・儞烏嚕比迦食《じうろひかじき》・乳浮娑耶利迦食《にゆうふさやりかじき》・珍荼蒲波迦食《ちんだほはかじき》の是くの如き等の類いの食なり。粳米・小豆・胡麻とを少分相和して粥《かゆ》を作れ。其の小豆と胡麻は、擣《つ》き篩《ふる》って末[四]と為し、粳米を以って糜《かゆ》と成せ。此れを*枳利娑羅粥《きりさらしゆく》と名づく。[五]乳粥《にゆうしゆく》・[六]淡水粥《たんすいしゆく》・[七]酪粳米粥《らくこうまいしゆく》・[八]酪漿水粳米粥《らくしようすいこうまいしゆく》、或るいは赤、或るいは黄等の粥を皆な浄器を以《もち》いて盛り、供養せよ。或るいは布きし所の葉の上に置け。[九]粳米飯、及び[一〇]六十日にて熟せる稲の粳米飯は、而《すなわ》ち広多に献ぜよ。[一一]小豆《しようず》羹《かん》等の種種の*羹《あつもの》は、香味・浄潔にして奉りて供養せよ。粳米の飯を乳酪《にゆうらく》に和し、及び沙糖に和して奉りて供養せよ。所有《あらゆる》種種上妙《じようみよう》の飲食は、而ち奉りて供養せよ。復た[一二]三白食《さんびやくじき》・*部《ぶ》底迦食《ちかじき》・[一三]広多食《こうたじき》・[一四]種種食を[一五]供えよ。粳米の飯に乳・酪・牛蘇《ごそ》とを和したものをば、此れ三白食と名づくるなり。乳粥・枳利娑羅粥・[一六]小豆羹をば、此れ部底迦食と名づく。前の如きの三食に粳米の飯を加え、色色多くを加えたるを、此れ広多食と名づく。前の如きの四食に更に*酪粥《らくしゆく》を和するを、即ち種種食と名づく。所有《あらゆる》臭穢《しゆうえ》・辛苦《しんく》・渋味、古き*残宿《ざんじゆく》、[一七]不祥の食は、応に供養すべからず。或るいは若し種種の羹を辨ぜざれば、但だ小豆羹を用いて供養することも亦た得。凡そ飯《くら》う所の上には皆な応に酪を点《た》つるべし。若し辨ずることを得ざれば、必ず須らく六種の飯食を供養すべし。所謂《いわゆる》乳粥・小豆羹・*沙瑟《さしゆ》二合迦《か》等の食・粳米飯・酪《らく》・枳利娑羅粥《きりさらしゆく》なり。縦《たと》い極めて貧しくとも、応に六種の食を闕少すべからず。若し一をも闕《かか》さば、供養を成ぜず。凡そ乳粥の上には皆な応に蜜を著《つ》けるべし。凡そ酪の上に於いては皆な沙糖を致《お》け。其の小豆羹の上には応に牛蘇を著けるべし。若し[一八]薑《きよう》有らば、亦た応に之れを著けるべし。復た応に種種の[一九]菓子、及び諸もろの根食とを供養すべし。此

一　輸瑟迦食　śuṣkaka の音写。乾燥したものの意。
二　豆基食　vaṭaka の意。豆をバターや油で揚げた丸い菓子。
三　著鍼豆基食　vellana の意。棒のついた菓子の一種。
四　末　粉末の意。
五　乳粥　pāyasa の意。乳がゆ。
六　淡水粥　taṇḍulāmbu の意か。重湯のことか。
七　酪粳米粥　ヨーグルト（dadhi＝酪）と米を混ぜた粥。
八　酪漿水粳米粥　バター採取後のミルク（ghola＝酪漿水）と米を混ぜた粥。
九　粳米飯　śāli の意。御飯。
一〇　六十日……稲　早稲のことか。
一一　小豆羹　māṣasūpa の訳。豆のスープのこと。
一二　三白食　後出の乳・酪・牛蘇（バター）を飯に混ぜた食物。
一三　広多食　部底迦食に米飯を加えた四種の食物。
一四　種種食　前項の広多食に酪粥を加えた五種の食物。
一五　供　㊅には「依」とあるが、㊅脚註㉒と Ⓣ（218a¹）によりこれを訂正。
一六　小豆羹　Ⓣには「羹（tshod〔ma〕, Ⓢsūpa, 217b⁸）」とのみ。　㊅七六八下（Ⓣ 218a⁴）
一七　不祥の食　不吉な食物の意。
一八　薑　ārdraka の意。しょうがのこと。
一九　菓子　果実をさす。

の二種の食菓《じきか》を一切の真言、及び明尊《みょうそん》は皆な悉く愛楽《あいぎょう》せり。其の菓子とは謂わく、二〇阿摩羅《あまら》果《か》・二一石榴果《せきりゅうか》・二二麼路子果《まろしか》・二三蒲桃果《ぶどうか》・二四棗《なつめ》・二五柿子《しし》・*迦必他果《かびたか》・*毘闍補羅迦果《びじゃぶらかか》・二六欄子《らんし》・*波那娑果《はなさか》・二七吒応《たくおう》二合子果《しか》・*羅句者果《らくしゃか》・暮止《ぼし》二合者果《しゃか》・木果《もくか》・波羅曳迦果《はらえかか》・乞瑟利迦果《きしゅりかか》・*阿麼羅果《あまらか》・侵《しん》止音反部果《ぶか》・勿嘌《ぶつり》二合跢毘《たび》二合迦果《かか》・二八迦羅末多迦果《からまったかか》等の種種の好果にして、而して供養に用いよ。所有臭穢《あらゆるしゅうえ》の菓は応に奉献すべからず。謂わく、穢果とは、二九尸利頗羅果《しりばらか》・三〇椰子《やし》・三一多羅果《らか》・*波羅跢迦果《はらたかか》なり。是くの如き等の穢果《えか》は応に奉献すべからず。亦た応に種種の根薬を供養すべし。熟煮《じゅくしゃ》し了《おわ》って皮を去《す》て、如法に供養し奉れ。謂わく、毘多羅根《びたらこん》・芋《う》子根《しこん》等なり。其の諸もろの穢根《えこん》は応に供養すべからず。其の穢根とは、謂わく三二輸羅拏根《しゅらだこん》・羅蔔根《らほくこん》・迦闕迦乾陀根《かけつかかんだこん》なり。是くの如き等の穢根は、応に供養すべからず。其の菓子の中、石榴《せきりゅう》を上と為す。諸根の中に於いては、毘多羅根《びたらこん》を上と為す。是の故に、応に簡《えら》びて供養に用いよ。其の熟煮せる小豆は牛蘇を和したるを以《もち》い、并びに胡麻を著けて之《こ》の三三第三の曼荼羅を供養せよ。外の四面の地上に於いては白花《びゃくげ》を布散《ふさん》し、亦た胡麻・稲花《とうか》とを以って遍ねく散ぜよ。最後に外に出て、諸もろの方所に於いて、三四部多《ぶた》と諸もろの非人の類いを祭祀せよ。粳米飯を用いるには稲花・胡麻、及び花とを和したるを以《もち》いよ。小豆を煮たる娑耶《さや》里迦飯《りかはん》には牛蘇を塗りたるを以い、已上《いじょう》の飯食《はんじき》を総て一処に和せ。其の阿闍梨《あじゃり》は歓喜の心を以って、一一の方に於いて各各三*遍食を下《くだ》し、以って*羅刹《らせつ》、及び*毘舎闍《びしゃじゃ》等、及び部多と諸もろの*食血噉肉者《じきけつかんにくしゃ》の種種の類いを祀《まつ》れ。或るいは地に居る者、或るいは樹に居る者、或るいは林に居る者、及び心を以って念著《ねんじゃく》する所の者をば皆な須らく祭祀すべし。*祭る時に於いて、忽然《こつねん》として若し大声を聞かば、*無畏《むい》の心を以って更に応に祭祀すべし。或るいは

二〇　阿摩羅果　āmra の音写。マンゴー樹の果実、即ちマンゴー。
二一　石榴果　dāḍima の意。ザクロ。
二二　麼路子果　kharjūra の音写。サトウナツメヤシの果実。
二三　蒲桃果　drākṣā の意。ぶどう。
二四　棗　badara の意。なつめ。
二五　柿子　tinduka の意。インド柿。
二六　欄子　nāraṅga の意。オレンジ。
二七　吒応子果　koli の音写。なつめの果実。
二八　迦羅末多迦果　karamaṭṭa の音写。ビンロウジュの果実。
二九　尸梨頗羅果　bilva の音写。ミカン科のベルノキの果実。
三〇　椰子　nālikera の意。ココヤシの果実。
三一　多羅果　tāla の音写。オオギヤシの果実。
三二　輸羅拏根　śūraṇa の音写。いもの一種。
三三　第三の曼荼羅　即ち第三重の院の曼荼羅。
三四　部多　bhūta の音写。鬼類の一種。

*野干《やかん》の大叫《だいきょう》、及び大吼《だいく》の声を聞き、或るいは其*の身を見、或るいは樹根を抜倒《ばっとう》するを見、及び樹を折るを見、或るいは雷声を聞き、及び種種の希奇《けき》の異相あらば、更に復た祭祀して護身を作せ。

[一]其の阿闍梨《あじゃり》は、聞くが如く、解するが如く、見るが如くに如法に諸もろの方所に於いて祭祀し畢已《おわ》らば、手を洗いて灑浄し、其の門前に於いて焼香供養せよ。次に[二]内に於いて入り、閼伽《あか》、及び焼香とを奉献して、前《さき》に置きし所の食を供養せよ。心を以って[三]第二院・第三院に於いて[四]運供《うんぐ》せよ。

[五]所有《あらゆる》諸尊の一一に上妙《じょうみょう》にして新浄なる衣服を奉施《ほうせ》せよ。自余の諸尊に各《おの》おの[六]一匹を奉れ。或るいは若し辨ぜざれば、各おの三部の主尊に奉るに両匹の衣服を用いよ。或るいは若し但だ両匹の衣服を以って、[七]箱の中に於いて置きて内院に奉施し、運心して普ねく一切の諸尊に施せ。然して後ち、各おの諸尊の真言を誦《じゅ》すること七遍せよ。其の曼荼羅主の真言は、持誦すること[八]百遍已上なり。其の三部の心真言を各おの百遍誦し、然して後ち、次第して応《まさ》に諸尊の一一の手印を作《な》して持誦すること三遍すべし。是くの如く作し已らば、悉く皆な歓喜して其*の所願を満たさん。

蕤呬耶経巻中

㊅七六九上（Ⓣ 218b⁶）

一　以下、運心供養の作法を明かす。
二　内　曼荼羅の中の意。
三　第二院・第三院　Ⓣにはこれを欠く。
四　運供　運心供養（以心供養）の略。観念によって供養する意。
五　以下、新浄衣供養の作法を説く。
六　一匹　Ⓣは「一対（zuṅ re, 219a¹）」とする。
七　箱の中　Ⓣは「弟子の上に（slob maḥi steṅ, 219a²）」とする。
八　百遍　Ⓣは「百八遍（brgya rtsa brgyad du, 219a³）」とする。

巻の下

*分別印相品《ふんべついんそうぼん》 第九

*亦た*三部《さんぶ》三摩耶《さんまや》印《いん》とも名づく。一切の曼荼羅に於いて、通じて之の印を用う。其の護身の印、及び結方の印、驚覚奉迎《ぎょうがくぶぎょう》の印、及び灌頂《かんじょう》の印、障難を辟除する印、香華《こうげ》等を奉献《ぶごん》する印、[九]災難を息《や》む印、[一〇]難を砕伏《さいぶく》する印、難を繫縛《けいばく》する印、難を解放する印の是くの如き等の印は、[一一]手印品《しゅいんぼん》に於いて皆な悉く広説せり。前《さき》の所説の如き[一二]浄治《じょうじ》、及び[一三]護身の法は、其れ皆な手印を用いて相応して作せ。若し[一四]難伏者《なんぶくしゃ》を砕伏せんと欲《おも》わば、当に[一五]金剛母《こんごうも》跢迦《だか》二合羅《ら》印《いん》を用うべし。及び秘*密曼荼羅の中に於いて説く所の[一六]十八大印《じゅうはちだいいん》は、皆な応に之れを用うべし。若し[一七]呼召《こちょう》の法を作さんとせば、当に[一八]金剛鉤印《こんごうこういん》を用うべし。若し難を結縛《けつばく》するの法を作さんとせば、当に[一九]金剛鎖印《こんごうさいん》を用うべし。若し調伏《じょうぶく》の法を作さんとせば、当に*金剛棒印《こんごうぼういん》を用うべし。若し怖魔《ふま》の法を作さんとせば、当に*喫金剛印《きつこんごういん》を用うべし。若し[二〇]越三摩耶《おつさんまや》の者有らば、当に受三摩耶《じゅさんまや》忿怒《ふんぬ》印《いん》を用いて調伏を作すべし。或るいは大力金剛棒印《たいりきこんごうぼういん》を用いよ。若し諸もろの障難を砕滅《さいめつ》せんと欲わば、当に[二一]遜婆明王《そんばみょうおう》の真言と手印を用うべし。此の法を作し已《おわ》らば、其の諸もろの難等は皆な火焼せられん。是の故に、当に如上の尊等の諸印等の法

九　災難　Ⓣには「諸もろの敵（dgra rnams, 219a⁸）」とある。
一〇　難　Ⓣには「諸もろの鬼魅（gdon rnams, 219a⁸）」とある。
一一　手印品　本品「分別印相品」をさす。
一二　浄治　浄地品第四所説の治地の作法に同じ。
一三　護身の法　浄地品第四所説の護身法に同じ。
一四　難伏者　Ⓣによれば「鬼魅（gdon, 219b¹）」をさす。　㊅七六九中（Ⓣ 219b¹）
一五　金剛母跢迦羅印　vajramudgara の音写。金剛槌印の意。
一六　十八大印　諸種の密教修法に通じて用いる十八種の印契(浄三業～普供養印)。
一七　呼召　諸尊を曼荼羅に迎える召請の作法（召請品所説）に同じ。
一八　金剛鉤印　vajrāṅkuśa の訳。大鉤召印・金剛鉤菩薩印・如来鉤印に同じ。
一九　金剛鎖印　vajraśṛṅkhala の訳。転法輪印と同じに解される。
二〇　越三摩耶　諸仏の三摩耶（本誓）に相違する罪の意。
二一　遜婆明王　Sumbha の音写。降三世明王のこと。

を用い、繞《めぐ》らして用うべし。即ち大威力《だいいりき》有るを知る。是の故に、応当《まさ》に一切の事に於いて、皆な順じて之れを用うべし。或るいは彼の説に随って彼れに於いて用いよ。

[一]復た次に、応当に護摩《ごま》の法を作すべし。面《おもて》を東方に向けて、*茅草《ぼうそう》に端坐《たんざ》し、火を燃《た》き著《つ》け已らば、其の火を灑浄《しやじよう》するに又た、茅草を用いよ。初めは応に*杓《しやく》に[二]蘇《そ》を満たして護摩すべし。最後も亦た然り。次に応に蘇、及び柴等との諸もろの物を以って、如法に護摩すべし。念誦の法の如く護摩も亦た然り。寂静《じやくじよう》の真言を以って、一一の尊の為めに七遍護摩して、心に彼の尊を念ぜよ。其の一尊の為めに護摩し畢已《おわ》らば、即ち須《すべか》らく其の火を灑浄すべし。方《まさ》に余の尊の為めに護摩すべし。護摩し畢已らば、都《すべ》て諸尊を請《こ》え。更に、護摩を作すこと百八遍を満たし、諸尊の所《みもと》に於いて歓喜《かんぎ》を乞え。

[三]即ち[四]一切の罪障《ざいしよう》を懺悔《さんげ》し、[五]功徳を随喜して広大の願《がん》を発《お》こし、[六]数《しば》しば三宝《さんぼう》に帰し、及び[七]不退の大菩薩衆、一切の真言、并びに明尊《みようそん》とに帰し、[八]数数《しばしば》大菩提心《だいぼだいしん》を増発せよ。[九]次に応に三部の尊、及び余の諸尊とを讃嘆すべし。[一〇]次に応に経を誦《じゆ》すべし。然《しか》して後ち、志誠の心にて、諸尊を啓請《けいしよう》して深く珍重を生ぜよ。[一一]所焼の香は断絶せしめること勿《なか》れ。数しば閼伽《あか》を奉れ。是くの如きの次第作法を作《な》し畢已らば、[一二]復た誠心を以って諸尊を頂礼《ちようらい》せよ。

然して後ち、[一三]如法《によほう》に其の弟子を将《ひき》いて一一に入れしめよ。当に一一の弟子を喚《よ》び、前《さき》の如く[一四]香水《こうずい》にて灑浄し、[一五]塗香《ずこう》等を以って供養すべし。香を用いて手に塗り、其の心《むね》の上を按《あん》じて其の真言を誦せよ。[一六]次に辨事の真言を以って、新しき帛《きぬ》を持誦して其の[一七]面門《めんもん》に繋《か》けよ。[一八]復た三摩耶印《さんまやいん》を作し、*其の頂上に置いて彼の真言を誦すること三遍せよ。[一九]次に曼荼羅主の手印《しゆいん》を作して頂上に於いて置き、彼の真言を誦すること三遍せよ。[二〇]曼荼羅の門前に引き将

一 以下、護摩の作法を説く。
二 蘇 蘇油（ghrta）に同じ。
三 以下、投華得仏の作法のうち、まず阿闍梨の諸作法を説く。
四 懺悔の作法を説く。
五 発願の作法を説く。
六 帰命三宝の作法を説く。
七 帰命一切諸尊の作法を説く。
八 発菩提心の作法を説く。
九 諸尊讃嘆の作法を説く。
一〇 経典読誦の作法を説く。
一一 焼香・閼伽供養の作法を説く。
一二 諸尊頂礼の作法を説く。
一三 以下、弟子結護の作法を説く。
一四 弟子灑浄の作法を説く。
一五 塗香授与の作法を説く。
一六 新帛加持の作法を説く。
一七 面門 弟子の顔の意。弟子覆面の作法を説く。
一八 〔入仏〕三昧耶印明結誦の作法を説く。
一九 本尊の印明結誦の作法を説く。 (大)七六九下（Ⓣ 220a_2）
二〇 以下、投華得仏の作法を説くうち、弟子引入の作法を説く。

いて、其の阿闍梨《あじゃり》は応に是くの如く言うべし。二一我れ某甲《それがし》、如法に此の曼荼羅を作りて、弟子を将いて入れり。其の福徳、及び種姓《しゅしょう》とに随い、并びに成就を以って、法器に堪《た》えたるに随って、此の曼荼羅の中に於いて、願わくは其の相を視《み》んことを。二二次に応に散華《さんげ》すべし。所堕《しょだ》の処に随って、二三即ち彼の部の族姓《ぞくしょう》、及び尊とに属さん。二四次に応に面《おもて》を開きて曼荼羅を視るべし。二五其の阿闍梨は歓喜《かんぎ》の心を以って、彼の弟子の為めに是くの如きの言を作せ。汝は今、此の妙なる曼荼羅を観て、深く敬信を生ぜり。汝は今、乃至*諸仏の家の中に生じて、諸もろの明と真言にて已《すで》に加被《かひ》せられたり。汝に一切の吉祥、及び成就とが皆な悉《ことごと》く現前せん。是の故に、三摩耶戒《さんまやかい》を堅持して、真言の法に於いて勤めて加《ま》ます念誦せよ。*次に弟子をして香華《こうげ》等を以って、普ねく三部を供養せしめ、及び讃嘆を以ってせよ。二六其の阿闍梨は曼荼羅の所《みもと》に於いて、弟子に其の所得に随って本真言を授与せよ。或るいは弟子をして第二院に坐せしめて、所得の心真言を持誦せよ。二七具《つぶ》さに其の散華《さんげ》を看《み》て、所堕《しょだ》の処に随って准じて上・中・下の成就を知れ。謂わく、諸尊の上下の差別に随って、及び坐位の次第を以って、准じて上下を知れ。花、若し仏の頭上に於いて堕ちなば、当に二八仏頂《ぶっちょう》の真言、及び二九仏毫相《ぶつごうそう》等の諸尊の真言を成就すと知るべし。花、若し仏の面《おもて》の上に於いて堕ちなば、応に仏眼《ぶつげん》等の尊の諸もろの明・真言を成就すと知るべし。*花、若し仏の中身分に於いて堕ちなば、当に諸もろの心真言を成就すと知るべし。花、若し仏の下身分に於いて堕ちなば、当に使者の真言を成就すと知るべし。花の堕ちし所に随って、身の上・中・下分に於いて、当に上・中・下品を成就すと知るべし。其の三〇執蓮華、及び三一執金剛も、花の堕ちし処に随って、上に准じて応に知るべし。自余の諸尊も但だ上・中・下品の成就と知れ。若し花の堕

三九

二一　我れ　大に「我れ等」とあるが、大脚註㉗とⓉ（220a⁷）によりこれを訂正。以下、阿闍梨宣説（耳語戒）の作法と偈を説く。
二二　投華の作法を説く。
二三　得仏の義を明かす。
二四　弟子の覆面を取る開面作法を説く。
二五　以下、教誡（三昧耶戒説示）の作法と偈を説く。
二六　真言の伝授作法を説く。
二七　以下、華の落ちた場所に基づき、弟子の悉地の相を判断する基準を説く。
二八　仏頂　摩訶曼荼羅品所説の輪王仏頂などの仏頂尊。以下、仏部に関して説く。
二九　仏毫相　摩訶曼荼羅品所説の如来毫相尊に同じ。
三〇　執蓮華　蓮華部の意。
三一　執金剛　金剛部の意。

ちる処、彼の尊を去って遠ければ、当に知るべし、久遠《くおん》にして方《まさ》に成就す可《べ》し、と。花、若し食院の上に於いて堕ちなば、所属の尊に随って彼の真言を得ん。花、若し両尊の中間《ちゅうげん》に於いて堕ち、即《ただ》ちに却《かえ》って其の外院《げいん》の中に於いて超出《ちゅうしゅつ》せば、当に彼の人、信心を具せざると知るべし。若し強《し》いて持誦せば、下成就を得ん。花、若し諸もろの[二]界道《かいどう》の上、及び[三]行道院《ぎょうどういん》に於いて堕ちなば、当に彼の人、決定《けつじょう》心《しん》無く成就することを獲《え》ずと知るべし。花、若し二尊の中間に於いて堕ち、近きに非ず、遠きに非ずして、及び界道、并びに行道院とに堕ちて、若し復た擲《なげう》たんと欲《おも》わば、応に彼の人の為めに護摩の法を作して、然して後ち、花を擲つべし。花、若し内院に於いて堕ちなば、但だ其の院に随って皆な彼の尊に属さん。凡そ曼茶羅を作らんとせば、皆な三部の諸尊を置け。復た本方に於いては更に一座を置きて、運《うん》心《じん》して以って一部の諸尊を表わせ。其の内院の中には、要《かなら》ず復た須らく般若経の甲を安置すべし。内院の門に於いては、必ず須らく中門を守る[四]龍王を安置すべし。花、若し[五]飲食院《おんじきいん》の上に於いて堕ちなば、当に増益《そうやく》等の事を成就すと知るべし。花、若し*部主の尊上に於いて堕ちなば、当に曼茶羅を作ることを成就すと知るべし。花、若し[六]仏世尊の身上に於いて堕ちなば、決定《けつじょう》して三部の真言を成就せん。花、若し[七]執蓮華《しゅうれんげ》の上に於いて堕ちなば、当に[八]両部の真言を成就すと知るべし。花、若し[九]執金剛《しゅうこんごう》の上に於いて堕ちなば、当に[一〇]本部の真言を成就すと知るべし。花、若し先ず第三院の内に於いて堕ち、却《かえ》って超出して行道院の上に向かば、応に彼の人を棄つべし。後ちの時に将《ひき》いて余の曼茶羅に入れよ。若し強いて将いて入れんと欲わば、当に護摩を作し、更に与えて花を擲つべし。還《ま》た若し著《つ》かざれば、

一　内院　曼茶羅の第一院をさす。
二　界道　曼茶羅の各院を仕切る境界線（五色界道など）。
三　行道院　Ⓣにはないが、摩訶曼茶羅品前出の意を考えれば、曼茶羅の最外縁をさすと考えられる。　㊅七七〇上（Ⓣ 221a²）
四　龍王　摩訶曼茶羅品前出の難陀（Nanda）・跋難陀（Upananda）の二龍王。
五　飲食院　食院に同じく供養処をさすと思われる。
六　仏世尊　㊅に「七仏世尊」とあるが、㊅脚註⑤とⓉ（221a⁶）によりこれを訂正。即ち曼茶羅第二院の釈尊をさす。
七　執蓮華　蓮華部主の観自在菩薩のこと。
八　両部　蓮華部と金剛部の二部。
九　執金剛　金剛部主の金剛手菩薩のこと。
一〇　本部　金剛部をさす。

更に護摩を作し、是くの如く三たび迴《めぐ》らすも若し著かざれば、則《すなわ》ち須らく[一一]擯出《ひんしゅつ》すべし。其の阿闍梨は是くの如き法を以って、諸もろの弟子の一一を将いて入らしめよ。散華し畢已《おわ》らば、復た[一二]閼伽《あか》、及び香華《こうげ》等を献ぜよ。[一三]其の弟子等は各各《おのおの》応に布施を与うべし。

[一四]阿闍梨は次に、一一の弟子を護摩の処に於いて将いて、阿闍梨の左辺に於いて坐らせよ。其の阿闍梨は、応に左手を以って其の弟子の右手の大指《だいし》を執《と》るべし。曼荼羅主の真言を用い、牛蘇《ごそ》を用いて護摩すること七遍せよ。復た寂静《じゃくじょう》の真言を以って、牛蘇を護摩すること七遍せよ。復た[一五]牛蘇を以って其の弟子の頭上に於いて、右に転ずること[一六]三遍して護摩を作せ。復た[一七]神袋《しんたい》を以って右の[一八]膊《はく》に於いて繫《か》けよ。復た香を以って手に塗り、其の胸の上を按《あん》じて、意に随《したが》って持誦《じじゅ》して発遣《はっけん》し了《おわ》れ。自余の弟子も皆な是くの如く作して応に護摩すべし。[一九]蘇嚧婆杓《そろばしゃく》を用いて蘇を護摩することを作せ。復た右手を以って諸もろの穀《こく》を護摩せよ。[二〇]茅座《ぼうざ》に於いて坐して、其《そ》の浄水の中にも亦《ま》た茅草を置け。先ず茅環《ぼうかん》を備え、炉の四面に於いて復た茅草を布《し》け。護摩を作す時は皆な応に是くの如くすべし。先ず乳汁の乾ける柴を取りて、炉の中に於いて置き、蘇を以って上に灑《そそ》ぎて其の火を生ぜよ。後ちに乳汁にて湿りたる柴を取りて護摩を作せ。蘇を護摩する遍数の多少の如く、胡麻の数量も亦た復た是くの如し。其の余の穀等も意に随って護摩せよ。最後に蘇を満たしたるを以って護摩せよ。其の火神を請《こ》い、及び発遣するには、彼の真言を用いよ。其の灑浄《しゃじょう》等には前《さき》の真言を用いよ。或るいは余の説に随え。真言の護摩に於いて用いる者有るが如くに、意に随って用いよ。

（大）七七〇中（Ⓣ 221b^{6}）

一一 擯出　弟子を曼荼羅の外へ退出させる意。
一二 閼伽・香華供養の作法を説く。
一三 弟子より阿闍梨に布施を行う弟子布施の作法を説く。
一四 以下、息災護摩の諸作法を説く。
一五 牛蘇　Ⓣには「杓（blugs gzer, 221b^{3}）」とある。即ち牛蘇を満たした杓の意であろう。
一六 三遍　Ⓣは「七遍（lan bdun, 221b^{4}）」とする。
一七 神袋　Ⓣは「紐（srad bu, 221b^{4}）」とする。
一八 膊　腕のこと。
一九 蘇嚧婆杓　sruva の音写。護摩用の杓の意。
二〇 茅座　茅草（kuśa）を編んだござのこと。

[一]分別護摩品《ふんべつごまぼん》　第十

次に息災《そくさい》・増益《ぞうやく》、及び降伏《ごうぶく》との事にして、三種の護摩の差別の法を説かん。彼《か》の曼荼羅《まんだら》を作るに依って、事に随って護摩を作せ。[二]若し息災護摩を作さんとせば、面《おもて》を北に向けて坐せ。若し増益護摩を作さんとせば、面を東に向けて坐せ。若し降伏護摩を作さんとせば、面を南に向けて坐せ。[三]若し息災曼荼羅、及び護摩とを作さんとせば、其の炉を円と作せ。若し増益ならば方とせよ。若し降伏を作さんとせば三角とせよ。若し息災曼荼羅、及び護摩とを作さんとせば、応に白色《びゃくじき》を用うべし。増益には黄色《おうじき》、降伏には黒色《こくじき》とせよ。[四]若し息災の事を作さんとせば、蓮華座に坐せ。増益の事を作さんとせば、[五]茅草座《ぼうそうざ》に坐せ。降伏の事を作さんとせば、右脚を以って左脚を押え、[六]蹲踞《そんこ》して地に著けて坐すること勿れ。[七]寂静《じゃくじょう》の心を以って息災の事を作し、歓喜《かんぎ》の心を以って増益の事を作し、忿怒《ふんぬ》の心を以って降伏の事を作せ。或るいは本法の所説に*随って彼れに依って作せ。[八]若し息災の事を作さんとせば、樹の[九]最上枝を用いて護摩を作せ。若し増益の事を作さんとせば、樹の[一〇]中枝を用いて護摩を作せ。若し降伏の事を作さんとせば、応に樹根を以《もち》いて護摩を作すべし。[一一]若し息災の事を作さんとせば、応に[一二]茅草の衣を著けるべし。若し増益の事を作さんとせば、応に[一三]芻麻《すうま》の衣を著けるべし。若し降伏の事を作さんとせば、応に青色衣《しょうじきえ》、及び血湿衣《けっしつえ》とを著けるべし。或るいは破穢《はえ》せる衣、或るいは復た裸形《らぎょう》なり。[一四]若し息災の事を作さんとせば、応に蘇《そ》乳《にゅう》・稲穀《とうこく》の花・大麦蜜、及び乳粥《にゅうしゅく》・*茅草の芽、并びに*裙那花《ぐんなげ》・*注多樹《ちゅうたじゅ》の葉、及び白檀香《びゃくだんこう》・

一　分別護摩品第十　息災・増益・降伏の三種護摩に関する諸規則、正覚壇（灌頂壇）の灌頂作法・灌頂護摩などについて説く。
二　三種護摩法における座の方位を説く。
三　三種護摩法における炉の形体を説く。
四　三種護摩法における坐法を説く。
五　茅草座　㊅に「草座」とあるが、㊅脚註⑳と㊉（ku śaḥi khres, 222a$^{2-3}$）により訂正。前出の茅座に同じ。
六　蹲踞　utkuṭa の訳。うずくまって坐る意で、降伏護摩に用いられる蹲踞座の坐法をさす。
七　三種護摩法における用心を説く。
八　三種護摩法における乳木の区別を説く。
九　最上枝　樹木の先端の枝を乳木とする意。
一〇　中枝　樹木の中間の枝を乳木とする意。
一一　三種護摩法における阿闍梨所著の衣の区別を説く。
一二　茅草の衣　茅草（kuśa）の葉で織った衣。
一三　芻麻の衣　śūkṣma の音写。シルクの織物。
一四　以下、三種護摩法における供物を説く。

*烏曇末羅《うどんばつら》樹木《じゅもく》、及び菓・*阿輸他木《あしゅたもく》・*苦練木《くれんもく》・苦弥木果《せんみもく》・*波羅闍木《はらじゃもく》、及び諸余の物を以いて、護摩を作すべし。若し増益の事を作さんとせば、応に乳粥・一五酪飯《らくぼん》・蜜・乳、及び飯・酪粥《らくしゅく》・胡麻、及び三白食《さんびゃくじき》・*天木茴香《てんもくういきょう》、及び*天門冬《てんもんとう》・龍華《りゅうげ》・*尾盧婆果《びるばか》の諸穀、及び柴の自余の物等を以いて、護摩を作すべし。若し降伏の事を作さんとせば、応に*赤《しゃく》・白《びゃく》の芥子《けし》・血、及び*芥子油・毒薬・一六骨・一七灰・髪・荆棘《けいし》・*仇毘《くび》多羅木・*句吒木《くたもく》・*迦多羅木《かたらもく》・*刺《とげ》有るの樹を以いて、護摩を作すべし。是くの如きの三種の護摩の事は、其の本法に於いて縦い説かざるとも、応に此の法に依るべし。

一八次に阿闍梨は其の弟子を観《み》るに、法を授くる器に堪えて応に灌頂すべき者には、即ち当に如法に彼れの与《た》めに灌頂《かんじょう》せよ。一九其の弟子は先ず、応に阿闍梨《あじゃり》に*頂礼《ちょうらい》して請《こ》い、及び布施を与うべし。二〇先ず新浄の座を辨じ、辨事の真言を以って其の座を持誦《じじゅ》して、*灌頂の曼荼羅の中に於いて置け。又た新浄の*白傘《びゃくさん》を辨じて、上に於いては花鬘《けまん》を懸けよ。復た白色《びゃくじき》の二一綵《さい》帛《はく》を懸け、曼荼羅主の真言を以って、其の華等を持誦せよ。又た曼荼羅内に於いては諸もろの吉祥の具を置け。二二其の阿闍梨は其の弟子の与めに如法に護身して其の中央に坐せしめよ。二三其の阿闍梨は当に牛蘇《ごそ》を以って香と相和し、軍荼利《ぐんだり》の真言を用いて其の香を持誦して、其の弟子に薫ずべし。即ち其の傘を将《も》って当に上を蓋《おお》うべし。復た余人をして浄き二四犛牛《ぼうぎゅう》の払《ほっ》、及び扇《せん》・香炉とを執らしめ、箱の中に衣を置き、并びに商佉《しょうきゃ》、及び筋の諸もろの吉祥の物を盛りて、其の箱を執らしめよ。復た酪椀《らくわん》を執れ。是くの如き等の物を皆な人をして執らしめよ。若し辨ずることを得れば、応に音声《おんじょう》を作すべし。又た二五四瓶《しびょう》を執りて傍《かたわら》の辺《あた》りに任せしめよ。其の阿闍梨は与《とも》に吉祥の諸もろの妙《みょう》二六伽陀《かだ》を誦せよ。

一五　酪飯　dadhiの訳。酪（ヨーグルト）に同じ。

大七七〇下（Ⓣ 222a^{8}）

一六　骨　Ⓣは「骨の粉（rus phye, 222a^{8}）」とする。

一七　灰　Ⓣは「墓場の灰（dur khrod thal ba, 222a^{8}）」とする。

一八　以下、正覚壇（灌頂壇）における灌頂作法を説く。

一九　弟子布施の作法を再説する。

二〇　弟子（受者）の台座加持と台座安置の作法を説く。

二一　綵帛　sūkṣma の訳。シルクの織物で模様のある絹織物のこと。

二二　弟子の安置と加持の作法を説く。

二三　以下、薫香と阿闍梨による弟子荘厳の作法を説く。

二四　犛牛の払　cāmara の訳。蚊・虻などの虫を払う、ヤクの尾にて作られる払子のこと。

二五　四瓶　揀択弟子品第六所説の四宝瓶のこと。

二六　伽陀　gāthā の音写。偈頌のことで吉慶阿利沙偈（『大日経疏』大三九・六六七上—中参照）をさす。

是くの如きの次第を今且らく略して説かん。若し広く作さんと欲《おも》わば、当に本法に依るべし。[一]其の阿闍梨は普ねく応に曼茶羅中の一切の諸尊を頂礼《ちょうらい》すべし。灌頂の為めの故に、至誠に啓請《けいしょう》せよ。即ち応に前に持誦すること百遍せし所の瓶《びょう》を持し奉るべし。徐徐に当に曼茶羅を繞《めぐ》るべし。遶ること三匝《さんそう》し已《おわ》らば、[二]復た三種の真言を以って其の瓶を持誦せよ。[三]其の頂上に於いて而《しこう》して手印を作し、并びに根本の真言を誦して、還《ま》た此の真言を誦して彼の与《た》めに灌頂せよ。[四]若し伝法の灌頂を作さんとせば、応に面《おもて》を西に向けて坐せ。若し息災の灌頂を作さんとせば、面を北に向けて坐せ。若し増益の灌頂を作さんとせば、面を東に向けて坐せ。若し降伏の灌頂を作さんとせば、面を南に向けて坐せ。

[五]灌頂し畢已《おわ》らば、次に其の阿闍梨は自から手に其の衣を執りて、彼れの与めに著けしめ、及び塗香を以って彼れの身上に塗り、并びに華等の供養を与えよ。亦た華鬘《けまん》を以って両肩に交絡《こうらく》せよ。復た[六]臂釧《ひじゅん》を与えて其の腕に著けしめよ。[七]阿闍梨は自から手に其の傘を執りて、彼の弟子をして曼茶羅を遶らしめよ。遶ること三匝《さんそう》し已《おわ》らば、亦た西門の前に至り、即ち数《しば》しば礼拝《らいはい》せよ。其の傘は身に随って来去《らいこ》して頭を蓋《おお》え。[八]其の阿闍梨は諸尊を啓請して、是くの如き言《ごん》を作せ。我れ某甲《それがし》は、[九]某甲に灌頂を与え畢已《おわ》れり。今諸尊に付属して明蔵を持せしむ、と。是の語を作し已らば、応に其の傘を放つべし。彼れをして起立せしめ、曼茶羅の前に対《むか》わせよ。[一〇]三摩耶戒《さんまやかい》を説かんが為めなり。汝は今、已《すで》に[一一]曼茶羅阿闍梨・[一二]持明蔵者《じみょうぞうしゃ》と成れり。諸もろの仏・菩薩、及び真言主、一切の天神とが、已に共に汝を知れり。若《も》し人有りて法を作す器に堪えたりと見れば、彼れを怜愍《れんみん》するが故に、与《とも》に曼茶羅を作り、教えて持誦せしめよ。

一　以下、瓶行道の作法を説く。
二　瓶加持の作法（Ⓣにはこれを欠く）を説く。
三　灌頂の作法を説く。
四　以下、四種灌頂における受者の座の方位を説く。
五　以下、阿闍梨による弟子供養の作法を説く。
六　臂釧　valaya の意。腕環のこと。臂釧指環の作法を説く。
七　以下、傘蓋行道の作法を説く。
八　以下、三昧耶戒の説示作法を説く。
九　某甲　この場合、弟子の名前が相当する。㊅七七一上（Ⓣ $223a^{2}$）
一〇　三摩耶戒　三昧耶戒とも書く。いかなる苦難に会っても密教の真実法を捨てないと誓う、密教行者の根本的誓戒。
一一　曼茶羅阿闍梨　曼茶羅を建立し、灌頂を与えることのできる師位に至った者の意。
一二　持明蔵者　Ⓣ（$223a^{3}$）よりすれば、真言行の儀軌に通達せる者の意。

[一三]其の阿闍梨は、次に応に彼れの為めに前の如き法に依って護摩を作《な》すべし。火を燃《た》き著《つ》け已《おわ》らば、曼荼羅主の真言を用いて、牛蘇《ごそ》を護摩すること百遍せよ。復た寂静《じやくじよう》の真言を以って、蘇・蜜、及び酪飯《らくぼん》とを相和して、護摩すること百遍せよ。復た胡麻を用いて護摩すること百遍せよ。

[一四]是くの如く作し已らば、其の浄水を用いて彼れの頂上に灌《そそ》げ。[一五]次に当に広く其の曼荼羅を視《み》せ、諸尊を解説し、[一六]本手印の相を教え視せよ。復た明王《みようおう》の真言を教えよ。次に教えて一処に坐せしめ、所得の真言を持誦せよ。[一七]次に教えて諸もろの香華を以って、本尊に供養し、及び余の諸尊に与えよ。[一八]次に其の弟子は、護摩処に於いて、至誠の心を以って阿闍梨を礼拝《らいはい》し、須用《もち》うる所に随って応当《まさ》に布施すべし。或るいは所有せる物に随って悉く皆な施与せよ。所謂《いわゆる》、自助の眷属《けんぞく》・妻子・銭財等の物なり。或るいは阿闍梨の歓喜《かんぎ》する所の者に随って、当に其の物を施すべし。或るいは自から愛楽《あいぎよう》せし者を応当に施与すべし。若し貧窮《びんぐう》の者ならば、力を以って奉事《ぶじ》して、尊をして歓喜せしめよ。然も諸もろの施の中に於いては承事《じようじ》を最と為《な》す。凡そ布施せんと欲《おも》わば、先ず両疋《りようひき》の衣服を奉れ。然して後ち、余の物を捨施せよ。成就することを求めんとせば、応に是くの如く施すべし。若し三摩耶《さんまや》を求むるならば、即ち応に衣服、及び金・[一九]牸牛《じぎゆう》、并びに[二〇]犢《とく》、及び身に随い有るを皆な応に布施すべし。乃至、自身をもなり。三摩耶を求めん者は、応に是くの如く施すべし。

[二一]其の阿闍梨は次に、諸もろの弟子等に教えて次第して坐せしめよ。自から般若経《はんにやきよう》を読みて、彼れ等をして聴かしめよ。[二二]次に彼れ等の為めに都《すべ》て三摩耶戒《さんまやかい》を説け。汝等、今より常に三宝《さんぼう》、及び諸菩薩・諸真言の尊とに於いて、恭敬《くぎよう》して供養せよ。大乗経に於いて恒《つね》に勝《しよう》

一三 以下、灌頂の後の第三護摩の作法を説く。

一四 弟子に対する灑浄の作法を説く。

一五 以下、伝法の印・明を正しく伝授する作法を説く。

一六 本手印の相 Ⓣには「大印(phyag rgya chen po, Ⓢmahāmudrā, 223a⁶)」とある。後期密教に至ると、この語は重要な意味をもつことになる。

一七 香華供養の作法を説く。

一八 以下、弟子の布施作法と施物の種類を説く。

一九 牸牛 雌牛のこと。

二〇 犢 子牛のこと。

二一 般若経の読誦作法を説く。

二二 以下、再び三昧耶戒の説示作法を説く。

四六

解《げ》を生ぜよ。凡そ一切の三宝を見、亦た三摩耶戒を受くる者を見れば、当に愛楽《あいぎょう》を生ずべし。尊者の所《みもと》に於いて恒に恭敬を生じて、諸もろの天神に於いて嗔《いか》り嫌うことを得ざれ。其の外教に於いて信じ学することを得ざれ。凡そ来たりて求めん者には有るに随って施与せよ。諸もろの有情に於いて恒に慈悲を起こせ。諸もろの功徳に於いて勤求し修習せよ。常に大乗を楽《ねが》い、明蔵《みょうぞう》の行に於いて恒に勤めて真言を持誦することに精進せよ。経と明蔵に於ける所有《あらゆる》秘密の法は、三摩耶無き者には皆な応に真言、及び印とを説くことを為すべからず。具《つぶ》さに明蔵を学びて秘密《ひそ》かに護持せよ、と。

[一]是くの如く三摩耶を説き已《おわ》らば、各各に彼の所得の本印、及び真言と、所属の部とを視《み》せよ。并びに与《とも》に彼の本曼荼羅を説け。[二]次に阿闍梨は当に自身を灑《そそ》ぎ、更に諸尊に[三]閼伽《あか》を奉りて、次第して一一の諸尊を供養すべし。[四]次に曼荼羅主の真言を以って、護摩すること百八遍せよ。復た寂静《じゃくじょう》の真言を以って、護摩すること二十一遍せよ。次に一一の諸尊の真言を以って、牛蘇《ごそ》を用いて各おの護摩すること[五]七遍せよ。然して後ち、其の本所持の真言を以って、随意に護摩せよ。

[六]次に、更に如法に護身して諸方を祭祀せよ。祭祀し畢已《おわ》らば、[七]先ず手を洗い、自から、及び弟子とを灑浄《しゃじょう》せよ。[八]香華《こうげ》等を以って、次第して一切諸尊を供養し、及び与に頂礼《ちょうらい》せよ。置きし所の供養を至誠の心を以って*諸尊に奉施《ぶせ》し、并びに歓喜《かんぎ》を乞え。[九]復た閼伽を執《と》り、各各《おのおの》本真言を以って如法に発遣《はっけん》せよ。或るいは本法に依って発遣を作せ。

[一〇]所有《あらゆる》資具は当に大河に[一一]泮《はん》ずべし。飲食《おんじき》は貧児《びんじ》に施与せよ。応に狗《いぬ》、及び烏等の下鳥に与えるべからず。曼荼羅の所有《あらゆる》財物を其の阿闍梨は並べて応に収め取り、随意に受用すべし。

㊅七七一中（Ⓣ 223b^{5}）

一 再び伝法の印・明を正しく伝授する作法を説く。

二 閼伽（Ⓣは焼香）供養の作法を説く。

三 閼伽　Ⓣには「焼香（bdug spos, Ⓢdhūpa, 223b^{8}）」とある。

四 以下、第四護摩の作法を説く。

五 七遍　Ⓣはこの場合の護摩の回数を欠く。

六 施食（神供）の作法を説く。

七 阿闍梨と弟子の灑浄の作法を説く。

八 諸尊供養の作法を説く。

九 発遣の作法を説く。

㊅七七二上（Ⓣ 224a^{2}）

一〇 以下、破壇の作法と供養に関する諸注意を説く。

一一 泮　Ⓣよりすると、「捨離すべし (dor bar bya, 224a^{3})」の意。

更に弟子に与うこと勿れ。其の弟子等、若し其の物を用いらば、三摩耶を堕《やぶ》らん。是の故に、其の物を阿闍梨は用いよ。若し阿闍梨、其の物を用いざれば、当に三宝に施すべし。其の傘・*犛払《ぼうほつ》等の物は応に仏に於いて施すべし。其の座・塗香・焼香等の物は応に法に施与すべし。其の衣・瓶《びょう》・器等の物は応に[一二]僧伽《そうぎゃ》に施すべし。*其の弟子、乃至少分なりとも之れを用いることを得ざれ。若し僧伽無くば、応に[一三]苾芻《びっしゅ》・[一四]苾芻尼《びっしゅに》、及び[一五]優婆塞《うばそく》・[一六]優婆夷《うばい》とに施すべし。*其の第二日には所闕《しょけつ》の法を満たさんが為めに、并びに災いを息《や》めんが故に、護摩すること百八遍せよ。

[一七]補《ほ》闕《けつ》品《ぼん》第十一

次に復た更に、前《さき》の如く説かざる闕少《けつしょう》の法にして、諸もろの曼荼羅の法に於いて未だ説かざる所の者を説かん。其の[一八]阿闍梨、善《よ》く明蔵《みょうぞう》、及び真言とを解し、戒を具して清浄なり、及び慈悲有りて、曼荼羅を画くことを妙解し、直心《じきしん》清浄ならば、応に曼荼羅を作るべし。或るいは[一九]舎上《しゃじょう》に於いて、広く其の処を浄《きよ》め、及び平正《びょうしょう》ならしめ、[二〇]白土を以って塗らば、亦《ま》た応に作ることを得べし。或るいは神廟《じんびょう》に於いて、亦た応に作ることを得べし。或るいは水上に於いて、密《ひそ》かに浄き板を布《し》きて如法に涅治《ないじ》して、上に於いて而して作れ。*水中行尊、及び鼓音尊《こおんそん》の曼荼羅の如きは、応に水上に于《お》いて作るべきなり。其の婆羅門《ばらもん》の祭祀の地、及び穢《え》を棄てたるの地、前に所作を経《へ》たる曼荼羅の地は、並べて応に之れを棄つべし。或るいは但《た》だ一道の真言を以って曼荼羅を作ることを説かば、則ち彼の法に依りて作れ。

一二 僧伽 saṃgha の音写。三宝（仏・法・僧）の一つで、僧団のこと。(大)七七二中（Ⓣ 224a⁶）
一三 苾芻 bhikṣu の音写。食を乞う者の意で、比丘と一般に音写される。出家して具足戒を受けた男性の修行僧をさす。
一四 苾芻尼 bhikṣuṇī の音写。比丘尼とも音写する。出家して具足戒を受けた女性の修行僧（尼僧）をさす。
一五 優婆塞 upāsaka の音写。男性の在俗信者をさす。
一六 優婆夷 upāsikā の音写。女性の在俗信者をさす。
一七 補闕品第十一 本品は七日作壇法より灌頂に至るまで前説された諸作法・諸儀則に関し、未説の部分を補足する。
一八 以下、曼荼羅を建立すべき阿闍梨の特相を補説す。
一九 舎上 家の上の意であるが、Ⓣには「空き家（khaṅ stoṅ, 224b¹）」とある。以下、種々の曼荼羅建立の規則と所作を補説。
二〇 白土 Ⓣによれば、「石灰（rdo thal, 224b¹）」をさす。

即ち彼の[一]多羅尊《たらそん》の曼荼羅是れなり。或るいは若し、是くの如き曼荼羅有って、自から眷属《けんぞく》の真言を有することを具足《ぐそく》せば、還《ま》た彼の法に依りて作れ。即ち[二]忿怒大尊《ふんぬだいそん》の曼荼羅是れなり。或るいは若し、是くの如き曼荼羅有って、其の本法に於いて真言を具足せざれば、当に都ての法に通用せる真言を取りて曼荼羅を作るべし。夫《そ》れ、其の曼荼羅所応の真言を用いんとせば、先ず須らく各おの誦する数は[三]千遍を満すべし。*然して後ち、応に用いるべし。凡そ、曼荼羅の法を作す所に随って、要《かなら》ず須らく先ず成熟《じょうじゅく》し、明らかに了解《りょうげ》し已るべし。然して後ち、方《まさ》に曼荼羅の法を作すべし。猶《な》お、傍《かたわら》に経を置き、数数《しばしば》本を検《しら》べよ。失錯《しっさく》有ることを恐れて、何れを以ってか熟さざらん。

[四]凡そ曼荼羅を作る時は、当に助成就者《じょじょうじゅしゃ》をして其の処を外護《げご》せしめるべし。毎《つね》に出外する時は、先ず其の助人は其の所に於いて入れ。守護することを作さしめ、必ず空《むな》しからしむこと勿れ。若し、是くの如き弟子にして[五]縄《と》を執るに堪《た》えたる者無くば、即ち先ず[六]栓《せん》の一頭を釘《う》ち、自ら捉えて界道を作れ。若し、助成就者無くば、一切の諸事は皆な須らく自から作すべし。其《そ》の助成者、若し、病患《びょうげん》有り、及び戒無きと、亦た清浄ならずして、諸事に明らかならざれば、縦い明蔵《みょうぞう》を解すとも亦た応に取るべからず。若し、曼荼羅を作り畢已《おわ》らば、忽《たちま》ちに外道の族姓《ぞくしょう》の家に生ずること有り。心行耎善《しんぎょうなんぜん》にして力を有し、正直にして深信《じんしん》愛慕《あいぼ》し、自から来たりて曼荼羅に入ることを欣求《ごんぐ》せる者にして、其の阿闍梨、彼れに信有りと知らば、仮使《たと》い曼荼羅を作り畢已るとも、彼の人をして正法《しょうぼう》に入れしめんが故に、時に于《お》いて彼れの与《た》めに召請《ちょうしょう》の法を作し、曼荼羅に入れしめよ。其の弟子等、或るいは若《も》し、其の本善の相を具せず、及び与に法闕《か》けたれば、当に息災護摩を作すべし。若し、曼荼羅

一　多羅尊　Tārā の音写。摩訶曼荼羅品前説の多羅菩薩に同じ。

二　忿怒大尊　(大)に「忿怒火尊」とあるが、(大)脚註㉕とⓉ（khro bo, 224b^{4}）によりこれを訂正。忿怒形の明王尊をさすと思われる。

三　千遍　Ⓣには「一万遍ずつ（khri Khri, 224b^{5}）」とある。

*(大)七七一中（Ⓣ 224b^{5}）

四　以下、曼荼羅のすみうち作法と弟子などに関する諸注意を補説する。

五　縄　すみうち用の金剛線をさす。

六　栓　すみうち用の橛（くい）のこと。

を作らんとせば、先ず応に彼の国王に啓《もう》すに、其の王の所に於いて詣《いた》りて、[七]壮士《そうし》の皆な威勢有るをば取ることを許さしむべし。各《おの》おの[八]器杖《きじょう》を執り、無畏の心を以って曼荼羅を遶《めぐ》って立て。或るいは是くの如き弟子有って、法器と為《な》すに堪《た》えたらば、受持《じゅじ》せよ。弟子を召請するの時、若し不在ならば、応に彼の形を作りて召請等の法を作すべし。或るいは弟子有って、擬《はか》って灌頂せんと欲《おも》うに、若し不在ならば、当に別の弟子を与え数を充《み》して灌頂すべし。或るいは弟子有って、其の事を求めて受持することを作さんと欲《おも》うに、若し不在ならば、彼の弟子の為めに別人を充《み》し与えることを得ざれ。若し、弟子の為めに受持する時、忽《たちま》ちに若し到らざれば、応に知るべし、其の阿闍梨は大重病に着き、乃至死に致らん、と。

[九]若し、召請の法を作し已《おわ》り、或るいは是くの如き因縁有りて、[一〇]第一の日に曼荼羅を作ることを辨ぜざ[一一]れば、其の日に応に息災護摩を作すべし。暮間に於いて更に復《ま》た召請して、[一二]第二日に至りて曼荼羅を作れ。若し正しく曼荼羅を作ることを起こす時、忽ちに若し、小小の[一三]具を闕少《けっしょう》すれば、須《すべか》らく相《あ》い待つべからず。或るいは若し時を過ごさば、即ち諸難起こらん。若し、曼荼羅を作る時、難事起こること有らば、当に真言を以って避除《びゃくじょ》すべし。或るいは方便を以って災いを息《や》ましめよ。若し除くこと能《あた》わざれば、所有《あらゆる》供具を水を以って灑浄《しゃじょう》し、一時に供養し、及び閼伽《あか》を奉りて諸尊を発遣《はっけん》せよ。別の日に当に息災護摩を作《な》すべし。後ちに作すこと亦た得ん。

*七明妃《しちみょうひ》曼荼羅の如きは、応に七院に作るべし。彼の本法に依りて安置することを作せ。彼の法、此の法に相違すと疑うこと勿れ。其の薬叉《やくしゃ》曼荼羅の法も亦た復た是くの如し。或

七　壮士　気力の盛んな男子の意。(大)七七一下（Ⓣ 225a^{2}）

八　器杖　曼荼羅のすみうち用の棒と思われる。Ⓣには相当語を欠く。

九　以下、造壇の準備に関する諸注意を補説す。

一〇　第一の日　(大)に「第二之日」とあるが、Ⓣには「第一日（ñin gcig par, 225a^{5}）」とあり、更に直後に説かれる(大)脚註㉗に従い、これを訂正す。

一一　辨ぜざれば　(大)には「辨」とのみあるが、(大)脚註㉕とⓉ（225a^{5}）により「不辨」と訂正。

一二　第二日　(大)に「第三日」とあるが、文脈に疑問が残るゆえ、(大)脚註㉗に従い訂正。

一三　具　諸尊に供養する供具をさす。

るいは曼荼羅有って、本法闕《か》くこと有らば、応に此の法に依りて曼荼羅を作るべし。或るいは是くの如き曼荼羅有って、別して余の法を指さば、還《かえ》って彼の法に依りて曼荼羅を作れ。或るいは本法有って、曼荼羅を云うと雖も、次第を説かざれば、総じて此の法の次第に依って応に作るべし。持明蔵に[一]於いて広く曼荼羅の法を説く、或るいは本法に於いて曼荼羅を説くが如く、或るいは阿闍梨の指授して曼荼羅を説く、是くの如き等の所説の次第の如く、乃《すなわ》ち彼の法に[二]依りて曼荼羅を作れ。疑惑を生ずること勿れ。

[三]若し、本法有って、瓶の分量は或るいは大、或るいは小なりと説かば、但だ此の法に依りて分量を作せ。縦い本法に違うとも、亦た過患《かげん》無からん。或るいは若し、自余の諸尊の所に供養を加えんと欲えども、亦た妨ぐ所無からん。凡そ、所説の一切の法事に随わば、増する過《とが》を遮すに非ざれど、若し闕かさば成ぜざらん。或るいは是くの如き曼荼羅有って、諸もろの弟子をして各《おの》おの香炉、及び燈明《とうみょう》とを執《と》らしめ、曼荼羅を遶《めぐ》ることを説かば、是くの如き殊《しゅ》異の法に必ず応に違うべからざれ。但だ彼れに依って作せ。或るいは是くの如き曼荼羅の法有って、是の三摩耶《さんまや》を説く時、是くの如き言《ごん》を作せ。汝等は今《いま》者、法船に載《の》り、生死《しょうじ》を出離することを得たり、と。或るいは誠心に散華《さんげ》せば、必ず彼の説に依って彼れに違うことを得ざれ。是くの如き等の殊異の法は、各おの本法に依りて作せ。若し説かざれば、必ず応に作すべからざれ。

[四]凡そ、曼荼羅に入るに必ず[五]四種の灌頂有り。一には除難《じょなん》なり。二には成就なり。三には己身を増益《ぞうやく》せるなり。四には阿闍梨位を得るとなり。是くの如き灌頂の法は、*前《さき》に已《すで》に広説せり。次に、今当に*受明灌頂《じゅみょうかんじょう》を成ずべし。曼荼羅に入りて所得の明《みょう》に随って成就せん

一　於いて　(大)に「依」とあるが、(大)脚注㉚により訂正。
二　依りて　(大)に「依依」とあるが、(大)脚注㉛により訂正。
三　以下、供養の資具・投華得仏などの所作に関する諸注意を補説す。

(大)七七二上（(T) 225b^{5}）

四　以下、四種灌頂の義と功徳について補説す。
五　四種の灌頂　(T)は漢訳の順序と相違し、①阿闍梨位、②成就、③除難、④増益の順で説かれる（225b^{7}–226a^{1}）。

と欲《おも》わば、彼の真言を以って其の瓶《びょう》を持誦《じじゅ》すること三百遍[六]し已りて、彼れに灌頂を与えよ。還た彼の真言を用いて、護摩する所の物を持誦すること七遍[七]せよ。然して後ち、一遍護摩[八]せよ。是くの如く、乃至三遍護摩[九]せよ。此れを第二*の受明灌頂と名づく。若し、難に著せらるるを被《こうむ》ること有りて、除難せんが為めの故に、灌頂を作さんとせば、此れを除難灌頂《じょなんかんじょう》と名づく。安楽、及び富貴とを求め、并びに男・女を求め、不祥《ふしょう》を除かんが為めの故に、灌頂を作さんとせば、此れを増益灌頂《そうやくかんじょう》と名づく。凡そ、[一〇]灌頂を蒙《こうむ》らば、諸仏・菩薩、及び諸尊と、并びに持真言行菩薩等は、皆な悉《ことごと》く証明して加被護念《かひごねん》せん。[一一]聖観自在《しょうかんじざい》、及び[一二]執金《しゅうこん》剛《ごう》の所有《あらゆる》真言は、悉く皆な成就せん。一切の天神も損害すること能《あた》わずして、皆な悉く恭《く》敬《ぎょう》せん。生死《しょうじ》の中に在れども[一三]悪趣に堕ちざらん。貧窮《びんぐう》の家、及び不具足の人、悪《そ》り嫌う所に生ぜざらん。恒《つね》に[一四]宿命《しゅくみょう》を憶《おも》い、多饒《たじょう》なる資財にして戒を具し、端正ならん。当に天人に生ずべし。恒に仏の世に遇《あ》い、其の[一五]菩《ぼ》提心《だいしん》に於いて曾《すなわ》ち退転せざらん。[一六]大福徳を具し、久しからずして生死《しょうじ》の苦海を出離して、当に無上菩提の果を得べし。及び、其の灌頂とは、是くの如き等の無量の功徳を具し、真言族として[一七]菩薩行を行ずることを具さん。是の故に、阿闍梨は応に都《すべ》ての法を解し、及び灌頂の許しを得て伝法を為すべし。然《しか》して後ち、方《まさ》に曼荼羅の法を作すべし。若し、此の法に違いて曼荼羅を作らば、即ち成就せずして、死して地獄に堕《お》ちん。其れ、彼れに入りたる者には利益《りやく》無からん。但だ益無きに非ずして諸もろの障難起こらん。所謂《いわゆる》、飢饉・疫病・[一八]亢旱《こうかん》にして、諸もろの賊盗《ぞくとう》起こり、国王相《あ》い諍《あらそ》い、其の諸もろの弟子は魔に損《そこ》なわれ、其の阿闍梨は必定して死に致らん。若し、法に依らずして曼荼羅を作らば、是くの如き等の種種の難起こらん。

六 三百遍 Ⓣは「百八遍（brgya rtsa brgyad, 226a²）」。
七 七遍 Ⓣにはこれを欠く。
八 一遍 Ⓣにはこれを欠く。
九 三遍護摩 Ⓣにはこれを欠く。
一〇 以下、伝法灌頂に関して説く。
一一 聖観自在 Āryāvalokiteśvara の訳。蓮華部主尊・観自在菩薩のこと。
一二 執金剛 Ⓣは「勤勇執金剛（dPaḥ bo rdo rje hdsin pa, ⓈVīravajradhara, 226a⁵）」。恐らく、金剛部主尊・金剛手菩薩（Vajrapāṇi）をさすものであろう。
一三 悪趣 āpāya の訳。悪業の報いを受けて陥る苦難の世界。地獄・餓鬼・畜生の三悪趣などをさす。
一四 宿命 前世の境涯の意。

㊅七七二中二三（Ⓣ 226a⁷）

一五 菩提心 Ⓣには「仏菩提（saṅs rgyas byaṅ chub, Ⓢbuddhabodhi, 226a⁸）」とある。
一六 ここより㊅に乱脱あり。㊅脚註㉘とⓉ（226a⁷）により下記の如く訂正す。
一七 菩薩行 ㊅に「菩仏行」とあるが、㊅脚註㉛とⓉ（byaṅ chub spyod, Ⓢbodhicaryā 菩提行、226a⁸-b¹）」により訂正す。
一八 亢旱 かんばつ、大ひでりのこと。

㊅七七二下（Ⓣ 226b³）

一若し、仏部の曼荼羅の中に於いて灌頂を得ん者は、即ち応に三部の曼荼羅の中に阿闍梨を得ん。若し、観自在の曼荼羅の中に於いて灌頂を得ん者は、即ち二部の曼荼羅の中に於いて阿闍梨を得ん。若し、執金剛の曼荼羅部の中に於いて灌頂を得ん者は、即ち一部、及び二摩跢利迦神《またりかじん》の諸もろの曼荼羅の中に於いて阿闍梨を得ん。大いに曼荼羅を作らんとする時、*唯だ一人の与《た》めに阿闍梨灌頂を受《さず》けよ。自余の灌頂は、或るいは三、或るいは五にして必ず応に双《そう》にすべからず。皆な各別の供具を以《もち》いて灌頂を為せ。其の受明灌頂を得たる人には、応に*成就曼荼羅の法を教えるべし。其の自余の灌頂を得たる者には、応に所得の真言の本法、及び手印の法とを教えるべし。若し、愚人有って、曼荼羅に入らずして真言を持誦《じじゅ》せば、遍数を満たすと雖も終《つい》に成就せざらん。復た邪見を起こし、彼の人の命終りて地獄に於いて堕《お》ちん。若し、人有って、彼れに真言の法を与えば、彼れは亦た三摩耶《さんまや》戒《かい》を堕《やぶ》り、命終《みょうじゅう》の後ちに*嚕羅婆地獄《ろらばじごく》に於いて堕ちん。若し、失念、及び放逸《ほういつ》を以っての故に、三摩耶を堕《やぶ》らば、即ち応に部の心真言を一三洛叉《らくしゃ》遍持誦すべし。或るいは四阿那羅暮阿尼《あならぼあに》陀羅尼《だらに》を誦すること一千遍せよ。或るいは息災護摩し、或るいは復た更に、大曼荼羅に入れ。若し、愚人有って、教法を解せずして曼荼羅を作らば、五五無間《ごむげん》の重罪を犯すが如し。所堕《しょだ》の処は彼れも亦た是くの如し。若し、如法に功徳を求むることを以って曼荼羅を作ること有らば、彼れは大菩薩として浄土に於いて生ぜん。其れ、彼の曼荼羅に入ること有らば、六鬼魅《きみ》の所著を被《こうむ》らず、及び諸もろの七蠱毒《こどく》・八毘舎遮《びしゃしゃ》・九摩呼羅伽《まこらか》・一〇羅刹《らせつ》・種種の一一掲羅訶《ぎゃらか》、并びに諸もろの魔の難も悉く傷つけること能《あた》わず。一切の罪障は悉く皆な消滅して悪趣に堕ちざらん。持誦する所の真言は皆な成就することを得、久しからずして即ち菩提の果を

一 以下、灌頂を受ける者に関する諸注意と得益について補説す。
二 摩跢利迦神　mātṛkā の音写。母神の意で、七母天の如き女尊をさすと考えられる。
三 洛叉　lakṣa の音写。数の単位を表すもので、十万を意味する。
四 阿那羅暮阿尼陀羅尼　anantamukhanirhāra-dhāraṇī の音写。出生無遍門陀羅尼をさす。
五 五無間　八大地獄のうちの第八・阿鼻(avici=無間)地獄をさす。これに以下の如き五種がある。①趣果無間、②受苦無間、③時無間、④命無間、⑤形無間。
六 鬼魅　魑魅・魍魎の類い。
七 蠱毒　vetāla の意。死体にとりつく悪鬼の類い。
八 毘舎遮　piśāca の音写。奉請供養品前出の毘舎闍と同じく屍肉を食らう悪鬼をさす。
九 摩呼羅伽　mahoraga の音写。摩睺羅迦とも音写する。天龍八部衆の一つで、大蛇の意。
一〇 羅刹　rākṣasa の音写。摩訶曼荼羅品などの諸所に説かれる人を食らう悪鬼の類い。のちに羅刹天として仏教の守護神となる。
一一 掲羅訶　graha の音写。てんかんなどの発作を引き起こす病魔の類い。

成ずることを得ん。其の阿闍梨は慈悲を以っての故に、応当《まさ》に慇懃《いんぎん》に一弟子に教え、都ての法を通解《つうげ》して我が明蔵《みょうぞう》を持せしめるべし。

我れ今、已《すで》に一切の曼荼羅の都ての法を説けり。若し、曼荼羅を作らんとせば、皆な此の法に依りて作れ。若し、此の法を以って弟子に与えんとせば、先ず明王《みょうおう》の真言・手印《しゅいん》、及び大手印、諸もろの曼荼羅を教えよ。然して後ち、方に此の秘密の法*を与うべし。

蕤呬耶《ぐふや》経巻下　終り

㊅七七三上（Ⓣ 227b¹）

無畏三蔵禅要

木村秀明　校註

無《む》畏《い》三《さん》蔵《ぞう》禅《ぜん》要《よう》

中天竺・[一]摩伽陀《まかだ》国・王舎城《おうしやじょう》・[二]那爛陀《ならんだ》、竹林寺の三蔵沙門《さんぞうしゃもん》、諱《いみな》は[三]輸波迦羅《しゅばから》、唐には善無畏《ぜんむい》と言う、[四]刹利《せつり》の種にして豪貴の族なり。[五]嵩岳《すうがく》の会善寺《かいぜんじ》の大徳禅師《だいとくぜんじ》[六]敬賢和上《けいけんわじょう》と共に仏法を対論するに、略して大乗の旨要《しよう》を叙《の》べ、頓《とん》に衆生の心地を開き、速《すみ》やかに道を悟らしむ。及び菩薩戒を受くる[七]羯磨儀軌《こんまぎき》あり、之れを序《の》ぶること左の如し。

夫《そ》れ、大乗の法に入らんと欲《おも》わば、先ず須《すべか》らく無上菩提の心を発こして、大菩薩の戒を受けて、身器清浄にして、然して後ちに法を受くべし。略して十一門を作って分別《ふんべつ》す。

第一発心門《ほっしんもん》。第二供養《くよう》門。第三懺悔《さんげ》門。第四帰依《きえ》門。第五発菩提心《ほつぼだいしん》門。第六問遮難《もんしやなん》門。第七請師《しょうし》門。第八羯磨《こんま》門。第九[八]結戒《けつかい》門。第十修四摂《しゅうししょう》門。第十一十重戒《じゃうじゅうかい》門。

第一発心門

弟子某甲等《むこうら》、十方一切の諸仏諸大菩薩に帰命《きみょう》し、大菩提心を大導師《だいどうし》と為《な》したてまつる。能《よ》く我れ等をして諸《もろ》もろの悪趣を離れしめ、能く人天《にんでん》に大[九]涅槃《だいねはん》の路《みち》を示したまえ。是の故に我れ今、至心《ししん》に頂礼《ちょうらい》したてまつる。

一 摩伽陀国・王舎城　古代の中インドのマガダ（Magadha）国の首都、ラージャダリハ（Rājagṛha）。現在のビハール州パトナの南方ラージギルに相当する。（大）九四二中

二 那爛陀　Nālandā の音写。王舎城の北方にあった大寺院。

三 輸波迦羅　Śubhākara(Śubhāgala) の音写。解題参照。（大）九四二下

四 刹利　kṣatriya の音写。刹帝利の略。クシャトリヤ、四姓の第二階級、王族、武人階級。

五 嵩岳　河南省府登封県の北にある山。嵩山、嵩高山、外方山ともいう。会善寺や少林寺など多数の仏寺・道観・楼閣がある。

六 敬賢　伝歴不詳。北宗禅の第一世神秀の弟子景賢（六六〇―七二三）と同一人物と推定される。

七 羯磨　karman の音写。業・作業・所作などと訳し、普通は「かつま」と読むが、特に受戒・懺悔・結戒などの作法を意味するときは「こんま」と読む。

八 結戒　（大）本文は結界。脚註（原）（乙）による。

九 涅槃　nirvāṇa の音写。煩悩の火を吹き消して、さとりの智慧を完成した状態。大涅槃は大般涅槃（mahāparinirvāṇa 偉大なる完全な涅槃）の略。

一

第二供養門

次に、応に教えて、運心して遍ねく十方の諸仏、及び無辺世界微塵刹海の恒沙の諸仏菩薩を想わしめ、自身一一の仏前に於いて、頂礼讃歎して、之れを供養すと想わしむべし。

弟子某甲等、十方世界の所有《あらゆる》一切の最勝上妙の香《こう》・華《け》・播蓋《ばんがい》、種種の勝事《しょうじ》をもて、諸仏及び諸菩薩の大菩提心に供養《くよう》したてまつる。我れ今、発心より未来際を尽くすまで、誠《まこと》を至して供養し、至心に頂礼したてまつる。

第三懺悔門[一]

弟子某甲、過去無始《むし》より已来《このかた》、乃《いま》し今日に至るまで、貪《とん》・瞋《じん》・癡《ち》等の一切の煩悩《ぼんのう》及び忿《ふん》[二]・恨《こん》等の諸もろの随煩悩《ずいぼんのう》は、身心を悩乱《のうらん》して、広く一切の諸罪を造る。身業《しんごう》[三]の不善は殺・盗・邪婬《じゃいん》、口業《くごう》の不善は妄言《もうげん》・綺語《きご》・悪口《あっく》・両舌《りょうぜつ》、意業の不善は貪《とん》・瞋《じん》・邪見《じゃけん》なり。一切の煩悩は無始より相続《そうぞく》して、身心を纏染《てんぜん》して身口意をして罪を造ること無量ならしむ。或るいは[四]父母を殺し、[五]阿羅漢《あらかん》を殺し、仏身より血を出だし、[六]和合僧《わごうそう》を破り、三宝を毀謗《きぼう》し、衆生を打縛《だばく》し、斎《さい》を破り、戒を破り、酒を飲み、肉を噉《くら》う。是くの如き等の罪、無量無辺にして憶知《おくち》すべからず。今日、誠心をもて発露《ほつろ》懺悔《さんげ》したてまつる。一たび懺《ざん》して已後《いご》、永く相続を断じて更に敢えて作らず。唯だ願わくば十方の一切の諸仏大菩薩、[七]加持護念して能く我れ等が罪障をして消滅せしめたまえ。至心に頂礼したてまつる。

第四帰依門

弟子某甲、始め今身《こんしん》より乃し当《まさ》に[八]菩提《ぼだい》道場に坐するに至るまで、如来の無上の[九]三身に帰

一　懺悔　懺は kṣama の音写（懺摩）の略で、忍の意味。罪をゆるして忍ぶように請うこと。悔は、くやむこと。

二　忿・恨等　忿は怒り、恨はうらみ。唯識の教義では、貪・瞋・癡・慢・疑・悪見の六種の根本煩悩に対して、忿・恨・悩・覆・誑などの二十の随煩悩を説く。

三　以下は、身三・口四・意三の十悪。十不善業道ともいう。

四　父母を殺し……三宝を毀謗し　三乗通説の五逆に相当する。

㊅九四三上

五　阿羅漢　arhat の主格 arhan の音写。応供・殺賊などと訳される。煩悩を断じた聖者。

六　和合僧　saṁgha の訳。僧伽。

七　加持護念　adhi √sthā（名詞 adhiṣṭhāna）の訳。原意は上に立つ、占める等だが、仏菩薩が不思議力を加えて衆生を守ること。加持・加護・護念・加威などともいう。

八　菩提道場　bodhimaṇḍa の訳。釈尊が悟りを開いた菩提樹の下の金剛座。悟りを開を場所。

九　三身　法身・報身・応身の三身。

依したてまつり、一〇方広《ほうこう》大乗の法蔵に帰依したてまつり、一切の一一不退《ふたい》の菩薩僧に帰依したてまつる。惟だ願わくば十方の一切の諸仏諸大菩薩、我れ等を証知《しょうち》したまえ。至心に頂礼したてまつる。

第五発菩提心門

弟子某甲、今身より始めて乃《いま》し当に菩提道場に坐するに至るまで、誓願《せいがん》して無上大菩提心を発こす。

一二衆生無辺なり度《ど》せんと誓願す　福智《ふくち》無辺なり集めんと誓願す
法門無辺なり学《がく》せんと誓願す　如来無辺なり仕《つか》えんと誓願す
無上仏道を成ぜんと誓願す

今発《お》こす所の心は、復た当に我法の一三二相を遠離《おんり》して、本覚の真如との平等を顕明すべし。一四正智現前して、善巧智《ぜんぎょうち》を得て、一五普賢の心を具足し円満せん。唯だ願わくば十方の一切の諸仏諸大菩薩、我れ等を証知したまえ。至心に懺悔《さんげ》したてまつる。

第六問遮難門一六

先ず問わく、若《も》し七逆罪《しちぎゃくざい》を犯せること有らん者には、師は応《まさ》に戒を与授《よじゅ》すべからず、応に懺悔せしむべし。須らく七日・二七日、乃至《ないし》七七日、復《ま》た一年に至るまでにすべし。懇《ねん》到《ごろ》に懺悔して須らく好相《こうそう》を現ずべし。若し好相を見ざれば、戒を受くるとも、亦た戒を得ず。諸仏子、汝等生まれしより已来《このかた》、父を殺さざるや、軽犯有る者は、応に須らく一七首罪すべし。必ず隠蔵せざれ、大罪の報を得ん。乃至彼れ

一〇　方広　vaipulya の訳で、広大なこととの意。大乗の教法について言う。
一一　不退の菩薩僧　不退転の位に達した菩薩の僧伽（saṃgha 集団）。
一二　以下の五句は、四弘誓願に類似するが、真言密教では五大願と称し、大日如来の大願、真言行者共通の願とする。金剛界立ての行法において唱えられる。
一三　我法の二相　我執と法執。主体としての自我が存在すると思う妄想と、すべての存在に実体的な本質があるとする妄執。
一四　正智・善巧智　正智は、正しい智慧。根本智・無分別智。善巧智は、衆生の能力に応じて巧みに手立てをめぐらして世間にはたらく智慧。方便智・後得智。『受菩提心戒儀』（大一八・九四一中）では、正智を鏡地、即ち大円鏡智とする。
一五　普賢の心　大悲の利他行を修する心。菩提心。
一六　問遮難　具足戒の受戒式においては、受戒の資格として十三遮難、即ち十遮と十三難が問われるが、当所では七逆、即ち七難のみが問われる。
一七　首罪　自ら罪を告白し懺悔すること。

等を犯すものも亦た爾なり。犯無き者は無しと答えよ。汝等母を殺さざるや、仏身より血を出ださざるや、阿羅漢《あらかん》を殺さざるや、[一]和尚《わじょう》を殺さざるや、[二]阿闍梨《あじゃり》を殺さざるや、和合僧《わごうそう》を破らざるや。汝等、若し上の如き[三]等の七逆罪を犯さば、応に須らく衆に対して発露懺悔《ほつろさんげ》すべし。覆蔵《ふくぞう》することを得ず、必ず[四]無間《むけん》に堕《だ》して無量の苦を受く。若し仏教に依って発露懺悔すれば、必ず重罪消滅することを得て清浄の身を得《え》、仏の智慧に入り、速やかに無上正等菩提《むじょうしょうとうぼだい》を証す。若し犯さずんば但《た》だ自から無しと答えよ。

[五]諸仏子等、汝今日《いま》より乃し当に菩提道場に坐すに至るまで、能く精勤《しょうごん》して一切の諸仏諸大菩薩の最勝最上の大律儀戒を受持するや否や。此れを所謂《いわゆる》[六]三聚浄戒《さんじゅじょうかい》と名づく。[七]摂律儀《しょうりつぎ》戒《かい》・[八]摂善法戒《しょうぜんほうかい》・[九]饒益有情戒《にょうやくうじょうかい》なり。汝等、今身より乃し成仏に至るまで、其の中間に於いて誓って犯さずして能く持《たも》つや否や。能くすと答えよ。その中間に於いて、三聚浄戒・[10]四弘誓《しぐせい》願《がん》を捨離《しゃり》せずして能く持つや否や。能くすと答えよ。

既に菩提心を発《お》こし、菩薩戒を受けんとす。惟だ願わくば、十方一切の諸仏大菩薩、我れ等を証明《しょうみょう》し、我れ等を加持して、我れをして永く退転せざらしめたまえ。至心に頂礼したてまつる。

第七請師門

弟子某甲等、十方一切の諸仏及び諸菩薩・観世音菩薩・弥勒菩薩・虚空蔵菩薩・普賢菩薩・執《しゅう》金剛菩薩・文殊師利菩薩・金剛蔵菩薩・除蓋障《じょがいしょう》菩薩、及び余の一切の大菩薩衆を請じ奉る。昔の本願を憶して、道場に来降《らいごう》して、我れ等を証明《しょうみょう》したまえ。至心に頂礼したて

一 和尚　upādhyāya の俗語形の音写。受戒の師、戒師。　(大)九四三中

二 阿闍梨　ācārya の音写、阿闍梨耶の略。師の意。

三 等　(大)本文は欠く。脚註(原)(乙)による。

四 無間　avīci 即ち無間地獄・阿鼻獄のこと。八熱地獄の第八。

五 以下は三摂浄戒と四弘誓願の受持を問う。

六 三聚浄戒　大乗菩薩の保つべき戒で、大別して二種あるうち、『菩薩地経』や『瑜伽師地論』などに説かれる通三乗の説。

七 摂律儀戒　律儀とは saṃvara の訳で悪を抑制すること。小・大乗のすべての律儀をすべて摂める戒。止悪門・止持戒ともいう。

八 摂善法戒　あらゆる善を実行する戒。作善門・作持戒ともいう。

九 饒益有情戒　一切の有情を利益する利他の戒。勧善門ともいう。

10 四弘誓願　大乗菩薩が起す基本的誓願。前出の五大願の第二句を煩悩無量誓願断に替え、第四句を削除したもの。

まつる。

弟子某甲、釈迦牟尼仏を請し奉り和上と為し、文殊師利を請じ奉り羯磨《こんま》阿闍梨《あじゃり》となし、十方の諸仏を請じ奉り証戒師と為し、一切の菩薩摩訶薩を請じ奉り同学の法侶と為す。唯だ願わくば諸仏諸大菩薩、慈悲の故に我が請を哀受したまえ。至心に頂礼したてまつる。

第八羯磨門

諸仏子諦《あき》らかに聴け。今、汝等が為めに二羯磨《こんま》をもって戒を授けん。正しく是れ得戒の時なり。至心に諦らかに羯磨文を聴け。

十方三世の一切の諸仏諸大菩薩、慈悲憶念したまえ。此の諸仏子、今日より始めて乃《いま》し当に菩提道場に坐するに至るまで、過去・現在・未来の一切の諸仏菩薩の浄戒を受学すべし。所謂《いわゆる》摂律儀戒・摂善法戒・饒益有情《にょうやくうじょう》戒なり。此の三浄戒、具足して受持すべし。是くの如くすること三たびに至る。至心に頂礼したてまつる。

㊅九四三下

第九結戒門

諸仏子等、今日より始めて乃し当に無上菩提を証するに至るまで、当に諸仏菩薩の浄戒を具足して受持すべし。今、浄戒を受け竟んぬ。是の事、是くの如く持すべし。是くの如くすること三たびに至る。至心に頂礼したてまつる。

二　羯磨　羯磨文のこと。具足戒の授戒の儀式において、羯磨阿闍梨によって読み上げられる。

第十修四摂門

諸仏子、上の如く已に菩提心を発こし、菩薩戒を具し已《おわ》んぬ。然して応に四摂法《ししょうほう》及び、十重戒を修すべし。応に虧犯《きぼん》すべからず。其の四摂とは所謂《いわゆる》[一]布施・愛語・利行《りぎょう》・同事なり。[三]無始の[二]慳貪《けんどん》を調伏し、及び衆生を饒益せんと欲《おも》うが為めの故に、応に布施を行ずべし。無始の[四]瞋恚《しんに》・[五]憍慢《きょうまん》の煩悩を調伏し、及び衆生を利益《りやく》せんと欲うが為めの故に、応に愛語を行ずべし。衆生を饒益し、及び本願を満ぜんと欲《おも》うが為めの故に、応に利行を修すべし。大善知識に親近《しんごん》し、及び善心をして間断《けんだん》無からしめんと欲うが為めの故に、応に同事を行ずべし。是くの如く四法は此れ修行処なり。

第十一十重戒門

諸仏子、菩薩戒を受持すべし。所謂《いわゆる》[六]十重戒とは、今、当に宣説すべし。至心に諦らかに聴け、

一には、応に菩提心を退すべからず。成仏を妨ぐるが故に。

二には、応に三宝を捨て外道《げどう》に帰依すべからず。是れ邪法なるが故に。

三には、応に三宝及び[七]三乗の教典を毀謗《きぼう》すべからず。仏性に背くが故に。

四には、甚深の大乗経典の通解《つうげ》せざる処に於いて応に疑惑を生ずべからず。凡夫の境に非ざるが故に。

五には、若し衆生有りて已に菩提心を発こす者には、応に是くの如くの法を説きて菩提

一　布施……　物品や教えを与えること。愛語はやさしい言葉をかけること。利行は善行によって衆生を利益すること。同事は衆生と同じ立場・仕事に身を置き協力すること。

二　慳貪　貪り、惜しむこと。

三　無始　㊅本文は欠く。脚註㊡㊆による。

四　瞋恚　いかり憎むこと。

五　憍慢　おごり高ぶり他人を軽んずること。慢心。

六　十重戒　大乗の菩薩が犯してはならない十種の重い禁止事項。普通は『梵網経』などに説かれる殺・盗・婬・妄語・酤酒などの十重禁戒をさすが、当テキストでは特殊な十種の禁戒が説かれる。

七　三乗　声聞と縁覚と菩薩の三乗。

心を退せしめ、[八]二乗に趣向せしむべからず。三宝の種を断ずるが故に。

六には、未だ菩提心を発こさざる者には、亦た是くの如くの法を説いて、彼れをして二乗の心を発こさしむべからず。本願に違するが故に。

七には、小乗の人及び[九]邪見の人の前に対して、応に輙《たやす》く深妙の大乗を説くべからず。恐らくは彼れ謗《そし》りを生じて[一〇]大殃《だいおう》を獲るが故に。

八には、応に諸もろの[一一]邪見等の法を発起すべからず。善根を断ぜしむるが故に。

九には、外道の前に於いて、応に自から我れ無上菩提の妙戒を具せりと説くべからず。彼れをして[一二]瞋恨《しんこん》の心を以って是くの如き物を求めしめんに、[一三]辦得《べんとく》すること能わずんば、菩提心を退せしめて、二《ふた》り倶《とも》に損《そん》有るが故に。

十には、但だ一切衆生に於いて、損害する所有ると、及び利益無きをば、皆な応に作すべからず、及び人をして作さしめ、作すを見て随喜すべからず。利他の法及び慈悲心に於いて相い違背するが故に。

已上、是れ菩薩戒を授け竟《おわ》んぬ。汝等、応に是くの如く清浄《しょうじょう》に受持すべし。虧犯《きぼん》せしむること勿《なか》れ。

已に三聚浄戒《さんじゅじょうかい》を受け竟んぬ。

[一四]次に応《まさ》に観智密要禅定法門《かんちみつようぜんじょうほうもん》・大乗の妙旨を受くべし。夫《そ》れ法を受けんと欲《おも》わば、此の法は深奥にして、信ずる者は甚だ希《まれ》なり。衆に対す可《べ》からず。機を量《はか》りて密に授けよ。仍《よっ》て須らく先ず為めに種種の方便を説いて、聖教を会通《えつう》して、堅信《けんしん》を生ぜしめ、疑網を決除し、

八　二乗　声聞と縁覚との小乗の二乗。

九　邪見の人　誤った見解を持つ人を、一般的にいう。

一〇　大殃　大きな災い。

一一　邪見　現象している事物の因果関係を否定する見解。五見十惑の一つ。善悪の区別をも否定する。

一二　瞋恨　うらみ、敵意の思い。

㊅九四四上

一三　辦得　辦はそなえる、ととのえるの意で、手に入れること。

一四　以下、本文の最後まで密教の禅定法についていて説く。

然して開暁《かいぎょう》[一]す可《べ》し。

輸波迦羅《しゅばから》三蔵《さんぞう》の曰わく、「衆生の根機は不同なり。大聖は、教を設くること亦復《ま》た一に非ず。一法に偏執《へんしゅう》して互いに相い是非《ぜひ》す可《べ》からず。尚《な》お人天《にんでん》の報をも得ず、況んや無上道をや。或るいは単に布施を行じて成仏を得る有り。或るいは唯だ戒を修して、亦た作仏《さぶつ》を得る有り。忍・進・禅・慧[二]乃至八万四千の塵沙《じんじゃ》[三]の法門、一一の門より入りて、悉く成仏を得《う》。今は且《しば》らく金剛頂経に依りて、一方便を設《もう》く。斯の修行を作さば乃《すなわ》ち成仏に至る。若し此の説を聞かば、当に自から意を浄め、寂然として安住すべし」と。是こに於いて三蔵は、衆会《しゅえ》の中に居《こ》して、坐を起たず、寂然不動にして、禅定に入るが如く、経《ふ》る可《べ》きこと良《やや》久しくして、方《まさ》に定より起こって、遍《あま》ねく四衆《ししゅ》[四]を観じたもう。四衆は、合掌して扣頭《こうとう》[五]し、珍重《ちんちょう》すること再三なるのみ。

三蔵、久しくして乃ち言《ごん》[六]を発して曰わく、「前に菩薩の浄戒を受くと雖も、今須《しば》らく重ねて、諸仏の内証・無漏《むろ》清浄《しょうじょう》の法戒を受くべし」と。方《まさ》に今、禅門に入る可《べ》し。禅門に入り已《お》わって、要《かなら》ず須らく此の陀羅尼《だらに》[七]を誦ずべし。陀羅尼とは、究竟《くきょう》至極にして諸仏に同じ、法に乗じて一切の智海に悟入す。是れを真の法戒と名づくるなり。此の法は、秘密にして、輒《たやす》く聞かしめざれ。若し聞かんと欲する者は、先ず一の陀羅尼を受けよ。曰わく、

[八] 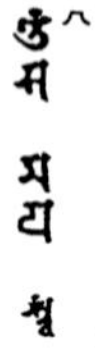

唵三去　昧耶薩怛鑁

此の陀羅尼を三遍誦せしめて、即ち戒と及び余の秘法とを聞かしめよ[九]。亦た、能く一切菩薩の清浄律儀を具足す。諸もろの大功徳は、具《つぶ》さに説く可《べ》からず。

一　開暁　明らかにし、はっきり分らせること。

二　忍・進・禅・慧　忍辱・精進・禅定・智慧の四波羅蜜。

三　塵沙　ちりと砂。数の多いこと。

四　四衆　比丘・比丘尼・優婆塞・優婆夷の四衆。男女の出家と在家の仏教徒。

五　扣頭　頭を地面に打ちつけておじぎをすること。

六　以下は、まず発菩提心真言などによる密教戒の受戒について説く。

七　陀羅尼　dhāraṇī の音写。総持・能持などとも訳され、本来は法を心に留めて忘れさせない力であり、このような能力を持つ呪文をも意味する。真言(mantra)や明(vidyā)と混同され、比較的長い呪文を陀羅尼と呼ぶ。

八　oṁ samayas tvaṁ/ オーン、汝は三昧耶なり。三昧耶戒真言。

九　聞かしめよ　(大)本文は合聞とするが、脚註(丙)により令聞に改める。　(大)九四四中

又た、発心《ほっしん》の為めに、復た一陀羅尼を授く。曰わく、

一〇 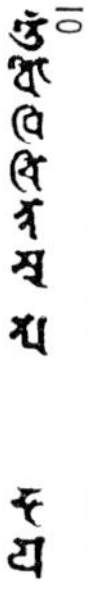

唵冐地唧多母怛波二合娜野弭

此の陀羅尼を復た三遍誦ぜよ。即ち菩提心を発《お》こして、乃《いま》し成仏に至るまで、堅固不退なり。

又た、証入の為めに、復た、一陀羅尼を受くべし。曰わく、

一一  一二 

唵唧多鉢羅二合底丁以切吠尾礼切引曇去迦嚕転舌弭一三

此の陀羅尼を復た三遍誦ずれば、即ち一切甚深《じんじん》の戒蔵を得《う》。及び一切種智を具して、速やかに無上菩提を証し、一切の諸仏は同声《どうしょう》にして共に説く。

又た、菩薩の行位に入る為めに、復た、一陀羅尼を授けん。曰わく、

一四  一五 

唵嚩日囉満吒上藍鉢囉二合避捨弭一六

此の陀羅尼、若し三遍誦ずれば、即ち一切灌頂曼荼羅位を証し、諸もろの秘密に於いて、聴に障礙《しょうげ》無し。既に菩薩灌頂の位に入れば、禅門を受くるに堪えたり。

已上、無漏真法戒を授け竟んぬ。

一七 又た、先ず行人を擁護せんが為めに、一陀羅尼を授く。曰わく、

一八 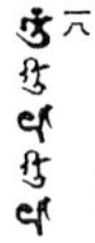

唵戍駄戍駄

一〇 oṁ bodhicittam utpādayāmi/オーン、我れは菩提心を発こす。発菩提心真言。この真言は『金剛頂経』の五相成身観の第二修菩提心真言（堀内本 §22）。悉曇は utpādayāmi を utpadayami とする。

一一 oṁ cittaprativedhaṁ karomi/オーン、我れは心の通達をなす。通達菩提心真言。五相成身観の第一通達菩提心真言（堀内本 §20）。

一二  (大)本文は、脚註(甲)による。

一三 弭 (大)本文は迷、脚註(乙)による。

一四 oṁ vajramaṇḍalaṁ praviśāmi/オーン、我れは金剛曼荼羅に遍入する。入秘密曼荼羅真言。悉曇は praviśāmi を praveśami とする。

一五  (大)本文は。脚註(甲)による。

一六 弭 (大)本文は迷。脚註(乙)による。

一七 以下は七処加持を説く。

一八 oṁ śuddha śuddha/オーン、清浄なるものよ、清浄なるものよ。悉曇は oṁ śuthā śuthā.

(大)九四四下

先ず十万遍を誦じて遍ねく一切の障《さわ》りを除く。三業清浄にして、罪垢消滅し、魔邪嬈《なやま》さず。[一]浄白素《じょうびゃくそ》の染色《ぜんしき》を受け易きが如く、行人も亦た爾り。罪障滅し已れば、速やかに[二]三昧《さんまい》を証せん。

又た、行者の為めに一陀羅尼を授く。曰わく、

[三]

唵薩婆尾提娑嚩二合賀引

持誦の法は、或るいは前後両箇の陀羅尼を、意に随って一箇を誦せよ。並ぶ可《べ》からず。恐らくは心を興こして専《もっぱ》らならず。

夫《そ》れ三昧《さんまい》に入らんと欲する者、初学の時、[四]事に[五]諸境を絶って、[六]縁務を屏除《へいじょ》せよ。独一に静処に[七]半跏にして而して坐し已って、須らく先ず手印を作して、護持すべし。[八]檀・慧を以って並べ合わせ竪《た》て、[九]その戒・忍・方・願は、右にて左を押え、正に相い叉《ささ》えて、[一〇]二背の上に著け、其の[一一]進・力合わせ竪てて、頭《はし》相い拄《ささ》え曲げ、心中を開くこと少し許《ばかり》、その[一二]禅・智を並べ合わせ竪てて即ち成ず。

此の印を作り已《おわ》りて、[一三]先ず頂上を印し、次に額上を印し、即ち下りて右の肩を印し、次に左の肩を印し、然して後ちに心《むね》を印し、次に下りて右の膝を印し、次に左の膝を印す。一一の印処に於いて、各おの前《さき》の陀羅尼を誦ずること七遍し、乃《いま》し七処に至り訖《おわ》り、然して後ちに頂上に於いて印を散じ訖《おわ》らば、即ち数珠を執《と》りて此の陀羅尼を念誦せよ。若し能く多く誦ずれば、二百・三百遍、乃至《ないし》三千・五千することも亦た得《う》。坐する時毎に誦ずること[一四]一洛叉を満ずれば、最も成就し[一五]易し。

一　浄白素　素とは生地のままの布。白布が染料によって染められやすい喩え。
二　三昧　samādhi の音写。三摩地とも音写し、定・等持・等至などと訳す。心を集中した、瞑想の境地。
三　oṁ sarvavide svāhā/ オーン、一切を知る尊よ、スヴァーハー。
四　事　事作法、即ち観法の実修。
五　諸境　認識作用の対象。外的な事物・現象。
六　縁務　世間のつとめ。世俗の障害。
七　半跏　半跏坐。片足を反対足の股に乗せ、足の裏（跏）を見せて坐る坐方。
八　檀・慧　左右の小指。
九　戒・忍・方・願　左手の薬指と中指及び右手の薬指と中指。
一〇　二背　両手の甲。
一一　進・力　左右の人差指。
一二　禅・智　左右の親指。
一三　以下の七処は、通常のものと相異する。真言密教の七処加持は通例、左膝・壇・右膝・心・額・喉・頂上の七処とする。
一四　洛叉　lakṣa の音写。十万。
一五　易　(大)本文は異。脚註(原)(乙)による。

[一六]既に身を加持し訖りて、然して端身にして正しく住し、前の如く半跏坐《はんかざ》にせよ。[一七]右を以って左を押せ、[一八]全跏を結ぶこと須《もち》いざれ。全跏すれば則ち痛み多し。若し心に痛境《つうきょう》を縁ずれば、即ち定を得難し。若し先より来《このか》た全跏坐するを得る者は、最も妙と為すなり。然して頭《かしら》を直くして平《たい》らに望むべし。眼《め》は[一九]過開を用いず。又た、[二〇]全合を用いず。大いに開けば則ち心散じ、合すれば即ち[二一]惛沈《こんじん》す。[二二]外境《げきょう》を縁ずること莫《なか》れ。

安坐すること即ち訖り、然して[二三]運心供養して懺悔《さんげ》す可《べ》し。

先ず心を標《ひょう》して、十方一切の諸仏は、人天《にんでん》の会中《えちゅう》に於いて、四衆の為めに説法すと観察《かんざつ》し、然して後ちに自から己身は一一の諸仏の前に於いて、三業を以って、虔恭礼拝《けんきょうらいはい》し讃嘆すと観ずべし。行者が此の観を作す時には、了了分明《ふんみょう》ならしむること、目前に対するが如くせよ。極めて明らかに見せしめ、然して後ちに、運心《うんしん》して、十方世界に於ける所有《あらゆる》一切の天上と人間の上妙なる香・華・幡蓋《ばんがい》・飲食《おんじき》・珍宝と種種の供具《くぐ》とをもて、虚空を尽くし法界《ほっかい》に遍じて、一切諸仏、諸大菩薩、法・報・化身、教・理・行・果及び大会《だいえ》の衆に供養すべし。

行者此の供養を作し已りて、然して後ちに運心して、一一の諸仏菩薩の前に於いて、殷重至誠の心を起こして、発露《ほつろ》懺悔すべし。「我れ等、無始より来《このか》た今日に至るまで、煩悩は心を覆うて久しく生死《しょうじ》に流れ、身口意の業は具《つぶ》さに陳《の》べ難し。我れ今唯だ知りて広く懺《さん》す。一たび懺して已後《いご》は、永く相続を断ちて、更に起作せざるべし。唯だ願わくば諸仏菩薩、大慈悲の力を以って、[二四]加威護念して、我が懺を摂受《しょうじゅ》し、我が罪障をして速やかに消滅することを得せしめたまえ」と。此れは内心秘密の懺悔と名づけ、最も微妙なり。

一六　以下、禅定を修する場合の坐法と運心供養・懺悔・誓願の作法を説く。

一七　右を以って左を押せ　右足を左の股の上に乗せる意。吉祥の半跏坐。

一八　全跏　結跏趺坐のこと。片方の足だけを組む半跏坐に対し、両足を組む坐法。全跏坐ともいう。

一九　過開　目を大きく開くこと。

二〇　全合　目を完全に閉じること。

二一　惛沈　心が暗く沈むこと。

二二　外境を縁ずる　心が主観と客観に分れて、外界の対象を認識すること。

二三　運心供養　心を運んで観念する供養。実際の供物を用いる場合と、何も用いず観念だけによる二種がある。

㊅九四五上

二四　加威護念　加持に同じ。三四六頁註七参照。

次に応《まさ》に弘誓《ぐぜい》の願を発こすべし。「我れ久しく[一]有流《うる》に在り。或るいは過去に於いて、曾《か》つて菩薩行を行じ、無辺の有情を利楽し、或るいは禅定を修し、勤行精進して、三業の所《あら》有《ゆる》[二]恒沙《ごうじゃ》の功徳乃至《ないし》仏果を護持す。唯だ願わくば諸仏菩薩、慈願力《じがんりき》を興こして、加威護念して、我れをして斯《こ》の功徳に乗ぜしめ、速やかに一切の三昧門と相応せしめ、速やかに一切の陀羅尼門と相応せしめ、速やかに一切の自性清浄を得せしめたまえ」と。是くの如く広く誓願を発こして、退失せざらしめば、速やかに成就を得ん。

[三]次に応に調気を学すべし。調気とは、先ず想え、「出入の息は、自身の中の一一の支節筋脈《きんみゃく》より亦た皆な流注《るちゅう》す。然して後ちに口より徐徐に出づ」と。又た想え、「此の気は、色白きこと雪の如く、潤沢《じゅんたく》なること乳の如し」と。仍《かさね》て須らくその至る所の遠近《おんごん》を知るべし。還《めぐら》して復た徐徐に鼻より入り、還して身中に遍ねからしめ、乃至筋脈に悉く周遍ならしむ。是くの如く出入すること各おの三たびに至らしむ。此の調気を作し、身をして患無からしめ、冷熱風等悉く皆な安適ならしめ、然して後ちに定を学すべし。

[四]輸波迦羅《しゅばから》三蔵の曰わく、「汝初学の人、多く起心動念を懼《おそ》れて、進求を罷息《やめ》て、専ら無念を守りて、以て究竟《くきょう》と為せば、即ち増長を覓《もと》めても不可得なり」と。

夫《そ》れ念に二種有り。一には不善念、二には善念なり。不善妄念は一向に須らく除くべし。善法正念は復た滅せしめざれ。真正の修行者は、要《かなら》ず先ず正念増修し、後《の》ち方《まさ》に究竟清浄に至るべし。人の射を学ぶに、久しく習うて純熟するが如し。更に心想を無くして[五]行住恒《つね》に定と倶《とも》なるべし。起心を怕《おじ》ず畏れざれ。[六]進学を虧《か》くを患《うれ》いと為せ。

[七]次に応に三摩地を修すべし。言う所の[八]三摩地とは、更に別の法無し。直《じき》に是れ一切衆生

一　有流　有漏に同じ。煩悩あるもの、即ち世間の意。
二　恒沙　恒河沙のこと。恒河（ガンジス河）の砂の数ほど多いこと。無数の喩え。
三　以下は調気、即ち呼吸法を説く。
四　以下は正念の増修、即ち禅定における善なる心作用の必要性を説く。
五　行住　行・住・坐・臥。歩き、止まり、すわり、寝るという人間のすべての動作。これらを行っているいついかなる時にもの意。四威儀ともいう。
六　進学　精進すること。
七　以下は密教の特徴的禅定法である三摩地における観想法を説く。即ち月輪の観想と、それを広げたり縮めたりする広観・歛観などが説かれる。
八　三摩地　samādhi の音写。三昧に同じ。三五四頁註二参照。
(大)九四五中

[九]の自性清浄心《じじょうしょうじょうしん》なり。名づけて[一〇]大円鏡智と為す。上は諸仏より下は[一一]蠢動《しゅんどう》に至るまで、悉く皆な同等にして、増減有ること無し。但し無明妄想《むみょうもうぞう》の[一二]客塵《かくじん》の為めに覆わる。是の故に生死《しょうじ》に流転《るでん》して、作仏することを得ず。行者は応当《まさ》に安心し静住すべし。一切の諸境を縁ずること莫《なか》れ。

仮《か》りに一円明の猶おし浄月《じょうがち》の如くなるを想え。身を去ること四尺、当前《まのあたり》、面に対して高からず下《ひく》からず。量は[一三]一肘《ちゅう》に同じて円満具足す。其の色は明朗《みょうろう》、内外光潔にして、世に[一四]方比する無し。初めは見ずと雖も、久久《くく》に精研《せいげん》せば尋《つい》で、当に徹見し已るべし。即ち更に観《かん》察《ざっ》して、[一五]漸《ようや》く引いて広からしむべし。或るいは四尺、是くの如く倍増して乃至三千大千世界を満《み》たし、極めて分明《ふんみょう》ならしむべし。将《まさ》に出観せんと欲せば、是くの如く漸く[一六]略して、還《かえ》して本相に同ぜよ。

初観の時は、月の如似《ごと》く、遍周の後ちは、復た方円無し。是の観を作し已って、即便《すなわ》ち解脱一切蓋障三昧を証得す。此の三昧を得る者をば名づけて、[一七]地前の三賢と為す。此れに依りて漸進して法界に遍周する者は、経に説く所の如く、名づけて[一八]初地と為す。初地と名づくる所以《ゆえん》は、此の法を証して、昔より未だ得ざる所を今始めて得て、大喜悦を生ずるを以ってなり。是の故に初地を名づけて歓喜と曰う。

亦た解了《げりょう》を作すこと莫れ。即ち此の自性清浄心は、三義を以っての故に、猶おし月の如し。一には自性清浄の義、貪欲《とんよく》の垢《あか》を離るるが故に。二には清涼の義、瞋《じん》の熱悩を離るるが故に。三には光明の義、愚癡の闇を離るるが故に。

又た、月は是れ[一九]四大の成ずる所にして、究竟じて懐《え》し去れども、是れ月は世人共に見る

九　自性清浄心　すべての人が本来備えている清浄な心。真言密教においては仏性・如来蔵心と同一とされ、浄菩提心とも言われる。

一〇　大円鏡地　鏡に像が映るように、すべてのものをありのままに現し出す仏智。唯識説の四智の一つで、第八阿頼耶識を転じて得られるとする。当テキストでは、根本智・無分別智・正智と同一視されるか。

一一　蠢動　虫がうごめくこと。無知でおろかなさまを言う。

一二　客塵　本来的にあるものではなく、外から来たけがれ。煩悩のこと。

一三　一肘　人の肘の長さ。約四六センチメートル。

一四　方比　並べてくらべること。

一五　漸く　少しずつ、徐々に。

一六　略す　広げ大月輪を集めて縮少し収斂すること。略の原意は奪うであるが、後の真言に見られる saṁ√Hr（集める、撤収する、奪うなどを意味する）の訳か。三五九頁註六参照。

一七　地前の三賢　十地の初地に至らない菩薩のうち、十住・十行・十回向の三十位にある菩薩をいう。

一八　初地　菩薩の階位十地のうちの第一歓喜地。菩薩の五十二位中第四十一位。

一九　四大　地・水・火・風の、すべての物質を構成する四大元素。

を以って、取りて以って喩えと為して、其れに悟入せしむ。行者久久《くく》に此の観を作して、観習成就すれば、[一]延促を須《もち》いず、唯だ明朗を見て更に一物無し。亦た身と心とを見ず。万法不可得にして、猶おし虚空の如し。亦《ま》た空《くう》の解《げ》を作す莫れ。無念等を以っての故に、虚空の如しと説けども、空の想を謂うには非ず。久久に能く熟すれば、行住坐臥、一切時処に、作意と不作意と、[二]任運《にんぬん》に相応して[三]罣礙《けいげ》する所無けん。一切の妄想《もうぞう》、貪《とん》・瞋《じん》・癡《ち》等の一切の煩悩は、断除を仮《か》りずして、自然《じねん》に起こらず。性《しょう》は常に清浄なり。此れに依りて修習《しゅじゅう》して、乃《いま》し成仏に至るべし。唯だ是れ一道にして、更に別の理無し。此れは是れ諸仏菩薩の内証の道にして、諸もろの二乗外道の境界に非ず。是の観を作し已れば、一切仏法・恒《ごう》沙《じゃ》の功徳は、他に由らずして悟らる。一を以って之れを貫き、自然に通達す。能く一字を開きて、無量の法を演説し、刹那《せつな》に諸法の中に悟入して、自在無礙なり。去来起滅《こらいきめつ》無く、一切は平等なり。此れを行じて漸く至らば、昇進の相、久しうして自ずから証知すべし。今預《あらかじ》め説いて能く究竟する所には非ず。

　[四]輸波迦羅《しゅばから》三蔵の曰わく、「既に能く修習して、一を観じて成就せんのみ。汝等、今此の心中に於いて、復た五種の心義有り。行者は当に知るべし。一には[五]刹那の心。謂わく、初心に道を見て一念相応するも、速やかに還《かえ》りて忘失す。夜の電光の如く、暫《しばら》く現われて即ち滅す。故に刹那と云う。二には流注心《るちゅうしん》。既に道を見已って、念念に[六]功を加え、相続して絶えざること、流れの奔注《ほんちゅう》するが如し。故に流注と云う。三には甜美心《てんみしん》。謂わく、功を積んで已《や》まざれば、乃ち虚然として朗徹して、身心の[七]軽泰《きょうたい》なることを得て、道を[八]翫味《がんみ》す。故に[九]甜美と云う。四には摧散心《さいさんしん》、為《も》し卒《にわか》に精懃《しょうごん》を起こし、或るいは復た休廃すれば、二つ倶

一　延促　のばしたり縮めたりすること。観法において、月輪を広げたり縮めたりすること。

二　任運　自然に、努力せずに。

三　罣礙　互いにさまたげ、邪魔すること。

㊅九四五下

四　以下は禅定の習熟にしたがって発展する五種の心について説く。

五　刹那　kṣaṇa の音写。きわめて短い時間、瞬間。

六　功　修行の効果。

七　軽泰　軽くやすらかなこと。

八　翫味　楽しんでくり返し味うこと。

九　甜美　甘く美しいこと。

に道に達する。故に、摧散と云う。五には明鏡心《みょうきょうしん》、既に散乱の心を離れ、鑑達[一〇]円明にして、一切に著《じゃく》無し。故に明鏡と云う。若し五心を了達せば、此こに於いて自ずから験《しるし》あり、三乗の凡夫と聖位と自ずから分別さる可《べ》し。汝等行人、初めて修定を学せば、応に過去諸仏の秘密方便加持修定の法を行ずべし。一切の総持門[一一]と一体にして相応す」と。

[一二]是の故に応に須らく、此の四陀羅尼を受くべし。陀羅尼に曰わく、

[一三]

唵速乞叉摩 二合 嚩日囉 二合[一四]

此の陀羅尼は、能く所観を成就せしむ。

[一五]

唵底瑟吒 二合 嚩日囉[一六] 二合

此の陀羅尼は、能く所観をして失無からしむ。

[一七]

唵娑頗囉 二合 嚩日囉 二合

此の陀羅尼は、能く所観をして漸く広からしむ。

[一八]

唵参[一九]賀 引 囉嚩日囉 二合

此の陀羅尼は、能く所観をして広からしめ、復た漸く略して故《もと》の如くならしむ。

是くの如くの四陀羅尼は、是れ婆伽梵《ばがぼん》[二〇]自証の法の中の甚深の方便なり。諸もろの学人を開きて、速やかに証入せしめん。若し速やかに此の三摩地を求めんと欲する者は、四威儀[二一]

一〇 鑑達　目がきいて上手なこと。練達。
一一 総持門　総持とは dhāraṇī の訳で陀羅尼と音写する。陀羅尼門のことであり、時として真言密教それ自体をさす。
一二 三五二頁註七参照。
一三 以下は広観・歛観に用いる真言を説く。
一三 oṁ sūkṣmavajra/ オーン、微細金剛よ。悉曇は sūkṣma- を sukṣma- とする。
一四 ㊅は「別本漢注唵蘇乞叉摩嚩曰囉」を加える。
一五 oṁ tiṣṭha vajra/ オーン、立て、金剛よ。『金剛頂経』の五相成身観の第三成金剛心の真言（堀内本§24）。
一六 囉　㊅本文は羅。脚註㊁による。
一七 oṁ sphara vajra/ オーン、広がれ、金剛よ。悉曇は sphara を supra とするが、『金剛頂経』による。次註参照。
一八 oṁ saṁhara vajra/ オーン、収歛せよ、金剛よ。悉曇は saṁhara を saṁhāra とする。以上の四真言のうち、第二真言（五相成身観第三真言）を除く三真言は、『金剛頂経』巻第七にまとめて説かれる（㊅一八・三六四上―中、堀内本 §458）。　㊅九四六上
一九 参　㊅本文は僧。脚註㊊㊁による。
二〇 婆伽梵　bhagavān の音写。bhagavat（世尊と訳す）の単数・主格。
二一 四威儀　行・住・坐・臥。人間の行動すべてを、四種に分類したもの。

に於いて、常に此の陀羅尼を誦せよ。[一]念を剋《こく》し功を用いて、暫くも虚廃すること勿《な》ければ、速やかに験あらざること無し。

[二]汝等、定を習うの人は、復た須らく[三]経行《きょうぎょう》の法則《ほっそく》を知るべし。一静処に於いて、浄地を平治《ひょうじ》し、面の長さ二十五肘《ちゅう》、両の頭《はし》に標を竪て、頭《かしら》に通じて索《さく》を繋《か》け、纔《わず》かに胸と斉《ひと》しくし、[四]竹筒《ちくどう》を以って索《さく》を盛れ。長さ手に執る可《ばか》りなり、其の筒《どう》。[五]日に随って、右に転じ、平らに直く来往せよ。融心普周して、前六尺を視よ。三昧の覚に乗じて、本心を任持《にんじ》し、諦了分明にして、忘失せしむる無かれ。但し一足を下して、便《すなわ》ち一真言を誦せよ。是くの如くの四真言は、初めより後ちに至り、終りて而して復た始めよ。誦念住《とど》まること勿《なか》れ。稍《やや》疲懈《ひげ》を覚えば、即ち所に随って安坐せよ。

行者は応に入道の方便を知りて深く助け[六]進修《しんしゅ》すべし。心は金剛の如く、遷《うつ》らず易《かわ》らざれ。大精進の甲冑を被《かむ》り猛利《みょうり》の心を作し、誓願して成得《じょうとく》を期と為して、終《つい》に退転の[七]意無からん。雑学を以って心を惑わし、一生をして空《むな》しく過ごさしむること無かれ。然も法は[八]二相無く、[九]心言《しんごん》両忘せり。若し方便をもて開示せざれば、悟入するに由無し。

良《まこと》に以《おもんみ》れば梵漢殊に隔つ。訳に非ざれば通じ難し。聊《いささ》か[一〇]指陳を蒙りて、憶するに随って[一一]鈔録し、以って未悟《みご》に伝う。京の[一二]西明寺《さいみょうじ》の[一三]慧警禅師、先に撰集する有り。今再び詳補す。頗ぶる備われりと謂うべし。

南無稽首す十方仏　真如海蔵の甘露門
三賢・十聖・応真僧に　願わくは威神加念の力を賜え

一 念を剋し功を用いて　心に刻みつけ、修行の効果をあげること。
二 以下は経行による禅定法を説く。
三 経行　一定の所を往復して静かに歩くこと。きんひんとも読む。
四 竹筒を以って索に盛れ　張り渡した索(なわ)に竹の筒を通すこと。この竹筒につかまり、索にそって往復歩行する。
五 日に随って　東から西へ。
六 進修すべし……　(大)本文は「進如脩心金剛」とするが、脚注(原)(乙)により「進修心如金剛」に改める。
七 意　(大)本文は異。脚注(原)(乙)による。
八 二相　主観・客観などの対立的観念。
九 心言両忘せり　人間の心の働きや言語による認識を超えている。
一〇 指陳　指し示し述べ立てること。説き示すこと。
一一 鈔録　抜き書きすること。
一二 西明寺　長安、現在の陝西省西安にあった寺。六五六年に建立され、八四八年会昌の廃仏にて廃絶。善無畏は七一六年に移り住み、七一七—七二四年まで当寺の塔頭と思われる菩提院で訳経に従事した。
一三 慧警　生没・経歴不明。(大)脚注の(丙)は慧鸞とす。

希有なり総持禅秘の要　能く円明広大の心を発こす
我れ今分に随いて略して称揚して　法界の諸もろの含識[二]に廻施す

無畏三蔵受戒懺悔文及禅門要法一巻

二　含識　心識を含有するもの。有情・衆生。

補　註

諸仏境界摂真実経

是くの如く我れは聞けり（一六三5）　金剛頂宗では釈尊を一切義成就菩薩(Sarvārthasiddha Bodhisattva)と称し、この菩薩が菩提樹下に於て十方三世の一切如来から観察自心三昧の妙法を授与せられ、この三昧（samādhi）を修することによって無上正等菩提（anuttara-samyak-saṃbodhi)を証得し、かくして智法身(jñāna-dharma-kāya）と成られるのである。かく無上菩提を証し、一切如来から灌頂（abhiṣeka）の聖儀を受けて智法身と成られたところは色界の頂天の阿迦尼吒(Akaniṣṭha)天宮であることになっている。すでに智法身になられたのちに、蘇迷盧(Sumeru 妙高山）山頂に降り、降三世明王(Trailokya-vijaya-rāja)の三昧に住して欲界（kāmadhātu)の大自在天(Maheśvara 摩醯首羅）などの剛強難化の衆生を降伏せられることになっている。従って、この経は、妙高山頂で説かれたのである。

三摩耶智（一六三5）　samayajñāna 不空三蔵（Amoghavajra）は誓智と訳す。灌頂師について受くべき故に仏智ともいう。

三界（一六三6）　古来より伝承される宇宙観で、欲界・色界・無色界の総称。精緻に造形されるのは仏教による。とくに釈尊修行時代の修定を治めたのが生かされ、無所有処、次いで非想非々想処に至った心境を無色界に用いている。詳しくは『阿毘達磨倶舎論』世間品を見よ。なお人類の住む南贍部洲の図形はインド文化圏をモデルにしていることが察せられる。次頁の図参照。

妙観察智（一六三7）　五智の一をいう。五智とは密教において、六識を転じて得る五種の智慧。1諸法の体性となる法界体性智（dharmadhātusvabhāva-jñāna）、2大円鏡の如く法界の万象を顕現する大円鏡智(ādarśa-jñāna)、3彼此の差別を滅して平等一如なりと観ずる平等性智（samatā-jñāna)、4諸法を分別し衆機を観察して説法断疑の用をなす妙観察智(pratyavekṣaṇā-jñāna)、5自利利他の妙行を成就する成所作智（kṛtyānuṣṭhāna-jñāna）をいう。これを六大中の空・地・火・水・風の五大、大日・阿閦・宝生・無量寿・不空成就の五仏、仏・金剛・宝・蓮華・羯磨の五部などに配す。

瑜伽（一六三7）　yoga の音写語。相応を訳し、主観・客観の融会不二となった境地を名づく。密教にては真言の三密（身・口・意）の妙行をいう。その方法が瑜伽法とよばれ調息などの法により心を摂して正理と相応する状態へ導く行法である。密教では手に印を結

仏界	悟りの世界 輪廻を離脱		
無色界		非想非々想処天	
		無所有処天	
		識無辺処天	
		空無辺処天	
色界	四禅	色究意天	
		善見天	
		善現天	
		無熱天	
		無煩天	
		広果天	
		福生天	
		無雲天	
	三禅	遍浄天	
		無量浄天	
		少浄天	
	二禅	極光浄天	
		無量光天	
		少光天	
	初禅	大梵天	
		梵輔天	
		衆梵天	
欲界	六欲天	他化自在天	（有頂天）
		化楽天	
		兜率天	
		夜摩天	
		忉利天	
		四王天	
	地上	東勝身洲	
		北瞿盧洲	
		西牛貨洲	
		南瞻部洲	
	地下	修羅	
		畜生	
		餓鬼	
		等活地獄	
		黒縄地獄	
		衆合地獄	
		号叫地獄	
		大叫地獄	
		炎熱地獄	
		大熱地獄	
		無間地獄	（金輪際）
無形	水輪		
	風輪		
	空輪		

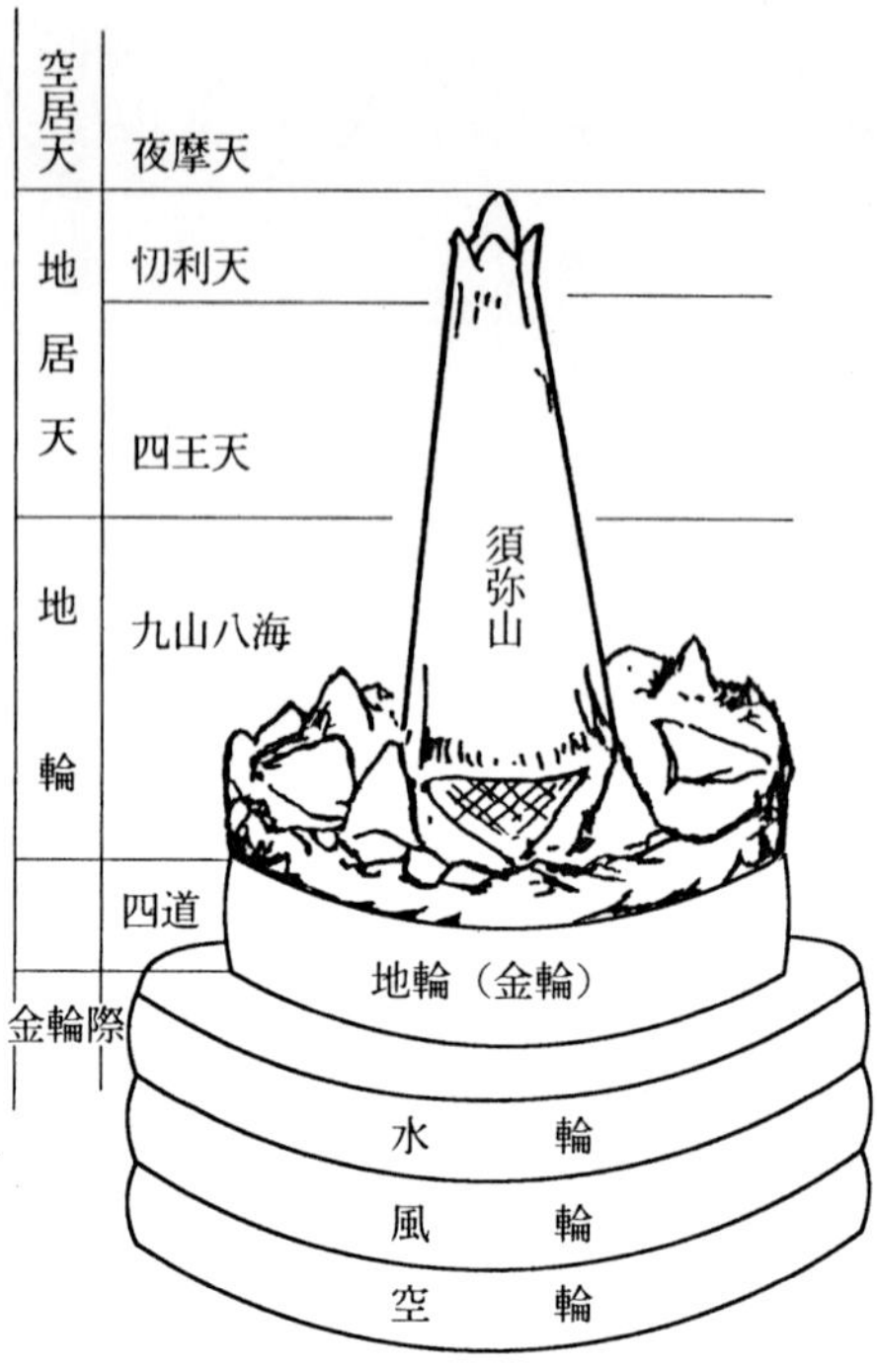

—須弥山世界—

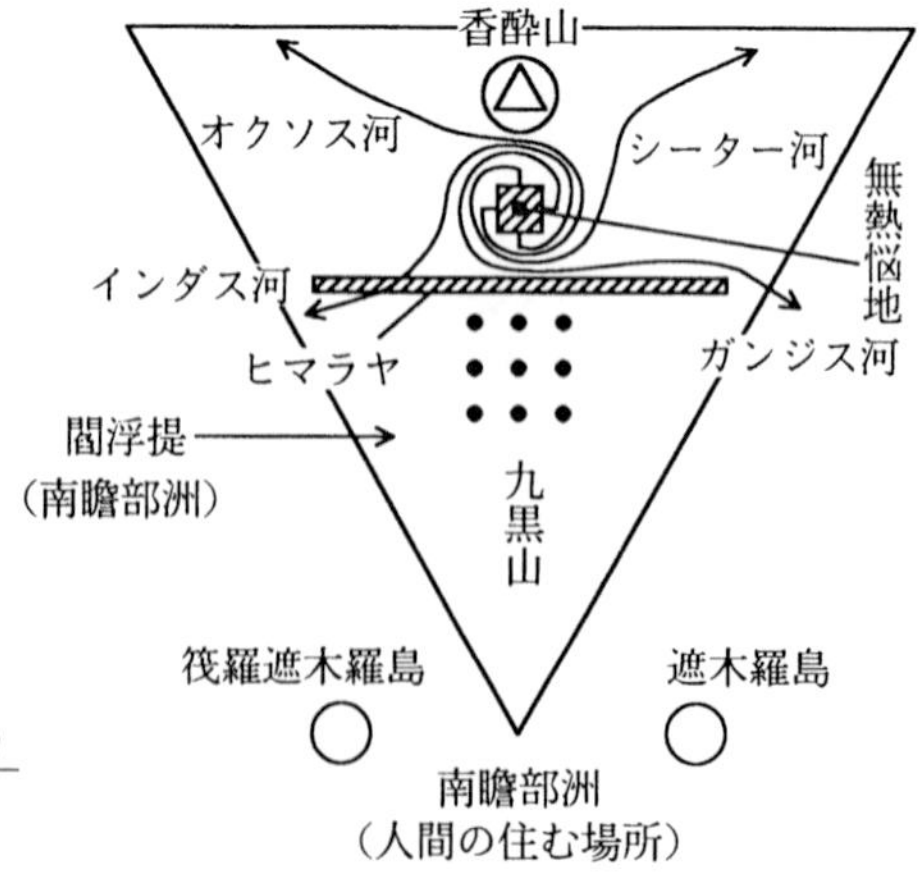

二

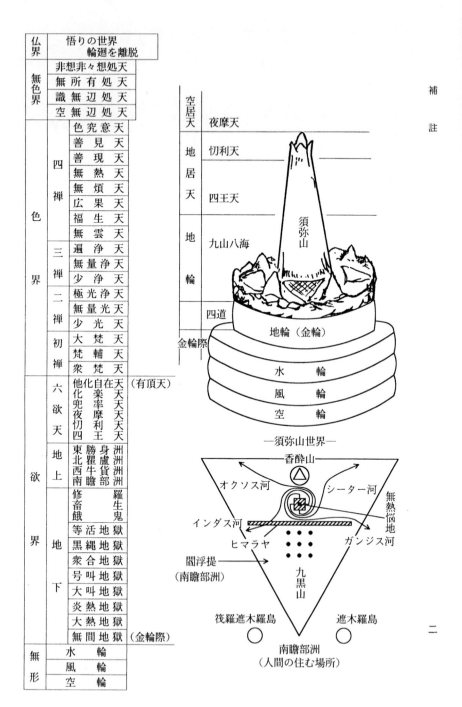

び、口に真言を誦し、意《こころ》に本尊を念ずる三業（三密）が相応し、且つ仏の三密が行者の三業に渉入せしめんがための行法である。

有情（一六三8） sattva 薩埵の訳で、衆生のことをいう。情緒や識別力を有することより生命あるすべてのものをさす。

金剛（一六三10） vajra 堅固なことを意味し金中の精窂なるものといい、あるいは所謂金剛石とする。その堅固なことより、諸々の譬喩に用いられる。

菩薩（一六三10） bodhisattva 悟りを求める人の意味。元来は釈尊の前生時代の呼び名に用い、大乗になると人は誰でも仏になれる身ということで用いた。そのためには菩提心を起して仏道に入り、四弘誓願を発して六度（施・戒・忍・進・定・慧）の行を修し、自らは菩提《さとり》を求め、衆生を教化し多くの修行ののち、悟りを得る者をいう。また衆生を救わんと願を持つ仏心にみちた理想の人物。

三十三天の帝釈宮（一六四2） 三十三天とは、忉利天（Trāyastriṃśat）のことである。欲界の第二天で須弥山の頂上に位置する。中央に帝釈天（インドラ）の住する喜見城のある帝釈天があり、四方に各八天あるので合わせて三十三天という。

七宝（一六四4） 七種の宝で、経典によって名称は若干異なるが、一般には、金・銀・瑠璃・頗黎・硨磲・珊瑚・瑪瑙。

繒蓋（一六四5） インドにおいて日光を遮けんがために用いられた傘蓋より変じたもの。密教では大檀の上に懸ける天蓋をいう。

華鬘（一六四5） kusumamālā インドで花を多く結び貫き、首や身を飾るものをいう。これより仏前を飾る道具となる。日本では金属の板に華を刻んでこれを代用する。

大菩薩摩訶薩（一六四6） mahā bodhisattva mahāsattva 悟りを求める者をいうとともに、摩訶薩と付ける場合、作仏の大心を有する衆生とし大乗菩薩をいう。

復た忉利天の主……（一六四15） 以下に多くの神々が記されるところより古代インド神話について抄述する。すなわち、中央アジアより移住し五河地方に於て定着、農耕に入ったインド・アーリアン（インド文化の形成者）は自然の脅威を神格化し、吉凶禍福も生殺与奪も神の権力とみた。この自然神に対する祭式を整備し、パンテノンも形成されるや神の威力の追 求から Indra（帝釈天・釈帝桓因）・Yama（閻魔天）・Varuṇa（司法神のち水天）・Sūrya（太陽神）・Rudra（暴風神のち Śiva）・Viṣṇu（光照神のち那羅延天）など天空地の神・未来神も出現。やがて世界超越神（Viśvakarman 造一切主のちに梵天）・Bṛhaspati（祈禱主）などをへて宇宙原理の確立をみた。これが「梵」である。しかし原理は原理としてその生成力を神格化し、これに Brahman（梵天）という生成を支配する神を想定した。ついで Viṣṇu を維持の神と作定し、Śiva を破壊の神とし、それぞれに生・住・滅の三相を支配せしめた。やがて消滅は再生を決定し、再生は維持を要請することから三相を支配するのが大自在天（摩醯首羅天）として最高の地位をえた。彼ら神々をめぐる様々な神話、説話が生れている。やがて神々は、仏教の教えに帰依して仏教守護の神となり、多数の仏教説話の主人公として活躍するとともに、宇宙観の中に配置され、思想的位置づけも行われ、親しい存在となっていった。

釈提桓因（一六四15） Śakra devānām Indra 帝釈天の別称で梵天とともに仏法を守護する神。須弥山の頂、忉利天に住し、善見城の主として大威徳ありという。釈尊修行の時にはしばしば身を変じて釈尊の心を試し、成道ののちはその守護に努めた。仏が忉利天に登り、母のために説法したおり回心し、以来宝蓋を執って右脇に侍している。元来インド神話にて最高の神と仰がれ、しばしば説話の主人公の一人として活躍する仏教帰依の神。

大梵天王（一六四15） Mahābrahmadava 色界初禅天の中の第三天の主で、名を尸棄（Śikhin）といい、深く仏教を信じ、仏の出世ごとに必ず最初に来って説法を乞《こ》い、また帝釈天とともに常に仏の左右辺に立ち白払をもって侍っている仏法守護の神。

摩醯首羅（一六四15） Maheśvara 大自在天。インド教における湿婆神（Śiva）の異名。梵天（生成）・毘紐天（維持）とともに破滅を司る最高神の一人であったが、のちには世界創造の最高神となる。その住所は色界の頂上である色究竟天にあるとされる。

恒河沙（一六四17） Gaṅgā-nadi vāluka 恒河《ガンジス》の砂という意味で、数の多いことを喩えた言葉。なお、恒河はインドの西北よりベンガル湾に流れる大河で、ガンガー（Gaṅgā）の本名から英国名のガンジス河（Ganges River）と呼ばれる。ヒマラヤを源とし流域一帯はインド中央大平野を造り、ここにインド文化は隆盛を誇った。仏教もまたガンジス河と深い関係をもった。

閻浮提（一六四17） Jambu-dvipa インド古来の宇宙観で須弥山の南にある人間の住居といわれる。地形は北が広く南が狭い三角形で表される。南にある処より南瞻部洲《なんせんぶしゅう》ともいわれる。

如来（一六四18） tathāgata また如去ともいわれる仏の十号の一。如実に来至せる者、如実より到来せし者の意。これより仏の尊称となった。なぜなら、仏は真如の理を証得し、迷界に来て衆生を救済されることからこの名がついている。

三昧（一六五2） samādhi 三摩地とも別称される。訳語に定・正受・等持・等念・現法楽住・調直定・正心行処・息慮・凝念などがある。即ち心を一処に定めて動かざれば定といい、正しく所観の法を受ければ受といい、平等に心を保持すれば等持といい、諸仏・諸菩薩が有情界に入りて平等に彼等を護念すれば等念といい、定中に法楽を現ずれば現法楽住といい、心の荒れを調え、心の曲れるを直し心の散れるところを定むれば調直定といい、心の行動を正し法に合せしむる依処なれば正心行処といい、縁慮を息止し心念を凝結すれば息慮凝心という。要するに精神を集中し、雑念を捨て去ること。

阿鼻地獄（一六五5） 阿鼻とは阿鼻旨（avici）の略で無間と訳す。現世にあって最大の悪行をなしたる者が来世に生れて苦痛を受くること間断ないという意味。しかも阿鼻は地下の牢獄であるから地獄という、八熱地獄の最下位にある最悪の地獄をいう。

菩提樹に坐せしむ（一六七9） 菩提樹（bodhidruma または bodhi-vṛkṣa）とは釈尊がその下で成道された（悟られた）聖樹で本名を畢鉢羅（pippala）という。もと鉢多（aśvattha）と称されたが、その果実を畢鉢羅ということより畢鉢羅樹と通称されるようになった。釈尊がこの樹下で悟られたことより「悟らしめた樹」の意。

大師子（一六七13） siṃha または獅子。仏は人中の王であるところより師（獅）子に喩え、あたかも獅子がいかなることをも恐れないことより、仏・菩薩の一切畏れるもののなきことをいう。大は尊称。

外道（一六七16） bāhyaka 本来はバラモン正統思想以外の教えをさし、仏教もその一つであったが、仏教よりみるとき、仏教以外の教えをかくいう。これより転じて正しからざる教えとなり、さらに道をはずれた邪悪なことをいうようになった。

大梵天王（一六七18） Mahābrāhmaṇapati 大梵天は初禅天（1梵衆天 Brahmakāyikā または Brahmapāriṣadyā、2梵輔天 Brahmapurohitā、3大梵天 Mahābrāhmaṇa）の王であるから大梵天王と名づけるのである。略して大梵王とも梵王とも称す。蓋し梵とは寂静、清浄の義で、婬欲を離れた色界の十八天に通ずる名であるけれども、初禅梵天の王についていうのを常とする。

夜摩（一六七18） Yama 焔摩天。欲界の六天中第三天の名。訳して時分或いは善分をいう。この天にあっては善く時分を知って五欲の楽を授けるからかく名づける。この天の王はのち冥界の王となる。

都史多（一六七18） Tuṣita 兜率天。上足・妙足・知足・喜足などと訳す。欲界の天処で夜魔天と楽変化天との中間に在って下から第四重に当る。この天に在るものは五欲の境に対して喜事多く聚集して遊楽す。ゆえに喜楽集とも義訳する。内外の二院に分れてその内院を弥勒菩薩の浄土とし、外院を天衆の欲楽処とする。

楽変化（一六七18） Nirmāṇarati 化楽天。欲界六天の中、第五重の天である。自らの通力をもって自在に妙楽を変作して娯楽するからかく名づける。

自在（一六七18） 他化自在天（Paranirmitavaśavartin）のこと。欲界六天の第六。よって第六天と称する。この天では化楽をなすに自ら楽具を変現する要なく、下天の化作した他の楽事を借り、もって自在に遊戯するからこの名がある。この他化自在天に住する尊は欲界の主で、正法に害をなす天魔といわれる。

対法（一六八1） abhidharma 対とは対観・対向の義で、法は四諦涅槃の法である。無漏聖道の智慧をもって四諦の理を対観し、涅槃の果に対向するから対法と名づける。また abhi（阿毘）は更に、その上に、余分にとかの附加する意を有し dharma（達磨）は教義・本質などの義であるから、この場合における対法は、三蔵中の論蔵に当り、教の上に更に附加されたものと解すべきである。但しここでは単に仏所説の大乗（mahāyāna）法門というほどの意である。

衣裓（一六八2） 衣服。長方形の布で、男女多く肩に掛く。手を拭いまたは物を盛る。一説には花を飾って仏に供える具とする。これがのちに転じて華籠の称となる。

無生法忍（一六八7） 略して無生忍という。無生法とは常住不変にして生滅を遠離する真如実相（bhūtatathatā）の理体をさす。忍とは認知・認可の意味で、真如の正理を覚知するをいう。そうなれば真智はこの理に安住して動かざるゆえに無生法忍といい、初地以上の菩薩はこの力を有するから無生忍位と称する。

歓喜地（一六八8） pramuditā 十地の第一地で、はじめて中道の智を発し、自利利他にして大慶ある位をいう。また、菩薩はこの十地において十波羅蜜の行を修し、各一品の無明を断じて一分の中道を証すといわれる。以下に述べられる十種の境地は次の如くである。第二地の離垢地（vimala）は中道の理に住し衆生界の垢中に入ってしかもこれを離れる位、第三地の発光地（prabhākarin）は仏道を習い明浄の慧光を発する位、第四地の焔慧地（arciṣmati）は無生忍に順じ智光熾盛なる位、第五地の難勝地（sudurjaya）は無明悉く空にして前位に勝る位、第六地の現前地（abhimukhin）は法を観ずるに寂滅無二の相の現ずる位、第七地の遠行地（dūraṅgama）は中道をえて念々に上地に進む位、第八地の不動地（acala）は中道無相の慧に安住して動ぜざる位、第九地の善慧地（sādhumati）は善巧の慧観をもって無生忍の道に入る位、第十地の法雲地（dharma-megha）は仏の職位を受け、その慈悲・智慧は法界を覆うこと大雲の如くであるところの位をいう。この十地は『十地経』、『華厳経』十地品に説かれるものと全同である。

金剛薩埵（一六九1）　Vajrasattva 曼荼羅においては金剛界三十七尊の一として阿閦如来四親近の一、また理趣会の本尊として菩提心の上より一切諸法は悉く金剛の本質に外ならずと悟るとともに、この覚悟を一切の有情に与えんとし、降三世会にては忿怒相を現じて煩悩・所知を断ずる相を現じ、胎蔵界では金剛手院の中尊として成所作智の解脱道を表す。また普賢菩薩と同一とされる。

六種に震動（一六九6）　大地の震動に三種の六動がある。1六時に動ず、2六方に動ず、3六相に動ず。六相とは、旧に動・起・涌・震・吼・撃をいい、新に動・涌・震・撃・吼・爆をいう。旧に従えば前三は形につき後三は声につく。これを六種震動と呼ぶ。しかして六種に各々小中大の三相あり。即ち、動には、1動―横に颭る、これは一国を動ず、2偏動―四天下を動ず、3極動―三千大千世界を動ず。かくして総ずれば十八相となる。即ち、六種十八相震動である。世間に瑞祥の起るとき大地が震動する相をいう。

五股金剛（一七〇4）　五股金剛杵のこと。金剛杵の端が五頭に分れているものをいい、五智五仏を表すという。元来は古代インドの武器で堅固不壊で能く物を摧くところから金剛の呼称を付ける。これよりすべての煩悩を破る菩提心の標示としてこれを用う。

悪魔波旬（一七〇11）　波旬は（Pāpiyas）或いは（Pāpiman, ⓟPāpi-mā）の転訛である。訳して悪・悪愛・障礙善という。魔王の名で欲界天の頂に住し、大象に乗り百臂を有し、種々の奇異の相を現じ、常にその子女を人界に下して悪人を煽動し聖者を悩乱する。釈尊が菩提樹下で修道の際、障礙を加えた者はこの魔王である。

戒・定・慧・解脱・解脱知見蘊（一七一2）　無等等五蘊または無漏五蘊と名づく。いわゆる五分法身というのに同じ。1戒蘊（śīla-skandha）とは、如来の身・口・意の三業の一切の過非を離れるをいう。2定蘊（samādhiskandha）とは、如来の真心寂静にして一切の妄念を離れるをいう。3慧蘊（prajñāskandha）とは如来の真智円明にして、法性を観達するをいう。即ち根本智（mūlajñāna）である。4解脱蘊（vimuktiskandha）とは、如来の心身の一切の繋縛を解脱するという。即ち涅槃（nirvāṇa）の徳である。解脱知見蘊（vimuktijñānadarśanaskandha）とは、己れが実に解脱したことを知るをいう。即ち後得智である。

転輪王（一七一7） Cakravarti-rāja この王は身に三十二相を具え、位につくとき天より輪宝を感得し、その輪宝の旋転旋導によって四方を降伏するから転輪王という。増劫には人寿三万歳以上に至れば出世し、減劫には人寿無量歳より八万歳の時までに出世す。しかして感得の輪宝に四別あるに随って金輪王・銀輪王・銅輪王・鉄輪王の四種となる。金輪王は四洲、銀輪王は東南西の三洲、銅輪王は東南の二洲、鉄輪王は南の閻浮提の一洲を領する。

灌頂（一七一8） abhiṣeka または abhiṣecana 昔インドの諸王が国事を太子に委ねるに際し、まず宝瓶（ratnakalaśa）に四大海の灑水を入れ、父王がこの瓶をとってこれをその世子の頂に灌ぐ。真言密教ではこの古例を転用して真言行の菩薩が如来の五智を体得して法王子となる盛儀を示すものとされている。

八難処（一七二9） 八難とは、八箇の障難である。いずれも惑業の然らしむるところであるから、その苦楽の報に異別あるべきも、みな仏を見、正法を聞くことのできない点は同一である。1地獄、2餓鬼、3畜生、4鬱単越（Uttarakuru 別に辺地ともいう）、5長寿天、6盲聾瘖瘂、7世智弁聡、8仏前仏後。

曼陀羅（一七二13） maṇḍala 本質・心髄を有するものという意味から、正覚を成じたる仏内証の境地をさし、この境地には万徳聚集するがゆえに円輪具足の義をもって解するのを常とする。それよりして、1仏の悟れる菩提の境地、2これを観想の境としたもの、3これを図示したもの。またこれらは同時に発達の順序を示す。日本、中国では専ら観想のために図画したものの総称。

四摂（一七四9） 菩薩は衆生を化導しようと欲するとき、必ず四法をもって摂受し、我に依付してのち、導くに大乗正道をもってする。その四法とは、1布施（dāna）、2愛語（priyāvāditā）、3利行（arthacaryā）、4同事（samānārthatā）をいう。

十波羅蜜（一七四9） daśapāramitā 菩薩十地の行法で十勝行と称する。布施（dāna）・持戒（śīla）・忍辱（kṣānti）・精進（vīrya）・静慮(dhyāna)・般若（prajñā）、以上を六波羅蜜といい、この中の第六般若波羅蜜を開いて四波羅蜜となし、合わせて十波羅蜜を成ず。のちの四とは、方便（upāya）・願（praṇidhāna）・力（bala）・智(jñāna）をいう。

法身求心真言（一七七12） 通達菩提心の真言である。通達菩提心とは、本有の仏性に対する自覚に名づけられたもので、初心の行者が阿闍梨(ācārya)の開示を蒙って、始めて性徳の菩提心(bodhicitta)に通入し、心月輪の観法を修する位である。即ち自心は軽霧の中に住する月輪の如しと観ずることである。軽霧とは無明（avidyā）に喩えたもので在纏本有を顕す。

心・意・識の法（一七八5） 心は集起の義、意は思量の義、識は了別の義。『唯識論』には、その名は互いに通ずるを許すも、その実体は各別であるとして、次第の如く第八識と第七識と余の六識とに配する。しかして、『倶舎論』はこれを一体の異名となす。

十八空（一七八7） 内空・外空・内外空・空空・大空・第一義空・

有為空・無為空・畢竟空・無始空・散空・性空・自相空・諸法空・不可得空・無法空・有法空・無法有法空（『大智度論』二十・三十一・四十六、『大乗義章』四、『法界次第』四）。

結加趺坐（一七八17）　円満安坐の義で、身体は疲倦せず、精神もまた安穏、魔王は仏弟子のこれを行うを見ては怖畏するという。足の表を趺といい、裏を跏と称す。趺を左右の脛上に結加して坐するをいう。仏の坐法はこれである。左右の足背を交結して右の脛上に置くのを全跏坐・本跏坐・如来坐という。これに二種あって、まず右足を左脛上に置き、次に左足を右脛上に置き、手もまた左を上にするのを降魔坐と名づく。これに反して、まず左足より始め、右手を上にするのを吉祥坐とする。また、左右の足を左右の一脛に置くのみを半跏坐・半坐・菩薩坐という。密教では本跏坐を蓮華坐、半跏坐を吉祥坐ということもある。

自心の相を見ず（一七九5）　これは即ち一切法皆空の観で、『金剛頂経』のいわゆる阿娑頗那伽三摩地観（āsvāsa-apānaka-samādhi-bhāvanā 無識心三昧）に当り、真如実際の空理に住して、自ら成仏できたと思うことをいう。諸仏如来は未だ金剛喩三昧と一切智智とを証知することなく、只管無相の空理に保著して自ら足れりとする未熟の行者を弾指警覚して、次第して五相成身の観を授けて入密させること。

三阿僧祇一百劫（一七九13）　阿僧祇(asaṃkhya または asaṃkhye-ya）は無数或いは無央数と訳す。しかして三阿僧祇劫（asaṃkhye-ya-kalpa）は菩薩成仏の年時をいう。菩薩の階位に五十位あってこれを三期の長時に区別する。即ち、十信・十住・十行・十廻向の四十位を第一阿僧祇劫とし、十地のうち初地より第七地までを第二阿僧祇劫とし、第八地より十地までを第三阿僧祇劫とする。

次に劫は劫簸（kalpa）の略で、大時分・分別時節と訳す。百劫とは、小乗の菩薩は三大阿僧祇劫の行を終って等覚の位に至り、この位に於てなお百大劫の間、仏果に至るまで三十二相を感ずべき福業を植えるをいう。従って、菩薩修行の年時を三祇百大劫という。これに就いて大乗の菩薩は初めから福智の二業を兼修するから、三大阿僧祇劫のほかに別に百劫の修福を必要としない。

三千界（一七九16）　三千世界或いは三千大千世界のこと。三種の千より成る世界で、日・月・須弥山・四天下・四王天・三十三天・夜摩天・兜率天・楽変化天・他化自在天・梵世天を含む世界を一世界（小世界）とし、これを千個合わせたものを小千世界、小千世界を千個合わせたものを中千世界、中千世界を千個合わせたものを大千世界とし、これを三千世界または三千大千世界という。この一大千世界が一仏の化境で、その広さは第四禅天と同じく成壊も同時であるといわれる。

大菩提心の真言（一八〇1）　修菩提心の真言である。修菩提心とは体現する実際的信仰の修養に名づけ、自心は清浄にして満月の如く、もろもろの煩悩（kleśa）の垢染、遍計所執（parikalpita）などを離れえたと観じて（離垢浄）、本有の菩提心を修顕するをいう。即ち出纏修生菩提心である。

阿頼耶（一八〇10）　ālaya　八識の中の第八。蔵または無没と訳す。

蔵識と名づけるのは、蔵に能蔵（この心識の中に、万有の種子を貯蔵する）と、所蔵（前七識のために万有の種子を薫じ蔵められる）と、執蔵（第七識のために我なりと執せられる）との三義があるからである。そもそも阿頼耶識は有情根本の心識で、一切万有の種子を含蔵し、外縁に応じてこれを展開し、もって依正二報を縁起する。

浄識（一六〇10）阿頼耶識の別名で、無垢識（amala-vijñāna 阿摩羅識）と称するのが常である。第八阿頼耶が、我見の永く起らざる位に至ると、阿頼耶の名を捨てて、別に清浄の称を受ける。即ち阿摩羅識である。従って体性は最極清浄で、もろもろの無漏法の依止する所であるから、この名はただ如来地にのみ在るとする。

堅固菩提心の真言（一六一5）成金剛心の真言である。成金剛心とは、前の修菩提心の位に観ずる阿字が転じて五股杵（vajra）などの本尊の三摩耶身（samaya-kāya）と成ると観じ、自心は即ち五股金剛などより成ると観ずることをいう。この位に広斂の二観がある。広金剛の観とは、漸く自身の三摩耶身を広めて法界に周遍せりと観じ、自心をして法界に周遍せしめるを云い、斂金剛の観とは、漸くこれを斂《おさ》めて自身の方寸に収めるをいう。これ即ち「入我我入」の観である。

如金剛の真言（一六一14）証金剛身の真言のことである。証金剛身とは、行者の自身が即ち本尊の三摩耶身と成ると観ずる位である。心と身とは本来不二である。故に第三心の位において自心がまず五股金剛杵などの三摩耶と成れば、自らこの身もまた、三摩耶身と成ると観ずることである。今はこの旨を示すもので、自身即ち金剛薩埵（Vajrasattva）なりと観じその意を顕わすものである。

五方の諸もろの仏・菩薩……（一六二7）第五仏身円満の契明を示す。また法身(dharmakāya)の契明とも名づく。ゆえに文に三世諸仏に同ずる真言という。仏身円満とは、自己の五股金剛の三摩耶身を変じて、相好具足の本尊の羯磨身（karmakāya）と成ると観ずる位である。行者自身本尊の羯磨身と成るから、諸仏を加持し、囲繞して曼荼羅(maṇḍala)を成じ、不二平等の義を示す。従顕入密の正機はこの観によって入密して、真言の初地に証入する。従って、直接摂入の正機は、従顕入密の機を引接する方便に供えるためにこれを行ず。

三道（一六四12）修行の道位の三階段をいい、1見道とは一切の見惑を断ずる位で初地の入心、2修道とは一切の修惑を断ずる位で初地住心乃至第十地まで、3無学道とは断惑証理して更に学ぶべき法なき位、をいう。菩薩乗の仏果である。

金剛怒菩薩（一六四13）降三世（Trailokya-vijaya）は金剛薩埵（Vajra-sattva）の忿怒身であるから、これを大日如来(Mahā-vairocana-tathāgata）に望むときは大日をもって自性輪身（svabhāva-cakra-kāya）とし、金剛薩埵をもって正法輪身（saddharma-cakra-kāya）とし、降三世をもって教令輪身（ādeśanā-cakra-kāya）とする。ゆえに、薩埵の正法輪身を大日如来の自性輪身に帰すると、降三世は大日如来の忿怒身となる。

毘盧遮那如来（一六六8）Mahāvairocana 密教の教主である大日如来には除闇遍明・長物成就・光無生滅の三義があるとし、宇宙の実相を仏格化したもので、諸仏・諸菩薩はこの尊より出生し（差別門)、一切の森羅万象はみなこれこの尊の遍法界身に非ざるものはない(平等門)。ゆえに、この尊は三世に亘って常恒に説法し給うけれど、衆生は煩悩・妄執を持つために、これを聞くことができないのだという。密教教義は金胎両部より成るをもって、大日如来もまたこの両方面より考察される。この書にある大日如来は金剛界大日で五仏の中央に位し、垂髪にして五智の宝冠を戴き、智拳印を結び天衣をまとう。これは衆生の智徳を顕す智法身の姿である。

八難(一八六10) aṣṭa-akṣaṇa 仏を見ず正法を開くをえざる境界に八種あるをいう。地獄(naraka)・餓鬼(preta)・畜生(tiryañc)・長寿天(dīrghāyuṣdeva)・辺地(pratyantajanapada)・盲聾瘖瘂(indriyavaikalya)・世智弁聡(mithyādarśana 邪見)・仏前仏後(tathāgatānām anutpāda 諸如来不世出)である。

煩悩(一八六16) kleśa 惑・随眠・心穢の意。これに根本的なると派生的なるとの二あり。1根本的なるものに貪・瞋・癡・慢・疑・見の六あり。六のすべては迷理の惑即ち見惑で、初めの四は同時に迷事の惑即ち修惑である。このうち、見を開きて五(利使)とすれば十となる。五利使に対して貪などは五鈍使である。かくして『倶舎論』は見惑に八十八、修惑に十を数え、『唯識』では見惑に一一二、修惑に十六を数える。2派生的なるものを随煩悩と名づけ、『倶舎』では十九、『唯識』では二十を数える。

不動如来(一八六19) 無動如来ともいう。金剛界五仏の中の東方阿閦如来(Akṣobhya)をいい、大円鏡智を表し、(hūṃ)を種子とする。五鈷杵を三摩耶形とする。その相は左手を拳、右手を地に垂れ黄金色である。

如意珠(一八七7) cintāmaṇi 宝珠(maṇi)より種々の所求を出すこと意の如くであるから如意と名づく。龍王(Nāgarāja)或いは摩竭魚(makara)の脳中より出づといい、或いは仏の舎利(śarira)変じて成るという。しかして密教では、宝珠形を金剛界の半形と胎蔵界の半形との和合形とする。

無量寿如来(一八七12) Anitāyus この仏の寿命は長遠にて計り難いといわれ、この仏の浄土に生れたる者は寿命もまた無量阿僧祇劫といわれることよりこの称がある。五仏の一で西方の尊である。普通は胎蔵界で無量寿といわれるのに対し金剛界では阿弥陀仏という。

不空成就如来(一八七17) Amoghasiddhi 金剛界五仏の一。北方月輪の中尊にて業・護・牙・拳の四金剛を随える。成身会の像は金色にて左手は拳を仰むけて膝に安んじ、右手は五指を伸べて胸に当てる。五智のうち成所作智を表し、自利利他の事業を成ずれば不空成就と名づく。羯磨部の主尊。胎蔵界では天鼓雷音仏という。

般若波羅蜜(一八八1) prajñāpāramitā 六波羅蜜・十波羅蜜の中の第六波羅蜜である。般若を智慧と訳し、波羅蜜を度または到彼岸と訳す。実相(tathatā)を照了する智慧は生死の此岸を度《わた》って涅槃(nirvāṇa)の彼岸に到る船筏であるからこれを波羅蜜という。

印契(一八八10) mudrā 印相・密印・契印・手印などと記される。曼荼羅会上の仏・菩薩・天部などの内証・本誓を表示する外相である。印に無相・有相の別がある。無相の印は手に結ばなくとも結んだのと等しく有相を全うする。有相の印はまた二ある。一は身相の印で諸尊の本誓を標示する器杖・刀・蓮などもこれに摂せられる。二は手印で両手掌をもって種々の形を結ぶをいう。

四波羅蜜天（一八八11） 四波羅蜜菩薩のことである。四波羅蜜菩薩とは、金剛界大日如来の四親近の女菩薩である。これらはみな大日如来より流出して四方四仏の能生の母となるのであるから、中台に置く。東方の金剛波羅蜜菩薩は堅固の智用を具し、南方の宝波羅蜜菩薩は万徳の宝を生じ、西方の法波羅蜜菩薩は説法の徳を具え、北方の羯磨波羅蜜菩薩は衆生利益の事業をなす。

三十七尊（一八九17）

- 大日如来
  - 阿閦如来
  - 宝生如来
  - 阿弥陀如来
  - 釈迦如来
  - 慧門十六尊
    - 東　薩・王・愛・喜
    - 南　宝・光・幢・笑
    - 西　法・利・因・語
    - 北　護・業・牙・拳
  - 定門十六尊
    - 四波羅蜜――金剛・宝・法・羯磨
    - 十二供養
      - 八供養
        - 内――嬉・鬘・歌・舞
        - 外――香・華・燈・塗
      - 四摂――鉤・索・鎖・鈴

五逆（一九〇1） 父を殺し、母を殺し、阿羅漢を殺し、和合僧《さんが》を破り、仏を傷つけ血を出さしめる。この五種の悪逆をいう。逆とは天理に違逆する義である。この五罪は必ず無間地獄へ堕ちる因であるから、五無間業或いは五無間罪ともいう。

五種の三昧（一九〇2） 1刹那三昧とは、初心の位において心月輪を見る一刹那相応して暫く現ずるけれども即滅すること電光の如くなる位をいう。2微塵三昧或いは流注三昧とは、念々に薫習の功力を加えて相続し、絶えざること水の流れに注ぐが如くなる位をいう。3白縷三昧或いは漸現三昧・甜美三昧とは、功徳を積んで已むことなければ、虚然として身心軽安なるを得て、道を翫味する位をいう。道とは、心月輪をいい自心の菩提をさす。4隠顕三昧或いは起伏三昧・摧散三昧とは、時に忽ちに精励し、時に忽ちに休廃して、その心一定することなく、ともすれば摧け散って、道に違う心の起る位をいう。5安住三昧或いは明鏡三昧とは、既に隠顕心を離れて心月円明にして無著なる位をいう。このような五種の境地に在る安立した心の状態をいう。

四波羅蜜（一九〇9） 四波羅蜜菩薩のことである。大日如来の左右前後に在る四女菩薩をいう。即ち東方（前）の金剛、南方（左）の宝、西方（後）の法、北方（右）の羯磨と名づけ、みな大日如来より出世するところなるも、阿閦・宝生・弥陀・釈迦の四仏に対しては能生の母となり、それぞれの功用を成ぜしめるものである。

五方の仏と四波羅蜜と十六菩薩……（一九〇11） 五仏とは、大日を中心に阿閦・宝生・弥陀・釈迦をさし、四波羅蜜とは大日如来に親近する金剛・宝・法・羯磨で、十六菩薩とは阿閦を囲む薩埵・王・

愛・喜の四菩薩、宝生を囲む宝・光・幢・笑の四菩薩、弥陀を囲む法・利・因・語の四菩薩、釈迦（不空成就）を囲む業・護・牙・拳の四菩薩を合わせた称である。以下にこれらの形像並びに印契・真言を説くが、その印法に差別あり。真印・影相印・親近印・智印とである。

醍醐（一九六1） maṇḍa　五味の一で牛乳を最も精製して作りたるもの。美味の最上のものを表すのに用い、また諸病の妙薬ともいわれる。なお、原語に sarpis も用いられる。

教法輪（一九六1）　法輪（dharma-cakra）とは、仏の説法が衆生の悪を摧き、また展転して無限に他に伝わるのを車輪（無限の軌道を残す）に喩えていう。ゆえに無限なる教えの意。

五眼（二〇三1） pañca-cakṣus 1肉身所有の肉眼(māṃsa-cakṣus)、2色界の天人所有の天眼（divya-cakṣus）、3二乗の人が真空無相の理を照見する智慧なる慧眼（prajñā-cakṣus）、4菩薩が衆生を度するために一切の法門を照見する智慧なる法眼（dharma-cakṣus）、5仏陀の身中に前の四眼を具備する仏眼（buddha-cakṣus）をいう。

牛頭栴檀（二〇三8） gośīrṣa-candana 赤檀ともいわれる香気麝香に似た香樹の名。与楽とも義訳する。インド摩羅耶山（牛頭山）に多く生ずるをもってこの名がある。樹は白楊に似て性質は涼冷、蛇が多くこの樹につく。地中にあるときは、牙茎枝葉は竹筝の如くである。人これを身体に塗れば火坑に入るも焼かるることなく、また災いを去る。諸天の阿修羅と戦うとき、これを塗ればその創傷は忽ちに癒るといわれる香木。

七難（二〇四7）　火難・水難・羅刹難・王難（刀杖難）・鬼難・枷鎖難・怨賊難〔『法華経』普門品〕、日月薄蝕難・衆星改変難・諸火焚焼難・時候改変難・大風数起難・天地亢陽難・四方賊来難〔『仁王経』受持品〕、人衆疾疫難・他国侵逼難・自界叛逆難・星宿変怪難・日月薄蝕難・非時風雨難・過時不雨難〔『薬師本願経』下〕。異説多し。

弥勒（二〇四15） Maitreya 慈氏と訳す。その慈悲及び智慧は余人の及ぶところではないからこのように名づけたという。しかして釈迦如来の仏位をつぐ補処（pratibaddha）の菩薩とされている。現に兜率天の内院に住み、釈尊の入滅ののち五十六億七千万年後、人界に下生して華林園の龍華樹の下に正覚を成じ給う未来仏である。今、文に弥勒会中というは、かくて三会に説法し給う会座に侍ることをさすのである。

授記（二〇四16） vyākaraṇa 十二分教の一。仏が発心の衆生に対して必当作仏の記莂（未来世に於て、受くべきその人の果報を予言しておくこと）を授与することをいう。

極歓喜地（二〇四17） pramuditā 十地の第一地。菩薩が一大阿僧祇劫の修行を経て、初めて断惑証理の一分をなし、大いに歓喜する位である。密教にあっては長時を要することなく、父母所生の肉身に於て直ちにこの位を証得することができることを示す。

法眼浄（二〇五2）　分明に真諦をみることをいう。これは大・小乗に通じ、小乗は初果に四聖諦（苦・集・滅・道）の理を見るといい、大乗では初地に無生法忍（無生無滅の理に安住して動かざること）

を得るをいう。

真実瑜伽（二〇五5） 密教において手に印を結び、口に真言を唱え、意に本尊を念ずる三業（三密）が互いに相応し、且つ仏の三密が行者の三密に渉入することをいう。真正なる実践のゆえにかくいう。

五仏（二〇五8） 金剛界・胎蔵界の曼荼羅の中央なる大日如来とその四方に在る四仏との総称。金剛界にては大日・阿閦・宝生・弥陀・不空成就。ちなみに胎蔵界にては、大日・宝幢・開敷華・無量寿・天鼓雷音をいう。

瓔珞（二〇五9） keyūra 珠玉または貴金属を編んで作った装身具。或いは頭にあるのを瓔といい、身にあるのを珞という。インドでは上流の男女ともこれを用う。

東方の門首は……（二〇五11） 以下に十方の守護神が述べられる。すなわち、東方の帝釈天は忉利天に住して善悪・邪正の審判を行う神で、釈尊成道後、身を変えて守護に努めた。神話ではインドラ（Indra）と伝えられる。南方の琰摩羅王（Yamarāja）は衆生の罪を監視し、悪の恐ろしさを知らしめる冥界の王をいう。神話では人類最初の死者として次第に冥界を支配するに至った。西方の水天（Varuṇa）は水神をいうが、元来は司法神として最も尊崇されていた。北方の毘沙門天（Vaiśravaṇa または Vaiśramaṇa）は、常に仏の道場を護って説法を聞くことから多聞天とも称される。東北方の大自在天（Maheśvara）はインド教のシヴァ神の異名で世界創造の最高神となり、色究竟天に住する。東南方の火天（Agni）は火の神で、大日如来が火に仕えるバラモンを仏教に回心させたため示現した形とせられ、護摩供養の主尊となって民衆に親しまれている。西南方の羅刹天（Rākṣasa）は元来捷疾大力でよく人をあざむき、或いは人を食す悪鬼であったが、仏教に帰依し仏法守護に尽すに至った。西北方の風天（Vāyu）は風を司る神で『ヴェーダ』以来、名誉・福徳・子孫・長生を与える神で、のちに護世天となった。上方の梵天（Brahmadeva）は娑婆世界を司る神であったが、のち仏教を深く信じ、帝釈天とともに常に仏の左右に座して説法を聴いた常侍の神である。下方の堅牢地神は大地の神である。この神はよく大地を堅固ならしめるゆえにこの名がある。常に教法の流布する処に趣き、法座の下にあって守護の働きをする神でもある。

舎利（二〇七7） sāri または sārika 鶖鷺鳥・鸜鵒鳥・百舌鳥のこと。全身黒色で頸部のみ黄色を帯びた鶉大の鳥。よく人語を暗唱するという。今はマイナ鳥と呼ぶ。

不退地（二一八3） 不退とは梵語の阿鞞跋致（a-vaivartika）という。功徳善根いよいよ増進して退失退転することがない意味である。しかして不退に三種・四種の別あり。また諸宗によって位次が不同であるけれども、常には菩薩初地以上の位、或いは八地以上の位をいう。

真実摂大乗現証大教王経

大三昧耶（二三五5） 偉大な三昧耶の菩薩たちの意。三昧耶（samaya）には伝統的に本誓・平等・警覚・除障の四義があるとされる。本来は約束という意味で、行者が合一（瑜伽）せんとする尊格と契約（身・口・意の三密瑜伽）することである。行者は瑜伽の本尊と同一の印契（身）、真言（口）、三昧（意）を修し、一体となることを観じる。その観法の尊格を三昧耶薩埵（samayasattva 契約上の存在）という。ここでは金剛界曼荼羅の諸尊をさして偉大な三昧耶薩埵たちという意味にとる。

大毘盧遮那（三五6） Mahāvairocana『金剛頂経』の教主は毘盧遮那（Vairocana）如来であり、曼荼羅の中央に位置する。金剛界曼荼羅は毘盧遮那を中心とする阿閦・宝生・無量寿・不空成就の五仏の展開と言えるが、その曼荼羅の諸尊の背後にある存在、曼荼羅全体を成り立たしめているもの、いうなれば法身毘盧遮那をいう。経典では一切如来（sarvatathāgata）の語に置き替えられる。

瑜伽大教王（三五10）『金剛頂経』とは、特定の経典をさす名義ではなく、金剛頂経系の一群の経典（金剛頂経十八会）をさす総称であるが、狭義には『初会金剛頂経』（Sarvatathāgatatattvasaṃgrahaṃ nāma Mahāyānasūtram『金剛頂一切如来真実摂大乗現証大教王経』三巻、不空訳。『仏説一切如来真実大乗現証三昧大教王経』三十巻、施護訳）をいう。訳註の中で『金剛頂経』という場合は、この三巻本・三十巻本をさして用いることとする。

四無礙辯（三四11） 四無礙智ともいう。自由自在な四種の智慧。教法について自在な法無礙、教義について自在な義無礙、表現力に自在な辞無礙、教を説くことに自在な楽説無礙の四種。

十自在（三四11） 自在とは心の欲するままに何事も礙りなくできることで、仏・菩薩に具わる功徳。十種とは、寿命・心・財・業・生・願・信解・如意・智・法自在の十。

金剛幢及び普賢……（三四12）『華厳経』において金剛幢菩薩が十回向の法門を説いてこれを称賛し、普賢菩薩が回向の行願を示しているようにとの意。

摩吒（三五2） 摩（ma）、吒（ṭ）。右の目に摩字を置き、日となると観じ、左の目に吒字を置き、月となると観じる。日は智慧、月は静慮を表す。慧定の金剛両眼によって一切の諸仏を瞻仰し、一切の障礙を消滅させるのである。弘法大師は『秘蔵宝鑰』において「麼・吒の慧眼は無明の昏夜を破し、日・月の定光は有智の薩埵を現ず」と慧と定を段階的にとらえている。摩を日とするのは不明。一説に太陽の異名である Maricimālin（光線の環を持つ）の頭文字であるという。吒の字を月に配するのは梵字の吒の字が半月形であるところからとする。ちなみに『大般涅槃経』巻八、「文字品」には「吒とは閻浮提に於いて半身を示現して法を演説す。譬えば半月の如し。是の故に吒と名づく」とある。なお『略出念誦経』には「摩字は変じて月と為り、吒字は変じて日と為る」（大一八・二二六中）とあり、日月が入れ替っている。『金剛頂経』第二章、「秘密曼荼羅品」には「諸金剛視生妙愛　所謂歓喜開華眼　以其観視明妃故　即能得彼常順愛」（大一八・三六一中）とある。梵本には「金剛観視とは愛欲と歓喜にて見開かれた眼で、その〔眼〕をもって女を見れば常に思いどおりになる」（H§366）とある。

怛囉吒（三六3） 怛囉（tra）、吒（ṭ）。怛は tathatā の頭字で真如の意。囉は rajas の頭字で塵垢の意。怛囉で真俗不二を表す。吒は ṭanka の頭字で慢の意。慢不可得の義を表す。また怛囉吒は忿怒、拒絶などの場合に無意識に発声される間投詞で、転じて煩悩・魔障を摧破する種子となった。ここでは菩提心（金剛縛）をもって十種の煩悩を破すことを表して胸に怛囉と吒の二字を置き、金剛縛を三度び引き開く。

無漏智（三三六10） 一切の煩悩妄想を離れた寂静な智慧。真言のバザラ（金剛）とはこの無漏智をいう。無漏の寂静智を修行者の身体に遍入せしめることで、種子の噁（aḥ）は入涅槃の意、無漏智をさす。この智慧を生じた修行者は過去・現在・未来の一切の事柄を了解し、一切の経文の意義を理解することができるという。なお種子の噁（aḥ）は経軌により噁引（āḥ）、婀（a）などの別があり、種々に解釈されうる。ここでは伝統的に aḥ と取っておく。但し、本来は āḥ であり、āveśa（遍入）の頭字と考えるべきであろう。

三昧耶（三三七11） samaya の音写語。「一緒に行くこと」の意から、約束、約束の時間などの意がある。密教では伝統的に、平等・本誓・除障・警覚の四義があるとするが、本誓の義が中心である。ここでは一切の有情に大安楽を与えんとの誓願をいう。次の真言の斛（hoḥ）とはこの誓願を立てたことの喜びの声であり、素囉怛薩怛鑁（suratas tvam）とは、「そういう汝は大きな喜びを味わうものである」との意である。

大天及び后（三三八2） 大天とは大自在天（Maheśvara）のことで、シヴァ神。后とは Umā をいう。密教から見れば外道の代表であるが、かつてこのシヴァ神の妃アンビカー（Ambikā）に殺害された阿修羅の兄弟、シュンバ、ニシュンバ（Śumbha, Niśumbha）の姿をとって、逆に降伏して仏教に入らしめるのである。『金剛頂経』降三世品に説く。なお、シュンバ、ニシュンバは「踏みつぶせ」の意。

厭離の輪（三三八16） 声聞・縁覚の二乗をいう。密教は積極的に生きることを主眼とし、消極的な二乗の離貪を否定する。真言にいう吽（hūṃ）は二乗の厭離の心を摧伏する忿怒の意である。吒枳（ṭa-kki）は忿怒身を取った金剛薩埵をさす。真言の終りの听（ṭhaḥ）は長養（viṭhapana）の第二音節で、これも積極性を表す。

召罪の印（三三九16） 外縛して二中指を伸べ立て針の如くし、二頭指を二中指の背に鉤にして着けず、真言の末尾吽・弱で三度来去する。鉤罪ともいう。「弱（jaḥ）」は㊇には「発吒（phaṭ）」。四摂の第一、鉤召の真言が用いられている。

応に結跏趺坐……（三四一13） 以下阿娑頗那伽三摩地（āsphānaka-samādhi）を説く。無識身三昧・無動三昧と訳される。『金剛頂経』では釈尊の苦行に比定されて、棄てるべき難行とされるが、儀軌においては五相成身観の前行として組み入れられた。

煩悩・随煩悩（三四一18） 貪・瞋・癡・慢・疑・悪見の六種の根本煩悩と、それに付随して働く煩悩。唯識説では随煩悩に二十種を挙げる。忿・恨・覆・悩・嫉・慳・誑・諂・害・憍・無慚・無愧・掉挙・惛沈・不信・懈怠・放逸・失念・散乱・不正知。

皆な幻と焔の如し（三四一19） 観法の修行中に涌き起るすべての執著心を滅し、すべては縁生（空）であることを喩えたもの。『大日経』には十種の喩えを説く。幻は幻術師の作り出したもの。焔は陽焔のことでかげろう。乾闥婆城とはガンダルバの都、蜃気楼のこと。旋火輪は火縄を回した時にできる火輪。空谷響はこだま。その他夢、影（鏡中の像）、水月（水面に映る月影）、浮泡（水の泡）、虚空華（眼の作用による空中の花）を加えて十縁生句という。

十地（二四三5）　仏位に向って進む菩薩の十段階の境地。初地を歓喜地といい、真理を体得した喜びの境地をいう。以下順に、離垢地・発光地・焰慧地・難勝地・現前地・遠行地・不動地・善慧地・法雲地。

普賢（二四三11）　密教においては金剛薩埵と同体とされる。金剛薩埵とは本有菩提心（本来具有する菩提の心）であり、普賢は大菩提心と表現される。普賢（samantabhadra）とは「普く行きわたる慈悲心」と訳し得る。

五智金剛（二四四15）　五鈷金剛杵のこと。金剛杵の先端が五峰となっており、その五峰の中央に法界体性智、それを取り囲む四峰に大円鏡智・平等性智・妙観察智・成所作智の五智を配する。なお、（蓮）には「八葉の蓮華を観ぜよ」とある。

次に四如来……（二四五19）　四仏の三昧耶印とは、左のとおり。

阿閦如来―外縛して二中指を立て合わし胸に当てる。

宝生如来―前印の如くし、二中指の中節を蹙《ひそ》めて宝形の如くにし額に当てる。

無量寿如来―外縛して二中指を円かに立て合わせ喉に当てる。

不空成就如来―外縛して二中指を掌中に入れ面を合わせ二小指・二大指を並べ立て頂上に置く。

なお、この四仏加持と前の仏身円満との間に現行の次第（伝法院流・金剛界念誦次第）では、烏瑟尼（uṣṇīṣa 肉髻）・螺髪・毫相蔵・宝冠の相好を円満する観法を加える。

五如来の印契（二四六11）　毘盧遮那如来（遍照尊）以外の四仏は四仏加持に同じ。

遍照尊―外縛して二中指を立て合わせ上節を屈して剣の如くし、二頭指をもって二中指の背に立てる。

この印は大日剣印・宝冠印・金剛界自在印ともいう。

如来の鬘（二四七3）　鬘とはもとは花を輪にした装飾品で、ここでは五仏の宝冠の周囲に付ける髪飾り。五仏灌頂によって金剛界如来となった修行者は五智の宝冠を頭頂に戴くと想い、宝冠の周囲に四仏を配する。毘盧遮那は四仏の総体であるので、四仏をもって足りるとする。印は前の四仏の三昧耶印に同じで、但だ、結び了って手を分かち首より左右に帯を垂れるが如く下ろす。

如来の甲冑（二四七17）　本軌並びに（蓮）には別出されないが、現行の次第では次の結冑と分けて甲冑の印と真言を説く。真言は（毘）に出、印は『金剛頂義訣』（（大）三九・八〇九中）に出る。

印―虚心合掌をして二頭指を屈し、二中指の上節に着け、二大指を並べ立て二中指の中節を押す。

真言―唵麼折囉迦嚩制麼折囉句嚧麼折囉麼折囉含

oṃ vajrakavace vajrakuru vajravajro 'haṃ（オーン　金剛の甲冑をまとい金剛となれ　我れは金剛〔甲冑〕の中の金剛な

り）

現智身（二四八16）修行者が眼前に観じる相好を円満した金剛薩埵。修行者は先ず身口意の三密瑜伽により自身を金剛薩埵と相似と観じる。（三昧耶薩埵 samayasattva）が、ここに観じるのは自身の外に現前する大薩埵（金剛薩埵）で智薩埵（jñānasattva 智を自性とする金剛薩埵）という。この智薩埵を自身に重ねて見る（見智身）。即ち自身三昧耶薩埵に召入（四明・四摂）せしめて大三昧耶薩埵（mahāsamayasattva）を成就する。指紋の照合のように、自身と本尊とが相似となって重なること（瑜伽）ができる。

प्र（二五一1）**pra** インドで最もよく知られた神話で、ヴィシュヌ神が亀に変化し、大海の底で軸受となり、マンダラ山を軸に神々が乳海を攪拌し、甘露（amṛta）を得る話がある。この **pra** 字はヴィシュヌの造物主（prajāpati）としての名前の頭字と考えられる。伝統的にはこの **pra** 字は **pa** 字と **ra** 字に分け、**pa** は第一義諦（paramārtha）、**ra** は塵垢（rajas）を意味し、亀が大海を自由に泳ぎまわるように、菩提心が涅槃と生死の間を自由に行き来するさまを示しているという。

四宝（二五二11）須弥山は一辺が八万ヨージャナの立方体であり、その四面がそれぞれ北面は金、東面は銀、南面は瑠璃、西面は水晶でできている。ちなみに我々の住む南贍部洲《なんせんぶしゅう》の空が青いのは、太陽が南面の瑠璃（青色）に当って反射するからであるという。

真言（二五三17）『略出念誦経』（大一八・二四一下）にこの真言の漢訳がある。

願来一切諸有中　唯一堅実初密者
用能折伏暴悪魔　現証無辺離自性
我今鉤召依教請　願周雲海来集会

なお、『略出念誦経』六巻本には次のようにある。

一切諸有中　堅実尊無上
遠離於生滅　随応現世間
降伏一切魔　救世大悲者
願悉受我請　来降此道場

（金剛頂経研究会「六巻本『金剛頂瑜伽中略出念誦法』の訳」㈤、『大正大学綜合仏教研究所年報』一三号、平成三年、一五〇頁参照。）

羯磨の……（二五八7）巻上までは成身会を明かし、以下羯磨会を説く。この会の印契は二手金剛拳を基本とする。真言行者は諸尊の印を手に結び、口に真言を唱え、意に諸尊の誓願を象徴する三昧耶形（三形）や種子を観じて各尊との合一を計り、それを体現することを成仏という。以下金剛界三十七尊の尊格を略述しておく。

五　仏

毘盧遮那如来　毘盧遮那如来は金剛界曼荼羅の中尊であり、金剛頂経の教主である。経によれば毘盧遮那は釈尊の成道に準えられて成仏する。金剛界曼荼羅はこの毘盧遮那如来（金剛界如来・釈迦牟尼如来）の悟りの内容を展開したものであるが、経にはこの毘盧遮那を毘盧遮那たらしめているもの、すなわち悟りの当体ともいうべき、曼荼羅全体をさす大毘盧遮那が登場する。この大毘盧遮那とは生命の付与者とも言うべき一切の顕現するものの自性（本体）であり、一切如来（一切であるところの如来、一切の如来）と表現される。従って大毘盧遮那は大毘盧遮那如来とは言われない。限定を受けないのである。そしてそれはまた、本来具有するところの大菩提心、普賢心（あまねく行き渡る慈悲心）と言われる。すなわち毘盧遮那如来も四仏も十六大菩薩もあらゆる曼荼羅の諸尊はすべて大毘盧遮那なのであり、曼荼羅行を修する瑜伽者はその大毘盧遮那との合一をめざすのである。三形は卒都婆。仏舎利塔であり、毘盧遮那と釈尊との深い関係を示唆している。種子はバン（vaṃ）。金剛界（vajradhātu）の頭文字。金剛界とはその身・口・意の働きが金剛のごとく堅固であることを示す。

阿閦如来　菩提心の徳を司る。阿閦とは不動という意味で、触地印を結び不動の姿勢を取っているのはこの菩提心が堅固なことを示している。三形は横の金剛杵の上に縦の金剛杵を置く。菩提心とは衆生に本来具わっているものである。それを示して横に金剛杵を置く。しかしその菩提心も発起しなければ用をなさない。その発動を示して金剛杵を縦に置く。種子はウン（hūṃ）。堅固なる菩提心をもって煩悩の魔軍を降伏することを意味する。

宝生如来　布施波羅蜜の徳を司る。その名前のように宝を雨降らす尊で、与願の印をしているのは、その福徳をあまねく衆生に降り注ぐ働きを示している。如意宝珠が衆生の望むあらゆる願いを適えてくれるところから、三弁宝珠を三形とする。種子はタラク（trāḥ）。タは宝を自由自在に生み出すことを、ラクは濁った水に宝珠を入れると澄むように、煩悩の魔を浄除することを表している。

無量寿如来　阿弥陀如来のことで、諸法実相を観察する智慧、すなわち般若波羅蜜の徳を司る。その般若智は三摩地（三昧）によるものであるところから弥陀の定印を結ぶ。三形は横の五鈷杵の上に独鈷杵を茎とした開敷蓮華。三摩地にもとづいて悟りの智慧が開花することを表している。種子キリク（hriḥ）。一字で恥（慚愧）という意味があり、人がもし「恥かしい」という気持ちを持てば、決して悪いことはできず、悪いことをしなければ、すべての汚れなき善を具えることができる（『理趣釈』(大)一九・六一二中）ことを示している。慚愧から懺悔へ、そして弥陀の救いへと続く浄土への教えもこのキリクの種子一字に含まれていると言える。

不空成就如来　釈迦如来に同じ。不空とは「空しからず」という意味で、仏の衆生済度の活動が完全に充実していることで、精進波羅蜜の徳を司る。三形は横金剛杵の上に羯磨杵を置く。横金剛杵は仏と衆生とは一体であることを示し、上の羯磨杵（三鈷杵を十字形に組み合わせたもの、十二鈷杵）は衆生済度の働きが四方八方、あらゆる方向に向って障りなく完全であることを示している。種子はアク（aḥ）。寂静の境地である涅槃を意味する。釈尊がクシナガラで涅槃を示現したのは、衆生の懈怠を戒め精進を勧めるためであり、大悲の発露と考えられる。

四波羅蜜（三五九17）　四仏が毘盧遮那を供養するために出現させた女尊たちで、金剛・宝・法・羯磨の四尊。

金剛波羅蜜　阿閦如来が毘盧遮那如来を供養するために出現させた女尊で、阿閦と同じ触地印を取る。名前の金剛とは菩提心の堅固なことを示し、同じく菩提心を象徴する五鈷杵を三形とする。菩提心の力によって彼岸に至る（波羅蜜）という誓願を意味している。種子はウン（hūṃ）。菩提心をもって煩悩を滅ぼすことを示す。

宝波羅蜜菩薩　宝生如来が毘盧遮那如来を供養するために出現させた女尊。宝生如来と同じ与願印を取る。名前の宝とは財宝が豊富であることを示し、あらゆる願いを適える三辨宝珠を三形とする。布施によって彼岸に至る徳を表す。種子はタラク（trāḥ）。財物そのものには浄もなければ不浄もない。衆生済度に用いられてこそ尊いものであることを示す。

法波羅蜜菩薩　阿弥陀如来が毘盧遮那如来を供養するために出現させた女尊。阿弥陀如来と同じ定印を結ぶ。名前の法とは諸法実相、すなわちすべての事物はそのままで真実の相を取っており、それを見極める智慧、般若の徳を示す。この諸法実相を蓮華が汚泥に咲いても決して汚されることのないのに喩え、三形を蓮華とする。種子はキリク（hrīḥ）。諸法皆空を認識すれば、煩悩を離れ、自由自在となり、すべての事物はそのままで清浄であること（実相）を悟れることを示す。

羯磨波羅蜜菩薩　不空成就如来が毘盧遮那如来を供養するために出現させた女尊。羯磨とは作業の意味で、精進業をいう。衆生利益に邁進する精進の徳を示す。その働きが縦横無尽であるため羯磨杵を三形とする。種子はアク（aḥ）。生死即涅槃、すなわち衆生も仏もまた煩悩も菩提も一味であることを示す。

本仏（二五九19）順に阿閦・宝生・無量寿・不空成就の四如来。以下十六大菩薩・八供養・四摂の各尊の尊格を略述する。

十六大菩薩

金剛薩埵　金剛のごとく堅固な菩提心を具えた勇敢なものという意味で、菩提心の活動を司る。左手で鈴を持ち、右手に五鈷杵を持つ。鈴は衆生が本来具えている菩提心を目覚めさせ、五鈷杵はその菩提心の展開である如来の五智を表している。三形は五鈷杵を立てる。仏と衆生の別はなく本来一如であるという菩提心の発動を示す。種子はアク（āḥ）。不生不滅、遍入を意味する。

金剛王菩薩　王とは自由自在に臣下を招集し、命令を下すことが出来るように、菩提心は一切衆生を自由に引き寄せ、救済する能力や働きがあるところから王に喩える。その衆生を引き寄せる誓願を表すために鳶口のような鉤を三形とする。種子はジャク（jaḥ）。四摂の真言ジャクウンバンコクの一で、四摂とは布施・利行・愛語・同事の菩薩行で、この四つの行はよく人々を摂取する。王のよく臣民を統率するのに喩えられ、その最初の真言が種子とされる。あるいは王の梵語ラージャのジャの字とも考えられる。

金剛愛菩薩　菩提心はいかなるものに対しても愛情を注ぐところから愛という。弓矢を射る姿勢を取っている。別名を摩羅（殺害者）ともいう。利己主義（小乗）を殺し、利他救済（大乗）の心を起させるところから、また、弓矢を三形とする。種子はコク（hoḥ）。歓喜の声である。仏も衆生も不二であり、自他ともに歓喜する意味である。

金剛喜菩薩　喜とは随喜の意味で、善哉とも訳す。相手の善行を

「善い哉、善い哉」と言って心から喜ぶことである。相手を是認して喜ばせるところから、両手で弾指（指を弾くこと）する姿をとり、また、その姿を三形とする。歓喜のガッツポーズであり、相手を拍手喝采する姿でもある。種子はサク（saḥ）。喜菩薩の梵名サードゥの頭文字サを取ったものと考えられる。

金剛宝菩薩　古代インドにおいて、王の即位式に四海の水を集めて頭頂に注ぐ灌頂という儀式がある。密教はこの儀式を取り入れ最極の秘法とする。この尊はその灌頂を司る尊で、仏の智慧の水を弟子に注いで、仏位につけることを表す。一切虚空界には宝が充満しており、そのことを体得させることから虚空蔵菩薩と同体とされる。三形は三辨宝珠。種子はオン（oṃ）。真言の最初に唱えられる聖なる音で、一切の真言を生み出す母ともされ、虚空のごとく無尽蔵であることを意味する。

金剛光菩薩　宝珠の輝きを体とする尊で、この輝きはよく衆生界を照らし、煩悩という闇をなくしてくれる。その働きを日光の暗闇を破することに喩え、日輪を三形とする。種子はアン（aṃ）。智慧の光明を獲得した悟りの境地を意味している。

金剛幢菩薩　幢とは先端に如意宝珠をつけた旗であり、衆生の欲するままによく意願を満足させる布施の徳を表す。地蔵菩薩と同体とされる。三形は幢。種子はタラン（traṃ）。タは宝を生み出すことに自由自在であること。ランは執著を離れることを示している。

金剛笑菩薩　金剛宝により仏位につき、金剛光で悟りを体得し、金剛幢で衆生済度の布施を円満する。この笑とは衆生の救済が成就したことを喜び、希有なことであると喜び笑うことを示す。この喜びの笑いを表して、二つの三鈷杵を重ねた間に笑いを表現した口と歯を描いたものを三形とする。種子はカク（haḥ）。笑い声の擬声である。

金剛法菩薩　観自在菩薩のことである。一切諸法は本来は清浄であると観察し、正しい法を説くところから金剛法の名がある。左の手にした蓮華の花弁を右手で開いているのはこの本来清らかな心（菩提心）が正法によって開かれる様を示している。この開花した菩提心を表して、独鈷杵を茎とした開敷蓮華を三形とする。種子は阿弥陀如来と同じキリク（hrīḥ）。このキリクはまた、貪・瞋・癡の三毒煩悩も本来清らかであることを示しており、観音は特に貪欲（愛欲）の清浄を強調する。

金剛利菩薩　文殊菩薩のことで、智慧が鋭い（利）ところからの名前で、利益の意味ではない。鋭利な刀すなわち、般若の利剣をもってよく一切の煩悩を断ち切ることを示している。この智慧を象徴して剣を三形とする。種子はダン（dhaṃ）。ダはダルマ（法）のダで、諸法皆空を示す。この種子一字で諸法皆空を悟る智慧を表す。智慧は姿、形のないもので、説法の声としか我々には受け止められない。その般若の声の象徴として文殊はまた、妙音（mañjughoṣa）菩薩とも言われる。

金剛因菩薩　弥勒菩薩に当たる。弥勒は纔発心転法輪（発心するや否や法輪を転じる）とも称し、手にする輪は転法輪の輪であり、正法のことである。三形も同じ。しかし、ここで言う輪とは曼荼羅輪のことでもある。金剛因の因とは原因の因であり、曼荼羅は諸仏の集まりで、この曼荼羅世界に入ることによって仏果が得られるというところから因の名前がある。種子はマン（maṃ）。人無我、すなわち主体的な自我（アートマン）という実体は存在しないことをいう。

金剛語菩薩　語とは秘密語のことであり、言葉のとおりではないその裏に深い意味が隠されている仏の言葉という意味で、真言のことである。真言行者は舌に金剛杵を観じて真言を唱える。決して疲れることがないという。それを意味して舌の中に金剛杵を描いたものを三形とする。種子はラン（raṃ）。秘密語の境界が無垢清浄であることを示している。

金剛業菩薩　業とは行為、行動の意味で、有効に何でも巧みに行動するということで、あえて意図しなくても自然に利他行が実行されることを示している。その遍満する仏の活動を象徴して羯磨杵を三形とする。種子はカン（kaṃ）。カは行動を意味する梵語カルマンの頭文字で、仏作仏業の巧みな働きを意味する。

金剛護菩薩　衆生済度の菩薩行はあらゆる困難に直面し、勇敢な精進なくしては遂行できない。護とは「護る」ということで、精進という甲冑を着て護るということである。兵士が戦場において身を護るため甲冑を着るように、征服し難いものに敢然と立ち向うことを象徴し、甲冑を三形とする。種子はカン（kaṃ）。自利利他の二利の行為を表す。

金剛牙菩薩　牙を持つ夜叉で、一切の魔を摧伏するので摧一切魔菩薩ともいう。日本では夜叉というと悪鬼あるいは恐ろしい女の形容詞として使われるが、ここでいう夜叉とは悪人教化のために方便として夜叉となり難化の者を調伏する。それは悪より人を守るためであり、仏の慈悲の現れなのである。三形は二つの半三鈷杵。金剛夜叉の恐ろしい攻撃的な姿を表す牙を示す。種子はウン（hūṃ）。降伏を意味する。

金剛拳菩薩　名前の拳は梵語でサンディ（saṃdhi）といい合一という意味である。凡夫の世界では言行が一致することはまれであり、仏は身・口・意の三つの働きがばらばらでなく一致していることを言う。それを表現するためにこぶしを握るので金剛拳という。発菩提心を体とする金剛薩埵から始まるその修行はこの尊に至って完成する。三形は二手を金剛拳にする。種子はバン（baṃ）。縛（bandha）という語の頭文字であり、縛とは拳を結ぶ印縛のことでもあるが、それは身・口・意の働きが一致していることを表す。

八供養

金剛嬉菩薩　毘盧遮那如来が阿閦如来を供養するために出現させた女尊。菩提心の絶妙なる活動を喜ぶことを示す。三形はやや曲がった三鈷杵。踊りあがらんばかりの喜びを表現している。種子はコク（hoḥ）。歓喜の声である。

金剛鬘菩薩　毘盧遮那如来が宝生如来を供養するために出現させた女尊。宝生如来の司る布施波羅蜜の活動を讃える。種々の宝を供養することを示して宝鬘を三形とする。種子はタラタ（traṭ）。財に固執せず、別け隔てなく施すことを意味する。

金剛歌菩薩　毘盧遮那如来が無量寿如来を供養するために出現させた女尊。無量寿如来の司る般若波羅蜜の活動を讃える。説法の妙なる響きを歌詠に託して三形を箜篌とする。種子はギク（giḥ）。歌菩薩の名前ギーター（歌）の頭文字である。

金剛舞菩薩　毘盧遮那如来が不空成就如来を供養するために出現させた女尊。不空成就如来の司る精進波羅蜜の活動を喜び、その徳をたたえるために舞踏をもって表す。三形は羯磨杵。種子はキリタ（kṛt）。その作業が自然で別け隔てないことを意味する。

金剛香菩薩　阿閦如来が毘盧遮那如来の供養に応え、再び毘盧遮那を供養するために出現させた女尊。香とは焼香のことで、香りがすばやく広がり清浄な香気を満たすように、菩提心が臭穢なる煩悩を浄除し、あまねく行き渡ることを示す。三形は香呂。種子はアク（aḥ）。不生不滅の意。

金剛華菩薩　宝生如来が毘盧遮那如来の供養に応え、再び毘盧遮那を供養するために出現させた女尊。布施などの万徳の華で荘厳することである。華を盛った器を三形とする。種子はオン（oṃ）。金剛宝菩薩に同じ。

金剛燈菩薩　無量寿如来が毘盧遮那如来の供養に応え、再び毘盧遮那を供養するために出現させた女尊。燈明とは般若の智慧で、智慧の燈明をもって無明の闇を照すのである。三形は宝燈燭。種子はジク（diḥ）。燈明（dipa）の頭文字。

金剛塗香菩薩　不空成就如来が毘盧遮那如来の供養に応え、再び毘盧遮那を供養するために出現させた女尊。塗香とは身体に塗る香

料で、身心を清涼にし暑さを防ぐ。衆生の身・口・意を清め、煩悩の熱を静める働きを表す。三形は塗香器。塗香の入った容器。種子はギャク（gaḥ）。塗香の梵語ガンダ（gandha）の頭文字。また、奉仕精進の行（ga-）をも意味する。

四　摂

金剛鉤菩薩　毘盧遮那如来が出現させた尊で、曼荼羅の東門を護衛する。菩提心の鉤をもって衆生を曼荼羅に入らしめる。三形は引き寄せるものである金剛鉤。種子はジャク（jaḥ）。ジャは発生の意味で、衆生に菩提心を起さしめて涅槃にいらしめるのである。

金剛索菩薩　毘盧遮那如来が出現させた尊で、曼荼羅の南門を護衛する。索とは羂索とも言い、綱のことである。布施という索で衆生を曼荼羅の中に引き入れることを示す。三形は蛇の形をした索。種子はウン（hūṃ）。執著を離れた、空の世界を表している。

金剛鎖菩薩　毘盧遮那如来が出現させた尊で、曼荼羅の西門を護衛する。曼荼羅に引き入れたものを再び退くことがないように、鎖でつなぎ止めるのである。三形は金剛鎖。種子はバン（vaṃ）。従来鎖が縛り止めるという所から束縛（bandhana）の頭文字バン（baṃ）の字が種子とされてきたが、言説説法（vāc）の意味で vaṃ と考える。

金剛鈴菩薩　毘盧遮那如来が出現させた尊で、曼荼羅の北門を護衛する。曼荼羅に引き寄せ（鉤）、引き入れ（索）、引き留め（鎖）た衆生を説法をもって喜ばす精進の働きを示す。その説法を鈴の音に託し金剛鈴（把手が五鈷杵のベル）を三形とする。種子はコク

(hoḥ)。歓喜の意味で、ホーホは擬声。

右は心にし……（三六三10） 賢劫十六尊の印言。印は右の拳をもって胸に当て（伝法院流では腰に置く）、左の拳をもって右方より左方に置きおわる。方ごとに四菩薩を遶らし、吽（hūṃ）字を十六遍唱える。127の真言の hūṃ は十六尊、huṃ は二十天をさす。

賢劫千如来（三六三14） 金剛界曼荼羅成身会に描かれる。他の三昧耶会・微細会・羯磨会・降三世会・降三世三昧耶会には代表である十六尊が描かれる。賢劫とは現在の住劫という意味で、過去・現在・未来に千仏ずつ出現するという。密教では賢劫の千仏で他を摂する。本経『金剛頂経』には「安立於外壇　応画摩訶薩」（㊅一八・二一七上、H§216）とあるのみで、その名称を上げていない。経軌によって異説が多いが、『賢劫十六尊』『大乗観想曼拏羅浄諸悪趣経』『石山七集』『現図曼荼諸尊便覧』などを参考に以下種子・三形などを略述しておく。

慈氏菩薩　Maitreya　マイトレーヤ

慈氏とはマイトレーヤの訳語で慈悲ぶかき者の意。弥勒菩薩に同じ。纔発心転法輪（発心するや否や悟りを得て法を弘める）菩薩とも言われる。賢劫十六尊の筆頭で、東の框の北端に位置する。成身会では千仏の一つとして描かれている。本来は一々の曼荼羅に千仏が描かれるべきであるが、成身会以外は十六尊を代表して描いている。種子はア（a）。通常は本不生（縁起・空の意）を意味するが、ここで言う生とは生老病死をさし、輪廻の法を意味している。すなわち、不生とは輪廻の世界を越えて涅槃＝大慈に到達していることを表す。別の種子マイは尊名のマイトレーヤの頭文字である。三形は軍持。クンディー（kuṇḍī）の音写語で、水差しのことである。智慧の水をもって法雨を注ぐことを示している。

不空見菩薩　Amoghadarśin　アモーガダルシン

賢劫十六尊の第二。東の框の慈氏菩薩の次に位置する。不空見とは決して見逃さないという意味で、仏眼を開いてあまねく衆生を観察する菩薩である。仏眼とは五眼（肉眼・天眼・慧眼・法眼・仏眼）のことで、肉眼とは肉身に備えた眼、天眼とは天人の眼、慧眼とは声聞縁覚が空を悟る智慧、法眼とは菩薩が衆生済度のために一切の法門を悟る智慧であり、これら四つをすべて備えているのを仏眼という。種子はアク（aḥ）。不生不滅を表す。三形は独鈷杵。一実不二、すなわち真如無差別を表すとともに万物を摧破する功徳があり、一実不二の仏眼をもって衆生を見て煩悩を摧破することを表す。

滅悪趣菩薩　Sarvāpāyajaha　サルヴァーパーヤジャハ

東の框の第三位に住す。除悪趣菩薩とも言う。地獄・餓鬼・畜生の三悪趣に落ちた衆生を普く救いあげる誓願をもった菩薩である。種子はドボウ（dhvaṃ）。破壊するという動詞 dhvaṃs から取ったものである。三形は梵篋。『賢劫十六尊』には三鈷杵とあり、『浄諸悪趣経』によれば鉤とあるので、三鈷鉤とすべきであろう。三悪趣を滅ぼし衆生を救い取る誓願を表すには最もふさわしい。梵篋である説明は、『諸尊便覧』には、この尊は梵篋、すなわち八万の法門に入って衆生の諸蓋障を断ち、大空三昧に住せしめるとある。

除憂闇菩薩　Śokatamonirghātana　ショーカタモーニルガータナ

除憂冥菩薩とも、除一切憂冥菩薩とも言う。その名のとおり、一切衆生の憂悩と暗愚を除く徳を表す。東の框の南端に位置する。種子はアン（aṃ）。ア字に空点を着けたもので、解脱の意味を表す。三形は木枝。揚柳という説もあるが、無憂樹の枝である。無憂樹とは梵名をアショーカといい、憂悩が無いという意味で、尊名とも一致する。その枝で煩悩を払う意味である。

香象菩薩　Gandhahastin　ガンダハスティン

ガンダハスティンとは発情期の象をいう。その時期の象はこめかみから芳香を放ち異性を引き付けるのである。その妙なる香りと偉大な力を象徴した尊である。南の框の東端に位置する。種子はギャク（gaḥ）。尊名の頭文字を取ったものである。三形は鉢器。塗香の器であろう。

大精進菩薩　Śūra　シューラ、Śūraṃgama　シューランガマ

衆生の苦しみを静める菩薩で、一切の煩悩を脱している。勇猛《ゆうみょう》菩薩の名でよく知られている。いかなる困難に出会っても退くことなく、勇猛果敢に突き進んで行く意味である。南の框の第二位に位置する。種子はビ（vi）。ヴィールヤ（vīrya）の頭文字で精進の意味である三形は独鈷戟（鏘戟《しょうげき》ともいう）。槍のことで、槍がよくものを貫徹するのをもって精進の意味を表している。『石山七集』には一古杖とある。

虚空蔵菩薩　Gaganagañja　ガガナガンジャ

尊名のガガナは虚空の義。ガンジャは貯蔵所、倉庫の義。毘盧遮那如来の福徳と智慧の二徳を円満した菩薩で、虚空がすべてを包含しているごとく富貴に富んでいる菩薩である。ガガナガンジャは『金剛頂経』や『理趣経』では虚空庫菩薩と訳され、虚空蔵菩薩（ākāśagarbha　アーカーシャガルバ）とは別の尊格として登場するが、ここでは虚空蔵菩薩のことで、宝生如来の四親近の筆頭金剛宝菩薩と同体である。南の框の第三位に位置する。種子はア（ā）。別名アーカーシャガルバの頭文字である。三形の三辨宝珠はこの尊の福徳の三昧を表している。三辨宝珠とは如意宝珠が品形に三つ並んだもので、梵字のイ字に賦せられる。イの字は三点からなっており、この三点は『涅槃経』によれば、法身・解脱・般若を表す。イ字の三点は縦一列でも横一列でもなく、三角形におかれていて、そのうち一つ欠けてもイ字にならないように、法身とは解脱を離れては存在せず、解脱をあらしめる般若を離れても存在しない。法身と解脱と般若が一つになっている。これが如来であるという。

智幢菩薩　Jñānaketu　ジュニャーナケイトゥ

智幢とは如意幢幡をもって仏の智慧を表すところから名付けられる。『浄諸悪趣経』の梵本によれば、一切の願を円満し、貧窮の苦しみを度脱するという。南の框の西端に位置する。種子はタラン（trāṃ）。救済するという意味のトゥラーナ（trāṇa）の頭文字であろう。三形の如意幢幡とは、先端に如意宝珠を付けた旗のことである。言うならば軍旗、旗印である。戦場において軍旗は敵味方を識別し、兵士の意気を鼓舞するものである。それと同じように、この如意幢幡は衆生の救度と智慧の獲得を目指す仏教の旗印といえる。

『賢劫十六尊』には幢幖幟とある。

無量光菩薩　Amitaprabha　アミタプラバ

無量の智慧の光によって遍く十方を照すところから無量光の名がある。『浄諸悪趣経』にはその名を甘露光（アムリタプラバ　Amṛtaprabha）とする。甘露とは不死の妙薬のことであり、この尊は無量の寿命を与える者という。無量光では光に、甘露光では甘露にその比重がおかれ、全く別の尊格となる。西の框の第一位に住する。種子はア（a）。アミタあるいはアムリタの頭文字である。『石山七集』ではアク（ah）を加える。『賢劫十六尊』ではドボウ（dhvaṃ）とある。ドボウは滅悪趣菩薩と同じ種子である。三形は蓮花光明。『諸尊便覧』では光明、『賢劫十六尊』では蓮華、『石山七集』では火焔とある。光明を放つ蓮華である。甘露光の場合は当然甘露を満たした水瓶となろう。

賢護菩薩　Bhadrapāla　バドラパーラ

賢護とは文字どおりには「守護するに賢《さと》い」の意味である。衆生救済の誓願を護るに賢善であるとの意味もある。『浄諸悪趣経』の梵本によれば「一切法を開示する者」とある。衆生を守護するに巧みであり、煩悩を退治し無垢なる智慧を有している菩薩である。西の框の第二位に位置する。なお、『浄諸悪趣経』では第三位に位置し、第二位には月光菩薩が位置している。種子はハリ（pr）。『石山七集』にはハラ（pra）とあり、名前であるバドラパーラのパーラが訛ったものと思われる。三形は賢瓶。煩悩を退治する智慧の水が入っている。

光網菩薩　Jāliniprabha　ジャーリニープラバ

網明菩薩とも言う。『浄諸悪趣経』には熾盛光《しじょうこう》菩薩と言う。その梵名は、ジュヴァリニープラバ（jvāliniprabha）とあり、梵字では ja と jva とが似ている所から混乱したものと思われる。『浄諸悪趣経』の梵本には、jālini（網）と jvālini（光炎）の両方が出てきており、どちらとも決定しがたい。網で魚を捕るように、四弘誓願の舟に乗り、教えの網を張って苦海に沈没している衆生を救済せんとの誓願をもった菩薩である。一人も残すことなく救い取る手段（方便）としては網が最も象徴的であり、その意を表して余すところがない。西の框の第三位に住する。『浄諸悪趣経』では第四位になっている。種子はジャク（jah）。尊名の頭文字であるが、ジャーティ（jāti 生の意）のジャの字に涅槃点が着いたものと考え、生死を離れて涅槃に至らしめる字義でもある。三形は羅網。衆生を救い取る方便の網である。『諸尊便覧』には幢網とある。先に尊名は決定しがたいと述べたが、光網あるいは網明とは光り輝く網の意味ではなく、その放つ光が網のような状態に広がっているという意味であるので、熾盛光（Jvālini）の方が可能性があると思われる。

月光菩薩　Candraprabha　チャンドラプラバ

闇を照す煌々と輝く月の光のように、無知の黒闇を破る者で、月そのものよりも月の光を尊格化したものである。月光は無熱であるところから、煩悩の炎を滅した清涼な境地を表している。西の框の第四位に住するが、『浄諸悪趣経』では第二位となっている。種子はシャ（ca）。尊名の頭文字である。『石山七集』ではバ（va, bha）

とあり、『賢劫十六尊』ではマ（ma）とあるが、バ（va）はシャ（ca）と梵字の形が似ているところから、またマはバと音が似ているところからの誤りと考えられる。bha は尊名プラバ（prabha）の末尾を取ったものであろう。三形は半月。修行中の心を示している。月は十六分の一ずつ満ちていくところから、半月を描くことによって自己の心の月輪（菩提心）が次第に円満していくことを表している。

無尽意菩薩　Akṣayamati　アクシャヤマティ

無尽慧菩薩とも無量慧菩薩とも言う。名前のとおり尽きることのない智慧を持った菩薩で、すべての衆生に満足を与えるという。北の框の第一位に住するが、『浄諸悪趣経』では第二位に位置する。種子はキジャ（jña）。真言の中にみえる字であるが、智の意味で名前のマティと同じ意味から種子とされたものであろう。三形は梵篋。智慧を意味している。

辯積菩薩　Pratibhānakūṭa　プラティバーナクータ

尊名の辯積は弁舌に巧みで、それを積み上げている意味で、文殊菩薩と同体とされる。北の框の第二位に住するが、『浄諸悪趣経』では第三位に位置する。種子は（vi）。vimukti（解脱）の頭文字と考えられる。『賢劫十六尊』ではラン（raṃ）とあるが古来 vi が用いられている。三形は雲。智慧を積み上げていることを表している。いわゆる文殊の智慧である。文殊菩薩の異形に五髻文殊を代表とする髪を結い上げた文殊童子形があるが、三形の雲はこの髻の形をデホルメしたものとも考えられる。なお五髻は五智を表すという。

金剛蔵菩薩　Vajragarbha　ヴァジュラガルバ

金剛蔵とは金剛の胎児あるいは金剛を懐胎しているものの意味で、金剛とは大智（仏の智慧）のことである。すなわち、大智の子、あるいは大智を備えているとの意味である。金剛薩埵と同体である。金剛薩埵が大智の因（能求菩提心—菩提を求める心）とすれば金剛蔵は大智の果（所求菩提心—菩提そのものとしての心）である。金剛薩埵を始めとする十六大菩薩は大智の展開を示しており、十六番目の金剛拳菩薩は大智の結果を円満している菩薩でありしたがってこの金剛拳菩薩とも同体である。北の框の第三位に住するが、『浄諸悪趣経』では第一位に位置している。種子はバ（va）。尊名ヴァジュラガルバの頭文字である。三形は井型の独鈷杵。縦の独鈷杵を能求菩提心、横の独鈷杵を所求菩提心とみれば、因果二徳を備えていることを示しており、四本あるのは四智（大円鏡智・平等性智・妙観察智・成所作智）の円満を表している。なお、『賢劫十六尊』は三形を独鈷杵とする。

普賢菩薩　Samantabhadra　サマンタバドラ

普賢の普とは遍在、賢とは祝福の意味で「普く祝福されたもの」と訳すことが出来る。すなわち、すべての時に、すべての所で、すべての徳を具えている尊である。本有菩提心（本来所有している菩提の心＝所求菩提心＝あらゆる万物に満ち満ちている生命それ自体）をさす。賢劫十六尊の功徳を総集した菩薩である。また菩提心はもろもろの功徳の宝を雨降らせるところから如意宝珠に喩えられる。北の框の第四位に住する。種子はアク（aḥ）。菩提心（悟りを求める心＝能求菩提心）を意味するアの字に涅槃点が付いたもので、涅槃（悟りそのもの＝所求菩提心）を表す。発心即到と言って、発心すれば即ち涅槃に到ると言い、悟りを求める心を発こしたことは悟りの心が開いたことであり、悟りを求める心も、求められる悟りの心も同事であるとする。この妙理を尊格で現せば、ア字で示される能求菩提心は金剛薩埵であり、アク字で示される所求菩提心は普賢菩薩となり、所求も能求も同事であるから金剛薩埵と普賢菩薩は同体なのである。三形は剣。本有の智慧を表し、文殊の剣が修生の智慧を表しているとの相違がある。

聖なる天（二六四6）　外金剛部二十天のことで『金剛頂経』降三世品に説く。印は前の賢劫十六尊に同じ。吽（huṃ 本来は hūṃ であるが、伝統的に短の吽を用いる）字を二十遍唱える。二十天とは以下の如し。『金剛頂経』によれば二十一天を上げる（大一八・三七三上―中、H§745–759）。

三界主（五天）
1 大自在天（Maheśvara）
2 那羅延天（Nārāyana）
3 童子天（Sanatkumāra）
4 梵天（Brahman）
5 帝釈天（Indra）

飛行天（空行天）
1 甘露軍荼利（Amṛtakuṇḍali）
2 月天（Indu）
3 大勝杖（Mahādaṇḍāgri）
4 氷識羅（Piṅgala）

虚空天
1 末度末多（Madhumatta）
2 作甘露（Madhukara）
3 最勝（Jaya）
4 勝（Jayāvaha）

地居天
1 守蔵（Kaśapāla）
2 梵天（Vāyu）
3 火天（Agni）
4 倶尾囉天（Kuvera）

水居天（地下天）
1 嚩囉賀（Varāha）
2 焔摩天（Yama）
3 必哩体尾祖梨（Pṛthivicūlika）
4 水天（Varuṇa）

宝幢三昧耶〔の契〕（二七八7）　外縛して二頭指二大指を宝形になし、二小指二無名指を共に開き立てる。

なお、この段は本来は二つに別たれるべきである。すなわち「応に生死……涅槃を得せしめん」までを〈菩提心供養〉とし、「及び種種の宝」より真言の終りまでを〈布施供養〉とするのである。従って「涅槃を得せしめん」の句の後に次の菩提心供養の真言が入る。

何らかの理由によって脱落し、菩提心供養と布施供養の趣意文がつながり一つとなってしまった。すなわち本来ならば十七雑供養は十八雑供養であったはずである。

「而して此の密言を誦せ

密語に曰わく

oṃ　sarvatathāgatavajrabodhicittapūjāmeghasamudraspharaṇasamaye hūṃ.（オーン　一切如来の金剛菩提心供養雲海を遍満せんと誓える尊よ　フーン）」

詳しくは拙論「Sarvadurgatipariśodhanatantra（二）——梵文テキストと和訳——」（那須政隆博士米寿記念『仏教思想論集』成田山新勝寺、昭和五十九年）を参照されたし。

金剛百字の明（二六二4）　大乗現証百字真言ともいう。身・語・心を堅固ならしめる百韻からなる真言で、『金剛頂経』には次のように言う。

「印の加持を怠ったとき、あるいは自ら意欲をなくしたときは、この心真言によって堅固になすべきである。……無間〔罪〕を作るものも、一切如来の盗賊（一切如来の説を私の説だという）も、正法を誇るものも、一切の悪業をなすものも、この〔心真言〕によって一切如来の印を成就し、金剛薩埵が堅固に〔安住〕することから、まさにこの世の生において〔即身に〕、速やかに欲するままの一切の悉地を、最上の悉地を、或いは金剛の悉地を、乃至、如来の悉地を獲得するであろう」（H§307, 308）。

真言補注

1 浄　地

oṃ rajo 'pagatāḥ sarvadharmāḥ.（オーン　一切諸法は塵垢を遠離せり）

2 浄　身

oṃ svabhāvaśuddhāḥ sarvadharmāḥ svabhāvaśuddho 'ham.（オーン　一切諸法は自性からして清浄なり　〔それ故〕我れも自性からして清浄なり）

3 観　仏

khaṃ vajradhātu.（カン　金剛界よ）

4 金　剛　起

oṃ vajra tiṣṭha hūṃ.（オーン　金剛よ　起て　フーン）

5 四礼　東方阿閦

oṃ　sarvatathāgatapūjopasthānāyātmānaṃ　niryātayāmi sarvatathāgatavajrasattvādhitiṣṭhasva māṃ hūṃ.（オーン　一切如来に対する供養承事のために　我れは己身を奉献す　一切如来金剛薩埵よ　我れを守護したまえ　フーン）

6 四礼　南方宝生

oṃ　sarvatathāgatapūjābhiṣekāyātmānaṃ　niryātayāmi sarvatathāgatavajraratnābhiṣiñca māṃ trāḥ.（オーン　一切如来に対する供養灌頂のために　我れは己身を奉献す　一切如来金剛宝よ、我れを灌頂したまえ　トラーハ）

7 四礼　西方無量寿

oṃ sarvatathāgatapūjāpravartanāyātmānaṃ niryātayāmi sarvattahāgatavajradharma pravartaya māṃ hriḥ.（オーン 一切如来に対する供養転〔法〕輪のために 我れは己身を奉献す 一切如来金剛法よ 我れに〔法輪〕を転じ給え フリーヒ）

8 四礼 北方不空成就

oṃ sarvatathāgatapūjākarmaṇa ātmānaṃ niryātayāmi sarvatathāgatavajrakarma kuru māṃ āḥ.（オーン 一切如来に対する供養事業のために 我れは己身を奉献す 一切如来金剛業よ 我れに〔事業〕を作し給え アーハ）

9 金剛持遍礼

oṃ sarvatathāgatakāya(mi)vākcitta (vajrapraṇame) vajra-vandanaṃ karomi oṃ vajra viḥ.（オーン 一切如来の身・語・心（礼敬において）我れは金剛の頂礼をなす オーン 金剛よ ヴィヒ〔最勝よ〕）

10 勝 願

oṃ sarvatathāgataśaṃsitāḥ sarvasattvānāṃ sarvasiddha-yaḥ saṃpadyantāṃ tathāgatāś cādhitiṣṭhantām.（オーン 一切の如来によって称讃されたる一切の悉地が 一切の有情たちに成就せんことを また如来たちが〔有情たちを〕加持したまわんことを）

11 金 剛 眼

oṃ vajradṛṣṭi maṭ.（オーン 金剛の瞻視よ マット）

12 金剛合掌

oṃ vajrāñjale.（オーン 金剛合掌よ）

13 金 剛 縛

oṃ vajrabandha.（オーン 金剛縛よ）

14 開 心

oṃ vajrabandha traṭ.（オーン 金剛縛よ トラット〔開け〕）

15 入 智

oṃ vajrāveśa aḥ.（オーン 金剛〔智〕よ 遍入せよ アハ）

16 合 智

oṃ vajramuṣṭi baṃ.（オーン 金剛拳よ バン）

17 普賢三昧耶

oṃ samayas tvaṃ.（オーン 汝は誓戒あるものなり）

18 極喜三昧耶

oṃ samaya hoḥ suratas tvaṃ.（オーン 誓戒あるものよ ホーホ 汝は妙適なり）

19 降 三 世

oṃ śumbha niśumbha hūṃ gṛhṇa gṛhṇa hūṃ gṛhṇāpaya hūṃ ānaya hoḥ bhagavan vajra hūṃ phaṭ.（オーン シュンバよ ニシュンバよ フーン〔外天を〕捉えよ 捉えよ フーン 捉え寄せよ フーン〔仏道に〕導け ホーホ 尊とき金剛よ フーン パット）

20 蓮華三昧耶

oṃ vajrapadmasamayas tvaṃ.（オーン 汝は金剛蓮華〔部〕の誓戒あるものなり）

21 法 輪

hūṃ ṭakki sphoṭaya mahāvirāgavajraṃ vajradhara satyena ṭhaḥ.（フーン タッキ〔忿怒尊〕よ 大離貪金剛を破壊せよ 持金剛よ 確実に タッハ）

22 大 欲

oṃ suratavajra(m) jaḥ hūṃ vaṃ hoḥ samayas tvam.（オーン 妙適金剛よ ジャハ フーン ヴァン ホーホ 汝は誓願あるものなり）

23 大楽不空身

oṃ mahāsukhavajraṃ sādhaya sarvasattvebhyo jaḥ hūṃ vaṃ hoḥ〔suratas tvam〕.（オーン 一切有情のために 大楽金剛を成就せよ ジャハ フーン ヴァン ホーホ〔汝は妙適なり〕）

24 召 罪

oṃ sarvapāpākarṣaṇaviśodhanavajrasattvasamaya hūṃ jaḥ.（オーン 一切の罪障を鉤召し浄除せしめる金剛薩埵の誓願あるものよ フーン ジャハ）

25 摧 罪

oṃ vajrapāṇi visphoṭaya sarvāpāyabandhanāni pramokṣaya sarvapāpagatibhyaḥ sarvasattvān sarvatathāgatavajrasamaya hūṃ traṭ.（オーン 金剛手よ 一切の罪悪の繋縛を砕きたまえ 一切の悪趣より一切の有情を解脱せしめたまえ 一切如来の金剛〔の如き〕誓願を持つものよ フーン トラット）

26 業障除（浄三業）

oṃ vajrakarma viśodhaya sarvāvaraṇāni buddhasatyena samaya hūṃ.（オーン 金剛業〔菩薩〕よ 真理を悟って一切の障りを浄めたまえ 誓願あるものよ フーン）

27 成菩提心

oṃ candrottare samantabhadrakiraṇe mahāvajriṇi hūṃ.（オーン 月最上尊よ 普賢光明尊よ 大持金剛女よ フーン）

28 礼仏（普礼）

oṃ sarvatathāgatapādavandanaṃ karomi.（オーン 我れは一切如来に頂礼す）

29 通達菩提心 五相の一

oṃ cittaprativedhaṃ karomi.（オーン 我れは心を洞察す）

30 修菩提心 五相の二

oṃ bodhicittam utpādayāmi.（オーン 我れは菩提心を起こす）

31 微細金剛

oṃ sūkṣmavajra.（オーン 微細金剛杵よ）

32 成金剛心 五相の三

oṃ tiṣṭha vajra.（オーン 立て 金剛杵よ）

33 広 金 剛

oṃ sphara vajra.（オーン 拡散せよ 金剛杵よ）

34 斂 金 剛

oṃ saṃhara vajra.（オーン 収斂せよ 金剛杵よ）

35 証金剛身 五相の四

oṃ vajrātmako 'ham.（オーン 我れは金剛杵そのものなり）

36 仏身円満
oṃ yathā sarvatathāgatās tathāham.（オーン 一切の如来たちがある如く その如く我れはある）

37 諸仏加持
oṃ sarvatathāgatābhisaṃbodhirdṛdhavajra tiṣṭha.（オーン 一切如来の現証を堅固にする金剛杵よ 立て）

38 四仏加持 阿閦
oṃ vajrasattvādhitiṣṭhasva māṃ hūṃ.（オーン 金剛薩埵よ 我れを加持したまえ フーン）

39 四仏加持 宝生
oṃ vajraratnādhitiṣṭhasva māṃ trāḥ.（オーン 金剛宝よ 我れを加持したまえ トラーハ）

40 四仏加持 無量寿
oṃ vajradharmādhitiṣṭhasva māṃ hrīḥ.（オーン 金剛法よ 我れを加持したまえ フリーヒ）

41 四仏加持 不空成就
oṃ vajrakarmādhitiṣṭhasva māṃ aḥ.（オーン 金剛業よ 我れを加持したまえ アハ）

42 五仏灌頂 遍照尊
oṃ sarvatathāgataiśvaryābhiṣeka vaṃ.（オーン 一切如来の主権の灌頂［を得たもの］よ ヴァン）

43 五仏灌頂 阿閦
oṃ vajrasattvābhiṣiñca māṃ hūṃ.（オーン 金剛薩埵よ 我れを灌頂したまえ フーン）

44 五仏灌頂 宝生
oṃ vajraratnābhiṣiñca māṃ trāḥ.（オーン 金剛宝よ 我れを灌頂したまえ トラーハ）

45 五仏灌頂 無量寿
oṃ vajrapadmābhiṣiñca māṃ hrīḥ.（オーン 金剛蓮華よ 我れを灌頂したまえ フリーヒ）

46 五仏灌頂 不空成就
oṃ vajrakarmābhiṣiñca māṃ aḥ.（オーン 金剛業よ 我れを灌頂したまえ アハ）

47 四仏繋鬘 阿閦
oṃ vajrasattva mālābhiṣiñca māṃ vaṃ.（オーン 金剛薩埵よ 花鬘をもって 我れを灌頂したまえ ヴァン）

48 四仏繋鬘 宝生
oṃ vajraratna mālābhiṣiñca māṃ vaṃ.（オーン 金剛宝よ 花鬘をもって 我れを灌頂したまえ ヴァン）

49 四仏繋鬘 無量寿
oṃ vajrapadma mālābhiṣiñca māṃ vaṃ.（オーン 金剛蓮花よ 花鬘をもって 我れを灌頂したまえ ヴァン）

50 四仏繋鬘 不空成就
oṃ vajrakarma mālābhiṣiñca māṃ vaṃ.（オーン 金剛業よ 花鬘をもって 我れを灌頂したまえ ヴァン）

51 甲 冑

oṃ ṭuṃ.（オーン　トゥン）

52 金 剛 拍

oṃ vajra tuṣya hoḥ.（オーン　金剛よ　満足せよ　ホーホ）

53 現 智 身

oṃ vajrasattva āḥ.（オーン　金剛薩埵よ　アーハ〔遍入せよ〕）

54 見 智 身

oṃ vajrasattva dṛśya.（オーン　金剛薩埵よ　現われよ）

55 四　明

jaḥ hūṃ vaṃ hoḥ.（ジャハ〔鉤召し〕　フーン〔引入し〕　ヴァン〔縛し〕　ホーホ〔喜ばしむ〕）

56 陳三昧耶

oṃ samayo 'haṃ mahāsamayo 'haṃ.（オーン　我れは誓願あるものなり　我れは広大な誓願を持つものなり）

57 器　界

khaṃ haṃ kaṃ vaṃ pra hriḥ su.（虚空輪よ　風輪よ　七金山よ　水輪よ　金亀よ　蓮華よ　須弥山よ）

58 大　海

oṃ vimalodadhi hūṃ.（オーン　無垢なる大海よ　フーン）

59 須 弥 盧

oṃ acala hūṃ.（オーン　動かざるもの（山）よ　フーン）

60 宝楼閣（小金剛輪）

oṃ vajracakra hūṃ.（オーン　金剛輪（曼荼羅）よ　フーン）

61 啓　請

yābhyāṃ nivicchaṃsacakrasiddhe syātam ubhe bale, vajrakuṇḍalihetubhyāṃ tābhyām astu sadā namaḥ.（両者の力により　啓請と曼荼羅の悉地があるべし　〔そは〕金剛と軍荼利の二尊によるが故に　両者に常に帰命があれかし）

62 開　門

oṃ vajradvārodghāṭayasamaya praveśaya hūṃ.（オーン　金剛門を聞かしめんとの誓願あるものよ〔諸尊を〕入らしめよ　フーン）

63 啓請伽他

āyantu sarve bhuvanaikasārāḥ pranāmitāḥ śeṣakaṭhoramārāḥ, sākṣātkṛtānantabhavasvabhāvāḥ svayaṃbhuvo 'nantabhavasvabhāvāḥ.（生類にとり唯一堅実にして　礼敬に値し　暴悪なる魔を追いやり　限りなき存在の自性を現証し　自然生であり　限りなき存在の自性である　一切〔諸尊〕よ〔この曼荼羅に〕来たりたまえ）

64 観仏海会

oṃ vajrasamāja jaḥ.（オーン　〔持〕金剛〔衆〕の集会よ　ジャハ）

65 百八名讃　薩（金剛薩埵）

vajrasattva mahāsattva vajra sarvatathāgata, samantabhadra vajrādya vajrapāṇe namo 'stu te.（金剛薩埵よ　偉大な士よ　金剛杵よ　一切如来よ　普賢よ　金剛〔種族〕の筆頭よ　金剛

手よ　汝に帰命し奉る）

66 王（金剛王菩薩）

vajrarāja subuddhāgrya vajrāṅkuśa tathāgata, amoghārāja vajrādya (vajrāgrya) vajrākarṣa namo stu te.（金剛王よ　妙覚の最勝よ　金剛鉤よ　如来よ　不空王よ　金剛〔種族〕の筆頭よ（金剛最勝よ）　金剛鉤召よ　汝に帰命し奉る）

67 愛（金剛愛菩薩）

vajrarāga mahāsaukhya vajrabāṇa vaśaṃkara, mārakāma mahāvajra〔vajra〕cāpa namo 'stu te.（金剛愛よ　大安楽よ　金剛箭よ　能伏するものよ　魔欲よ　偉大な金剛よ　〔金剛〕弓よ　汝に帰命し奉る）

68 喜（金剛喜菩薩）

vajrasādho suvajrāgrya (susattvāgrya) vajratuṣṭi mahārate, prāmodyarāja vajrādya (vajrāgrya) vajraharṣa namo 'stu te.（金剛喝采よ　妙金剛最勝よ（妙なる士の最勝よ）　金剛満足よ　大悦よ　歓喜王よ　金剛〔種族〕の筆頭よ（金剛最勝よ）金剛喜よ　汝に帰命し奉る）

69 宝（金剛宝菩薩）

vajraratna suvajrārtha vajrākāśa mahāmaṇe, ākāśagarbha vajrāḍhya vajragarbha namo 'stu te.（金剛宝よ　妙なる金剛の義利あるものよ　金剛虚空よ　偉大な宝よ　虚空蔵よ　金剛豊饒よ　金剛蔵よ　汝に帰命し奉る）

70 光（金剛光菩薩）

vajrateja mahājvāla vajrasūrya jinaprabha, vajraraśmi mahāteja vajraprabha namo 'stu te.（金剛威光よ　偉大な光炎あるものよ　金剛日よ　勝者の光明よ　金剛光線よ　大威光よ　金剛光明よ　汝に帰命し奉る）

71 幢（金剛幢菩薩）

vajraketu susattvārtha vajradhvajre sutoṣaka, ratnaketo mahāvajra vajrayaṣṭe namo 'stu te.（金剛幢よ　善く有情を利益するものよ　金剛幢幡よ　善く満足させるものよ　宝幢よ　偉大な金剛よ　金剛旗よ　汝に帰命し奉る）

72 笑（金剛笑菩薩）

vajrahāsa mahāhāsa vajrasmita mahādbhuta, pritiprāmodya〈rāja〉vajrādya(vajrāgrya) vajraprite namo 'stu te.（金剛笑よ　大笑よ　金剛微笑よ　大奇持よ　〈王よ〉　喜悦よ　金剛〔種族〕の筆頭よ（金剛最勝よ）金剛悦よ　汝に帰命し奉る）

73 法（金剛法菩薩）

vajradharma susattvārtha vajrapadma suśodhaka, lokeśvara suvajrākṣa vajranetra namo 'stu te.（金剛法よ　善く有情を利益するものよ　金剛蓮華よ　善く清浄にするものよ　世自在よ　妙なる金剛視よ　金剛眼よ　汝に帰命し奉る）

74 利（金剛利菩薩）

vajratikṣṇa mahāyāna vajrakośa mahāyudha, mañjuśri vajragaṃbhirya vajrabuddhe namo 'stu te.（金剛利よ　大乗よ　金剛剣よ　偉大な器伏よ　文殊よ　金剛甚深よ　金剛慧よ　汝に帰

命し奉る）
75 因（金剛因菩薩）
vajrahetu mahāmaṇḍa vajracakra mahānaya, supravartana vajrottha vajramaṇḍa namo 'stu te.（金剛因よ　偉大な道場よ　金剛輪よ　偉大な理趣よ　善く転じるものよ　金剛生起よ　金剛道場よ　汝に帰命し奉る）
76 語（金剛語菩薩）
vajrabhāṣa suvidyāgrya vajrajāpa susiddhida, avāca vajravidyāgrya(vajrasiddhyagra) vajravāca namo 'stu te.（金剛語よ　妙なる明呪の最勝よ　金剛誦よ　妙なる悉地を与えるものよ　無言よ　金剛明呪の最勝よ（金剛悉地の最勝よ）　金剛言よ　汝に帰命し奉る）
77 業（金剛業菩薩）
vajrakarma suvajrājña karmavajra susarvāgra(susarvaga), vajrāmogha mahaudārya vajraviśva namo 'stu te.（金剛業よ　妙なる金剛の教令あるものよ　羯磨金剛よ　妙なる一切の最勝よ（善く一切に行き渡るものよ）　金剛不空よ　大広大よ　金剛毘首よ　汝に帰命し奉る）
78 護（金剛護菩薩）
vajrarakṣa mahādhairya vajravarma mahādṛdha, duryodhana suviryāgrya vajravirya namo 'stu te.（金剛護よ　大勇よ　金剛甲冑よ　大堅固よ　難敵よ　妙なる精進の最勝よ　金剛精進よ　汝に帰命し奉る）
79 牙（金剛牙菩薩）
vajrayakṣa mahopāya vajradaṃṣṭra mahābhaya, mārapramardi vajrogra vajracaṇḍa namo 'stu te.（金剛薬叉よ　大方便よ　金剛牙よ　大恐怖よ　摧魔よ　金剛険悪よ　金剛暴怒よ　汝に帰命し奉る）
80 拳（金剛拳菩薩）
vajrasandhi susāṃnidhya vajrabandha pramocaka, vajramuṣṭy agrasamaya vajramuṣṭe namo 'stu te.（金剛密合よ　善く近接するものよ　金剛縛よ　解放するものよ　金剛拳よ　最上の誓願あるものよ　金剛拳よ　汝に帰命し奉る）
81 四明　鉤
〔oṃ〕 vajrāṅkuśa jaḥ.（〔オーン〕　金剛鉤よ　ジャハ）
82 索
〔oṃ〕 vajrapāśa hūṃ.（〔オーン〕　金剛索よ　フーン）
83 鎖
〔oṃ〕 vajrasphoṭa vaṃ.（〔オーン〕　金剛破裂よ　ヴァン）
84 鈴
〔oṃ〕 vajrāveśa aḥ.（〔オーン〕　金剛遍入よ　アハ）
85 金剛拍
oṃ vajratāla tuṣya hoḥ.（オーン　金剛拍掌よ　満足せよ　ホーホ）
86 平等智
oṃ vajrodaka ṭhaḥ hūṃ.（オーン　金剛水よ　タハ　フーン）

87 閼伽香水
namaḥ samantabuddhānāṃ gaganasamāsama svāhā.（普ねき諸仏に帰命し奉る　虚空に等同なるものよ　無等なるものよ　スヴァーハー）
88 執金剛杵
oṃ vajrapāṇi hūṃ.（オーン　金剛手よ　フーン）
89 振　鈴
oṃ vajraghaṇṭe tuṣya hoḥ.（オーン　金剛鈴よ　満足せよ　ホーホ）
90 五如来真言　大日
oṃ vajradhātu vaṃ.（オーン　金剛界〔如来〕よ　ヴァン）
91 阿　閦
oṃ akṣobhya hūṃ.（オーン　阿閦〔如来〕よ　フーン）
92 宝　生
oṃ ratnasaṃbhava trāḥ.（オーン　宝生〔如来〕よ　トラーハ）
93 観自在王
oṃ lokesvararāja hriḥ.（オーン　世自在王〔如来〕よ　フリーヒ）
94 不空成就
oṃ amoghasiddhe aḥ.（オーン　不空成就〔如来〕よ　アハ）
95 四波羅蜜真言　金剛波羅蜜菩薩
oṃ sattvavajri hūṃ.（オーン　薩埵金剛女よ　フーン）
96 宝波羅蜜菩薩
oṃ ratnavajri trāḥ.（オーン　宝金剛女よ　トラーハ）
97 法波羅蜜菩薩
oṃ dharmavajri hiḥ.（オーン　法金剛女よ　フリーヒ）
98 業波羅蜜菩薩
oṃ karmavajri aḥ.（オーン　業金剛女よ　アハ）
99 十六尊真言　薩（金剛薩埵）
oṃ vajrasattva āḥ.（オーン　金剛薩埵よ　アーハ）
100 王（金剛王菩薩）
oṃ vajrarāja jaḥ.（オーン　金剛王よ　ジャハ）
101 愛（金剛愛菩薩）
oṃ vajrarāga hoḥ.（オーン　金剛愛よ　ホーホ）
102 喜（金剛喜菩薩）
oṃ vajrasādho saḥ.（オーン　金剛喝采よ　サハ）
103 宝（金剛宝菩薩）
oṃ vajraratna oṃ.（オーン　金剛宝よ　オーン）
104 光（金剛光菩薩）
oṃ vajrateja aṃ.（オーン　金剛光よ　アン）
105 幢（金剛幢菩薩）
oṃ vajraketo trāṃ.（オーン　金剛幢よ　トラーン）
106 笑（金剛笑菩薩）
oṃ vajrahāsa haḥ.（オーン　金剛笑よ　ハハ）
107 法（金剛法菩薩）

oṃ vajradharma hriḥ.（オーン　金剛法よ　フリーヒ）
108 利（金剛利菩薩）
oṃ vajratikṣṇa dhaṃ.（オーン　金剛鋭利よ　ダン）
109 因（金剛因菩薩）
oṃ vajraheto maṃ.（オーン　金剛因よ　マン）
110 語（金剛語菩薩）
oṃ vajrabhāṣe raṃ.（オーン　金剛語よ　ラン）
111 業（金剛業菩薩）
oṃ vajrakarma kaṃ.（オーン　金剛業よ　カン）
112 護（金剛護菩薩）
oṃ vajrarakṣa haṃ.（オーン　金剛護よ　ハン）
113 牙（金剛牙菩薩）
oṃ vajrayakṣa hūṃ.（オーン　金剛薬叉よ　フーン）
114 拳（金剛拳菩薩）
oṃ vajrasaṃdhi vaṃ.（オーン　金剛密合よ　ヴァン）
115 八供養　嬉（金剛嬉菩薩）
oṃ vajralāsye hoḥ.（オーン　金剛嬉戯よ　ホーホ）
116 鬘（金剛鬘菩薩）
oṃ vajramāle traṭ.（オーン　金剛鬘よ　トラット）
117 歌（金剛歌菩薩）
oṃ vajragite giḥ.（オーン　金剛歌よ　ギーヒ）
118 舞（金剛舞菩薩）
oṃ vajranṛtye kṛt.（オーン　金剛舞よ　クリット）
119 香（金剛香菩薩）
oṃ vajradhūpe aḥ.（オーン　金剛香よ　アハ）
120 花（金剛花菩薩）
oṃ vajrapuṣpe oṃ.（オーン　金剛花よ　オーン）
121 燈（金剛燈菩薩）
oṃ vajrāloke diḥ.（オーン　金剛燈よ　ディーヒ）
122 塗（金剛塗菩薩）
oṃ vajragandhe gaḥ.（オーン　金剛塗香よ　ガハ）
123 四摂　鉤（金剛鉤菩薩）
oṃ vajrāṅkuśa jaḥ.（オーン　金剛鉤よ　ジャハ）
124 索（金剛索菩薩）
oṃ vajrapāśa hūṃ.（オーン　金剛索よ　フーン）
125 鎖（金剛鎖菩薩）
oṃ vajrasphoṭa vaṃ.（オーン　金剛破裂よ　ヴァン）
126 鈴（金剛鈴菩薩）
oṃ vajrāveśa hoḥ.（オーン　金剛遍入よ　ホーホ）
127 安立賢劫位
hūṃ huṃ.（フーン　〔賢劫十六尊よ安立せよ〕　フン　〔二十天よ安立せよ〕）
128 賢劫十六尊　弥勒
oṃ maitreya svāhā.（オーン　弥勒よ　スヴァーハー）
129 不空見
oṃ amoghadarśanāya svāhā.（オーン　不空見に　スヴァー

ハー）

130 一切滅悪趣

oṃ sarvāpāyajaha svāhā.（オーン　一切滅悪趣よ　スヴァーハー）

131 離一切憂暗

oṃ sarvaśokatamonirghātana svāhā.（オーン　除一切憂闇よ　スヴァーハー）

132 香　象

oṃ gandhahastin svāhā.（オーン　香象よ　スヴァーハー）

133 勇　猛

oṃ śūrāya svāhā.（オーン　勇猛に　スヴァーハー）

134 虚空蔵

oṃ ākāśagarbha svāhā.（オーン　虚空蔵よ　スヴァーハー）

135 智　幢

oṃ jñānaketo svāhā.（オーン　智幢よ　スヴァーハー）

136 無量光

oṃ amṛtaprabha svāhā.（オーン　無量光よ　スヴァーハー）

137 月　光

oṃ candraprabha svāhā.（オーン　月光よ　スヴァーハー）

138 賢　護

oṃ bhadrapāla svāhā.（オーン　賢護よ　スヴァーハー）

139 光　網

oṃ jvālaniprabha hūṃ svāhā.（オーン　焰光よ　フーン　スヴァーハー）

140 金剛蔵

oṃ vajragarbha svāhā.（オーン　金剛蔵よ　スヴァーハー）

141 無尽慧

oṃ akṣayamate svāhā.（オーン　無尽慧よ　スヴァーハー）

142 辯　積

oṃ pretibhānakūṭāya svāhā.（オーン　辯積に　スヴァーハー）

143 普　賢

oṃ samantabhadrāya svāhā.（オーン　普賢に　スヴァーハー）

144 五仏　大日

vajrajñānam āḥ.（金剛智なり　アーハ）

145 阿　閦

vajrajñānam hūṃ.（金剛智なり　フーン）

146 宝　生

vajrajñānam trāḥ.（金剛智なり　トラーハ）

147 無量寿

vajrajñānam hriḥ.（金剛智なり　フリーヒ）

147 不空成就

vajrajñānam aḥ.（金剛智なり　アハ）

149 四波羅蜜　金剛波羅蜜菩薩

vajraśri hūṃ.（金剛吉祥女よ　フーン）

150 宝波羅蜜菩薩
vajragauri trāṃ.（金剛白身女よ　トラーン）

151 法波羅蜜菩薩
vajratāre hriḥ.（金剛救度女よ　フリーヒ）

152 業波羅蜜菩薩
khavajriṇi hoḥ.（虚空金剛女よ　ホーホ）

153 金剛薩埵
samayas tvam.（汝は誓戒あるものなり）

154 金剛王
ānaya sattva.（薩埵よ　鉤召し給え）〔正しくは ānayasva.（汝は鉤召し給え）〕

155 金剛愛
aho sukha.（ああ　安楽なり）

156 金剛喜
sādhu sādhu.（喝采　喝采）

157 金剛宝
sumahān tvam.（汝は極めて偉大なり）

158 金剛光
rūpoddyota.（身体輝けり）

159 金剛幢
arthaprāptiḥ.（利益を獲得せり）

160 金剛笑
ha ha (ha) hūṃ haḥ.（ハ　ハ　フーン　ハ）

161 金剛法
sarvakāri.（一切を為す）

162 金剛利
duḥkhacchedaḥ.（苦を断ず）

163 金剛因
buddhabodhiḥ.（仏菩提なり）

164 金剛語
pratiśabdaḥ.（応声なり）

165 金剛業
suvaśitvam.（妙自在なり）

166 金剛護
nirbhayas tvam.（汝は無畏なり）

167 金剛牙
śatrubhakṣaḥ.（敵を噉食す）

168 金剛拳
sarvasiddhiḥ.（一切悉地なり）

169 金剛嬉
mahārati.（大喜なり）

170 金剛鬘
rūpaśobhā.（姿端厳なり）

171 金剛歌
śrotrasaukhyā.（耳に心地よし）

172 金剛舞

sarvapūjā.（一切供養なり）

173 金剛香

prahlādini.（悦沢なり）

174 金剛華

phalāgāmi.（果をもたらす）

175 金剛燈

sutejāgri.（妙光の最上なり）

176 金剛塗

sugandhāṅgi.（身妙香なり）

177 金剛鉤

āyāhi jaḥ.（汝は来たれ　ジャハ）

178 金剛索

āhi hūṃ hūṃ.（蛇よ　フーン　フーン）

179 金剛鎖

he sphoṭa vaṃ.（おお　弾みよ　ヴァン）

180 金剛鈴

ghaṇṭa aḥ aḥ.（鈴よ　アハ　アハ）

181 遍照尊羯磨印

oṃ sarvatathāgatavajradhātvanuttarapūjāspharaṇasamaye hūṃ.（オーン　一切如来金剛界の無上供養を遍満せんと誓える女尊よ　フーン）

182 金剛薩埵羯磨印

oṃ sarvatathāgatavajrasattvānuttarapūjāspharaṇasamaye hūṃ.（オーン　一切如来金剛薩埵の無上供養を遍満せんと誓える女尊よ　フーン）

183 金剛宝羯磨印

oṃ sarvatathāgatavajraratnānuttarapūjāspharaṇasamaye hūṃ.（オーン　一切如来金剛宝の無上供養を遍満せんと誓える女尊よ　フーン）

184 金剛法羯磨印

oṃ sarvatathāgatavajradharmānuttarapūjāspharaṇasamaye hūṃ.（オーン　一切如来金剛法の無上供養を遍満せんと誓える女尊よ　フーン）

180 金剛業羯磨印

oṃ sarvatathāgatavajrakarmānuttarapūjāspharaṇasamaye hūṃ.（オーン　一切如来金剛業の無上供養を遍満せんと誓える女尊よ　フーン）

186 大供養　薩（金剛薩埵）

oṃ　sarvatathāgatasarvātmaniryātanapūjāspharaṇakarma-vajri āḥ.（オーン一切如来に対し全霊を捧げる供養を遍満する金剛女尊よ　アーハ）

187 王（金剛王菩薩）

oṃ sarvatathāgatasarvātmaniryātanapūjāspharaṇakarmāgri jjaḥ.（オーン　一切如来に対し全霊を捧げる供養を遍満する最勝女尊よ　ジャハ）

188 愛（金剛愛菩薩）

oṃ sarvatathāgatasarvātmaniryātanānurāgaṇapūjāspharaṇakarmavāṇe hūṃ hoḥ.（オーン　一切如来に対し全霊を捧げる随染供養を遍満する弓箭女尊よ　フーン　ホーホ）

189 喜（金剛喜菩薩）

oṃ sarvatathāgatasarvātmaniryātanasādhukārapūjāspharaṇakarmatuṣṭi saḥ.（オーン　一切如来に対し全霊を捧げる喝采供養を遍満する歓喜女尊よ　サハ）

190 灌頂供養　宝（金剛宝菩薩）

oṃ namaḥ sarvatathāgatakāyābhiṣekaratnebhyo vajramaṇi oṃ.（オーン　一切如来の身灌頂宝に帰命したてまつる　金剛摩尼女尊よ　オーン）

191 光（金剛光菩薩）

oṃ namaḥ sarvatathāgatasūryebhyo vajratejini jvala hrīḥ.（オーン　一切如来の日に帰命し奉る　金剛火炎女尊よ　燃えよ　フリーヒ）

192 幢（金剛幢菩薩）

oṃ namaḥ sarvatathāgatāśāparipūraṇacintāmaṇidhvajāgrebhyo vajradhvajāgre traṃ.（オーン　一切如来の意願を満足せしめる思惟摩尼宝が頂についた幢幡に帰命し奉る　先端に〔摩尼宝のついた〕金剛幢幡女尊よ　トゥラン）

193 笑（金剛笑菩薩）

oṃ namaḥ sarvatathāgatamahāprītiprāmodyakarebhyo vajrahāse haḥ.（オーン　一切如来の大喜悦をなすものに帰命し奉る　金剛笑女尊よ　ハハ）

194 法供養　法（金剛法菩薩）

oṃ sarvatathāgatavajradharmatāsamādhibhiḥ stunomi mahādharmāgri hrīḥ.（オーン　一切如来の金剛法性三摩地によって我れは称賛す　偉大な法最勝女尊よ　フリーヒ）

195 利（金剛利菩薩）

oṃ sarvatathāgataprajñāpāramitānirhāraiḥ stunomi mahāghoṣānuge dhaṃ.（オーン　一切如来の般若波羅蜜出生によって我れは称賛す　偉大な随声女尊よ　ダン）

196 因（金剛因菩薩）

oṃ sarvatathāgatacakrākṣaraparivartādisarvasūtrāntanayaiḥ stunomi sarvamaṇḍale hūṃ.（オーン　一切如来の字輪を転じる等の一切の経典の理趣によって我れは称賛す　一切曼荼羅女尊よ　フーン）

197 語（金剛語菩薩）

oṃ sarvatathāgatasaṃdhābhāṣabuddhasaṃgītibhir gāyan stunomi vajravāce vaṃ.（オーン　一切如来の秘密語の仏讃歌によって歌いつつ　我れは称賛す　金剛語女尊よ　ヴァン）

198 羯磨供養　業（金剛業菩薩）

oṃ sarvatathāgatadhūpameghaspharaṇapūjākarme kara kara.（オーン　一切如来の焼香雲遍満の供養をなす女尊よ　カラカラ〔為せ　為せ〕）

199 護（金剛護菩薩）

oṃ sarvatathāgatapuṣpaprasaraspharaṇapūjākarme kiri kiri.（オーン　一切如来の散華遍満の供養をなす女尊よ　キリ　キリ）

200 牙（金剛牙菩薩）

oṃ sarvatathāgatālokajvālāspharaṇapūjākarme bhara bhara.（オーン　一切如来の燈明遍満の供養をなす女尊よ　バラ　バラ（もたらせ　もたらせ））

201 拳（金剛拳菩薩）

oṃ sarvatathāgatagandhameghasamudraspharaṇapūjākarme kuru kuru.（オーン　一切如来の塗香雲海遍満の供養をなす女尊よ　クル　クル（為せ　為せ））

202 十七雑供養(1)散花

oṃ sarvatathagatapuṣpapūjāmeghasamudraspharaṇasamaye hūṃ.（オーン　一切如来の花供養雲海を遍満せんと誓える女尊よ　フーン）

203 (2)焼　香

oṃ sarvatathāgatadhūpapūjāmeghasamudraspharaṇasamaye hūṃ（オーン　一切如来の焼香供養雲海を遍満せんと誓える女尊よ　フーン）

204 (3)塗　香

oṃ sarvatathāgatagandhapūjāmeghasamudraspharaṇasamaye hūṃ.（オーン　一切如来の塗香供養雲海を遍満せんと誓える女尊よ　フーン）

205 (4)燈　明

oṃ sarvatathāgatadīpapūjāmeghasamudraspharaṇasamaye hūṃ.（オーン　一切如来の燈明供養雲海を遍満せんと誓える女尊よ　フーン）

206 (5)宝　類

oṃ sarvatathāgatabodhyaṅgaratnālaṅkārapūjāmeghasamudraspharaṇasamaye hūṃ.（オーン　一切如来の菩提分宝荘厳供養雲海を遍満せんと誓える女尊よ　フーン）

207 (6)翫　具

oṃ sarvatathāgatahāsyalāsyakrīḍaratisaukhyānuttarapūjāmeghasamudraspharaṇasamaye hūṃ.（オーン　一切如来の笑・戯・嬉・翫の楽無上供養雲海を遍満せんと誓える女尊よ　フーン）

208 (7)宝　樹

oṃ sarvatathāgatavajropamāsamādhibhāvanāpānabhojanavāsanapūjāmeghasamudraspharaṇasamaye hūṃ.（オーン　一切如来の金剛喩定観想による飲・食・衣服供養雲海を遍満せんと誓える女尊よ　フーン）

209 (8)承　事

oṃ sarvatathāgatakāyaniryātanapūjāmeghasamudraspharaṇasamaye hūṃ.（オーン　一切如来の身奉献供養雲海を遍満せんと誓える女尊よ　フーン）

210 (9)観　法

oṃ sarvatathāgatacittaniryātanapūjāmeghasamudraspharaṇaṇasamaye hūm.（オーン　一切如来の心奉献供養雲海を遍満せんと誓える女尊よ　フーン）

211 (10) 布　施

oṃ sarvatathāgatamahāvajrodbhavadānapāramitāpūjāmeghasamudraspharaṇasamaye hūm.（オーン　一切如来の大金剛〔杵〕より出現せる布施波羅蜜供養雲海を遍満せんと誓える女尊よ　フーン）

212 (11) 浄　戒

oṃ sarvatathāgatānuttaramahābodhyāhārakaśilapāramitāpūjāmeghasamudraspharaṇasamaye hūm.（オーン　一切如来の無上大菩提をもたらす戒波羅蜜供養雲海を遍満せんと誓える女尊よ　フーン）

213 (12) 安　忍

oṃ sarvatathāgatānuttaramahādharmāvabodhakṣāntipāramitāpūjāmeghasamudraspharaṇasamaye hūm.（オーン　一切如来の無上大法を覚悟せしめる忍辱波羅蜜供養雲海を遍満せんと誓える女尊よ　フーン）

214 (13) 精　進

oṃ sarvatathāgatasaṃsārāparityāgānuttaramahāvīryapāramitāpūjāmeghasamudraspharaṇasamaye hūm.（オーン　一切如来の輪廻を放棄せざる無上大精進波羅蜜供養雲海を遍満せんと誓える女尊よ　フーン）

215 (14) 禅　那

oṃ sarvatathāgatānuttaramahāsaukhyavihāradhyānapāramitāpūjāmeghasamudraspharaṇasamaye hūm.（オーン　一切如来の無上大安楽住なる禅定波羅蜜供養雲海を遍満せんと誓える女尊よ　フーン）

216 (15) 智　慧

oṃ sarvatathāgatānuttarakleśajñeyāvaraṇavāsanāvinayanamahāprajñāpāramitāpūjāmeghasamudraspharaṇasamaye hūm.（オーン　一切如来の無上なる煩悩障・所知障の習気を調伏する大般若波羅蜜供養雲海を遍満せんと誓える女尊よ　フーン）

217 (16) 解　脱

oṃ sarvatathāgataguhyamahāpratipattipūjāmeghasamudraspharaṇasamaye hūm.（オーン　一切如来の秘密大修行供養雲海を遍満せんと誓える女尊よ　フーン）

218 (17) 説　法

oṃ sarvatathāgatavākyaniryātanapūjāmeghasamudraspharaṇasamaye hūṃ（オーン　一切如来の語奉献供養雲海を遍満せんと誓える女尊よ　フーン）

219 金剛百字明

oṃ vajrasattva samayam anupālaya vajrasattvatvenopatiṣṭha dṛḍho me bhava sutoṣyo me bhavānurakto me bhava supoṣyo me bhava sarvasiddhiṃ ca me prayaccha sarvakarmasu ca me cittaśreyaḥ kuru hūṃ ha ha ha ha ho bhagavan sarvatathāgatavajra mā me muñca vajrībhava mahāsamayasattva āḥ.（オーン　金剛薩埵よ　三昧耶を守護せよ　金剛薩埵として安住せよ　我れに堅固があれ　我れに満足があれ　我れに随喜があれ　我れに繁栄があれ　そして我れに一切の悉地をもたらせ　また一切の事業において我れに心の安寧があれ　フーン　ハ　ハ　ハ　ハ　ホー　世尊よ　一切如来金剛よ　我れを見離すなかれ　金剛より成れるものよ　偉大な三昧耶薩埵よ　アー（ハ））

220 金剛薩埵明

oṃ vajrasattva āḥ.（オーン　金剛薩埵よ　アー（ハ））

221 加持念珠

oṃ vajraguhyajapasamaye hūṃ.（オーン　金剛秘密念誦を誓える尊よ　フーン）

222 解一切印

oṃ vajra mokṣa muḥ.（オーン　金剛よ〔印を〕解け　ムフ）

223 奉　送

oṃ hrto vaḥ sarvasattvārthaḥ siddhir dattā yathānugā, gacchadhvaṃ buddhaviṣayaṃ punar āgamanāya tu vajrasattva (mokṣa) muḥ.（オーン　汝らにより　一切有情の利益がなされ　ふさわしい悉地が与えられた　汝らは本国に戻りたまえ　そして再びお出で下さらんことを　金剛薩埵よ　ムフ）

224 灌頂鬘甲冑

oṃ vajraratnābhiṣiñca māṃ sarvamudrāṃ me dṛḍhīkuru vajrakavacena vaṃ oṃ ṭum.（オーン　金剛宝よ　我れを灌頂せよ　勝れた甲冑によって我が一切印を堅固になせ　ヴァン　オーン　トゥン）

225 金剛拍

oṃ vajra tuṣya hoḥ.（オーン　金剛よ　満足したまえ　ホー　ホ）

蕤呬耶経

蕤呬耶経（二八九1）別名『玉呬耶経』とも『瞿醯経《くけいきょう》』とも称する。経題名はⓉによれば、"Sarvamaṇḍalasāmānyavidhi-guhyatantra（一切の曼荼羅に共通する儀則の秘密儀軌）" とあることから、その中の guhyatantra を音写したものと言える。

無能勝明王（二八九6）Ⓣでは gShan gyis mi thub ($202a^5$, Ⓢ Aparājita)。八大明王の一尊に数えられる。一説には釈尊の菩提樹下成道の降摩の徳を表す尊格と言われ、釈尊の眷属または忿怒身とも言われる。

善住明王（二八九7）Ⓣでは Rab tu gnas pa ($202a^5$, Ⓢ Supratiṣṭhita?)。摩訶曼荼羅品第七・奉請供養品第八所説の大吉祥尊（Mahāśrī）・湿縛婆訶明王（Śivāvahavidyā 寂留明王）のことか。

除避明王（二八九8）Ⓣでは rNam par gnon pa ($202a^6$)。摩訶曼荼羅品第七・奉請供養品第八所説の遜婆明王（ⓈŚumbha 降三世明王）か。

調伏（二九〇4）抑制・制御の意。内的には自らの身心のあり方を制御して正しい状態に調え、外的には敵対者を教化して悪心を除き、降伏させること。ここでの意味は前者が適当。

真言行門（二九〇5） 真言（mantra 仏・菩薩の智慧や働きを表す真実の言葉）に基づき修行して仏の位に入る門のことで、真言密教の教えをさす。

阿闍梨（二九〇7） 阿闍梨灌頂をさすが、これに二義ある。一は弟子の位で有縁の尊格の印・明を授かり、密法の受学を許可される受明灌頂、二は密教の阿闍梨の位を継承する器の者に師位を授ける阿闍梨位灌頂であり、次に明かされる伝法灌頂と同義のものをさす。この場合はⓉ（$202b^1$）よりすると前者が適当である。

伝法（二九〇7） 伝法灌頂をさす。伝法灌頂とは阿闍梨位灌頂とも伝教灌頂とも称され、密法の修行に熟達した者に阿闍梨の師位を印可する灌頂をいう。なお、Ⓣ（$202b^1$）は二種の灌頂を別立していない。

灌頂（二九〇7） abhiṣeka の訳。一般に水を頭頂に灌ぐことを意味する。特に密教では阿闍梨が弟子に密教の教えを伝授したり、有縁の尊格の印・明を授けたりする際に、弟子の頭頂に水を灌ぐ儀式をさす。これに結縁灌頂・受明灌頂・伝法灌頂の三種がある。

内外の明（二九〇12） vidyā の訳。密教では明呪を略して明とも称するが、この場合は仏教と仏教以外の内外にわたって学ぶべき声明などの五明をさす。

虫窠（二九一1） 虫の穴の意であるが、Ⓣには「アリ塚（grog mkhar, $202b^3$）」とある。

一肘（二九一6） 肘はインドにおける長さを表す単位の一つで、人の肘分の長さ（約四八センチ程度）を表す。

息災（二九一13） śāntika の訳。寂静とも寂災とも訳される。もろもろの災害・災難を止息し、一切の煩悩や罪障を消滅すること。これを仏部・蓮華部・金剛部の三部に配すれば、仏部に属する修法とされ、上成就の法とされる。

増益（二九一13） puṣṭika の訳。増長・増栄の意味があり、福徳・繁栄を増長すること。この法は蓮華部の修法とされ、中成就の法とされる。

降伏（二九一14） abhicāraka の訳。調伏とも折伏とも訳される。敵対者や悪魔を信服させること。この法は金剛部の修法に配され、下成就の法とされる。

摩路羅天（二九一19） Mātṛ の音訳。母神の意味で、閻魔天（Yama）の眷属とされる七母天をさすか。

上成就（二九二3） 上品の悉地（siddhi）をさす。Ⓣは「悉地（dṅos grub, $203a^2$）」とのみ訳出。

修羅宮（二九二6） 阿修羅（Asura）の住居のこと。阿修羅は一種の鬼神であり、六道や八部衆の一つに数えられる。その住居は須弥山下の海底にあるとされる。

金剛鉤（二九二9） Vajrāṅkuśa の訳。現図胎蔵曼荼羅金剛手院中に列する金剛鉤女菩薩（Vajrāṅkuśī）をさす。

執金剛（二九二10） Vajradhara の訳。Ⓣによれば「金剛手（Phyag na rdo rje, ⓈVajrapāṇi, $203a^4$）」とあるゆえに、この場合の執金剛とは金剛杵（vajra）を持って仏法を守護する尊格である執金剛の上首、金剛手菩薩をさす。

毘那夜迦（二九二10） Vināyaka の音写。毘那耶伽とも音訳され、障礙・困難・常随魔とも訳される。人に妄想や障難を及ぼす悪鬼神のこと。古くより歓喜天（Gaṇeśa）と混同されるが、別のもので毘那夜迦は歓喜天の眷属とされる。

軍荼利忿怒（二九二11） 軍荼利明王（Kuṇḍalī）のこと。梵名のクンダリーは環の形をしたものというほどの意で、転じて蛇のことをさす。従って、蛇の神秘的な力を表象した尊格として捉えられ、もろもろの障害を除く功徳があるとされる。五大明王の一尊。

枳利枳利忿怒の真言（二九三9） 軍荼利明王の真言であり、忿怒枳里枳羅真言・金剛軍荼利小呪・金剛軍荼利真言ともいう。香水を加持する時に唱える真言（oṃ kili kili vajra hūṃ phaṭ.）である。他に加持香水の真言としては、甘露軍荼利明王の真言（oṃ amṛte hūṃ phaṭ.）があり、後者がわが国の真言宗において一般的に唱えられる。

最勝仏頂（二九三11） Vijayoṣṇīṣa の訳。五仏頂・八仏頂の一尊にして、一字金剛・高頂輪王ともいう。仏の転法輪の徳を表す。現図胎蔵曼荼羅釈迦院に列する。

吉祥明（二九三12） Mahāśrī の訳。大吉祥大明菩薩のことで、現図胎蔵曼荼羅蓮華部院に列する。

湿嚩縛訶明（二九三13） Śivāvahavidyā の音写。寂留明菩薩のことで、現図胎蔵曼荼羅蓮華部院に列する。

迦哩提迦月（二九三19） Kārttika の音写。昴月のことで、十月十六日より十一月十五日までの一カ月間をさす。また Ⓣ は「婁月（sTon zla ḥbriṅ po, Ⓢ Āśvina, 203b^{8}）」である九月十六日より十月十五日までの一カ月間と訳出する。

毘舎迦（二九三19） Vaiśākha の音写。氐月のことで、四月十六日より五月十五日までの一カ月のこと。

三摩耶（二九四3） samaya の音写。三昧耶曼荼羅をさす。三昧耶とは平等・本誓などの意味がある。密教では諸尊の本誓を印契・刀剣・輪宝・蓮華などのものに表したものを三昧耶形と称し、それらを描いた曼荼羅を三昧耶曼荼羅と呼称する。

増益最上成就（二九四4） 当品前説の増益の曼荼羅をさす。なお、Ⓣは、この直後に大曼荼羅（chen poḥi dkyil ḥkhor, Ⓢ mahā-maṇḍala, 204a^{2}）をも説く。

護摩（二九四8） homa の音写。インドのバラモン教の火神アグニ（Agni）を供養して魔を除き、福を求める火祭を密教の修法の一つとして取り入れたものであり、炉の中で火を燃やして供物を焚き、本尊に供養する儀式をいう。これに息災・増益・降伏の三種の修法がある。

黒白（二九四12） 黒月と白月のこと。インドでは太陰月の一カ月（約三十日）を白分（śuklapakṣa）と黒分（kṛṣṇapakṣa）の二つに分ける。白分（白月）は月が欠けてから満つるまでの各太陰月の一日から十五日に至る間の半月をさし、黒分（黒月）は月の欠けていく各太陰月の十六日から三十日の間の下半月をさす。

誓跢羅月（二九四18） Caitra の音写。角月のことで、三月十六日より四月十五日までの一カ月のこと。

法器（二九五4） 仏法を修行するに値いする能力のある者の意味で、密教では特にこれを重視して、その器でない者には密法の伝授を行わないとされる。

神通月（二九五6） 三長斎月・三斎月とも称し、精進して悪を慎しみ、善行を修める正・五・九月の三ヵ月をいう。

月宿（二九六2） ある月の満月の日に月が二十七宿の中、どの宿に位置するかによって、その月の宿が決定される。前出の迦唎提迦月（昴月）や毘舎迦月（氐月）などの太陰月のこと。

七日已前（二九六17） 即ち七日作壇法を始める初日のことで、曼荼羅建立に相応しい土地を選定し、適切な時分の条件が満たされると、阿闍梨はその日に造壇予定地に赴く。

地神（二九七1） Pṛthivī の訳。地天・堅牢地神・持地神とも称す。ヴェーダ神話では大地の神とされるが、仏教に取り入れられて十二天の一尊に数えられる。ここでは地神に対して造壇に必要な土地を請う、警発地神の作法が明かされる。Ⓣはこれを欠く。

牛の尿（二九七5） gomūtra の訳。瞿模怛羅《くもたら》とも音写する。密教では造壇の際、インドにおいて神聖視される牛の尿を造壇する土地に注いで浄化する作法を行う。

牛の糞（二九七6） gomayi の訳。瞿摩夷《くまい》とも音写する。造壇の際牛の尿を注いだ次に、これを平らにした地に塗り、浄化する作法を行う。この作法はインドのヒンドゥー教の儀式で行われていたものを密教が取り入れたとされる。

五穀（二九七7） 胡麻・小豆・大麦・小麦・稲穀の五種の穀物のこと。

五種の宝（二九七7） 奉請供養品第八所説の珊瑚・頗梨《はり》（水晶）・金・銀・商佉《しょうきゃ》（螺貝）のこと。

五種の薬草（二九七7） 僧祇・毘夜・乞羅提婆・娑訶提婆・枳哰羯尼の五種であるが、如何なるものか不明。一説には石菖蒲・天門豆・赤箭・仁参・茯苓とされる。

是くの如く（二九七9） この一行は、七日作壇法における第五日目、受持地の作法を説く。受持地とは右手で地上を按じ、印明を結誦して、その地を堅固に加持することをいう。

本部の辦事の真言（二九七10） 仏部は最勝仏頂、蓮華部は寂留明菩薩、金剛部は軍荼利明王の真言をさす。

線（二九七13） 白・赤・黄・青・黒の五色のひもで編まれた金剛線（vajrasūtra）のこと。

布置（二九八1） Ⓣ（$205b^{2-3}$）によれば、阿闍梨の心内において建立すべき白檀曼荼羅の諸尊の座位を観想するという意。

次に中央に……（二九八4） 以下、白檀曼荼羅の作成方法を明かす。この作法は摩訶曼荼羅品第七に後説される大曼荼羅を作るための前方便とされる。また、この白檀曼荼羅はのちに受律儀の戒壇として用いられていることは注意すべきである。

円の曼荼羅（二九八4） 前出の白檀曼荼羅の中央部分に坐す曼荼羅主尊（本尊）の坐位を円輪に作るという意。

十二指（二九八4） 十二指量のこと。インドにおける長さを表す単位の一つに指（aṅguli）がある。一指は平均的な人の中指の第二節の最大幅の長さ（約二センチ）と言われるゆえに、十二指量とは指を横に並べた十二本分の長さ（約二四センチ）となる。

曼荼羅主（二九八5）白檀曼荼羅の中央に配される曼荼羅主尊（摩訶曼荼羅品第七所説の本尊）のこと。毘盧遮那（大日）如来のことか。

各部の心真言（二九八7）Ⓣ（205b⁵⁻⁶）によれば、仏部・蓮華部・金剛部などの部族に属する諸尊各自の智慧の真髄（hṛdaya）を収めた短かい真言をさす。

優曇婆羅木（二九八10）Udumbara の音写。ウドンゲノキのことで、クワ科イチジク属の落葉高木。和名フサナリイチジク。密教では歯木や護摩木（乳木）に用いられる樹木である。

阿修他木（二九八10）Aśvattha の音写。釈尊の成道と関係づけられる菩提樹の古名にして、インドボダイジュのこと。

歯木（二九八11）danta-kāṣṭha の訳。一種の楊枝のことで、密教ではこれをかんで、もろもろの煩悩を砕き、身心の罪障を清めるとする。

族姓の家（二九九2）世俗の家柄の意にして、Ⓣ（206a³）よりすれば、「家柄のよい生れ」ほどの意味となる。これより入壇に値いする弟子の好相を説く。

我慢（二九九4）実際は無我である自我を存在すると考え、その自我意識をよりどころとしておごりたかぶる心。四根本煩悩（貪・瞋・癡・慢）の一つにして、七慢の一つに数えられる。

疥（二九九11）ひどくかゆい伝染性の皮膚病。Ⓣ（nad bu can, 206a²）は「病弱」というほどの意味である。

律儀戒（二九九13）saṃvara-śīla の訳。三聚浄戒の一つで、七衆（比丘・比丘尼・正学女・沙弥・沙弥尼・優婆塞・優婆夷）が各自の応分に従って受持する、止悪を目的とする戒法のこと。

四部衆（三〇〇1）比丘・比丘尼・優婆塞・優婆夷の仏教教団の徒。比丘・比丘尼は出家して具足戒を受けた男僧・尼僧をさし、優婆塞・優婆夷は在俗信者で三宝に帰依し、五戒を受けた男・女をさす。

輪王仏頂（三〇〇18）輪王仏頂とは大転輪仏頂（Uṣṇīṣacakravartin）であり、その一字真言とはいわゆる一字金輪をさす。これに釈迦如来の頭頂より出現したとする釈迦金輪と、大日如来より出現したとする大日金輪とが存在する。その一字真言は bhrūṃ であり、一字金輪呪は namaḥ samantabuddhānāṃ bhrūṃ. である。

馬頭大尊（三〇〇19）Hayagrīva の訳。馬頭観音菩薩のこと。観自在菩薩の化身にして忿怒相の頭上に馬頭を置く姿をとる尊。現図胎蔵曼荼羅蓮華部院に列す。(大)に「高頭大尊」とあるが、(大)脚註③とⓉ（rTa hgrin=rTa mgrin, 207a²）よりこれを訂正す。その十字真言は oṃ amṛtodbhava hūṃ phaṭ svāhā. である。

〔口孫〕婆忿怒（三〇〇19）Śumbha の音写。降三世明王の異名にして、五大明王・八大明王の一尊。その真言は oṃ śumbha niśumbha hūṃ vajra hūṃ phaṭ.

吽發（三〇〇19）hūṃ phaṭ の音写。直前の降三世明王の真言の一部にして、hūṃ は降伏の意味があり、金剛部や忿怒尊の種字である。phaṭ には一切の摩障を砕破する意味がある。

密迹主（三〇一2） 漢訳によれば、密迹力士（Guhyapāda）に相当すると考えられる。また、Ⓣによれば、秘密主（gSaṅ ba pa yi bdag po, ⓈGuhyakādhipati, 207a³）」とあることから、密迹力士と同体異名とされる金剛手秘密主、即ち執金剛の上首である金剛手菩薩（金剛薩埵）をさす。

瓶（三〇一4） kalaśa の訳。ここでは五宝・五穀・五薬・五香などの二十種物を中に容れ、浄水で満たした宝瓶のことを言う。また、灌頂の際に用いられるゆえに、灌頂瓶とも称される。

閼伽（三〇一5） argha の音写。客を接待する時に捧げる水のこと。密教では諸仏・菩薩に捧げる洗足水や漱口水などの香水をいう。

護世神（三〇三3） Lokapāla の訳。東南西北の四方をそれぞれ守護する天。東方＝インドラ天（Indra）・南方＝ヤマ天（Yama）・西方＝ヴァルナ天（Varuṇa）・北方＝クベーラ天（Kubera）。

吉祥・不吉祥の相……（三〇三9） 第六日の全作法が終了すると、阿闍梨は弟子に教誡して就寝させ、弟子の見た夢に基づいて、弟子の悉地成就・不成就や上・中・下品の悉地などを判ずる占夢の作法を行う。密法においてこの夢の好悪相は重要な意味を持つ。

絣ち（三〇四8） 造壇する大曼荼羅が正方形となるように、阿闍梨と弟子が協同して四隅四維に分かれてその区画を金剛線を用いて記す作法をいう。

東より起首……（三〇四9） 以下、絣ちの次第順序を明かす。曼荼羅の方位は、初期密教経典や『大日経』などでは上方が東、下方が西となり、向って右が南で、左が北となる。次にその次第順序を阿闍梨（1～4）と弟子（①～④）と線（Ⅰ～Ⅳ）別に記す。

東南の角（三〇五3） 上図の1・2の位置に相当。

西北の角（三〇五3） 上図の3・4に相当。

二方（三〇五3） 東南の角においては東方（Ⅰ）と南方（Ⅱ）、西北の角においては西

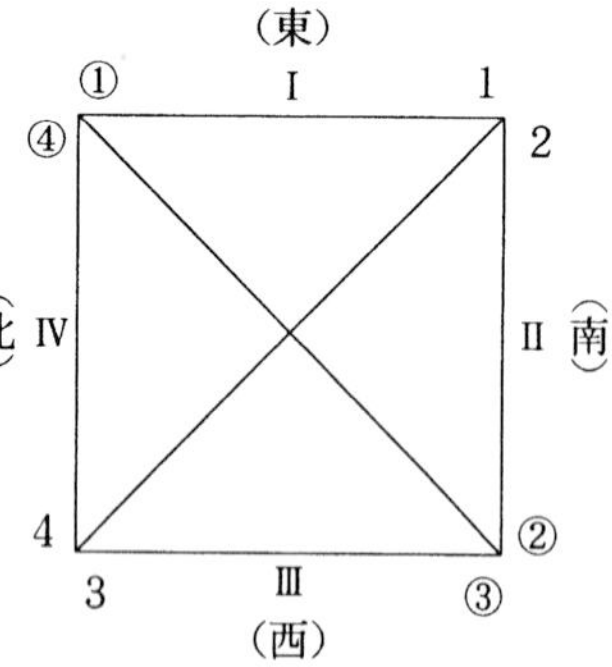

方（Ⅲ）と北方（Ⅳ）の二方向を意味する。

東北の角（三〇五3） 右図の①・④に相当。

西南の角（三〇五3） 右図の②・③に相当。

外院（三〇五7） 三重構造の曼荼羅のうち、第三院（第三重）の場所をさす。

白色（三〇五8） Ⓣによれば「白色の粉（phye ma dkar po, 209a³）」とされる。

中院（三〇五11） 三重構造の曼荼羅のうち、第一院（第一重）をさす。

三門（三〇五13） 東門・南門・北門の三門をさす。これらの三門は何れも閉ざすとされる。

囲遶の院（三〇五14） 四重以上の多重構造の曼荼羅における第四院などの外院をさす。

界道の縄（三〇五18） 曼荼羅の境界線を引くひもにして、金剛線の

こと。Ⓣは「曼荼羅の線を引くひも（dkyil ḥkhor thig gdab thig skud, 209a⁷）」とある。これより金剛線の製作法を説く。

方（三〇六2） Ⓣでは「四方（phyogs bshi dag tu, 209a⁸–b¹）」とある。

麁・細（三〇六4） あらいと細かいの意であるが、Ⓣは「長いのと短いの（riṅ thuṅ, 209b¹）」と訳されている。

安宅法（三〇六5） 鎮宅法の異名。新宅を造る際、その安穏を祈る密教の修法。これに不動鎮宅・葉衣鎮宅・八字文殊鎮宅の三種があるとされる。

僧衆（三〇六7） Ⓣには、「聖なる僧伽に説法を請う（209b²）」とある。

僧次（三〇六8） 特定の僧侶を限定せず、僧の席次に従って供養する意。Ⓣは「僧伽が指名した比丘（209b²⁻³）」とある。

菴摩勒（三〇六9） Āmalaka の音写。菴摩勒果・阿摩勒・阿摩勒果とも音写する。よくマンゴウ（Āmra）と同一視されるが、別のもので、余甘子とも称され、その果実は薬用となる。

軍荼利の真言（三〇六9） 楝択地相品第三所説の軍荼利明王の真言（oṃ kili kili vajra hūṃ phaṭ. 若しくは oṃ amṛte hūṃ phaṭ.）。

仏眼（三〇七4） Buddhalocanā の訳。仏眼仏母《ぶつげんぶつも》の略称。仏の五眼（肉眼・天眼・慧眼・法眼・仏眼）の一つである仏眼（仏智の徳）を表す尊にして、仏を出生する尊格であるからその名がある。胎蔵曼荼羅釈迦院に列する尊で、その真言は namo bhagavate uṣṇiṣāya oṃ ruru sphuru jvala tiṣṭha siddhalocane sarvārthasādhaniye svāhā.（㊅一八・六九八上参照）

耶輸末底（三〇七5） Yaśomatī の音写。名称慧の意。現図胎蔵曼荼羅蓮華部院に列する耶輸陀羅菩薩（Yaśodharā）に同じ。その真言は namaḥ samantabuddhānāṃ yaṃ yośodharāyai svāhā.

莽摩計（三〇七5） Māmakī の音写。忙莽雞《もうもうけい》とも音写し、金剛母とも称する。金剛部の母として位置づけられ、現図胎蔵曼荼羅金剛手院中の金剛薩埵の東方に隣次する尊。その真言は、namo ratnatrayāya namaś caṇḍavajrapāṇaye mahāyakṣasenapataye tadyathā oṃ kulandhari bandha bandha hūṃ phaṭ svāhā.（㊅一八・六九八上参照）

有情の身分（三〇七12） 感情や意識を有する生物一般の身体をさす。恐らく麝香などの動物性の香をさすと思われる。

般若（三〇七18） prajñā の音写。悟りの智慧。Ⓣは「般若波羅蜜多（Śes rab pha rol phyin, ⓈPrajñāpāramitā, 210a⁷）」とあるゆえに、『般若経』をさす。即ち前行として『般若経』を読誦することを指示する。

焼土（三〇八5） Ⓣは「煉瓦を焼いたもの（so phag sregs, 210b²）」とある。

大小の麦末（三〇八5） Ⓣ（210b²）によれば大麦と小麦を砕いて作った粉末をさす。

〔鬼〕**魅**（三〇八6） ㊅には一文字分空白ののち、「魅」とあるが、Ⓣ相当語（bgegs rnams もろもろの障礙者 210b²）よりこれを補う。

各自を上と為す（三〇八8） Ⓣの意は、曼荼羅の彩色に用いられる顔料は、順次五鉄・五宝・粳米の粉米の順に吉祥であるとする（210b^{3} 取意）。

下し、極めて（三〇八13） Ⓣにはこの間に以下のような五色界道を引く際の印契や彩色の順序の説明が挿入される。「金剛拳を結び、或るいはまた鉤印、或るいは鉢印を結び、或るいはまた慧手（右手）を以って画け。白色を初めにふし、その後ちに赤色をふし、次に黄色をふし、その後ちに青（緑）色をふし、真言者はすべての外側に黒色の顔料をふせ（210b$^{4-6}$）」。

量は九分なり（三〇八16） 門の幅を九分としたうちの、門の両側を四分ずつ取り、残りの一分を門の入口として取って門を作成する意。

門印（三〇八19） Ⓣも「門印（sgo yi phyag rgya, 210b^{8}）」とあるが、如何なるものか不明。

護方の契印（三〇八19） 門を守護する門衛の諸天を象徴する印（三昧耶形）をさす。

著食院（三〇九2） Ⓣはこれを欠く。分別印相品第九所説の食院に同じ。その相当Ⓣ（mchod pa, 221a^{5}）によれば、恐らく供養の資具を安置する区域（本品の終了部分に説かれる食処）をさすか。

行道院（三〇九2） Ⓣはこれを欠く。前項の如く分別印相品所説の相当Ⓣ（phyi rol, 221a^{3}）によれば、曼荼羅の外縁をさすと考えられる。

其の重ねたる……（三〇九4） 以下、Ⓣでは、「このように曼荼羅を画いて、三区分をよく観察して、長さと幅の二部分をまた極めてよく確定すべし（211c$^{1-2}$）」とある。恐らく原意は、曼荼羅を三区分（三重の院）にした際、各重の界道（境界線）の長さと幅を均等に彩色せよとの意か。

縦広の分量（三〇九4） 前項Ⓣによれば、界道の長さと幅の度量（chu sheṅ）をさす。

五浄（三〇九7） 牛の尿・糞・乳・酪（ヨーグルト状のもの）・酥（バター）の五種。

明王の真言（三〇九7） 揀択地相品第三所説の軍荼利明王の真言（oṃ kili kili vajra hūṃ phaṭ. 若しくは oṃ amṛte hūṃ phaṭ.）。

印（三〇九9） mudrā の訳。印契の意であるが、これに手印と三昧耶形（蓮華・金剛杵などの諸尊の持物）がある。ここでは後者が当る。

座（三〇九10） 諸尊の坐位。Ⓣは「座と住処（stan daṅ gnas）」とある。

身分の支節……（三〇九12） Ⓣでは「〔諸尊〕の形像に従って〔身分の〕肢分を想定し（211a^{5}）」とある。即ち、諸尊を作画するに際し、その姿を観想する旨を説く。

院（三〇九12） 曼荼羅の三重各院をさす。Ⓣでは「形像はまた、諸もろの曼荼羅の量に合わせて画くと言われる（211a^{5}）」とある。即ち、各院の広さなどの度量に応じて諸尊の姿を画くとの意。

瞋・喜・坐・立（三〇九13） 諸尊各自の尊容や姿勢を列挙するもので順次、諸尊の忿怒相・慈悲相・坐像・立像《りゅうぞう》をさす。Ⓣは漢訳の如く具体的に訳出されていない（211a$^{5-6}$）。

三部の主尊（三〇九18）　後説される如く、仏部主尊は天尊（釈尊）、蓮華部主尊は観世音自在（観自在菩薩）、金剛部主尊は執金剛（金剛手菩薩）。

天尊（三〇九19）　世尊（Bhagavat）に同じ。Ⓣは「仏世尊（Saṅs rgyas bcom ldan, 211a^8）」。即ち、釈尊をさす。以下、第二重の院の諸尊とその三昧耶形を説く。

仏頂（三〇九19）　buddhoṣṇīṣa 或いは uṣṇīṣa の訳。その形態は『諸説不同記』（㊅図像一・二六下）参照。

蓮華（三一〇1）　padma の訳。その形態は『諸説不同記』（㊅図像一・三九中）参照。

執金剛（三一〇1）　Vajadhara の訳であるが、この場合はⓉに「金剛手（Phyag na rdo rje, ⓈVajrapāṇi, 211b^1）」とあるゆえに、即ち、執金剛の上首である金剛手菩薩をさす。

三股跋折羅（三一〇1）　triśaṅku-vajra の訳。把手の両端が三枝に分かれた金剛杵のこと。㊅には「五股跋折羅」とあるが、㊅脚註⑪とⓉ（rdo rje rnon po rtse gsum ḥbar, 燃え立つ三股金剛杵、211b^1）よりこれを訂正する。

嚕怛羅（三一〇6）　Rudra の音写。ルドラ天のこと。魯達羅・嚕捺羅とも音写する。ヒンドゥー教の強暴な神で、シヴァ神の前身とされるが、のちにシヴァ神としてヒンドゥー教の三主神の一つとなった。密教ではシヴァ神の異名とされる大自在天（Maheśvara）ともまたその化身ともみなされる（『大日経疏』㊅三九・六八四上）。

妃（三一〇6）　前記ルドラ天の妃であるが、烏摩妃《うまひ》（大自在天妃、Umā＝シヴァ神の配偶神）のことであろう。Ⓣでは bkaḥ bzlog(211b^2) と訳される。

那羅延（三一〇7）　Nārāyaṇa の音写。ヒンドゥー教の最高神ヴィシュヌの別名であり毘紐（Viṣṇu）に同じ。シヴァ神と同じくヒンドゥー教の三主神の一つ。

摩訶斯那（三一〇7）　Mahāsenaの音写。大軍をもつものの意。恐らく『大日経疏』（㊅三九・六三四下）所説の塞健那《そくけんな》天《てん》(Skanda＝シヴァ神とパールヴァティーとの子にして戦神韋駄天）、即ち倶摩羅天（Kumāra）に当るであろう。

梵天王（三一〇8）　Brahmā の音写。インド思想における万有の根源ブラフマン（brahman 梵）を神格化した尊で、ヒンドゥー教ではヴィシュヌ・シヴァとならび三主神の一つ。仏教では色界の初禅天、また十二天の一つで上方を守護し、帝釈天（Indra）と共に仏教の護法天とみなされる。

帝釈（三一〇8）　Indra の訳。ヴェーダ神話の雷神インドラがその起源で、仏教に取り入れられて仏教守護の天となる。また、地居天の主にして須弥山上の忉利天に住す。十二天・八方天（東方）の一尊。

火天（三一〇9）　Agni の訳。ヴェーダの宗教では火を司る神・火神であったが、仏教に取り入れられ火天となる。十二天・八方天（東南方）の一尊。

閻摩（三一〇9）　Yama の音写。夜摩とも音写。ヴェーダ神話では死者の王とされるが、仏教に取り入れられ十二天・八方天（南方）

の一尊となる。

單駄棒（三〇10）daṇḍa の音写。檀拏杖とも称す。棒の意であるが、普通の棒ではなく、その上端に人頭を付けているので人頭杖ともいう。

泥利搋（三〇10）Nairṛti の音写。西南方の意で、西南方に住する涅哩底王・羅刹天（Rākṣasa）のこと。人間の血肉を食う悪鬼の類いであるが、のちに仏教の守護神として羅刹天となる。また十二天・八方天（西南方）の一尊。

横大刀（三〇10）Ⓣでは「剣（ral gri, Ⓢkhaḍga, 211b³）」とある。

龍王（三〇10）Varuṇa の訳。水天のこと。龍（Nāga）族を眷属とする故に龍王ともいう。ヴェーダ神話における水神ヴァルナが仏教に取り入れられ水天となる。十二天・八方天（西方）の一尊。

風神王（三〇11）Vāyu の訳。風天のこと。ヴェーダ神話における風神ヴァーユが仏教に取り入れられ風天となる。十二天・八方天（西北方）の一尊。

多聞天（三〇11）Kubera の訳。異名毘沙門天（Vaiśravaṇa）。ヴェーダ神話における魔族の主より、財富の神・護世神とされ、仏教では夜叉・羅刹を率いる十二天・八方天（北方）の一尊となる。

摩醯首羅（三〇12）Maheśvara の音写。大自在天のこと。もともとヒンドゥー教のシヴァ神が仏教に取り入れられ大自在天となる。なお、Ⓣには「伊舎那天（dBaṅ bdag, ⓈĪśāna, 211b⁴）」とある。この伊舎那天は大自在天と同体であるとも、その忿怒身ともされ、十二天・八方天（東北方）の一尊とされる。ゆえに、指示する尊格は同体であろうが、文脈よりすれば伊舎那天の方が妥当と考えられる。

日（三〇13）Āditya の訳。日天のこと。ヴェーダ神話における太陽神（Sūrya）より仏教に取り入れられ日天となる。十二天の一尊。

月（三〇13）Candra の訳。月天のこと。日天と同様に月を神格化した尊にして、仏教では十二天の一尊となる。

吉祥（三〇13）Ⓣによれば、「卍（sva sti ka, Ⓢsvastika, 211b⁴）」をさす。ヴィシュヌ神の胸の旋毛を起源とし、仏教では仏の胸・手・足に現れる吉祥相の印、または仏心の象徴とされる。

一、及び二・三の曼荼羅の法（三一3）Ⓣによれば、第一・第二・第三の諸尊作画法を混在させて画く旨（取意、212a¹）を説く。つまり、一つの曼荼羅の中に諸尊の形像・三昧耶形・座が混在して画かれることを意味する。

最後の第三処（三一7）第三重の院をさすか。Ⓣには「最後の次第（cho ga tha ma, 212a³）」とある。即ち第三の諸尊作画法（座）に従って画く第三重の院をさすか。

無能勝（三一10）Aparājita の訳。無能勝明王のことで、釈尊の菩提樹下成道の時の降魔の徳を表す尊。また、釈迦如来の化身とも忿怒身ともされる。胎蔵曼荼羅では釈迦院に列する。

本部の母（三一10）仏部の母たる仏眼仏母（Buddhalocanā）のことで、釈尊の母、能寂母（現図胎蔵曼荼羅釈迦院の一切如来宝・

遍知眼・仏眼）をさす。以上は仏部の諸尊。

本部の母（三一13） 蓮華部の母たる白処尊、白衣観音（Pāṇḍara-vāsini）のこと。白は浄菩提心を表し、白蓮華上に住して白衣を着る尊。胎蔵曼荼羅蓮華部院に列す。以上は蓮華部の諸尊。

莽摩計母（三一14） Māmaki の音写。忙莽雞とも音写する。金剛部の母にして胎蔵曼荼羅金剛手院に列する。以上は金剛部の諸尊。

難陀・跋難陀龍王（三一14） Nanda-upananda の音写。八大龍王の二尊にして仏教を守護する善龍の兄弟。『大日経』具縁品（㊀一八・八上）・秘密曼荼羅品（同三五中）も西門に列する。

訶利羝母（三一16） Hāriti の音写。悪女・薬叉女などと名づけられるが、鬼子母神のこと。

方（三一17） Ⓣには「護方〔天〕（Phyogs skyoṅ, ⓈDikpāla, 212a[7]）」とある。

摩尼跋多羅将（三一18） Maṇibhadra の音写。宝賢大将のことで、毘沙門天の眷属八大薬叉の一尊。

薬叉（三一18） Yakṣa の音写。夜叉とも音写する。毘沙門天の眷属としてその財宝を守る鬼神のこと。

文殊師利菩薩（三二1） Mañjuśrikumārabhūta の音写。妙吉祥と漢訳。大乗仏教の代表的な菩薩で仏の智慧を表す。胎蔵曼荼羅文殊院の主尊。

大勢至菩薩（三二2） Mahāsthāmaprāpta の訳。勢至菩薩のことで、観音とともに阿弥陀三尊として有名である。胎蔵曼荼羅蓮華部院に列する。

虚空蔵菩薩（三二2） Ākāśagarbha の訳。虚空の如く無量の福徳・智慧を具す尊にして、胎蔵曼荼羅虚空蔵院の主尊。

成就義菩薩（三二2） Siddhārtha, Arthasiddhi の訳か。いかなる尊か不明。或いは普賢菩薩（Samantabhadra）の密号か。

無垢行菩薩（三二2） Ⓣには「無垢慧（Dri ma med paḥi blo gros, ⓈVimalamati, 212b[1]）〔菩薩〕」とある。

弥勒菩薩（三二2） Maitreya の音写に由来。慈氏とも訳す。釈尊入滅後五十六億七千万年後に人間界に下生し、説法するとの未来仏。胎蔵曼荼羅中台八葉院（東北）に住す。

金剛将菩薩（三二4） Vajrasena の訳。現図胎蔵曼荼羅蘇悉地院に列する尊。

蘇磨呼菩薩（三二4） Subāhu の音写。蘇婆呼・蘇婆胡とも音写し、妙臂と訳す。現図胎蔵曼荼羅虚空蔵院に列する尊。

頂行菩薩（三二4） Mūrdhaṭaka の訳か。いかなる尊か不明。Ⓣ相当訳 bGegs kyi sde dpon（212b[2]）によれば、毘那夜迦（Vināyaka）の龍象部主・頂行（㊀一八・七二三下）に相当するか。

軍闍羅持明仙王……（三二5） 以下、七持明仙王を列挙する。持明仙王（Rig sṅags ḥchaṅ gi rgal po, ⓈVidyādhararāja?, 212b[2]）とは主に明真言陀羅尼を持誦して神通を得た成就者をさす。

摩怛羅神（三二7） Mātṛの音写。母の意にして、七母天（Cāmuṇḍā・Kauberi・Vaiṣṇavi・Kaumāri・Aindri・Raudri・Brāhmi）をさす。

佉那鉢底神（三二7） Gaṇapati の音写。ヒンドゥー教のガネーシャ（Gaṇeśa）にして仏教では大自在天の子、歓喜天のこと。

羯羅訶神（三二8） Graha の音写。執の意で、日曜星などの九執曜（Āditya・Soma・Aṅgāraka・Budha・Bṛhaspati・Śukra・Śanaiścara・Rāhu・Ketu）をさす。

羅睺阿修羅王（三二8） Rāhu-asura の音写。日・月触を起させる触神。

婆致（三二8） Ⓣによれば、「大力〔阿修羅〕(sTobs can, Ⓢ Bali-〔asura〕, 212b^4)」をさす。

皤羅那陀（三二8） Ⓣによれば、「踊躍〔阿修羅〕(Rab sim, Ⓢ Prahlāda-〔asura〕, 212b^4)」をさす。

遍照阿修羅（三二8） Ⓣによれば（rNam par snaṅ byed, 212b^4), Vairocana-asura の訳と言える。以上四大阿修羅を説く。

婆素枳（三二8） Vāsuki の音写。広財龍王のことで、八大龍王の一尊。

浄居天（三二10） Śuddhāvāsa の訳。色界の第四禅における無煩天・無熱天・善現天・善見天・色究竟天の五浄居天の神々をさす。『大日経』では自在・普華・光鬘・意生・名称遠聞天子とす（大一八・七下）。

羅刹（三二14） Rākṣasa の音写。その通力によって人を魅し、食べるという悪鬼の一種。のちに仏教の守護神となる。

部哆（三二17） Bhūta の音写。五趣に生じたものの意で、鬼類の一種。

如来毫相尊（三三1） Tathāgatorṇā の訳。仏の三十二相の一つである白毫相の徳を表す。如来毫相菩薩（釈迦毫相）。現図胎蔵曼茶羅釈迦院に列す。以下、仏部の諸尊にして、東方に配される。

如来舎悉底（三三1） Tathāgataśakti の音写。如来爍乞底のこと。シャクティは短鎗を意味する。仏の衆生を護る方便の徳を表す菩薩。現図胎蔵曼茶羅釈迦院に列す。

輪王仏頂（三三1） Uṣṇīṣacakravartin の訳。大転輪仏頂のこと。仏の諸障を摧破する徳を表す仏頂尊。三仏頂・八仏頂の一つ。現図胎蔵曼茶羅釈迦院に列す。

超勝仏頂（三三1） Abhyudgatoṣṇīṣa の訳。Ⓣには「広大生（Cher ḥbyuṅ ba, 212b^8)」となる。すなわち高仏頂のこと。菩提心の徳を表す仏頂尊。五仏頂・八仏頂の一つ。現図胎蔵曼茶羅釈迦院に列す。

如来眼尊（三三1） Mahāvidyācakṣus の訳。Ⓣによれば「大明眼（Rig sṅags chen mo sbyan, 212b^8–213a^1)」となる。仏部の母尊・仏眼仏母たる釈尊の母・能寂母と異り、胎蔵曼茶羅遍知院に列する尊（遍知眼・般若仏母）をさすと思われる。

如意宝幢の印（三三2） cintāmaṇidhvaja の訳。恐らく『大日経』具縁品（大一八・六下）所説の真陀摩尼珠、秘密曼茶羅品（同三四下）所説の大如意宝尊と同一であれば、現図胎蔵曼茶羅遍知院の大勇猛菩薩の三昧耶形をさす。

耶輸末底尊（三三3） Yaśomati の音写。持名称尊の意で耶輸陀羅菩薩（Yaśodharā）に同じ。現図胎蔵曼茶羅蓮華部院に列す。以下蓮華部の諸尊にして北方に配される。

大白尊（三三3） Mahāśvetā の訳。大白尊の意であるが、白身観自在（Śvetabhagavatī）に同じ。七白吉祥の一つにして現図胎蔵曼荼羅蓮華部院に列す。

般坦羅皤絲泥尊（三三3） Pāṇḍaravāsinī の音写。白衣尊の意。白処観自在菩薩（白衣観音）に同じ。現図胎蔵曼荼羅蓮華部院に列す。

一髻尊（三三4） Ekajaṭī の訳。観自在菩薩の化身・一髻羅刹（Ekajaṭarākṣasa）か。現図胎蔵曼陀羅蘇悉地院に列す。

多羅尊（三三4） Tārā の音写。多羅菩薩のこと。観自在菩薩の眼中より生じたとする。現図胎蔵曼荼羅蓮華部院に列す。

徹嘌尊（三三4） Gaurī の音写。豪利・僑理とも音写する。大明白身菩薩（Gaurīmahāvidyā）のこと。現図胎蔵曼荼羅蓮華部院に列す。

大吉祥尊（三三4） Mahāśrī の訳。大吉祥大明菩薩のことで、七白吉祥の一つ。現図胎蔵曼荼羅蓮華部院に列す。

円満尊（三三4） Bhogavatī の訳。豊財《ぶざい》菩薩のこと。現図胎蔵曼荼羅蓮華部院に列す。

金剛鉤尊（三三5） Vajrāṅkuśī の訳。金剛鉤女菩薩のこと。現図胎蔵曼荼羅金剛手院に列す。以下金剛部の諸尊にして南方に配される。

金剛拳尊（三三5） Vajramuṣṭi の訳。金剛拳菩薩のこと。現図胎蔵曼荼羅金剛手院に列す。

遜婆明王（三三5） Śumbha の音写。降三世明王（Trailokyavijaya, Vajrahūṃkāra）のこと。現図胎蔵曼荼羅持明院に列す。また同金剛手院に列す孫波菩薩（Śumbha）とも考えられる。Ⓣには「印を有する明王（Rig pahi rgyal po phyag rgyar bcas, 213a³）」とある。

軍荼利忿怒尊（三三5） Kuṇḍalī の音写。軍荼利明王のこと。軍荼利明王には三部各別の軍荼利があるとされる。仏部＝甘露軍荼利（現図胎蔵曼荼羅蘇悉地院の金剛軍荼利）、蓮華部＝蓮華軍荼利（同蓮華部院の蓮華軍荼利）、金剛部＝金剛軍荼利（同金剛手院の金剛軍荼利）。故に当尊は金剛部の金剛軍荼利（Vajrakuṇḍalī）に相当する。

般坦尼訖涅婆尊（三三5） Pādanikṣepa の音写か。Ⓣ（Gom pa hdor ba ñid, 213a³）によれば、八大明王の一つである歩擲《ぶちゃく》明王をさすか。

金剛鏘鉢尊（三三6） Ⓣ（rDo rje lug rgyud = rDo rje lu gu rgyud, 213a³）によれば金剛鏁《さ》菩薩（Vajraśṛṅkhala）をさすか。現図胎蔵曼荼羅金剛手院に列す。

金剛棒尊（三三6） Vajradaṇḍa の訳。金剛牙《げ》菩薩（Vajradaṃṣṭra）に侍せる尊にして、現図胎蔵曼荼羅金剛手院の金剛拳菩薩（Vajramuṣṭi）と同体ともされる。

不浄忿怒尊（三三6） Ucchuṣma の訳。一切の不浄・悪を除き浄める力を有する烏枢沙摩《うすさま》明王のこと。

其の第三院……是くの如し（三三9） Ⓣにはこののち、以下の一節が挿入される。「〔阿闍梨は第一院の〕四方に四つの読誦すべき法を安置せよ。そのうち、東方には『般若波羅蜜多〔経〕』を安置せよ。北方に安置するものは『金光明経』である。西方に安置するものは『如来秘密経』である。『大乗の茎を説くもの（入法界品）』は南方に安置し、恭敬してそれ等を供養すべし」(213a$^{5-6}$)。この一節と同趣旨の内容が『金剛手灌頂タントラ（Ⓟ vol. 6, No. 130, 34b^{6}–39a^{7})』に説かれている点は重要である。

浄篋（三四2）　経本を収める長方形の箱。Ⓣには「善き弟子の上に置け（slob ma bzaṅ poḥi steṅ du bshag, 213b$^{4-5}$)」とある。

方階（三四19）　Ⓣには「正方形の台座（stegs bu gru bshi, 214a^{4})」とある。即ち灌頂を受ける弟子の坐すべき正覚壇をさす。

食処（三五4）　Ⓣには「諸もろの食物を安置する区画（gyos rnams gaṅ bshag paḥi sa ris rnams, 214a^{5})」とある。即ち、諸尊に供養するための供養の資具を安置する食院と考えられる。

辦事の真言（三五11）　揀択地相品所説の真言にして、仏部＝最勝仏頂の真言、蓮華部＝寂留明菩薩の真言、金剛部＝軍荼利明王の真言。特に三部に通ずる軍荼利明王の真言をさす。

枳利枳利尊（三五12）　金剛軍荼利（Vajrakuṇḍali）のこと。真言（忿怒枳里枳羅＝金剛軍荼利真言）は oṃ kili kili vajra hūṃ phaṭ. Ⓣには「金剛棒大精進（rDo rje be con brtson ḥgrus che, 214b$^{1-2}$)」とある。

軍荼利尊（三五12）　忿怒甘露軍荼利（Krodhāmṛtakuṇḍali）のこと。真言（甘露軍荼利真言）は oṃ amṛte hūṃ phaṭ.

金剛橛尊（三五12）　Vajakila の訳。恐らく曼荼羅道場の境界を結界するのに用いる資具、金剛橛を持つ尊格をさすと思われるが不詳。或いは金剛橛（地結）そのものをさすとも考えられる。その真言は oṃ kili kili vajra vajri bhūr bandha bandha hūṃ phaṭ.

金剛墻尊（三五12）　Vajraprākāra の訳。恐らく曼荼羅道場の四方を結界するのに用いる三股金剛杵を連接して作る資具・金剛墻を持つ尊格と思われるが不詳。或いは金剛墻（四方結）そのものをさすか。Ⓣは「引き閉ざすもの（Draṅ bsum, 214b^{2})」。その真言は oṃ sāra sāra vajraprākāra hūṃ phaṭ.

金剛鉤欄尊（三五12）　Vajrapañjara の訳。金剛網の意。恐らく曼荼羅道場の上方を加持結界する三股金剛杵の網を有する尊と思われるが不詳。或いは金剛網（虚空網）そのものをさすか。Ⓣは「慧を有するもの（Blo daṅ ldan pas, 214b^{2})」。その真言は oṃ visphurād rakṣa vajrapañjara hūṃ phaṭ.

五宝（三六6）　後説の瑚〈珊瑚〉・頗（水晶）・金・銀・商佉（螺貝）の五種類の宝物。

五薬（三六6）　後説の僧祇・毘夜・乞羅提婆・娑訶提婆・枳嘌羯尼の五種類の薬。

繒綵（三六7）　絹製の布のこと。Ⓣには「新しき木綿〔製の布〕(ras sar, 214b^{7})」とある。

柑欄（三六7）　Ⓣは「果実（ḥbras bu, 214b^{8})」とのみ。柑橘類などの果実をさすか。

散華（三六7）　Ⓣは「花（me tog, 214b^{8})」とのみ。

僧祇（三六14）Ⓣの音写によれば、siṅ kri（Ⓟ215a^{3}), siṅ ghri（Ⓓ155a^{1}）とある。ワサビノキ（śigru 尸倶魯）のことか。その子実の油は食用油ともなり、葉や根は辛味があるとされるが不詳。

毘夜（三六14）Ⓣによれば、bya gri（Ⓟ215a^{3}), byā ghri（Ⓓ155a^{1}）とある。トウゴマ（eraṇḍa 伊蘭）の油にしてひまし油（vyāghra）のことか。下剤として用いられるとするが不詳。

乞羅提婆（三六14）Ⓣによれば、kar ni ka（Ⓟ215a^{3})、kar ṇi ka（Ⓓ155a^{1}）とある。モミジバウラジロ（karṇikāra 迦尼迦羅＝アオギリ）のことか。密教ではこの花を護摩壇に飾るとされるが不詳。

娑訶提婆（三六14）Ⓣによれば、ha sa（Ⓟ215a^{3}, Ⓓ155a^{1}）とある。hasat と称するジャスミンの一種か。不詳。

枳嘌羯尼（三六14）Ⓣによれば、ha sa de va（Ⓟ215a^{3}, Ⓓ155a^{1}）とあり、前項の娑訶提婆に相当する可能性もある。漢訳の音写に従えば、kṛkaṇa と称するコショウの一種に相当するか。不詳。

宝（三六16）Ⓣによれば、「宝玉（nor bu, Ⓢmaṇi, 215a^{4}）をさす。なお、Ⓣの五宝は珊瑚・金・商佉・真珠・宝玉となる。

幡竿（三八18）幡（patākā）という一種の旗のさおをさす。以下、幡供養とその荘厳法を説く。

鴆・鵲・鴟（三七2）鴆は羽に毒のある一種の毒鳥、鵲はかささぎ、鴟はふくろうとされるが、Ⓣにはこのような三種の鳥の名はなく「孔雀（rma bya, Ⓢmayūra, 215a^{6})」とのみある。

瓦坏（三七5）Ⓣでは「陶土（kham pa, 215a^{7})」をさす。恐らく焼かない瓦状の陶土の板を焼香の具として用いるのであろう。

坏炉（三七7）前項の如き、陶土より作った焼かない瓦状の板をさすか。Ⓣには「香炉（pog phor, 215a^{7})」とある。

瓦器（三七7）Ⓣには「陶土の椀(kham paḥi phor bu, 215a^{8})」とある。即ち、土器の茶椀をさすか。

払（三七9）払子《ほっす》のことで、獣毛・麻・綿などを束ねて柄をつけたもの。蚊や塵などを払うのに用いられる。

輪王仏頂明王（三七17）Uṣṇīṣacakravartin の訳。仏部の明王たる大転輪仏頂のこと。その真言は「揀択弟子品」に示された如く一字金輪呪（namaḥ samantabuddhānāṃ bhrūṃ.）をさす。

部母の真言（三七17）仏部の母である仏眼仏母（Buddhalocanā）のこと。その真言は namo bhagavate uṣṇīṣāya oṃ ruru sphuru jvala tiṣṭha siddhalocane sarvārthasādhaniye svāhā.（㊅一八・六九八上参照）

吉祥なる部母の真言（三七18）蓮華部の母たる白処尊、白衣観音（Pāṇḍaravāsini）のこと。その真言は namaḥ samantabuddhānāṃ tathāgataviṣayasaṃbhave padmamālini svāhā.

遜婆明王（三七19）Śumbha の音写で、降三世明王のこと。その真言は oṃ śumbha niśumbha hūṃ gṛhṇa gṛhṇa hūṃ gṛhṇāpaya hūṃ ānaya hoḥ bhagavan vajra hūṃ phaṭ.

莽麼計部母の真言（三七19）Māmakī の音写で、金剛部母・忙莽雞のこと。その真言は mamo ratnatrayāya namaś caṇḍavajrapāṇaye mahāyakṣasenapataye tadyathā oṃ kulandhari bandha bandha hūṃ phaṭ svāhā.

沈水香（三一八8） agaru の意。沈香。別名伽羅《きやら》とも呼ぶが、樹脂を含み芳香をもつ香木の名。堅く重くて水に沈む所からその名がある。

迦湿弥嘌（三一八9） kāśmiri の音写。蕃紅花（サフラン）のこと。その花は芳香を発するとされる。

苾唎曳応旧（三一八9） priyaṅgu の音写。先の栴壇の一種でモランをさすのが有力とされる。その花は芳香をもつとされる。

多迦羅（三一八9） tagara の音写。キョウチクトウ科の灌木で、和名サンユウカ。その樹から取れる香を零陵香とも訳す。また、その白い花は夜間に強い芳香を発するとされる。

甘松（三一八9） gandamāṃsi の訳。オミナエシ科の多年草。カノコ草の一種とされる。

丁香（三一八9） lavaṅga の意。丁字《ちょうじ》より作成する香。

桂心（三一八10） tvaca の意。肉桂《にっけい》（シナモン）の樹。その皮や根を香料にするとされる。

龍華（三一八10） nāgapuṣpa の訳。オトギリ草科のセイロンテツボクのことか。その花は白色系で芳香をもつとされる。

宿渋蜜（三一八10） sūkṣmi 若しくは sūkṣmā の音写。ジャスミンの一種の yūthikā（由提迦）をさすか。

石南葉（三一八10） Ⓣは「葉（pa tra, Ⓢpatra, 216a[1]）」とのみ。石南花《しやくなげ》のことか。

沙陀払瑟婆（三一八11） Ⓣによれば、śatapuṣpa の音写。百の花を有するものほどの意であるが、不詳。

闍知皤怛羅（三一八11） jātipatra の音写。ジャスミンの一種で、闍提とも音写される。

香附子（三一八12） musta の訳か或いは kaunti の音写か。カヤツリグサ科の多年草ハマスゲで、その根を香に用いる。

隠摩豆唎迦（三一八12） Ⓣによれば、maḥduriki 即ち madhurikā の音写であろう。ジャスミンの一種。

龍脳（三一八13） karpūra の訳。Ⓣは「樹脂（thaṅ chu, 216a[2]）」とのみ。カルプーラ樹の樹脂を乾燥させた香（龍脳香）をさす。

欝金（三一八17） kuṅkuma の音写。サフランの一種で、その花を圧したのが鬱金香《うつこんこう》となる。

紫檀（三一八19） マメ科の常緑高木で、材は赤褐色。Ⓣには「赤栴壇（tsan dan dmar po, 216a[4]）」とある。

摩里迦（三一九2） mālikā の音写。ジャスミンの一種。

魔句（三一九2） bakula の音写。小さな白色の花をもつアカテツ科の常緑樹、ミサキノハナ。

群駄（三一九2） kunda の音写。白色の花をもつジャスミンの一種。

摩羅底（三一九2） mālati の音写。白い花で芳香を発するジャスミンの一種でタイワンソケイ。

那縛摩里迦（三一九3） navamallikā の音写。初夏から秋にかけて白色の花が咲き芳香を発するジャスミンの一種。

苫蔔迦（三一九3） campaka の音写。黄白色の花が咲き芳香を発するモクレン科の常緑樹。

阿輸迦（三九3） aśoka の音写。仏教三霊樹の一つで、釈尊の生誕・結婚に関係深い瑞兆を表すマメ科のアショカノキ。その花は鮮かな赤色。

払利曳応旧（三九3） priyaṅgu の音写。黄色の花が咲き芳香を発するセンダン科のモランのことか。

計娑羅（三九4） kesara の音写。オトギリソウ科のセイロンテツボクをさす。その花は白色・紅白色で芳香を発する。

底羅迦（三九4） tilaka の音写。白色の花が咲くクマツヅラ科・クサギ属の一種。

娑羅（三九4） sāla の音写。仏教三霊樹の一つで、釈尊の入滅・涅槃を表す娑羅双樹は有名。淡黄色の花をつける龍脳香料の熱帯樹。

迦尼迦羅（三九4） karṇikāra の音写。黄色の花が咲き芳香を発するアオギリ科のモミジバウラジロとされる。

樹花（三九4） Ⓣśiṅ gi（216a⁵）よりすれば、siṅgi の訳か、ある「樹木（siṅga）」の花をさすか。不詳。

迦羅毘羅（三九4） karavira の音写。キョウチクトウをさす。

迦曇婆（三九5） kadamba の音写。オレンジ色の花が咲き芳香を発するアカネ科のキャダンバのこと。

阿輸那（三九5） arjuna の音写。シクンシ科のサダラのこと。花は小さく穂をなして咲くとされる。

漫闍梨（三九5） mañjarī の音写。花房の意。シソ科のオオカミボウキのこと。花はライラック色で芳香を発するとされる。

婆荼羅（三九5） pāṭala の音写。センダンキササゲ属の常緑高木。淡紫色の花が咲き芳香を発するとされる。

尸多乾地（三九6） sitakaṇṭā の音写。白色の花が咲くサンゴナスをさすか。

倶羅婆迦（三九6） kurabaka の音写。ヒユ科のケイトウ類。赤色の花をもつ。

皤拏（三九6） panasa の音写。クワ科のパラミツのこと。

乾多迦（三九7） kanthaka の音写。サボテン科オプンチア属の有刺植物。

尸倶嚕（三九7） sigru の音写。五弁の黄白色の花が咲くワサビノキ。

阿底目得迦（三九8） atimuktaka の音写。キントラノオ科の常緑蔓性植物で、白色の花が咲き芳香を発する。

尼婆（三九8） nipa の音写。オレンジ色の花が咲き芳香を発するキャダンバに同じ。

雞跢枳（三九8） ketaki の音写。タコノキ科の常緑樹で雄花は芳香を発する。

句欄荼迦（三九8） kuraṇḍaka の音写。キツネノマゴ科のバーレリア属。黄色の花を有する。

句吒遮（三九9） kuṭaja の音写。キョウチクトウ科の灌木コネッシのことで、白色の花が咲く。

毘羅嚩（三九9） bilva の音写。ミカン科の樹木ベルノキをさす。その果実は芳香をもち食料となる。

摩利迦（三一九9）mallikā の音写。ジャスミンの一種で、初夏から秋に白色の花が咲き芳香を発する。

計娑羅（三一九12）(大)には「計婆羅」とあるが、(大)脚註㊳とⓉ(216a^{8}）により訂正す。kesara の音写。前出の計娑羅に同じ。セイロンテツボクをさす。その花は白色・紅白色で芳香をもつ。

群多（三一九14）kunda の音写。前出の群駄に同じ。白色の花をもつジャスミンの一種。

婆句羅（三一九15）bakula の音写。前出の魔句に同じ。小さな白色の花をもつミサキノハナ。

尸利稗瑟多迦（三一九17）śriveṣṭaka の音写。ヒマラヤマツの樹脂のこと。

安悉香（三一九18）guggula の意。安息香とも訳される。安息香樹の樹皮に傷をつけて取れる芳香性の樹脂香。

蘇合香（三二〇1）turuṣka の意。カンラン科インドニュウコウの樹皮より取れる樹脂香。別名乳香。

薩闍羅沙香（三二〇1）sarjarasa の音写。サラノキの樹脂香で、仏教五種樹香の一つ。別名白膠香《はっこうこう》。

娑羅枳香（三二〇1）(大)には「婆羅枳」とあるが、(大)脚註㊸とⓉ(216b^{3}）により訂正。śallakī の音写。ある香木より取れる香。

烏尸羅香（三二〇2）uśīra の音写。イネ科のアンドロポゴン属のビナラの根香。

天木香（三二〇2）devadāru の意。ヒマラヤスギに似たネズミサシより取れる香。

鉢地夜（三二〇2）pūtika の音写。ヒマラヤスギより取れる香。

羅住迦食（三二一15）laḍḍuka の音写。小麦などの穀物の粉に砂糖やスパイスを混ぜて油で揚げた団子状の糖菓。

皤羅皤尼迦食（三二一15）prapānaka の音写か。シャーベットの一種と考えられる。

脾那迦食（三二一16）piṇḍaka の音写か。米より作る団子と考えられる。

似菱角形食（三二一16）apūpa の意。恐らくひし形状の粉菓子をさすと考えられる。

餅噉鉢波抜吒迦食（三二一16）parpaṭa の音写。薄くかりかりに焼いた菓子（せんべいのことか）。

渇闍迦食（三二一18）khajapa の音写か。バターを澄ませたものをさすか。

鉢那波浦迦餓食（三二二1）Ⓣによれば、「葉の形状をもつもの（lo mahi dbyibs, 217b^{4})」の意。

枳利娑羅粥（三二二4）kṛsara の音写。米と豆（えんどう豆の類い）にスパイスを混ぜた粥。

羹（三二二7）sūpa の意。一般的に肉に野菜を混ぜて煮た熱い吸い物（スープ）。

部底迦食（三二二8）bhūtika の音写か。Ⓣは「一切有情〔食〕(ḥbuṅ po thams cad pa (217b^{8})」。後出の乳粥・枳利娑羅粥・小豆羹の三種の食物をさす。

酪粥（三二二12）Ⓣは「大麦粥（nas thug, 218a^{1})」。

古き残宿（三三12）Ⓣによれば「日が過ぎたスープ（tshod ma shag du lon pa, 218a$^{1-2}$）」の意。

沙瑟迦（三三15）svastika の音写。即ち前出の莎悉地迦食（十字型の菓子）に同じ。

迦必他果（三三2）kapittha の音写。ミカン科の一種ナガエミカンの果実。

毘闍補羅迦果（三三2）bijapūraka の音写。ミカン科の仏手柑《ぶしゅかん》の果実。

波那娑果（三三2）panasa の音写。パンノキの一種ナガミパンの果実。

羅句者果（三三3）lakuca の音写。パンノキの一種ラクーチャパンの果実。

阿麽羅果（三三3）āmalaka の音写。マンゴー（āmra）と発音がよく似ているので漢訳仏典ではよく同一視されるが別のもの。アンマロクの果実で、収斂性の酸味が強い。

波羅蹉迦果（三三6）Ⓣによれば「ザクロの果実（sehu ḥbru, Ⓢdāḍimaphala, 218a^{7}）」とある。

三遍食を下し……（三三16）Ⓣは、このの ち「閼伽と焼香をまた捧げよ（mchod yon daṅ ni bdug pahaṅ sbyin, 218b^{3}）」と続く。

羅刹（三三16）rākṣasa の音写。通力で人を魅し、食らうという悪鬼の一種。

毘舎闍（三三16）piśāca の音写。屍肉を食らう悪鬼。

食血噉肉者（三三17）前項の毘舎闍と同様に屍肉を食らう悪鬼。

祭る（三三18）㊅に欠くが、㊅脚註㊸とⓉ「若し散ずる時（gal te ḥthor baḥi tshe, 218b^{5}）」によりこれを補う。

無畏（三三19）何の不安や疑惑もない心の状態。Ⓣには「その時、意を集中して誤まらずに（der ni mñam bshag ma ḥkhrul bar, 218b^{5}）」とある。

野干（三四1）きつねの意であるが、Ⓣによれば、「ジャッカル（lce spyaṅ, Ⓢśivā, 218b^{5}）」。

其の身を見（三四1）Ⓣには「部多等が現われることと（ḥbyuṅ po dag ni snaṅ ba daṅ, 218b$^{5-6}$）」とある。

其の所願を満さん（三四14）Ⓣは「加持して悉地を与えるであろう（byin gyis rlob cin dṅos grub stsol, 219a^{4}）」。

分別印相品第九（三五2）㊅には「分別相品第九」とあるが、㊅脚註⑫とⓉ（219a^{8}）によりこれを訂正。本品は主に曼荼羅諸尊の印契と弟子の投華得仏の作法を説く。

亦た……（三五3）漢訳の「亦」の直前に以下のⓉを欠く。「合掌を開いて二食指を少分引く、これが如来部（仏部）の三昧耶印（虚心合掌）と知るべし。掌をよく合わせて中の三本の指を分かつ、これが蓮華〔部の三昧耶〕印（八葉印）であって、蓮華が花開いた相である。両手の甲を合わせ、二小指と二余指（拇指）とを巻く、これが金剛〔部の三昧耶〕印であり、金剛部として説かれたものである（219a$^{4-7}$）。」以下、諸作法に結印される印契を説く。

三部三摩耶印（三五3）この三種の印は胎蔵法では通常、入仏三味耶・法界生・転法輪の三印をさすが、本軌では護身法中の仏部・蓮華部・金剛部の三味耶印をさす。

秘密曼荼羅（三二五8）Ⓣには「鬼魅の曼荼羅（gdon gyi dkyil ḥkhor, 219b²）」とある。Ⓢの guhya（秘密）と graha（鬼魅）は書体がよく似ているので、どちらかの訳者が誤訳したのであろう。

金剛棒印（三二五10）Ⓣには「金剛拳〔印〕（rdo rje khu tshur, Ⓢvajramuṣṭi, 219b²）」とある。

喫金剛印（三二五11）Ⓣは「金剛爪〔印〕（rdo rje sder mo, Ⓢ vajranakha?, 219b²）」。

芳草（三二六3）kuśa の訳。吉祥草とも称す。護摩壇や坐禅用の敷草として用いられるイネ科ポア属の多年生の草。

杓（三二六4）sruvaka の訳。護摩の修法において飯食・五穀・蘇油などの供物を供養する時に、用いる器具。これに大杓・小杓がある。

其の頂上（三二六18）Ⓣによれば「先に示された印契に華などを置き（sṅar bstan pa ḥi phyag rgya la ‖ me tog dag ni bshag nas su, 220a⁵⁻⁶）」として、華を印契の先端にはさみ込む旨を明かす。

諸仏の家（三二七6）Ⓣによれば「仏の部族（saṅs rgyas rigs, Ⓢ buddhakula, 220b²）」の意。

次に弟子……香華等を以って（三二七8）香華供養の作法。Ⓣには「香華を三回散ずべし（220b³ 取意）」とある。

花、若し仏の中身分……（三二七15）漢訳はここの直前に下のⓉを欠く。「身体の上部に落ちれば、諸もろの上〔品悉地〕を成就するであろう。腰部に落ちれば、諸もろの中〔品悉地〕を成就するであろう。身体の下部の方に落ちれば、諸もろの一般の悉地(下品悉地)を成就するであろう（220b⁵⁻⁶）。」

食院（三二八2）Ⓣには「秘密真言〔尊〕の供養〔処〕など（gsaṅ sṅags kyi ni mchod pa dag, 220b⁸）」とある。恐らく曼荼羅諸尊に供養する資具を安置せる供養処の区域をさすと思われる。

部主（三二八13）Ⓣには「曼荼羅主（dkyil ḥkhor gyi ni bdag po, 221a⁵⁻⁶）」とある。即ち曼荼羅の本尊をさす。

本法の所説（三三〇11）続いて後説される各作法に従った護摩法を説く説段をさす。

茅草の芽（三三〇17）㊅に「茅草の牙」とあるが、Ⓣの「芝の芽（dūr ba myu gu, 222a⁵）」により訂正す。

裙那花（三三〇17）kundaの音写。ジャスミンの一種で白色の花をもち芳香を発する。

注多樹（三三〇17）cūta の音写。マンゴー樹のこと。

烏曇末羅樹木（三三一1）uḍumbara の音写。ウドンゲノキのこと。

阿輸他木（三三一1）aśvattha の音写。インドボダイジュのこと。

苦練木（三三一1）Ⓣには欠くが、ニガキ科の落葉樹で、天秤棒などに用いられるように材質はねばり強く硬い。

波羅闍木（三三一1）palāśa の音写。ハナモツヤクノキ。

天木茴香（三三一3）devadāru の意。天木香（ネズミサシ）の一種と思われる。

天門冬（三一3） haritaśādvala の意。クサスギカズラのこと。

尾盧婆果（三一3） bilvaphala の音写と訳。奉請供養品第八所説の毘羅嚩（ミカン科ベルノキ）と同じで、その果実をさす。

赤・白の芥子（三一4） 白カラシナの種子（sarṣapa）と黒カラシナの種子（rājikā）。

芥子油（三一5） 白カラシナの種子より採取した油。

仇毘多羅木（三一5） kovidāra の音写。マメ科の小喬木フイリソシンカ。

句叱木（三一5） Ⓣによれば「薪（ḥgal dum, Ⓢvanyālāta, 222a^{8}）とあることから、奉請供養品第八所説の句吒遮（kuṭaja）をさすか。この樹木は古くから薪として使われていたとする。

迦多羅木（三一5） khadira の音写。アセンヤクノキのことで、葉の基部に一対の刺があり、密教では金剛橛に用いられる。

刺有るの樹（三一5） ariṣṭa の訳。ムクロジのことで、その果皮は石けんの代用とされる。

頂礼（三一9） (大)には「灌頂」とあるが、(大)脚註㉗とⓉ（222b^{3}）により訂正。

灌頂の曼荼羅（三一10） 即ち正覚壇（灌頂壇）をさす。受者はこの座に坐る。

白傘（三一11） śvetacchatra の訳。白い傘のこと。以下、受者供養の資具を説く。

諸尊に奉施し……（三四16） ここより本品の最後にかけて(大)に乱脱あり。(大)脚註⑮とⓉ（224a^{2}）に従い、これを訂正す。

犛払（三五3） 犛牛の払（cāmara）に同じ。Ⓣはこの語の直後に「鈴（dril bu, Ⓢghaṇṭā, 224a^{6}）」も説かれる。

其の弟子……（三五4） (大)のここに乱脱あり。(大)脚註⑯・⑰とⓉ（224a^{7}）に従い、これを訂正す。

其の第二日（三五6） 曼荼羅諸尊を発遣し、破壇作法を終了した翌日をさし、この当日に第五の息災護摩の作法を行う。

水中行尊（三五14） 水天（Varuṇa）をさすか。Ⓣには「水中で行う住居（chu na spyod pa yi = khaṅ khyim, 224b^{2}）とある。

然して後ち……（三六5） ここより(大)に乱脱あり。(大)脚註㉘とⓉ（224b^{5}）に従い訂正す。

七明妃（三七18） 七《しち》母《も》天《てん》をさし、順次、左悶拏（Cāmuṇḍā）・嬌吠哩（Kauberi）・吠瑟拏微（Vaiṣṇavi）・嬌麽哩（Kaumāri）・燕捺利（Aindri）・咾捺哩（Raudri）・末羅呬弭（Brāhmi）の女天をいう。以下、造壇に関する諸注意を補説す。

前に已に……（三八18） 阿闍梨相品第二においては阿闍梨（受明）灌頂・伝法灌頂の二種を説き、分別護摩品第十においては伝法灌頂・息災灌頂・増益灌頂・降伏灌頂の四種を説く。今この四種と本品の四種灌頂を対応させれば以下の如し。伝法灌頂＝阿闍梨位灌頂、息災灌頂＝成就灌頂、増益灌頂＝増益灌頂、降伏灌頂＝除難灌頂。

受明灌頂（三八19） 阿闍梨相品所説の阿闍梨灌頂と同義にして、また本品所説の四種灌頂のうち、第二の成就灌頂に相当す。Ⓣには「三部属の灌頂儀軌（rigs gsum dbaṅ bskur cho ga, 226a^{1}）」

とある。

第二の受明灌頂（二三九3）Ⓣには「第二の灌頂儀軌である（dbaṅ bskur cho ga gñis yin, 226a²）」とある。即ちⓉ所説の②成就灌頂（漢訳も同名）に相当する。

唯だ一人……双にすべからず（二四〇5）Ⓣには「善巧者（阿闍梨）はいっしょに二人の弟子に灌頂してはならず、〔弟子の人数は〕二人、或るいは三人、或るいは四人でも良い（226b⁶）」とある。

成就曼荼羅の法（二四〇7）揀択地相品第三所説の上成就の曼荼羅、吉祥成就の曼荼羅などをさすか。Ⓣは「成就の曼荼羅灌頂をなせ（sgrub pahi dkyil hkhor dban bskur bya, 226b⁷）」とある。

嚕羅婆地獄（二四〇11）rauravanaraka の音写訳。八大地獄の中の第四・号叫《ごうきょう》地獄のことで、多くの苦しみによって悲鳴の叫び声を発するとされる地獄。

法を与うべし（二四一5）Ⓣはこののち、以下の如く続く。「〔余のことは〕自在の曼荼羅に至れる者に請問せよ。大成就者が所作タントラの教説の理趣を以って曼荼羅のすべての御事業を成就することを説いたのである。大曼荼羅建立章、金剛手大自在者御自身所説のうち、一切曼荼羅の共通儀則（Ⓓにして、秘密共通の儀軌」終れり（227a⁷-b¹）」とある。

索引

あ行

か行

一

さ 行

索引

三

た 行

ま 行

や 行

ら 行

わ 行

索　　引

校註者紹介

木《き》村《むら》秀《ひで》明《あき》　1952年，埼玉県生まれ。大正大学卒。現在，大正大学名誉教授。

北條《ほうじょう》賢《けん》三《ぞう》　1929年，東京都生まれ。東北大学卒。2019年逝去。

高《たか》橋《はし》尚《ひさ》夫《お》　1944年，東京都生まれ。大正大学卒。現在，大正大学名誉教授。

大《おお》塚《つか》伸《のぶ》夫《お》　1957年，新潟県生まれ。大正大学卒。現在，大正大学教授。

⑫密教部　7　　新国訳大蔵経

1996年9月30日　第1刷　発行©
2019年11月20日　オンデマンド版発行

校註者　北條賢三　高橋尚夫
　　　　木村秀明　大塚伸夫

発行者　石　原　大　道

発行所　大蔵出版株式会社
〒150-0011 東京都渋谷区東2-5-36 大泉ビル2F
TEL. 03-6419-7073　FAX. 03-5466-1408
http://www.daizoshuppan.jp/
E-mail : daizo@daizoshuppan.jp

印刷所
製本所　㈱デジタルパブリッシングサービス

ISBN978-4-8043-8513-6